Reihe im Lehrhaus
das erste Buch

alektor verlag

Peter Winzeler

Widerstehende Theologie

Karl Barth 1920~35

alektor verlag

CIP-Kurztitelaufnahme der Deutschen Bibliothek

Winzeler, Peter

Widerstehende Theologie: Karl Barth 1920–1935 /
Peter Winzeler, Stuttgart: Alektor-Verlag 1982
(Reihe im Lehrhaus; Buch 1)
ISBN 3 - 88425 - 022 - 1

Widerstehende Theologie

„Wenn ich mir selbst im Blick auf meine in Deutschland verbrachten Jahre etwas vorwerfe, so ist es dies, daß ich es damals aus lauter Konzentration auf meine theologisch-kirchliche Aufgabe und auch in einer gewissen Scheu vor der Einmischung des Schweizers in deutsche Angelegenheiten unterlassen habe, vor den Tendenzen, die mir, seit ich 1921 den deutschen Boden betreten hatte, in der mich umgebenden Kirche und Welt sichtbar und unheimlich genug waren, nicht nur implizit, sondern explizit, nicht nur privatim, sondern auch öffentlich zu warnen!"

(An die deutschen Theologen in der Kriegsgefangenschaft, Brief vom 8. Juli 1945)

Häufig verwendete Abkürzungen

Anf I/II	Die Anfänge der dialektischen Theologie hg. von J. Moltmann, Bd. 1 1962, Bd. 2 1963
B.-B.	Briefwechsel Barth-Bultmann, Gesamtausgabe V
B.-Th. I/II	Briefwechsel Barth-Thurneysen, Gesamtausgabe V Bd. 1 1913–1921 (1973), Bd. 2 1921–1930 (1974)
Busch	E. Busch, Karl Barths Lebenslauf 1979
CD	Christliche Dogmatik im Entwurf. Die Lehre vom Wort Gottes 1927
Ethik I/II	Vorlesungen aus den Jahren 1928/29 bzw. 1930/31, hg. v. D. Braun, Gesamtausgabe II, Ethik I 1973, Ethik II 1978
GM	Golo Mann, Deutsche Geschichte des 19. und 20. Jhs. 1966
Der Götze	Zeitkritische Aufsätze, Reden und Briefe von 1930–1960, hg. v. K. Kupisch 1961
KD I/1 – IV/4	Kirchliche Dogmatik 1932 ff
MEW	Marx-Engels-Werke, Berlin
Prot. Theol.	Die protestantische Theologie im 19. Jahrhundert. Ihre Geschichte und Vorgeschichte. 1946 Siebenstern-Ausgabe in 2 Bden.
R I	Der Römerbrief 1919
R II	Der Römerbrief. Zweite überarbeitete Auflage 1922
ThuK	Die Theologie und die Kirche. Ges. Aufsätze II 1928
ThFuA	Theologische Fragen und Antworten. Gesammelte Aufsätze III 1957
WG	Das Wort Gottes und die Theologie. Ges. Aufsätze I 1924
ZZ	„Zwischen den Zeiten" Drei- bzw. zweimonatliche Zeitschrift 1923–1933. Hg. v. G. Merz unter Mitarbeit von K. Barth, F. Gogarten und E. Thurnysen

Inhaltsverzeichnis

Widerstehende Theologie

Kapitel 2
Karl Barth und die „dialektische Theologie" zwischen den politischen Fronten

Kapitel 3
Zeitgeschichtliche Bibelauslegung. Zu den Römer-briefkommentaren. (R I und R II).

Widerstehende Theologie

Widerstehende Theologie

Widerstehende Theologie

Widerstehende Theologie

Teil III

KARL BARTH UND DIE „BEKENNENDE KIRCHE" IM WIDERSTAND GEGEN DEN NATIONALSOZIALISMUS. ZUR TRAGWEITE VON BARMEN 1934.

Widerstehende Theologie

Literaturverzeichnis

„Soll das ganze Haus ersaufen?"
„Herr, die Not ist groß!
Die ich rief, die Geister,
werd ich nun nicht los".

„In die Ecken, Besen! Besen!
Seids gewesen, denn als Geister
Ruft euch nur, zu diesem Zwecke
Erst hervor der alte Meister."

(Goethe, Der Zauberlehrling)

„Die heilige christliche Kirche, deren einig Haupt Christus ist, ist aus dem Wort Gottes geboren, in demselben bleibt sie und hört nicht die Stimme eines Fremden." (Zwingli, 1. Berner These 1528)

Vorwort

Als ich dieses Buch zu schreiben begann, wurde landauf, landab die „Tendenzwende" eingeläutet, die theologischen Strohhalme begannen sich einmal mehr nach dem Winde zu beugen und irgendein wohlmeinender Studienkollege fragte mich fürsorglich, ob ich denn immer noch mit der „politischen Theologie" beschäftigt sei? Ich war. Und es war irgendwie Zeit, mit der Theologie noch einmal ganz von vorne anzufangen und eben darum: mit K. Barth. Auch Barth hat sich 1927 als ein *„Anfänger"* bezeichnet (CD, Vorwort). So handelt es sich aber nicht um die Darstellung eines abgeschlossenen Kapitels „Theologiegeschichte" – als ob wir Barth und „Barmen 1934" schon glücklich hinter uns hätten! So habe ich dieses Buch – 1975 bis 1979, mit einigen nachträglichen Korrekturen – nicht „teilnahmslos" geschrieben, sondern bewegt von einer *„Theologie im Zeitgeschehen"* (so der Arbeitstitel!), die mich immer wieder zwang, überkommene Klischees von der „dialektischen Theologie" über Bord zu werfen, von den wissenschaftlichen Standarts der Fakultätstheologie abzuweichen, auch methodologisch ein neues Exempel zu statuieren. Den entscheidenden Anstoß dazu verdanke ich der Studie von F.W. Marquardt *„Theologie und Sozialismus. Das Beispiel K. Barths"* (1972), die viel weniger mit Ablehnung als mit weitgehender Ignorierung gestraft worden ist. Die politische Lage hat sich inzwischen erheblich verändert. Wer damals aber vergeblich auf das versprochene Dahlemer Heft *„Karl Barth und Karl Marx II"* gewartet haben sollte, wird es nun hinnehmen müssen, daß aus der kleinen Jolle mittlerweile – ich hoffe, nicht nur dem Umfang nach – ein kleines Schlachtschiff geworden ist.

Wäre es nicht kürzer gegangen? Die Barth-Literatur (ca. 6.000 Titel) ist heute selbst vom „Fachmann" nicht mehr zu übersehen und der „Laie" – der hier nicht minder angesprochen ist – kann sich hier nur noch wundern. Die Breite der Darlegung ist darum auch dem Bemühen um Gemeinverständlichkeit geschuldet. Aber konnte und kann ich dem Leser und der Leserin einen Lernprozeß ersparen, den ich mir selber nicht ersparen konnte? Wer mit diesem Buch „arbeiten" will, wird es den Mitarbeiter(inne)n des Alektor-Verlags vielleicht doch noch zu danken wissen, daß sie die Mühe und das Risiko nicht scheuten, diese „Ware" – nun freilich voll „theologischer Mucken" (MEW 23, S. 85)! – ungekürzt auf den Markt zu bringen. Und wenn auch manches, vom Ende her gesehen, kürzer und zielstrebiger hätte formuliert werden können, gibt es doch manches, was ich gerne **noch** breiter, besser, unmißverständlicher ausgeführt hätte (z.B. Barths Ethik 1928/29 und seine Auseinandersetzung mit der „liberalen" Theologie). Ich möchte nur anfügen, daß die Dreiteilung dieses Buches wohl auch die Chronologie meines Lernprozesses wiederspiegelt, aber keine sachliche Gewichtung beinhaltet. Das Buch ist in seiner „Diachronie" wie „Synchronie" zu lesen.

Kritik ist von „rechts" wie von „links" zu erwarten. Es wird einige geben, die Methode und Begrifflichkeit dieses Buches als „unklar", seine wissenschaftstheoretische Grundlegung als mangelhaft, sein Ergebnis vielleicht als wenig „fortschrittlich" empfinden werden – handelt es sich doch in alledem um einen „Gegenstand", der weder abzuleiten noch letztlich in den Griff zu bekommen und doch – in immer neuen und weiteren Zusammenhängen – immer neu „derselbe" ist. So will ich es niemandem verwehren, mit der Lektüre hinten anzufangen, um meinen Weg nach dorthin kritisch zu verfolgen. Einige Pfiffige werden ohnehin bemerken, daß es sich dabei, methodologisch gesehen, um eine „petitio prinzipii" handle – ganz recht! Ich verweise auf die Abschnitte I.2.2.2; II.2.1 und 7.2.2, und bestreite nur, daß es sich dabei auch um „Konstruktion a priori" im üblen und üblichen Sinne handele (vgl. auch Marxens Nachwort zum Kapital MEW 23, S. 27). So habe ich auch eine Trennung von „Gegenstand" und „Methode" mit Barth verworfen, die Entscheidungen fallen „unterwegs".

So hätte ich dieses Buch nun gerne auch mit dem Titel „Barths Weg nach Barmen" überschrieben, in der Meinung, daß wir auch diesen **Weg** im Grunde noch vor uns haben. Dabei werden die alten Gegensätze der dialektischen Theologie wohl anderen und neuen Gegensätzen weichen müssen. Ich vermute aber, daß die Entscheidungen, die in den uns „heute!" bedrängenden Fragen fallen müssen, nicht in der politischen Ethik eines sog. „Christentums" fallen werden, sondern in der neuen Ekklesiologie einer ökumenischen „Christengemeinde", die vom Frieden nicht reden kann ohne selber zum Urbild und zur Keimzelle des Völkerfriedens zu werden.

Barth ist nur in der Konsequenz seiner Theologie und Bibelauslegung sachgemäß zu rezipieren, und also auch nur auf dem Weg zur „*Gemeinde von Schwestern und Brüdern*". Aktive Frauen hat es freilich auch in der Umgebung Barths und gerade in der „Bekennenden Kirche" gegeben — allen voran Charlotte von Kirschbaum, seine langjährige Mitarbeiterin. So bestreite ich aber nicht, daß wir fast alles, was Barth im dogmatischen Monolog vorgetragen hat, heute nicht nur etwas anders, sondern „*noch einmal ganz anders*" und im **Dialog** der Juden und Heiden, Frauen und Männer, von Dogmatik und Mystik, ja im „*Ying und Yang*" des heiligen Geistes sagen müssen. Dieses Buch ist nicht gegen D. Sölle geschrieben. Und die „*Kirche*", von der hier die Rede ist, ist die Kirche nicht wie wir sie alle kennen, sondern wie wir sie alle noch nicht kennen, darum glauben und erkämpfen, ja **bekennen** müssen. Eben darum wollte ich aber das „*Beispiel K. Barths*" nicht etwa voreilig destruieren, sondern in seinen Grenzen (und in seiner ganzen Anstößigkeit) gelten lassen, und wäre es als ein mannhaftes Beispiel einer resistenten „theologischen Existenz".

Es braucht in Sprache und Stil von niemandem imitiert zu werden. Man und frau kann auch in ganz anderer Sprache von derselben Sache — aber freilich auch in derselben Sprache von einer ganz anderen Sache reden! (legitimes und illegitimes „aliter"). Sollten die sog. „Laien" in der mündigen Gemeinde dafür nicht oft ein besseres Gespür haben? Hier kann ich einen etwas besorgten Rat an meine oft so formalistischen, gescheit-idealistischen und dann wiederum allzu tiefgründigen deutschen Kollegen (und dann auch Barth-Kritikerinnen) nicht unterdrücken: Barth ist nicht „idealistisch" und ja nicht etwa „*tiefsinnig*" zu interpretieren! Wer sich hier einmal in allzu abstrakten Gedankengängen verlieren oder vor lauter Bäumen den Wald nicht mehr sehen sollte, darf sich in „getroster Verzweiflung" sagen, daß Barth in aller Bestimmtheit etwas „*ganz Anderes*", keineswegs Fernes und Entlegenes, sondern Nahe- und vor den Füßen Liegendes, ja „*Mitmenschliches*" gemeint haben dürfte.

Dies gilt nun sicher gerade hinsichtlich seiner anstößigen Lehre von „*Mann und Frau*", die mit Fug ein „*Eckstein*" seiner Dogmatik genannt werden kann. Sie ragt ins Zentrum seiner Versöhnungslehre hinein und ist auch nur im Kontext der Bundes- und Befreiungsgeschichte Israels auszulegen. Bitte keine voreiligen Schlüsse und raschen „Widerlegungen"! Es handelt sich jedenfalls nicht um einen kleinen Schönheitsfehler einer ansonsten gemütlich „liberalen" Theologie oder gar um eine „*analogia entis*", vielmehr um ein „*piéce de résistence*" seiner Theologie im Kampf auch gegen den Nationalsozialismus. Wer diese Lehre freilich dazu gebrauchen wollte, um etwa unverheiratete Pfarrerinnen, homosexuelle Pfarrer und Religionslehrer oder „*alternative*" Lebens- und Wohngemeinschaften zu diskriminieren, hätte ihre Absicht so wenig verstanden wie alle diejenigen, die Barth und Paulus nur einfach für verkrustete „*Moralapostel*" oder „Gesetzesprediger" halten sollten.

Gerade im Blick auf das „*Nichtige*" hat Barth davon gesprochen, daß die Theologie kein „*System*" zu entfalten, sondern eine „*Geschichte* . . . *zu erzählen*" hat, mit der einzigen Sorge, „*alles recht zu erzählen*" (KD III/3 S. 334). Ich hoffe, dies „einigermaßen recht" getan zu haben, und dies nun gerade auch hinsichtlich der Sozialismusfrage. Ich hatte freilich nicht die Geschichte der russischen Revolution und des „Stalinismus" zu erzählen, wie es heute dringend gefordert wäre. Wer aber darum eine gründlichere Auseinandersetzung (oder vielmehr Abrechnung) mit dem „*real existieren-den Sozialismus*" vermissen wollte, den möchte ich doch bitten dürfen, dieses Buch ganz oder lieber gar nicht zu lesen, da er sonst vielleicht nicht auf seine Rechnung kommen möchte. Wer mir hier politische Naivität unterstellen wollte, dem möchte ich vorab antworten, daß mir der unabänderliche „geopolitische Expansionsdrang" der UdSSR (mit allem, was dazu gehört) schon im Zürcher Gymnasium auf der Weltkarte gezeigt worden ist, ich mit den „Leitartikeln" der „NZZ" ja geradezu aufgewachsen bin. So konnte ich aber die Freude nicht mitempfinden, die einige hatten, als das „Unabänderliche" in Afghanistan (14 Tage nach dem NATO-„Nachrüstungsbeschluß"!) endlich, endlich geschah, das gerade die „NZZ" seit 30 Jahren so unermüdlich herbeizureden wußte. Sollte es in der „*Kirche zwischen Ost und West*" (Barth 1949) nicht noch andere Leit-Artikel geben, sollte es nicht an der Zeit sein, sich mit den Schwestern und Brüdern auch des Ostens in aller Form einmal zusammenzusetzen? Solange wir lieber auf 9/10 unseres Bekenntnisses als auf 1/10 unseres Rüstungsetats verzichten, werden die hier bestehenden Mauern freilich nicht zu überwinden sein. Und so werden wir auch den sozialistischen Staaten zuerkennen dürfen, was wir dem Staat Israel, nach allem, was real „geschehen" ist, ohnehin zugestehen müssen: daß sie nämlich das Recht haben, in sicheren Grenzen „*real zu existieren*". Dennoch glaube ich wahrnehmen zu können, daß gerade der „reale Sozialismus" ein viel ernsthafterer Gesprächspartner der ökumenischen christlichen Gemeinde sei, als einige seiner Kritiker bzw. ihrer unbesonnenen Nachredner.

Nun noch einige unvermeidliche **technische Hinweise**: Da ich häufig mit Anführungszeichen gearbeitet habe, sind direkt belegte Zitate durchwegs „*kursiv*" gesetzt. Die Belegstellen sind bei einigen häufig benutzten Werken mit einer Abkürzung angegeben (z.B. R I = Römerbrief 1919), sonst aber mit dem Namen des Verfassers und, wenn nötig, mit der Jahreszahl der zitierten Veröffentlichung (z.B. Barth 1933 a = Theologische Existenz heute! 1933). Beigefügt ist eine Liste der hauptsächlich bearbeiteten Schriften Barths mit der Angabe der Teile, Kapitel und Unterabschnitte dieses Buches, wo sie zur Sprache kommen (Beispiel: Die „Theologische Existenz heute!" ist vorzüglich behandelt in der Einleitung, in Teil II, Kap. 7.4.4, in Teil III, Kap. 1.2 ff). Hinweise auf Personen und Sachen finden sich im Inhaltsverzeichnis, in der Einleitung und in den Anmerkungen (Beispiele: E. Jüngel wird thematisch in der Einleitung, in I.2.1.4; 2.2.2; II.1.1; 2.1.2; 3.1.2; 7.2.3; J. Moltmann in I. Fragestellung und II.5.2.5;

S. de Beauvoir in II.5.2.4 etc.). Kurz: dies Buch ist vorzüglich als ein **Studien- und Arbeitsbuch** gedacht. Es wurde dennoch auf selbständige Lesbarkeit der Teile und Kapitel geachtet. Inhalt und Mängel fallen in die alleinige Verantwortlichkeit des Verfassers.

Ich habe der Graduiertenförderung der Freien Universität Berlin zu danken, die dieses Buch unterstützt hat, und dem Fachbereich *„Philosophie und Sozialwissenschaften"*, der es als theologische Dissertation akzeptierte. Hier möchte ich nun das Hendrik-Krämer-Haus in Westberlin erwähnen, das mir die Türe zum Osten geöffnet hat, wie auch die *„Evangelischen Studentengemeinden"*, in deren theologischer und ökumenischer Arbeit ich maßgebliche Impulse erhalten habe. Nicht minder aber auch meine theologischen Lehrer (und „Doktorväter") H. Gollwitzer und F.W. Marquardt, ohne deren Beispiel und freundschaftliche Rückenstärkung dieses Buch niemals hätte geschrieben werden können. Etwas peinlich ist es mir in Blick auf meine Heimatkirche und Heimatstadt, daß ich den Einfluß **Zwinglis** auf K. Barth lange übersehen habe – und die doch auch sichtbare Linie von Zürich 1523 nach Barmen 1934 – dies um so mehr, als ich mich Barths *„Nein!"* gegen E. Brunner (auch in allem „Ja!") nicht meinte entziehen zu können. Die Linien zu einem neuen eidgenössischen Städtefrieden will ich hier nicht ausziehen – die *„Ordnung"* der Christengemeinde in der Bürgergemeinde sollte jedenfalls nicht mit *„Ruhe und Ordnung"* zu verwechseln sein.

Daß es aber nicht nur einen toten „Barthianismus", sondern auch eine lebendige und ökumenische Barth-Rezeption geben kann, ist mir in der Begegnung mit einigen Frauen und Männern aus den Niederlanden hilfreich und erfreulich geworden – sie werden es erlauben, wenn ich hier, stellvertretend, nur F. Breukelmann erwähne. Es haben ohnehin mehr Frauen und Männer an dieser Arbeit unwissentlich mitgeschrieben, als daß es in Zitaten zu verdanken wäre.

So möchte ich jetzt nur noch betonen, daß ich auch in der gelegentlichen Polemik *„wohl einer Sache, nicht aber einer Partei dienen"* und darum *„nicht für und nicht gegen Personen arbeiten"* wollte (KD I/1, Vorwort.)

Auch der Rest ist Dank: Meinen Eltern in Zürich (für das nicht Wenige, das sie hier beigetragen haben), F. Dürrenmatt für schriftstellerische und dramatische Impulse; Joan Baez und Bob Dylan für die musikalische Begleitung – und Johanna, weil sie mich noch „ganz anders" begleitet hat.

Berlin-Neukölln, Mai 1982   Peter Winzeler

Einleitung

Diese Arbeit ist von historisch-theologischer und systematischer Absicht bestimmt. Sie ist in ihren drei Teilen darum bemüht, die Theologie Karl Barths von den „*Anfängen der dialektischen Theologie*" [1] bis hin zur Bekennenden Kirche (1933-35) auch in ihrer „dogmatischen" Formgebung in den Zusammenhang der **Zeitgeschichte** zu stellen, in welchem sie nicht zuletzt von Barth selber her verstanden sein will. [2] Barths Theologie ist die Theologie eines außergewöhnlich bewußten „*Zeitgenossen*", der durch seine theologischen und politischen Stellungnahmen seinen Mit-Zeitgenossen immer wieder höchste Bewunderung, Verwunderung oder auch Kritik abgenötigt hat. [3]
Wie aber ist dies zu erklären angesichts der Tatsache, daß sich dieser selbe Barth stets auch den Vorwurf einer weltabgewandten „orthodoxen" Theologie gefallen lassen mußte, die in der strengen Ausrichtung auf das Wort und die Offenbarung Gottes jeden weltlichen Bezugs- oder „Anknüpfungspunkt" bestritt? Es sind dabei gerade die Jahre 1921-1935, die Barth in **Deutschland** verbrachte, von denen sein enger Kampfgenosse F. Gogarten 1937 sagte:

„*Barth beschäftigten, je länger umso ausschließlicher, spezielle theologische Fragen. Er ließ sich seine Fragen stellen und suchte Antwort auf sie zu geben, indem er sich mit Theologiegeschichte und Dogmatik beschäftigte. Mich nahm dagegen die Auseinandersetzung mit der Moderne in Anspruch . . . Von diesem ganz auf die Gegenwart bezogenen Denken aus sah ich bei Barth die Gefahr einer zeitlosen, sich selbst genügenden Theologie drohen, die trotz aller Betonung ihrer Kirchlichkeit doch die Beziehung zu dem kirchlichen Leben verlor.*"
(Anf. II/33 f).

---

1) Vgl. J. Moltmann, Anfänge der dialektischen Theologie, 2 Bde 1962/63, im folgenden zitiert als Anf I/Anf II.

2) Vgl. vor allem How my mind has changed, 1928 – 1938, in: Der Götze wackelt, S. 181-190.

3) Vgl. W.-D. Marsch, „Gerechtigkeit im Tal des Todes", in: Theologie zwischen gestern und morgen, S. 169.

So wundert es nicht, wenn nach 1945 gerade auch im Gefolge Gogartens immer wieder kritische Stimmen laut geworden sind — nicht nur gegen Barth, sondern besonders gegen eine kirchliche „Orthodoxie", die sich in der Tradition des Kirchenkampfes theologisch von „Barmen" und vom. Barth der zwanziger und dreißiger Jahre leiten ließ. Es ist ohne Zweifel besonders dieser „mittlere" Barth, der in solchem Sinne kirchlich wirksam geworden ist, während der spätere Barth, seit Beginn des 2. Weltkrieges, seine Theologie mit immer stärker politischen Akzenten versah. Große Teile der Kirchlichen Dogmatik warten dabei immer noch darauf, für die Theologie und das kirchliche Leben erschlossen zu werden. Wen sollte es aber nicht etwas verwundern dürfen, wenn es nun nicht nur einige „orthodoxe Barthianer", sondern oft wiederum die selben kritischen Stimmen sind, die heute vor einer zunehmend „politischen" Barth-Interpretation warnen — und zwar gerade wieder in Berufung auf den Barth der zwanziger und dreißiger Jahre!

Um nur einige **Beispiele** zu nennen: Schon W.-D. Marsch hat es bei aller Bewunderung, die er Barth nicht versagt, grundsätzlich bedauert, daß dieser es offenbar *„programmatisch abgelehnt"* hat, *„seine politische Praxis theoretisch zu reflektieren".* (Marsch S. 170) *„Hat sich nicht vieles, was in K. Barths Namen verkündet und geschrieben worden ist, den Vorwurf einer prophetisch willkürlichen Subjektivität gefallen lassen müssen, einer gut gemeinten Beliebigkeit, aber auch einer zuweilen hoffnungslosen Überschätzung der politischen Handlungsmöglichkeiten des einzelnen Christen, wie auch der Kirche im Ganzen?"* (168) Auf die Person Barths gesehen möchte Marsch sein Urteil zwar gerne differenzieren, dennoch bemerkt er ein *„prophetisches Einzelgängertum",* das er auf gewöhnliche „volkskirchliche" Verhältnisse für nicht übertragbar hält. *„Erfahrungen aus dem Kirchenkampf auf die Rekonstruktion (der) Kirche nach 1945 übertragen — das bedeutete, die ‚kirchentreuen' Gemeindekerne mit einem elitären Bewußtsein auszustatten, als seien allein sie Kirche im Gegenüber zur argbösen Welt, es bedeutet, beharrlich die Augen zu verschließen vor den ‚nicht-theologischen' Faktoren der Kirchenbildung und des kirchlichen Selbstverständnisses".* (175) Ursachen dafür sieht Marsch vor allem in der Theologie des frühen Barth mit ihrem Pathos der *„Differenz zwischen Mensch und Gott".* (173) Aus ihr resultiere eine gewisse „Gleichgültigkeit" gegenüber den realen Bedingungen christlicher und kirchlicher Existenz — etwas, was auch T. Rendtorff im Auge hat, wenn er Barths frühe Theologie als eine *„Hermeneutik des Faktischen'* definiert, die interpretiert, *„was ohnehin geschieht"* (Rendtorff 1966, S. 177). Im selben Sinne urteilt M. Baumotte, wenn er fast noch schärfer sagt: Es könne *„die Option der politischen Ethik Karl Barths für die Demokratie durchaus als Wiederaufnahme liberaler Positionen gekennzeichnet werden, obwohl seine Entscheidung vom Standpunkt sei ner Theologie und deren eigentlich dogmatischer Aufgabe aus sich als* *völlig beliebig erweist"* (Baumotte 1973, S. 15). Etwas ähnliches meint wohl auch G. Sauter, wenn er gegen H. Gollwitzer ausführt, daß Barths Theologie *"eben keine politische 'Theologie (in jedem plausiblen Sinne dieses Begriffs) sein wollte"*. Der *"Anspruch der Dialektischen Theologie, ohne strikte Beziehung auf die gegenwärtigen sozialen und politischen Verhältnisse argumentieren zu können"*, verbiete es, *"die Dialektische Theologie voreilig einer bestimmten politischen Richtung zuzuordnen"*. [4] Um wiederum müssen wir an H. Gollwitzer denken, wenn T. Rendtorff seine Kritik an der politischen Barth-Interpretation in den Worten zusammenfaßt: *"So wäre eine politische Theologie wenig überzeugend, die mit den Mitteln des dogmatischen Zeitalters des Christentums in ungebrochener Reflexionsnaivität zwischen der Instanz einer Offenbarung und Anweisungen für eine politische Praxis hin und her ginge, für Kirche und Theologie die Voraussetzung einer prinzipiellen Weltüberlegenheit machte, die nun nur eben in politischer Hinsicht ausgearbeitet und sichtbar gemacht werden sollte. In der älteren Form von der ,exemplarischen Existenz der Gemeinde' (K. Barth, Christengemeinde und Bürgergemeinde 1946) ist solcher Anspruch offenbar enthalten"* (Rendtorff 1972, S. 68). [5]

Auf diese Stimmen wird im Einzelnen zurückzukommen sein. Zunächst aber möchte es so erscheinen, als habe K. Scholder einen breiten Konsensus der neueren Diskussion zusammengefaßt, wenn er im Zuge seiner Kirchenkampfforschung zur Feststellung gelangt:

"Mit der Wendung zur biblischen Theologie trat zugleich das politische Engagement Barths deutlich zurück. Die politische Welt im engeren Sinne, die Welt der politischen Ideen und Entscheidungen (!), bildete fortan keinen grundlegenden Bestandteil seines theologischen Denkens mehr. Und dabei ist es, entgegen einer weitverbreiteten Meinung über den politischen Theologen K. Barth, geblieben" (Scholder 1977, S. 56). [6]

Dem hat nun freilich F.W. Marquardt mit seiner Studie *"Theologie und Sozialismus. Das Beispiel K. Barths"* bereits 1972 die These gegenübergestellt, daß Karl Barth — nicht nur in frühen Jahren, sondern als Integral seines theologischen Gesamtwerkes — *"Sozialist"* gewesen sei (Marquardt 1972,

---

4) G. Sauter, Soziologische oder politische Barth-Interpretation? EvTh 35/1975, S. 176f, gegen H. Gollwitzer, Vom Nutzen und Grenzen soziologischer Theologiebetrachtung, EvTh 33/1973, S. 622-626.

5) Vgl. T. Rendtorff, Hg. Die Realisierung der Freiheit. Beiträge zur Kritik der Theologie Karl Barths, 1975.

6) Dieses Urteil bezieht sich besonders auch auf das "krause Buch" von F.W. Marquardt, vgl. Anm. 39.

S. 39). H. Gollwitzer hat Marquardts Sicht ergänzend bestätigt (Gollwitzer 1972). Das *„Gedränge der Fragen"*, das Marquardts Buch umgibt, ist in der Resonanz darauf, wie Gollwitzer erahnte, freilich *„deutlich genug"* geworden.[7]) Solche Fragen sind in verschiedener Weise gestellt worden: Sie beziehen sich z.T. auf die „Methode" von Marquardts Interpretation, die Marquardt selber als „historisch-materialistisch" gekennzeichnet hat. Sie beziehen sich aber auch generell auf die Absicht der Interpretation, die eine „Ideologisierung" der Theologie K. Barths oder auch des Evangeliums von Jesus Christus selber vermuten lasse. Sie können sich, wie etwa bei T. Rendtorff, F. Wagner u.a. in differenzierter Überlegung über die Möglichkeit und Sinnhaftigkeit − und das *„theoretische Niveau"* (Rendtorff 1972, S. 69) − von heutiger politischer Theologie ergehen. [8]) Aber sie stossen sich auch schlicht an dem Faktum, daß K. Barth eine politische Abzweckung oder Zielbestimmung seiner Theologie im Kirchenkampf in aller Form − dementiert hat! Bedurfte es irgendeines Beweises, die Feststellung von K. Scholder zu bestätigen, so hat ihn Barth selber geliefert, als er seine vielleicht berühmteste Schrift *„Theologische Existenz heute!"* 1933 mit den Worten einleitete:

> *„Mir ist in einer zuletzt nicht mehr zu überhörenden Weise zugerufen worden, daß manche unter meinen ehemaligen akademischen Zuhörern und auch manche andere von den an meiner theologischen Arbeit Beteiligten sich längst fragen, ob ich zu den uns alle nun seit Monaten beschäftigenden kirchlichen Sorgen und Problemen nicht auch etwas zu sagen haben möchte. Ich möchte dazu zunächst dies bemerken dürfen: Das Entscheidende, was ich heute zu diesen Sorgen und Problemen zu sagen versuche, kann ich darum nicht zum Gegenstand einer besonderen Mitteilung machen, weil es sehr unaktuell und ungreifbar einfach darin besteht, daß ich mich bemühe, hier in Bonn mit meinen Studenten in Vorlesungen und Übungen nach wie vor und als wäre nichts geschehen − vielleicht in leise erhöhtem Ton, aber ohne direkte Bezugnahme − Theologie und nur Theologie zu treiben. Etwa wie der Horengesang der Benediktiner im nahen Maria Laach auch im Dritten Reich zweifellos ohne Unterbruch und Ablenkung ordnungsgemäß weitergegangen ist. Ich halte dafür, das sei auch eine Stellungnahme, jedenfalls eine kirchenpolitische und indirekt sogar eine politische Stellungnahme! . . . Ich habe Gründe, mir an diesem Reden und Gehörtwerden innerhalb der Schranken meiner Berufung genügen zu lassen. . . Soll ich mich nun dennoch unterwinden, das von mir erwartete ‚Wort zur Lage' zu reden, liebe fernere und liebe nähere theologische Freunde, so kann es inhaltlich wirklich nur in der Frage bestehen:*

---

7) Vgl. Gollwitzers Geleitwort zu Marquardt, a.a.O., S. 9.

8) F. Wagner, Theologische Gleichschaltung. Zur Christologie bei Karl Barth, in: T. Rendtorff, Die Realisierung der Freiheit, S. 10-43.

Ob es nicht der Kirche und uns allen besser wäre, wenn wir jetzt gerade nicht ‚zur Lage‘, sondern nun erst recht ein Jeder in den Schranken seiner Berufung ‚zur Sache‘ reden bzw. die Voraussetzungen bedenken und bearbeiten würden, deren es bedarf, um Tag für Tag ‚zur Sache‘ zu reden, wie es heute – nicht erst heute, aber auch heute! – von uns gefordert ist?" (Barth 1933a, S. 3).

Ich führe diese Sätze hier an, weil ich von ihrer theologischen – und wohlverstanden auch politischen – Aktualität auch „heute" überzeugt bin. Mit ihnen hat Barth eine Norm gesetzt, die ihre Funktion in der Auslegung dieser Theologie wie in jeder Aufgaben- und Gegenstandsbestimmung von Theologie behält. Dürfen sie demnach, wie F.W. Marquardt vorgeschlagen hat, *„zeitgeschichtlich"* verstanden und relativiert werden? [9] Diese Frage gehört mit zu den Ausgangsfragen, die mich in der Anlage dieser Untersuchung bestimmten. Aber nun ist nicht zu übersehen, daß diese Sätze, in der gerade umrissenen Diskussion um Barth, schon längst mit Fragezeichen versehen, theoretisch umklammert, nun freilich als historisch verständlich (und hellsichtig) bezeichnet, aber theologisch definitiv ad acta gelegt sind. Wer möchte und wollte „heute" noch so reden? Diese Äußerung Barths gehört nach Form und Inhalt zu den umstrittensten Äußerungen, die je von einem Theologen getan worden sind, und zweifellos gehört sie mit zu jenen Äußerungen Barths, die den Bruch mit seinen theologischen Freunden F. Gogarten, R. Bultmann, E. Brunner – und damit die *„Spaltung der dialektischen Theologie"* (Gestrich 1977) – besiegelten. Mag sie viel Zustimmung oder sogar Begeisterung ausgelöst oder schlichte Ermutigung bewirkt haben – sie enthält in sich schon Barths *„Abschied"* von der Zeitschrift *„Zwischen den Zeiten"* [10] und Barths „radikale" Position im Kirchenkampf.

H. Gollwitzer hat freilich berichtet, daß dieser Schrift eine *„ganz politische, unerhört scharfe"* **Urfassung** zugrunde gelegen habe (Gollwitzer 1972, S. 59). K. Scholder hat diese *„Legende"* bestritten (Scholder 1977, S. 553) und H. Traub, auf den sich H. Gollwitzer berief, hat dessen Darstellung korrigiert. H. Stoevesandt [11] hat nun die Entstehungsgeschichte dieser Broschüre anhand des ursprünglichen Manuskriptes gewissenhaft rekonstruiert – freilich unter dem Hinweis, daß

---

9) Vgl. Marquardt, Theologische und politische Motivationen K. Barths im Kirchenkampf, Junge Kirche 5/1973, S. 283-303.

10) Zeitschrift, hg. von G. Merz, unter Mitarbeit von K. Barth, F. Gogarten und E. Thurneysen 1923 gegründet und bis 1933 drei – bzw. zweimonatlich erschienen. Zur Entstehungsgeschichte vgl. P. Lange, 1972, S. 158; Der „Abschied" Barths von ZZ ist Anf II/S. 313-321 abgedruckt.

11) H. Stoevesandt, „Von der Kirchenpolitik zur Kirche!" Zur Entstehungsgeschichte von K. Barths Schrift „Theologische Existenz heute!" im Juni 1933, in: ZThK 76/1979, S. 118-138, darin auch die Äußerung von H. Traub.

einige der politisch gefährlichen Passagen von Barth vernichtet worden
seien. Es habe sich um *„unnötige Verschärfungen, Reizworte"* gehandelt, mit denen auch *„das ganze Hitler-Regime ätzend und rücksichtslos gebrandmarkt wurden"* (nach H. Traub) — aber um kein *„ganz politisches . . . Manifest"!?* (Stoevesandt, S. 125) Vielmehr habe die Erst-
fassung ja den bezeichnenden Titel *„Von der Kirchenpolitik zur Kirche!"* getragen. Also . . .? Tatsächlich beschreibt schon dieser Titel
den Weg, den Barth 1933/34 von einer „substanzlosen Kirchenpolitik" zu einer neu sich auf ihr Bekenntnis gründenden *„Kirche"* d.h.
nach **Barmen** und **Dahlem** 12) gegangen ist — um seinen Versuch, die
Pfarrer und ihre Gemeindebasis zu aktivieren! Und tatsächlich bildet
hier Barths Kirchen- bzw. Gemeindeverständnis den Angelpunkt im
Verständnis der Theologie-Politik-Konnexion seines Denkens. Die
Richtigstellungen sind zu begrüßen. Aber auch rebus sic stantibus ist
nicht daran zu zweifeln, daß Barths radikale Position im Kirchenkampf auch die ursprüngliche Absicht eines *„ernsthaft politischen Widerstandes"* enthielt. 13)

Die Barthschen Sätze erhalten dabei ihr radikales Profil um so eher zurück,
je weniger man sich scheut, sie im konkreten kirchenpolitischen und politischen Kontext dieser Jahre zu begreifen, in welchem sie nun eben auch
„eine politische Stellungnahme" waren. Nicht weniger und anders als z.B.
auch Gogartens Absage an Barth implizit — aber auch explizit — politischen Sinn hatte. Oder möchte man die Augen grundsätzlich davor verschließen, daß es zum Bruch zwischen Barth und Gogarten nicht notwendig hätte kommen müssen, wenn Gogarten seine immer wieder wahren
oder bedenkenswerten theologischen Sätze nicht, wie es Barth verstehen
mußte, an Staat und Volkstum „verraten" hätte? 14) So sagt Barth beim
„Abschied" von der gemeinsamen Zeitschrift „Zwischen den Zeiten" 1933:

*„Ich bin der Meinung, daß ich mit dieser Tat manchem deutlicher sa-
gen kann, was ich sagen möchte, als wenn ich in ZZ im bisherigen Rahmen weitere Worte machen würde. Und ich bin der Hoffnung, daß
dieser Schritt einmal auch denen als sinnvoll einleuchten wird, deren*

12) Die 2. Bekenntnissynode von Dahlem (Okt. 1934) ist zu Unrecht in Vergessenheit geraten. Nach ihr wurde der radikale „dahlemitische Flügel" der Bekennenden Kirche benannt, dem sich mit Niemöller auch Barth zugerechnet hat. Vgl.
besonders Teil III dieser Untersuchung.

13) Gegen Stoevesandt. Dazu vor allem H. Prollingheuer, Der Fall Karl Barth 1934-
1935. Chronografie einer Vertreibung, 1977. Ebenso Ch. Barth, Bekenntnis im
Werden. Neue Quellen zur Entstehung der Barmer Erklärung 1979. Ch. Barth
zeigt, wie auch in Barths Vorarbeiten zur Barmer Erklärung ein „politischer
Unterton" bzw. auch direkte politische Anspielungen auf den Nationalsozialismus enthalten waren, die späterer Überarbeitung gewichen sind (S. 34, 44,
47 u.a.).

14) Von „Verrat" spricht Barth im „Abschied", Anf II/S. 317. Vgl. Teil II, Kap. 6.3.

letzter Eindruck jetzt doch bloß der sein sollte, daß ich reichlich — eigensinnig sei" (Anf. II/321).

Nun hat Barth später, von Basel her, die politischen Implikationen seiner Haltung auch mehr und mehr **explizit** werden lassen, in einer Weise, die Überraschung und Bestürzung hervorrief und Barth gar selber ins Zwielicht gebracht hat. Wie konnte dieser plötzliche Wandel des „Dogmatikers" Barth zum *„militanten Antifaschisten"* Barth (Teubner 1975, S. 262-269) zu erklären sein? Es wurde über mögliche Inkonsequenzen oder „Brüche" in Barths Denken spekuliert, und wie den Einen zuvor der Theologe, so ist nun den Anderen der Politiker Barth verdächtig geworden — dies um so mehr, als Barth nach 1945 seine schroffe Ablehnung des Nationalsozialismus nicht auch auf den Kommunismus übertrug. Mit der Einheit von Theologie und Politik steht aber auch die Einheit des Barthschen Gesamtwerkes auf dem Spiel, in welchem Barth eine Trennung von „Dogmatik" und „Ethik", Theologie und Politik, nicht nur nie zugegeben, sondern auch nie zugelassen, d.h. stets energisch abgewiesen hat. Wer ihn als SPD-Genosse nicht haben wolle, der könne ihn auch als Theologen nicht haben — dies hat Barth 1933 dem Minister Rust indirekt zu verstehen gegeben. [15]) Wer ihn politisch nicht verstehe, habe ihn auch theologisch nicht verstanden — so Barth zu Gollwitzer im Kampf gegen die Wiederbewaffnung Anfang der 50-er Jahre. [16]) So hat Barth aber schon 1946 in *„Christengemeinde und Bürgergemeinde"* explizit auf die Barmer-Erklärung zurückgegriffen, als er an die politische Verantwortung nicht nur des einzelnen Christen, sondern der ganzen „christlichen Gemeinde" erinnerte.

Er bezieht sich im letzten Absatz dieser Schrift auf die „5. Barmer-These" und fügt kritisch an: *„Ich bin der Meinung, das Thema . . . also im Sinne der Bekennenden Kirche in Deutschland behandelt zu haben. Es würde einiges anders stehen, wenn sie diesem Element jener Erklärung rechtzeitig eine größere Aufmerksamkeit geschenkt hätte"* (Barth 1946a, S. 82). Ähnlich heißt es in einem Brief „An die deutschen Theologen in der Kriegsgefangenschaft" 1945: *„Ich würde (heute) deutlicher machen, was dort gerade nur am Rande sichtbar wurde: daß die Theologie und die Kirche nicht nur für sich, sondern in der Welt und für die Welt existieren, im Volk und für das Volk, im Staat und für den Staat. . . Ich würde auf dem Boden des berühmten ersten Satzes von Barmen auf den fünften jener Sätze höchstes Gewicht legen. . . Daß wir in dieser Richtung vorwärts blicken und gehen müssen,*

---

15) E. Busch, Karl Barths Lebenslauf, S. 237f. Vgl. Barths Briefwechsel mit P. Tillich vom März/April 1933, in: Evangelische Kommentare 10/1977, S. 111. Vgl. Teil I, Kap. 2.3.1.

16) Mündliche Mitteilung im Zusammenhang mit Barths Schrift: Die politische Entscheidung in der Einheit des Glaubens ThEx 34/1952.

das ist das, was ich in einer ‚Theologischen Existenz 1945' meinen deutschen Brüdern dringend und flehentlich ans Herz legen müßte" (Barth 1956a, S. 94).

Schließlich hat Barth in KD IV/3 1959 noch einmal zu einer breiten Auslegung der 1. Barmer-These ausgeholt und das *„prophetische Amt"* Jesu Christi bzw. den *„prophetischen Auftrag"* der christlichen Gemeinde im *„Weltgeschehen"* betont.

Barth spricht dort sogar von *„wahren Worten"* auch außerhalb der Kirche — z.B. in der säkularen oder atheistischen Welt — und von *„freien Kundgebungen Jesu Christi im Weltgeschehen."* (KD IV/3, 128 ff) Dagegen hat der Lutheraner G. Gloege gefragt: *„Ist die Wahrheit von 1934 heute 1959 nicht mehr die Wahrheit?"* und rückblickend stellt er fest: *„Ich müßte aber auch meinen Weg innerhalb der ‚Bekennenden Kirche' als Irrweg bezeichnen, wenn obige Sätze wahr wären"* (Gloege S. 160, Anm. 45). Gloege dürfte dabei für viele theologische Zeitgenossen Barths stehen, denen Barths politische Haltung zu einer echten Frage geworden ist. Dabei hat Barths politische Haltung freilich auch schon gelegentlich „theologische" Deutungen erfahren: Es habe Gott nämlich gefallen, Barth auf dem *„linken Auge"* mit Blindheit zu schlagen, um ihn und die anderen vor falscher Verehrung bzw. Personenkult zu bewahren! Ja, wie sollte es nicht *„menschliche Schwächen"* in Barths Haltung geben und geben dürfen, die nur allzumenschlich und insofern heilsam sein können! (Wyshgorod S. 233) Zum Prinzip erhoben besagt diese Deutung aber, daß Barths politische Theologie und Ethik insgesamt unverstanden bleiben muß.

So hat Barth freilich nicht nur theologische, sondern ebenso politische Gegnerschaft ertragen müssen. Sie war ihm Bestandteil der „theologischen Existenz" und ein Element seiner christlichen Zeugenschaft, das auch hermeneutisch von großer Bedeutung ist. Es fragt sich daher, ob nicht auch gerade Barths „Politik" einen echten Zugang zu seiner Theologie eröffnen kann. Taten sind immer wieder beredter als „Worte" — und wieviele Zeitgenossen warteten damals und warten auch heute auf Taten, die dem geoffenbarten „Wort Gottes" entsprechen möchten! Barth ist sich dieses hermeneutischen Verhältnisses in seiner Theologie wohl bewußt gewesen, wenn er die christliche Zeugenschaft in seinem Leben zweimal (1915 und 1931) mit persönlicher — sozialistischer — Parteigenossenschaft verband. Hat Barth nach 1945 auch im sozialistischen Lager Gehör gefunden, so ist dies gerade solchen Taten zu verdanken, und christlich-marxistischer „Dialog" spielt sich in Barths Theologie weit weniger auf theoretischer als auf praktischer Ebene ab (Marquardt 1972, S. 39 ff, 340 ff).

Es ist diese Herausforderung, die in der Barthschen Einheit von Theologie und bestimmter „Praxis" begründet liegt, welcher sich Marquardts Interpretation gestellt hat. Nicht anders als Barth selber hat er sich dabei dem Mißverständnis aussetzen müssen, er betreibe nur noch Politik und also — keine Theologie. [17] Es ist aber deutlich, daß mit solcher Fragestellung nicht nur der Status des Politischen in der Theologie, sondern auch der Status des Theologischen in der „Politik" (und im gesellschaftlichen Leben überhaupt) neu bedacht werden muß. Zunächst bedeutet dies, daß die Frage nach der Einheit des Barthschen Gesamtwerkes nicht auf dem Wege einer rein „systematischen" Reflexion entschieden werden kann, wenn dabei unberücksichtigt bleibt, daß es hier nicht um die Frage der Einheitlichkeit und Geschlossenheit eines theoretischen „Systems", sondern um Einheit eben im Verhältnis von Theorie zu höchst zeitbedingter „Praxis" geht.

In der ideologiekritischen Unterscheidung des theologischen „Gottesbegriffs" vom lebendigen „Gott selbst" entzieht sich freilich auch Barths Dogmatik jeder letzten Systematisierung. Sie steht für Marquardt gerade so auch der „historisch-materialistischen" Kritik offen und ist in allen ihren Teilen von praktischer Vernunft — der linkshegelianischen „Kategorie Praxis" — geprägt (Marquardt 1972, Einl.). Wieviel mehr muß dies nun gerade für die politisch-praktischen Entscheidungen dieses Theologen gelten, die für ihn qua definitione unideologisch-pragmatische Entscheidungen waren! [18]

Hier findet gewiß auch der gegen Barth gerichtete „Dezisionismus"-Vorwurf seine Anhaltspunkte. Hier geht es aber nicht um „Dezisionismus", sondern um die Bedingungen freier Entscheidung im Leben mündig werdender „christlicher Gemeinde", zugleich um Barths neue Verhältnisbestimmung von „Evangelium und Gesetz" (Barth 1935). Sie ist kritisch gegen die obrigkeitsstaatlichen Lehren des zeitgenössischen Luthertums wie auch besonders der „politischen Theologie" Gogartens gerichtet. Und zweifellos: hier ist das „anarchistische" Element zu spüren, das Marquardt in dieser Theologie aufgewiesen hat! (Marquardt 1972, S. 306 f). Es ist dabei gerade die Gefahr der Bevormundung des Einzelnen oder der ganzen Gemeinde durch den „Dogmatiker", der Barth sich zeit seines Lebens in überraschender Weise bewußt geblieben ist.

Als die entscheidende theologische Disziplin kann die Dogmatik doch gerade nicht die ethisch-politischen „Entscheidungen" des Christen und der Christengemeinde programmieren, jedenfalls nicht, ohne sogleich ihrer Grenze und sogar „Ohnmacht" gewahr zu werden. Sie ist „Zeugnis" des le-

---

17) Dieser Vorwurf, vor allem von den Deutschen Christen erhoben, hat in der Bekennenden Kirche trotz der zahlreichen „Dementis" Barths von Anfang eine enorme Rolle gespielt — besonders nach seinem Brief an J. Hromadka 1938!

18) Dazu vgl. K. Geyer, Polemische Theologie. Das „ethische Problem" in der „Dogmatik" Karl Barths, in: K. Geyer/P. Winzeler, Von der realen Dialektik der Gnade, Dahlemer Hefte 4, 1975.

bendigen Wortes Gottes — über dessen *„Geschehnis"* hat sie keine Macht. [19] Sie hat eine überaus begrenzte Funktion — sie kann auch nicht etwa mit allgemeinen gesellschaftlichen Theorien konkurrieren wollen. Sie verbürgt keine *„Allgemeinheit schlechthin"* (Wagner 1975, S. 12). Sie ist immer wieder in höchstem Maße orts- und zeitbedingt — und wieviel mehr muß dies nun gerade für die Fragestellung einer „sozialistischen Barth-Interpretation" gelten!

Für Marquardt bedeutet dies, daß gerade die *„Zeitbezogenheit"* der Barthschen Theologie *„wichtiges Element ihrer Einheit"* ist (Marquardt 1972, S. 337). Dies hat Rückwirkungen auf die Interpretation: Eine bloße Wiederaufnahme der „dialektischen Theologie" verrät die Dialektik, die sie meint. Gerade gegen den Zwang zur *„Wiederholung"* hat sich Barth leidenschaftlich zur Wehr setzen können:

> *„Als ob die Kirche ein Automat wäre, bei dem man sich gegen Einwurf eines Geldstückes heute selbstverständlich die gleiche Ware verschaffen kann wie gestern!"* Man kann diesen Satz gar nicht wörtlich genug verstehen, mit welchem Barth 1948 begründet, warum er nicht daran denkt, auf die Front des ‚Kalten Krieges' einzuschwenken (Barth 1949, S. 13).

So manifestiert sich die *„Kontinuität"* der Barthschen Theologie immer wieder im scheinbaren oder auch echten *„Widerspruch"* zu vergangenen Positionen. [20] Das betrifft zweifellos auch den **„Sozialismus"**, der für Barth in verschiedenen Stadien seines Lebens ja durchaus verschiedene Bedeutung hatte. *„Karl Barth war Sozialist"* — dies ist für Marquardt freilich schon biographisch eine gut belegte Tatsache (Marquardt 1972, S. 39). Aber hätten doch Marquardts Kritiker besser bemerkt, daß auch der Sozialismus eine überaus „zeitbedingte" Erscheinung und Realität des 19. und 20. Jahrhunderts ist, die sich in immer neuen Gestalten und Formen präsentiert, sei es als Genossenschafts-, Gewerkschafts- oder Friedensbewegung, als revolutionäre oder reformerische bzw. staatstragende Partei, als Staats- und Gesellschaftsform, Wissenschaft und Kunst, Ideologie oder Ideologiekritik, etc. Man vergesse nur nicht, daß auch der „Nationalsozialismus" eine Gestalt des Sozialismus präsentieren sollte! Aber gerade weil der Sozialismus bei Barth niemals eine abstraktideologische Größe war, legt sich eine zeitgeschichtliche Methode des Verstehens nahe.

---

19) Ethik I 1928 (GA II) hg, v.D. Braun, S. 145. Deswegen bezeichnet Barth die Ethik zunächst nur als „Hilfswissenschaft" der Dogmatik! (S. 27).

20) Die „Kontinuität im Widerspruch" im Verhältnis Barths zur liberalen Theologie betont W. Groll in seiner Untersuchung zu „Ernst Troeltsch und Karl Barth" 1976. Sie ist nicht grundsätzlich zu bestreiten. Nur unterschätzt Groll die Tragweite und Kraft des Widerspruchs in Barths früher Theologie, in welchem allein er auch das „Erbe" des Liberalismus bewahrt.

Es ist freilich der „*Klassengegensatz*", den Barth in seiner Safenwiler-Gemeinde „*konkret vor Augen hatte*", in welchem er

nach eigenem Zeugnis „*wohl zum ersten Mal von der wirklichen Problematik des wirklichen Lebens angerührt worden*" ist. „*Dies hatte zur Folge, daß ... mein eigentliches Studium sich auf Fabrikgesetzgebung, Versicherungswesen, Gewerkschaftskunde und dergl. richtete und mein Gemüt durch heftige, durch meine Stellungnahme auf Seiten der Arbeiter ausgelöste, lokale und kantonale Kämpfe in Anspruch genommen war*" (Busch S. 81).

Aber dieser Erfahrungs- und Praxiszusammenhang — und gar nicht etwa erst eine literarische Abhängigkeit Barths von Feuerbach, Marx, Lenin, Krapotkin etc. — war nun auch von bestimmendem Einfluß auf Barths „*Theologie*", genauer: auf die Weise, in welcher Barth den Text der „Bibel", Wort und Offenbarung Gottes zu sich reden ließ. Nur bediente sich Marquardt — assoziativ — auch jener anderen Schriftsteller und ihrer Sprache, um die theologische Sprache Barths verständlich zu machen. Damit trifft der Interpret freilich eine Wahl, die er an seinem Gegenstand immer erst ausweisen bzw. hinterfragen lassen muß. Nur kann offenbar auch die lauterste Interpretation — auch z.B. eine „immanente Werkexegese" — nicht umhin den Kontext ihres Unternehmens mehr oder minder absichtsvoll zu wählen. So hat etwa E. Jüngel seine Barth-Paraphrase erkennbar in den Kontext eines „existenzial-anthropologischen" Fragehorizontes nach Heidegger, R. Bultmann bzw. E. Fuchs gestellt (Jüngel 1965). So hat sich P. Lange in seiner Studie zu K. Barth und F. Gogarten „zwischen den Zeiten" bewußt von den Anfragen Gogartens an Barth leiten lassen. [21] So hat E. Lessings soziologische Untersuchung zum „*Problem der Gesellschaft in der Theologie K. Barths und F. Gogartens*" einen marxistischen Bezugsrahmen mit Absicht a priori verworfen (Lessing 1972), [22] während wiederum Ch. Gestrich sich den Fragehorizont vor allem E. Brunners zu eigen gemacht hat (Gestrich 1975). So hat es sich aber geradezu schon eingebürgert, daß Barths Theologie „zwischen den Zeiten" stets aus dem Kontext

---

[21] P. Lange, Konkrete Theologie? K. Barth und F. Gogarten „Zwischen den Zeiten" (1922 – 1933) 1972. Eine sehr material- und kenntnisreiche Studie zu unserem Thema, die die politische Auseinandersetzung zwischen Barth und Gogarten bewußt zurückstellen will, um ihre theologischen Gemeinsamkeiten und Differenzen zu erhellen. Durch die anthropologisch-existenziale Zentrierung der Fragestellung kommt aber vor allem das Kirchenverständnis und Bibelverständnis Barths zu kurz. Und wie kann es kommen, daß Lange Barths Anselm-Buch nur einmal erwähnt? (S. 317). Man wird die zahlreichen Anregungen trotzdem dankbar zur Kenntnis nehmen dürfen! Zur Kritik an Lange vgl. Teil II, Kap. 5.1.3.

[22] Zur Kritik an E. Lessing vgl. Teil I, Kap. 2.1.4.

des **Gesamtphänomens** der frühen „Dialektischen Theologie" und in einem vornehmlich **innertheologischen** Gesprächszusammenhang interpretiert wird.

Ob dies nur einfach die Gesprächssituation an vielen theologischen Fakultäten wiederspiegelt — oder aber dem Bemühen entspringt, die „theologische Sachlichkeit" der jeweiligen Fragestellung zu erweisen? Es ist jedenfalls nicht a priori einzusehen, warum F. Gogarten in Bezug auf Barth ein besserer theologischer Gesprächspartner sein müsse, als etwa K. Marx. Warum dürfen Theologen nur — mit Theologen reden? Bei den genannten Arbeiten ist nun aber auch offenkundig die Bemühung im Spiel, nicht nur Barth von Gogarten, Brunner, Bultmann ect. her zu verstehen, sondern wiederum diese anderen „dialektischen Theologen" mit ihrer Fragestellung zu rehabilitieren — nämlich gegen die schroffen Zurückweisungen, mit denen Barth seine theologischen Gefährten von „Zwischen den Zeiten" je bedachte! Es handelt sich unweigerlich um die Erneuerung der **philosophisch-theologischen** bzw. „anthropologischen" Fragestellung in der Theologie, die Barth meinte hinter sich zurückgelassen zu haben, die er bei seinen Freunden sich neu ankündigen sah. So ist gerade Ch. Gestrichs zusammenfassende Darstellung darum bemüht, die *„Spaltung der dialektischen Theologie"* aus dem weiten Kontext des *„neuzeitlichen Denkens"*, d.h. auf dem philosophiegeschichtlichen Hintergrund der Aufklärung und des Zerfalls des deutschen Idealismus zu erhellen und zu erklären. Nun ist dies gewiß weder uninteressant noch illegitim! Es gemahnt uns nur daran, daß die Barth-Interpretation auch in dieser Gestalt von einem je gewählten Bezugsrahmen mitbestimmt ist, der ihrem Gegenstand nicht a priori angemessen ist — zumal wenn von solchen Faktoren, die von Barth z. T. explizit als sachfremd verworfen worden sind. Wir hören freilich den Einwand: es sei in jedem Interpretationsverfahren, auch in einem „marxistischen", ein beträchtliches, womöglich unreflektiertes, „philosophisches Vorverständnis" mit am Werk! Dem ist so, und die Gefahr einer möglichen „Konstruktion a priori" (wonach es sich bei Barth gar nicht anders verhalten könne als es dürfe und müsse), ist hier wie anderswo gar nicht zu bestreiten. Gerade eine „historisch-materialistische" Interpretation kann ihre Prämissen und ihren gesellschaftlichen Standort nicht kritisch und selbstkritisch genug hinterfragen! Sie wird es aber tun, indem sie ihren Standort erst einmal bezieht bzw. sich Rechenschaft gibt, in welcher Art „Gesellschaft" sie sich immer schon befindet. Ja, Hegel oder Marx, Heidegger oder Marx — das ist hier die Frage! Nach Gestrich hat Marquardt den *„marxistischen Fund"* in der Theologie K. Barths überschätzt (Gestrich S. 258, Anm. 60). Aber es könnte immerhin sein, daß man Barth aus Scheu vor möglicher Über-Interpretation in etwa auch zuwenig interpretiert, daß man ihn mit bestimmten Fragestellungen nur allzusehr in Ruhe lassen möchte! Sei es in Sorge um den „*guten Ruf*" und wissenschaftlich „*sauberen Mantel*" der Theologie, sei es denn in der Sorge „*um die doch wirklich nicht so leicht zu bedrohende Transzendenz des Reiches Gottes*" selbst! (Barth 1945, S. 76). Aus dieser Scheu, die Tragweite dieser Theologie auch bestimmten Belastungen — und der damit verbundenen Belastungsprobe — auszusetzen, dürfte sich aber auch manche Unfruchtbarkeit der neueren Diskussion um Barth erklären.

Nun bestreite ich den innertheologischen (auch philosophischen) Gesprächszusammenhang der Barthschen Theologie nicht — nur dies, daß es sich hier um den einzigen und einzig sachgemäßen Kontext der Barthschen Theologie handeln möchte. Warum soll es daneben nicht auch noch einen anderen — vielleicht literarisch nicht ebenso gut faßbaren — „Kontext" des Barthschen Theologisierens gegeben haben? Es ist nun doch offenkundig die „soziale Frage" der neuzeitlichen Gesellschaft, die immer wieder in Barths Theologiebildung realiter „eingegriffen" hat, in die Wahl der theologischen Anschauungen bis in die Wahl des theologischen „ Begriffs"! Gerade als eine an der Bibel orientierte Theologie hat sich Barths Theologie vom Sozialismus nicht emanzipiert, wie z.B. F. Wagner es wohl möchte,[23] aber darum, weil ja auch die moderne Gesellschaft ihre „soziale Frage" noch nicht los geworden ist. Barth als „*Theologen der Neuzeit*" (Steck/Schellong) verstehen, heißt darum, ihn in Beziehung auf diese soziale Frage: auf Kapitalismus, Sozialismus, Kommunismus und dann eben auch „Nationalsozialismus" verstehen.[24]

Die Frage ist, was dies für die **Methode** der Interpretation bedeutet. Sie kann sich — und dies bestimmt Anlage und Aufbau dieser Untersuchung — nur an ihrem Gegenstand entwickeln. Sie kann, auch auf die Gefahr von methodischen Willkürakten hin, nicht a priori vorgeschrieben oder vorweggenommen werden. Ein bewegter Gegenstand ist nur in seiner Bewegung

---

23) Wagners Kritik an Marquardts Interpretation zielt im Grunde auf Barth selber, dessen Theologie immer noch einem „positionellen" Denken verhaftet geblieben, darin aber „nicht nur dem Sozialismus, sondern auch dem Faschismus und seiner Theoriebildung (sic) verwandt" sei! (Theologische Gleichschaltung a.a.O. 41). Barths Konstruktion der „radikalen Autonomie Gottes" (T. Rendtorff) sei in ihrem Anspruch gescheitert, jenseits der gesellschaftlichen Bedingungsverhältnisse „Gott" als das „Unbedingte" zu denken. Dagegen habe die Theologie eine „Allgemeinheit . . . schlechthin" zu verbürgen, die einen „höheren Abstraktionsgrad" verlangt, wo dann auch der Sozialismus nur noch als „ein bestimmter Anwendungsfall des Allgemeinen" in Betracht zu ziehen wäre (S. 12f). Zur Kritik an Wagner vgl. Teil II, Kap. 7.2.3.

24) In dieser Richtung zielt auch U. Dannemann, Theologie und Politik im Denken Karl Barths, der die „Theologie-Politik-Konnexion" bei Barth vor allem anhand der Kirchlichen Dogmatik (KD) erforscht. Noch unveröffentlicht ist die Dissertation von D. Clausert, Theologischer Zeitbegriff und politisches Zeitbewußtsein in Karl Barths Dogmatik am Beispiel der Prolegomena 1982.

zu erfassen. An ihm allein kann und muß sich die Interpretation bewähren und disziplinieren, und auch bestimmte Umwege und vielleicht Irrwege können dabei nicht von vornherein vermieden werden. Ich meine aber, daß es nicht einmal eine methodische Willkür geben könnte, die an diesem Gegenstand nicht früher oder später „zur Sache" — und damit zur Disziplin gerufen würde. Barths Theologie ist namhafte Theologie. Und diese bedeutet, daß sie immer wieder und unter allen Umständen zu dem einen „Namen" hinlenkt, der auch in zeitgeschichtlicher Gegenwart die „Sache", der alleinige Gegenstand — und damit das Zentrum — der evangelischen Theologie ist: Jesus Christus.

Dieser Gegenstand ist freilich nicht der „unmittelbare" Gegenstand dieser Arbeit, sondern ihr mittelbarer: sofern die Theologie K. Barths von ihm bewegt ist. Aber auch Barth hat diesen Gegenstand nicht „direkt" vor Augen, sondern „indirekt": in der Brechung des biblischen Zeugnisses und der kirchlich-dogmatischen Tradition, unter den „zeitgeschichtlichen" Determinanten seiner Fragestellung. Von da aus ergibt sich ein **methodisches Dreieck**, in welchem die „Lektüre" dieser Theologie — bzw. die Arbeit der Interpretation — sich zu bewegen (und bewegen zu lassen) hat, in der sie auch ihre eigene Beteiligung, Subjektivität — und „*Findigkeit*" (Marquardt 1972, S. 26) — keineswegs ausschalten oder verleugnen darf:

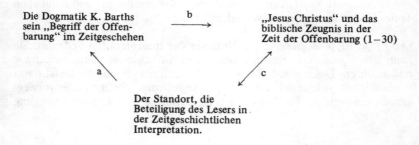

Die Dogmatik K. Barths sein „Begriff der Offenbarung" im Zeitgeschehen

b

„Jesus Christus" und das biblische Zeugnis in der Zeit der Offenbarung (1—30)

a

c

Der Standort, die Beteiligung des Lesers in der Zeitgeschichtlichen Interpretation.

Der Interpret kann „Barth" nicht interpretieren (a), ohne von Barth auf das Christus-Zeugnis gestoßen zu werden (b), ohne sein eigenes Verhältnis zu diesem Zeugnis zu reflektieren (c). Man könnte auch sagen: Er kann Barth nicht interpretieren, ohne sein eigenes „in- (oder außer-) der-**Kirche**-sein" mitzubedenken. Er steht ja immer schon in einer „vorgängigen" Beziehung c. Der eigentliche Gegenstand der Interpretation ist wohl die Beziehung a in der Beziehung b. Das Ziel der Interpretation ist aber nicht zuletzt: die Veränderung der Beziehung c.

Nun ist Barths Theologie „zwischen den Zeiten" — in der Neufassung der „Prolegomena" zur Dogmatik — auf dem Weg zur „**christologischen Konzentration**" seines theologischen wie politischen Denkens. Die Jahre des

„Durchbruches" (wenn diese Metapher erlaubt ist), stehen dabei in unmittelbar zeitlicher Nähe zur Machtergreifung des **Nationalsozialismus.** Einen mechanisch-schematischen Zusammenhang zwischen diesen Ereignissen zu postulieren, steht mir fern — nicht weniger aber auch eine Betrachtungsweise, die hier nur einen äußerlichen, chronologisch-biographischen Zusammenhang konstatiert. Möchte es so sein, daß Barth in diesen Jahren konzentrierter theologischer Arbeit nun doch nicht nur (theologisch wie politisch) „Allotria" getrieben hat — daß sich seine Theologie gerade in dieser „strategischen" Ausrichtung auch als „zeitgemäß" erwies? Er sagt 1938 im Rückblick:

„Ich habe nicht nur zum Vergnügen einen leeren Bogen gespannt, wie ich es nach vieler Meinung zu tun schien. Ich habe offenbar auch einen Pfeil auf der Sehne gehabt und geschossen. Es wäre gut, wenn einige im Blick auf das, was jetzt geschehen ist, endlich verstehen würden, wie es schon vorher gemeint war!" (Der Goetze S. 190).

Dazu beizutragen ist der Sinn und die Absicht dieser Arbeit. Die Art der **Darstellung** — und der Aneignung des zeitgeschichtlich-biographischen wie dogmatischen Stoffs — sucht der komplexen Struktur ihres Gegenstandes gerecht zu werden und zugleich den Erkenntnisweg des Verfassers zu verdeutlichen. Sie bietet nicht die „strenge Form" der einschlägigen theologiegeschichtlichen Monographie und also — im Barthschen Sinn der Definition — ein Kapitel „irregulärer" Theologie. Sie sucht den Zugang zur „regulären" Form von Barths Kirchlichen Dogmatik: Sie tut es aber in Hinsicht darauf, daß es gerade die „Denkform" dieser Dogmatik ist, die ihren kirchlichen wie unkirchlichen Zeitgenossen einen Zugang immer wieder zu verwehren scheint. So kommt es, daß ich mich weder streng an die chronologische Reihenfolge der Barthschen Veröffentlichungen, noch an die (topographische) Gliederung seiner dogmatischen „Prolegomena" halte, wenn ich die „Grundformen" seines dogmatischen Denkens in ihrer historischen Genesis und aus dem Kontext des sie berührenden „Zeitgeschehens" zu erheben versuche. (Teil II, man vergleiche dazu die Anordnung in CD und KD I). So kommt es, daß rein reproduktive Darstellungen des Barthschen Gedankenganges in dieser Arbeit — bis auf wenige Ausnahmen — fehlen, weil sie nicht dem „narrativen", sondern dem implizit und explizit ideologiekritisch-politischen Duktus des Barthschen Denkens folgen will. So kommt es, daß ich Zitierungen Barths — wie ich denn Barth selber auch ausführlich „zu Wort" kommen lassen wollte - ihrem dogmatischen Kontext doch immer wieder „entrissen" habe: gerade um der Frage willen, wie sie denn nach dorthin gelangt sein möchten. Endlich gebe ich auch immer wieder assoziativen (und aktualisierenden) Erörterungen Raum, die Barths Theologie „zwischen den Zeiten" nicht nur in seiner, sondern auch aus „unserer Zeit" verstehen wollen.

Man könnte sich, um der komplexen Struktur des Gegenstandes dieser

Arbeit — und auch der „Vielschichtigkeit" des Barthschen Denkens
selber — ansichtig zu werden, einer strukturalistischen „Codifizierung"
behelfen:
Der „**narrative Code**" würde den fortlaufenden Fluß des Barthschen
Argumentierens, der „**topographische Code**" den gegliederten Aufbau
seiner Lehre bzw. die Anordnung der dogmatischen „Loci" bezeichnen. Daß Barth schon in den „Prolegomena" seiner Dogmatik die sog.
„natürliche Theologie" verwirft — und z.B. auch eine „Religionskritik" vorträgt — zeigt, daß diese Codes auch „ideologiekritisch" zu lesen sind. Der „**ideologiekritische Code**" bezeichnet also den Barthschen Diskurs, sofern er von der herkömmlichen Gestalt der protestantischen Dogmatik in signifikanter Weise abweicht. So ist diese Dogmatik auch im „**politischen Code**" zu lesen, sofern sie reiche Bezüge
auf das politische Zeitgeschehen enthält, oder etwa gerade die Kirche
als „*ideologischen Staatsapparat*" (Althusser 1977) angreift (vgl. Judenfrage, Sozialismusfrage). So wird man dann insgesamt auch nach
dem „**strategischen Code**" dieser Theologie fragen dürfen, sofern er —
mit und unter allen anderen Codes — die dogmatisch-politischen
„*Grundentscheidungen*" Barths (Kreck 1979) bezeichnet — etwa die
„christologische Konzentration". Die bisherige existenziale Barth-
Interpretation hat in der Regel nur die ersten beiden dieser „Codes"
gelesen, es käme in einer „historisch-materialistischen" Interpretationsweise darauf an, auch die drei weiteren Codes zu lesen! Man wird
dann gewiß auch „zwischen den Zeilen" lesen dürfen, aber dann um
so gründlicher auch die Zeilen des „narrativen Codes" lesen müssen.
Ein mechanischer Schematismus ist damit nicht impliziert: denn diese
Codes können sich auch aneinander reiben, sie können sich sogar zeitbedingt „in die Quere" kommen! Es gibt hier „Ungleichzeitigkeiten",
gerade zwischen dem topographischen und dem politischen Code dieser Dogmatik, sofern Barth z.B. auch 1933 immer noch mit den dogmatischen „Prolegomena" beschäftigt, also noch nicht bei der Erwäh-
lungs- und Israellehre, noch nicht bei der Schöpfungslehre etc. ange-
langt war (vgl. II.6.3. !). Es gibt also vieles, was ein solches Schema in
der Abstraktion nicht zu leisten vermag — schon gar nicht ohne
Kenntnis und Aneignung des Stoffes! Eines kann es jedenfalls verdeutlichen: warum die „sozialistische Entscheidung" Barths — anders als
etwa bei P. Tillich nirgendwo „als solche" auftritt. Sie ist viel zu sehr
in der Gesamtstruktur dieses Denkens verankert, als daß sie einer besonderen „Esoterik" bedürfte. Sie setzt sich allmählich durch, gerade
auch im topographischen Code dieser Theologie. Sie äußert sich aber
zuletzt nur „exoterisch": in den keineswegs „dezisionistischen" poli-
tisch-pragmatischen Entscheidungen dieses Theologen (vgl. I.2.3.).

Nun, der „wirkliche Barth" ist in keiner Form „a priori zu demonstrieren",
auch seine „dogmatische Denkform" stellt ein Moment in der geschichtlichen Bewegung und Bewegtheit dieses Denkens durch seinen Gegenstand

dar. Aber dieser Gegenstand ist nicht nur Barths — er ist auch „unsere Sache". So ist auch dieses Buch, trotz seines Umfanges — aber gerade hinsichtlich der zahlreichen in Edition befindlichen, von mir unberücksichtigt gelassenen neuen Quellentexte — eine „Vorarbeit" und also ein „**Arbeitsbuch**", das weniger mit fertigen „Ergebnissen" überzeugen, als vielmehr zur selbständigen Mit- und Weiterarbeit Mut machen möchte.

Im ersten Teil (I) versuche ich, die allgemein-zeitgeschichtlichen Determinanten der Theologie K. Barths „zwischen den Zeiten" zu erhellen und die methodische Basis für die folgenden Teile zu schaffen. Im zweiten Teil (II) nimmt die Interpretation der „Grundformen" dieses dogmatischen Denkens den breitesten Raum ein. Im dritten Teil (III) versuche ich abschließend, die Einheit des Theologischen und Politischen bei Barth im Kirchenkampf exemplarisch zu verdeutlichen. Gewisse Überschneidungen haben sich technisch nicht vermeiden lassen, zumal ich auf die selbständige Lesbarkeit der einzelnen Kapitel geachtet habe.

*„Alle meine Gedanken kreisten um den einen Punkt, der im Neuen Testament Jesus Christus heißt . . . Aber wer von **uns** ist in der Lage, ‚Jesus Christus' zu sagen?"* (Anf. I/218). Mit diesen Worten ist mit der Sachlichkeit auch die Grenze dieser Arbeit bezeichnet.

TEIL I

Zwischen Sozialismus und National-Sozialismus. Zeitgeschichtliche Determinanten der Theologie K. Barth's in der Weimarer Republik.

Fragestellung und Literatur

Die Weimarer-Republik ist die erste demokratische Staatsgründung auf deutschem Boden. Karl Barth hat sie als frisch berufener Professor im Herbst 1921 betreten. Erst 1935 wurde er unter nationalsozialistischer Herrschaft in den Ruhestand versetzt und faktisch ausgewiesen. Dieser Zusammenhang ist aber nicht nur von biographischem Interesse. Er hat Barths theologische Arbeit in diesen Jahren nachhaltig beeinflußt. Die Abhängigkeit der Theologie von ihrer jeweiligen Umgebung und Zeit hat Barth in seiner Geschichte der *„protestantischen Theologie im 19. Jh."* selber aufzuweisen versucht.[1] Aber wie kann sie an Barths eigener Theologie erhoben und nachgewiesen werden? Und wie dann die Bedeutung dieser Theologie für diese ihre Zeit? Ich beabsichtige nicht, diese Fragen sofort zu beantworten, wohl aber, sie in ein Problem- und Reflexionsfeld zu überführen, das eine Klärung ermöglicht. Über den Erkenntniswert dieses Versuches wird dabei erst von seinen Resultaten her zu urteilen sein.

Sucht man in der Literatur nach Ansätzen zur Lösung dieser Fragen, so wird man wie im „bürgerlichen" so auch im „marxistischen" Lager zunächst wenig Befriedigendes finden. Um repräsentative Beispiele zu nennen: In Golo Mann, *„Deutsche Geschichte des 19. und 20. Jhs.",* ist Karl Barth überhaupt nicht erwähnt, so wenig wie in der offiziösen Darstellung der Weimarer-Zeit durch den DDR-Autor W. Ruge (Ruge 1974). K. Barth scheint keine „historische" Bedeutung zu haben, seine Theologie scheint nur für Theologen von Interesse zu sein. Immerhin nimmt H. Grebing in ihrer *„Geschichte der deutschen Arbeiterbewegung"* von Barth Notiz, weil seine Theologie über P. Tillich auf den Religiösen Sozialismus eingewirkt habe (Grebing 1966, S. 198). Aber damit hat es dann sein Bewenden. Erst jüngere Publikationen aus der DDR haben Barths antifaschistischer Tätigkeit (vor allem in den dreißiger Jahren) Aufmerksamkeit geschenkt,[2] wobei freilich Barths theologisches Denken kaum Beachtung findet. Dieses Bild vervollständigt sich, wenn nun umgekehrt die theologischen Arbeiten über Barth eben nur an der Theologie Barths Interesse zeigen und diese vor allem im theologie- bzw. geistesgeschichtlichen Zusammenhang begreifen. Noch 1962 konnte J. Moltmann urteilen:

> „*Es ist sicher sehr interessant, diese ,Theologie der Krise'* (gemeint ist die frühe dialektische Theologie PW) *historisch im Zusammenhang der allgemeinen Kulturkrise, Staatskrise und Christentumskrise nach dem ersten Weltkrieg zu lesen und zu deuten, doch ist es kaum sehr ergiebig. Nicht die Krisenstimmung und der Radikalismus, den sie der ,dialektischen Theologie' mitgeteilt hat, sind wichtig, wohl aber das, was in jenen Jahren an theologischer Erkenntnis gewonnen wurde. Die ,dialektische Theologie' stammt nicht aus der Krisenstimmung jener turbulenten Jahre"* (Anf. I, S. X).

Die Äußerung könnte dazu angetan sein, verschiedene Urteile über die historische und soziologische Irrelevanz der Theologie Barths in den zwanziger Jahren zu bestätigen, sei es, daß man in Barth den Vertreter einer „*cognitiven Minderheit*" (Berger S. 19, 26, 76 f) sieht, sei es, daß man bei ihm – mit Gogarten – die Gefahr einer „*zeitlosen, sich selbst genügenden Theologie*" (Anf. II/332) drohen sieht. Aber darin ist Moltmann sicher Recht zu geben, daß man Barths politische und zeitgeschichtliche Bedeutung jedenfalls nur **in** seiner Theologie wird erheben können, und es ist ihm zuzubilligen, daß er gegenüber einer Reihe von vor allem religionssoziologischen Untersuchungen Recht behält, die mit einem noch unzureichenden Begriff von Theologie arbeiten. Darunter fällt auch die marxistische, aber in den entscheidenden Passagen doch eher existenzialistische Analyse von M. Machovez, die Barths Theologie „*einer Epoche der allgemeinen Krise und Auflösung der bourgeoisen Gesellschaft . . . , des Imperialismus und der sozialistischen Revolution*" (Machovez 1965, S. 68) zuordnet.[3] Aber auch K. Scholder, der Barths Theologie auf dem Hintergrund der „konservativrevolutionären" Strömungen und der antidemokratischen Opposition der Weimarer-Zeit zu analysieren versucht, vermag nicht recht zu überzeugen.[4] Die konservative „politische Romantik", die sich bei F. Gogarten, dem langjährigen Kampfgefährten K. Barths, unzweideutig feststellen

---

1) Die protestantische Theologie im 19. Jahrhundert. Ihre Geschichte und ihre Vorgeschichte 1946, zit. als „Prot. Theol." nach der Siebensternausgabe 1975.

2) Vgl. H. Teubner, Exilland Schweiz 1933 – 1945, S. 262-269.

3) Vgl. die Kritik von Marquardt, Theologie und Sozialismus, S. 340ff.

4) K. Scholder, Neuere deutsche Geschichte und protestantische Theologie, EvTh 23 (1963), S. 510-536. Scholder bezieht sich vor allem auf das „Bewußtsein der breiten Öffentlichkeit" für das Barth „auf Seite derer stand, die da mitschossen, . . . als die Republik geistig sturmreif geschossen wurde." (S. 522) – Auch neuerdings will Scholder „trotz viele mittlerweile vorgetragenen Einwände" bei seiner These bleiben. Die Kirchen und das Dritte Reich Bd. 1, S. 756, Anm. 66.

läßt,[5] kann nicht auf Barth übertragen werden — auch dann, wenn Barth durch diese Kampfgemeinschaft merklich ins Zwielicht gerät. Dieses Zwielicht stellt sich aber auch dort ein, wo der theologische Anspruch Barths wiederum so strikt genommen wird, daß er sich dem politischen Zeitgeschehen gegenüber als indifferent erweist und diese Theologie in die gefährliche Nähe eines politischen „Dezisonismus" rückt.

Dieser Eindruck entstand vor allem aufgrund der zweiten Auflage des Römerbriefes (R II), die offenbar die *„Schlußfolgerung"* zuließ, *„daß nämlich jedes politische Engagement letztlich sinnlos sei. Der bewegt in der Negation Verharrende hat gegen die bestehende Ordnung soviel einzuwenden, ,daß er — nichts mehr gegen sie einwendet' "*(Dannemann S. 119). Ähnlich haben T. Rendtorff, M. Baumotte, W.-D. Marsch u.a. geurteilt.[6]

Dabei wird freilich zu wenig berücksichtigt, daß Barth im selben Zusammenhang zur politischen *„Sachlichkeit"* aufruft, eben dazu, ein *„guter Bürger",* d.h. Staatsbürger, zu sein! (R II/471).

Immerhin haben solche Urteile dazu geführt, daß der Gesellschaftsbezug und die zeitgeschichtliche Anhängigkeit der Barthschen Theologie nun doch umfänglich in Diskussion geraten ist. So hat E. Lessing die Begrifflichkeit Barths einer „soziologischen" Analyse unterzogen und sie, im Sinne der Soziologie Max Webers, einem „liberalen" Gesellschaftsdenken zugeordnet (Lessing S. 287 und passim). Im Umkreis von T. Rendtorff ist die Bemühung im Gange, Barth unter den spezifisch „neuzeitlichen" Voraussetzungen des Christentums, der „Dialektik der Aufklärung" und des modernen „Autonomiebewußtseins" zu verstehen und zu erklären,[7] während F.W. Marquardt gerade den „sozialistischen Einfluß" (Marquardt 1972, S. 5 ff) auf die Theologie Barths hervorgehoben hat.

Wie immer aber diese Arbeiten in der Absicht und Methode auseinandergehen, es zeigt sich, daß das genannte Dilemma oft nur auf eine andere Ebene verschoben, vielleicht umsichtiger und subtiler erfaßt, nun vielleicht aber auch vollends kenntlich gemacht wird. Während Lessing, unbeschadet der Möglichkeit und Berechtigung eines solchen Versuches, die Intention der Barthschen Begrifflichkeit doch nicht zureichend erfassen kann und sie letztlich der „Norm" der soziologischen Kategorienbildung Max Webers

---

5) Vgl. T. Strohm, Theologie im Schatten politischer Romantik 1970, bes. S. 192ff.

6) Vgl. Einleitung, Anm. 3, 4, 6.

7) T. Rendtorff, Radikale Autonomie Gottes, Zum Verständnis der Theolgie K. Barths und ihrer Folgen, in: ders., Theorie des Christentums, S. 161-181. Ders. Hg., Die Realisierung der Freiheit, Beiträge zur Kritik der Theologie K. Barths, 1975.

unterwirft,[8]) besteht bei T. Rendtorff, F. Wagner u.a. die Gefahr, daß das bewußt „Neuzeitliche" an der Theologie Karl Barths in einer begrifflichen Abstraktion erhoben wird, die sie erneut in die reine Geistesgeschichte entrückt, das heißt aber: gerade dem Zeit- und Gesellschaftsbezug entfremdet, in dem sie begriffen werden sollte.[9]) Eine ausgezeichnete Ausnahme stellt nur F.W. Marquardts an Entschlossenheit kaum zu überbietende Versuch dar, diese Theologie systematisch aus ihren historisch-soziologischen bzw. „sozialistischen" Rahmenbedingungen herzuleiten, wobei nun aber gerade Marquardt sich auch die heftigsten Einwände gefallen lassen mußte.[10]) Aber auch dann, wenn diese Einwände — besonders gegen den von Marquardt ins Feld geführten „Historischen Materialismus" — oft mehr ideologischer als theologisch-sachlicher Natur sind und weithin an der Oberfläche seines Unternehmens verharren, so scheint diese Interpretation des „Beispiels K. Barth" doch auch selber so sehr „Beispiel" zu sein, daß sich eine schlichte Nachahmung nicht empfiehlt. Nicht nur hat Marquardt seine „Methode" so sehr am Gegenstand der Interpretation entworfen und realisiert, daß eine veränderte Gegenständlichkeit — z.B. Barths Theologie in Hinsicht auf die Weimarer-Zeit — zu veränderten Fragestellungen zwingen kann. Seine Analyse der „Zeitbedingtheit" der Barthschen Theologie ist auch in sich selber zeit- und standorts-bedingt — m.E. freilich gerade damit ein *„echter Fortschritt in der Geschichte der Barth-Forschung!"* (Dannemann S. 19). Es wurden indessen in der von Marquardt gewiesenen Richtung schon weitere Schritte getan — so etwa von H. Gollwitzer, D. Schellong, U. Dannemann[11]) — aber es handelt sich auch hier sicher noch nicht

---

8) So auch U. Dannemann, a.a.O., S. 18f.

9) Bei Wagner freilich beabsichtigt. Vgl. Einleitung, Anm. 48.

10) Vgl. Schlichting, Sozialismus und biblische Denkform, EvTh 32 (1972), S. 595-606; M. Jacob . . . noch einmal mit dem Anfang anfangen, a.a.O., S. 606-624; D. Schellong, Barth von links gelesen, ZEE 17 (1934), S. 238-250; H. Diem, Der Sozialist in Karl Barth, EvKom 5 (1972), S. 292ff; ders., Die Christologie Karl Barths in der Sicht von F.W. Marquardt, KuD 20/1974, S. 138ff; K.G. Steck, Sozialismus ernst gemeint? Luther, Monatshefte 11 (1972), S. 613f. F. Wagner, Theologische Gleichschaltung, a.a.O., S. 10-43; E. Jüngel, Gottes Sein ist im Werden, Nachwort zur dritten Auflage 1976, S. 123ff.

11) S. Einleitung Anm. 7 und 49.
U. Dannemann geht, „anders als Marquardt", bei seiner „Rekonstruktion der Theologie-Politik-Konnexion im Denken Barths von der sachlichen Systematik der Hauptwerke Barths aus", möchte dies aber „nicht als einen Gegensatz zu Marquardts Interpretationsmethode" verstanden wissen. „Wir meinen vielmehr, daß beide Interpretationsverfahren einander ergänzen" (a.a.O., S. 21f). In der Konzentration auf das analogische „Denkmodell" der KD bzw. der dort entwickelten „Theantropologie" muß Dannemann freilich ein bestimmtes „Ungenügen" in Kauf nehmen, das er in der „Denkmethode" der KD selber veranlagt sieht: „Sie vereinfacht und schematisiert notgedrungen das lebendige Geschehen, das in den Entsprechungen im Sein Gottes und des Menschen sich vollzieht". Sie bezeichnet also gerade nur einen logischen Aspekt der Barthschen Darstellungsform, ein „Hilfsmittel", das die „innere Ordnung und Struktur" der KD anzeigt,

darum, daß die Fragen schon so „beantwortet" wären, daß sich ein weiterer Versuch in dieser Richtung nicht lohnen würde. Er legt sich, indem das Problem erst recht gestellt worden ist, erst recht nahe — und dies mag nun auch für die bemerkenswerten kirchengeschichtlichen Arbeiten von K. Kupisch gelten, die Barths theologische Absicht und Wirkung immer schon im zeitgeschichtlichen Zusammenhang zu würdigen wußten.[12] Daß die Darstellung von Kupisch parteilich ist, ist nicht ihre schlechteste Seite, stellt der Kirchenkampf für Kupisch doch die eigentliche „Kirchengeschichte" des 20. Jhs. dar, in welcher Barth — theologisch und politisch — eine hervorragende Rolle spielt. Kupisch's Barth-Bild (von der ausführlichen Biographie von E. Busch oft nur im Detail überholt) entspricht zudem weithin dem Erinnerungsbild jener Mitkämpfer, die Barth persönlich gekannt haben — das ist Kupisch's Engagement, das ist nun freilich seine gewisse Grenze. Es könnte Barth nun immerhin noch anders und in weiteren Zusammenhängen zu interpretieren sein, als es seine engagierten Zeitgenossen zu sehen vermochten, und die Frage, inwiefern das Verhältnis von Theologie und Gesellschaft im zeitgeschichtlichen Kontext bei Barth über den biographischen Rückhalt hinaus systematisch entwickelt werden kann, ist bei Kupisch in dieser Weise nicht gestellt. Damit ist die Bedeutung von Barths „*Persönlichkeit*" und Biographie nicht geleugnet. Die Frage ist aber, inwiefern all das, was Barth an politischer Weitsicht oder auch Unbefangenheit oft nur „*persönlich*" unterstellt wird,[13] in seiner Theologie auch einen **systematischen Rückhalt** findet, weil es immer schon von dort her begründet war. Es wird also in einer etwas systematischeren Betrachtungsweise darauf ankommen, nach jenem „*Ursprung*" selber zu fragen, aus welchem Barths Denken und Handeln in seiner Beziehung auf das Zeitgeschehen verstanden werden kann, so eben, daß Barths persönliche und politische Biographie nicht nur als Ausgangspunkt, sondern als Folge seiner theologischen Entwicklung in Blick kommt. Allein eine solche Sichtweise, wie ungewöhnlich sie zunächst erscheinen mag, könnte die wirkliche „Einheit des Theologischen und Politischen" im Denken Karl Barths enthüllen, die in allen Diskontinuitäten die „Kontinuität" seines Lebenswerkes bzw. seiner „*theologischen Biographie*" verbürgt.[14] Nur: Wer so fragt, wird zunächst gerade nur auf das **Problem** einer solchen Betrachtungsweise gestoßen.

vermag aber die reale Dialektik des Theologischen und Politischen im Denken (und Handeln!) Karl Barths nicht immer in der nötigen Konkretion zu verdeutlichen. Man wird — auch im Vorfeld der KD — gerade da weiterfragen dürfen, wo Dannemann die Schwäche dieser Art von Systematik erblickt: Es „fehlt . . . großenteils die geschichtliche Dimension!" (S. 140ff).

12) Kupisch, Karl Barth, Hamburg 1971; Die Deutschen Landeskirchen im 19. und 20. Jahrhundert, 1966; Durch den Zaun der Geschichte, 1964 u.a.

13) Besonders bei M.W.D. Marsch, „Gerechtigkeit im Tal des Todes", S. 169f.

14) Dazu vor allem Marquardt, Theologie und Sozialismus, S. 200-230.

Es bietet sich vor allem als das Problem einer doppelten Frageweise dar
(1) nach der **äußeren,** auch ganz „materiellen" Bedingtheit der Barthschen
Theologie (wie von Erkenntnis und geistiger Arbeit überhaupt) durch die
Lebens- und Gesellschaftsverhältnisse seiner Zeit,
(2) nach den **inneren** (geistigen bzw. sachlichen) Voraussetzungen, unter
denen sich diese Theologie auf jenes Äußere zurückbezieht und in ihm
praktisch wirksam werden will. Es könnte dann freilich
(3) auch nach der objektiven **Wirkung** gefragt werden, die diese Theologie
willentlich oder unwillentlich gezeitigt hat: nach dem Verständnis, das
Barth bei seinen Adressaten gefunden hat, und nach den Mißverständnissen, die die Rezeption dieser Theologie begleiten. Aber dieser dritte Gesichtspunkt ist nicht primärer Gegenstand unseres Interesses, er ist es nur
insofern, als gewisse Deutungen oder auch Mißdeutungen dieser Theologie
es verunmöglichen könnten, daß das Problem jener doppelten Frageweise
überhaupt gesehen wird. Daß Barth immer wieder anders verstanden wurde
und insofern anders „wirkte" als es in seiner Absicht lag, darf nicht hindern, nach dieser Absicht zurückzufragen — und nach den Widerständen,
die sich dieser Absicht entgegensetzten. Dabei könnten wir den ersten Gesichtspunkt den „kritischen" Gesichtspunkt nennen, den zweiten den im
engeren Sinne „theologischen" Gesichtspunkt. Um „Kritik" geht es hier
eben in jenem umfänglichen Sinne einer „historisch-materialistischen" Frageweise, die Inhalt und Gestalt **jeglicher** Erkenntnis aus der sie bedingen-
den gesellschaftlichen Wirklichkeit erschließen will, [15]) um „Theologie"
aber, insofern es sich hier um eine spezifische Erkenntnisform mit einem
spezifischen „Gegenstand" handelt. Diese beiden Gesichtspunkte scheinen
sich darum a priori auszuschließen. Jedenfalls der Theologe wird sich sofort dagegen verwahren wollen, daß sein Gegenstand und seine Erkenntnis
auf dem Wege der historisch-materialistischen Analyse zureichend erfaßt
und getroffen werden könne. [16]) Und doch kann sich der Theologe nicht
letztlich darauf versteifen, daß er (mit „seiner" Erkenntnis, mit „seinem"
Gegenstand) von jener anderen Frageweise unbetroffen sei. Im Gegenteil!
Gerade als **christlicher** Theologe kann er nicht daran vorbei, daß doch jedenfalls sein „Gegenstand" — der in Jesus Christus offenbare Gott — selber
in Zeit und Geschichte eingetreten ist und daß gerade diesem Gegenstand
„nichts Menschliches fremd" geblieben ist. [17]) So unterliegt er der allge-
mein-menschlichen, der historischen und — wie lebhaft und berechtigt sein

---

15) Vgl. Marquardt, a.a.O., S. 17.

16) Besonders energisch z.B. E. Jüngel, Gottes Sein ist im Werden, im Nachwort zur
    dritten Auflage 1976.

17) Dem Theologen könne „nichts Menschliches fremd" sein — so begründet Goll-
    witzer in „Die kapitalistische Revolution" knapp und apodiktisch, warum er
    sich auf Fragen der Gesellschaft und des Marxismus einläßt! (S. 15). Der Satz
    kann mit Barth dogmatisch verobjektiviert werden: „Ihm selber (nämlich Gott
    in seiner Offenbarung PW) in seiner ganzen göttlichen Majestät ist nichts Mensch-
    liches fremd". ThFuA, S. 164.

Protest auch immer sein möge — der „historisch-materialistischen" Kritik.[18] Es versteht sich, daß er mit diesem Protest und seinen Einwänden den Kritiker zur Präzisierung, Korrektur oder auch Infragestellung seiner Methode nötigt, es versteht sich aber auch, daß es a priori keine besondere „theologische" Methode der Kritik geben kann oder gibt. Der Theologe unterliegt auf der ganzen Linie der Kritik, der qualifizierten wie auch der unqualifizierten, die zu einer qualifizierten erst noch werden will. So ist er im „Dialog" — mit seinen Kritikern und mit seinem Gegenstand! So versteht es sich aber, wenn eine alsbaldige „Synthese" dieser Frageweisen nicht ohne weiteres zu bilden sein wird. Denn gegen alle Erwartung von außen wird der Theologe doch immer wieder darauf bauen und hoffen, daß sich die Wahrheit und Wirklichkeit seiner Erkenntnis aus seinem Gegenstand „offenbare", wogegen der Kritiker es sich wohl immer wieder daran gelegen sein läßt, den Theologen in und mit dieser Erwartung einer allfälligen (ideologischen) Befangenheit oder gar eines mehr oder minder grundsätzlichen Irrtums über sich selber und seine Sache zu überführen. Es gibt eben falsche Theologie, so wie es von Anfang an Götzendienst, Baalskult, Religion etc. gegeben hat, und so ist der Theologe nicht von ungefähr von „Ideologieverdacht" umgeben! Und doch wird der Theologe immer wieder beteuern, daß er es im Grunde doch „ganz anders" gemeint habe, als es der Kritiker zu sehen glaubt etc. Wer sollte diesen Streit letztlich beenden und aus der Welt schaffen können?

Der gesuchte objektive bzw. „wertfreie" Bezugsrahmen, in welchem dieses Dilemma zu beseitigen und die damit aufgeworfene Fragestellung definitiv und allseitig befriedigend zu „lösen" wäre, kann hier methodisch darum nicht vorgegeben werden, weil es ihn — nicht gibt. Es gibt nicht jenes „tertium comparationis" (KD I/1 348) im Verhältnis von „Offenbarung" und „Geschichte" bzw. „Zeitgeschichte", das eine allgemein einsichtige Vermittlung zwischen diesen Größen zuließe — und gerade jene neutrale Plattform, auf welche sich „bürgerliche" Wissenschaft immer wieder gerne zurückzuziehen trachtet, dürfte längst als eine Fiktion erwiesen sein![19] Die Untersuchung muß darum parteilich — wenn auch hoffentlich nicht parteiisch — werden. Wissenschaftlichkeit kann sie nur damit beweisen, daß sie

---

18) In der Kirchengeschichtsschreibung wie in der historischen Bibelkritik dürfte dies grundsätzlich anerkannt sein. Hinsichtlich der Theologiegeschichte des 18. und 19. Jahrhunderts hat Barth selber ein Exempel „historisch-materialistischer" Kritik gesetzt. Vgl. Marquardt, a.a.O., S. 316.

19) Begriffe wie „bürgerliche Wissenschaft", „historischer Materialismus" etc. brauchen keine Schimpfworte zu sein. Sie sind von mir **heuristisch** verwendet: Im Kontext einer „historisch-materialistischen" Frageweise versucht der Begriff der „bürgerlichen Wissenschaft" diejenige Form von Wissenschaft einzugrenzen, die mit der bürgerlich-kapitalistischen Gesellschaftsentwicklung herrschend geworden ist, diesen Zusammenhang ihrer historischen Bedingtheit aber weithin ignoriert.

über ihren Erkenntnisweg und die je für nötig befundenen Schritte nach Kräften Rechenschaft gibt.

So fragen wir im folgenden zunächst nach den „äußeren" **zeitgeschichtlichen Voraussetzungen** der Theologie K. Barths, nach ihren gesellschaftlichen Rahmenbedingungen, konkret: nach der sozialen Konstitution der Weimarer-Demokratie und nach den Gründen ihres Niederganges. Wir tun es aber sofort in Rücksicht auf Barths eigenes politisches Urteil und in Hinsicht auf den Erkenntnisgrund seiner Theologie. Erst in zweiter Linie fragen wir auch nach der Stellung und „Funktion" dieser Theologie in ihrem zeitgeschichtlichen Horizont. Barth hat aber die theologische *„Lage"* in Deutschland nach dem 1. Weltkrieg in dezidiert „gesellschaftlichen" Zusammenhängen gesehen: auf dem Hintergrund der wirtschaftlichen und politischen Entwicklung Europas seit dem 18. Jh., auf dem Hintergrund der modernen Arbeiterbewegung, im neuen politischen Kontext der russischen Revolution. Barths Theologie zeitgeschichtlich verstehen, heißt offenbar: sie im Zusammenhang gerade dieser Kräfte, Bewegungen und Ereignisse verstehen, die das Gesicht des 20. Jahrhunderts in Europa in stärkster Weise geprägt haben und noch prägen, die nun aber auch den ambivalenten Charakter der Weimarer-Republik bestimmten. Zweifellos markiert diese Theologie auch eine allgemeine Krise der „bürgerlichen Gesellschaft", wie sie nicht zuletzt mit Ausbruch des 1. Weltkrieges zutage getreten ist – und wie sie im 2. Weltkrieg erneut zutage getreten ist. Barths Theologie „zwischen den Zeiten" ließe sich insofern gut als eine Theologie „zwischen zwei Weltkriegen" verstehen, welche die zeitgeschichtliche Bedingtheit dieser Theologie aufs nachdrücklichste unterstreichen. Und in der Tat ist sogar eine militärische Ausdrucksweise in der Barthschen Theologie gar nicht zu übersehen. Aber so sehr Barths Theologie, wie jede andere Theologie dieser Jahre, durch das Kriegsgeschehen geprägt worden ist und so sehr nun auch die deutsche Geschichte insgesamt in dieses Kriegsgeschehen verwoben ist: diese Kriege geben als solche nur den Ernst der Lage und das Ausmaß der Katastrophe wieder, sie verraten aber nichts über die Ursachen und Kräfte, die in ihnen am Wirken waren. Sie werfen kein Licht auf irgendwelche zu erhellenden Tatbestände, sie sind ja selber die Finsternis, die analytisch zu erhellen wäre. Sie werfen auch kein Licht auf die Theologie K. Barths, es sei denn in dem Sinne, daß sie den Mythos des 20. Jhs., seines Fortschritts und Fortschrittsglaubens für Barth im Ansatz zerstörten. Barth hat aber nach ihren Ursachen gefragt, die er keineswegs nur in geistesgeschichtlichen Zusammenhängen, sondern in realgeschichtlichen, ökonomischen und soziologischen Zusammenhängen gesehen hat. Barths Theologie „zwischen den Zeiten" ist von daher in viel strengerem Sinne als eine Theologie zwischen **Sozialismus** (Arbeiterbewegung, russische Revolution) einerseits, dem in Reaktion darauf nun aber erst recht erstarkenden religiösen Nationalismus und dem **National-Sozialismus** andererseits zu begreifen. In beiderlei Hinsicht – in einem zähen und tiefsitzenden Antikommunismus, in der Verbindung von Christentum und „Volkstum" –

haben sich Kirche und Christentum dabei als relevante und „geschichts-mächtige" Faktoren erwiesen, in beiderlei Richtung war Barth in starkem Maße **theologisch** herausgefordert. Hier aber ist zu fragen, wie die „neuzeit-liche Welt des Christentums" in ihrer „konstitutiven Bedeutung . . . für die christlichen Theologien" (Rendtorff 1972, S. 72) überhaupt verstanden werden kann, wenn nicht auch der **Marxismus** a fond in die Betrachtung miteinbezogen wird, ist es doch gerade der Marxismus gewesen, der in die-sen Jahren die tiefsten Beunruhigungen, Verwirrungen und Ängste im christlichen Gemüt auslöste, — und es wohl auch bis heute tut. Wie immer man den Marxismus dabei verstehen will, ob als pragmatische Ideologie der sozialistischen Arbeiterbewegung, ob als theoretisch-analytischen Reflex der bürgerlich-kapitalistischen Gesellschaftsverhältnisse, als legitimatori-schen „Überbau" eines sozialistischen Staats- oder Gemeinwesens, oder als schlichte geistige und weltpolitische Realität des 20. Jhs., — gerade der Marxismus darf nicht fehlen, wo nach den soziologischen Implikationen und den zeitgeschichtlichen Abhängigkeiten der Theologie Karl Barths ge-fragt wird.[20] Es ist dabei nicht zuletzt einer verbreiteten Desinformation über den Marxismus geschuldet, wenn wir im folgenden in etwas größerer Breite auch marxistische Autoren zu Rate ziehen. Wir werden aber Barth nicht unrecht tun, wenn wir zum Verständnis gerade des geistig-politischen „Klimas" der Weimarer-Republik noch einem anderen, in dieser Hinsicht unverdächtigen Zeugen das Wort erteilen: Golo Mann.

[20] „Ist aufgeräumt mit der These, daß Marxismus Antichristentum ist? Hat die Kirche eingesehen, daß im Materialismus des Marxismus etwas steckt von der Botschaft von der Auferstehung des Fleisches? Ich könnte da fortfahren. Das Fatale ist, daß sich das Christentum identifiziert hat mit konservativen Klassen: Kirche und Armee, Großbürgertum, Adel und Monarchie. Ist das schon raus: Rumort das nicht noch ganz tief?" (Brechen und Bauen — eine Diskussion 1947, in: Der Götze, S. 120).

KAPITEL 1

Die soziale Konstitution der Weimarer-Republik und die Anfänge des Nationalsozialismus

1. **Einstieg mit G. Mann. Zur Ermordung Rathenaus.**

Golo Mann [1] beurteilt die Weimarer-Republik von ihren Anfängen her faktisch als Totgeburt. In der Tat: Wer hat sie gewollt? Wer hatte an ihr ein echtes Interesse? Man wird so fragen müssen, gerade wenn man weiß, daß Karl Barth sie von Anfang entschlossen bejahte. Aber G. Mann zählt alle auf: Armee und Generalität, Industrie und Grundbesitz, Verwaltung, Justiz und nicht zuletzt die Presse — alle waren gegen die neue Republik,

> *„alle, die dünkelhaften Professoren, die alten Bürokraten, die jugendlichen Romantiker, die Kriegerverbände, die ‚Herrenklubs‘, alle jene, die sich weigerten, bei der Weimarer Demokratie ehrlich mitzumachen und etwas anderes wollten, sie wußten selber nicht was, ein Zurück oder ein Vorwärts, starke Ordnung, festen Befehl, was Nationales, was Glanzvolles"* (810).

So war auch alles noch da, was die bismarcksche und wilhelminische Aera bestimmt hatte, *„im Grunde . . . und im Kern war die Republik das verstümmelte und geschwächte Kaiserreich ohne Kaiser"* (804), nur daß dieses Reich jetzt eine vollständige Niederlage hinter sich hatte, und über Nacht — aber auf dem Hintergrund einer stark mobilisierten Arbeiterklasse — die lang gehaßte Sozialdemokratie zur staatstragenden Partei geworden war. Aber auch die Sozialdemokratie erwies sich als unfähig zur Machtausübung, schon seit jenem frühesten Augenblick, wo Staatspräsident Ebert die alte Reichswehr gegen die revolutionäre Linke zu Hilfe rufen mußte. So ist G. Manns Urteil schließlich vernichtend:

> *„Indem die Sozialdemokraten den Weimarer Staat nicht gestalteten, gestaltete ihn überhaupt niemand. Er wurde von Leuten regiert, die ihn nie gewünscht hatten, die nicht an ihn glaubten und auch, wenn sie wohl oder übel im Sattel saßen, nach anderen, vielleicht doch besseren Pferden hinüberschielten. Man ist versucht zu sagen: das, was sich seit 1930 allmählich, dann, 1933, in wenigen Wochen auflöste, die ‚Republik‘, hat es überhaupt nicht gegeben . . . Merkwürdig ist, daß das immerhin so lange hielt"* (807).

---

1) G. Mann, Deutsche Geschichte des 19. und 20. Jahrhunderts, Erweiterte Ausgabe 1966. Im folgenden mit GM oder nur mit Seitenangabe zitiert. Im weiteren berücksichtige ich vor allem den Briefwechsel Barth-Thurneysen 1921 — 1930 (B.-Th. II).

Immerhin hat es gehalten oder den Schein doch ein gutes Jahrzehnt gewahrt — ein *„Interregnum"* freilich, das *„allerlei Experimente, teils gute, teils weniger gute, selbständiges historisches Leben nur vortäuschte. Ein Interregnum zwischen zwei Epochen"* (808). So aber ist zu fragen, welchen konstitutiven Faktoren sich dieses merkwürdige Gebilde verdankt.

G. Manns Darstellung überzeugt freilich weniger in der Gesamtanalyse, als in der Genauigkeit und Sensibilität, aber auch Schonungslosigkeit, in welcher er einzelne Momente des geistig-kulturellen, aber auch politisch-wirtschaftlichen Lebens beobachtet und beschreibt. Marxistisch gesprochen bewegt er sich zu sehr noch im Bereich des „Überbaus", aber wie adäquat seine Darstellung den Erlebnishintergrund gerade auch der Barthschen Theologie erfaßt, mag folgendes Beispiel belegen. Über die **Ermordung des Außenministers Rathenau 1922** berichtet G. Mann:

„Ein Teil der Nation war ehrlich empört — die sozialdemokratischen Arbeiter, vor allem jene, die man gern wegen ihres ‚Materialismus' und mangelnden Christentums verachtete. Ein anderer aber und sehr beträchtlicher Teil der Nation war gar nicht empört; zuckte die Achseln; schmunzelte heimlich; jubelte laut. Es gab Damen der Großbourgeoisie, gute Christinnen, muß man annehmen, welche die Nachricht von Rathenaus Ermordung sehr lustig stimmte. War der Mann nicht Demokrat? ‚Erfüllungspolitiker'? Jude obendrein?" (701).

Zum selben Thema äußert sich Barth in einem „Rundbrief" in die Schweiz:

„Am Tage nach dem Rathenau-Tag waren wir bei Walter Bauer eingeladen mit lauter alten Corpsstudenten und ihren Frauen und hörten Wobbermin die ungemeinsten nationalen Worte ausstoßen . . . Und alles im Heiligtum eines großen deutschen Kuchenessens, das sich durch alle Stürme hindurch erhalten hat, wie der Schweizerstumpen! Kuchen! (ihr müßt das Wort ganz norddeutsch aussprechen), da werden die Deutschen selig und wagen die kühnsten Worte. ‚Kollege Barth' sitzt dann dabei und gibt durch Ah ja? Mhm-ssooo? seine teilnehmende Aufmerksamkeit zu erkennen. Was soll man auch sagen, wenn einer unter Faustschlag auf den Tisch verkündigt, ein Jude sei immer vaterlandslos und gehöre nun einmal nicht in eine deutsche Regierung, besonders wenn man noch Schweizer und also selbst so etwas wie ein Jude ist? Die Damen dieser Kreise benehmen sich übrigens womöglich noch dümmer als die Herren" (B.-Th. II/88).

Die „nationale" antidemokratische Haltung gerade auch der gehobenen und gebildeten (und kirchlichen) Stände in der Weimarer-Republik wurde von Barth sofort und mit Befremden festgestellt. Sie verband nationale (und antijüdische) Gesinnung mit der Ablehnung von Demokratie, weil diese in der Einheit mit dem Liberalismus und Marxismus gesehen werden müsse.[2] So aber konnte auch Barth kaum die Stimme erheben, ohne schon als Schweizer und Demokrat — geschweige denn als Sozialist — sofort dem feindlichen, nämlich „westlichen" Lager zugerechnet zu werden. Wie aber ist Barths Schweigen zu erklären? Der „Mordfriede von Versailles", wie sich der Göttinger Kollege E. Hirsch gegenüber Barth aussprach, schien jegliche Diskussion unmöglich zu machen (B-Th II/11), und Barth wollte auf keinen Fall von vornherein in einer antideutschen Haltung erscheinen. Dazu kam, daß Barth als reformierter Theologe auch mit dem Mißtrauen der Lutheraner rechnen mußte — ein Tatbestand, der in der deutsch-christlichen Propaganda gegen ihn 1933 eine wesentliche Rolle spielen sollte. Barth gleichsam ein „Jude"? Über Barths theologische Affinität zum Alten Testament, bzw. zum „biblischen Menschen" überhaupt,[3] hinaus, mußte der „Jude" in diesen Jahren gleichsam nun Inbegriff des „heimatlosen" Intellektuellen werden, das heißt aber: des international denkenden, liberalen oder sozialistischen Intellektuellen, wie er gerade für die Weimarer-Zeit bezeichnend ist. Der alte „Liberale" aus der Kaiser-Zeit war nun in der Tat heimatlos geworden, entweder zur hilflosen, ironischen Resignation verdammt, wie es G. Mann an Thomas Mann oder auch an Max Weber exemplifiziert, oder gezwungen, ins Lager der „Linksliberalen" und sozialistischen Intelligenz überzutreten, es sei denn, er fand „Halt", „Heimat", „Heil" in jener „Philosophie der Verzweiflung", die G. Mann in der „Existenzphilosophie" wittert — beim „ernsten, an Wissen reichen" K. Jaspers, oder im heideggerischen „Miteinander von Tiefsinn und geistigen Betrug" (G.M. 729). Vom Sammelbecken um Oswald Spengler und Ernst Jünger gar nicht zu reden. — Vom Typus des „Linksliberalen" unterscheidet sich Barth gerade nur in der Weise, in der er — als der, der er war, als Schweizer, Demokrat und Sozialist, als „biblischer Theologe" etc. — zu diesen Dingen zunächst einmal geschwiegen hat, in der Weise also, in der er den „Deutschen" zunächst einmal solidarisch sein wollte. Davon weiter unten.

So lucid aber G. Mann solche Zusammenhänge analysiert, auch er teilt das Schicksal manches konservativen Liberalen in diesen Jahren, wenn nun auch er der weiteren Entwicklung der Weimarer-Republik faktisch hilflos gegenübersteht. Er sieht keine echten Alternativen, außer der einen: der „Demokratie" (801). Hätten „ostelbischer Grundbesitz und westdeutsches Großunternehmertum . . . die soziale Demokratie mit dem Herzen angenommen, mit ihr sich endgültig ausgesöhnt, dann wäre trotz aller im Volk wühlenden Bewegung die Katastrophe des Dritten Reiches zu verhüten gewesen." Aber eben: „das Großbürgertum hielt die Entwicklung seit 1917 für illegitim, für noch rückgängig zu machen" (802f). In einem „Interregnum"

---

2) Vgl. Kupisch, Die deutschen Landeskirchen, a.a.O., S. 120.

3) Vgl. z.B. den Vortrag Biblische Fragen, Einsichten und Ausblicke 1920, in: Anf I/49-76.

nimmt aber „*der Stärkste sich die Macht, und dieser eine, Hitler, war nun einmal der Stärkste*" (809). Damit enthebt sich die Geschichtsbetrachtung aber der Geschichts**erklärung**, die den Geschichtsverlauf in seiner noch so relativen „Notwendigkeit" erfassen müßte. „*Hätte es den einen Menschen nicht gegeben, so wäre gekommen, niemand weiß was, aber nicht der Nationalsozialismus, so wie wir ihn erlebten. Zufällig gab es ihn*" (809, U. v. V.). So gesteht G. Mann ein, daß er durchschlagende analytische Kategorien nicht entwickeln kann. Aber er verteidigt sich: „*die Geschichtsschreiber tun Hitler viel zu viel Ehre an, die uns glauben machen wollen, es habe Deutschland seit hundert Jahren nichts anderes getrieben, als sich auf das unvermeidliche Ende, den Nationalsozialismus vorzubereiten*" (808). Damit hat er recht. „*Einzelne Gedanken und Gefühlsstücke, mit denen er (H.) hantierte, der großdeutsche Nationalismus, Imperialismus, Sehnsucht nach dem Caesar, Judenhaß, schwammen freilich längst in der deutschen Seele herum...*", aber:

„*Für seinen Aufstieg waren noch andere Dinge notwendig: die Wirtschaftskrise und dies eine unvergleichliche Individuum. Die Wirtschaftskrise half dem Individuum zum Durchbruch; verhalf damit im Jahre 1933 Gefühlen zum Durchbruch, die aus dem Jahre 1919 stammten und 1933 im Grund schon veraltet waren. So verdreht kann es in der Geschichte zugehen*" (808).

Dies ist der Ort, wo wir, ohne an der Darstellung dieses namhaften Geschichtsschreibers vorbeizugehen, analytisch einen anderen Weg einschlagen müssen. Wir werden uns freilich davor hüten müssen, sofort auf jene große Linienführung einzuschwenken, von der Barth später — im Rückblick! — Gebrauch machen wird. Die Warnung bleibt bestehen: daß auf Luther — Bismarck — Wilhelm II nun mit „Notwendigkeit" Hitler folgen sollte oder müßte — wer hätte dies von Anfang an wissen oder auch nur behaupten wollen, und wer hätte auch nur das Ausmaß erahnt, das dieses „Dritte Reich" tatsächlich annehmen sollte? So unumgänglich es ist, diese Geschichte — heute! — auch von ihrem Ende und Resultat her zu beurteilen und zu analysieren, so kann doch gerade ein voreiliges Urteil „ex eventu" den wirklichen Hergang und die immer noch offenen Alternativen letztlich zudecken. Keinesfalls darf diese Geschichte schematisch konstruiert, keinesfalls darf sie — gerade unter „marxistischen" Gesichtspunkten — mechanisch hergeleitet werden. Nicht nur die „liberale", auch die sozialistische und marxistische Intelligenz hat sich über die tatsächlichen Gefahren und die endlichen Ausmaße des Nationalsozialismus bis in die dreißiger Jahre gründlich getäuscht. Und es gereicht K. Barth nicht gänzlich zur Unehre, wenn er darin — als die Ausnahme, die er in bestimmter Hinsicht nun tatsächlich war — in vielerlei Hinsicht keine Ausnahme macht.

Ich versuche nun, einige „Determinanten" hervorzuheben, die die relative Stabilität, aber auch den Niedergang der Weimarer-Republik bestimmen,

die aber den Vorzug haben, daß sie sich in Barths eigener Analyse wiederfinden lassen.

2.   Der internationale Zusammenhang.

2.1.   Zwischen Versailles und Moskau.

Gerade letzteres — der internationale Zusammenhang — bestimmt in eigentümlicher Weise die Konstitution der Weimarer Republik. Die deutsche Politik ist in diesen Jahren, wie es der preussische Sozialdemokrat O. Braun
formulierte, von „Versailles" und „Moskau" geprägt (GM 803). Die deutschen Ereignisse sind in diesen Jahren in bestimmter Weise europäische Ereignisse — ganz ähnlich, wie auch die Theologie Karl Barths, in ihrer großen
Anteilnahme am deutschen „Schicksal", niemals nur deutsche, sondern immer auch westlich-europäische Theologie gewesen ist.[4] „Versailles" meint:
das Friedensdiktat der Entente, bei dem sich die westlichen Verbündeten
(Amerika, aber vor allem auch Frankreich) ein schwaches, ein gedemütigtes
Deutschland wünschten. „Moskau" aber meint: die neue europäische
Situation nach der Oktoberrevolution, die Gefahr aus dem Osten, die nun
aber auch aus den Reihen der eigenen Arbeiterklasse zu drohen schien. Die
starke nationalistische Reaktion, die 1923, von Barth miterlebt, auf den
französischen Einmarsch ins Ruhrgebiet erfolgte, das Gefühl, von **allen** Seiten bedroht und getreten zu sein, spricht für sich selber. Aber eben: es handelt sich um „Reaktion", die nur im internationalen Kontext verständlich
und durch diesen gleichsam „determiniert" ist. Die immensen **Reparations-
leistungen**, die Deutschland in Versailles auferlegt wurden, sind wiederum
nur eine Seite, während der schnelle ökonomische Aufschwung der deutschen Industrien ohne westliches Kapital-Interesse gar nicht zu denken ist.
Der gefürchtete Konkurrent wurde nun doch auch gebraucht, das deutsche
Kapital so gut wie die deutsche Arbeitskraft — und auch die Remilitarisierung Deutschlands schon in den zwanziger Jahren ist doch nicht allein mit
deutscher Verschlagenheit zu erklären. Wußte man sich mit Deutschland
nicht wenigstens dann einig, wenn es um den großen gemeinsamen Feind
im Osten ging? Auch die innerdeutsche Entwicklung versteht sich nicht
ohne den zähen, das bürgerliche Lager beherrschenden Anti-Sowjetismus
und Antikommunismus. Hatte die Angst vor dem Zaren schon 1914 eine
ausschlaggebende Rolle gespielt, als die Sozialdemokratie unwillig-willig

---

[4] Hier sind vor allem auch Barths Verbindungen nach dem calvinistisch-refor-
mierten **Holland** zu nennen! Ab 1929 kommt es zu zahlreichen Auslandsreisen:
Italien, England, Schottland, Dänemark, Frankreich, Österreich, Tschechoslo-
wakei, Ungarn, Transsylvanien. Vgl. Barth, How my mind has changed, 1928 —
1938, in: Der Götze wackelt, S. 183.

den Kriegskrediten zustimmte, wieviel mehr nun der bald in mythologischen Dimensionen gedacht russische Staatssozialismus! Konnte sich
Deutschland ob Versailles nicht darüber trösten, daß es Rußland geschlagen hatte? . . . „viel Schlimmeres – die russische Knute! – haben wir abge-
wendet. Dieser Ruhm bleibt uns", wie kein geringerer als Max Weber gesagt hat. Und: „. . . die russische Gefahr ist nur für jetzt, nicht für immer
beschworen." (GM 665) – Schließlich läßt sich auch die Herausbildung
eines deutschen National-Sozialismus nicht verstehen, wenn nicht aus der
Reaktion auf den Sozialismus Lenins und Stalins, und es läßt sich schwerlich bestreiten, daß er von Anfang an die Züge des „Konter-Revolutionären"
trägt.

2.2. Imperialismus, Sozialismus, Nationalsozialismus.

Eine begriffliche Durchdringung dieser Zusammenhänge ist schwierig und
im Rahmen dieser Untersuchung nicht zu leisten. Es ist aber nicht ganz zufällig, wenn die bedeutendsten Ansätze in dieser Richtung doch von „marxistischen" Autoren gemacht worden sind. Als „marxistisch" wird ein solcher Ansatz aber schon dann gelten, wenn er a) diese Zusammenhänge
nicht nur auf der politischen, sondern mehr noch auf der strukturell-ökono-
mischen Ebene analysiert, wenn er b) auf die unterschiedliche Beteiligung
der verschiedenen sozialen Schichten und „Klassen" aufmerksam macht,
wenn er c) darum die verschiedene gesellschaftliche Grundlage „sozialistischer" und „faschistischer" Entwicklungen hinreichend spezifiziert und
d) Sozialismus und Faschismus nicht einfach einem gemeinsamen Oberbe-
griff eines hüben und drüben gleichermaßen in Erscheinung tretenden „Totalitarismus" unterordnet. Damit ist nicht bestritten, daß es durchaus ähn-
liche oder gemeinsame Erscheinungsformen und -merkmale zwischen „Faschismus" und „Stalinismus" gibt – man denke an Einparteiensystem und
„Personenkult", an Zwangsarbeit und Konzentrationslager, an Säuberungs-
wellen und die Unterdrückung von Minderheiten oder Mehrheiten – aber
die Totalitarismusthese suggeriert von Anfang an eine Wesensgleichheit,
die auf dem Wege einer historisch-genetischen Untersuchung erst zu verifizieren wäre. Sie impliziert zudem ideologisch, daß vom „westlichen" Standpunkt aus der Faschismus wohl immer schon als entschuldbar erscheint,
weil ja im Osten das Äquivalent immer schon vorhanden war – und setzt
somit fort, was schon vor 1933 den Aufstieg Hitlers begünstigt hat. Dabei
bleibt aber unberücksichtigt, inwiefern der russische Sozialismus oder
Kommunismus gerade auch unter dem Einfluß und Druck der westlichen
Entwicklung seine berüchtigten Formen angenommen hat.[5] Von da aus behalten Barths heftig angegriffene Stellungnahmen nach dem 2. Weltkrieg
durchaus ihren Sinn:

---

5) Hier ist vor allem die immer noch vorbildliche Studie von H. Marcuse zu nennen: Die Gesellschaftslehre des sowjetischen Marxismus, Darmstadt und Neuwied, 1974. Weiter: R. Dutschke, Versuch, Lenin auf die Füße zu stellen. Über

„Rot wie Braun, ein Totalitarismus wie der andere – also! ruft man uns heute zu. Nun zu diesem Ruf sind jedenfalls alle die zahlreichen Zeitgenossen und Mitchristen nicht berechtigt, die damals Braun darum gar nicht so ganz ungern sahen, weil Braun so heftig gegen Rot war: alle die **nicht**, die damals am Nationalsozialismus jedenfalls das Gute fanden, daß er einen so starken Damm gegen den Bolschewismus zu bilden schien"* (Barth 1949, S. 13).

Und:

„Es entbehrte nun wirklich allen Sinnes, wenn man den Marxismus mit dem ‚Gedankengut' des Dritten Reiches, wenn man einen Mann von dem Format eines Joseph Stalin mit solchen Scharlatanen wie Hitler, Göring, Hess, Goebbels, Himmler, Ribbentrop, Rosenberg, Streicher usw. gewesen sind, auch nur einen Augenblick im gleichen Atem nennen wollte. Was in Sowjetrußland – sei es denn: mit sehr schmutzigen und blutigen Händen, in einer uns mit Recht empörenden Weisse – angefaßt worden ist, das ist immerhin eine konstruktive Idee, immerhin die Lösung einer Frage –, die wir mit unseren sauberen Händen nun doch noch lange nicht energisch genug angefaßt haben: der sozialen Frage" (Barth 1949, S. 14).

Eben die **soziale Frage**, auf die schon der früheste Barth sein Augenmerk richtete: ein offenkundiges Massenelend war es, das die moderne Gesellschaftsentwicklung seit dem 19. Jh. begleitete, eben eine ungelöste Frage, auf die die russische Revolution immerhin eine Antwort geben **wollte**, ein Elend aber, ohne das weder theoretisch-marxistische „Ideen", noch das ungleich dürftigere „Gedankengut" des Nationalsozialismus jemals hätten Platz greifen können. Wir müssen Barth an dieser Stelle um so weniger verteidigen, 6) als er nun sofort zu einem *„Unterscheiden"* der russischen und der westeuropäischen Möglichkeiten auffordert. Zunächst fordert er ein „Unterscheiden" zwischen den *„totalitären Greueln als solchen und dem, was dabei positiv* **gemeint und beabsichtigt***"* sei, dann aber hat auch Barth – lange vor R. Dutschke – bemerkt, daß im sozialistischen Rußland immer noch die Strukturen der alten *„asiatischen Despotie"* lebendig geblieben sind.

„Wir haben wohl früher zu wenig davon zur Kenntnis genommen, daß es das – auch ohne Kommunismus – in jener Weltgegend immer gege-

den halbasiatischen und den westeuropäischen Weg zum Sozialismus, Berlin 1974; R. Bahro, Die Alternative. Zur Kritik des real existierenden Sozialismus 1977. Zur Faschismusanalyse: A. Sohn-Rethel, Ökonomie und Klassenstruktur des deutschen Faschismus, 1973; N. Poulantzas, Faschismus und Diktatur, 1973; E. Bloch, Erbschaft dieser Zeit (1935), 1972.

6) Etwa gegen M. Schoch, Karl Barth. Theologie in Aktion 1967, S. 179 bzw. E. Brunner, Wie soll man das verstehen? Offener Brief an K. Barth, 1948.

ben hat" und: „wir haben die wahrhaftig auch bekannten Greuel der
vorangehenden, der vermeintlich christlichen Aera Europas . . . nicht
mehr so lebhaft in Erinnerung" (Barth 1949, S. 14).

Barth, der an anderer Stelle davon spricht, daß Europa eine eigenständige
sozialistische Entwicklung nun eben „*nachholen"* müsse, (Barth 1946b)
will keineswegs russische Verhältnisse auf Europa übertragen, um so mehr
verlangt er, daß auch im „Westen" zum Sozialismusproblem Stellung genommen wird.

„ *. . . solange es im Westen noch eine ,Freiheit' gibt, Wirtschaftskrisen*
zu veranstalten, eine ,Freiheit', hier Getreide ins Meer zu schütten,
während dort gehungert wird, solange ist es uns jedenfalls als Christen
verwehrt, dem Osten ein unbedingtes Nein entgegenzuschleudern.
Denn ein christliches Nein könnte unser westliches Nein zur dortigen
Lösung der Frage doch wohl nur dann sein, wenn wir hinsichtlich des-
sen, was wir mit unserer westlichen Freiheit meinen und beabsichtigen,
gerade in dieser Hinsicht ein besseres Gewissen hätten" (Barth 1948,
S. 15).

Damit identifiziert Barth nicht von ungefähr den westlichen Freiheitsbe-
griff (des **politischen** „Liberalismus") mit jener **ökonomischen** Struktur,
die nicht zuletzt den Faschismus begünstigt hat: dem wirtschaftlichen „Liberalismus" der **kapitalistischen** Produktion. In der Tat: wollte man einen
zureichenden ,Oberbegriff' bilden, der die russische und die westlich-europäische Entwicklung gleichermaßen umgreifen könnte, so käme nur der
weltwirtschaftliche Krisenzusammenhang in Frage, der, seit Ende des
19. Jhs. unübersehbar, Weltkrieg und Revolution möglich gemacht hat. Es
handelt sich dann um die „Krise" des gesamten „imperialistischen" Wirt-
schaftsgefüges, das in seiner globalen Expansion einen weltwirtschaftlichen
Zusammenhang, einen alle Grenzen überschreitenden „Weltmarkt" allererst geschaffen hat,[7] das nun aber kraft derselben Expansion nun auch alle
„Welt" in seine Konkurrenzkämpfe, Krisen und Kriege hineinzog.
Barth unterläßt es freilich, diesen Zusammenhang systematisch und mar-
xistisch-prinzipiell zu thematisieren, daß er aber in Barths „Analyse" von
Anfang an eine Rolle spielte, dies ist durch die frühe Beschäftigung Barths
mit der russischen Revolution und den „*Lenin'schen Vorder- und Hinter-*
gründen"[8] ausgezeichnet belegt. Wir fragen darum, inwiefern das von
Barth 1949 geforderte „Unterscheiden" auch schon vorher möglich und
am Platze war.

7) Dazu Dutschke, Versuch, Lenin auf die Füße zu stellen, S. 199f.

8) An einer „Serie von Bolschewiki-Abenden" stellte Barth 1919 mit seinen Arbeitern „Betrachtungen über die Leninschen Vorder- und Hintergründe" an.
B.-Th. I/S. 324 (13.4.1919).

Offenkundig hat Barth die russische Revolution 1917– für Rußland! – begrüßt, der III. Internaionalen Lenins aber widerstanden. Sein Eintreten für die 2 1/2. **Internationale** war dabei keineswegs *„scherzhaft"* gemeint und dürfte seinen politischen ‚Kurs' für lange Zeit bestimmt haben.[9] Dennoch als „Bolschewikkipfaff" verschrien, hat Barth genügend vom Schock mitbekommen, den die russische Revolution in westlichen, vor allem bürgerlichen und christlichen Kreisen ausgelöst hat. Die christlich-sozialen Rezepte der Stöcker und Naumann hatten nun doch offenkundig versagt (Anf. 3/38-43). „Gottlose" Kommunisten hatten die Macht errungen, und auch schon die ersten Zeitungsmeldungen konnten deren grausames Wesen offenbaren. Warum hätte denn die Christenheit der antikommunistischen Propaganda nicht von Anfang an Glauben schenken sollen, wo doch gerade auch die Kirche Träger dieser Propaganda war? Wer hätte hier den Mut gehabt, zu „unterscheiden", was die wirklichen Greuel, und was dabei das positiv „Gemeinte" und „Beabsichtigte" war? Barth und die wenigen Religiösen Sozialisten versuchten es zu tun, für die Mehrheit der „Christen" dürften sich die Weichen anders gestellt haben: in einer Richtung, in welcher dann auch gutmeinende unter ihnen später eine andere, eben vermeintlich bessere und „christliche", eine „nationale" Lösung der sozialen Fragen bejahten – den „National-Sozialismus".

2.3. Zur Politik der KPD

Anders die Kommunisten. Dutschke zufolge hat schon Lenin den Erfolg der russischen Revolution von den Ereignissen in Europa und speziell Deutschland abhängig gemacht.

> *„Wenden wir uns nun direkt der Leninschen Konzeption der Komintern zu und der alten bolschewistischen Hoffnung von der Weltrevolution, um das eigene ‚Asiatentum' loszuwerden. Dabei wird immer wieder Deutschland als Zentrum anvisiert"* (Dutschke 1974, S. 206).

Aber Lenin wollte die Erfahrungen der russischen Revolution in falscher Weise verallgemeinern und auf Europa übertragen.

> *„So hat Lenin mitgewirkt, die Unselbständigkeit des europäischen Kommunismus zu erhöhen"* (222).

---

9) Vgl. B.-Th. I/S. 496, Anm. 3 von Thurneysen, dazu U. Dannemann, a.a.O. S. 87, Anm. 276! Am 11.12.1920 war Barth, wie offenbar schon einmal 1917, als Delegierter auf dem sozialistischen Parteitag der Schweiz, wo er „gegen Moskau" und „notgedrungen" mit dem „Zentrum" stimmte (B.-Th. I/S. 450, 454). F. Lieb, der wenig später bei Barth Vikar wurde, hatte dort für die III. Internationale gestimmt. Nach der Gründung der kommunistischen Partei der Schweiz schloß sich die Mehrheit der SPS der „2 1/2. Internationale" an, die in skandinavischen Ländern bis Beginn der 30- er Jahre existierte (letzteres noch nach mündlicher Mitteilung von W. Feurich, Dresden).

Die Politik der KPD, schon gar nach ihrer Bolschewisierung unter Thälmann, steht in der Weimarer-Zeit verhängnisvoll im Schatten der russischen Außenpolitik.

„Aber konnte Deutschland das russische System denn irgend brauchen? Zu welchem Unsinn das nun wieder führen würde, zu welch neuer Qual? Wir bedauern es nicht, daß dieser Sinn erstickt wird" (GM 661).

G. Mann ist nicht der einzige, der so geurteilt hat und noch urteilt. War denn der russische Kommunismus nicht gar auch der heimliche Verbündete des Nationalsozialismus?

„... auf russischem Gebiet durften deutsche Offiziere sich in Waffen üben, die der Vertrag von Versailles der Republik verbot: Tanks, Flugzeuge, Unterseeboote. Ferner wurde von den listigen russischen Füchsen gefragt: ob die Sache des armen ausgebeuteten Deutschland nicht im Grunde die sozialistische sei, ob der deutsche Nationalismus sich nicht trennen könnte von seinem ihm wesensfremden kapitalistischen Bundesgenossen ...? ,Nationalbolschewismus' — ob das nicht die Verbindung der Zukunft sei? — Es gab Deutsche, die auf solche überschlauen Anbiederungen hörten" (700).

Und:

„Selbst noch 1933 waren die Kommunisten zu nichts anderem gut, als Hitler den willkommenen Vorwand zur Errichtung der Diktatur zu liefern" (803).

In G. Manns Darstellung spielen die Kommunisten allerdings eine fatale, nur fatale Rolle, in der sie dann auch keinen Augenblick als politische Alternative bzw. als die immer noch entschiedenste antifaschistische Kraft einleuchten könnten. Aber waren denn die Sozialdemokraten, waren die Gewerkschaften diese Kraft? Für Hitler stellten doch wohl gerade die Kommunisten eine wirkliche Gefahr dar und als solche wurden sie von ihm auch verfolgt und physisch liquidiert — was sicher nicht ohne heimliche Zustimmung in „bürgerlichen" Kreisen geschah. In der entscheidenden Stunde — Stalin-Pakt hin oder her — war nun doch der Kommunismus, war das Rußland Stalins der Gegner des Nationalsozialismus, der die Hauptlast des Krieges zu tragen hatte. Und das ist der Punkt, wo auch G. Mann die Geschichtsschreibung des anderen Deutschlands vielleicht noch anders zur Kenntnis nehmen müßte. Freilich: Wann haben die Kommunisten den Nationalsozialismus als ihren eigentlichen Gegner erkannt? Wir müssen G. Mann indirekt zustimmen: erst nach der Machtergreifung Hitlers, erst als es zu spät war. Und auch da determinierte der internationale Zusammenhang die innenpolitische Szenerie: die Abhängigkeit der KPD von den Analysen der III. Internationale und von Stalins Konzeption des *„Sozialismus in ei-*

nem Land. " Nach dieser Auffassung hat sich der Kapitalismus im *„inter-kontinentalen Maßstab"* vorübergehend *„konsolidiert"* und steht eine Revolution nicht unmittelbar bevor, auch wenn sie langfristig unvermeidlich ist (Marcuse 1964, S. 61 ff, 96). In diesem Zusammenhang ist es aber die **Sozialdemokratie,** die in den fortgeschrittenen Ländern die Aufrechterhaltung der bürgerlichen Herrschaft garantiert, während „faschistische" Formen nur in relativ unentwickelten und zurückgebliebenen Ländern – wie Italien – zur Herrschaft kommen. Später wird diese „Sozialfaschismusthese" dahingehend modifiziert, daß die Sozialdemokratie auch in Deutschland als Wegbereiterin des Faschismus erscheint, während der Faschismus selber der quasi letzte, verzweifelte und „reaktionäre" Versuch der herrschenden Klassen ist, ihre Herrschaft aufrechtzuerhalten. In diesem Zusammenhang ist es, wie auch W. Ruge anmerkt, zu *„dogmatischen und sektiererischen Ansichten"* im Verhältnis von KPD und SPD gekommen, die erst 1935 überwunden wurden (Ruge S. 214 ff). Also ist auch die Geschichte der KPD nicht eindeutig, ihre Verurteilung möglich, kann die Bloch'sche Sentenz als euphemistisch gelten:

„ . . . was die Partei vor dem Hitlersieg getan hat, war vollkommen richtig, nur was sie nicht getan hat, das war falsch" (Bloch 1962, S. 19).

Man kann sich also distanzieren und die Hände pilateisch in Unschuld waschen. Nur ist dann zu fragen: Wer anders, wer überhaupt hat im westlichen bzw. bürgerlich-demokratischen Lager den Faschismus vor 1933, wer um 1933 und wer etwa noch vor 1939 ernst genommen?

Eigenartig wird Barths schweizerischer Hintergrund dadurch beleuchtet, daß noch 1941 von 173 Persönlichkeiten in der Schweiz ein Aggiornamento an den Nazi-Staat gefordert werden konnte. Die kommunistische Presse war schon Ende 1939, die Kommunistische Partei der Schweiz (einschließlich ihrer humanitären Hilfsorganisationen) im Nov. 1940 verboten worden. Ausländische antifaschistische Widerstandskämpfer (Sozialdemokraten und Kommunisten) wurden in Internierungslager für „Linksextremisten" verbracht! Presse und Rundfunk unterlagen der Zensur. [10]

Man wird vor allem einige „Linksintellektuelle" z.B. im Umkreis der Frankfurter-Schule aufzählen können, deren wichtigste Arbeiten aber in den dreißiger Jahren im Exil entstanden sind. Zieht man in Betracht, wie Bertold Brecht in den USA später nur mit Mühe dem McCarthyismus entronnen ist, so bestätigt sich, daß nicht nur die deutschen Nationalsozialisten den eigentlichen Feind in Rußland sitzen sahen. Angesichts der zahlreichen

---

10) Vgl. E. Bonjour Geschichte der schweizerischen Neutralität Bd. IV; H. Teubner,
      Exilland Schweiz 1933 – 1945, S. 109ff.

Sympathien, die der Nationalsozialismus nicht nur in Deutschland, sondern auch im westlich-demokratischen Ausland gefunden hat, darf auch der Faschismus nicht nur als ein (italienisch-) deutsches Problem verstanden werden.

„Entsprechende Phänomene gibt es so ziemlich in allen europäischen Ländern. So verstehe ich allerdings nicht, wie jemand der Meinung sein kann, daß der Nationalsozialismus nicht die politische Frage von heute sei. Ich verstehe z.b. durchaus nicht, wie man sich, ohne ein Träumer oder selber schon ein unehrlicher Schrittmacher des Nationalsozialismus zu sein, heute noch ernstlich mit dem Kommunismus und seiner Bekämpfung als mit der politischen Frage beschäftigen mag" (Barth 1945, S. 79). So Barth 1938!

3.   Ökonomisch-politische Rekonsolidierung und Krise

3.1.   Inflation und Rekonsolidierung des Kapitals

Doch kehren wir zur inneren Entwicklung der Weimarer-Republik zurück, die durchaus auch ihre eigene Dynamik aufweist.

Hinter dem Rücken der Ideologen, Politiker und Philosophen hat sich hier in erstaunlich kurzer Zeit doch ein enormer **wirtschaftlicher Aufschwung** vollzogen, der dem Gebilde der Weimarer-Republik etwa ab 1924 eine gewisse Stabilität verlieh. Der gesellschaftliche Träger dieser Entwicklung war das Unternehmertum, das danach trachtete, die Konkurrenzfähigkeit, aber auch Kreditwürdigkeit des deutschen Kapitals im internationalen Maßstab möglichst schnell wiederherzustellen. Dies mußte zunächst auf Kosten der eigenen — arbeitenden — Bevölkerung geschehen, aber würde nicht das Resultat am Ende die Opfer rechtfertigen?

„Konnten die Sympathien der Großeigentümer nicht zuwege bringen, was die idealistischen Redner der Linken nicht vermocht hatten, eine leidliche internationale Verständigung? Hiervon war in den letzten Monaten des Jahres 1922 die Rede gewesen: Hugo Stinnes vor allem, der gierige Erbauer des buntscheckigsten, phantastischweitesten Industrieimperiums aller Zeiten, wirkte und plante in diesem Sinne. Deutschland sollte seine Souveränität wiedergewinnen, indem es zahlte, lieferte, auf französischem und belgischem Boden arbeitete; unbezahlte Mehrarbeit der deutschen Arbeiter sollte die Quelle solcher Leistungen sein. Endlich wieder ganz Herr im eigenen Haus wie in der guten alten Zeit vor 1914, würde der deutsche Großunternehmer sich mit seinen westlichen Partnern vertragen" (GM 702 f).

So aber waren die Erfordernisse des „nationalen" Wiederaufbaues nicht schlechterdings mit den Interessen der Bevölkerung identisch. Die maßlose „*Inflation*", die die ersten Jahre der jungen Republik bestimmte, war nicht nur Folge des Versailler-Vertrages bzw. der hohen Reparationsforderungen der Entente, sondern stand im Interesse der „*großen Industrie*". Sie war — „*man muß es heute aussprechen*" — nicht zuletzt ihr „*Instrument* . . ., sich die Herrschaft wiederzugewinnen, die sie seit 1918 für kurze Zeit verloren hatte*" (698). Nicht nur die Arbeiterklasse, auch der Mittelstand wurde in materielles Elend getrieben, und Barth meldet sofort an Thurneysen:

„*Wie sehr der deutsche Mittelstand tatsächlich leidet, davon hat man wohl drüben keine Ahnung*" (B.-Th. II/11). G. Mann erläutert die „*weniger edlen Motive*" wie folgt:

„*Geld ist bedrucktes Papier; dadurch daß Papier seinen Wert verliert, gehen keine wirklichen Werte verloren. Sie wechseln nur die Hände. Die Reichen werden reicher, die Armen ärmer. Jene, die nur Papier besaßen . . . die Rentner, die kleinen Sparer, jene vor allem, die nur mit Papier bezahlt wurden, die Arbeiter, Angestellten und Beamten, ihnen wurde genommen; jene, die wirkliche Werte besaßen, die Grundstücke, die Fabriken, die Bergwerke, ihnen wurde gegeben . . . Der Stärkere kaufte die Schwächeren aus; die deutsche Schwerindustrie, schon vor 1914 die besitztechnisch konzentrierteste auf der Welt, ballte sich zusammen zu einigen wenigen Imperien. Ein einziges — das von Hugo Stinnes — nahm Ausmaße an, wie sie die Welt noch nirgends, auch in Amerika nicht gesehen hatte, es wuchs, je tiefer die Mark im Kurs sank*" (GM 697).

Die Inflation dieser Jahre war insofern Hebel und zugleich Fassade, hinter der sich die schnelle Rekonsolidierung des privatwirtschaftlichen Kapitalismus und vor allem eben: der großen „Monopole" vollzog. „*Ganze Bevölkerungsklassen wurden enteignet*", die materiellen Produktionsfaktoren oder Produktionsmittel wurden in der Privathand weniger konzentriert.

3.2. Die Ruhrbesetzung 1923.

Ganz ähnlich hat E. Thurneysen geurteilt, als im Zuge der Ruhrbesetzung durch die Franzosen im Jahre 1923 die Inflation ihr Höchstmaß erreichte. Während die Zahl der Arbeitslosen, von Arbeitsniederlegungen und Streiks — bis hin zu einem Generalstreik (Ruge S. 214) — sprunghaft ansteigt, wird auch Barth von der Welle nationaler Empörung erfaßt.

„ . . . *ich fange wohl langsam an als Deutscher zu empfinden . . . Also bitte mir einmal mit einem politischen Exposé unter die Arme zu greifen und mich aufzuklären, wenn ich etwa unbillig über die himmelblauen Kaiben geflucht haben sollte, die da stehend und mordend bei uns*

eingefallen sind, nachdem das Maß ohnehin voll war und man meinte,
schlimmer könnte es nicht mehr werden" (B.-Th. II/130).

Thurneysen liefert das Exposé:

„Die Franzosen: der Zorn über sie ist auch hier sehr groß. Nur: 1. ihr
***Staatsbudget** ist unerhört schlecht . . . ihr Schritt erscheint von hier*
*aus als **Verzweiflungsschritt**. 2. Umgekehrt wird das Verhalten der*
deutschen Großindustrie als eine einzige riesige Spekulation aufgefaßt
*auf den Staatsbankrott. Alle großen Sachwerte **sind** bereits vom Staat*
*weg in **ihre** Hände verschoben, die Werte sind schuldenfrei nach innen,*
und im Moment, wo Frankreichs Druck nachläßt, würde die deutsche
Industrie sprungbereiter, als je auf dem Weltmarkt dastehen. Daß sie
über riesige Devisenmengen verfügt, beweisen ihre in englischen Pfund
*bezahlten Kohlenkäufe. Eine Statistik sagt endlich, daß von allen **deut-***
***schen** Steuereingängen 72 % von Lohnempfängern und nur 28 % von*
der Industrie herrühren. Dazu wurden diese Steuern gestundet, gerade
im Ruhrgebiet, die in die Dutzenden von Milliarden gehen, was jewei-
len für sie gewaltigen Gewinn bedeutet bei der stets fallenden Mark.
*Das alles **wissen** die Franzosen . . . Man darf ja heute auch diese paar*
Gesichtspunkte bereits keinem Deutschen mehr vortragen, und ich be-
greife es. Aber daß die deutsche Industrie ganz rein geschäftlich orien-
tiert ist, beweist auch der neueste eben jetzt geschlossene Vertrag der
badischen Anilinwerke mit der französischen Regierung auf Zusam-
menspann gegen einige Millionen!" (S. 141 f).

Barth läßt sich freilich von dieser, einigen Tiefblick verratenden Darlegung
nicht gänzlich überzeugen, aber sein Verhältnis zu seinem nationalistisch
gesonnenen Göttinger-Kollegen E. Hirsch kühlt sich *„infolge der Ruhrbe-*
setzung" merklich ab (S. 152). Er erwägt, *„doch noch kräftiger als bisher*
in die religiös-sozialen Saiten (zu) greifen",
   „und damit werde ich mit Hirsch, der mich nur als milderen Schwär-
   mer gelten läßt, solange ich das deutsche Vaterland in Ruhe lasse, ver-
   mutlich auskommen" (S. 152).

Bald heißt es:

„Die Preise steigen unaufhaltsam. 1000 Mark sind jetzt kaum einen
Pappenstiel wert, und 100 Mark ist eine Kleinmünze geworden . , .
und wenn es so weitergeht, kann ich es als Hausbesitzer mit der Zeit
automatisch zum Milliardär bringen . . . Oh Schwindel, Schwindel!
Übrigens läuft alles weiter, die Notenpresse, die ‚gleitenden' Besol-
dungen und dementsprechend das Leben, wenigstens für die, die ir-
gendwie an der Futterkrippe stehen . . . Aber, daß da nicht Unzählige
in aller Stille unter die Räder kommen, das ist ganz ausgeschlossen.
Und wüßte man nur genauer und sicherer, wie es in der Geschichte mit

Frankreich eigentlich mit Recht und Unrecht steht. Aber es gibt auch in Deutschland Leute, die die deutsche Sache für durchaus nicht einwandfrei halten. Das offizielle Entrüstungs-Unisono ist denn auch sehr verdächtig, aber wo sitzt das Übel eigentlich, wo wird diesmal getheäterlet, wenn es geschieht, was müßte anders werden? . . . Kurz, man tappt völlig im Dunkeln. Daß das Verhalten der Besatzungstruppen im Westen z.T. sauhündisch ist, das ist allerdings ein ganz sicherer Punkt. Ich sprach letzthin einen Studenten, der selber eine Stunde lang ohne allen Anlaß einfach verprügelt worden ist, vier Belgier mit aufgepflanztem Bajonett darum herum" (S. 161).

So steht die „nationale Frage" für Barth hier durchaus im Vordergrund, während er bezüglich der Streikbewegungen oder der in Sachsen und Thüringen errungenen sozialistischen Erfolge wenig Kenntnis oder Sympathie erkennen läßt. Ob dies mit seiner gehobeneren Stellung, oder auch schlicht mit der von ihm beklagten Mangelhaftigkeit der *„(demokratischen) ‚Göttinger Zeitung' "* zusammenhängt? (130). Jedenfalls scheinen die *„diplomatischen Beziehungen"* zu Hirsch nun vollends *„abgebrochen"* zu sein, nicht ohne, daß Barth die Gelegenheit wahrnahm, *„grob"* zu werden und bezüglich einiger Thesen Hirschs von *„gänzlich ans Preußentum verratenen Christentum, von einer theologischen Paraphrase zu Ludendorffs Kriegserinnerungen und dergleichen (zu) reden"* (163). Barth wird auch sofort theologisch prinzipiell und teilt Hirsch mit, *„daß wir gerade ‚in Christo' nicht einig seien"* (163), während er *„dem Volk"* (d.h. der Studentenschaft) gegenüber – an *„offenen Abenden"*, – u.a. eine Predigt von Kutter vorliest: „Die soziale Frage" von 1906,

„auch rasant, noch ganz in der Linie von ‚Sie müssen', am Schluß mit der direkten Aufforderung an die Reichen, ‚die Hälfte ihres Vermögens' herzugeben. Kutter ist ihnen ganz neu . . ." (S. 164).

Dann:

„Es wird jedenfalls weitergelebt, und wieder einmal sieht es nach meinen Eindrücken in Deutschland selbst nicht so schlimm aus, wie es von außen betrachtet sein müßte. Ihr könnt, auch wenn Alarmnachrichten eintreffen (meine Mama schreibt heute von Aufstandsgerüchten in Basel), immer etwas in Abzug bringen: noch ist das Straßenbild überall normal, die Eisenbahn verkehrt mit erneuter Exaktheit, in der Ferne wird Klavier geübt und fährt ein Motorvelo, und abends geht jedermann zu Bett, wie überall. In Erwartung des Weiteren habe ich auch die Pfeife meines Onkels wieder in Brand gesetzt . . ." (24. Sept. 1923, S. 183).

Was also? Inmitten des wogenden „Klassenkampfes" – immerhin wurde die Regierung Cuno durch Generalstreik zum Rücktritt gezwungen, immerhin wurden nun, im Gegenzug, die sozialdemokratisch-kommunistischen Koalitionsregierungen in Sachsen und Thüringen durch die neue Regierung militärisch zerschlagen, immerhin wäre jetzt in München der Hitler-Putsch zu verzeichnen! — scheint Barth die bekannte Pfeife aus der Hand zu legen nicht für nötig zu halten. Allerdings scheint Barth sich auch nicht sonderlich zu fürchten, es wird, was dem teilnehmenden Leser nicht verborgen bleiben kann, das politische Geschehen zur Linken wie zur Rechten kräftig „entmythologisiert". Im Dezember heißt es:

> „Seit vier Wochen haben wir ja nun, ohne daß irgendetwas Heroisches geschehen wäre, leidlich Ruhe. Das Nächste, was man sicher weiß, ist, daß man im neuen Jahr wird Steuern zahlen müssen bis zum Schwarzwerden, wobei man sich nur wundert, daß man sich nicht früher und energischer für diese Fatalität entschieden hat. Gelegentlich entschuldigt ein Student seine Abwesenheit im Kolleg damit, daß er einer ‚Nachtübung' beiwohnen müsse, ein besseres Räuberlis unter Reichswehr-Leitung (!! PW), mit dem sich der rechte Flügel der Jugendbewegung jetzt wohl überall unterhält. Im übrigen war und ist alles aus der Nähe gesehen immer viel spießbürgerlicher, belangloser, als wohl der schweizerische Zeitungsleser, der all die Alarmnachrichten zu sich nimmt, denkt . . . Man merkt es ja vor allem an sich selber, wie unverwüstlich man doch in all der Apokalyptik **weiterlebt**" (207).

Was also? Für den sozialistischen Leser wird diese Bilanz dieses, für die deutsche Arbeiterbewegung allerdings entscheidenden Jahres auf Anhieb enttäuschend sein. Das Jahr klingt aus, indem Barth seinen Freund Thurneysen noch in eine kurze Diskussion über S. Gsells „Freigeld"-Theorie verwickelt, im übrigen aber voll mit fakultätsinternen Streitigkeiten beschäftigt ist.[11]
Nur Thurneysen beklagt die Weichenstellung, die nun offenbar nicht nur politisch, sondern auch theologisch geschehen ist. Im März schon hatte er Barth das Urteil von Ragaz hinterbracht:

> „Eine gewisse Theologie (Barth-Gogarten PW) kann ich nur als einen Teil der gesamten Reaktionsbewegung der Zeit betrachten, die mit

---

11) Als reformierter Theologie galt Barth in Göttingen als „außerhalb der theol. Fakultät" stehend. Vgl. B.-Th. II/S. 215, Anm. 1. Seine Vorlesungen wurden am Rande angezeigt. Umgekehrt dürfte „Prof. Barth" einen weit besseren Kontakt zu den Studenten gehabt haben als viele seiner Kollegen. Zu heftiger Auseinandersetzung kam es bei der Frage, ob Barth „Dogmatik" oder nur „reformierte Dogmatik" ankündigen dürfe. Gegen letztere Einschränkung hat sich Barth leidenschaftlich und prinzipiell gewehrt und Klage in Berlin eingereicht! „Die Sache zeigt, wie rechtlos ich hier bin" (S. 214). Freilich wollte sich Barth nicht in eine exotische Ecke abdrängen lassen, wo er für die „Zünftler" keine Beunruhigung mehr hätte sein müssen. Es kam zum Kompromiß: Barth kündigte im Anschluß an Calvin „Unterricht in der christlichen Religion" an (S. 250)!

dieser vorübergehen wird. Sie ist gerade für Deutschland nichts als Opium. Deutschland hat aber ein Tonicum nötig. "[12])

Der *„Messianismus"* Ragazens wird zwar von Thurneysen mit einigen *„sehr nötigen, wenn auch in der Form durchaus freundlichen Fragezeichen"* versehen.[13]) Aber nun wird doch sekundiert:

> *„Freigeld wäre noch das wenigste, wiewohl die Zinsfrage, die drinsteckt, ernstlich zu bedenken wäre, aber da ist gegenwärtig die ganze reaktionäre Welle und die immer neu aufgeworfene Militärfrage und dergleichen."*

Und theologisch:

> *„ . . . mir ist der Schatten der Orthodoxie, in dem wir notgedrungen augenblicklich stehen, das peinlichste Problem der Lage . . ."* Dabei ist es weniger der *„liberale Widerspruch"*, als die *„gewisse Ferne den Humanisten und den Sozialisten gegenüber"*, die Thurneysen *„zu denken" gibt* (B.-Th. II/219 – 1. Febr. 1924).

Wie Barth verstehen? Doch eben auch so, wie Barth – ohne daß wir schon auf die theologische Erörterung eintreten – die **politische** Lage beurteilt hat. Barth hat sich – wir sagen hoffentlich nicht zuviel und nicht zu wenig! – mit der sozialdemokratischen Weimarer-Republik **abgefunden**. Die Entscheidung für sie **ist** doch schon soweit gefallen, daß er von einer erneuten Arbeitererhebung nichts grundsätzlich Neues erwartet. So ist auch die deutsche Frage für ihn nicht mehr **nur** eine Klassenfrage, sondern auch eine „nationale", vor allem auch die Mittelschichten miteinbeziehende Frage. Aber in der noch so großen Anteilnahme am deutschen Geschick: Barth wird nicht „Nationalist" – weder fürchtet er die Arbeiterschaft, noch teilt er das Pathos der Konterrevolution. Er hat gegen das in aller Brüchigkeit *„Bestehende"* nun in der Tat *„soviel einzuwenden"*, daß er *„nichts mehr einwendet"* – er wird *„sachlich"*, ein *„guter Bürger"* (R II/471). Das Problem dieser Haltung wird an anderer Stelle zu erörtern sein, zunächst aber entspricht sie dem Verlauf des Geschehens.

---

12) Ragaz, Zur Weltlage. Einige Randbemerkungen, in: Neue Wege Jg. 17 (1923), S. 80, zit. nach B.-Th. II/S. 156.

13) A.a.O., S. 157 – vgl. den Aufsatz von Thurneysen „Sozialismus und Christentum" 1923, wo Thurneysen schon von der Feststellung ausgeht, daß die Kirche im „Zusammenstoß" mit dem Sozialismus „versagt, im entscheidenden Punkt völlig versagt hat". (Anf II/S. 221-223). Die „feindlichen Brüder sind sich begegnet, aber sie sind aneinander vorübergeschritten". Er nennt dies „das kirchengeschichtliche Ereignis des ausgehenden 19. und des beginnenden 20. Jahrhunderts", dessen Auswirkungen viel folgenschwerer seien „als alle innerkirchlichen Ereignisse". (eb.).

„Was nun geschah, war wie eine Wiederholung der Ereignisse des Spät-
herbstes von 1918. So wie Max von Baden sich zum Waffenstillstand
hatte bereit erklären müssen, so erklärte Stresemann sich verhandlungs-
bereit, zahlungsbereit.
So wie damals die Sozialdemokraten zur Regierung berufen worden
waren, so traten diese guten Leute auch jetzt wieder in das Kabinett
des alten Nationalliberalen ein: immer bereit, in höchster Not Verant-
wortung sich aufbürden zu lassen, immer ausgebootet, sobald Groß-
bürgertum und Armee ihrer nicht mehr zu bedürfen glaubten . . . man
möchte sagen, daß 1923 die Republik noch einmal gegründet wurde.
Zu ihr zur Verfassung bekannte sich Stresemann und bekannte sich
ehrlich dazu . . . Aber eben dies, daß der äußeren Niederlage ein Sieg
des republikanischen Prinzips im Inneren entsprach, 1923 wie 1918,
erklärt uns, warum die Weimarer-Republik nie auf festere Füße zu ste-
hen kam. Man war dann, nur dann republikanisch, wenn man einem
widerborstigen Feind nachgab" (GM 705).

Waren im Jahr 1923 noch einmal revolutionäre Hoffnungen in der Arbeiterbewegung wach geworden, so bedeutete die Errichtung der Regierung
Stresemann die Niederlage der revolutionären Linken für die Dauer der
Weimarer-Republik. Aber nun war der Weg zur Stabilisierung, zur Wäh-
rungsreform, schließlich zum Vertrag von Locarno 1925 und zur Aufnahme in den Völkerbund 1926 frei. Es handelte sich zweifellos um ein Meisterstück großbürgerlicher Strategie. Die Arbeiterbewegung war erneut gespalten, die Sozialdemokraten mußten für eine Politik herhalten, die sie
langfristig in Gegensatz zu ihrer Wählerschaft brachte, das nationale Empfinden war zwar verletzt, aber das Interesse der großen Industrie gesichert.
Doch hätte es schlimmer kommen können. Denn zweifellos drängten im
Lager des „Monopolkapitals" noch andere Intressen an den Tag.

Ein Telegramm des US-Botschafters in Berlin an die amerikanische Regierung vom 21.9.1923 besagt, es müsse nach der Vorstellung des
Herrn Stinnes *„ein Diktator gefunden werden, ausgestattet mit der*
Macht alles zu tun, was irgendwie nötig ist. So ein Mann muß die
Sprache des Volkes reden und selbst bürgerlich sein, und so ein Mann
steht bereit. Eine große von Bayern ausgehende Bewegung, entschlos-
sen, die alte Monarchie wiederherzustellen, sei nahe . . . Um Mitte Ok-
tober werden drei oder vier Millionen Menschen arbeitslos sein. Die
Kommunisten werden versuchen, diese Lage zum Ausbruch einer Re-
volution zu nützen . . . Unterdessen wird die Stresemannregierung ihre
Unfähigkeit mit der ihr gestellten Aufgabe fertig zu werden, erwiesen
haben, und ihre Nation wird vor der Frage stehen, ihre Rettung ent-
weder bei den Rechts- oder bei den Linksparteien zu suchen. Sobald
die Kommunisten ihre Operation beginnen, wird Ebert im Namen der
Republik einen Mann, oder wenn möglich, ein Kommitee von drei
Männern ernennen und wird die ganze militärische Gewalt unter des

Diktators Befehl stellen. Von da ab wird die parlamentarische Regierung zu Ende sein. Die Kommunisten werden rücksichtslos zerschmettert werden, und wenn sie zum Generalstreik aufrufen, wird dieser ebenfalls mit Gewalt unterdrückt. Wenn alles gut geht, denkt Stinnes, wird die ganze Lage innerhalb drei Wochen nach Beginn geklärt sein. Der Sozialismus wird nach diesen Erwartungen als politische Daseinsform in Deutschland für immer beseitigt und die Gesetze und Verordnungen, die die Produktion hindern und keinen nützlichem Zweck dienen, werden unverzüglich widerrufen werden."[14]

Schon 1923 konnte Hitler in diesen Kreisen als geeignetes Instrument erscheinen, der radikalen Arbeiterbewegung das Rückgrat zu brechen und die von ihr errungenen demokratischen Rechte rückgängig zu machen. Auch G. Mann urteilt:

,,Die Gewerkschaften als ebenbürtige Verhandlungspartner, der Achtstundentag, die Tarifverträge als allgemeingültiges Recht, die Staatliche Schiedsgerichtsbarkeit — all das war nach dem Krieg wohl oder übel akzeptiert worden; es wurde abgeschwächt und durchlöchert, wo immer die Wirtschaftslage oder die politische Lage eine Möglichkeit bot" (GM 714).

So gesehen war die ,,zweite Gründung" der Weimarer-Republik nicht nur Sieg des Bürgertums, sondern zugleich ,,Kompromiß" zwischen den hauptsächlichen sozialen Klassen. Nicht gänzlich umsonst haben sich die Sozialdemokraten den Tatsachen bequemt und sich um die Wahrung der demokratischen Verfassungsstruktur bemüht. Der Klassenwiderspruch aber blieb bestehen.[15] Und wie hätte die Demokratie nun ,,funktionieren" sollen?

3.3. Der Weg in die Krise — zu den ökonomischen Ursachen des Nationalsozialismus.

Das Programm des kapitalistischen Unternehmertums sah eigentlich dreierlei vor:
— die Steigerung der Produktivität durch Kapitalkonzentration, erhöhte Investitionen und Rationalisierung des Arbeitsprozesses, mit dem Ziel, die internationale Konkurrenzfähigkeit des deutschen Kapital wiederherzustellen und die wirtschaftliche Krise zu überwinden,
— eine loyale, arbeitswillige und auch ,,billige" Arbeitskraft das heißt aber: Liquidierung der Ideologie des ,,Klassenkampfes" bzw. der liberalen Konzeption der ,,Gleichberechtigung" der sozialen Partner, somit die Erset-

---

14) Nach G.W. Hallgarten, Hitler, Reichswehr und Industrie 1962, 2. Aufl., S. 63f, zit. bei J. Perels, Kapitalismus und politische Demokratie. Privatrechtssystem und Gesellschaftsstruktur in der Weimarer Republik 1973, S. 66, Anm. 6.

15) Dazu die einschlägige Studie von J. Perels.

zung der liberalen und sozialistischen Ideologien durch eine „nationale" bzw. nationalistische Ideologie, – eine starke Regierung bzw. ein starker Staat, der das wirtschaftliche Programm (notfalls mit Gewalt) politisch durchzusetzen in der Lage wäre.

Ein solches Programm konnte nun zweifellos aus einer altkonservativen Haltung, es konnte aber auch vermeintlich „revolutionär", im Sinne des kommenden Nationalsozialismus vertreten werden. Auf der politischen Ebene bedeutete dies, daß der Konflikt mit dem demokratischen Verfassungsstaat gleichsam einprogrammiert war. Auf der ökonomischen Ebene bedeutete es aber, daß diese Rechnung, wie immer sie gemeint war, ohne den Wirt gemacht wurde.

– Vergegenwärtigen wir uns nur noch einmal, daß die **allgemeine Krise** der kapitalistischen Ökonomie seit Ende des 19. Jahrhunderts auch in „bürgerlichen" Kreisen kein Geheimnis war! Der erste Weltkrieg war der schärfste Ausdruck, den sie finden konnte, und auch nachher

„war das Vertrauen in die Elastizität des Kapitalismus auf einem niedrigen Stand, und an Theorien über seinen Niedergang und voraussehbares Ende herrschte kein Mangel" (Mattick S. 7).

Das Gesicht dieser Krise trug, wann immer sie akut wurde, notorisch dieselben Züge: Arbeitslosigkeit nicht aus einem Mangel, sondern aus einem **Übermaß** an technischen und materiellen Möglichkeiten; Überkapazitäten in der Produktion, die bei gegebenen Marktverhältnissen nicht profitreich eingesetzt werden konnten – anders (und lapidar) gesagt: volle Lagerräume, kostspielige Maschinen, die stillstanden, Kaffee, der verheizt, Weizen, der ins Meer geworfen werden mußte, daneben aber eine mittellose hungrige Bevölkerung. In der Erklärung dieses Phänomens waren die Ökonomen einigermaßen ratlos. Denn nach allen Gesetzen der klassischen Ökonomie, insbesondere dem „Sayschen Gesetz" (Mattick S. 9), sollte ein auf Grundlage des freien Wettbewerbs produziertes „Angebot" auch stets eine ihm entsprechende „Nachfrage" erzeugen, so also, daß sich der Markt kraft dieses „Gleichgewichtsmechanismus" selber reguliert. Während aber die Ökonomen rätselten, fanden die Praktiker auch schon einen Ausweg, nämlich in der globalen Expansion, in der Eroberung neuer Märkte, in der Usurpation billiger Rohstoffquellen, schließlich im Export von Kapital in die Kolonialgebiete. Diese Form des wirtschaftlichen Imperialismus war aber begleitet von der Konzentration der Kapitale, in der sich nur die größten Unternehmen, Kartelle und Trusts durchzusetzen vermochten. Nur sie konnten ihre Konkurrenz mit gezielter Preispolitik unterlaufen, nur sie vermochten die ungeheuren Investitionen aufzubringen, die allein eine neue Rentabilität versprachen. Aber wohin sollte diese Tendenz, die auch während und nach dem ersten Weltkrieg unvermindert anhielt, führen? Die „Leistungen" (GM 712 ff) dieser Monopole waren in der Weimarer-Zeit enorm. Firmen wie Siemens erlangten mit Qualitätsarbeit Spitzenstellungen auf dem Weltmarkt. Aber zugleich konnte deutlich werden: die

Zeit des „freien" Marktes und des offenen Wettbewerbes war vorbei. Nicht alle Firmen konnten es sich noch leisten, auf die bloße Qualität ihrer Produkte zu vertrauen. Was nicht die Qualität, das sollte die Quantität der Produkte leisten, und was das freie Spiel von Angebot und Nachfrage nicht erbrachte, das mußten nun geheime Absprachen, höfliche Bestechungsgelder, Preis- und Marktmanipulationen und die Einflußnahme auf die staatlichen Instanzen erbringen. Der Staat wurde nun selber mehr und mehr zu einer ökonomischen Instanz, nicht sowohl in der Durchsetzung wirtschaftlicher Interessen gegenüber dem Ausland, als auch im Eingreifen in den volkswirtschaftlichen Prozeß. Der **Staat** sollte nun das fehlende ökonomische Gleichgewicht wiederherstellen und z.B. die durch die Monopolpreisbildung bedrohte Währung fiskalisch stabil halten, Staatsaufträge (z.B. in der Rüstung) sollten für neuen „Absatz" sorgen. Es war ja unterdessen in Gestalt von Sir Maynard Keynes auch eine neue ökonomische Theorie im Aufkommen begriffen, die die staatlichen Maßnahmen in den Mittelpunkt stellte und so dem angeschlagenen Kapitalismus Remedur versprach. Dieser Übergang von der freien zu einer „gebundenen" Wirtschaftsform wurde von einem maßgeblichen Ökonomen 1928 in aller Form konstatiert:

> *„Nicht Menschen, sondern starke wirtschaftliche Kräfte sind es, die uns in eine neue wirtschaftliche Epoche hineintreiben . . . Was ist es denn im Grunde genommen anderes, als die Erfüllung der Voraussagen des großen Sozialisten Marx, die wir erleben? . . . Wenn wir unseren Wirtschaftsführern von heute sagen würden, daß sie gewollt oder ungewollt sozusagen Vollstrecker des Marxschen Testaments seien, so würden sie, ich nehme es an, mit allem Nachdruck dagegen protestieren."* [16]

Aber dieser Ökonom, Schmalenbach, war kein „Marxist". Als Berater bei Thyssens „Vereinigten Stahlwerken" — ein Mammut-Konzern, der 40 % der Eisen- und Stahlproduktion kontrollierte — beobachtete er nur tiefgreifende Veränderungen an der Basis der Produktion. Fließbänder und Taylorsche Zeitmessung — man erinnere sich an Chaplins *„Modern times"! ·* hatten in den Fabriken Einzug gehalten, aber die wachsende Betriebsgröße und der hohe technologische Einsatz führten dazu, daß nicht länger die variablen, sondern die fixen Kosten die Rechnungsführung bestimmten und die Produktion in bestimmter Weise unelastisch machten. Sank die Nachfrage, so konnte das Produktionsvolumen doch nicht verringert werden, wenn der Produktionsprozeß technisch in Gang gehalten und eine noch so minimale Rendite erhalten bleiben sollte. Ja, es war nun besser, unter Verlusten zu produzieren und die Verluste mit erhöhten (statt gesenkten!) Preisen wieder einzubringen.

---

16) E. Schmalenbach, Die Betriebswirtschaftslehre an der Schwelle der neuen Wirtschaftsverfassung 1928, zit. nach A. Sohn-Rethel, S. 41.

„Und so ist die moderne Wirtschaft mit ihren hohen fixen Kosten des Heilmittels beraubt, das selbsttätig Produktion und Konsumtion in Einklang bringt und so das wirtschaftliche Gleichgewicht herstellt . . . und es tritt die merkwürdige Tatsache ein, daß zwar die Maschinen selbst immer mehr mit automatischen Steuerungen versehen werden und so der menschlichen Hilfe entraten können, daß aber die Wirtschaftsmaschinerie im Ganzen, die große Volkswirtschaft, ihr selbständiges Steuer verloren hat. "17)

Damit beschreibt Schmalenbach aber nichts anderes, als daß der „freie Markt" im Zeitalter der Monopole tendenziell zur Fiktion geworden ist, das heißt aber: zu einer „Ideologie", die ganz andere, neue Gesetzmäßigkeiten unter sich verbirgt. Und eben das war es, was Marx und Engels prophezeiten, daß nämlich die Entwicklung der Produktivkräfte (und der Technologien) im Kapitalismus zu einem Punkt gedeiht, wo sie *„nach tatsächlicher Anerkennung ihres Charakters als gesellschaftlicher Produktivkräfte"* (Engels S. 91) verlangen und so in Widerspruch treten zu ihrer Kapital-Eigenschaft, nur privates Eigentum, privat angeeignete menschliche Arbeit bzw. eine Privatsache des Unternehmers zu sein. Anders gesagt: *„Die Produktionsweise rebelliert gegen die Austauschweise"*, die auf der Fiktion eines sich selbsttätig regulierenden Marktes bzw. einer sich zum Wohle der Gesamtheit auswirkenden „freien Konkurrenz" von Privateigentümern beruht (Engels S. 96). Das private Interesse (der Unternehmer bzw. der großen Unternehmen) ist mit dem Gesamtinteresse (der Gesellschaft, der arbeitenden Bevölkerung) nicht mehr in Einklang zu bringen — das ist das wahre Gesicht der kapitalistischen Krise! Aber **diese** Erklärung der Krise des Weltmarktes, von stockendem Absatz und permanenter Inflation konnte für die Unternehmer um so weniger akzeptabel sein, als sie ja nun an die Wurzeln des wirtschaftlichen Liberalismus ging, sie mußte aber auch nicht akzeptiert werden, weil die Monopole nach wie vor die Macht besaßen und niemand sich in der Lage zeigte, ihnen diese Macht zu entreißen und diese Erkenntnis gesellschaftlich durchzusetzen. Niemand? Diese Frage richtet sich nun nicht von ungefähr an die organisierte Arbeiterbewegung, die Marx und Engels in ihrem Programm führte. Sie allein hätte offenbar der Macht des Kapitals eine organisierte „Gegen-Macht" gegenüberstellen und einer effektiven gesellschaftlichen Kontrolle und Planung des Produktionsprozesses den Weg bereiten können. Aber eben: auch die Kommunistische Partei hat sehr wohl mit dem bevorstehenden *„Bankrott"* des Kapitals gerechnet, nicht aber damit, daß dieser Kapitalismus *„fortexistieren, nämlich eine Existenz nach den Regeln des Bankrotts führen werde"* (Sohn-Rethel S. 68). Ein Jahr nach der Rede Schmalenbachs machte der Zusammenbruch des Weltmarktes auch den sozialstaatlichen Illusionen ein abruptes Ende und bald trat der „freie" Kapitalismus in

17) A.a.O., S. 43.

Deutschland von der historischen Bühne ab. War die Rüstungsproduktion schon vorher wesentlich, so wurde sie nun gänzlich unentbehrlich, mußten nun künstliche Arbeitsplätze geschaffen und endlich auch staatliche Zwangsarbeit eingeführt werden. Aber auch dann war der Krieg der einzige Ausweg aus der verfahrenen ökonomischen Situation. Nur die Grundlage des Ganzen, das Privateigentum an den Produktionsmitteln blieb auch im National-Sozialismus unangetastet, und so war es ein ganzes Volk, das nicht zuletzt großkapitalistischen Interessen aufgeopfert wurde.[18]

4.   Klassenkampf und Demokratie. Zur Klassenanalyse.

4.1.   „Falsches Bewußtsein" im Bürgertum. Ungleichzeitigkeit (E. Bloch)

Die privatwirtschaftliche und zugleich nationalstaatliche *„Lösung"* des Problems krankte, zusammenfassend, an zweierlei:
— Man übersah die wachsenden immanenten bzw. strukturellen Schwierig-keiten einer monopolistischen Gesamtwirtschaft, bzw. den wachsenden Widerspruch zwischen den wirtschaftlichen „Privatinteressen" und dem ge-sellschaftlichen Gesamtinteresse,
— man übersah aber auch ganz einfach das wachsende Elend der „Massen" bzw. die Existenz eines durchaus kampfwilligen und gesellschaftlichen en-gagierten Proletariates. Mit „übersehen" meine ich: man sah sehr wohl, aber man nahm nicht ernst — gerade das kämpferische Proletariat und ge-rade die radikale Arbeiterbewegung galt vielleicht als ein äußerst unange-nehmer, bedrohlicher Faktor in der Gesellschaft, aber nicht als einer, von dem irgend etwas Ernsthaftes und Ernstzunehmendes zu erwarten gewesen wäre. Man sah auch die wirtschaftlichen Schwierigkeiten und diskutierte schon den bevorstehenden *„Untergang des Abendlandes"* (O. Spengler), aber man vertraute wohl darauf, daß die Leute an den Hebeln der Macht dies schon irgendwie bewältigen würden. Von der Arbeiterbewegung konnte man und wollte man nur Chaos oder Tyrannei erwarten, und so steuerte man, wohl mehr unbewußt als bewußt — und ohne die extreme, faschistische Lösung von Anbeginn zu bejahen — auf diejenige Lösung hin, die sich alsbald als „geschichtsmächtig" anbieten sollte. *„Warum gab es denn so viele Kommunisten?"* fragt auch G. Mann voller Verzweiflung

---

18) Eine systematische Faschismustheorie, die auch die Entstehung und Geschichte der NSDAP miteinbegreifen müßte, liegt außerhalb des Interesses meiner Arbeit. Ihre ökonomischen Voraussetzungen sind m.E. von Sohn-Rethel am klarsten formuliert. Die Eroberung eines wirtschaftlichen Hinderlandes, d.h. Hitlers Kriegspolitik folgt zwingend den Regeln des von Sohn-Rethel dargelegten „Bankrotts". Soweit Hilter hier der Logik des von ihm perpetuierten Systems gehorcht, hat er freilich nicht schlechterdings ‚unvernünftig' gehandelt, sondern das von seinem Standpunkt aus und in den Augen zahlreicher Kapitaleigner sog. ‚einzig vernünftige' getan — solange jedenfalls, „bis der Wirt die Rechnung zeigt." (B. Brecht).

(GM 803). Und warum war denn die so wenig geliebte Sozialdemokratie immer so stark, daß auf sie — als loyalem Regierungspartner — nicht verzichtet werden konnte? Diese Fragen wurden in bürgerlichen Kreisen wohl nie ernstlich gestellt. Aber auch die **Bewußtlosigkeit**, in welcher auch gebildete Kreise in den Faschismus hineinsteuerten, ist ein Faktum, das der Erklärung bedarf.

H. Gollwitzer erzählt, wie K. Barth ihn bei der Machtübernahme Hitlers noch um Mitternacht angerufen und ihm dies in erregter Weise mitgeteilt habe — und bei Gollwitzer auf taube Ohren gestoßen sei! Diese Regierung würde sicher so schnell wieder verschwinden, wie die vorangehenden auch.[19] Barth mußte im Umkreis der sich bildenden Bekennenden Kirche alsbald feststellen, daß die meisten ihrer Anhänger halbbewußte oder auch bewußte Nationalisten und „Nationalsozialisten" waren! Und nicht ohne Stolz trägt er die bittere Bilanz vor: *„Wo sind die konservativen und wo die radikalen Parteien hingekommen? Was ist aus der deutschen Presse geworden, aus der deutschen Universität, aus dem deutschen Theater, aus der deutschen Wissenschaft und Kunst, aus der deutschen Schule und aus der deutschen Wirtschaft? Was ist heute Goethe, Fichte und Hegel? Wie sind ihre Schüler alle, alle umgefallen! Wie haben sich alle diese Halme nach dem Wind gebeugt . . . Es gibt keine Freiheit mehr im heutigen Deutschland außer einer: der Freiheit des Glaubens."*[20] Hier wäre kritisch nur das anzumerken, daß Barth den in der Arbeiterbewegung immer noch vorhandenen Widerstand übergeht. Aber auch dazu heißt es: *„Man hat auch in Deutschland von den harten Arbeiterfäusten gesprochen, die Hitler den Weg weisen würden, und dann ist es eben doch anders gekommen."*[21] Im selben Zusammenhang beschreibt Barth aber auch den Faschismus als die Konsequenz und Frucht des geistigen, politischen **und** wirtschaftlichen „Liberalismus"!

Eine solche Kritik *„ex eventu"* verfehlt freilich ihr Ziel, wenn sie nur darauf ausgeht, den oder die „Schuldigen" zu identifizieren (Gaede S. 9 ff).

Zu Recht fordert R. Gaede in seiner Untersuchung *„Kirche-Christen-Krieg und Frieden. Die Diskussion im deutschen Protestantismus während der Weimarer-Zeit"* (1975) *„Verständnis für das subjektiv ehrli-*

---

19) Gollwitzer mündlich zu d. V.

20) Not und Verheißung im deutschen Kirchenkampf, maschinenschriftliches Manuskript im Kirchenkampf-Archiv in Berlin-Zehlendorf (o.J.), zit. nach Marquardt, Theologische und politische Motivationen Barths im Kirchenkampf; Junge Kirche 5/73, S. 301.

21) Kampf und Weg der evangelischen Kirche in Deutschland, maschinenschriftliches Manuskript, zit. nach Marquardt, a.a.O., S. 295.

che Wahrheitsringen derer . . ., deren politische Haltung durch die folgenden Schrecknisse des NS-Staates eindeutig widerlegt wurden" (S. 12). *„Bei der Bemessung der Schuld hat das Urteil ex eventu zurückzutreten hinter zeitgenössischer Ideologiekritik, damit Möglichkeiten und Hindernisse des Erkennens und Handelns gerechter beurteilt werden."* Gaede würdigt darum gerade religiöse bzw. christliche Kreise, die in begrenztem Rahmen aktiv wurden bzw. *„protestantische Gruppen, die mit Mut und Sachlichkeit unter Kritik ihrer Umwelt die Herausforderung der Neuzeit, nämlich Friedenserhaltung nach dem Weltkrieg annahmen"* (S. 21). Auf das Problem der empirisch-soziologischen Erforschung solcher Gruppen bzw. von Pfarrern, kirchlichen Amtsträgern und Laien soll hier nicht eingegangen werden.

Die „Anamnese", die Erinnerung verschütteter und entstellter Zusammenhänge hat aber Sinn nur in Richtung auf eine „Diagnose" (und Therapie) der Gegenwart, in welcher jene Vergangenheit noch keineswegs bewältigt ist. Die „Schuld"frage ist insofern keine abstrakte Frage – es ist jeder nach seiner Schuld und heutigen Schuldigkeit gefragt! – sie ist aber auch nicht damit zu eskamotieren, daß pauschal auf die „Klassenzugehörigkeit" bestimmter Schichten, Gruppen oder Personen verwiesen wird. Auch marxistische „Klassenanalyse" kann nicht zum Ziele haben, bestimmte bürgerliche oder auch „kleinbürgerliche" Schichten ihrer Verantwortung im historischen Prozeß zu entheben bzw. einem ihnen kraft ihrer Stellung oder mangels einer Theorie undurchschaubaren und übermächtigen „Geschick" zu überantworten. Der Schicksalsglaube lauert auch hier: wo mit dem „falschen Bewußtsein" dieser Schichten als mit einer feststehenden Größe gerechnet wird, wo es schematisch gilt, daß jeglicher Konservatismus dem Faschismus zuneigen muß und das „Kleinbürgertum" für den Faschismus präformiert sei. Auch die marxistische These von der *„deutschen Sonderentwicklung",*[22] was die verspätete Ausbildung einer bürgerlichen Klasse in Deutschland betrifft – wonach dann der Faschismus gleichsam das logische Produkt der „Rückständigkeit" der deutschen Verhältnisse sein müßte – könnte apologetischen Charakter haben, sofern sie in der Absicht erhoben ist, die Gültigkeit der Marxschen Prognosen trotz dieser Entwicklung unter Beweis zu stellen. Ist erst einmal **ein** „Sonderfall" zugestanden, wie sollte es dann nicht noch und noch „Sonderfälle" geben dürfen – und wann hat sich die Geschichte jemals anders als in lauter Sonderfällen bewegt? Nein, die Geschichte ist nicht dazu da, die Gültigkeit der allgemeinen Marx'schen Kategorien zu bestätigen, wohl aber sind diese Kategorien dazu da, am historischen „Sonderfall" ihre analytische Kraft zu erweisen. Nur am „Sonderfall", nur am historischen Material selber – nicht in der

22) Vgl. H. Grebing, Aktuelle Theorien über Faschismus und Konservatismus. Eine Kritik 1974, S. 49ff. Auch H. Plessner, Die verspätete Nation. Über die politische Verführbarkeit des bürgerlichen Geistes, 1969.

Abstraktion – kann die Marx'sche Analyse ihre Gültigkeit erweisen und kann sie – in der Vielzahl solcher Sonderfälle – ihre „Allgemeinheit" erlangen.

Auch die englische Kapital-Entwicklung, die für die Marx'sche Kapital-Analyse vorbildlichen Charakter hatte, ist ein historischer „Sonderfall' und die Akribie, in der Marx auch an diesem Gegenstand ins historische Detail gegangen ist – man denke an seine Analyse der englischen Fabrikgesetzgebung im komplexen Zusammenhang von Kapital, Arbeiterbewegung und Staat; man denke an seine Hochschätzung einzelner Fabrikinspektoren etc.! – zeigt, daß die Besonderheitsfaktoren dieser Geschichte für die Gültigkeit dieser Analyse für Marx von konstitutiver Bedeutung waren. *„Eine Nation kann von der anderen lernen!"* Dies bedeutet, daß die Möglichkeit, aus der Geschichte zu lernen, für Marx grundsätzlich offen, ja geradezu das Motiv seiner Untersuchungen war (MEW 23, S. 15).

Die Menschen sind nicht hilflose „Agenten" übermächtiger historischer Prozesse, auch dann, wenn wahr bleibt, daß allzuvieles „hinter dem Rükken" der Menschen und ohne ihr zureichendes Bewußtsein geschieht. Aber auch das „falsche Bewußtsein" ist in seinen Grenzen ein Bewußtsein von einem realen Sein, das nicht einfach ignoriert werden darf. Es ist vielleicht in der Tat „rückständiges" Bewußtsein, nicht im moralisierenden Sinne eines geschichtsphilosophischen Fortschrittgedankens, wohl aber in Bezug auf eine bereits fortgeschrittene gesellschaftliche Entwicklung, der gegenüber es realiter zurücksteht. „Rückständig" in diesem Sinne ist ein Bauer, der seine Scholle verteidigt, während die Industrialisierung bereits seine Existenzgrundlage zerstört. „Rückständig" ist der kleine Unternehmer, der immer noch von der Freiheit der Märkte träumt, wo doch längst Monopole über sein Geschick entscheiden. „Rückständig" ist in ausgezeichnetem Sinn ein liberaler Justizbeamter, der an Grundrechten und Verfassung festhält, wo eine alltägliche Praxis ihn diese Prinzipien längst wieder hätte vergessen machen sollen! Endlich hat ja auch K. Barth in großer „Rückständigkeit" Theologie, *„und nur Theologie"*, betrieben, sowie auch der kirchliche Widerstand mit so manchem einfältigen Dorfpfarrer stand und fiel, der an seinem Platz ausharrte. E. Bloch spricht darum von einer *„Ungleichzeitigkeit"*, in welcher nicht alle historischen Prozesse nach demselben Maß und Zeitmaß zu messen sind (Bloch 1935, S. 104 ff). „Ungleichzeitigkeit" definiert sich aber in Bezug auf diejenigen determinierenden gesellschaftlichen Prozesse, denen es nun doch gälte, von ferne „gleichzeitig", d.h. in der eigenen Praxis konform zu werden: in *„letzter Instanz"* an jenen ökonomischen Prozessen, die die *„Basis"* des gesellschaftlichen Lebens bilden, weil sie dessen materielle Voraussetzungen schaffen. Das ist es ja, wenn wir nun die Marx'sche Theorie als Theorie der globalen „Ungleichzeitigkeit" in der gesellschaftlichen Entwicklung auffassen, daß die kapitalistische Produktion die gesellschaftliche Produktivität in einer Weise steigert, die nach neuen Formen der Arbeit, der Arbeitsteilung und Kooperation, der Betriebsführung, des Verkehrs etc. verlangt, aber zugleich die Grundlage des Ganzen: das Prinzip der „privaten" Aneignung zerstört. Das ist vielleicht das Besondere an der deutschen Entwicklung: daß das Bürgertum in einem Augenblick an die politische Macht kommt, wo der Prozeß schon im Gange ist, der diesem Bürgertum den ökonomischen Boden seiner Herrschaft entzieht. Das ist das besonders „Rückständige" an dieser Klasse: daß sie an Idealen und Normen festhalten will, die den gesellschaftlichen Prozessen schon nicht mehr entsprechen, daß sie diese Prozesse darum gewaltsam hindern, aufhalten oder überholen will, sich nach irgendeiner Vergangenheit oder Zukunft streckt und schließlich dem tumultuarischen Ausbruch aus dieser Geschichte ihr Ja-Wort gibt, aber eben die Zeichen der „Zeit" nicht zu deuten vermag.[23]

Apres nous le déluge! – aber dies ist nur das Symptom der akut gewordenen Ungleichzeitigkeit und des verlorenen Geschichtsbewußtseins, und so auch der Preisgabe der eigenen Verantwortung in dieser Geschichte. Damit ist keinem Schematismus von „*Basis*" und „*Überbau*" das Wort geredet, sondern nur eine Struktur freigelegt, welcher die erschreckende Non-Konformität der bürgerlichen Klasse mit ihrer Gesellschaft, wenn nicht zu verstehen, so wenigstens zu erklären sein wird. Dieses „*Wechselverhältnis*" ist freilich allseitig und komplex, so daß es auf keine abstrakte Monokausalität zurückgebracht werden kann. Es handelt sich um einen mannigfaltig determinierten Widerspruch in der Gesellschaft, für den L. Althusser nicht von ungefähr den Begriff der „*Überdeterminierung*" geprägt hat (Althusser 1968, S. 146 ff), in welchem der „Überbau" niemals nur überflüssig oder sonst ‚zu vernachlässigen' ist. Was ist denn „Überbau", wenn nicht dies: Staat und Recht, Kunst und Religion, aber auch Familienleben, Schule, Kirche, Theater, Krankenhäuser, Wissenschaft etc.? Nur daß sich diese angeblich „höheren" Bereiche des menschlichen Lebens allzuleicht in einer Selbständigkeit (oder auch Selbstherrlichkeit) darstellen wollen, die sie nun einmal angesichts der banalsten Tatsachen des täglichen Lebens gar nicht haben können. So Barth 1922:

> „*Was können wir denn wollen und tun?* Vor allem essen, trinken, Kinder zeugen und gebären und alles, was dazugehört: das ist die breite

---

23) „Deutschland überhaupt, dem bis 1918 keine bürgerliche Revolution gelungen war, ist zum Unterschied von England, gar Frankreich das klassische Land der Ungleichzeitigkeit, das ist, der unüberwundenen Reste älteren ökonomischen Seins und Bewußtseins. Grundrente, großes Grundeigentum und seine Macht wurden in England, anders in Frankreich ziemlich durchgängig in die kapitalistische Wirtschaft und ihre politische Macht eingegliedert; im lange zurückgebliebenen und länger noch vielfältigen Deutschland dagegen bildete sich der Sieg der Bourgeoisie nicht einmal wirtschaftlich geschweige politisch und ideologisch im gleichen Maße aus ... Mit dem ostelbischen Feudalismus hielt sich jedenfalls ein ganzes Museum deutscher Wechselwirkungen, ein anachronistischer Überbau, der ... dennoch herrscht". E. Bloch, a.a.O., S. 113f.

Grundlage, die von der Ethik in der Regel vornehm übergangen oder mit Hilfe einiger Gemeinplätze rasch ‚verklärt' wird, als ob es ein Kinderspiel wäre, gerade diese Zwecksphäre, die mindestens 90 % aller Menschen fast ganz und uns übrige wahrhaftig noch genug in Anspruch nimmt, zu ‚verklären', in Beziehung zu Dingen wie Geist und Gerechtigkeit zu bringen! Über diese Grundlage eine erhebliche dünnere Schicht von Wissenschaft, Technik, Politik und Kunst . . . Darüber eine noch dünnere Schicht von moralischen Zwecken . . . (und) über den moralischen findet sich ja als oberste und dünnste Schicht auch der religiöse Zweck. Der Mensch kann auch noch Gott suchen, fromm werden, beten, in allen Tonarten aller Religionen und Konfessionen. Auch das noch!" (WG S. 143).

Das ist — mindestens indirektes — Marx-Zitat aus der Kritik an Feuerbach:

„Wir müssen bei den voraussetzungslosen Deutschen damit anfangen, daß wir die erste Voraussetzung aller menschlichen Existenz, also auch aller Geschichte konstatieren, nämlich die Voraussetzung, daß die Menschen imstande sein müssen, zu leben, um ‚Geschichte machen' zu können. Zum Leben gehört aber vor allem Essen und Trinken, Wohnung, Kleidung und noch einiges andere. Die erste geschichtliche Tat ist also . . . die Produktion des materiellen Lebens selbst, und zwar ist dies eine geschichtliche Tat, eine Grundbedingung aller Geschichte, die noch heute, wie vor Jahrtausenden, täglich und stündlich erfüllt werden muß, um die Menschen nur am Leben zu erhalten" (MEW 1, S. 93).

Eben diese „breite Grundlage" der primitivsten „Zwecke" ist es, die von der bürgerlichen Ethik und Wert-Ethik jeweils allzu selbstverständlich übergangen — oder gar mit W. Herrmann aus dem Bereich des Sittlichen und der Ethik „hinausgewiesen" wird (Barth, Ethik I, S. 198), ja eben, weil es sich für diese Klasse offenbar von selber versteht, daß die Arbeit von den Anderen getan wird. Und dies gilt ja nicht nur für den Fabrikherrn, nein:

„Über den Gräbern derer, die einst gelitten haben bei der Aneignung und unter der Entbehrung dessen, was nun sonnenklar mein Eigentum ist, ist längst Gras gewachsen. Ich nehme es wirklich niemandem weg, ich habe es nur nach Gesetz und Recht geerbt. Oder was habe ich als großer oder kleiner Rentner zu tun mit der Art, wie die Zinsen, aus denen ich lebe, vielleicht in Amerika drüben erarbeitet werden, oder mit den Unternehmungen, in die meine Bank Kapital zu stecken für vorteilhaft hält? Ich bin gottlob weder der Fabrikant mit seiner Lohnpolitik, seinen Überstunden und seiner Akkordarbeit, noch der Kaufmann mit seinen Mietskasernen, noch gar der Brennereibesitzer in Deutschlands Osten, ich beziehe nur meine Zinsen, ich nehme nur,

was mir von Gott und Rechts wegen gehört. Aber eben: mit der Un-
verantwortlichkeit, die wir aus dieser Indirektheit unseres Greifens
und Nehmens so gerne folgern möchten, ist es nichts" (Ethik I/277).

Die „*Indirektheit*" der kapitalistischen Verhältnisse, die differenzierte Arbeitsteilung — bis hin zur Teilung von körperlicher und „höherer" geistiger
Arbeit! — in welcher Eigentum, Waren, Bankkonten, Wertpapiere, Geld
und Zinsen ihren wahren Ursprung verleugnen, ändern aber nichts daran,
daß dieser Ursprung nach wie vor **Arbeit** und zwar: menschliche, körperli-
che Arbeit ist.
Arbeit ist es, aber massenhaft multiplizierte, vergesellschaftliche menschliche Arbeit, die — woran offenbar auch alle Automatisierung nichts zu verändern vermag — unter kapitalistischen Bedingungen allein „*Wert*" zu setzen, zu schaffen, zu mehren vermag, dieweil die Tausch-Verhältnisse in der
Gesellschaft und das ganze Universum der kulturellen und geistigen „Werte" uns immer wieder ein anderes vorgaukeln wollen.[24] Kapital definiert
sich aber gegenüber der Arbeit, und so ist es gerade der **Arbeiter** (insbesondere der Industriearbeiter), der den gesellschaftlichen Widerspruch, nach
Bloch, als „gleichzeitigen" erfährt. Dagegen argumentiert Barth immer
noch (aber bewußt!) aus dem Erfahrungshorizont nicht des Arbeiters, sondern des bürgerlichen (kleinbürgerlichen) Mittelstandes, wenn ihm doch
immer wieder ein „Vergessen" der Arbeit, der modernen Arbeitsverhältnis-
se oder auch der Arbeitskämpfe anzulasten ist. Es ist freilich gerade der
„Mittelstand", den Barth nicht aufgeben, nicht aus der Verantwortung entlassen, sondern, wenn nicht anders, so wenigstens „ethisch" beanspruchen
will. Aber eben: der Mittelstand ist von den Veränderungen in der materiellen Produktion nur mittelbar betroffen: durch Inflation, Wohnungsnot,
materielle und ideologische „Verunsicherung". Anders der Arbeiter. Ihm
ist das Fließband, ihm sind Rationalisierungsmaßnahmen, Produktivitäts-
steigerungen, Überbeanspruchung oder Entlassungen tägliche Erfahrung.
Was für andere „Theorie" ist, ihm ist es Wirklichkeit. Die Arbeiterklasse ist
darum für Marx der „leibhafte" Ausdruck der modernen Verhältnisse kapi-
talistischer Produktion, zugleich deren wirkliche, leibhafte „*Negation*".

---

24) War für Thomas v.A., auch für Luther noch sonnenklar, daß nur Arbeit ökonomischen „Wert" schafft, läßt sich dies aus der Buchführung eines modernen Be-
triebes nicht mehr ersehen, weil hier die Arbeit zu einem „Kostenfaktor" unter
und neben vielen anderen geworden ist. Ob nun auch Maschinen „Wert" erzeugen? Ob „Wert" auch aus dem Boden wächst? Nicht, daß Marx an der sog.
„**Arbeitswertlehre**" festgehalten hat, ist seine Leistung — „daß jede Nation ver-
recken würde, die ich will nicht sagen für ein Jahr, sondern für ein paar Wochen
die Arbeit einstellte, weiß jedes Kind" schreibt er unwirsch an einen Freund —,
sondern daß er gezeigt hat, „wie das Wertgesetz sich durchsetzt. Wollte man alle
dem Gesetz scheinbar widersprechenden Phänomene ‚erklären', so müßte man die
Wissenschaft vor der Wissenschaft liefern." (Briefe an Kugelmann, 1972, S. 51).

Für die bürgerlichen Schichten konnte der „*Sozialismus*" ein bloßes Phantom sein, Propaganda oder leere Phrase, ein Ideal ohne Notwendigkeit, ohne Erfahrung, ohne Begriff. Für den Arbeiter war der Sozialismus **an der Zeit**. Und so dürfte es nicht zufällig sein, wenn in den Reihen der Arbeiterklasse auch der Faschismus schon frühzeitig in seiner Bedrohlichkeit, aber auch in seinem Wesen erkannt worden ist, auch wenn seine endlichen Ausmaße nicht wirklich erahnt werden konnten.

4.2. Bürgerliche oder sozialistische Demokratie?
Zur deutschen Revolution.

Man versteht freilich auch die Haltung und Politik des Bürgertums nicht zureichend, wenn nicht auch als Resultat des **massiven Druckes**, dem es in der Weimarer-Republik von Anfang an und zwar **von unten**, von der „Basis" her ausgesetzt war. Die Forderungen der Arbeiterklasse bzw. deren organisierter Repräsentanz erschien ihm als Bedrohung — nicht nur seiner Privilegien, sondern auch des demokratischen Staates. Bedrohlich erschien, daß die Kommunisten die ihnen verfassungsmäßig zustehenden Rechte offenbar schamlos auszunutzen trachteten, als wankendes Gebilde erschien eine Demokratie, die offenbar auch vom guten Willen der sozialdemokratischen Führung abhängig war. Mußte man nicht auch hinter der demokratischen bzw. reformistischen Sozialdemokratie mit Recht weitergehende, revolutionäre oder gar „staatsfeindliche" Absichten wittern? War man nicht froh, daß die sozialistischen Brüder wenigstens in diesem Falle so uneins waren und das Gespenst einer möglichen „Volksfront" in der Weimarer-Zeit nun wirklich ein Gespenst blieb? Die bürgerliche Haltung war Reaktion auf die gesellschaftlich nicht integrierte „Masse" des Proletariates, ganz ähnlich wie diese „Masse" selber Folge der wachsenden Kapital-Konzentration war. Aber dieser ursächliche Zusammenhang blieb dem bürgerlichen Bewußtsein unbewußt, die Welt des Arbeiters war ihm eine gänzlich fremde, unbekannte Welt. Freilich vertrat die sozialistische Arbeiterbewegung Anschauungen und Ideale, die dem Geist und den Idealen des Bürgertums nicht eben entsprachen und der bürgerlichen Ordnung — man denke nur an das auch von Barth zitierte Buch August Bebels *„Die Frau und der Sozialismus"!* (Ethik I 375) — nicht eben freundlich gegenüber traten. Aber man übersehe und vergesse nicht, daß nicht erst der Sozialismus diese Verhältnisse zerrüttete, daß es vorher die kapitalistische Produktionsweise selber war, die die Menschen langfristig und systematisch ihrem sozialen Zusammenhang entfremdet, Dorfgemeinschaften zerstört, Familien zerrissen, Menschen buchstäblich — wie Marx sich ausdrückte — „aufs Pflaster geworfen" und in Baracken und Mietskasernen konzentriert hatte. Nun war der „vierte Stand" da und verlangte nach seinem Recht. Und er verlangte in der Tat nicht nur nach bürgerlichen „Rechten", sondern nach einer neuen, besseren Ordnung und nach einem neuen Recht.
So geschehen immerhin in der „deutschen Revolution" der Jahre 1918-23.

Das Bürgertum muß hier insofern als ‚reaktionär' verstanden werden, als sich sein politisches Selbstverständnis sofort ‚in Reaktion' auf den emporgekommenen und massiv auftretenden vierten Stand herausbildete. Kaum hat es sich aus den Banden der absolutistischen Monarchie befreit, steht ihm schon sein neuer Kontrahent entgegen, der nicht nur „Demokratie", sondern mehr als das: Basis-Demokratie, Räte-Demokratie bzw. „Sozialismus" will. Zwar wird man nicht bestreiten wollen, daß die meisten Forderungen, die von der Mehrheit der Arbeiterschaft in den Jahren 1918-23 erhoben bzw. getragen wurden, nicht umstürzlerisch, sondern durchaus „demokratischer" Natur waren. Aber wer hätte denn hier schon über ein fertiges „Programm" verfügt? Die Sozialdemokratie, in Deutschland seit langem schon der eigentliche Träger demokratischer Tradition, blieb dieser Tradition treu, und mit ihr die Mehrzahl ihrer Anhängerschaft. Gerade sie war an Demokratie interessiert, um die notwendigen Reformen endlich auf legaler Basis anstreben und durchführen zu können.[25] Sie kam an die Macht, nicht einmal, weil sie das gewollt hätte, aber weil sie an die Macht getragen wurde, weil eine starke Massenbewegung im Gange war und weil sie nun, nach dem Zusammenbruch des Kaiserreiches, als das geringste Übel erschien. Aber längst hatte sich hinter ihrem Rücken und auf Grund der schon im Kriege ansetzenden Rationalisierungsmaßnahmen eine „andere Arbeiterbewegung" (Roth 1974) herausgebildet, die von ihr nicht mehr integriert zu werden vermochte: eine Masse von im Kriege kasernierten Arbeitern, von Soldaten und Kriegsheimkehrern, eine neue Klasse von gänzlich deklassierten Fließband- und Hilfsarbeitern, die sich über die maßvollen Ziele der Sozialdemokratie hinwegsetzten, lahmgelegte Betriebe in eigene Regie übernahmen, Arbeiter- und Soldatenräte bildeten und sich gegen polizeiliche Übergriffe bewaffnet zur Wehr setzten. Spontane Selbsthilfeaktionen, Massendemonstrationen und Massenstreiks bewirkten den Druck, der auch die sozialdemokratische Führung zwang, radikal-demokratische Parolen aufzunehmen. Aber nicht sie war es, sondern K. Liebknecht, der mit der Ausrufung der „Sozialistischen Republik" am 9. Nov. 1918 den Kaiser faktisch zum Rücktritt und zur Flucht zwang. Freilich: auf dem *„1. Reichsrätekongreß der Arbeiter- und Soldatenräte"* im Dezember 1918 konnte sich die Linke nicht durchsetzen, der organisierte Partei- und Gewerkschaftsapparat — aber zweifellos auch ein großer Teil der Arbeiterschaft — stellten sich gegen die „Revolution", und während im selben Monat die „Kommunistische Partei Deutschlands" gegründet wurde, hatte der „Volksbeauftragte" Ebert schon Truppen der alten Reichswehr aufmarschieren lassen. Als dann am 6. Jan. 1919 der SPD-Mann Noske den Schießbefehl erteilte, war die Spaltung der Arbeiterklasse perfekt. Zweifellos standen breite Teile der Arbeiterklasse diesen Geschehnissen, wenn nicht unbeteiligt, so jedenfalls orientierungslos gegenüber. Wer hatte nun Recht? An was sollte man sich halten? Manch einer beteiligte sich wohl an der „Revo-

25) Vgl. H. Grebing, Geschichte der deutschen Arbeiterbewegung, S. 168ff.

lution", ohne sich über deren Ziele im Klaren zu sein, und schon sah er sich Maschinengewehren und Kanonen gegenübergestellt! Manch einer dachte nicht im Traum an Umsturz und Gewalt, aber auf ihn wurde geschossen! Man mag die Schwäche dieser Erhebung beklagen, sie mußte dennoch militärisch niedergeworfen werden. Sie wurde es jedenfalls, bevor sie ihre wahre Stärke hätte unter Beweis stellen können. Die umstandslose Erschießung des, nach G. Mann, *„fanatischen"* K. Liebknecht und der immerhin *„feinen, zarten"*, aber *„bitteren"* Rosa Luxemburg ohne Verfahren und Urteil, ist dafür ein Indiz (GM 653). Aber war dies notwendig? **Welche** höheren und höchsten, **welche** politischen und staatspolitischen Motive rechtfertigten den Einsatz dieser Mittel?

Daß im selben Jahr auch die schweizerischen Behörden gegen den ungleich friedlicheren und maßvollen „Landesgeneralstreik" mit Waffengewalt vorgingen, sei hier nur am Rande vermerkt!

Die Sozialdemokratie tat es, um ihre „Regierungsfähigkeit" unter Beweis zu stellen, sie hat aber mehr Schadenfreude als Dank geerntet. Das Bürgertum hat um seine Existenz, aber nicht um die Existenz der Arbeiterschaft gezittert. Man hat die Arbeiterunruhen dem Einfluß weniger Agitatoren und „Rädelsführer" zuschreiben wollen, aber nicht nach den Ursachen, nicht nach dem Recht der Empörung, nicht nach den Konsequenzen gefragt. Man fühlte sich, aber eben: nur sich bedroht, und letztlich sind es eben solche Augenblicke historischer Erfahrung, die dem marxistischen Klassenbegriff nun auch zu seiner empirischen Rechtfertigung verhelfen. Was sollte nun alles Reden von der „Einheit der Nation", wenn diese Einheit hier faktisch nicht bestand? Und was der Appell an den „deutschen Arbeiter", wenn dieser deutsche Arbeiter nun eben in erster Linie **Arbeiter**, und darum sozialdemokratisch, nicht „nationalistisch" war? Natürlich, es galt die „Nation" zu retten, um deren Ehre man bereits einen Krieg geführt und verloren und — wie die Dolchstoßlegende besagte — um der rebellischen Arbeiterklasse willen verloren hatte! Natürlich, es galt den „Staat" zu retten — aber es war dann für den Großteil der Arbeiterklasse klar, daß dieser Staat erneut der „bürgerliche" Staat sein würde, nicht der Staat der Arbeiter und des Volkes, sondern die mit Militärmacht ausgerüstete und mit Militärmacht sich behauptende „Diktatur der Bourgeoisie". Hatte die marxistische Agitation nun gerade von daher ihren Erfahrungsgehalt und ihr relatives Recht, so hatte sich auf der anderen Seite nochmals die Ideologie des *„militaristischen Nationalismus"* Geltung verschafft. Kennzeichen dieser Ideologie ist es, wie Barth 1928 in seiner Ethik ausführt, daß sie ihren Rechtfertigungsgrund und ihr *„ethisches Subjekt" in irgendeiner für mich eintretenden . . . Hypostase"* sucht, nicht aber in den beteiligten und betroffenen Menschen selbst.

„Also: ich bin zwar dabei, aber doch eigentlich nur indirekt: nicht ich will, sondern: das Vaterland, der König, das Volk, die Nation, der

*Staat will. Nicht **ich** rufe, sondern ‚es braust ein Ruf wie Donnerschall'
und auf diesen Ruf hin und ethisch gedeckt durch ihn, mache ich
mich nun auf, um auf unbekannte Menschen . . . zu zielen und zu
schießen"* (Ethik I,261).

Was Barth hier in Bezug auf den „äußeren Feind" ausführt, gilt nicht weniger für den „inneren Feind", hier wie dort ist es so, daß *„sehr viel weniger
die sogenannt höchsten Güter als vielmehr Kohle und Kali und was folgt"*
die Ursache ist, um derentwillen Soldaten auf andere Menschen schießen
sollen (267). Auch Barth geht es freilich um den „Staat", aber nicht um
„den" Staat als einer Ordnung höherer Notwendigkeit, sondern um eine je-
weilige Ordnung konkreter Notwendigkeit für das Zusammenleben der
Menschen. So gibt es für ihn auch keine Verantwortlichkeit dem Staat gegenüber, die einer höheren Notwendigkeit als dieser konkreten Notwendigkeit zu gehorchen hätte.

*„Ich bin haftbar für das, was mein Volk tut, und darin, darin allein be-
steht ein anständiger Patriotismus, besteht auch die Voraussetzung
einer sinnvollen Beteiligung an der Politik, daß ich diese Haftbarkeit
auf mich nehme . . . Es ist eine heillose Theorie, daß das Volk, der
Staat als solcher, eine ganz andere Verantwortlichkeit hätten als ich
persönlich oder im Unterschied zu mir wohl gar keine . . . Nein, was
ich will, daß der Staat tue, das muß ich mich als meinen ganz persönlichen Willen zu verantworten getrauen . . ."* (278 f).

Ob dieser Staat nun eine aus dem kapitalistischen Eigentum geborene *„bürgerliche Ordnung"* oder eine diese auflösende sozialistische *„Räterepublik"* sein möge und solle, ist damit nicht gesagt. *„Freche Usurpation"*
kann beides sein (285), und doch hätte vielleicht eine solche Räterepublik
mit allen ihren Mängeln und Tumulten, mit ihren anderen „Paragraphen"
und ihrer anderen „Gewalt" den besseren deutschen Staat repräsentieren
können. Warum denn nicht? Gerade apriori, d.h. unter Absehung von den
beteiligten Menschen, Gruppen, Lagern, Klassen und vom realen Kräftever-
hältnis läßt sich hier nicht entscheiden. Die Alternative war für kurze Zeit
da . . . Aber Karl Barth, der die russische Revolution in den Anfängen bejahte, hat hier trotzdem offensichtlich, jedenfalls im Rückblick, verneint.
Es war die Alternative vielleicht doch nicht in der Notwendigkeit da, in der
sie in jedem Falle ein Fortschritt, und nicht auch (weil voreilig, weil überstürzt) ein Rückschritt hätte bedeuten können. Die Schuld dafür sucht
Barth freilich keineswegs nur bei der Arbeiterklasse und ihren „Agitatoren", sondern auch bei der bürgerlichen „Reaktion".

Er fragt in der Ethik, ob Kaiser Wilhelm *„nicht wohlgetan, im christlichen Sinne wohlgetan hätte, seine Auffassung von Monarchie und
Volk im Herbst 1918 dadurch zu bewähren und vielleicht dem ganzen
seitherigen Lauf der Dinge dadurch ein anderes Gesicht zu geben, daß*

er im nächsten Schützengraben den Tod suchte, statt dies unter Beru-
fung auf christliche Gründe zu unterlassen" (Ethik I,210).

Der Kaiser war ja eben der personifizierte Inbegriff jener „Hypostasen",
die im Jahre 1918 noch gar nicht tot, sondern noch gar sehr lebendig waren. Vielleicht hätte es, wäre hier ein wirklicher Schlußstrich gezogen worden, auch keinen Noske geben müssen! Vielleicht hätte vor aller Augen der
Kaiser tun sollen, was dann Noske mit seinem Ausspruch: „Einer muß der
Bluthund werden" — fatalerweise getan hat: die politische Verantwortlichkeit, die man zu haben meint, dann auch bis zur erschreckenden Konsequenz auf sich zu nehmen. Das ist freilich typischer, „unmarxistischer"
Barth, aber nicht bloße „Moral"! Sie ist ja genau an dasjenige mittelständi-
sche Publikum adressiert, das auch seinerseits nicht nur „Objekt", sondern
auch „Subjekt" seiner Klassenlage zu sein vermöchte, sich aber an solchen
Beispielen auch seine Verantwortlichkeit vor Augen führen könnte. Barth
selber spricht hier als „Bürger", aber nicht als „Bourgeois", sondern als
Staatsbürger, — „Citoyen" — der einen eigenen Zugang zur Weimarer-Republik gefunden hat.

4.3. Staat und Revolution bei K. Barth (Römer 13)

Der authentische Kommentar ist zweifellos seine Kritik des *„roten Bru-*
ders" in der Auslegung von Römer 13 in der zweiten Auflage des Römerbriefes. Der *„dialektische Wagen"* liegt hier freilich — und nicht nur bei
Paulus — *„außerordentlich scharf in der Kurve"* (RII/461). Aber wie schon
in der ersten Auflage des Römerbriefes — und der dortigen *„Strukturpar-*
allele" zu Lenins *„Staat und Revolution"* (Marquardt 1972, S. 126 ff)[26] —
läßt das 13. Römerkapitel bei Barth auch hier eine zeitgeschichtliche Auslegung zu. Es geht hier eben nicht um den Staat-an-sich, nicht um eine
meta-physische „Ordnung", denn es läßt sich für Barth keine *„Transzen-*
denz einer höchst immanenten Ordnung" behaupten (RII/463). Barth bejaht nicht — wie es so viele konservative Christen taten — „den Staat" und
darum erst — wohl oder übel — auch die Demokratie. Er bejaht auch nicht
die Demokratie-an-sich, sofern sie schon die Legitimität eines *„Bestehen-*
den" zu haben scheint.

„Was heißt bestehende Ordnung? Daß der Mensch heuchlerischerweise
wieder einmal mit sich ins Reine gekommen ist, daß er, der Feigling,

---

26) Die Frage, ob in R. I eine unmittelbare literarische Abhängigkeit von Lenins
„Staat und Revolution" nachzuweisen ist, scheint mir nicht sehr erheblich zu
sein angesichts der Tatsache, daß Lenins Standpunkt seit der **Zimmerwalder
Konferenz 1915** (dem Jahr von Barths Parteieintritt!) in der schweizerischen
Sozialdemokratie bekannt und diskutiert gewesen ist. Von einem „Modell
Lenins für Barth" (S. 129) ist in jedem Falle zu sprechen, gerade wenn Barth
auch die Kritik des „Leninismus" vollzieht.

sich vor dem Geheimnis seines Daseins wieder einmal in Sicherheit ge-
bracht hat . . . Nicht die schlechte Qualität, nicht die mehr oder weni-
ger große Verdorbenheit der Ordnung steht in Frage bei all den An-
klagen, die von der Offenbarung Johannes bis zu Nietzsche, von den
Täufern bis zu den Anarchisten gegen sie geschleudert worden sind,
sondern ihr Bestehen. Daß hier Menschen dem Menschen ein zum vorn-
herein höheres ‚Recht‘ entgegenzustellen, zum vornherein ungefähr
sein ganzes Tun zu regeln und in bestimmte Bahnen zu weisen sich er-
kühnen, daß hier eine in ihrem Rechtsanspruch alsbald als Fiktion zu
durchschauende Größe, angetan mit dem einzig realen Nimbus der Ge-
walt, Gehorsam und Opfer fordert, als ob sie die Gewalt Gottes wäre,
daß hier eine Vielheit verabredeterweise so redet, als ob es der Eine
wäre, der durch ihren Mund redete, daß hier eine Minderheit oder
auch Mehrheit (und wenn es die höchst demokratische Mehrheit Aller
gegen Einen wäre!) den Anspruch erhebt, die Gemeinschaft zu sein... "
(RII/,464).

Nein, Barth empfiehlt als die „*große negative Möglichkeit*" und zugleich
„*große Demonstration für die Ordnung der kommenden Welt*" zunächst
nur den **Verzicht** auf „Revolution".

> „*Nicht-Revolution! sagen wir. Wir haben damit implicite auch schon*
> *Nicht-Legitimität gesagt*" (463).

Einem offenbar noch so gut begründeten und sich nahelegenden „revolutionären" Handeln stellt Barth ein „*rätselhaftes Nicht-Handeln*" entgegen,
in welchem der „*revolutionäre Mensch stirbt an der Stelle, wo er als sol-*
cher geboren wurde . . . und also nicht zürnt, nicht angreift, nicht zer-
bricht."

> „*Dies ist das Ethische der Forderung: Besiege im Guten das Böse: Sie*
> *sagt kein Wort zugunsten des Bestehenden, wohl aber unendliche Wor-*
> *te zuungunsten jedes Feindes des Bestehenden. Gott will erkannt sein*
> *als Sieger über das Unrecht des Bestehenden. Das ist ihr Sinn. Und das*
> *ist der Sinn von ‚Römer 13‘ "* (465).

Denn der „Revolutionär" — und er ist es ja, an den sich Römer 13 primär
adressiert! — bewirkt das Gegenteil von dem, was er will. Jetzt aber soll die
„*endlose Schraube*" von „*Druck*" und „*Gegendruck*" — von Revolution
und Konterrevolution — unterbrochen werden, der Rebell kehrt um, er ist
nicht länger ein „*zürnender Gott im Kampf mit anderen Göttern. Er wird*
sachlich" (471). Ja, dem „*guten Handeln*" ist sogar die „*Obrigkeit*" kein
Schrecken mehr, und sie

> „*die ahnungslose, freut sich über den merkwürdig ruhigen Bürger, der*
> *ihr in dem Menschen erwächst, dessen Tun ‚nur‘ das Gericht Gottes be-*

*deutet, in dem Menschen, der soviel gegen sie einzuwenden hat, daß er
— nichts mehr gegen sie einwendet. Er wird auch tatsächlich (gerade
weil nur ironischerweise!) ein ‚guter Bürger' sein, eben wegen jener
Umkehr von aller Romantik zur Sachlichkeit"* (471).

Ironischerweise: Es geht diesem unauffälligen Bürger ja anscheinend *„nur"*
um Gott, aber auch tatsächlich: denn Politik wird erst möglich

*„von dem Augenblick an, wo der absolute Ton aus den Thesen wie aus
den Gegenthesen verschwindet, um einen vielleicht relativ gemäßigten,
vielleicht relativ radikalen Absehen auf menschliche Möglichkeiten
Platz zu machen"* (474).

Damit hat Barth nicht den prinzipiellen Reformismus, wohl aber auch *„ge-
duldige Reformarbeit"* (473) bejaht. Faktisch — im deutschen Sprach-
raum — bejaht Barth damit die glanzlose sozialdemokratische Weimarer-
Republik. Gerade sie ist für die „große Démonstration" ausersehen, jedenfalls für diejenigen, die es „verstehen" können. Mißverstehen müßte man
aber, wenn man Römer 13 bei Barth isoliert betrachten und nicht in den
Kontext des ganzen Römerbriefes einordnen würde, in welchem Barth die
Polemik vor allem gegen den „Bourgeois" geführt sieht. Dies ist paradox
nur, wenn man bedenkt, daß Barth erst gerade mit der zweiten Auflage seines Römerbriefes in Deutschland richtig „salonfähig" geworden ist.

Er schien ja nun vom Saulus zum Paulus, vom „religiösen Sozialisten"
zum „Existenzialisten" (Kierkegaard) und sogar „Nihilisten" (Nietzsche) geworden! Das konnte in solchen Kreisen als mindestens aufregend und „interessant" erscheinen.

Doch, wie der „Linken" zu sagen sein wird, daß sie Barths politische Haltung mißversteht, wenn sie sie nicht dialektisch, nicht theologisch versteht,
so der „Rechten", daß sie Barths Theologie mißversteht, wenn sie sie nicht
— in einem zeitgeschichtlichen präzisen „marxistischen" Sinne — politisch versteht! Paradox ist nur, daß Barth gerade bei der „Rechten" Gehör
gefunden hat, daß seine Theologie gerade von dort her „verstanden" (oder
auch mißverstanden), und beansprucht (oder fälschlich beansprucht) worden ist. Aber was heißt: im „marxistischen" Sinne? Marquardt fragt — mit
Lenin —, ob auch Barth, wie Kautsky, *„alle grundlegenden Fragen nach
den Aufgaben der proletarischen Revolution ‚ganz ruhig der Zukunft überlassen' "* wolle? (Marquardt 1972, S. 159). Aber in gewisser Weise ist dem
tatsächlich so, denn die *„Revolution Gottes"* ist für Barth in jedem Falle
diejenige Revolution, die von Menschen — diese *„Mauer des unbegreiflichen Nicht-Tuns"* (477)! — nicht *„gemacht"* werden kann! Eine Revolution, die man *„machen"* — und zu irgendeinem Zeitpunkt *„gemacht"* haben — kann, ist nicht die wirkliche Revolution, sondern u.U. „reaktionär".

So lautet denn auch die Kritik des „Revolutionärs" an entscheidender Stelle:

> „*Er meinte die Revolution, die* (unter dem Gesichtspunkt der Machbarkeit PW) *die unmögliche Möglichkeit ist, die Vergebung der Sünden, die Auferstehung der Toten . . . Jesus ist Sieger! Er hat aber die andere Revolution gemacht, die* (unter dem Gesichtspunkt der Machbarkeit allein – PW) *mögliche Möglichkeit der Unzufriedenheit, des Hasses, der Insubordinitiation, des Aufruhrs und der Zerstörung . . . die die wahre Reaktion ist"* (RII,464 f).

Gegen alle Verdinglichung des Revolutionsgedankens kann die *„große positive Möglichkeit"* darum nur in der *„Liebe"* gefunden werden, die allein in der Lage ist, eine *„Bresche"* in die Mauer des Nicht-Tuns zu schlagen,

> „*eben darum, weil in ihr der revolutionäre Sinn alles* (christlichen PW) *Ethos an den Tag kommt, weil es sich in ihr tatsächlich um das Verneinen und Zerbrechen des Bestehenden handelt. Sie ist's, die auch den reaktionären Menschen endgültig ins Unrecht setzt trotz des Unrechts, in dem sich der Revolutionär befindet"* (RII/476);

Somit ist deutlich, wie Barth sein theologisches Argument – *„Jesus ist Sieger!"* – unmittelbar in den zeitgeschichtlichen Zusammenhang von Revolution und Reaktion bzw. Konterrevolution einbringt und damit seine politische Wendung begründet. Gerade um der Revolution auf lange Sicht zum Durchbruch zu verhelfen, und nicht, um die Reaktion zu stärken, muß *„zur Ehre Gottes der revolutionäre Mensch (als besonders stattliches Opfer!) zur Strecke gebracht werden"* (462). Mit „Opportunismus", mit dem grundsätzlichen „Reformismus" Bernsteins, dem Ökonomismus von Hilferding[27] und der Revision und Auflösung der Marxschen Dialektik in eine allgemeine „Naturgesetzlichkeit" des sozialen Fortschrittes, mit Kautskys Hypostasierung des Staates zur *„eigentlichen Grundlage der gesamten menschlichen Entwicklung in der geschichtlichen Zeit"* (Korsch 1971, S. 61) etc., hat dies aber nichts gemein. Parallel zu den Bemühungen vom G. Lukacs, E. Bloch, K. Korsch u.a. kämpft Barth vielmehr gegen das Erlahmen des dialektischen Denkens, gegen die „Verdinglichung" des revolutionären Bewußtseins, insofern gegen die Preisgabe auch der revolutionären *„Praxis"* an.[28] Marquardt hat recht: Die *„Revolution Gottes"* tritt bei Barth genau an die Stelle der von Lenin *„gemachten"* Revolution bzw. der

---

27) R. Hilferding, Das Finanzkapital 1910. Er gehörte zur ‚rechten' USPD, später Finanzminister in Berlin.

28) Der ganze Abschnitt von Römer 12,1 – 15,13 steht bei Barth unter dem Motto: „Keine ‚Praxis' neben der Theorie soll hier empfohlen, sondern festgestellt soll hier werden, daß eben die ‚Theorie', von der wir herkommen, die Theorie der Praxis ist." (R. II/S. 412).

dortigen „*Diktatur des Proletariates*". Was dort „*gemeint*" ist – die Herrschaft der Schwachen über die Starken, die Errichtung einer neuen Ordnung! – ist auch hier gemeint. Was dort „*gemacht*" wurde, ist aber nur ein neuer, nicht minder autoritärer Staat, der der tödlichen Spirale von Gewalt und reaktionärer Gegen-Gewalt nicht entgeht. Die Konterrevolution im In- und Ausland ist immer der Strich durch die Rechnung des voreiligen Revolutionärs, der nun zu seinem Entsetzen feststellen muß, wie wenig damit getan ist, daß man „*die Revolution gemacht*" hat! Er hat seinen Gegner, das Bürgertum – eben nur unterdrücken oder beseitigen, aber nicht überzeugen und überwinden können, und so tritt dieser Gegner nun in Form des „Weißgardisten" oder des „Faschisten" auf den Plan!
Dagegen setzt Barth die „*Ruhe*" des geduldigen Revolutionärs, der „warten" kann. „Nicht-Tun" ist freilich – hier wurzeln einige der Mißverständnisse der Barthschen Position – nicht Nichts-Tun. Es erfordert den „*ganzen Mann*" und höchste Konzentration. Der „Ruhe" entspricht im Augenblick der tiefsten Krisis des Revolutionärs die noch „*größere Unruhe*" (Anf. I/33), die diesem, bei all seinem Tun, inmitten der Reformarbeit – der Gottesgedanke bereitet. „*cor nostrum inquietum est donec requiescat in te*" – damit bleibt Barth Revolutionär und zwar bis zu seinem Lebensende.

4.4. „Politische Theologie" nach C. Schmitt

Wie es gemeint sein könnte und wie es jedenfalls nicht gemeint war, wird aber dann nochmals deutlich, wenn wir als weiteren Hintergrund jenen Theoretiker des deutschen Nationalstaates hinzuziehen, der als „*der einzig ernsthafte politische Theoretiker des Nationalsozialismus*" (Marcuse 1941, S. 368) all das ausgesprochen hat, was im bürgerlich-konservativen Lager über „*Staat und Revolution*" heimlich gedacht worden ist, dessen „*Politische Theologie*" nun aber als wirkliches Gegenstück zur Theologie Barths begriffen werden muß: Carl Schmitt. Das (offenbar immer noch fortwirkende) Faszinosum dieses Juristen und Staatssoziologen liegt dabei vielleicht gerade darin, daß Schmitt zu seiner Zeit nichts gedacht hat, was nicht handgreiflich in der Luft zu liegen schien, nur daß er es (was andere nicht taten) konsequent gedacht, und dann bis zur Konsequenz des Nationalsozialismus auch bejaht hat. In der Nachfolge von Max Weber unterzog er die gängigen Staatstheorien, aber auch die Weimarer-Republik selber einer fundamentalen Kritik. Ausgangspunkt ist nicht zuletzt die Beobachtung, daß die fortgeschrittene Entwicklung des Kapitalismus und der daraus hervorgehenden Klassengegensätze der „liberalen" Auffassung vom Staat den Boden entzieht. Sollte der Staat nach Hegels Auffassung den gesellschaftlichen Sonderinteressen gegenüber das Allgemeininteresse herstellen und verkörpern, so erweißt sich dies für Schmitt bald als ein idealistischer Wunschtraum. Längst sind ja die wirtschaftlichen Mächte zu den bestimmenden „allgemeinen" Faktoren des gesellschaftlichen Lebens geworden, und sind sie es, die eine neue „autoritäre" oder gar totalitäre Staatlichkeit erzwingen. Hat Marx aber das Erbe der Hegelschen Dialektik und ihres Vernunftbegriffs dadurch zu retten und — gegen die autoritäre preußische Staatsform — zu verteidigen versucht, daß er sie mit der Existenz und den Zielsetzungen der sich formierenden proletarischen Klasse verband, so wirft C. Schmitt die Ideale des Bürgertums, seine Vernunftskritik und Philosophie nach und nach über Bord. Galt bei Hegel noch die „*Überzeugung, daß die gesellschaftlichen und politischen Institutionen mit der freien Entwicklung des Individuums übereinstimmen sollten*", so kann „*das autoritäre System* . . . *demgegenüber das Leben seiner Gesellschaftsordnung nur dadurch aufrechterhalten, daß es jedes Individuum ohne Rücksicht auf sein Interesse auf den ökonomischen Prozeß zwangsverpflichtet*" (Marcuse 1941, S. 365). Für Schmitt ist nun Hegel „*über Karl Marx zu Lenin und nach Moskau*" gewandert und schließlich mit Hitlers Machtergreifung, „*so kann man sagen, gestorben.*"[29] So bestätigt aber Schmitt in der Negation eine Einsicht, die nicht nur Karl Barth, sondern auch schon Barth's marburgischen Hintergrund — die neokantianische Verbindung von Vernunftskritik und Sozialismus bei Cohen, Natorp, u.a.[30] — geprägt hat, daß nämlich nur im Sozialismus das liberale Erbe zu verteidigen ist. Im Bruch mit dieser philosophischen Tradition wird für Schmitt nun aber der „Existenzialismus" zur Angriffsbasis auf die bürgerlichen Institutionen bzw. auf den Verfassungsstaat. Sie hatten für ihn nur solange Existenzrecht, wie die sich auf das private Eigentum gründende bürgerliche Klasse alleinige Trägerin und Besitzerin der politischen Macht war. Denn nur solange konnte man glauben,

„*durch Öffentlichkeit und Diskussion allein* . . . *die bloß tatsächliche Macht und Gewalt* — *für liberal-rechtsstaatliches Denken das an sich Böse* . . ., *wie Locke sagt* — *überwinden und den Sieg des Rechtes über die Mehrheit herbeiführen zu können.*"

„*Kontradiktorische Gegensätze*" in der Gesellschaft „*heben*" indessen „*den Parlamentarismus auf*", denn „*seine Diskussion setzt eine gemeinsame nicht diskutierte Grundlage voraus.*"[31] Was aber geschieht heute?

„*Die Parteien treten heute nicht mehr als diskutierende Meinungen, sondern als soziale und wirtschaftliche Machtgruppen einaner gegen-*

29) C. Schmitt, Der Begriff des Politischen, 1932, S. 50, zit. nach Marcuse, a.a.O., S. 368.

30) Vgl. J. Sandkühler/R. d. 1. Vega Hg. Marxismus und Ethik, 1974, Einleitung von Sandkühler, S. 1 und S. 7ff.

31) C. Schmitt, Die geistesgeschichtliche Lage des heutigen Parlamentarismus, 1963, 3. Auflage, S. 61 bzw. S. 58, zit. nach J. Perels, Kapitalismus und politische Demokratie, S. 69ff, den ich im folgenden referiere.

über, berechnen die beiderseitigen Interessen- und Machtmöglichkeiten und schließen auf dieser faktischen Grundlage Kompromisse und Koalitionen" (Schmitt 1965, S. 319).

Aber an der *„interessen- oder klassenmäßigen Festlegung vermag eine öffentliche parlamentarische Diskussion nichts mehr zu ändern . . . Die wesentlichen Entscheidungen werden außerhalb des Parlamentes getroffen. Das Parlament fungiert dabei als Büro . . ."* (Schmitt 1963[3], S. 11).

So wird nun das Parlament zum bloßen ‚Debattierklub', während die eigentlichen Entscheidungen außerhalb — in geheimen Konsultationen und Absprachen hinter verschlossenen Türen — gefällt und dem parlamentarischen Einfluß de facto entzogen werden. Für Schmitt nicht zu unrecht:

Denn *„wenn sich in der gegenwärtigen Verfassunglage Deutschlands gerade eine Praxis des wirtschaftlich-finanziellen Ausnahmezustandes herausgebildet hat, so ist das nicht Willkür und Zufall, auch nicht ‚Diktatur' im Sinne des vulgären, parteipolitischen Schlagwortes, sondern Ausdruck eines tiefen inneren Zusammenhanges. Es entspricht der Wendung, die ein Gesetzgebungsstaat zum Wirtschaftsstaat nimmt, und die von einem pluralistisch aufgespaltenen Parlament nicht mehr vollzogen werden kann"* (Schmitt 1962[2], S. 131).

An die Stelle des den in der Verfassung gemeinten politischen Consensus aufhebenden *„verfassungswidrigen Pluralismus"* muß darum eine neue, aller Diskussion entzogene Repräsentanz der *„verfassungsmäßigen Gesamtordnung"* treten, die deren Sinn garantiert. Es ist dies für Schmitt zunächst der dem Parlament gegenübertretende und mit besonderem *„Notverordnungsrecht"* ausgestattet (und von diesem Gebrauch machende!) Reichspräsident, es ist dies, beim Scheitern auch dieser Konstruktion dann der *„Führer"*, der den Parlamentarismus vollends beseitigt (Perels 69 ff).

Nun haben wir die Entwicklung der Schmittschen Lehre an dieser Stelle nicht im Ganzen nachzuvollziehen und auch nicht über ihre prinzipielle — verfassungsrechtliche und staatssoziologische — Bedeutung zu urteilen. Man würde diese aber vielleicht als zu hoch (oder zu niedrig) ansetzen, wenn man übersähe, daß sie im Prinzipiellen gar nichts anderes tut, als sehr scharfsichtig — aber für viele Zeitgenossen schwerlich durchschaubar — zu interpretieren und zu „begründen", was realiter geschehen ist: Die „Aufhebung" des liberalen Verfassungsstaates aus ihm selbst heraus. Das ist es eben, daß es geschah, daß der Reichspräsident seine „verfassungsmäßigen" Kompetenzen in Anspruch nahm, aber über alles in der Verfassung vorgesehene Maß hinaus in Anspruch nahm, daß es geschah, daß er einen „Notstand" proklamierte, der nach dem Text der Verfassung gar nicht bestand; daß diejene mehr als klugen Unterscheidungen verfingen, mit denen dieser

Text nun — zugunsten eines darin angeblich enthaltenen „höheren" Sinnes und „Geistes" — de facto außer kraft gesetzt wurde. Und so geschah es denn, daß dieser „Gesetzgebungsstaat" nun auch — und zwar ohne, daß es auf sozialdemokratischer Seite zu unüberhörbaren Protesten gekommen wäre — durch „Gesetz" abgeschafft wurde! Jener höhere Sinn und „Geist" der Verfassung ist es aber, der nun nach theologischer Reflexion ruft. Es handelt sich für Schmitt um eine Norm der Verfassung, die insofern „absoluten" Charakter hat, als sie einer außerhalb ihrer selbst liegenden Begründung oder Kritik weder fähig noch bedürftig ist. Es ist ihr gegenüber nur Bejahung, aber nicht etwa Verneinung, keine „Diskussion" möglich, eben weil es ihr gegenüber nur Anerkennung geben kann! Eben darum, weil „Gott" es so will! Die Schlange beißt sich hier, wie in jedem „Absolutismus", in den Schwanz. [32]
Es seien „*alle prägnanten Begriffe der modernen Staatslehre . . . säkularisierte theologische Begriffe*", das ist in Kürze der Sinn dieser *„politischen Theologie"* (C. Schmitt 1922, S. 37). Wer hier „diskutiert", begibt sich ins Außerhalb der Verfassung, denn es darf — Schmitt beruft sich auf J.J. Rousseau —

„*nach dem Contract social keine Parteien geben, keine Sonderinteressen, keine religiösen Verschiedenheiten, nichts, was die Menschen trennt . . .* " (Schmitt 1963[3], S. 19).

Es ist dann aber klar, daß in diesem Verwendungszusammenhang auch die Substanz des Rousseau'schen Naturrechtsgedankens, die Substanz darum auch des „Contract Social" selber preisgegeben ist. Das ist die absolut undialektische Variante dessen, was im Gefolge Rousseaus von Kant, Hegel und Marx formuliert worden ist, und zugleich das, was Barth als theologische „Staatsmetaphysik" bekämpft. Hier werden die gesellschaftlichen Widersprüche — und nicht nur zwischen den „Klassen", sondern zwischen Individuum und Staat, Familie und Staat etc. — nicht „versöhnt", sondern zugekleistert, gewaltsam gekittet, von oben — d.h. letztlich polizeilich — beseitigt und der abweichenden Minderheit oder auch Mehrheit das Maul gestopft. Wer widerspricht wird zum Staatsfeind oder Verfassungsfeind, denn diese Form der Gesellschaft ist, ihre Einheit zu wahren, darauf programmiert, auch „Feinde" bzw. ein „Feindbild" zu haben.[33]

---

32) Vgl. Barths Kritik des Absolutismus Prot. Theol., S. 40.

33) Der „Feind", das „Feind"-Bild — im metaphorischen, aber auch im buchstäblichen Sinne: der ‚Jude' — ist in Schmitts politischer Theologie konstitutiv. Vgl. Der Begriff des Politischen, S. 7. Schmitt war ein scharfer Gegner des „Pluralismus", dennoch wäre zu fragen, ob nicht auch heutiger Pluralismus z.T. Schmittsches Erbe bewahrt. Vgl. K. Popper, „Die offene Gesellschaft und ihre Feinde", 1945. Schon der Titel könnte zu denken geben!

5.   Die Niederlage der Linken. Krise auch des Marxismus.

5.1.   Der Nationalsozialismus als Niederlage der Arbeiterbewegung.

Aber eben: Ist dies nun etwas grundsätzlich anderes, als was zur selben Zeit von manchem „Liberalen", was nun aber auch auf der Linken gedacht und vertreten wurde? Inwiefern unterscheidet sich Schmitts Bilanz bezüglich des liberalen Verfassungsstaates von der ähnlich negativen Bilanz der Kommunisten über den „bürgerlichen Staat"? Inwiefern die vorbehaltlose Anerkennung des „Staates" bzw. des Volkes, der Partei, des Führertums, von der ähnlich vorbehaltlosen Anerkennung der Klasse, der Partei, des „Genossen Stalin"? Inwiefern gab es hier Bemühungen, sich in etwa auch konstruktiv zum „bürgerlichen Staat" in Beziehung zu setzen? Inwiefern Bemühungen, gerade auch ihn − und nicht nur „taktisch" − zu verteidigen? Auch die Sozialdemokratie hat offenbar der „Idee" des Staates als solcher oft weit mehr Rechnung getragen, als ihrer eigenen konkreten Aufgabe im Staat. Auch sie hat sich den „Notverordnungen" und indirekten Erpressungen durch den Reichspräsidenten gebeugt. Warum merkte sie nicht, daß wohl ihr Tun in Gottes Händen, der Staat aber gerade in ihren Händen (und in den Händen ihrer Wählerschaft) lag − nicht umgekehrt!? Warum also hier − statt stetiger Reformarbeit, statt Basisaktivität − prinzipieller Reformismus und Kollaboration auf höchstem Plafond? Warum nun doch auch heimliche oder offene „Staatsmetaphysik"? Warum „Antikommunismus"?

Solche Fragen mögen im Nachhinein „theoretisch" wirken, sie verdeutlichen aber, inwiefern sich Barth nun auch in Hinsicht auf die politische Parteien-Landschaft zwischen den Fronten bzw. „zwischen den Zeiten" befand. Die sozialistische Linke war und blieb gespalten, und gerade so ermöglichte sie eine vorübergehende Rekonsolidierung der „bürgerlichen" Herrschaft. Ob sich bei einem anderen sozialistischen Selbstverständnis und bei einem vielleicht möglichen Bündnis der Linken eine andere, sozialistische Alternative hätte durchsetzen können? Wer wollte darüber urteilen? Barth jedenfalls hat mit seinen politischen Anschauungen nicht mehr in die sozialistische Diskussion eingreifen können und er geht gegenüber der Arbeiterbewegung auf abwartende Distanz. Andere, theologische Aufgaben nehmen ihn in Anspruch, und zwar ganz. Aber auch so dauert es sehr lange, bis 1938, bis Barth eine erste Konzeption des Staates bzw. des Verhältnisses der Kirche zum Staat vorlegt! (Barth 1938b). Dennoch bleibt der sozialistische Hintergrund in Barths Theologie präsent, er wird durch Barths Eintritt in die sozialdemokratische Partei 1932 ausdrücklich bestätigt. Dies zu interpretieren muß den nächsten Abschnitten vorbehalten bleiben.

Ein anderes aber ist deutlich geworden: Der Faschismus ist gleichbedeutend mit der **Niederlage** der deutschen Arbeiterbewegung. Er ist nicht nur

aus dieser Niederlage zu erklären, aber er besiegelt sie: in der Rückgängig-
machung aller ihrer Errungenschaften, in der Zerschlagung ihrer Organisationen, in der Liquidierung ihrer Kader, in der möglichsten Beseitigung des
Sozialismus als möglicher „politischer Daseinsform".
Der Nationalsozialismus bleibt in seinem Wesen, er bleibt aber auch in seiner ganzen törichten Ideologie unverstanden, wenn er nicht so: als gegen
die Arbeiterbewegung und ihre Repräsentanten selber gerichtet verstanden
wird. In diesem Kampf hatte diese Arbeiterbewegung so gut wie keine
Bündnispartner, kaum jemanden, der ihr hilfreich oder auch nur einigermaßen scharfsichtig zur Seite gestanden hätte – außer einigen wenigen „Intellektuellen" und „religiösen Sozialisten". Ihre Geschichte ist – als Geschichte einiger Siege und zahlreicher Rückschläge – die andere Seite der
Geschichte der Weimarer-Republik, von der mit Brecht zu sagen wäre: *„die
im Dunkeln sieht man nicht"!* Sie zu schreiben, wäre Aufgabe eines „Historischen Materialismus" im engsten Sinn. Dies kann hier nicht geschehen.
Nur eines muß im Zusammenhang mit Barth hier mindestens problematisiert werden: der Marxismus als theoretische Repräsentanz dieser Arbeiterbewegung. Hat er „versagt"?

In KD II/2 fragt Barth wie im Rückblick auf die Weimarer-Zeit: *„Mag
es eine Philosophie der Geschichte und also ein geschichtliches Ent-
wicklungsgesetz geben: etwa das, das in Fruchtbarmachung Hegel'scher
Anregung von Karl Marx verkündigt worden ist . . . , so ist doch offenbar die Feststellung solcher Gesetze eines, ihre so stürmisch geforderte
aktive Bejahung ein anderes. Mag die Geschichte unter diesem oder jenem Gesetz stehen: warum aber wird uns gerade von denen, die solche
Gesetze behaupten, versichert, daß Geschichte unter Arbeit und Opfern, unter Kämpfen und Leiden von Menschen* **gemacht** *werden müsse? Woher dieser Anspruch? Ein anderes Gesetz menschlichen Wollens
und Handelns greift hier offenbar ein und . . . die Frage nach der Gültigkeit dieses anderen Gesetzes, die ethische Frage, bleibt tatsächlich –
umsomehr, je tumultuarischer man sie ignorieren will, je tumuluari-
scher man ihre Beantwortung vorwegnimmt – offen"* (S. 570). Dies
ist sicher einer der Spitzensätze Bartscher Marxismus-Kritik, mit der
Barth auch schon der eigenen theologisch-ethischen Fragestellung den
Weg bahnt. Er enthält aber zugleich eine fundamentale Einsicht in das
Wesen des Historischen Materialismus, die dessen eigene Problematik
trefflich zum Ausdruck bringt. Dies gilt es hier im zeitgeschichtlichen
Kontext zu verstehen.

5.2. Zum „historischen Materialismus"

Unter „historischem Materialismus" ist nun im engeren und speziellen Sinn
zu verstehen: die Kritik der bürgerlichen bzw. kapitalistischen Gesellschaft,
sofern sie sich in das Interesse der Arbeiterbewegung und einer emanzipa-

torischen „Praxis" dieser Arbeiterbewegung stellt.[34] Diese Parteilichkeit
bzw. Standortbezogenheit der geschichtsmaterialistischen Theorie pflegt
dem neutralen Beobachter oder auch „objektiven" Historiker nun etliche
Mühe zu bereiten, und setzt diese dem Verdacht aus, nicht nur parteilich —
denn wer wäre hier nicht Partei? — sondern parteiisch, weniger eine Theorie oder gar „Wissenschaft", als vielmehr eine „Ideologie" zu sein. Und in
der Tat hat die populär-propagandistische Form, in welcher die marxistischen Theoretiker ihre Erkenntnisse dem Volk und der wenig gebildeten
Arbeiterschaft nahezubringen versuchten, und hat die Verbindung des
historischen Materialismus" mit dem **naturphilosophischen** *„Materialismus*" (bzw. Rationalismus) des 19. Jhs. solchen Verdacht nicht nur stets
nährt, sondern es der angegriffenen „bürgerlichen" Philosophie und Wissenschaft immerzu leicht gemacht, mit diesem Angriff fertig zu werden
bzw. ihn anhand seiner philosophischen „Eierschalen" zu „widerlegen".
Materialismus, Geschichtsdeterminismus, Ökonomismus schienen dafür zu
sprechen, daß es sich hier rein philosophisch um keine ernsthafte Sache
handeln könne, der Atheismus aber dafür, daß es sich auch um keine christliche Sache handeln werde. Das Fehlen einer eigentlichen „Anthropologie",
aber dann doch das große Vertrauen in die schöpferischen Fähigkeiten des
Menschen bzw. der Arbeiterklasse ließen das „Menschenbild" des Marxismus so oder anders unheimlich werden, während sein „Totalitätsanspruch".
nämlich das „*Ganze*" der geschichtlichen Entwicklung und die „*Totalität*"
von Staat und Gesellschft überblicken und analysieren, aber auch „**erklären**" zu können, zu einem nicht minder totalen Widerspruch reizte. Nur,
daß man nun in der Abwehr und Bekämpfung dieser „Ideologie" selber in
Gefahr geriet, einer „Ideologie" zu verfallen, und wäre es nur in der Hinsicht, daß man vom „Marxismus" eben gerade nur diese Außenseite zu Gesicht bekommen hatte und also daran war, ein bloßes Phantom zu bekämpfen! In diesem Zusammenhang ist der Soziologie **Max Webers** mindestens
das Verdienst zuzuerkennen, den Historischen Materialismus ernst genommen zu haben. Dies geschah freilich nicht nur in berechtigter Kritik an
dem allzu mechanistischen und *„monokausalen*" Ökonomismus von K.
Kautsky, sondern insgesamt so, daß Weber gerade die praktischen und politischen Impulse des Historischen Materialismus aus der *„Wissenschaft*"
verbannen wollte. Seine Auffassung vom *„Beruf*" des Wissenschaftlers im
Unterschied zu dem des Politikers oder gar Revolutionärs, sein Postulat einer *„wertfreien*" Sozialwissenschaft (Weber 1968, S. 167 ff, 263 ff) war
und blieb doch mehr oder minder direkt gegen den Marxismus gerichtet
und hat jedenfalls mit dazu beigetragen, dem Marxismus den Zugang zu
den Universitäten zu verwehren. Ohne den historischen und ökonomischen
Determinismus von Marx letztlich zu bestreiten, hat Weber ihn aber in einer Weise „relativiert", in der die Absicht und das Wesen marxistischer Er-

---

34) Vgl. B. Rabehl, Geschichte und Klassenkampf. Einführung in die marxistische
Betrachtung der Arbeiterbewegung, Berlin 1973.

kenntnis kaum mehr zu erkennen ist. So verwundert es auch nicht, wenn
man besonders den praktischen und kämpferischen Marxismus im Gefolge
Max Webers nicht mehr als „Wissenschaft", sondern wieder als „Ideologie",
verstand, aber als solche, die es auf ihre ‚soziologische Trägerschaft' zurückzuführen gelte. Der Marxismus würde demnach, seiner Wissenschaftlichkeit
beraubt, weniger über seine Zeit und Gesellschaft als vielmehr über die subjektive Befindlichkeit, über Wünsche, Ziele und Vorstellungen und soziale
Stellung seiner „Träger" aussagen, die vielleicht in bestimmten Arbeiter-
schichten, aber mehr noch in bestimmten Intellektuellenkreisen zu suchen
sind. Der Marxismus hätte, bei noch so guter Absicht und „Gesinnung"
seiner Vertreter, doch keine „Wahrheit" in sich, sofern diese eine verifi-
zierte Übereinstimmung von Theorie und Wirklichkeit, vorausgesetzt — er
müßte diese Wirklichkeit nun doch letztlich „verkennen" und zu einem
nur noch legitimatorischen Zweck entarten: zur Verkleidung politischer
Herrschaft sei es von Intellektuellen, sei es von politischen „Charismati-
kern", sei es von Partei oder Staat etc.
Nun ist es nicht zu bestreiten, daß der Marxismus zu solchen Ideologiebil-
dungen immer wieder Anlaß gegeben hat oder auch selber in dieser oder
jener Dogmatisierung erstarrte. Noch weniger ist zu bestreiten, daß der Marxismus in seiner theoretischen Bemühung immerzu sich in das bewußte
„subjektive" Interesse der „Arbeiterklasse" zu stellen versuchte. Sie ist
sein „empirisches Subjekt" im doppelten Sinne:
— sofern sich der Marxismus auf die empirisch je vorfindliche, immer wieder anders vorfindliche *„Arbeiterklasse"* bezieht
— sofern diese Arbeiterklasse immer auch selber Subjekt von „Empirie":
von Erfahrung und Praxis ist.
In diesem Zusammenhang hat sich der Marxismus aber immer als „Wissenschaft" verstanden: nicht als die bloße Bekräftigung und *„Legitimierung"*
dieses Empirischen, sondern als dessen *„Kritik"!* In der Kritik gerade eines
„utopischen", nur an einem Traumbild orientierten *„Sozialismus"* versuchte Marx eine im gesamtgesellschaftlichen Zusammenhang reflektierte, je in
ihrer Möglichkeit, aber auch „Notwendigkeit" einzusehende Praxis der Arbeiterbewegung zu begründen. Daß der Gegenstand dieser Wissenschaft gerade in der *„Kritik der politischen Ökonomie"* aufgefunden wurde, versteht sich nun von selbst. Denn schon die bloße Existenz einer „Arbeiterklasse" in der modernen Gesellschaft ist eine lebendige Tatsache, die sich
nur aus der „ökonomischen" Struktur dieser Gesellschaft — Geld, Ware,
Kapital, Lohnarbeit etc. — „erklärt". So ist denn auch die bewegte Geschichte der Arbeiterbewegung nicht wirklich zu verstehen, wenn sie nicht
aus dem Zusammenhang von „Kapital" und „Arbeiterbewegung" — unter
dem Gesetz der „privaten" Aneignung des geschaffenen „Mehrwertes"
etc. — verstanden wird. „Historischer Materialismus" im engeren und engsten Sinne meint nichts anderes als dies: das Verständnis der Vorgeschichte
und Geschichte der „Kämpfe" der kapitalabhängigen arbeitenden Bevölkerung aus den „materiellen Lebensverhältnissen" selber, denen sie ihre Existenz (und ihr Elend) ‚verdankt'. Es ist also die sog. **„soziale Frage"** nicht

nur eine „Randfrage" dieser Gesellschaft, sondern die Erscheinungsform jener „kapitalistischen Produktionsweise" selber, die die objektive Existenzbedingung (=„Basis") dieser Gesellschaft bildet. Es ist aber wiederum dieser „subjektive Faktor" — es sind die kämpfenden und leidenden Menschen, an denen der historische Prozeß erfaßt werden muß. Ja, es sind die lebendigen Menschen in ihrer ganzen Empirie, von deren Standpunkt aus Marx die „entfremdeten", „verdinglichten" und „mystifizierten" Verhältnisse der kapitalistischen „Warenproduktion" durchschaut. Und hier — in der enthüllenden (bzw. entmystifizierenden) Kritik dieser Verhältnisse — gründet denn auch das Pathos der Marxschen „Eschatologie": daß die „Aufhebung" dieser Entfremdung im objektiven Interesse aller Menschen dieser Gesellschaft sein, daß das „besondere" (subjektive) Interesse der Arbeiterklasse, im notwendigen Akt der Revolution, mit dem allgemeinen Interesse der ganzen Gesellschaft geradezu zusammenfallen müsse. Hier also sein Postulat jenes (vielfach mißdeuteten) echten „Klassenbewußtseins", das diesen Zusammenhang im Ganzen ergreift. Und hier also auch das Postulat einer revolutionären „Wissenschaft", die dieser Klasse — in der „Einheit von Theorie und Praxis" — zu diesem Bewußtsein verhilft.

5.3. Marxismus und Arbeiterbewegung. Krise des Marxismus

So fragen wir aber nach dem Verhältnis von „Marxismus" und „Arbeiterbewegung" in der Weimarer-Republik. Der „Marxismus" ist auch selber schon „Geschichte". Hier ist aber nicht zu übersehen, daß einige marxistische Vertreter der Arbeiterbewegung schon frühzeitig vor dem Faschismus warnten — in einer Weise, die bei manchem „bürgerlichen" Wissenschaftler wohl nur Kopfschütteln, Unglauben, Verdacht auf Parteipropaganda und „Ideologie" auslösen konnte. Solche „Prognosen" gründeten auf der Beobachtung der realen Vorgänge in Wirtschaft und Staat, aber vor allem auch solcher, die der „bürgerlichen" Öffentlichkeit weithin entzogen bleiben mußten. Über das zugängliche und verarbeitbare statistische Material hinaus ging es vor allem um Erfahrungen, die von Arbeitern in ihren Betrieben und Fabriken gemacht wurden, um „betriebsinterne" Maßnahmen, um Eingriffe von Polizei und Staat, um Erfahrungen aber, die Rückschlüsse auch auf die wirtschaftliche Gesamtsituation zuließen. Diese Analysen sind hier nicht im Einzelnen zu würdigen. Auch sie waren von Miß- und Fehlinterpretationen begleitet bzw. durch „dogmatische" Einstellungen verfälscht — auch sie konnten nicht mehr als eine allgemeine Struktur des historischen Prozesses freilegen und keine ihrer Prognosen hätte eine Aktion der Arbeiterklasse letztlich zu programmieren vermocht. Hat der Marxismus darum versagt? Woran lag es, daß die Arbeiterbewegung zu einer Zeit, wo sie hätte stark sein können, eine Niederlage erlitt? War sie auf Grund der neuen ökonomischen Entwicklung „objektiv" zu schwach? Oder hat eine „subjektive" Schwäche dem Faschismus den Weg geebnet? War es die Abhängigkeit der KPD von der UdSSR? Oder hat

nur Stalin mögliche Alternativen verbaut? Fehlte es am richtigen Kopf an
der Spitze der Partei und an der richtigen „Strategie" (wie eine gewisse
Legendenbildung um Trotzki besagt)? Oder hat die Partei bei richtiger
Strategie nur eben „taktische Fehler" gemacht? Marxistische Geschichtsschreibung wird sich immer in dieser oder jener Richtung bewegen, sich
bald dieser oder jener Hypothese anschließen. Aber es ist offenkundig, daß
das „letzte" Kriterium **fehlt**, auf Grund dessen hier nach allen Seiten befriedigend zu urteilen wäre. Haben die einen den „sozialen Fortschritt" als
das objektive „Gesetz" der Epoche verkündet, so mögen andere dieses
selbe Gesetz nun in Anspruch nehmen, um die Unausweichlichkeit der
Niederlage zu erklären! So oder so gab es aber „Leiden" und „Opfer"
mehr als genug.

Nun ist schwerlich zu verkennen, daß sich dieses Dilemma auch in den
neueren Versuchen duchhält, eine allgemeine „**Faschismustheorie**" zu
erstellen, d.h. den Nationalsozialismus als den Sonderfall einer höheren **Allgemeinheit** — etwa des sog. „staatsmonopolistischen Kapitalismus" — zu erweisen, seine wahre Ursache bald in der Politik, bald in
der Massenpsychologie, bald in den „Konjunkturen des Klassenkampf-
fes" (Poulantzas) — und bald in einer mehr oder weniger gekonnten
Anhäufung und Summierung aller dieser Elemente zu erfassen. Als ob
dem Nationalsozialismus damit beizukommen wäre, daß man ihn als
einen historischen Regelfall zu erklären versteht! Als ob es geschichtliche Wahrheit und Unwahrheit immer nur im Genus der Allgemeinheit geben dürfte! Und als ob es nicht doch ein mehr-als-zufälliges
Symptom all dieser „Erklärungen" wäre, daß die wahre **Besonderheit**
dieser Geschichte: die Verfolgung und Vernichtung der **Juden** in der
selben Regelmäßigkeit wegerklärt wird!

Es mag ein allgemeines „Gesetz" der Kapitalentwicklung — eine Logik des
„*Kapitals im Allgemeinen*" (MEW 23) — tatsächlich geben, aber damit
doch keine „unschuldige" Feststellung und Behauptung eines solchen Gesetzes. Und so ist jedenfalls die Frage unvermeidlich: ob die Marxisten in
der fälschlichen Geltendmachung dieses Gesetzes (konkret aber etwa in der
„Sozialfaschismusthese") am Zustandekommen des Nationalsozialismus insofern mitschuldig geworden sein könnten, daß sie ihn gewissermaßen auch
herbeigeredet, wohl mit seinem „Kommen", aber auch allzu zuversichtlich
mit seinem „Gehen" gerechnet haben. Der Nationalsozialismus hat aber
das von Marx erhobene allgemeine Gesetz des Kapitals ebenso eklatant be-
wahrheitet, wie er den konkreten „Marxismus" in einigen seiner heiligsten
Überzeugungen nicht nur diffamiert, entstellt und kopiert, sondern eben
auch in flagranti historisch falsifiziert hat. Gerade ein echter „Marxist"
wird sich dieser Erkenntnis kaum verschließen können. So ist aber festzustellen, was Barth schon ab 1914 beobachten konnte: daß nicht nur die
„bürgerliche Gesellschaft", daß auch der „Marxismus" — als nur zu legitimes Kind dieser Gesellschaft — sich in der „Krise" befand. Nicht nur zer-

fiel die Arbeiterbewegung in sich bekämpfende Parteien und Fraktionen, auch der Marxismus konnte nicht jene „Einheit" realisieren, in welcher allein er hätte lebendig werden können. Konnte er sich in der Sozialdemokratie kaum durchsetzen (Grebing 1966, S. 182), so besteht auch gegen **Lenin** der Verdacht, daß er die Marxsche „Einheit von Theorie und Praxis" nicht sowohl erneuert, als vielmehr — im Primat des Politischen und des Parteiaufbaues — auf den Kopf gestellt habe (Dutschke 1974). Was half es dann, wenn einige wenige Intellektuelle, meist jüdischer Herkunft, sich mühten, diese Einheit wenigstens theoretisch wieder herzustellen? Der Marxismus — weit entfernt davon, jene geschlossene Ideologie zu sein, als die ihn die „*bürgerliche*" Polemik oft darzustellen beliebt — **zerfiel**: hier in Philosophie, da in offenkundigen Ökonomismus, dort in die Revision der materialistischen Geschichtsauffassung (Kautsky), endlich zur Parteidoktrin. Dies ist hier ohne Freude und Besserwisserei zu konstatieren, in Hinsicht auf das, was Barth schon 1919 die „*erlöschende Glut des marxistischen Dogmas*" (RI/332) genannt hat. Er hat ihn in diesem seinem Kern, in seinem „*Dogma*" verstanden: der **intendierten** „Einheit von Praxis und Theorie", nicht von seinen weltanschaulichen und philosophischen Attributen her. Er hat ihn so, wie zu zeigen sein wird, auch kritisch bejaht. Er tat dies unter Preisgabe aber gerade des hegelschen Systemcharakters dieser Theorie und einer „Einheit", die doch nur eine postulierte, eine eingebildete, aber doch nicht realisierte Einheit war.

Barth gibt den „*Marxismus*" als philosophisches System, als „*Weltanschauung*" preis. Aber das darf nicht hindern, nach dem zu fragen, was bei Barth immer noch erst recht „historisch-materialistisch" fundiert ist.

6.   Zur Judenfrage

6.1.   Der soziale Inhalt des Antisemitismus

Barth hat aber als **christlicher, biblischer Theologe** gedacht. Dies könnte bedeutsam sein auch in Hinsicht darauf, daß bedeutende **Sozialisten** und **Marxisten** in dieser Zeit **Juden** waren. Es könnte eine **indirekte** Beziehung und Nähe Barths zu Lukacs, Bloch oder Marcuse etc. erklären, die sonst schwerlich zu begreifen wäre. Aber wie auch die deutsche Arbeiterbewegung ohne jüdischen Beitrag, so ist auch der gegen sie gerichtete Antikommunismus und Antisozialismus in der Weimarer-Zeit nicht ohne den hier schon wirksamen **Anti-Judaismus** zu verstehen.

Waren Juden und Kommunisten nicht darin eins, daß sie beide ohne „nationale" Bindung und Verpflichtung im deutschen Lande existierten? Setzen nicht beide ihre Hoffnungen auf ein nur zukünftiges, aber „auf Erden" zu errichtendes Friedensreich? Wieviel schlimmeres mußte dann noch über die kommunistischen Juden gesagt werden, die zu alledem auch ihr Judentum ‚verrieten'! „**Ubi Lenin — ibi Jerusalem**" — so hat Bloch seinen

jüdischen und zugleich sozialistischen Standpunkt formuliert und zu einer
Einheit von Bibel und Sozialismus gefunden. So war es kein Wunder, wenn
der Antikommunismus sich auch alten christlichen Antijudaismus zunutze
machte. Denn im **Antisemitismus** der nationalsozialistischen Propaganda
(und Wirklichkeit) tritt an den Tag, wie es mit dem Antikommunismus immer schon gemeint war: es war der Versuch, die Ursache für das soziale
Elend und das gesellschaftliche Versagen nicht in der Gesellschaft selber,
sondern in der Person ihrer sogenannten „Feinde" zu suchen — der Versuch, die Erneuerung dieser Gesellschaft nicht auf ihre Veränderung, sondern auf die Verfolgung und Vernichtung dieser „Feinde" zu gründen. Im
Antisemitismus ist die verleugnete „soziale Frage" nun endgültig zur **Per-
sonenfrage**, zur **Charakterfrage**, zur **Rassen**frage geworden! Dies ist die soziale Struktur der Judenvernichtung, dies ist aber auch schon die Struktur
des **Reichtagsbrandes**, dessen Lüge Barth auf Anhieb erkannte. **Mit dieser
Lüge stand und fiel das „Dritte Reich".** Hier liegt einer der tiefsten und
innersten Gründe, warum Barths Theologie nach 1933 umstandslos „politisch" werden mußte. —

6.2.   Die „Judenfrage" als „Christenfrage"

Die Geschichte des **Judentums** und der Juden in der Weimarer-Republik
kann hier freilich nur mehr gestreift werden. Auch sie wirft enorme methodische Probleme auf. Wie und von welchem Standort aus soll hier überhaupt geschrieben werden? Und vor allem: Wer darf hier schreiben (und
urteilen)? Die „Christen" — die immer noch ihren notorischen Antijudaismus fortschleppen? Die „Marxisten" — oder der „objektive Historiker"
etwa im Zuschnitt eines G. Mann? Die Juden selber? Aber wer ist „Jude"?
Die Ehrlichkeit, in welcher G. Mann über die Juden und die Judenfrage
offenbar lieber gar nichts als etwas Falsches sagt, könnte überzeugender
sein als eine Auflistung von Zahlen und Fakten, die den jüdischen „Kulturbeitrag", die Präsenz von Juden in Wirtschaft, Gesellschaft und Staat bzw.
gerade auch im „linken" Parteienspektrum belegt. Wer sind denn „die
Juden", daß sie überhaupt zum Gegenstand statistischer Erhebung gemacht
werden können?
   Mit der Nicht-Beantwortung dieser Frage ist von vorneherein auch die
Grenze einer empirisch-soziologischen Untersuchung bezeichnet, wie sie
H.H. Knütter über *„Die Juden und die deutsche Linke in der Weimarer-
Republik 1918–1933"* (Knütter 1971) angestellt hat. Sie entspringt
aber offenbar einer Verlegenheit, die G. Mann mit seinem Gegenpart
W. Ruge durchaus gemeinsam hat — und die man besonders dort empfin-
det, wo die Judenfrage so energisch und „wissenschaftlich" der Beant-
wortung zugeführt werden soll, wie dies seinerzeit bei W. Sombart, Die
Juden und das Wirtschaftsleben (1911) geschah. [35]

---

35) Vgl. aber A. Leon, Judenfrage und Kapitalismus 1971, ebenso I. Deutscher, Die
    ungelöste Judenfrage, 1977. Wichtige Anregungen erhielt ich durch F. Dürren-

Aber die „Judenfrage" ist um so weniger zu eskammottieren, je energischer man sie theoretisch oder praktisch „zu lösen" versucht — und dies
gilt nicht nur für den Nationalsozialismus, der dies in unvorstellbarem Ausmaß „unter Beweis gestellt" hat, sondern auch für die weitaus ernsthafte-
ren Versuche, die sowohl im Namen des **Marxismus** wie auch des **Zionismus** unternommen worden sind. Auch sie sind nur im weiten Zusammenhang der Konstitution der „bürgerlichen Gesellschaft" und der **gescheiterten** „Assimilation" des Judentums an diese Gesellschaft zu verstehen. Aber
sie sind doch dem faschistischen Lösungsversuch diametral entgegengesetzt,
wie oft und feindsinnig man hier und dort „Parallelen" aufzuweisen versucht. **Die „Judenfrage" ist eine Staats- und Gesellschaftsfrage:** diese Erkenntnis ist freilich der Ausgangspunkt aller **drei** genannten „Lösungen".
Aber während der Faschismus die „Judenfrage" liquidierte, indem er die
Juden selber liquidierte, waren und sind Marxismus und Zionismus doch
immerhin der Versuch, diese Frage **zu beantworten,** sei es, daß dies im
Namen eines zu errichtenden „**sozialistischen**" Staatswesens, sei es, daß es
im Namen eines **jüdischen** Staats- oder Gemeinwesens geschah. In diesem
Zusammenhang hat es freilich wenig Sinn, besonders dem Marxismus eine
„*Feindschaft gegen Israel*" (Dürrenmatt S. 217) zu unterstellen, wenn es
doch immer wieder und gerade Juden waren, die im Marxismus die (vor-
läufige) Antwort auf ihre Frage fanden! Marx selber war Jude, auch der
Marxismus kann nicht gut per se als „antisemitisch" gelten — aber der
Marxismus war und ist anti-zionistisch, ebenso wie auch der „Zionismus"
(jedenfalls auf dem sich durchsetzenden Flügel) anti-marxistisch ist.
Beide versuchten sie sich aus den Klammern einer übermächtigen antijüdischen Tradition des christlichen Abendlandes zu emanzipieren — aber eben:
nicht indem sie die Juden selber, aber indem sie die **Ideologie vom „ewigen
Juden"** bzw. vom ewig „heimatlosen", recht- und staatslosen Judentum
liquidieren wollten. Beide lehnten sie sich auf gegen eine „repressive Toleranz", die das Judentum gerade noch als Religion oder Konfession, nicht
aber die Juden selber als Menschen, Bürger und Staatsbürger akzeptierte,
beide verwarfen sie gerade auch eine christliche Toleranz, die auch im Gewande des eilfertigen Philosemitismus schlecht kaschierte Intoleranz war —
die doch vom Juden vor allem das forderte, das er **aufhören** solle, ein Jude,
ein Volk, eine sich selber bestimmende gesellschaftliche Minorität zu sein!
Was aber könnte liebloser sein, als daß man „*den Juden*" immer wieder
zum „Juden" **macht,** wie man ihn haben will — was antijüdischer als eben
jene Freundlichkeit, in der man, statt **mit** Juden zu reden, nur immerzu
über sie redet und gerade „christlich" immer wieder über ihr Bestes zu befinden müssen meint! Die „Judenfrage" ist in ihrer Wurzel **mehr** als alles
andere eine „*Christenfrage*" (KD IV/3, S. 1007) und solange sie als diese

matt, Zusammenhänge. Versuch über Israel. Eine Konzeption 1977. Weiter:
F.W. Marquardt, Die Entdeckung des Judentums für die christliche Theologie.
Israel im Denken Karl Barths, 1967, H. Gollwitzer, Forderungen der Freiheit
1962, S. 247-274.

nicht ernstgenommen ist, erübrigt sich wohl vieles weitere Reden und Urteilen über Marxismus und Zionismus, das dann doch nur ein Verteilen von weiteren Etiketten sein könnte! Die *„Dechiffrierung Israels"*, in welcher das „Judentum" nicht länger nur als theologisch-typologische Chiffre, sondern als reales und lebendiges Judentum post christum natum ernst genommen werden konnte, hat bei Barth, wie F.W. Marquardt nachweist, aber erst nach 1933 Gestalt angenommen (Marquardt 1967, S. 82 ff). Hatte Barth in den Römerbriefkommentaren vom biblischen Judentum vor allem religions- und kirchenkritischen Gebrauch gemacht, so tritt das reale Judentum bei ihm erst in dem Maße theologisch auf den Plan, wie es im Zuge der nationalsozialistischen Verfolgung auch zeitgeschichtlich auf den Plan getreten ist. Nun **wurden** ja die Juden − auch die sich längst für „assimiliert" hielten! − einmal mehr und in entsetzlicher Gründlichkeit zu „Juden" gemacht. Nun **waren** Christen gezwungen, mit Juden zu reden und sich ihrer anzunehmen, im selben Maße, in welchem einmal mehr amtlich und auch kirchenamtlich „über" sie gesprochen wurde. Nun war „**der Jude**" wieder da − und „er" war ja nun gerade in den Zwanziger Jahren in Gestalt von arbeitslosen und arbeitssuchenden Emigranten aus östlichen Regionen noch zahlreicher geworden. Er bot sich an: nicht nur als „Arbeitskraft", sondern auch als Aggressionsobjekt für jeden Arbeiter oder Handwerker, der um seinen Arbeitsplatz bangte − als Sündenbock bald des kapitalistischen, bald des sozialistischen Übels − als „Erklärung" für die menschlichen Krankheiten in jeder Gestalt. Aber auf **diesem** Hintergrund muß es nun auch verstanden sein, wenn K. Barth am 10. Oktober 1933 in einem Universitätsgottesdienst erklärte, daß *„Jesus Christus ein Jude"* war. Und nochmals: „ *,Das Heil kommt von den Juden'. Jesus Christus war ein Jude"* (Barth 1933e, S. 7). Diese Predigt wurde von Barth **veröffentlicht**, aber freilich mit der Maßgabe, daß es sich hier nicht um eine Predigt zu einem gerade nur aktuellen und modischen „*Thema*", sondern um eine gar sehr grundsätzliche, aus der Aufgabe der biblischen Text-Predigt von selbst sich stellende Frage handle. Wer möchte daran zweifeln!

Aber man müßte etwas von den Abgründen kulturphilosophischer, soziologischer, psychologischer oder rassistischer Spekulation und Mythenbildung erahnen, an denen Barth hier vorbeigeschritten ist und denen er Tor und Tür von Grund auf verwehren wollte, wenn man zu verstehen versucht, warum er sagte: *„Als Thema würde weder die Judenfrage noch eine andere der uns heute bewegenden Fragen auf die Kanzel gehören"!* (Barth 1933e, S. 3). Aber man dürfte **dann** kaum mehr folgern können, was K. Scholder blind gefolgt hat, daß Barths theologischer Ansatz *„die Bedeutung der Judenfrage verschloß"* (Scholder 1977, S. 558). Barth war sich der theologischen **wie** der politischen Konsequenzen seiner Predigt bewußt, wenn er im Vorwort weiter ausführt: *„Ich widerstehe einer heute beim Nationalsozialismus ihre Zuflucht suchenden Theologie, nicht der nationalsozialistischen Staats- und Gesellschaftsordnung . . . aber einfach darum, weil ich* *überzeugt bin, . . . daß die eigentlichen Entscheidungen auch über Staat und Gesellschaft nicht in Staat und Gesellschaft, sondern in der Kirche fallen"!* (Barth 1933e, S. 8). In der Kirche des Juden Jesus nämlich, die darum die konkrete und lebendige Gemeinschaft der Christen mit den Juden bzw. Juden mit den Nicht-Juden ist. *"Nehmt euch untereinander an! Das ist ein Gesetz vor dem es kein Ausweichen gibt. Das ist ein Befehl und zwar ein strenger unerbitterlicher Befehl"* (S. 16)

Es ist freilich bezeichnend für den „biblischen Theologen" K. Barth, daß er sich der „Judenfrage", für die er dogmatisch noch wenig gerüstet war, zunächst einmal in der **vordersten** Front: nämlich in der „*Predigt*" gestellt hat. Aber gerade von der Predigt her läßt sich dann auch die Rückwirkung des unmittelbaren Zeitgeschehens in die „*Dogmatik*" verfolgen! Zunächst aber lautet die Parole: „*Was sollen wir tun? Eines und nur Eines: Ein jeder sein Gesichte in ganzer Wendung richte steif nach Jerusalem!*" (Barth 1933d, S. 7).

KAPITEL 2
Karl Barth und die „dialektische Theologie" zwischen den politischen Fronten

1.   „Der Christ in der Gesellschaft" (zum Tambacher-Vortrag)

1.1.   „Basis" und „Überbau"

Nun ist die „Theologie" selber ein „gesellschaftliches" Phänomen, das nicht auf ein einziges Individuum zurückgeführt werden kann. Im allgemeinen — topologischen — Schema des Marxismus müßte sie, zusammen mit Staat und Kirche, dem gesellschaftlichen „Überbau" zugerechnet werden. Aber was heißt „Überbau"?

Es handelt sich hier offenbar um solche übergeordneten Bereiche der Kultur, von Staat, Wissenschaft, Ideologie etc., von denen die marxistische Analyse notgedrungen „abstrahiert", wenn sie die ökonomischen Basis-Strukturen der bürgerlichen Gesellschaft erforscht. Dies ist eine „verständige Abstraktion" (Marx 1974a, S. 7), solange es darum geht, die elementaren Formmerkmale einer Gesellschaft bzw. die Haupttendenzen und -triebkräfte einer Epoche zu studieren. Aber es ist „Abstraktioɲ", für Barth sogar „böse Abstraktion" (Anf. I. S. 9).

„Der Christ — in der Gesellschaft! Wie fallen diese beiden Größen auseinander, wie abstrakt stehen sie sich gegenüber!" So in der berühmten Tambacher-Rede „Der Christ in der Gesellschaft" 1919, mit welcher Barth, wie er später sagt, „den deutschen Religiös-Sozialen . . . gründlich das Konzept verdorben" (Anf. II, S. 319) hat. [1] Aber diese Abstraktion, die „Absonderung des religiösen Gebietes", hat für Barth einen „ ‚Grund', der damit nicht aufgehoben ist, daß uns ein Licht darüber aufgeht, daß sie eigentlich nicht sein sollte."

Zunächst ist es ja so, daß die verschiedenen Bereiche der Gesellschaft realiter auseinanderfallen, scheint es, als ob jeder für sich — Kunst, Theater, Religion, Kirche, Wissenschaft etc. — durchaus seine Selbständigkeit im gesellschaftlichen Prozeß behaupten wollte. Der „Überbau" erscheint in seiner klassischen Gestalt geradezu unberührt von seiner ökonomischen Determination, während die ökonomische Entwicklung nun auch ohne ihn ihren gesetzlichen Gang zu nehmen scheint.
So auch Barth:

---

1) Zur Tambacher-Konferenz vgl. K. Scholder. Die Kirchen und das Dritte Reich, Bd. I/S. 52ff. Die genaue Vorgeschichte ist von F.W. Marquardt in ThExh Nr. 206 rekonstruiert.

„An einer ernsthaften „Anwendung' (des Christentums im gesellschaftlichen Leben PW) *hindert uns doch wohl zunächst die brutale Tatsache, daß jene nun einmal gewonnene und vorhandene und auch im
Revolutionszeitalter unerbittlich fortwirkende Eigengesetzlichkeit des
gesellschaftlichen Lebens jedenfalls nicht damit beseitigt ist, daß wir
ihrer gründlich müde geworden sind"* (Anf. I, S. 7).

Vor voreiligen „Vermittlungen" zwischen „oben" und „unten", vor der
beliebten Konstruktion von sogeannten „Wechselwirkungen" zwischen
„Überbau" und „Basis" wird also gewarnt!

Man solle, sowenig wie das Christentum erneut zu *„säkularisieren"*,
sowenig auch die Gesellschaft mit einem *„kirchlichen Überbau oder
Anbau"* erneut *„klerikalisieren"* wollen! (Anf. I., S. 6/8).

Freilich muß auffallen, daß der „Überbau" auch in sich selber kein einheit-
liches Gebilde ist. Er umfaßt ja alles, was im ersten Gang der Analyse ver-
nachlässigt worden ist, „Reste" älterer Gesellschaftsformationen (z.B.
Adel), „Ungleichzeitiges" aller Art, das Sippen- und das Familienleben, das
kulturelle Leben ebenso wie den staatlichen „Apparat". Auch hier gibt es
zahlreiche Interdependenzen, die aber auch nirgendwo mechanisch herzuleiten sind, und selbst „der Staat" ist nicht jenes monolithische Gebilde,
als das ihn marxistische Analyse oftmals suggeriert. Was gehört denn alles
zum „Staat"? Warum brauchen wir ihn? Inwiefern könnte es Familie,
Kunst, Wissenschaft, Kirche, Religion, Theologie nicht auch ohne „Staat"
geben? Mit welchem Recht — und in welcher Notwendigkeit bemächtigt
sich der Staat dieser anderen Instanzen?

„Geschichtliche Spezifizierung" ist — nach K. Korsch — das Wesen *„historisch-materialistischer"* Methode (Korsch 1967, S. 8ff). Keinesfalls handelt
es sich darum, alle geschichtlichen Erscheinungen auf ein-und-dieselbe
Grundlage zurückzuführen. Auch nicht „die Arbeit" ist diese Grundlage,
sofern sie in verschiedenen Epochen und Gesellschaftsformen von durchaus verschiedenem Charakter und verschiedener Bedeutung ist. Erst in der
„kapitalistischen Produktionsweise" wird die abstrakt bemessene und entfremdete Arbeit zum „allgemeinen" Merkmal einer bestimmten Gesellschaftsform! Aber auch nicht „das Eigentum" ist diese Grundlage, so wahr
es eben verschiedenes — feudales, bürgerliches, privates oder gesellschaftliches — Eigentum von verschiedener Tragweite gibt. Und auch nicht „die
Familie" ist diese Grundlage, so wahr auch das Verhältnis der Geschlechter
und Generationen — je nach gesellschaftlicher Funktion und Arbeitsteilung
— Wandlungen unterworfen ist! Wollte man diese Phänomene dennoch als
gewiße immer wiederkehrende „Konstanten" des geschichtlichen Lebens
ansehen, so wäre immer noch zu sagen, daß sie als diese in immer wieder
neuen, anderen gesellschaftlichen Funktionszusammenhängen auftauchen,
daß ihre „Form" sich ändert.

„Tot sind alle ‚Dinge an sich' ", wie Barth in Tambach in deutlich expressionistischer Gebärde ausführt. *„Tot sind alle bloßen Gegebenheiten. Tot ist alle Metaphysik. Tot wäre Gott selbst . . . wenn er ein ‚Ding an sich' wäre und nicht das Eine in Allem, der Schöpfer aller Dinge . . . Es ist die Revolution des Lebens gegen die es umklammernden Mächte des Todes, in der wir begriffen sind . . . Mögen wir mit allem Recht den Kopf schütteln über den phantastischen Freiheitsdrang der heutigen Jugend . . . : es ist die Autorität an sich, gegen die sich die moderne Jugendbewegung aller Schattierungen richtet . . . Mag das Heiligste in Gefahr sein bei der Auflösung der Familie, die wir heute in vollem Gang sehen, wir dürfen bei allem Entsetzen und Widerstand . . . nicht verkennen, daß es sich letztlich um den Angriff auf die Familie an sich handelt, die wahrlich kein Heiligtum, sondern der gefräßige Götze des bisherigen Bürgertums gewesen ist. Mögen wir den Produkten der modernen expressionistischen Kunst mit tiefster Abneigung gegenüberstehen; es ist doch gerade hier besonders deutlich, daß es diesen Menschen um etwas, um den Inhalt, um die Beziehung des Schönen auf das Eine im Leben zu tun ist, im Gegensatz zu einer Kunst an sich, die sich wahrlich weder auf Raffael noch auf Dürer mit allzu großer Sicherheit berufen dürfte . . . Und wenn wir heute mit allem Ernst, denn es geht um die Existenzfrage, einstimmen in den Ruf: Arbeit, Arbeit ist es, was Europa jetzt nötig hat! so wollen wir uns wenigstens nicht bis auf den Grund unserer Seele verwundern . . . , wenn uns die Spartakisten . . . antworten, daß sie lieber zugrunde gehen und alles zugrunde richten wollen, als wieder unter das Joch der Arbeit an sich zurückzukehren . . . War es nicht auch Ihnen etwas vom Überraschendsten an der deutschen Revolution und eigentlich das, was am meisten geeignet war, allzu große Hoffnungen für die nächste Zeit zu dämpfen, wie die neuen Gewalten so rasch Halt machten gerade vor den Pforten der Religion an sich, wie leicht gerade dieses Abstraktum, diese Todesmacht in ihrer katholischen und protestantischen Form sich in ihrer Geltung behaupten konnte, ohne sich mit einem nennenswerten grundsätzlichen Protest gegen ihr Dasein irgendwie auseinanderzusetzen zu müssen? Wenn irgendwo, so werden wir gerade hier die ersten sein müssen, diesen Protest zu begreifen, wenn er kommt, ja ihn selbst zu erheben, wenn er sonst nicht kommt . . . "* (Anf. I., S. 15f).

1.2. Marx, Engels, Althusser

Aber nun sah sich schon **Marx** seinerzeit einem Christentum, einer Kirche, einer christlichen Religion gegenüber, die die entfremdete Arbeit, das Eigentum an den Produktionsmitteln, die besondere Form der Familie in dieser Gesellschaft und den bürgerlichen Staat insofern mit einem verklärenden Glanz umgab, als sie diese zu unveränderlichen gottgewollten „Ordnungen" des geschöpflichen Daseins erklärte, die darin als gleichsam natürlich, naturgemäß, naturgesetzlich zu gelten hätten. So schien der Kapitalismus auf eherenen „Naturgesetzen" menschlicher Veranlagung und allseitiger „Konkurrenz" zu beruhen, der Krieg als deren Ausdruck im Wettstreit der „Nationen". Die „bürgerliche Gesellschaft" schien so immer noch „die beste aller möglichen Welten" zu sein (Leibniz), Familie und Staat gleichsam als die Vollendung des Christentums und der sittlichen Idee (Hegel). *„Somit hat es eine Geschichte gegeben, aber es gibt keine mehr"* (Marx 1971, S. 122) [2] Dies ist es aber gerade, was Barth später unter dem Begriff der *„natürlichen Theologie"* zusammenfaßt, wie sie gerade für die bürgerliche Epoche — und für den „Christen" als *„Bourgeois"* (KD II/1, S. 197) — charakteristisch ist. Sie hat den Irrweg bestimmt, den die *„protestantische Dogmatik seit mindestens zweihundert Jahren mit unheimlicher innerer Notwendigkeit genommen hat"* (CD VII). Dieser Theologie gegenüber, soweit sie sich mit diesem Zeitgeist in Übereinstimmung befindet, gibt Barth der Marxschen Religionskritik in aller Form recht.

„Woher meint man etwa zu wissen, daß ein Fr. Stahl sich für seine Gesellschaftstheorie mit mehr Recht auf die ‚Schöpfungsordnungen Gottes' berufen konnte als ein K. Marx für die seinigen? Etwa von daher, daß der letztere es unterlassen hat, dies zu tun? Aber sollte der ‚Heide' in seinem ganzen sträflichen Heidentum nicht gerade darin gegenüber dem ‚Christen' mit seiner allzu sicheren Anrufung des höchsten Namens einen überlegenen theologischen Takt bewiesen haben?" (Barth 1930a, S. 53, Anm. 25).

Das „spezifisch Christliche" hat Marx in seiner Religionskritik freilich herzlich wenig interessiert, sei es aus „Takt" — die marxistischen Väter haben zur Person Jesu von Nazareth in der Tat so gut wie geschwiegen! — sei es darum weil auch dieses „Besondere" für ihn nur der Vorwand für ein fälschlich „Allgemeines" zu sein schien. Über die vulgäre Anschauung hinaus, daß „Religion Opium des Volkes" sei, hat Marx in Gestalt von Hegel und Feuerbach dabei durchaus die „fortgeschrittenste" Theologie seiner Zeit vor Augen gestanden! Aber es ist nichts so bezeichnend für seine Religionskritik wie die Tatsache, daß in ihr die Religion (auch die christliche) nirgendwo zum selbständigen Thema geworden ist. Es sind gerade die „ver-

---

[2] Es gehört zur Tragikkomik der gegen Marx gerichteten bürgerlichen Apologien, wenn man gerade auch dem ‚späten Marx' die „Naturgesetzlichkeit" seiner Auffassungen meinte zum Vorwurf machen zu können. Marx wendete das „Naturgesetz" der Geschichte gegen eine Gesellschaft, die sich am meisten auf es beruft. Dabei vollzieht sich aber eine Wandlung des Begriffs: als „naturgesetzlich" erscheinen nun gerade die Gesetze der „kapitalistischen Produktionsweise", die der menschlichen Kontrolle, Planung etc. entraten und als „blindwirkende" Mächte über den Menschen herrschen. Es ist freilich die Tragik des „Marxismus" bzw. „Stalinismus", das in seiner Auffassung in der Tat wieder Heckel und Darwin bzw. naturphilosophische Fortschrittsgedanken des 19. Jahrhunderts Einzug gehalten haben. Dagegen vgl. A. Schmidt, Der Begriff der Natur in der Lehre von Marx, 1962, bzw. K. Barth, KD III/2, S. 464ff!

selbständigten" Wahrheiten der Philosophie, Theologie und Jurisprudenz, die zu falschen „Abstraktionen" und Allgemeinbegriffen führen — es ist gerade der fatale **Funktionszusammenhang** dieser Disziplinen im gesellschaftlichen Leben, den Marx zum Gegenstand der Kritik erhebt. So kritisiert er den **Staat**, sofern er aber als „christlicher Staat" doch nicht die Verwirklichung der allgemeinen Menschenrechte ist, sondern — gerade am Beispiel der Juden und des Judentums — auf der Unterdrückung von religiösen und sozialen Minderheiten beruht! [3] So kritisiert er das „theologisch" hergeleitete „**Recht**" dieses Staates, sofern es aber für Minderheiten oder auch Mehrheiten — z.B. die Besitzlosen — zum Unrecht wird. So verwirft er die religiöse „**Toleranz**" dieses Staates, weil sie — etwa am Beispiel der Pressezensur — nur schlecht kaschierte Intoleranz ist.

> So auch K. Barth: „*Friedrich Wilhelm I. prügelt einen Juden mit den Worten: ‚Nicht fürchten, lieben, lieben sollt ihr mich!'*" — „*Man mag von dem harten Wort Lessings, daß das Preußen Friedrichs des Großen ‚das sklavistischste Land Europas' sei, daß die ‚Berlinische Freiheit' sich einzig und allein darauf reduziere, ‚gegen die Religion so viele Sottisen zu Markte zu bringen als man will', einiges abziehen. Es bleibt doch dabei, daß die Aufklärung, die Friedrich wollte, z.B. als Pressefreiheit ein bloßer Schein war und auf die Armee und Alles, was mit der Armee zusammenhing z.B. auf die militärische Justiz, mit größter Selbstverständlichkeit nicht angewendet wurde*" (Prot. Theol. 36f).

Marx kritisiert darum die „**politische Emanzipation**" der bürgerlichen Gesellschaft seit der französischen Revolution überhaupt, sofern sie doch nur die Emanzipation einer besonderen, der bürgerlichen Klasse, aber noch nicht die wirklich allgemeine, die „menschliche Emanzipation", die der ganzen Gesellschaft ist. Das „*Dasein der Religion*" erscheint hiermit als das „*Dasein eines Mangels*", das in der gesellschaftlichen Struktur dieses (angeblich christlichen) Staatswesens veranlagt ist.

> „*Wir erklären daher die religiöse Befangenheit der freien Staatsbürger aus ihrer weltlichen Befangenheit. Wir behaupten nicht, daß sie ihre religiöse Beschränktheit aufheben müssen, um ihre weltlichen Schranken aufzuheben. Wir behaupten, daß sie ihre religiöse Beschränktheit aufheben, sobald sie ihre weltliche Schranke aufheben (U. Vf.). Wir verwandeln nicht die weltlichen Fragen in theologische. Wir verwandeln die theologischen Fragen in weltliche*" (Marx 1966, S. 36). Man darf dabei nicht vergessen, wie sehr es gerade die **Judenfrage** ist, die bei Marx am Anfang seiner Religions-, Staats-, Gesellschafts- und Ökonomiekritik liegt. „In den eigenen vier Wänden ein Jude, draußen ein

---

3) K. Marx, Zur Kritik der Hegelschen Rechtsphilosophie, Einleitung, Marx-Engels-Studienausgabe I/S. 17ff; Zur Judenfrage, a.a.O., S. 31ff.

Mensch" — dieser Ausspruch des „assimilierten" Juden M. Mendelssohn ist in einem der Ausdruck wie die von Marx gemeinte Kritik der „politischen Emanzipation", die die bürgerliche Gesellschaft den Juden gewährte. Marx geht aber wohl in seiner tief polemischen Metaphorik zu weit, wenn er den **Kapitalismus** als das *„Judentum"* der christlich-bürgerlichen Gesellschaft apostrophiert. *„Der Jude, der als ein besonderes Glied in der bürgerlichen Gesellschaft steht, ist nur die besondere Erscheinung von dem Judentum der bürgerlichen Gesellschaft"* , d.h. des Kapitalismus, der den „Juden" in die Rolle des schmutzigen Geschäftemachers, Wucherers etc. drängt. Davon ist historisch zwar etliches wirklich und wahr! Aber zu bitter ist die Marxsche Bilanz: *„Der Gott der Juden hat sich verweltlicht, er ist zum Weltgott geworden. Der Wechsel ist der wirkliche Gott der Juden. Sein Gott ist nur der illusorische Wechsel"* (Marx 1966, S. 57). In diesen dialektischen „Kürzeln" ist Marx nicht mehr zu „retten" — sie haben später gänzlich undialektische Folgen gehabt. Wer also ohne Schuld zu sein glaubt, werfe den ersten Stein! — aber dann doch nur der. Für den Theologen kann dies nur die Aufforderung bedeuten, nun erst recht — nach dem „Judengott" zu fragen!

Die Marxsche Religionskritik schreitet konsequent zur Ökonomiekritik fort. Erst **Engels** hat sich in seinen späteren Äußerungen zu einigen grundsätzlichen Bemerkungen zum Verhältnis von „Überbau" und „Basis" bzw. zur „Religion" veranlaßt gesehen. Er entwickelt ein Schema eben von sog. „Wechselwirkungen", von dem aber K. Korsch wohl nicht zu unrecht bemerkt, daß Engels die materialistische Dialektik *„nicht mehr in allen Punkten festgehalten"* habe (Korsch 1967, S. 93). Wir hören:

„Was die noch höher in der Luft schwebenden ideologischen Gebiete angeht, Religion, Philosophie etc. so haben diese einen vorgeschichtlichen, von der geschichtlichen Periode vorgefundenen und übernommenen Bestand von — was wir heute Blödsinn nennen würden. Diese verschiedenen falschen Vorstellungen von der Natur, von der Beschaffenheit des Menschen selber, von Geistern, Zauberkräften etc. liegt meist nur negativ Ökonomisches zugrunde . . . Und wenn auch das ökonomische Bedürfnis die Haupttriebfeder der fortschreitenden Naturerkenntnis war und immer mehr geworden ist, so wäre es doch pedantisch, wollte man für all diesen urzuständlichen Blödsinn ökonomische Ursachen suchen." Dagegen ist die *„Geschichte der Wissenschaften . . . die Geschichte der allmählichen Beseitigung dieses Blödsinns, respektive seine Ersetzung durch immer weniger absurden Blödsinn."* So sehr dies unter dem Druck und Einfluß der ökonomischen Entwicklung geschieht, *„die Leute, die dies besorgen, gehören wieder besonderen Sphären der Teilung der Arbeit an und kommen sich vor, als bearbeiteten sie ein unabhängiges Gebiet, . . . ihre Produktionen, inklusive ihrer Irrtümer (können) einen rückwirkenden Einfluß auf die*

ganze gesellschaftliche Entwicklung (haben), selbst auf die ökonomische . . . *Die schließliche Suprematie der ökonomischen Entwicklung auch über diese Gebiete steht mir fest"*, aber: „*die Ökonomie schafft hier nichts a novo, sie bestimmt aber die Abänderung und Fortbildung des vorgefundenen Gedankenstoffes, und auch dies meist indirekt* . . . " (Brief an C. Schmitt vom 27. Okt. 1890, Marx/Engels 1958, S. 228f).

So nützlich eine solche „Eselsbrücke" auch immer sein mag — und man vergesse nicht, daß Engels hier bei aller Ironie auch sein eigenes „Arbeitsgebiet" beischreibt! — und so sicher sie den „Geistesarbeiter" vor aller Selbstüberschätzung bewahren kann (auch den Theologen!), so nähert sich hier Engels doch faktisch einer Position, wie sie im „bürgerlichen" Rahmen später auch von Max Weber vertreten werden konnte. Zwar ist

1.) Die „Suprematie" des ökonomischen Prozesses nicht geleugnet (wenn auch nur relativ abstrakt behauptet), aber,

2.) der Ursprung des Religiösen ist *„außerhalb"* des geschichtlichen Prozesses gesucht. Dieses Religiöse erscheint

3.) als *„blödsinnig"*, das heißt: vor-wissenschaftlich, vor-rational, und gerade als solches muß es nun offenbar

4.) dem technisch-wissenschaftlichen und vor allem: naturwissenschaftlichen *„Fortschritt"* weichen!

Wie sehr dies gerade dem „bürgerlichen" Religionsverständnis und besonders auch dem Säkularisierungsbegriff der Religionssoziologie Max Webers entgegenkommt, soll hier nicht nachzuweisen versucht werden, die Frage ist nur, ob es dies ist, was Engels wirklich meint.

„*Was den Herren allen fehlt, ist Dialektik. Sie sehen stets nur hier Ursache, dort Wirkung. Daß dies eine hohle Abstraktion ist . . . das sehen sie nun einmal nicht, für sie hat Hegel nicht existiert . . .*" (Marx/Engels 1958, S. 230).

Was Engels intendiert, ist offenbar etwas anderes: nicht die Transformation der historischen Dialektik in eine nurmehr beschreibende (und psychologisch „verstehende") Soziologie eines „irrationalen" Phänomens [4], sondern die Erneuerung dieser Dialektik im Verständnis der „Überlagerung" (bzw. *„Überdeterminierung"*) der ökonomischen Prozesse und Widersprüche durch Elemente z.B. früherer gesellschaftlicher Kämpfe, durch politische und „religiöse" Faktoren. *„Man muß dann"*, mit L. Althusser, aber

---

[4] So müßte m.E. die „verstehende Soziologie" M. Webers verstanden werden. Vgl. Wirtschaft und Gesellschaft, 1922, S. 1ff.

*„bis zum Ende gehen und sagen, daß diese Überdeterminierung nicht
an den offensichtlich eigentümlichen oder irrtümlichen Situationen
der Geschichte liegt (zum Beispiel Deutschland), sondern daß sie uni-
versal ist, daß die ökonomische Dialektik sich nie im reinen Zustand
geltend macht, daß man in der Geschichte nie sieht, daß die Instanzen,
die Überbauten etc., sich respektvoll zurückziehen, wenn sie ihr Werk
vollbracht haben, oder sich auflösen wie ihre reine Erscheinung, um
auf dem königlichen Weg der Dialektik ihre Majestät die Ökonomie
voranschreiten zu lassen, weil die Zeit gekommen wäre. Die einsame
Stunde der ‚letzten Instanz' schlägt nie . . . !"* (Althusser 1968, S. 81).

Dies besagte nicht, daß die ökonomische „Determination" der Geschichte
„in letzter Instanz" von Althusser geleugnet oder auch nur relativiert worden wäre, es besagt aber, daß ihre Gültigkeit nur in der Abstraktion der
„theoretischen" Einsicht erkannt werden kann, während sich die Geschichte in concreto in viel größerer Mannigfaltigkeit präsentiert. Es besagt, daß
es vergeblich und irreführend sein würde, auf jenen Tag zu warten, wo sich
diese Determination in einfacher Kausalform zu erkennen gäbe, wo alles
„religiöse" und „ideologische" Bewußtsein verschwinden, wo sich der Staat
in Reinheit als „Instrument der Klassenherrschaft", das Kapital sich in
nackter Tatsächlichkeit darstellen würde, wonach sich die (immer und wieder falsch verstandene) Marxsche „Verelendungstheorie" dann doch vor aller Augen erfüllen und die Revolution nun unwiderruflich und apokalyptisch hereinbrechen müßte. Solch eine Apokalypse hat sich – zum Glück!
– niemals ereignet und wird sich nicht ereignen – es sei denn eben in
Form faschistischer Barbarei! – so wahr eben auch die Stunde Lenins
nicht die Stunde Null und auch gar nicht der Anbruch eines anderen
„Aeons" gewesen ist. Nein, wie Lenin es mit den „Überresten" des Zaris-
mus, der Bürokratie, mit der Geografie Asiens, mit Unterentwicklung und
Zentralismus, asiatischer und staatskapitalistischer Produktionsweise zu
tun bekam, so Barth in der Weimarer-Zeit mit den noch gar sehr lebendigen „Überresten" des Kaiserreiches, dem Kriegserlebnis und dem daselbst
wiedererwachenden Nationalismus, mit dem Erbe Bismarcks, aber auch
Luthers, und darin und damit auch noch mit Kirche und Christentum!

Daneben mit einer Sozialdemokratie, die im Grunde immer noch die alte
war, daneben mit einer Kommunistischen Partei, die sich keineswegs in
„Idealform", sondern in tatsächlicher Abhängigkeit von der UdSSR prä-
sentierte! Da mußte nun aller naiver Optimismus und Fortschrittsglaube
zutiefst problematisch werden, da war Anlaß zu gründlicher, nihilistischer
Skepsis oder Resignation! Da trat nun aber auch eine ganze Fülle von
„anderen Instanzen" ins Feld, die jede für sich die größtmögliche „Allgemeinheit" beanspruchten und sich möglicherweise als die „letzte Instanz"
wähnen konnte, sei es eben Arbeit, Eigentum, Familie, Volk etc. oder die
„Religion" – „auch das noch!" (WG, S. 143).

1.3. Der „Christus" in der Gesellschaft!

So ist aber die Theologie Karl Barths gar nicht zu verstehen, wenn nicht in ihrem „Eintreten" auf diese historische Situation.

> *„Begreifen . . . Begreifen wollen wir die große Beunruhigung des Menschen durch Gott und darum die große Erschütterung der Grundlagen der Welt. Begreifen all das Bewegende und Bewegte auch in seinem gottlosen Rohzustand. Begreifen unsere Zeitgenossen, von Naumann bis zu Blumhardt, von Wilson bis zu Lenin in all den verschiedenen Stadien der gleichen Bewegung, in denen wir sie sehen . . . Begreifen heißt: von Gott aus einsehen, daß das nun alles gerade so und nicht anders sein muß. Begreifen heißt: in der Furcht Gottes die ganze Lage auf sich nehmen und in der Furcht Gottes in die Bewegung der Zeit hineintreten"* (Anf. I/S. 12).

„Begreifen": Naumann — das ist das gescheiterte „christlich-soziale" Experiment des 19. Jahrhunderts! Blumhardt — das ist jener schwäbische Pfarrer im Ende jenes Jahrhunderts, der im Glauben an die „Auferstehung der Toten" den Sozialisten recht gegeben hat! Wilson — das ist die Hoffnung auf einen Weltfrieden im „Völkerbund"! Und Lenin — das ist die russische Revolution! Aber *„von Gott aus"* begreifen: aus einer „letzten" Instanz „hinter", „über", „jenseits" aller Instanzen! Und doch im „Hineintreten" in die *„Bewegungen der Zeit"!*

Der Abgrund zwischen „Gott" und der „Gesellschaft", der doch allem Anschein nach bestehen müßte, gerade er darf nun doch nicht gelten gelassen werden. Denn gerade *„von Gott aus"* kann er nicht bestehen bleiben!

> *„Gott wäre nicht Gott, wenn es dabei sein Bewenden hätte. Es muß ja dennoch einen Weg geben von dort nach hier . . . Wir wollen achtgeben auf die Stimme, die uns sagt: Tritt nicht herzu, zieh deine Schuhe aus von deinen Füßen, denn der Ort, darauf du stehest, ist ein heilig Land! Wir wollen uns mit Moses fürchten, Gott anzuschauen. Aber nun hören wir derselben Stimme weitere Botschaft: ‚Ich habe gesehen das Elend meines Volkes in Ägypten und habe ihr Geschrei gehört und bin herniedergefahren, daß ich sie errette von der Ägypter Hand!' und erkennen, daß jenes Verbot nur um der Fülle und Klarheit dieser Botschaft willen sein muß. Auch Jesaia, auch Jona haben schließlich dem Heiligen damit Ehre erweisen müssen, daß sie sich unterwanden, das Heilige direkt auf das profane Leben der Menschen zu beziehen. Die Zeit des mysterium tremendum, das nichts ist als das, läuft einmal ab . . . Der Kern durchbricht die harte Schale"* (Anf. I, S. 12).

Dieses, daß das Göttliche selber die *„Schale"* durchbricht, ist es, was in der Marxschen Religionskritik als solcher nicht vorgesehen ist, und was ja nun in der Tat nicht vorauszusehen sein könnte – es ist aber die einzige und ganze „Hermeneutik" der Theologie Karl Barths. Werden wir mitgehen können? Werden wir es verstehen?

> „Es gibt Fragen, die wir gar nicht aufwerfen könnten, wenn nicht schon eine Antwort da wäre, Fragen, an die wir nicht einmal herantreten könnten ohne den Mut jenes augustinischen Wortes: Du würdest mich nicht suchen, wenn Du mich nicht schon gefunden hättest! Wir müssen uns zu diesem Mut, den wir **haben, bekennen**" (Anf. I, S. 4).

Die Frage ist, ob es diesen Weg gibt, nun doch nicht bei einem „toten" Gott, bei einer „metaphysischen Dinglichkeit", einer „falschen Transzendenz" stehen zu bleiben, sondern den Schritt zu wagen, das Göttliche auf das Menschlich-allzumenschliche zu beziehen, und zwar in der ganzen Breite des gesellschaftlichen Lebens, aber auch in der ganzen Tiefe des sozialen und ökonomischen „Elendes". Gibt es diese Erfahrung, die Barth beschreibt:

> „Wir **kommen** tatsächlich mit, wir **werden** mitgenommen, mit oder ohne religiöse Stimmung. Gottlos wäre es . . . unser Mitkommen und Mitgenommen-werden ganz in Abrede zu stellen. Es ist mindestens etwas in uns, was hier mitgeht. Wenn aber auch nur etwas in uns mitgeht, dann ist allerdings unsere Beschreibung unserer Lage mehr als Beschreibung. Wir sind keine unbeteiligten Zuschauer. Wir **sind** von Gott bewegt. Wir erkennen Gott" (Anf. I, S. 18).

Mit den Blumhardts kann Barth sagen: „**Jesus lebt!**" (S. 19). Da ist die Schale gebrochen, da ist der Abgrund überschritten, und daraufhin werden wir das Abenteuerliche wagen können, das sonst bestensfalls ein schönes Gedankenexperiment wäre.

> „Der Christ in der Gesellschaft! . . . – wir sind wohl einig darin, daß damit **nicht die Christen** gemeint sein können: weder die Masse der Getauften, noch etwa das erwählte Häuflein der Religiös-Sozialen, noch auf die feinste Auslese der edelsten frömmsten Christen . . . Der Christ ist **der Christus**" (Anf. I, S. 3f).

1.4. Theologie und Gesellschaft im Gefolge M. Webers (Lessing, Sauter)

Damit weichen wir jedoch vom Weg ab, den uns im Gefolge der Soziologie Max Webers etwa **G. Sauter** empfehlen möchte. In Verteidigung der soziologischen Studie von E. Lessing (1972) gegenüber Gollwitzer (1973), möchte er es vermieden haben, daß die Theologie Karl Barths von vornherein im Sinne einer „normativen" Gesellschaftslehre – z.B. der marxistischen — interpretiert werde (Sauter, S. 181). Es gehe in der Klärung des Verhältnisses von Theologie und Gesellschaft so wenig wie um eine theologische Deutung des Gesellschaftlichen, sowenig auch schon um eine gesellschaftliche „Deutung" der Theologie. Die vorrangige Aufgabe sei vielmehr der Aufweis „empirischer" Sozialstrukturen, in welchen Barth, Gogarten etc. gedacht, geredet und gehandelt hätten, so etwa im Verhältnis ihrer „privaten" zu ihrer „öffentlichen" Existenz (S. 176f). Dies verlangt aber eine „ausschließlich und streng empirische Theoriebildung", die — im Sinne Max Webers — „zunächst einmal Klarheit über Grundbegriffe wie ‚Gesellschaft' verschafft, indem sie etwa ‚Gesellschaft' in analysierbare Teilbereiche und begrenzte Phänomen aufgliedert" (S. 180). Nur so könnten die „soziologisch bedeutsamen Momente" dieser Theologie erfaßt werden, und nur so könnte dann ein „sauberer Theorienvergleich" etwa mit dem Marxismus zustande kommen (S. 181). Wer diese Theologien dagegen sofort für die „eigene politisch gefärbte Reflexion seiner Beziehung zur Geschichte" beanspruche — „vielleicht wird er meinen, ein anderes Verständnis sei heute gar nicht mehr möglich" — müsse jedenfalls „anders denken" und argumentieren, als diese Theologen „selbst theologisch gearbeitet haben" (S. 174f). Es hätten diese Theologien bei allem „politischen Engagement . . . eben keine politische Theologie" sein wollen — „in jedem plausiblen Sinne dieses Begriffs" (S. 177). Und so würde eine politische Barth-Interpretation, wenn schon sachlich kaum möglich, so „jedenfalls . . . aufgrund der Quellen und mit den Erkenntnismitteln, die uns bis jetzt zur Verfügung stehen", nicht „durchführbar" sein (S. 174). Diesen Einwänden ist freilich nicht leichthin zu begegnen. Kritische Interpretation kann ja keinesfalls zur Absicht haben, an ihrem Gegenstand Willkür zu üben oder einzelne soziale Gegebenheiten zu verzeichnen. Was soll man nun sagen? Vielleicht dies, daß es sich hier um ein Mißverständnis der „kritischen" Methode handeln könnte, die zu keiner Zeit aus „normativen" Setzungen (S. 181) deduzieren kann? Oder dies, daß es immer noch besser sein möchte, ein nötiges Unterfangen mit — methodisch gesehen — unreinen Händen anzupacken, als es in Berufung auf die nichtzureichenden „Erkenntnismittel" — dann einfach zu unterlassen?

Hätte — nebenbei gefragt — etwa Barth solange warten sollen, bis ihm das nötige Instrumentarium von seiten der „zünftigen" Theologenschaft seiner Zeit bereitwillig zur Verfügung gestellt worden wäre? Gerade Barth hat den getrosten Fortschrittsoptimismus der „positiven" Wissenschaften nicht geteilt und sich gegen das Diktat ihres Wissenschaftsbegriffes entschieden zur Wehr gesetzt [5].

---

5) Vgl. KD I/1,7, die Auseinandersetzung Barths mit H. Scholz, wo Barth die formalen Kriterien der ‚bürgerlichen' Wissenschaft als für die Theologie „rundweg . . . unannehmbar" bezeichnet! Vgl. auch Marquardt, Theologie und Sozialismus, S. 169ff.

Aber Sauters Einwand ist nicht nur formaler, sondern auch sachlicher Natur, wenn er etwa den Begriff der durch die „kapitalistische Produktionsweise" bestimmten „*bürgerlichen Gesellschaft*" für unzureichend, den Begriff einer allgemein „**lernfähigen Gesellschaft**" aber für zureichend hält (S. 181)! Offenbar entgeht auch nicht die „empirisch-deskriptive" Betrachtungsweise der Gefahr, das von ihr je Beobachtete und Festgestellte nun ihrerseits zur „Norm" zu erheben, auch wenn dies indirekt und unter der Hand geschieht. Ja, wir hören — Sauter beruft sich besonders auf Barths „Abschied" von „Zwischen den Zeiten" *) — wenn Sauter den „*Anspruch der Dialektischen Theologie*" formuliert, „*ohne strikte Beziehung auf die gegenwärtigen sozialen und politischen Verhältnisse argumentieren zu können.*"

„*Diese Eigenart verbietet es, die Dialektische Theologie voreilig einer bestimmten politischen Richtung zuzuordnen, wenn man nicht aus ihren Äußerungen etwas herauslesen will, was man zuvor in sie eingetragen hat*" (S. 176).

Ist es nun aber nicht etwa „Eintragung", wenn Sauter — mit Lessing — auf jene „**soziale Struktur**" rekurriert, die „*der Theologie . . . ihre Freiheit zu wahren erlaubt*"?

---

*) Der dortige Abschnitt lautet vollständig: „Es werden etliche Lust haben, bei diesem Anlaß wieder und wieder Betrachtungen des Inhaltes anzustellen, daß hinter meinem theologisch-kritischen Urteil entscheidend doch nur mein politisches Denken über die Vorgänge dieses Jahres (1933 PW) stehe. Ich warne. Selbstverständlich habe ich darüber meine eigenen Gedanken. Aber wenn ich wirklich von daher zu interpretieren wäre, dann hätte ich wohl schwerlich den deutschen Religiös-Sozialen so gründlich das Konzept verdorben, wie dies schon 1919 (der Tambacher-Vortrag! PW) nach dem unverdächtigen Zeugnis von L. Ragaz geschehen ist, dann hätte meine theologisch-kirchliche Affinität zum Marxismus, Liberalismus etc. doch auch in den berüchtigten 14 Jahren irgendwie sichtbar werden müssen, dann müßten in dieser Zeit, und ich füge hinzu: auch in diesem Jahr 1933 meine politisch überwiegend ganz anders als ich eingestellten Zuhörer irgendetwas von diesem bösen kausalen Zusammenhang meiner Theologie gemerkt und sich entsprechend verhalten haben. Man beweise mir diesen Zusammenhang aus meinen Büchern, Aufsätzen und Predigten oder man frage, wen man will, in Göttingen, Münster und Bonn nach . . . und dann — aber erst dann, setze man, wenn man kann und mag, das Reden über meine politischen Hintergründe fort. Bis dahin werde ich es für ein unter Männern unwürdiges Gerede halten." (Abschied, Anf. II/S. 419f) — Kurzer Kommentar (und Lesehilfe): 1. Barth beruft sich gerade auf den Tambacher-Vortrag (Der Christ in der Gesellschaft 1919). 2. Er bestreitet seinen „eigenen" politischen Hintergrund nicht, sondern behauptet ihn. 3. Er bestreitet aber, daß dieser für sein theologisch-kirchliches bzw. dogmatisches Argument „entscheidend" sei, daß dieses Argument also ohne diesen Hintergrund hinfällig oder durch diesen Hintergrund geschwächt sein müßte. 4. Er bestreitet einen „bösen kausalen Zusammenhang" sowohl zu „Marxismus" wie auch „Liberalismus". 5. Er fordert zum Beweis" d.h. zu kritischer Prüfung auf.

*„Nach Lessings Auffassung ist diese Struktur durch die **Selbständigkeit der Kultursphäre** gekennzeichnet. Sie ist das Medium des Unpolitischen und Privaten, zu ihr gehört die Wissenschaft, und in ihr begreift sich auch die Dialektische Theologie"* (S. 176).

Diese Struktur habe dieser Theologie *„Freiheit von gesellschaftlichen Verwicklungen und gleichwohl öffentlichen Resonanz gewährt"* (S. 174) und nur so sei die allerdings *„merkwürdige Tatsache"* aufzuklären, *„daß Barth und Gogarten unbefangen von aller politischen Theorie immer wieder Urteile politischen Inhalts abgegeben haben"!* (S. 175).

So kann das Fazit kaum überraschen, das Sauter mit Lessing teilt: Barths Theologie *„verdankt"* sich *„mit"* auch wesentlich diesen noch bestehenden *„liberalen"* Gesellschaftsstrukturen, die sie — unwillentlich — willentlich — reflektiert und im Theologischen *„rekonstruiert"*. Barth hat eben — ein *„Vorwurf"* schwingt mit (S. 176) — die *„Mitteilungspraxis der bürgerlichen Gesellschaft zwar beansprucht und extensiv genutzt, aber nicht genügend erkannt . . . , wie sehr sie gefährdet war und welcher Anstrengung es bedurfte, um sie aufrecht zu erhalten."* Soweit Sauter, der damit auch das Urteil K. Scholders bestätigt [6].

Was wollen wir nun sagen [7]? Wir können die gewisse Möglichkeit dieser Betrachtungsweise gar nicht leugnen, deren Wirklichkeit — wenn man so sagen darf — ja nicht nur von Sauter und Lessing „unter Beweis gestellt" worden ist. Sie spiegelt bei allen beachtlichen Differenzen geradezu einen breiten „Commensense", der in mancherlei Bemühungen um das Werk Karl Barths zutage tritt. Hier irgendwo befindet sich ja auch T. Rendtorff mit seinem Kreis — hier gewiß auch E. Jüngel mit seinem „theologischen" Programm! Wir treffen hier gleichsam auf den neuralgischen Punkt nicht nur der Barthschen Theologie, sondern mehr noch der Rezeption dieser Theologie, die von verschiedenen Standpunkten immer wieder zu diesem selben „Ergebnis" führt, daß diese Theologie, was immer wir sonst von ihr halten mögen, jedenfalls eine „reine" Theologie war, die gerade als solche den Rahmen der „bürgerlichen Gesellschaft" weder angerührt, noch ernsthaft in Frage gestellt habe. Sei es denn, daß man sie mehr von deren sozialen Voraussetzung her, sei es denn, daß man sie mehr von deren „ideologischen" Voraussetzungen: der Aufklärung her zu verstehen versucht, sei es, daß man ihr in dieser oder jener Richtung nun auch eine gewisse Beschränktheit nachzuweisen — oder sie nun vollends in das Licht der aufklärenden „Vernunft" zu stellten trachtet. Es geschieht dies aber regel-

---

6) Vgl. oben Kap. I/1. Anm. 4

7) „Nachtigal, ick hör dir trappsen" — würde der Berliner Volksmund dazu sagen! Es handelt sich um eine allzu platte Reduktion des Problems auf den sozialen Standort des ‚bürgerlichen Theologen' K. Barth! Ob Sauter der Beifall jener „Marxisten" lieb ist, die mit anderen Absichten diesen Standpunkt teilen?

mäßig so, daß der genuine „Anspruch" dieser Theologie zitiert – und nun
sofort gegen jede weitergehende gesellschaftliche Programmatik abgegrenzt
wird. Warum eigentlich? Wir bestreiten die Ernsthaftigkeit dieser Versuche
nicht, nur dies, daß es bei diesen Versuchen nur immer und ausschließlich
um „Theologie", und nicht auch noch stets um etwas anderes: eben z.b.
um eine gerade aktuelle ideologische Frontstellung, um ein gerade aktuel-
les „philosophisches" Problem, um irgendeine feinsinnige Einklammerung
und Eingemeindung dieser Theologie zu tun ist. So oder so ist ein mehr
oder minder erkennbares, aber beträchtliches Vorverständnis mit im Spiel,
das in etwa schon weiß, um was es Barth in seiner Theologie gegangen sein
dürfte, so oder so soll aber ein anderes weitergehendes: ein das **Ganze** dieser Gesellschaft betreffendes kritisches Vorverständnis von der Interpretation ferngehalten werden. Die Frage muß dann aber sein, was diese Versuche mit der Barthschen Theologie als einer Rede von „*Gott*" gemeinsam
haben – welche „*Erkenntnismittel*" in dieser Hinsicht in etwa „angemessen" und „zureichend" sein könnten.

Daß Barth als Mitglied der bürgerlichen Gesellschaft – zumal als Professor – auch notgedrungen in ihren „Strukturen" geredet und gehandelt hat, ist keine umstürzende Neuigkeit. Was aber bedeutet das in
Hinsicht auf den Gegenstand dieser Theologie, wenn Barth der Meinung war, daß dieser nur „*ganz*" oder „*gar nicht*" zu haben sei? „*Das
Göttliche . . . läßt sich nicht anwenden, es will stürzen und aufrichten.
Es ist ganz oder es ist gar nicht*" (Anf. I, S. 6). Meint Sauter im Ernst,
daß man den Bestand und die Ordnung der bürgerlichen Gesellschaft
hier vorsorglich ausklammern dürfte? Meint er im Ernst, daß die unerhörte Freiheit des Barthschen Theologisierens sich nicht von daher,
sondern vielleicht vom Maße der jeweils garantierten „Wissenschafts-
freiheit" bestimmt? Darf er unterstellen, daß die bürgerliche Gesellschaft und Wissenschaft als solche und aus sich heraus „lernfähig"
sei – daß sie keiner grundstürzenden Infragestellung ,von außen her'
bedarf? Darf er, auch wenn er es bedauert, einfach übergehen, daß
Barth seine Erkenntnis aus der „*radikalen Opposition gegen (die)
Grundlagen*" dieser Gesellschaft gewinnt? (vgl. Anf. I, S. 33). Das sind
nur einige Fragen.

Ein solches zureichendes Erkenntnismittel scheint die **Soziologie M. Webers**
jedenfalls nicht zu sein. Indem sie die Gesellschaft von vornherein zergliе-
dert und also auf einen kritischen Begriff des gesellschaftlichen „Ganzen"
verzichtet, stellt sich ihr die „bürgerliche Gesellschaft" doch notgedrungen
als ein **unbegrenztes** Phänomen dar. Indem sie die Religion nur noch als
Phänomen beschreibt, hört sie in ihr nicht mehr das Seufzen der unterdrückten Kreatur. Indem sie den radikal-kritischen Standpunkt von vornherein ausschließt oder doch des Dogmatismus verdächtigt, hat die Utopie
in ihr – es sei denn im Privaten oder in der Sektiererei – buchstäblich ,kei-
nen Ort'. Aber wir wollen nicht übersehen: Ihre doch immer noch unge-

brochene Herrschaft in den Sozialwissenschaften versteht sich kaum, wenn
nicht aus der Herrschaft jener Verhältnisse selber, deren „rationales"
Selbstverständnis sie in größter Breite thematisiert (Marcuse 1965b)! Und
auf dieser Ebene — in der Verallgemeinerung ihres Standpunktes — hat sie
und behält sie offenbar immer wieder recht! Sie sagt eben nur, was ein Jedermann denkt und fühlt und was dem „gesunden Menschenverstand" entspricht — auch gerade in Sachen „Religion"!

Nur fragt es sich, ob der **Theologie Barths** beizukommen ist, wenn man dabei ohne eigene Beteiligung und undialektisch d.h. ohne einen Begriff auch
des gesellschaftlichen Ganzen operiert. Der Positivismus kann hier schlechterdings nichts sehen und feststellen, während Barth doch gerade „ideologiekritisch" — auch gegen sich selber gearbeitet hat! Das fragt sich eben, ob
man Barths „Sachlichkeit", wie Lessing, mit der „Zweckrationalität" M.
Webers in einem Atemzug nennen darf (Lessing, S. 23ff, 116ff, 202f) — ob
man gerade hier die **Marxsche** Religionskritik außer Acht lassen darf! Aber
indem Barth diese Kritik aufnimmt und akzeptiert, eilt er doch nicht einfach, wie Marx, zur Gesellschafts- und Ökonomiekritik. Er bleibt Theologe,
er fängt überhaupt erst an, einer zu sein. Er hat sich nun schon in ein „radikal kritisches" Verhältnis zum Bestand wie zum Ganzen dieser Gesellschaft
versetzt. Er steht nun zweifellos in der Gefahr eines ebenso radikalen und
umfassenden wie unsinnigen Protestes. Und nun wird er „sachlich" —
theologisch-sachlich! — und „differenziert" (R. II/S. 471f). Er fragt aber
nach dem „Christus", d.h. nach einem christlichen „Subjekt" in der Gesellschaft, das **nicht** unter die Bestimmungen der „Klassenherrschaft", des
„Staates" bzw. der „Religion" fällt. So fragt er nach den „Vermittlungen"
dieses Subjektes. in die Gesellschaft hinein, ja bis in deren „Empire"! So
hat er in keiner abstrakten Negation dieser Gesellschaft verharrt, sondern
auch nach konstruktiven Beziehungen zu ihr, sogar zum Staat gesucht. So
hat er in der Tat auch „Öffentlichkeit" gesucht und herzustellen versucht,
aber in der Kirche, in der **Gemeinde Jesu Christi**, wie sie in den Kategorien
„liberaler" Öffentlichkeit nicht hinreichend beschrieben werden kann. So
hat er ein ganzes kirchlich-theologisches bzw. „dogmatisches" Programm
ins Werk gesetzt. Aber bei aller notwendigen inneren Differenzierung und
„Spezifizierung" dessen, was Barth an der Marxschen Religions- und Ge-
sellschaftskritik akzeptiert, behält er das Diktum A. Bebels im Ohr:

> „Richtig betrachtet ist ein Arbeiter, der Kloaken auspumpt, um die
> Menschheit vor gesundheitsgefährlichen Miasmen zu schützen, ein sehr
> nützliches Glied der Gesellschaft, wohingegen ein Professor, der ge-
> fälschte Geschichte im Interesse der herrschenden Klassen lehrt, oder
> ein Theologe, der mit übernatürlichen, transzendenten Lehren die Ge-
> hirne zu umnebeln versucht, äußerst schädliche Individuen sind" [8]

---

[8] A. Bebel, Die Frau und der Sozialismus, 1974, S. 448, zit. bei Barth, Ethik
I/S. 375, ebenso: Die Arbeit als Problem der theologischen Ethik, ThBl 10,
1931, ebenso: KD III/4, S. 612.

Freilich weiß Barth sich zu verteidigen:

> *„Bebel hat . . . sicher recht, wenn er sagen will, daß Erste Letzte und Letzte Erste sein können hinsichtlich der wirklichen Sinnhaftigkeit des Gegenstandes ihrer Arbeit. Er hat aber sicher Unrecht, wenn er offenbar meinte, im Besitz eines Kriteriums zur Unterscheidung sinnvoller und sinnloser Gegenstände menschlicher Arbeit zu sein . . . Wobei die Gefragten und Angeklagten natürlich nicht nur und weithin sogar gar nicht in erster Linie die sind, die . . . unehrliche Arbeit tun müssen, um leben zu können, sondern diejenigen bzw. die ganze Gesellschaft, die einzelne ihrer Glieder oder ganze Kategorien (sprich: Klassen PW) von solchen in diese Notlage bringt und damit zeigt, daß es ihr, wenn sie in den meisten ihrer sonstigen Glieder saubere Finger behält, mit der Sache des Menschen offenbar selber nur halber d.h. dann aber gar nicht ernst ist"* (Ethik I/S. 375).

Ob nun — auf diesem Hintergrund — gerade die „Theologie" zu den sinnhaften „Gegenständen" menschlicher Arbeit gehört oder gehören werde, das ist a priori offenbar niemals gewiß. Nur ist es a priori offenbar auch nicht auszuschließen! Kürzer tönt es dann 1951:

> *„Hüten wir uns ja davor, zu tun, was hier als das Tun des Theologen beschrieben wird! Und wüßten wir als Theologen wirklich nichts besseres zu tun als das, dann laßt uns schleunigst tüchtige Kloakenarbeiter werden!"* (KD III/4, S. 612).

Wir haben gehört. Wir fragen nun nach den spezifischen Rahmenbedingungen der Barthschen Theologie in der Weimarer Republik. Wie war es hier um Kirche bzw. „Christentum" bestellt?

2. Barth und die dialektische Theologie in der Weimarer Zeit

2.1. Kirche und „Christentum" in der Weimarer Zeit

Es mag sofort ins Auge fallen, daß Kirche und „Christentum" während und nach dem ersten Weltkrieg nicht etwa in der Hinsicht einen „Sonderstatus" beanspruchen könnten, daß sie sich den „allgemeinen" Tendenzen und Gesetzen der Epoche auch nur teilweise entzogen hätten. Daß eine Mehrheit deutscher Professoren und Theologieprofessoren den Krieg bejahte, hat Barth schon 1914 überaus schockiert und sein Verhältnis zu „liberalen" Theologie nachhaltig gestört (vgl. Härle, 1975). Daß Barth sich gleichzeitig über das Versagen der Sozialdemokratie „enttäuscht" und „desillusioniert" zeigt, ändert nichts an seiner schon damals bestehenden „*sozialistischen*" Option, die er 1915 mit dem Parteieintritt in die SPS bestätigt (Marquardt 1972, S. 42ff, Dannemann, S. 25ff). Indem er sein, wesentlich praktisches, Verhältnis zum „Sozialismus" theologisch differenziert, gestaltet sich sein Bruch mit dem „Liberalismus" aber radikal. Dieser „Bruch" ist freilich politisch da, bevor er von Barth — in der Neubegründung der theologischen Fragestellung, in der Arbeit am Römerbrief — theologisch vollzogen werden kann. Aber während sich Barth praktisch und theologisch mit der „sozialen Bewegung", mit Arbeiter-, Partei- und Gewerkschaftsfragen, und also mit der „Arbeiterklasse" auseinandersetzt (Busch, S. 81), wird ihm mehr noch der deutsche „Nationalismus" und die deutsche „Kriegstheologie" zum Problem (vgl. Pressel, Hammer). Die Auswirkung des Krieges und der Kriegsideologie äußert sich dabei nicht nur in Barths Predigten, sondern hat weitreichende Folgen in seiner Auslegung des Römerbriefes bzw. der paulinischen Kategorien von „Sünde" und „Tod". Der Krieg ist für ihn eine Katastrophe, die er auch theologisch im Zusammenhang mit „Mammonismus", „Imperialismus", d.h. struktureller „Sünden"- und „Todes-Macht" begreift. Dies ist das „Gesetz" der „alten Welt", zu der die *„neue Welt"* der Bibel, die *„Auferstehung der Toten in Geschichte und Natur"* in diametralen Gegensatz tritt (R I/S. 332). Auch der Sozialismus unterliegt freilich dem „Gesetz" der „alten Welt" und ist bestenfalls eine *„Abschlagszahlung"* (Anf. I/S. 41) auf das zu erwartende Gottesreich — aber dies beides ist nun entscheidend für die Differenz, in welcher Barth der Kirche und dem Christentum in der Weimarer-Republik von Anbeginn gegenübersteht. Für Barth war die eigentliche Katastrophe 1914 schon **geschehen**. Für die Überzahl der deutschen Theologen, Pfarrer und Christen trat sie 1917/18 allererst ein (Schellong, 1979). Wohl hat M. Rade, von Barth vielleicht zu Unrecht einer *„germanischen Kampftheologie"* beschuldigt, schon vorher den „Bankrott" des Christentums konstatiert [9]. Aber die wenigen „Liberalen" um Rade und Troeltsch scheinen — zusammen mit dem „Häuflein" der Religiös-Sozialen — die Regel nur zu bestätigen, daß die kirchlich-christliche Reaktion auf den Krieg sich von der allgemein-nationalen nicht unterschied. Inwiefern hat denn die Kirche hier Konsequenzen gezogen, die eine Ahnung aufkommen lassen könnten, daß hier noch „andere" Faktoren eine Rolle spielten als Trägheit oder Eitelkeit und, in aller Gebrochenheit, ungebrochenes religiöses Nationalgefühl?

Inwiefern haben Kirche und Theologie 1918 nun, wenn nicht öffentlich, so wenigstens privatim „Buße" getan? Inwiefern gab es Ansätze, die Erbschaft der Stöcker und Naumann wenigstens jetzt zu hinterfra-

---

9) Vgl. Briefwechsel von K. Barth und M. Rade, in: Neue Weg 8/1914, 10. Heft, S. 429-438. M. Rade — geistiges Zentrum der „Christlichen Welt" — hatte Barth u.a. geantwortet: „Und Sie verlangen, wir sollten bei dem Erleben dieses Krieges Gott außer Spiel lassen. Das ist unmöglich. Für eine so überwältigende Sache gibt es nur einen möglichen Grund und Urheber: Gott." (S. 436). Vgl. R. Gaede, Kirche — Christen — Krieg und Frieden, S. 23-47.

gen und für einmal „*den Gottlosen Recht*" und „*damit Gott die Ehre*" zu geben? Inwiefern die Einsicht, daß das Heil der Menschheit nicht durch „*Stimmzettel, Eisenbeton, Panzerschiffe*" kommt? (Anf. I/S. 48,41).

Allzuschnell fanden sich Christen und Kirchen erneut im konservativ-nationalen Block zusammen, und es gibt von der August-Legende bis zur Dolchstoßlegende kaum ein politisches Argument, das nicht auch in der Kirche gegen die neue Republik verwendet worden wäre (Gaede, S. 23ff). Das „Besondere" an Kirche und Theologie nach dem ersten Weltkrieg bestand, wenn schon, darin, daß gerade sie in „besonderer" Weise zu Trägern des wiedererwachten deutschen Nationalismus wurden! Das Glockengeläut zum Tode der Kaiserin Augusta Viktoria und das „*eisige Schweigen*" bei der Ermordung Rathenaus (Kupisch 1966, S. 113) sind dafür nur Symptom. Der Zusammenbruch des Kaiserreiches hatte aber in weiten Teilen gerade der mittelständischen Bevölkerung eine Art ideologisches Vakuum hinterlassen. Worauf konnte man noch bauen, worauf sich verlassen? Der liberale Fortschrittglaube hatte sich blamiert und die „Werte" bürgerlicher Kultur waren diskreditiert, bevor sie wirklich Platz greifen konnten. Die „objektive" Wissenschaft mochte als fernes Gelehrtentum erscheinen, der neue Staat als ein Fremdkörper der Nation. Es schienen sich Marxismus, Liberalismus und Demokratie gegen das „Volk" zu verbünden, der Verrat der Arbeiterklasse und der „Mordfriede" von Versailles schienen dessen „Schicksal" zu besiegeln. Auf welche Kräfte sollte man also bauen, wenn nicht auf die eigene Kraft: die Kraft des „Volkes" und der im Kriegserlebnis neu zusammengeschmiedeten „Nation"? In der Tat war das Kriegserlebnis die „*Geburtsstunde des neuen Nationallismus*" (Sontheimer,„S. 115), und in der Tat nahm dieser fast naturwüchsig „*theologische*" Züge an. Die „**Konservative Revolution**" intendierte „*die Wiederinachtsetzung aller jener elementaren Gesetze und Werte, ohne welche der Mensch den Zusammenhang mit der Natur und mit Gott verliert und keine wahre Ordnung aufrichten kann*" (Sontheimer, S. 150). Wen wundert es, daß der deutsche Reformator M. Luther bald als nationaler Heros, bald als „*in Erz gepanzerter Schlachtenheld*" gefeiert, und das Lied „*Eine feste Burg ist unser Gott*" wohl auch als deutsche „*Marseillaise*" gesungen werden konnte? War es denn Zufall, daß sich gerade jetzt auch in der akademischen Theologie eine „*Lutherrenaissence*" abzeichnete, die die Reformation als spezifisch deutschen Beitrag zur Geschichte des Christentums, wenn nicht zur Weltgeschichte verstand (Kupisch 1966, S. 97)? Gewiß bestand zwischen der populären Luther-Verehrung und der gewißenhaften Forschung eines Karl Holl ein großer Unterschied, und es lassen sich dessen Schüler E. Hirsch und der Lutheraner Gogarten mit dem deutsch-nationalen Populärtheologen und späteren Demagogen W. Stapel bestimmt nicht entfernt in eine Linie stellen. Aber wie sublim hier auch immer theoretisch gedacht worden ist, jene spätere Synthese von Gott und Volk, Gott und Volkstum: der deutsche Nationalgott wurde faktisch schon 1917/18 aus der Taufe gehoben. *„Das Reich muß uns doch bleiben!"*, wie selbst der gemäßigte Lutheraner Althaus dann auf der „Vaterländischen Kundgebung" des Königsberger Kirchentages 1927 sagte (Kupisch 1966, S. 115). Hier wäre freilich wieder zu differenzieren: Zwischen den Kirchenleitungen, die die Deutschnationale Volkspartei favorisierten, und dem „Kirchenvolk", das 1919 durchaus „demokratisch" gewählt hat; zwischen kirchenamtlichen Einschätzungen, Statistiken, Wunschträumen und einem realen kirchlichen Leben, das zunächst keineswegs wie gewünscht in Gang kommen wollte; zwischen dem gutbesoldeten und gehegten Pfarrerstand und dem materialiter leidenden Gemeindeglied. Und es wäre zu differenzieren zwischen denen, die dem religiösen, tendenziell militaristischen Nationalismus tatsächlich das Wort redeten, und denen, die nur mitredeten, um das Schlimmere zu verhüten. Da gab es solche und solche Theologen und Pastoren, und es ist die Frage, ob das *„Jahrhundert der Kirche"*, das Generalsuperintendent O. Dibelius 1927 proklamierte (Dibelius 1927), nun wirklich auch angebrochen war. Aber die Kirche konnte sich auf ihren Pfarrerstand stützen, sie konnte eine *„rege Bautätigkeit"* entfalten, und sie brachte ein umfängliches kirchliches *„Pressewesen"* in Schwung. Die *„Evangelische Zentralbank"* warb endlich mit dem Slogan: *„Spare evangelisch!"* (Kupisch 1966, S. 127) − und so wurde diese Kirche tatsächlich zur „öffentlichen" Macht. Barth analysierte 1931 auch soziologisch durchaus präzis, als er dieser Kirche eine *„Flucht in die Sichtbarkeit"* zum Vorwurf machte, der keine theologisch-kirchlichen *„Substanz"* entspreche (Barth 1931b, S. 101).

Gegenüber einer idealistischen oder enthusiastischen (-sektiererischen) Furcht oder Flucht *„vor der Sichbarkeit der Kirche"* (S. 101) habe diese Kirche die *„Flucht in die Sichtbarkeit"* angetreten, aber *„nicht etwa der Kirche, gerade nicht der Kirche!, sondern ganz allgemein: in die Sichtbarkeit"* (S. 106). Auf die tatsächliche Gottesdienst-Praxis bezogen sagt er: *„Ich bin mir bewußt, etwas sehr Hartes auszusprechen, aber es kann nicht unterdrückt werden: Nach meiner Kenntnis und Einsicht ist das, was in der durchschnittlichen Predigt unserer Kirche als Evangelium verkündigt wird, trotz aller Anrufung der Bibel und trotz alles Lutherpathos eine mit etwas Moral versetzte Mystik oder eine mit etwas Mystik versetzte Moral und nicht das Wort vom Kreuz . . . Es ist, in biblischer Sprache − manchmal freilich auch in sehr anderer Sprache − ausgedrückt, eine Ideologie des gehobenen Mittelstandes, die hier zu Wort kommt"* (S. 115/U.PW). Auf einen Gegen-Vortrag von O. Dibelius replizierte Barth mit einer offenen Absage an die *„heute noch ungebrochene Herrschaft Ihres Geistes und Ihrer Art in der Kirche"* (S. 122).

Aber schon 1930 kam es zum „Eklat", als der evangelische Pressedienst eine kirchliche *„Erfolgsmeldung"* von Prof. Schneider verbreitete:

„Gezeigt hat sich, daß der religiöse Gedanke doch tiefer in der deut-
schen Volksseele verwurzelt war, als nach außen hin in Erscheinung
trat. Das heilige ‚Dennoch' hat sich durchgesetzt. Bewährt hat sich,
was wir empirische Kirche nennen, sowohl in seiner Dauerkraft als
auch in seiner Elastizität. Die Kirchenführung des letzten Jahrzehntes
war ein Meisterstück . . . Wir sind noch lange nicht über den Berg, aber
wir sind über den Engpaß hinaus . . . " (Barth 1930b, S. 1f).

Barth schreibt, beim Satz vom „heiligen Dennoch" sei ihm „klar" geworden, „daß der Augenblick, grob zu werden, gekommen sei".

„Und so werde ich" – *„unter Außerachtlassung aller professoralen*
Umständlichkeit, Rücksicht und Vorsicht . . . " – „grob und sage: wo
diese Sprache geredet wird, da ist Catilina, da ist die eigentliche, ge-
fährliche Verschwörung gegen die Substanz der evangelischen Kirche.
Gefährlicher als das Gefährlichste, was Katholiken, Juden und Frei-
denker nach den Schauernachrichten, mit denen ihr je und je euer
‚Kirchenvolk' außer Atem zu halten sucht, gegen sie im Schilde führen
können. Gefährlicher als Alles, was etwa der Sowjet-Atheismus gegen
das ‚Christentum' unternehmen und vollbringen kann . . . So, in dieser
Sprache, müssen wir anderen, wir das ‚Kirchenvolk', ohne uns dagegen
verwahren zu können, uns nach außen vertreten lassen. Vor den Arbei-
tern, vor den Gebildeten, vor dem Ausland . . . Prof. Schneider steht
für Dutzende und Dutzende unserer kirchlichen Führer und für Hun-
derte und Tausende unserer Pastoren . . . Und ich bin es leid, dazu zu
schweigen. Für indirekte theologische Bedenken haben diese Kreise of-
fenbar keine Zeit . . . " (S. 2).
„Wenn das andauernd unwidersprochen unter uns gesagt werden darf,
wenn das gehört und geglaubt werden sollte, dann hat die Kirche in
ihrem Innersten zu leben aufgehört. Die sowjet-atheistische, oder auch
die neue römische Verfolgung mit der ihr uns gelegentlich graulen ma-
chen wollt, mag dann immerhin ausbrechen . . . ihre allfälligen Märty-
rer werden dann sicher keine christlichen Märtyrer sein. Wenn es de-
nen, die heute im Besitz des Namens, des Apparates, der Ämter, der
Stimme der evangelischen Kirche befindlich sind . . . – wenn es ihnen
endgültig gestattet sein sollte, aus der Kirche das zu machen, dann ist
es an der Zeit, allem Volk zu sagen, daß die Kirche aus ist und daß es
betrogen wird (S. 3). Für dieses Opium werden sich auch die Klein-
bürger, die heute noch den Trost der Pastoren bilden, eines Tages be-
danken. Und wenn sie es gleich nicht täten und wenn dieses Treiben
ungestraft noch 100 Jahre weiter und weiter gehen würde, so würde es
dennoch wahr sein, daß diese Kirche . . . von Gott verlassen ist und Je-
der ein Verräter der Kirche (und nicht nur der Kirche), der sie dahin
‚geführt' . . . " (S. 4).

„Ein tüchtiger Reklame-Chef eines beinahe und doch noch nicht ganz

*fallit gegangenen alten Hauses mag und darf vielleicht so reden . . . Die
Kirche kann nicht Propaganda treiben . . . Die Kirche kann sich nicht
selbst wollen, bauen, rühmen, wie alle anderen. Der Stab, auf den sie
sich da stützt, wird ihr durch die Hand gehen . . . (S. 5). Wenn sie
„Jesus Christus' sagt, muß und wird man, und wenn sie es tausendmal
sagte, ihre eigene Sattheit und Sicherheit hören und sie soll sich nicht
wundern, wenn sie mit allem ihrem „Jesus Christus' in den Wind, an
der wirklichen Not der wirklichen Menschen vorbeiredet . . . " (S. 6)
— „als ob es keine Wohnungsnot und keine Arbeitslosigkeit gäbe in
Deutschland" (S. 5).*

Das theologische Argument im engeren Sinne — warum Barth nun „dennoch" an die Kirche appelliert! — muß an anderer Stelle, im „dogmatischen" Zusammenhang, erörtert werden, seine „soziologische" Analyse — gerade der kirchlichen „Öffentlichkeit" ist ausgesprochen klar. Sie umfaßt aber nicht nur den Aufbau des kirchlichen „Apparates" bzw. der kirchlichen Hierarchie, sondern auch die „ideologische" Stoßrichtung dieses völkisch-nationalen Kirchen- und Christentums: gegen „Atheismus", „Liberalismus", „Kommunismus" überhaupt. Gerade dagegen setzt Barth aber das Recht der marxistischen Religionskritik ein, sofern diese Kirche — „von Gott verlassen" — aufgehört hat, evangelische „Kirche" zu sein. Aber Barth räumt ein, daß es eine *„deutsche evangelische Kirche"* gibt, *„die durch den andauernden Skandal dieser Sprache übertönt, nicht so redet"* (S. 2). Nur *„ihre verantwortlichen Vertreter"* reden so. Aber diese „andere" Kirche — wo ist sie zu finden und wie (empirisch, statistisch) zu erheben? Zu denken ist nicht nur an die religösen Sozialisten, an Neuwerk-Kreis oder die „Sozialistische Arbeitsgemeinschaft" Berlin. Zu denken wäre an Christen in allen Ständen, Berufen und Parteien, die vielleicht auch ohne weitere öffentliche Repräsentanz ihre Arbeit getan haben. Wer will sie zählen, und wenn es nur die „7000" gewesen wären,die Barth mit Paulus in R II als den *„Rest"* Israels auf den Plan führt? (R II/S. 379f). Und wer möchte sie auch nur identifizieren, da sie es vielleicht weder für nötig noch für möglich hielten, sich in besonderer Weise als „Christen" zu plakatieren? Ja, wir denken — mit R. Gaede — an die beharrliche „pazifistische" Strömung im deutschen Protestantismus, wir denken an den Religösen Sozialismus, mit dem Barth auch noch 1930 *„immer noch lieber
. . . in die Hölle kommen"* wollte als mit F. Gogarten *„in den Himmel"* (B.-B., S. 101) Der „Christ in der Gesellschaft": diese „Verheißung" blieb für Barth auch in der Weimarer-Zeit bestehen! Aber

*„der Christ ist das in uns, was nicht wir sind, sondern Christus in uns.
Dieses ‚Christus in uns' in seiner ganzen paulinischen Tiefe verstanden:
es bedeutet keine psychische Gegebenheit, kein Ergriffensein. Überwältigtsein oder dergleichen, sondern eine Voraussetzung. ‚Über uns',
‚hinter uns', ‚jenseits uns', ist gemeint in dem ‚in uns'! Und in seiner
ganzen paulinischen Weite: wir werden wohl daran tun, den Zaun, der*

Juden und Heiden, sogenannte Christen und sogenannte Nicht-Christen, Ergriffene und Nicht-Ergriffene trennte, nicht wieder aufzurichten. Die Gemeinde Christi ist ein Haus, das nach allen Seiten offen ist; denn Christus ist immer auch für die anderen, für die die draußen sind, gestorben" (Anf. I, S. 4).

Diese Art „Kirchengeschichte" läßt sich nicht statistisch erheben, sie läßt sich nur, in Glauben und Unglauben verstehen. Sie hebt sich auch nicht äußerlich ab von derjenigen „Gesellschaft", in der auch der frömmste Christ nur ein Mensch neben und unter anderen Menschen, und zwar: ein „sündiger", denselben Bedingungen unterliegender Mensch ist: ein Genosse und Bundesgenosse vielleicht, aber jedenfalls ein Zeitgenosse.

2.2. „Theo"-logische Ideologiekritik bei Barth. Barth und P. Althaus

Die Frage, inwiefern in allem Christentum, im christlichen „Glauben" und „Bekennen" und also auch in der „Theologie" als der begrifflichen Gestalt solchen Glaubens und Bekennens nun trotzdem noch eine „**andere**" Dimension menschlicher Existenz, Erfahrung und Arbeit gegenwärtig sein könnte, ja inwiefern sich auch das Handeln der Christen − bei aller Unsichtbarkeit doch auch sichtbar − unterscheiden möchte von anderem gesellschaftlichen Handeln: diese Frage ist zu stellen und auch konstitutiv für die Theologie Karl Barths. Aber nun wird man diese Frage nicht sogleich als eine „metaphysische" Frage, und jene andere Dimension nicht sogleich als eine „metaphysische" Dimension mißverstehen − und absondern − dürfen. Barths Fragestellung hat jedenfalls sofort einen gesellschaftlich-politischen Horizont, und sie ist umstandlos „ideologiekritisch" gemeint.

Daraufhin hat **F.W. Marquardt** alles Gewicht gelegt. Er macht dabei deutlich, daß Barths Rede von „Gott" nicht schon einem − metaphysischen − Wissen über die göttlichen Dinge, sondern − im Gefolge von Blumhardt, Kutter und Ragaz − einer „Suche" nach göttlicher Wirklichkeit entspringt. *„Suchet Gott, so werdet ihr leben!"* (Barth/Thurneysen 1917). Barth sucht einen „Gegenstand", der wirklicher Gegenstand, Widerstand und so auch die „Krisis" der Ideologie zu sein vermöchte. Darum entwickelt er am Material der Bibel und der biblischen „Verheißungen" einen „Begriff" göttlicher Wirklichkeit, der wesentliche „Postulate" des Sozialismus, der Gesellschafts- aber auch Religionskritik ins Theo-logische überführt. (Marquardt, 1972, passim). Dagegen hält E. Jüngel vor, es dürfe

„nicht schwerfallen, die nun allerdings vortheologischen ontologischen Prämissen eines Denkens herauszuarbeiten, das mit dem ,Postulat eines gesellschaftlichen Begriffs von Wirklichkeit Gottes' ein ,Verständnis von Sein' etabliert, aus dem die ,Erwartung' hervorgeht, ,daß Got-

tes Sein in der Revolution ist'. Die dieses Denken bestimmenden onto-
logischen Vor-Urteile sind eingestandenermaßen auf untheologische
Weise gewonnene Postulate, die die Theologie nolens volens in ein
Joch zwingen, dem gegenüber das Diktat der klassischen Metaphysik
vergleichsweise harmlos war. "Denn gegenüber dem bloßen Denkzwang
jener Metaphysik führte Marquardts Postulat in einen *„Denkzwang,*
der sich in einem Aktionszwang entlädt, dem dann mit Argumenten
schlechterdings nicht mehr beizukommen ist." (Jüngel 1965, 1976,
S. 129).

Marquardt als geistiger „Terrorist"?

Jüngel äußert bei aller Anerkennung *„Verdruß".* Es gelte dem *„Ak-*
tionszwang" der *„neuen politischen Metaphysik"* durch *„Aufklärung*
im Lichte des Evangeliums" schleunigst ein *„vernünftiges Ende zu be-*
reiten" (S. 131). Aber worin sieht Jüngel die *„Metaphysik",* wenn es
sich hier um etwas anderes handeln solle als um ein sehr allgemein
gehaltenes Vorurteil dahingehend, daß nicht sein kann, was nicht sein
darf? Marquardts Interesse galt viel weniger bestimmten Resultaten
und Setzungen als dem Arbeitsprozeß, in welchem Barth seine Er-
kentnis gewann. Bemüht sich Marquardt also darum, den „späten
Barth" von den Anfängen des „frühen Barth" her zu verstehen, so besteht bei Jüngel u.a. offenbar nicht geringe Gefahr, daß dieser frühe
Barth immer schon mit den Augen des späten Barth (der KD) gelesen
wird. Das Vor-Urteil lauert auch hier: in der Souveränität nämlich, in
welcher man bereits weiß und „hat", wonach Barth so lange und durst-
reich zu „suchen" hatte; in dem „höheren" Wissen, in welchem man
das „Initium" dieser Theologie immer schon „dogmatisch" zu setzen
versteht; in jenen Kategorien, in welchen man die göttliche Wirklichkeit immer schon „ontologisch" lokalisiert. Dagegen rechnet freilich
auch Marquardt *„mit der Latenz – wenn nicht schon der Dogmatik,*
so doch des Dogmas in den frühesten Texten" Barths (Marquardt
1972, S. 201). Aber die Ausarbeitung des Dogmas nimmt bei Barth
eine *„ungeheure Zeit"* – über 10 Jahre angestrengter dogmatischer Arbeit in Anspruch (S. 227).

Das „Initium" der Barthschen Theologie tritt darum nie schon in dogmatischer Reinheit zutage, sondern vorläufig: im *„Suchen"* und *„Begreifen",*
d.h. in den „Begriffen" und Wirklichkeitskategorien, die er dafür je für
tauglich befand. Da ist kein „Seins"-Grund oder -Abgrund, in den wir uns
von vornherein zu stellen hätten, da ist aber auch kein „Wissen", das uns
zu verstehen gäbe, daß jedenfalls die „Gesellschaft", in der wir leben, nicht
der Grund und Abgrund sein dürfe, aus welchem nach Gott zu fragen ist.
Nein, gerade in der „Gesellschaft" der Guten und Bösen fragen wir nach

„Gott", wie denn auch Barth mit Ernst nach dem Christen „*in der Gesell-schaft*" gefragt hat. Dies geschieht von Anfang nicht ohne Polemik — auch bezüglich der „evangelischen Freiheit"! — wenn Barth etwa von den Freunden des jüngeren Blumhardt bemerkt:

> „*Von der Freiheit, nicht Sozialdemokrat zu werden, haben (sie) auf-fallenderweise den stärksten Gebrauch gemacht! Das nebenbei!*" (Anf. I/S. 48).

Der „ideologiekritische" Stil ist mit Händen zu ergreifen:

> „*Entweder das ist Gott, was das Neue Testament so nennt. Dann be-deutet aber ‚Gott' die Umkehrung nicht nur einiger, sondern aller Din-ge, die Erneuerung der ganzen Welt, eine Veränderung des Lebens, bei der kein Stein auf dem anderen bleiben kann. Dann bedeutet Glauben das Einstehen für diese Umkehrung, die Vorbereitung darauf, das Rechnen damit als mit der sichersten Tatsache. Dann haben aber die Sozialdemokraten recht und nicht die Sozialreformer, ja dann sind die Radikalsten noch nicht radikal genug, dann ist das Bekenntnis zur So-zialdemokratie nur eine kleine, selbstverständliche, sehr ungenügende, ärmliche und vorläufige Abschlagszahlung auf das, was ein ‚Christ' heute seinem Glauben schuldig ist. Oder . . . das ist ‚Gott', was den Menschen mit Notwendigkeit an seine Natur und an die allgemeinen Naturgesetze bindet, was ihn in den Kampf ums Dasein wirft, was ihm, nicht ohne religiöse und moralische Beigaben allerdings, den Selbsterhaltungstrieb und den Rasseninstinkt einflößt und ihn sie ge-brauchen lehrt. Der Mensch kann — o tiefsinnige Erkenntnis! — nicht aus seiner Haut heraus. Dann heißt Glauben das mutige Aufnehmen des Daseinskampfes unter den gegebenen Bedingungen und nebenbei der betrübte Versuch, den so entstehenden Unsinn des Lebens sinnvoll zu finden. Die Kirche mit ihrer Lehre vom Gleichgewicht hat also doch recht. Es gibt nichts Neues unter der Sonne. Der Sozialismus, je radikaler er ist, beruht auf einer fatalen Verkennung der ‚Wirklich-keit'. Sozialreform unter sorgfältiger Schonung des Kapitalismus, De-mokratisierung unter tiefem Respekt vor Kaisertum und Militär, Ent-faltung der Persönlichkeit, aber beileibe nur im Reich der ‚deutschen Innerlichkeit', ist das Höchste und Letzte, was zu erwarten, zu for-dern und zu erreichen ist*" (Barth 1919b, Anf. I, S. 153f).

Aber auch noch 1922 — im Jahr des zweiten Römerbriefes! — wird der lutherische Kollege **Althaus** angefragt, wie es komme, daß er im Zusam-menhang des „*Wirtschaftlebens*" mit der „*Eschatologie des Neuen Testa-mentes* . . . *so gar nichts anzufangen weiß*" und es ihm „*keinen Eindruck gemacht zu haben scheint, daß die Sozialdemokratie der Gemeinde heute so gründlich zuvorgekommen ist . . . , daß für die letztere kaum mehr viel* *übrig bleibt, als sich für diesmal zu schämen?"* (Barth 1922 b, Anf. I, S. 153 f). [10]

> Zwar ist Althaus *„mit uns einig in dem allgemeinen Gedanken, daß es einen Willen Gottes nicht nur über die Haltung der Seelen, sondern auch über die Zustände gibt und ihm gegenüber keine ‚Eigengesetzlichkeit' der Zustände in einem letzten metaphysischen Sinn. Er unternimmt es sogar (A. S. 78-79), diesen Gedanken aus Luther zu begründen und bedauert das Schweigen des Luthertums zu der Entwicklung des wirtschaftlichen und sozialen Lebens . . . Wenn wir hier etwas vermissen, so ist es eine deutliche und kräftige Darlegung, inwiefern das Evangelium diese gesellschaftskritische Kraft besitzt . . . Althaus meint doch nicht etwa das bißchen humanitäre Liebeslehre, das man bei genügender Farbenblindheit den Synoptikern etwa entnehmen kann?"* (Anf. I., S. 154).

Barth läßt sich dabei ohne weiteres als *„Religiös-Sozialen"* anreden (!) und diskutiert von da aus einige Vorzüge, aber auch die offenkundigen Schwächen von Althaus' — gegen den Religiösen Sozialismus gerichteten — sozialethischer Konzeption.

> *„Er moniert hier unseren Dilettantismus, Absolutismus und Nomismus (A. S. 58). Aber er verschont uns doch, und das sei ihm als Lutheraner hoch angerechnet, wenigstens in diesem Zusammenhang mit dem übelsten aller Theologumena, der Lehre von den Schöpfungsordnungen. Seine Sympathie gehört ja offensichtlich dem ‚organisch-aristokratischen' Staatsideal, er sagt aber doch von ihm (leider in Übereinstimmung mit der bekannten Anklage der Entente-Ideologen) nicht mehr als daß es ‚tief in der deutschen Geschichte und dem deutschen ständischen Denken begründet' sei (A. S. 49), verzichtet aber darauf, und darauf kommt es an, es etwa religiös zu begründen"* (Anf. I, S. 154).

Barth fällt sogar positiv auf, daß Althaus

> *„bei der Besprechung des Lutherschen Obrigkeitsbegriffes diesen dahin erweitert, daß auch die wirtschaftlich-politische Befreiung eines gedrückten Standes, also das Tun eines Arbeiterführers, zu einem ‚obrigkeitlichen' Amte wird, das an der christlichen Aufgabe Anteil haben kann"* (S. 155).

---

10) Zu Althaus, Religiöser Sozialismus. Grundfragen der christlichen Sozialethik, Gütersloh, 1922. Im folgenden ist nach Barth zitiert. Zitate von Althaus sind mit (A) angegeben.

Er geht so weit, von Althaus zu erwarten, er möge „*die relative Möglichkeit der Auflehnung gegen die bestehende Ordnung ebenso deutlich*" einsehen „*wie die ihrer Anerkennung*" und mit der Zeit sogar „*aufmerksam*" werden „*auf das relativ größere Recht der Auflehnung*" (S. 155). Barth „*konzediert*" freilich, daß es nicht angehe, wenn „*wir*" — die Religiösen Sozialisten! — „*bei der Beantwortung der schweren Frage nach der praktischen Anwendung des Christentums*" nur immer „*direkt und ungebrochen auf Demokratie, Sozialismus, Kommunismus, Anarchismus hingewiesen*" hätten, aber er verteidigt dies zugleich damit, daß es „*zu Belehrungszwecken ebensowohl einmal ein paar Jahre lang*" so zu reden erlaubt sei, „*wie die modernen Lutheraner nun seit mehr als einem Menschenalter z.B. auf den alten preussischen Staat hingewiesen*" hätten. Aber nun bittet er Althaus, „*von der letzten Kanzeltreppenstufe, von der er uns jetzt noch zuredet, herunterzusteigen und sich in ‚getroster Verzweiflung‘ neben uns auf das Bänklein der armen Sünder*" zu setzen, wo zwischen der *lutherischen und der religiös-sozialen Auffassung . . . kein erheblicher Unterschied mehr besteht*" (S. 157).

„*Der Mensch ist im Unrecht — über diese Feststellung der ‚Dogmatik‘ darf uns keine Aufstellung der ‚Ethik‘ hinwegtäuschen wollen*" (S. 156). Eben darum „*eigne*" sich auch Luthers Rechtfertigungslehre „*zu allerletzt zur Aufrichtung einer neuen ‚christlichen‘ Rechthaberei konservativer Prägung*". Es könne hier keine „*in irgendeinem Sinne triumphierende ‚Christenheit‘, sondern . . . im besten Falle eine tastende, ringende, glaubende Heidenschaft (!PW) in der ganzen Bedrängnis und unter der ganzen Verheißung, die von Gott in Christus über sie gekommen ist*" in Sicht kommen. (Ebd.).

Leuchtet darum nun Gottes Sonne gleichermaßen über Gerechten wie Ungerechten, herrscht nun also — sub specie aeternitatis — Friede zwischen den „Rechten" und den „Linken", Nationalisten und Internationalisten, Militaristen und Pazifisten etc.? So meinte man und meint man — bis Scholder! [11], Barth verstehen zu dürfen und zu sollen. Aber nun ist — noch ist kein Friede auf Erden! — Barths ideologiekritischer Diskurs noch nicht zu Ende:

„*Wir sind aber nicht unzweideutig einig in dem, was wir ‚Gott‘ heißen. Darum verteilen wir bei gleicher Einsicht in die gleichen Materialien die Akzente so verschieden. Darum lesen wir Luther und auch wohl*

---

11) „Es ist im 20. Jh. keine radikalere Kritik der Ideologie entwickelt worden als die dialektische Theologie. Sie meinte und traf alles, was einen unbedingten ideologischen Anspruch erhob, den bürgerlichen Kapitalismus wie den proletarischen Sozialismus, den Militarismus wie den Pazifismus, den Nationalsozialismus wie den Internationalismus, die ersteren entscheidend mehr und deutlicher, aber im Prinzip doch eben so auch die letzteren." (Scholder, Bd. I, S. 64).

die Bibel mit so anderen Augen. Darum nehmen wir vermutlich auch praktisch so ganz anders Stellung zu den Fragen der Gegenwart . . . Was meint eigentlich Althaus, wenn er von Gott und seinem Willen redet?" (Anf. I., S. 157f).

Barth bringt die Differenz nun auf den theologischen Begriff, den Begriff Gottes. Man versteht diese Anfrage aber kaum, wenn man nicht das ideologie-kritische Postulat mithören würde, daß mit *„Gott", „Wille Gottes", „Glaube"* etc. mehr und etwas anderes gemeint sein muß, als z.B. der deutsche Nationalgott, mehr als nur gerade eine Chiffre für das Schicksal des deutschen Volkes und etwas anderes als ein bißchen religiöser Kolorit zu dem, was ohnehin ist und was man schon weiß. *„ ,Jedermann weiß' . . . ja eben jedermann!, schon daraus folgt zwingend, daß hier nicht von Gott die Rede sein wird"* (S. 159). Was nach Althaus aber *„jedermann weiß"*, ist beispielsweise, daß die *„Liebe"* der Bergpredigt niemals die *„einzige Weltverfassung"* sein könne, weil es daneben eine *„ganz elementare Notwendigkeit des Rechtes und des Staates"* gebe, und zwar als den *„Grundvoraussetzungen alles persönlichen ebenso wie alles gemeinschaftlichen Lebens"* (S. 159).

Dagegen Barth:

> *„Wo steht denn geschrieben, daß die Liebe, von der in der Bergpredigt die Rede ist, eines Bodens bedarf, der erst durch das Recht gesichert, geregelt, ja geschaffen werden muß (A. S. 37)? Durch diesen Appell, den Appell an die ewigen ehernen Weltnotwendigkeiten und ihre Heilsbedeutung hat sich noch nie auch nur ein einziger echter Schwärmer belehren lassen, und zwar darum nicht, weil er, wenn man ihm damit kommt, das Evangelium gegen seinen lutherischen Belehrer auf seiner Seite hat, das Evangelium, das von Gott und vom Glauben redet, und nicht von dem, was ,jedermann weiß'. Ohne das von Althaus so streng gerügte ,Verkennen der menschlichen Natur und der einfachsten Tatsachen geschichtlichen Lebens' (A., S. 37), geht es nun einmal, wo es zu einem Hören der Botschaft von Christus kommt, nicht ab"* (Anf. I., S. 160).

Sollten *„Gott"* und *„Reich Gottes"*, sollte die *„Liebe"* der Bergpredigt von Anfang an in eine Art geschütztes Reservat verwiesen werden, soll dies alles nur ein religiöser Zusatz zu einer auch ohnehin bestehenden und in sich feststehenden deutschen Staatsordnung sein, dann ist hier von Religion, aber doch nicht ernstlich von *„Gott"* die Rede. Die *„Gerechtigkeit Gottes"* — ist sie Bestätigung und Rechtfertigung dessen, was Menschen und Völker, ihrem *„Schicksal"* folgend, ohnehin tun, oder aber das *„tödliche Gift"* für alle, **auch** die *„pazifistischen"*, aber **mehr noch** für die *„nationalistischen Ideologien"*? Althaus' Bestreitung des *„Pazifismus"* ist für Barth *„die ganz schlimme Partie"* des besprochenen Buches (S. 160).

Denn nun wird für den Lutheraner *"Alles möglich"* (Anf. I., S. 161).
Es ist vom *"organischen Gesetz"* der Geschichte, von der *"Tüchtig-keit"* der Völker *"zu geschichtlichem Leben und geschichtlicher Herr-schaft"* die Rede, vom *"geschichtlichen Beruf eines Volkes"* als einer *"Frage von transzendenter Tiefe"*. Nun ist Politik doch *"in der Tiefe eine religiöse Sache"* (A. S. 65/66), nun *"soll Krieg durchaus nicht mehr Mord heißen, sondern ein ,mächtiges Sichmessen der Völker um die Führerschaft und Zukunft"* (A. S. 67). *"Nun sollen wir unbesehen ,die Konkurrenzverhältnisse durchleben und den Tod sterben', den Krieg als Schicksal kein ethisches Problem mehr nennen, sondern seine Aufhebung der ,Eschatologie des Glaubens' überlassen"* (A. S. 69).
"Wieso soll denn der Begriff ,Preussen' oder ,Bayern' höhere Dignität besitzen als der Begriff ,Völkerbund'?" — *"Eine tiefe Ahnung sagt uns"*, nach Althaus, *"daß diese Verfassung der Geschichte im Zusam-menhang steht mit der Lösung der Menschheit von Gott . . . "* (A., S. 69/95). Barth: *"Gewiß, eine sehr tiefe Ahnung! Aber warum bloß Ahnung? Warum wird mit ihr nicht Ernst gemacht?"* Wieso denn soll es fromm sein, *"uns vor dem Gott zu beugen, der uns in diese Welt und unter solche Lebensgesetze gestellt hat"* (A. S. 72). *"Wer ist denn dieser Gott? Ist er denn Gott? Er ist ,das Leben selbst'* (A., S. 71). *, das Leben, das selbst noch unter dem Gesetz des Todes steht: Wenn der Glaube an Gott und Christus Auferstehungsglaube ist, so dächte ich, es sei ihm wesentlich gegenüber diesem Gott resoluter, un-romantischer, respektloser Unglaube zu sein"* (Anf. I., S. 162/163).

Damit steht „Gott" gegen „Gott", „Gott" gegen „Abgott", genauer: der biblische „Gott" gegen einen nationalvölkischen „Schicksal"-Gott. Schon hier formuliert Barth die Alternative, die er dann 1933 noch wesentlich schärfer und begründeter, aber nicht minder politisch vertreten wird. Zu-nächst steht er freilich noch ganz in der „Frage", in der Anfrage, im Postu-lat. Aber das ist sein Haupt-Kritikpunkt an der bürgerlichen und konserva-tiven Theologie: daß sie zwar von „Gott", „Wort Gottes", „Reich Gottes", „Offenbarung", „Liebe", „Hoffnung" etc. redet, aber doch nicht eigentlich von **Gott**, sondern *„einfach — von etwas anderem"* (R. II., S. X), eben z.B. von einer „Eigentlichkeit" des **Menschen**, von einem geschichtlichen „Schicksal" etc. Weiß aber nun Barth, was es eigentlich und „wirklich" mit „Gott" auf sich hat? Nein, aber er fragt und fragt. Seine frühe „dialekti-sche Theologie" ist gar nichts anderes als die permanente **Anfrage** an die Theologie, ob und inwiefern sie denn etwas Ernsthaftes und nun auch poli-tisch und gesellschaftlich Ernstzunehmendes meint, wenn sie das Aller-weltswort „Gott" in den Mund zu nehmen beliebt.

Aber zweifellos darf die *„Ideologiekritik"*, die Barth am Christentum und an Kirche und Theologie der Weimarer-Zeit übt, nicht als bloße Übertra-gung marxistischer Religionskritik auf die theologischen Gegenstände ver-

standen werden. Barth ist darin „Theologe", daß er sich – von den Römer-
briefen her kommend – der Eigentümlichkeit, wenn nicht sogar „Eigengesetzlichkeit" gerade auch der biblischen bzw. theologischen Erkenntnis
ausgesetzt und gewißermaßen überantwortet hat. Er behandelt ja Gegenstände, die im Bereich des klassischen marxistischen Denkens nicht oder
nur beiläufig behandelt wurden: die Bibel, die Kirche, die „Auferstehung
der Toten", das Bekenntnis zu „Jesus Christus" etc. Es sind dies nun zweifellos nicht Gegenstände, die nur dem „theologischen" und nicht auch jedem anderen Denken zur Verfügung gestellt wären, aber eben: sofern sich
Barth gerade diesen Gegenständen zugewendet hat, ist er als „Theologe"
ernstzunehmen – und teilt er nun zwangsläufig Inhalte und Denkformen
mit anderen Theologien, die politisch teilweise in gänzlich andere Richtung
zeigten. Dies betrifft nun gerade auch Barths Stellung innerhalb des Kreises
der sogenannten „Dialektischen Theologie", die einen neuen, die Diskussion weithin bestimmenden, theologischen Aufbruch zu Anfang der Zwanziger Jahre markiert. Barth gilt, wenn nicht als ihr Begründer, so doch als
ihr wichtigster Repräsentant, sein Römerbrief in zweiter Auflage als das
hauptsächliche Dokument dieses Aufbruches. Dies nötigt uns nun zu einigen Überlegungen zur Rezeption dieser Theologie.

2.3. Barths „Theologie der Krise" im Kontext der sog. „dialektischen Theologie"

Erfolg und Wirksamkeit der Barth'schen Theologie in den Zwanziger Jahren verdanken sich nicht nur seinen persönlichen Fähigkeiten oder auch
Absichten, sondern auch der Zustimmung, dem Beifall, den gerade sie in
weiteren theologischen Kreisen gefunden hat. Barth ist hier nur ein Repräsentant eines allgemeineren Phänomens „dialektischer Theologie", wie es
offenbar auch ganz allgemein-günstigen Zeitumständen entsprach. Aber
dieser „Erfolg" seiner Theologie – und besonders des Römerbriefes – hat
Barth z.T. doch eher überrascht. Die Theologie der „Krise" wurde – „Mode", ungeachtet der *homerischen Schmähungen*, mit denen Barth die
zweite Auflage des Römerbriefes im Vorwort versah:

> *„eine Vorhalle gleichsam, in der der Wanderer zunächst von dem*
> *daselbst auf einem Teppich liegenden Haushund scharf beäugt und*
> *beknurrt und von einem hängenden Papagei mit Jakob! angerufen*
> *wird, bevor er das erste richtige Gemach betritt"* (B.-Th. II., S. 22).

Solches schien den Verkaufswert der „Ware" aber nur zu erhöhen, und
bald war festzustellen:

> *„Barth floriert, seine Bücher gehen und die Konkurrenz strengt sich*
> *an. Aber dies hindert nicht, daß der gesamte Produktionszweig, Kirche*
> *und Theologie, nur unter die Luxusindustrie zu rechnen ist; sie muß*

schon sehr interessante Artikel liefern, wenn das Publikum kaufen soll. Nicht die Ware, nicht der Verkäufer, die Aufmachung, die Reklame und vor allem das Ansehen der Firma geben den Ausschlag . . . Barth macht Schule, weil seine Theologie der heutigen Geisteslage mehr entspricht, als andere Theologien, weil das sacrificium intellectus für solche, die hier wenig zu opfern haben, ein Vergnügen ist, weil die Paradoxie tiefsinnig erscheint . . . weil durch ihn die Theologie wieder interessant, problematisch, existenzberechtigt, ein Asyl für Zweifler und Gläubige und die ganze Schar der religiösen Zwischenstufen geworden ist . . . Ein paar Abwehrmaßregeln und ein paar Umstellungen im Gedankenapparat und Barth ist kirchen-, fakultäts- und salonfähig geworden. Man kann über ihn so prächtig reden, alles einwenden, alles verteidigen und sich etwas ärgern darüber, daß das Chamäleon noch dauernd die Farbe wechselt" (Schempp, Anf. II., S. 304-6).

Der Bilanz eines schwäbischen Mitstreiters über den „Effekt" der Barthschen Theologie ist wenig hinzufügen, auch nicht dem Satz: *„Barth und Barth-Literatur schließen sich aus"* (S. 304). Denn:

„Es scheint, daß Barth heute noch genauso einsam ist wie vor zehn Jahren, trotz der großen Erfolge seiner Theologie und daß fast die gesamte Literatur über Barth entweder gar nicht von der Sache redet, um die es Barth geht, oder aber von anderen sachbezogenen Voraussetzungen her von ihr redet, als Barth", und zwar unabhängig davon, *„ob nun Barth oder die Barthianer oder die Antibarthianer richtig von ihr (der Sache PW) reden"* (S. 303). *„Es könnte Theologen geben, deren Dogmatik sehr viel anders aussieht, als die Barths und die doch mit ihm in der gleichen Kirche stünden und das gleiche Evangelium glauben, aber das Reden, das in der gesamten Barth-Literatur für oder wider Barth laut wird, zeugt nicht von solcher Gemeinschaft"* (S. 304).

Dieser „Hemeneutik" der Barth'schen Theologie ist zu folgen, nur ist zunächst zu fragen: wie erklärt sich der traurige „Effekt" dieser Theologie?

Auch Barth beklagt sich im fünften Vorwort zum Römerbrief:

„Der fortgesetzte literarische und sachliche ‚Erfolg' dieses Buches gibt mir, dem Verfasser, zu denken . . . Habe ich denn, als ich diese Arbeit tat, so sehr gesagt, wonach den Leuten die Ohren juckten, was nach dem Krieg speziell in Deutschland sozusagen in der Luft lag . . . — daß ich damit gestraft werden mußte, ziemlich weitgehend Mode zu werden, gestraft mit der Existenz von regelrechten ‚Barthianern' . . . Ich meinte doch damals, als ich das Buch schrieb, **gegen** *den Strom zu schwimmen, gegen* **verschlossene** *Türen zu hämmern, niemandem oder den* **wenigsten** *zu Gefallen zu reden. Habe ich mich darin getäuscht? . . . täuscht sich auch der Leser, der etwas für geistgemäß hält, was doch*

*nur zeitgemäß, für Paulus, Luther und Calvin, was doch nur ein Absud
aus Nietzsche, Kierkegaard und Cohen ist . . . ?" (R. II/S. XXVf.).*

Aber auch noch in KD I/1 (1932) heißt es:

*„Man kann sich nur freuen, in dieser unserer Zeit Theologe sein zu
dürfen.٠ Es steht aber zu befürchten, daß wir insgesamt im Begriffe
stehen, viel zu positiv zu werden . . . Schlechterdings jede theologische
Möglichkeit kann als solche lauter Strohdreschen und Leerlauf, lauter
Komödie und Tragödie, lauter Betrug und Selbstbetrug sein. Auch das
eifrigste theologische Schätzesammeln ist sicher nur Narrheit ohne jedes ,Reichsein in Gott'. . . Ich meine den Jammer und den Spott und
das ,Ganz gewiß – aber!' schon zu hören, mit dem Sie diese Zeilen
aufnehmen werden. Muß es nicht dennoch immer wieder gesagt werden: Hütet euch vor diesem Sauerteig!?" (KD I/1, S. 168f).*

Im Vorwort dazu ist dann zu lesen, daß Barth seine Theologie nicht als
eine *„Schule"*, seine Dogmatik *„nicht als die Dogmatik der ,dialektischen
Theologie' "* verstanden wissen wolle (S. X). Ein Jahr später wird die
Arbeitsgemeinschaft vor allem mit Gogarten gekündigt, die gemeinsame
Zeitung „Zwischen den Zeiten" aufgelöst.

*„Die Gründung und der Bestand von ZZ" – 1923 – 33 – „war ein Miß-
verständnis. Ein produktives Mißverständnis, so viel kann und darf
man trotz allem schon heute sagen. Könnte man die Wege der Vorsehung einsehen, so dürften wir vielleicht sogar sagen: ein notwendiges
Mißverständnis. Aber auf alle Fälle – . . . ein Mißverständnis"* (Abschied, Anf., II/S. 319).

Wie kann das zu verstehen sein? Man kann nicht umhin zu sehen, daß
Barths *„Abschied"* von „Zwischen den Zeiten" im Jahre 1933 – trotz
scheinbar gegenteiliger Beteuerung – politisch, aber entscheidend: kirchen-
bzw. theologie-politisch motivert war. Barth hat sich damit klare Fronten
für den anstehenden „Kirchenkampf" verschafft. Aber dies vermag noch
nicht zu erklären, warum diese Arbeitsgemeinschaft mit Gogarten, Bultmann, Brunner etc. so lange Jahre bestehen konnte und tatsächlich bestand. Man ist darum häufig geneigt, diesen „Bruch" zwar eben politisch
verständlich zu finden, ihn aber für theologisch nicht hinreichend gerechtfertigt zu halten. Angesichts zahlreicher theologischer Gemeinsamkeiten
versteht u.a. auch P. Lange nicht, warum Barth nun plötzlich *„alle Türen
zu Gogarten hin zuschlagen"* konnte (Lange S. 266)[12].

---

12) P. Lange beklagt: „Indem man nicht ernsthaft auf Gogarten hörte und meinte,
ihm mit törichten biblizistischen Argumenten oder mit Ketzerhüten kommen zu
können, zwang man ihn, seine prinzipielle Position immer noch zu verteidigen,
während sich die von Gogarten prinzipiell legitimierte Herrschaft schon konkret
in ihrer Unmenschlichkeit entpuppte." (S. 393, Anm. 45).

Nun besteht nach dem Erscheinen des Briefwechsels Barth — Thurneysen freilich wenig Anlaß, an Barths kritischer Selbsteinschätzung zu zweifeln. Denn schon bei der Gründung der Zeitschrift „ZZ" äußerte Barth Vorbehalte gegen eine bei Gogarten sich möglicherweise anbahnende *„überstiegene romantische Neuauflage von Stock-Luthertum".*

> *„Ohne Eduards Zureden (und überhaupt ohne Eduard) würde ich es nie wagen, diese Barke zu besteigen, aus Furcht, wir kriegen Krach und fallen ins Wasser . . . ich frage mich immer wieder im Stillen (trotz Eduards sicher richtiger Warnung vor Sektiererei), ob wir nicht besser getan hätten, die Sache zunächst rücksichtslos in unserem Stil durchzuführen, oder aber zu unterlassen — ob wir nicht bei dieser Ehe . . . dem Publikum gegenüber nicht nur ‚Zwischen den Zeiten', sondern zwischen Stuhl und Bank Platz nehmen"* (B.-Th. II/S. 98).

Dem steht auch nur scheinbar entgegen, daß Barth Gogartens erste öffentliche Kundgebungen — vor allem seinen Aufsatz „Zwischen den Zeiten" — schon aus Safenwil außerordentlich begrüßt und ihn auffordert, *„laut zu rufen"* (B.-Th. I/S. 399). Barth sieht in Gogarten einen potentiellen Kampfgefährten, den er sofort in seine, nahezu feldmäßig angelegten, „Schlacht"-Pläne einbezieht. Aber schon die ersten Meldungen vom „Kriegsschauplatz" (B.-Th. II/S. 100) sind, bei aller Dramatik, zwiespältig:

> *„Ich will die Pause zwischen zwei Gefechten benützen, um euch kurz über das Bisherige zu berichten. Viel ist ja eigentlich nicht zu erzählen: Lange trübe gedrückte Wochen mit viel unnütz beschriebenem Papier und verrauchten Pfeifen, dann plötzlich im Galopp auf den Bahnhof und nach vielen Stunden D-Zug irgendwo das bekannte Bild einer Konferenz: ernste Pfarrergestalten, jüngere, aufgeregte liberale Blondbärte mit Brillen und jenen unergründlichen deutschen Augen dahinter, undefinierbare, nicht zu vergessen einige hingerissene Damen . . . und dann ich hinter einem Pültlein . . . meine Walze loslassend . . . Es war und ist keinen Augenblick zu vergessen, auf welcher Ebene sich dieses Theater abspielt . . . Einbruchsversuche der höheren Welten ereignen sich höchstens, wenn etwa auch noch Gogarten auf dem Plan ist, wie es auf der Elgersburg der Fall war . . .* [13] *Elgersburg: ein Meer von herbstlich träumenden Thüringer Wäldern, grün, rot, gelb . . . — und nun, unbeschreiblich, der Aufmarsch der Liberalen, oh, oh, seht ihr sie nicht, die ‚Freunde' alle, von nah und fern . . . Gut war . . . Bultmann, der sich offen auf unsere Seite stellte (in Wiesbaden auch Dibelius und K.L. Schmidt, eine merk- und vielleicht etwas fragwürdige Hilfstruppe, die da zu uns stößt!) . . . Die ganz großen Löwen Harnack und Troeltsch waren nicht auf dem Plan. Natürlich re-*

---

13) Auf der Elgersburg hielt Barth den Vortrag „Das Wort Gottes als Aufgabe der Theologie". Vgl. unten, Teil II, Kap. 2.

dete auch Gogarten schwere, dunkle, gute Worte und ließ alle seine
magischen Künste los, so daß sogar Krüger, der nach ihm sprach, er-
klärte, er sei noch ganz ‚benommen' von dem, was ‚der junge Mann'
soeben vorgebracht. Aber es half alles nichts mehr . . . Ich war sehr un-
glücklich und konnte nachher lange nicht schlafen . . . Am folgenden
Tag Aussprache im kleinen Kreis . . ., bei der Gogarten in einer Weise
vorging, daß ich es vorzog, mich in Schweigen zu hüllen, da wir sonst
leicht ‚vor dem Feind' einander ins Gehege geraten wären. Das Schluß-
bild war denn auch: er als Besitzer eines Wissens, über dessen Herkunft
und Inhalt er keinerlei Auskunft zu geben wußte, die anderen um so
gieriger . . . Das christologische Problem wird da mit Hilfe einer speku-
lativen Ich-Du-Philosophie, die ich für eine Roßkur halte, behandelt
und gelöst. Weiß der Himmel, wo das noch hinführt. Ich bin auch in
dieser Hinsicht einfach besorgt um die Zukunft: Gogarten sitzt mir zu
weit oben, ich habe, wenn ich ihm zuhöre, immer Lust, mich auf die
Seite der unverständigsten Historiker zu stellen . . . – Ich besuchte
dann noch . . . Erfurt – Eisenach, besah mir die nebelverhangene Welt
einige Minuten vom Lutherstübchen aus und kehrte dann in mein hie-
siges Schildwachhäuschen zurück.
PS.: Hirsch hat sich in einem Nachwort zu der zweiten Auflage von
‚Deutschlands Schicksal' mit uns (unter Namensnennung) unter dem
Titel ‚Revolutionsphilosophie' auseinanderzusetzen versucht. Wenig
lehrreich, doch sollte das Buch bei uns besprochen werden und zwar
von Gogarten!" (B.-Th. II/S. 102-106).

Aus diesem Absatz geht die Eigenart von Barths ersten „Front"-Erlebnis-
sen schlagartig hervor. Die Lage wird genau eingeschätzt, die Truppen und
„Hilfstruppen" werden gesichtet, Erfolg und Mißerfolg wird verzeichnet,
der Aufmarsch der Dialektischen wird strategisch und taktisch geplant.
Barth weiß, daß er sich in einer – quasi „ideologischen" – Kampfposition
befindet, und er möchte diesen Kampf nach Möglichkeit bestehen. Aber er
weiß ebenso, daß er selber noch sehr ungenügend „gerüstet" ist, und – daß
auf seine Kampfgenossen nicht in jedem Fall zu zählen ist. Gogartens romantische Eskapaden scheinen zwar das Publikum in Atem zu halten, aber
gerade entscheidende Pointen – besonders die anti-ideologischen – zu ver-
pfuschen. Das Erscheinungsbild der dialektischen Theologie ist somit von
Anfang an durch Momente mitbestimmt, die der Barthschen Absicht keineswegs entsprechen. Dennoch sieht Barth keine Möglichkeit, diese Arbeits-
bzw. Kampfgemeinschaft zu kündigen. Sie wird im Gegenteil gefördert.
Bald aber entschließt sich Barth, innerhalb von „Zwischen den Zeiten"
seine eigenen Wege zu gehen, ein Vorgehen, daß er gegenüber Bultmann
1927 wie folgt erläutert:

„Deuten Sie mir mein hartnäckiges Schweigen doch ja nicht übel! Das
tun Sie ja auch nicht, und ich bin Ihnen wirklich dankbar dafür. Sehn
Sie, es ist bei mir einfach das, daß ich im Augenblick . . . nicht recht

hindurchsehe durch Alles das, was in der Tat zwischen Ihnen, Gogarten und mir in der Luft zu liegen scheint. Daß es in der Luft liegt, das ist mir aus Gogartens Buch noch erheblich deutlicher geworden als letzten Herbst aus dem Ihrigen [14]. *Irgendwie werden es schon die alten, nie recht erledigten lutherisch-reformierten Kontroversen sein, die uns ein wenig von beiden Seiten Beschwerden machen und die vielleicht noch einmal in einer großen Explosion innerhalb von ZZ zum Ausbruch kommen werden. Aber zunächst habe ich, ganz abgesehen von allen taktischen Gründen, die ja auch sinnvoll sein könnten, das Bedürfnis, möglichst thetisch weiterzuarbeiten und zugleich auch Ihnen und Gogarten Zeit zu lassen, deutlicher zu entfalten, auf was Sie eigentlich hinauswollen . . . Vorläufig möchte ich vor allem keine dummen Fragen und Einwände vorbringen . . . , sondern meines Weges stracks weiter laufen, wie Sie alle — Gogarten ja eklatant — es auch tun"* (B.-B., S. 69f).

Wenig später läßt es sich Barth sogar gefallen, daß die Häupter der Dialektischen Theologie mit zerstrittenen *„chinesischen Revolutionsgeneralen"* (a.a.O. S. 91) verglichen werden. Aber 1930 ist die Geduld zu Ende:

„Wo stömer aigetlig? . . . Ich weiß nicht, sehe ich in der Hitze des Semestertages zu leidenschaftlich, aber mir sträuben sich einfach alle Haare auf dem Kopf gegen die ganze Wirtschaft, von der wir da in nächster Nähe umgeben sind, und ich weiß nicht, ob es sich in mir nicht einmal zu einem großen Abwehr- und Abschiedsartikel an Emil (Brunner), Paul (Tillich), Friedrich (Gogarten), Rudolf (Bultmann) e tutti quanti zusammenballen wird, aussagend, daß ich, wenn ich da ankommen wollte, nicht einmal mehr Pfarrer in Safenwil sein, geschweige denn die Welt mit der Ankündigung eines theologischen Neuansatzes behelligen möchte" (An Thurneysen, B.-Th. II/S. 701).

Worum handelt es sich? Vordergründig ging es in der Auseinandersetzung etwa mit Bultmann um die Frage, inwiefern die Theologie sich auf „philosophische" Fragen einlassen könne oder dürfe. Bultmann hatte 1928 Barth vorgehalten:

„Mir scheint, Sie sind geleitet durch die Besorgnis, die Theologie möge sich in Abhängigkeit von der Philosophie bringen. Sie suchen dem zu entgehen dadurch, daß Sie die Philosophie ignorieren. Der Preis, den Sie dafür zahlen, ist der, daß sie faktisch einer vergangenen Philosophie verfallen" (B.-B., S. 81).

---

[14] Gemeint sind Bultmanns Jesus-Buch und F. Gogarten, Ich glaube an den dreieinigen Gott, Jena 1926.

Darauf gibt Barth 1931 zur Antwort:

> *„Damals wußte ich nicht, daß die Sache so schlimm steht . . . Ich meine: daß Sie mit Ihrer Verhältnisbestimmung von Anthropologie und Theologie das 18. und 19. Jahrhundert so wenig losgeworden sind, daß Sie das alte unverschämte Diktat der modernen Philosophie unter dem neuen Heideggerischen Vorzeichen so wenig erkannt und abgewiesen haben, daß ich mich bei Ihnen schließlich einfach in dasselbe Diensthaus Ägyptens zurückversetzt fühle, daß wir nach meiner Auffassung . . . verlassen haben sollten"* (B.-B., S. 118).

Darf man hier schon annehmen, daß das „*Diensthaus Ägyptens*" hier von Barth nicht nur metaphorisch zitiert worden ist? In Hinsicht auf den Nationalsozialismus gibt Barth jedenfalls im Nachhinein sein **politisches** Motiv preis:

> *„Seien Sie nun nicht weiter bewegt, daß ich von . . . Mißtrauen in der Tat in dem Maß erfüllt war, daß ich damit gerechnet hatte, Sie bei den Deutschen Christen auftauchen zu sehen. Es ist nun einfach durch die Tatsache bewiesen, daß ich mich in diesem Falle verrechnet hatte und daß also auch (U. PW) in meinem grundsätzlichen Bedenken etwas nicht gestimmt haben kann. Sie müssen mir aber . . . zugeben . . . , daß Sie es mir nicht leicht gemacht haben, zum vornherein darüber klar zu sein, daß Sie nicht tun würden, was Heidegger nun doch mit Pauken und Trompeten getan hat und ebenso Gogarten . . . A posse ad esse valet consequentia. Daß ich Ihnen nun hinsichtlich des esse Abbitte zu tun habe, ist mir deutlich. Aber das andere werden Sie mir dann noch einmal erklären müssen: inwiefern nun gerade in Ihrer Fundamentaltheologie jenes posse nicht vorlag"* (10.07.1934, B.-B., S. 152f).

Diese Sätze sind für die Hermeneutik der Barth'schen Theologie von außerordentlicher Bedeutung, sofern er hier ein politisches Einschätzen und Urteilen zugesteht, daß seiner Theologie immer wieder **vorausgelaufen** ist, daß er aber insofern zurückhalten mußte, als er es auf dem jeweiligen Diskussions- und Erkenntnisstand noch nicht triftig, das heißt aber: nicht theologisch triftig geltend zu machen wußte. Die Einwände hatte er gewissermaßen von Anfang an „auf dem Herzen", nur, daß ihm sein eigenes theologisches Programm es verbieten mußte, diese Einwände anders als „theologisch" zur Geltung zu bringen. Damit ist Barths Etappe „Zwischen den Zeiten" und also im Rahmen der Dialektischen Theologie in verschiedener Hinsicht zu charakterisieren:

1.) als eine Etappe eines **Kampfes**, in welchem Barth — an einer ihm bislang unbekannten „Front" stehend — jeden Kampfgefährten wohl zu schätzen wußte, ja, die von ihm ohne diese Gefährten sicher nicht in dieser Weise zu bestehen gewesen wäre,

2.) aber als eine Etappe der **Selbstverständigung**, in der Barth auch sein eigenes theologisches „Programm" allererst realisieren bzw. in viel Mühe und — dogmatischer — Kleinarbeit erarbeiten mußte.

Kein Zweifel, daß es hier nicht nur Mißverständnisse, sondern auch Verständnis und viel gegenseitiges Abhören und Lernen und Sich-präzisieren gab! Kein Zweifel also, daß es sich hier, wenn um ein „*Mißverständnis*", dann jedenfalls um „*produktives Mißverständnis*" gehandelt hat. Und doch — alles in allem, jedenfalls auf Gogarten gesehen — offenbar um ein Mißverständnis! War es unvermeidlich?

Hier darf nicht vergessen bleiben, inwiefern Barth nun auch selber tatsächlich ein Zeitgenosse, ein Kind seiner Zeit war. Daß er sich in dieser Etappe eben noch nicht „am Ende" und auch noch nicht an einem vorläufigen Ende, daß auch seine Theologie sich in dieser Etappe im besten und gar nicht metaphorischen Sinne „zwischen den Zeiten" befand, das gilt gerade für Barth.

Der „Krise", dem geistigen Symptom dieser Jahre gegenüber blieb auch Barth nicht gänzlich immun, [15] und schon gar nicht versteht sich der Erfolg seiner Theologie an so manchen „Fronten", wenn nicht so, daß ihr eine entsprechende Stimmung entgegenkam. War es denn nicht doch die Prophetie der ganzen damaligen Zeit, wenn Gogarten 1919 ausrief:

„*Der Raum wurde frei für das Fragen nach Gott. Endlich. Die Zeiten fielen auseinander und nun steht die Zeit still. Einen Augenblick? Eine Ewigkeit? Müssen wir nun nicht Gottes Wort hören können? Müssen wir nun nicht seine Hand bei seinem Werk sehen können? Darum können wir nicht, dürfen wir nicht von der einen Zeit zur anderen gehen. So sehr es uns auch zieht. Erst muß hier die Entscheidung gefallen sein. Das ist eine furchtbare menschliche Not. Denn da zerbricht alles Menschliche und wird zu Schanden, alles was war und alles, was sein wird. Aber darum können wir, begreifen wir nur die Not bis zum Letzten, nach Gott fragen . . .*
Hüten wir uns in dieser Stunde vor nichts so sehr, wie davor, zu überlegen, was wir nun tun sollen. Wir stehen in ihr nicht vor unserer Weisheit, sondern wir stehen vor Gott . . .
Wir haben jetzt keine Zeit. Wir stehen zwischen den Zeiten" (Anf. II/S. 100f).

---

15) Dies gesteht Barth in KD II/1, S. 715ff ein: „Es hat viel gebraucht, diese nicht unverschuldeten Mißverständnisse bzw. das Selbstmißverständnis, auf der manche unserer Äußerungen aus jenen Jahren beruhten, im Lauf der Zeit richtig zu stellen, die Theologie aus dem Engpaß des Verdachtes, als ob sie wirklich nur ‚Theologie der Krisis‘ sei, wieder herauszusteuern. ‚Theologie der Krisis‘ konnte und durfte sie in der Tat nicht länger als einen Augenblick sein." (S. 717).

Barth hat später zugestanden,

> *„daß die ‚Dialektische' nicht in einer Begriffsküche, sondern in einem fast wütenden Ansturm auf die Ethik und das Lebensgefühl der älteren Generation geboren worden ist"* (B.-Th. II/S. 589).

Auf Gogarten trifft dies in jedem Sinne zu — fast mehr noch als auf Barth, der doch, bei allem Expressionismus und Surrealismus in der Ausdrucksweise, schon im 2. Römerbrief zur Sachlichkeit und Nüchternheit und zur theologischen Arbeit aufgerufen hat. Ja, zweifellos gab es hier Gründe, jetzt ein radikal Neues zu erwarten. Konnte hier für Barth, konnte hier für alle Anderen, die dies taten, nun sogleich klar werden, daß das Neue, das sich bei Gogarten ankündigte, doch nur das Alte in neuem Gewande sein würde, daß die Zeichen des Umbruchs und der Revolution sich allzuschnell als die Zeichen einer *„konservativen Revolution"* herausstellen würden? Ja, zweifellos gab es Gründe, nach Weltkrieg und Oktoberrevolution und in all den düsteren Ahnungen über den bevorstehenden „Untergang des Abendlandes" die Flucht in die Zukunft anzutreten und auf keine Rezepte und auf keine voreiligen Programme zu vertrauen.

In welche Zukunft? — fragen wir interessiert. Aber die frühen Dialektiker haben hierüber gewollt keine Auskunft gegeben. Anhand welcher Maßstäbe und Kriterien? Nur eben gerade in der existenziellen Bejahung des *„Augenblicks"* — der „präsentischen Eschatologie"! —, in welchem alles Schicksal nun in Gottes Händen: unter seinem Gericht, unter seiner Gnade zu stehen schien. Nun doch in einer eher mißtrauischen als wohlwollenden Neutralität gegenüber dem Staat, über dem so wenig Verheißung zu liegen schien! In der getrosten Zuversicht, daß das eigentlich „Neue" im Jenseits dieses Staates zu finden sein werde!

Die politischen Akzente in Barths Schriften mußten dieses Gesamtbild der Dialektischen Theologie nicht stören. Und nicht ganz von ungefähr konnte es kommen, daß Barth gerade da, wo er seine „Front" errichtet hatte, nun auch Beifall fand: auf der Rechten. Diese Theologie **entsprach** dieser Situation, ob sie verstanden wurde oder nicht. Machovez erhält insofern Recht: Die Dialektische Theologie ist hier in der Tat

> *„die Theologie einer Epoche der allgemeinen Krise und Auflösung der bourgeoisen Gesellschaft, einer Epoche des Imperialismus und der sozialistischen Revolutionen. Alle grundlegenden Charakterzüge entsprechen ganz der neuen geschichtlichen Situation. Die dialektische Theologie ist also die ideologische Form (das falsche Bewußtsein), in der die Theologie diese neue geschichtliche Situation . . . erkennt",*
> (Machovez, S. 68).

— nur daß Machovez vielleicht die spezifisch deutschen Umstände dieser ideologischen Reaktion zu wenig berücksichtigt hat. Aber es handelt sich um eine ideologische „Reaktion", nämlich auf Ereignisse und Umstände, die Machovez mit Recht dem imperialistischen Stadium des Kapitalismus zuordnet, das so im 19. Jahrhundert keine Parallele hat, das nun aber auch schon durch seine Folgen: Weltkrieg und Oktoberrevolution geprägt war.

Diese „Reaktion" fand vornehmlich im Umkreis jenes ideologischen Vakuums statt, in welchem sich nun auch zugleich das anti-liberale, anti-demokratische und neu-konservative Denken der Weimarer-Zeit (Sontheimer) Raum zu schaffen vermochte. Was aber hatte der Sozialist Barth in diesem „Dunstkreis" des anti-republikanischen Denkens zu suchen?

3. „Dialektische Theologie" mit Sitz im politischen Leben

3.1. Unterschiedenheit und Einheit von „Theologie" und „Politik" bei Barth. Kritik am religiösen Sozialismus.

E. Thurneysen zeigt sich nochmals in höchstem Maße alarmiert, als der Wahlsieg des sozialistischen Lagers im Jahre 1928 im theologischen Blätterwald den folgenden „*biblisch-politischen Erguß*" zum Ergebnis hatte:

„*Wir erschrecken vor dem Wahlergebnis des 20. Mai, daß wir so tief gesunken sind, daß es zu dieser Schmach und Erniedrigung gekommen ist, daß das Volk sich ohne Zögern und so leicht losreißt von seiner Vergangenheit . . . Was uns allein noch retten könnte, das ist das Evangelium von der Gnade unseres Herrn Jesu Christi und Seiner dem Spender durch den Glauben zugerechneten Gerechtigkeit. Aber das ist nicht mehr da . . . Ultramontane sehen besser als evangelische Pastoren, wohin es mit unserer Kirche treibt . . . ‚Der Protestantismus ist heute in solcher Lebensgefahr, daß nur eine Radikalkur im wahren Sinne des Wortes ihn neu beleben kann. Die radikalen Reformer, die heute meines Erachtens das ganze Schicksal des Protestantismus in der Hand tragen, sind nur Friedrich Gogarten und Karl Barth. Leben oder Tod des Protestantismus werden davon abhängen, ob dieser den Typus Barth-Gogarten verträgt und in sich hineinbezieht oder nicht . . . ' (Graf Keyserling)*" (B.-Th. II/S. 602 u. S. 604)[16].

Thurneysen kommentiert: „*Sollte man nicht diese Deutungen der Lage doch einmal bremsen?*" Barth antwortet bezeichnenderweise:

„*Pastor Printz in Cronenberg ist ein alter Herr, den man wahrscheinlich lassen muß, wie er ist . . . Es ist ihm glaub mehr einiges unklar, als*

16) M. Printz, Ein nicht beachteter, aber entscheidender Faktor, in: Biblische Zeugnisse 26. 1928, S. 186ff.

daß er es böse meinte. Solcher Zwischengestalten gibt es am Nieder-
rhein viele. Ich bin vielleicht weit und breit der Einzige, mit dem sie
alle oder doch viele von ihnen es gut können und den sie loben, wäh-
rend sie untereinander alle wie Hund und Katze sind . . . Aber ich wer-
de ihnen doch einmal auch ausdrücklich zu bedenken geben, daß ich
im Mai sozialdemokratisch gewählt habe" (B.-Th. II/S. 607).

Schon 1925 hatte sich Barth beklagt, daß die *„überwältigende Mehrheit*
auch meiner Freunde (Theologen und Laien, Studenten und Andere!) Hin-
denburg" zum Reichspräsidenten gewählt hatten. *„So stehts"* (B.-Th.
II/S. 334) [17]. Aber nun entlädt sich sein Unmut doch auch in einigen
„*zornigen Fußnoten"*, die er seinen dogmatischen Vorträgen einverleibt.

Im August 1928 erwägt er zunächst den *„typischen Nachtgedanken,*
ob die Fortsetzung der Dogmatik nicht vielleicht vom Himmel aus ge-
sehen ebenso gut auch unterbleiben könnte . . . Ich frage mich jetzt
oft, ob ich überhaupt noch wieder Pfarrer sein könnte, so mies schaut
mich alles, fast alles an, was ich die Pfarrer in meinem Gesichtskreis
tun sehe" (B.-Th. II/S. 597).

Sein Unmut wächst gerade ob des *„ledernen Geheimratspositivismus"*
des von ihm bearbeiteten A. Ritschl, *„diesem engstirnigen Mann, der*
schließlich doch nur mit Aufwand von viel wirklichem Scharfsinn und
Wissen eine Apologie seiner selbst, d.h. dessen, was du ,Bürgerlichkeit'
genannt hast, geliefert hat". „Wie ist es nur möglich, daß das unseren
Vätern doch weithin als lösendes Wort imponieren und ein wenig über-
all zur eigentlichen Kirchenleitungstheologie werden konnte?" (S.
598f). So kommt es nun zu den genannten Fußnoten in einem Vortrag über den Katholizismus:

1.) Barth beklagt sich gegen K. Heim über dessen *„Allerheiligenlitanei mit*
den Namen J.S. Bach, Zinzendorf, P. Gerhard, Tersteegen, Bodel-
schwingh, Sundar Singh" − *„wobei wir offenbar noch dankbar sein*
müssen, wenn uns wenigstens der Name Bismarck in diesem Zusam-
menhang erspart bleibt" (Barth 1928b, S. 300).

2.) *„Wenn ich heute zur Überzeugung käme, daß die Interpretation der*
Reformation auf der Linie Schleiermacher-Ritschl-Troeltsch (oder
auch -Seeberg, oder auch -Holl) richtig sei, daß Luther und Calvin es
wirklich so gemeint haben sollten mit ihrem Unternehmen, so würde

---

[17] „Man kann sich im Ausland nicht klar genug machen, daß nicht etwa nur die un-
zurechnungsfähigen, sondern auch die ernstzunehmenden Deutschen in ihrer
großen Mehrheit politisch nach irgendeinem in der ganzen übrigen Welt unbekannten ABC räsonieren." (eb.).

ich morgen zwar nicht katholisch werden, wohl aber auch von der ver-
meintlich evangelischen Kirche Abschied nehmen müssen, vor die
Wahl zwischen beiden Übeln gestellt, aber in der Tat lieber katholisch
werden" (Barth 1928b, S. 282, Anm.).

Diese radikale Absage an den „protestantischen Modernismus" wird von
Barth mit dem Namen Bismarck in einen bewußt politischen Zusammenhang gerückt. Barth nimmt den sich auf Luther bzw. die Reformation berufenden deutschen religiösen Nationalismus aufs Korn. Die Paranthese
mit Bismarck habe denn auch

> *„in Düsseldorf einen kleinen Sturm der Entrüstung hervorgerufen, als*
> *ob ich hier, hier (,Das sind deine Götter, Israel!') das Heiligtum ange-*
> *griffen hätte . . . "* (S. 300, Anm. 55a).

Wer hören wollte, der konnte vielleicht hören, — auch wovon Barth hier
eher ‚zwischen den Zeilen' sprach. Man konnte auch den ewigen Nein-
Sager Barth schlecht und recht „erbaulich" finden und seine stetige Kritik
an der Ideologie des Bürgertums als den passenden Ausdruck einer „Theologie der Krise", die wohl oder übel so reden mußte, wie sie redete. Die
Ambivalenz der Barthschen Theologie liegt auf der Hand, und sie ist auch
nach 1933 und erst recht nach 1945 kein Geheimnis geblieben. Was sollen
wir nun sagen? Sollen wir darüber klagen, daß Barth von der politischen
Rechten eben auch nur einseitig, in den ansprechenden Teilen, aber kaum
im Zusammenhang verstanden und rezipiert worden ist? Darüber, daß
Barth stets auch Mit-Redner hatte, die seine politischen Akzentuierungen
wenn nicht zu übertönen, so jedenfalls zu neutralisieren vermochten? Oder
darüber, daß eben Barth selber nicht expliziter politisch Stellung genommen und das einträchtige Bild der „Dialektischen" in aller Öffentlichkeit
korrigiert hat? Hier ist aber zu bedenken, was Barths Verhältnis zur „Politik" bestimmte und von ihm in den verschiedensten Etappen und Situationen tatsächlich lebenslang durchgehalten worden ist:

1.) Sein Verhältnis zur Politik war außerordentlich pragmatisch und insofern un-ideologisch.

2.) In der theologischen Begründung seines politischen Verhaltens ist sich
Barth nicht nur der notwendigen „Einheit von Theologie und Politik",
sondern auch der Gefahr eines voreiligen *„Vermischens"* von Theologie und Politik bewußt gewesen (Marquardt 1972, S. 39ff). Barth hat
aber — wenn eine Metapher erlaubt ist — in der Weimarer-Zeit gerade
nur auf die **eine** Karte setzen, und diese eine Karte nicht noch durch
eine andere Karte gefährden wollen.

Pragmatisch:
G. Merz erinnert sich: Man hatte Barth 1921 in Göttingen „*keine Be-*

dingungen gemacht, nur sei es erwünscht, daß er seine politischen Bindungen nicht erneuere. Barth sagte damals, er habe keine Sehnsucht nach der sozial-demokratischen Partei der Schweiz, aber seinen freien Mund werde er auf alle Fälle mitbringen. In überraschender Weise hat er sich zurückgehalten. Studiert hat er geradezu die ihm bisher fremden konservativen und nationalen Kreise" (Merz, S. 168).

Barth hat sich hier tatsächlich seiner theologischen Aufgabe und seinem unmittelbaren Adressatenkreis zugewandt: den Studenten noch mehr als den Professoren, den Pfarrern und ihren Gemeinden mehr als etwa den Kirchenleitungen. Ein Partei- oder Gewerkschaftsengagement hätte hier zeit- und belastungsmäßig kaum Platz, und es hätte vor allem politisch kaum eine Funktion gehabt, es sei denn eben: eine unpraktische, rein „ideologische" Funktion, in welcher Barth vielleicht seinen Überzeugungen treu geblieben wäre, aber gerade den Zugang zu seinen Adressaten sich verwehrt hätte. Immer wieder beruft sich Barth darauf, daß sich unter seinen Zuhörern Studenten aller politischen Richtungen, gerade auch Nationalsozialisten befunden hätten, die er in keiner Weise — politisch — unter Druck gesetzt habe [18]. Verständlich wird dies aber nur aus dem zweiten Motiv.

Vermischen: Nicht nur „taktisch" mußte es Barth klar sein, daß eine sofortige politische Etikettierung seiner Theologie es seinen national gesinnten Zuhörern verunmöglicht hätte, seine theologische Anfrage überhaupt zu hören. Auch im Prinzipiellen mußte er sich fragen, was er denn — und ob er es überhaupt — besser mache als die von ihm kritisierte protestantische Theologie. Nicht weil er dem Sozialismus gleichgültig gegenübergestanden hätte — noch 1927 beteuert Thurneysen:

„Wir sind niemals, auch in diesen Jahren nicht, irgendwie irre geworden an der Gesellschaft und an der bitteren Notwendigkeit der politischen und gewerkschaftlichen sozialistischen Arbeiterbewegung" (Thurneysen 1927, S. 516) —

aber darum, weil Barth nun gerade auch einer religös-sozialen Ideologiebildung mißtraute, konnte es nicht anders sein. Sollte nun auch sein „Neues" nur wiederum das Alte — wenn nun vielleicht auch in einem sozialistischen Gewande sein? Die Ideologiebildung drohte ja auch hier: wo „Gott" doch wiederum nur die legitimatorische Chiffre für ein bestimmtes gesellschafts-politisches Programm wäre; wo die theologischen Fragen mit auch nur scheinbar „praktischen" Auskünften beantwortet würden; wo für bestimmte diskutierbare Stellungnahmen und Entscheidungen nun doch wiederum die Dignität des „Letzten" und Göttlichen in Anspruch genommen würde; in der Möglichkeit endlich, die theologische Problematik entweder ad infini-

18) Vgl. „Abschied", ebenso den „Fall Dehn" s.u.

tum vor sich her zu schieben oder ihrer als solcher überhaupt nicht ansichtig zu werden. Die Konsequenzen wären dann auch für die „Praxis" fatal: sie würde sich vielleicht in der Tat in Aktionen flüchten, sich in immer neuen Programmen, Plattformen, Resolutionen erschöpfen, aber doch nirgendwo ihrer Aufgabe gewachsen sein.

Wir haben dabei nicht zu beurteilen, ob und inwiefern solche Einwände etwa gegenüber der Praxis des schweizerischen oder des deutschen „Religiösen Sozialismus" als zutreffend erscheinen könnten [19]. Schon gar nicht ist Barths Anfrage an den Religiösen Sozialismus geeignet, all die mühselige und aufopfernde, aber eben bitter notwendige Kleinarbeit der religiös-sozialen Pfarrer in Industriegemeinden, in der Jugend- und „Randgruppen"-arbeit von oben her zu diskreditieren. Aber ebensowohl, wie Barth diese Arbeit pragmatisch bejahte, konnte er doch nicht verkennen, daß diese Pfarrer theologisch — wie hätte es anders sein sollen? — noch weithin in den Schuhen des 19. Jahrhunderts — von Schleiermacher und Rothe, Troeltsch und F. Naumann wanderten. Sollte es nun mit der Religionskritik gar nicht so ernst gewesen sein? Sollte sich die Religion — wenn man nur die richtige Synthese und den richtigen Bündnispartner fände! — am Ende doch noch als eine gute Sache erweisen? Nein, es gab kein Zurück. Und gerade der selbstkritische Barth war nun auf dem Wege, zum „Dogmatiker" zu werden, der sich auch selber disziplinieren und auf die Konsequenzen seiner Prämissen behaften lassen muß.

Man wird freilich einwenden können, daß Barths generelles Verdikt über den Religiösen Sozialismus, gerade indem er 1933 davon auch kirchenpolitischen Gebrauch machte, selber „ideologische" Auswirkungen hatte, indem es in breiten kirchlichen Kreisen zu einer ungerechtfertigten Disqualifizierung religiös-sozialer Bestrebungen führte. Man wird dagegen Barth zugute halten können, daß er in der Bedrängnis dieses Jahres durchaus das Recht hatte, sich in dieser Weise theologisch zu schützen und zugleich den notwendigen Raum für die anstehende kirchlich-theologische Auseinandersetzung freizukämpfen. Insbesondere haben es ihm aber religiös-sozialistische Theologen wie P. Tillich und mehr noch G. Wünsch eher leicht gemacht, sich von diesen Bindungen loszusagen. G. Wünsch hatte sich nach allerlei Umwegen über den von ihm rezipierten Historischen Materialismus zu guter Letzt doch beim „nationalen" Sozialismus der Deutschen Christen eingefunden (Breipohl, S. 162ff), während es sich bei P. Tillich für Barth herausstellte, daß ihm der Sozialismus doch eher Gegenstand einer „esoterischen" religionsphilosophischen Theorie, aber nicht einer auf die realen Bedingungen gesellschaftlichen Handelns ausge-

---

19) Zu L. Ragaz vgl. J.M. Stähli, Reich Gottes und Revolution 1976, S. 41-99. Zur Kritik an Barth, S. 35ff und 84ff.

richteten Praxis war. Im Gegensatz zu G. Wünsch wird freilich an
P. Tillichs „*Sozialistische(r) Entscheidung*", die er 1932/33 nochmals
in brillianter Weise dargelegt hat, nicht zu zweifeln sein. Tillich teilte
aber das Schicksal der von ihm mitgetragenen „kritischen Theorie"
der Frankfurter Schule, wenn sich diese nun plötzlich in der Stärke
des gesellschaftlichen Subjektes „Arbeiterklasse" getäuscht sah, auf
das sie ihre Hoffnungen gegründet hatte. Es schien nun, daß der Sozialismus nur noch in einer „theoretischen" Gestalt zu verteidigen sei
– gegen eine Wirklichkeit, die diese Theorie zunehmend desavouierte.
Als Tillich 1933 dem Rat der SPD folgte und, um seinen Beamten-
status nicht zu gefährden, die Parteimitgliedschaft aufkündigte, begründete Barth ihm gegenüber, warum er einen solchen Schritt für seine Person unter keinen Umständen in Betracht ziehen könne: „*Die
Zugehörigkeit zur SPD bedeutet für mich nicht das Bekenntnis zur
Idee (!) und Weltanschauung (!) des Sozialismus. Ich kann mich nach
meiner Auffassung von der Exklusivität des christlichen Glaubensbekenntnisses zu keiner Idee noch Weltanschauung in einem ernsthaften
Sinne ,bekennen'. So habe ich auch zum ,Marxismus' als solchem kein
innerlich notwendiges Verhältnis . . . Ich kann ihm als Idee und Weltanschauung weder Furcht noch Liebe noch Vertrauen entgegenbrin-
gen. Die Zugehörigkeit zur SPD bedeutet für mich schlechterdings eine
praktische politische Entscheidung*". Ja, „*ein Verbot des Bekenntnisses zur sozialistischen Idee im Rahmen meiner Lehrtätigkeit wäre mir
gegenüber sinnlos, weil ich es nie übertreten habe und nach meiner
grundsätzlichen Voraussetzung überhaupt nicht übertreten kann*"!
Umso mehr sei die „*Freiheit zur rein politischen Entscheidung, Stellungnahme und ev. Betätigung*" für ihn unverzichtbar. „***Wer mich so
nicht haben will, der kann mich überhaupt nicht haben (U. PW). Ich
könnte mir selbst und anderen auch als Theologe (!) nicht mehr glaubwürdig sein, wenn ich mir in dieser bürgerlichen Beziehung eine andere
Entscheidung aufdrängen ließe, als diese, die meiner Überzeugung in
politischer Hinsicht entspricht. Sie verstehen mich: gerade weil ich im
Unterschied zu Ihnen keine Rückzugslinie zu einem esoterischen Sozialismus habe! Der meinige ist nur exoterisch und gerade darum kann
ich . . . auf das Parteibuch nicht verzichten*" (Barth-Tillich 1933, S.
111f) [20].

Mit diesen Sätzen ist die differenzierte Einheit von Theologie und Politik bei Barth trefflich bezeichnet, in welcher die Theologie ihre ideo-

[20] Vgl. Briefwechsel Barth-Tillich vom März/April 1933, in: Evangelische Kommentare 1977/10, S. 111f. Auch Tillich hatte freilich noch 1932 auf eine „Verbindung des revolutionären Proletariates mit den revolutionären Gruppen der
politischen Romantik" d.h. mit Teilen der national-sozialistischen Bewegung gesetzt. (Die sozialistische Entscheidung, 1932/33, 1948, S. 106), sich in dieser Erwartung aber alsbald getäuscht gesehen.

logiekritische Funktion auch gegenüber der eigenen politischen Praxis behält. Kein Zweifel, es ist *„jeder möglichen Betrachtungsweise"* — der liberalen wie der marxistischen! — ein *„kräftiges Ärgernis geboten"*, wie das Barth von jeder echten christlichen *„Entscheidung"* erwartet (vgl. R II/S. 263). Aber Barth lehnt eine Ideologisierung des Theologie-Politik-Verhältnisses im selben Moment ab, wie er es in seiner „Untrennbarkeit" behauptet und betätigt!

Die Einwände gegen den Religiösen Sozialismus können hier nur das Prinzipielle in der Haltung Barths verdeutlichen. Aber auch im Prinzipiellen war Barth in der Weimarer-Zeit weit mehr mit seinem politisch „rechts" stehenden Adressatenkreis als mit den religiös-sozialen Gruppierungen befaßt. Er war der Ersteren und nicht der Letzteren „Sympathisant", sofern es eben diese Unmündigen waren, die er zur Mündigkeit befähigen, diese Unkundigen, die er zu Kundigen machen wollte. Hier konnte und durfte es niemanden geben, den Barth etwa wegen seiner politischen Herkunft, Erziehung und Gesinnung a priori hätte ausschließen wollen. Hier durfte ihm auch nicht ein einziger „hoffnungsloser Fall" begegnen, der für ihn — im Lichte des Evangeliums! — nicht auch zum hoffnungsvollen Fall hätte werden können. Barths politische Abstinenz zwischen den Zeiten hat prinzipielle, theologisch-sachliche Bedeutung, insofern ein politischer z.B. anti-nationalistischer Keulenschlag im Ansatz verunmöglichen konnte, was die Verkündigung und „Lehre" des Evangeliums intendiert: nämlich dem „Sünder" und Knecht die Befreiung anzusagen. In dieser Ausrichtung hat Barths „dialektische Theologie" einen realen Sitz im Leben, von dem abstrahiert sie in ihrer Absicht — und auch tatsächlichen Wirkung! — niemals verstanden werden kann. Sie ist eben kein bloßes Spiel mit Begriffen, sondern Dialektik im realen Dialog: im Versuch, den jeweiligen Adressaten unter seinen jeweiligen Voraussetzungen wirklich anzusprechen und zu erreichen, ihm seine „Ideologie" nicht zu rauben ohne die gleichzeitige Eröffnung einer neuen „ganz anderen" Perspektive. In dieser Absicht könnte unter den anderen Dialektikern vielleicht tatsächlich Gogarten Barth am nächsten gestanden haben! In dieser Absicht mußte aber gerade der Dialog Barth-Gogarten eines Tages abgebrochen werden, wenn er sich angesichts der realen Verhältnisse nicht verselbständigen, wenn er nicht zum bloßen Scheingespräch werden sollte.

3.2. Klare Fronten schaffen! SPD-Eintritt und der „Fall Dehn" (1931/32)

Tatsächlich fällt für Barth schon im Jahre 1931 — wie schon im Jahre 1915 — wiederum die *„Entscheidung gegen die Gefahr des ,Vermischens' von Theologie und Politik"* zugunsten ihrer *„Untrennbarkeit"* (Marquardt 1972, S. 41). Sie fällt vielleicht zu spät, aber sie fällt schon vor, wenn auch im Angesicht der nun unerwartet real werdenden nationalsozialistischen Machtergreifung. Es handelt sich um den „Fall Dehn", in dessen Konsequenz Barth demonstrativ der SPD beitritt. Die „sozialistische Entscheidung" ist freilich auch da rein pragmatischer Natur. Barth will sich „offen dorthin . . . stellen", wo er für die interessierte Öffentlichkeit nun „ohnehin stand" (Gollwitzer 1966, S. 287f). Die SPD wählt er als „Partei 1. der Arbeiterklasse, 2. der Demokratie, 3. des Nicht-Militarismus und 4. einer bewußten aber verständigen Bejahung des deutschen Volkes und Staates" (Barth-Tillich 1933, S. 111). Er gibt dabei zu, daß er diese Entscheidung „grundsätzlich auch noch in aktiveren Formen betätigen" könnte als er es faktisch tat. Aber diese Mitgliedschaft hat in aller Pragmatik vor allem demonstrativen Sinn in Richtung Kirche und Theologie: Barth will sich nicht länger als Kirchenmann ansprechen lassen (müssen), ohne deutlich zu machen, daß gerade dies in seinen Augen jetzt mit politischer Stellungnahme und Konsequenz verbunden ist.

Schon 1928 hatte G. Dehn an den empfindlichsten Nerv des religiösen Nationalismus gerührt, als er in einem Vortrag „Kirche und Völkerversöhnung" die ethische Fragwürdigkeit des Krieges, besonders aber des religiös bzw. christlich legitimierten Krieges betonte. Er tat dies in einer Weise, von der Barth später sagen konnte, daß sie der Intention und teilweise sogar dem Wortlaut der von ihm im selben Jahre gehaltenen ethischen Vorlesungen entsprach.

G. Dehn, einer der wenigen religiös-sozialen Pfarrer, die Barth in Tambach verstanden hatten, fragte, ob der „Selbsterhaltungstrieb der Nation", ob „Ruhm, Ehre, Herrlichkeit einer Nation" wirklich „christliche Anliegen" seien. „Ich will diese Frage nur aufwerfen, gar nicht entscheiden" (Dehn, S. 17). Aber eben: „Im besten Fall ist der Krieg eine harte Notwendigkeit, ein Akt der Notwehr, durch den ein Volk sich gegen das andere zu behaupten versucht". Auf die Frage, ob ein Christ guten Gewissens am Krieg teilnehmen könne, antwortete Dehn daher wenig befriedigend: „Vielleicht ja, vielleicht nein" (S. 18). Er gab aber zu bedenken, daß eine Parallelisierung der Kriegsopfer mit dem Opfertod Jesu nicht eben gut möglich, nein „unmöglich" sei, denn es würde sonst „außer Acht gelassen, daß der, der getötet wurde, eben auch selber hat töten wollen". Es sei darum die Errichtung von Gefallenen-Denkmälern nicht als Sache der Kirchgemeinde, sondern tunlichst der „bürgerlichen Gemeinde" anzusehen (S. 22). Im Anschluß an diesen Vortrag wurde Dehn aus dem Publikum bezichtigt, er habe die Gefallenen als „Mörder" tituliert (S. 27). Die nationalistische Presse richtete Vorwürfe auch gegen die Kirchenleitung, die Dehn aber nicht in Schutz nehmen wollte. Es kam im Gegenteil zu einem Disziplinarverfahren, das Dehn von Seiten des kirchlichen Konsistoriums den Vorwurf eintrug, er habe nicht „die Worte sorgfältig abzuwägen und beruhigend zu wirken" gewußt und statt dessen „in weiten urteilsfähigen (! PW) Kreisen große Erregung hervorgerufen" (S. 33) !

Diesen Vorgang brachte G. Traub 1931 in seinen „Eisernen Blättern" in Erinnerung, als eine Berufung auf einen Lehrstuhl in praktischer Theologie in Heidelberg bevorstand (Dehn, S. 39). Diese Berufung war schon ausgesprochen, wurde nun aber von der Heidelberger Fakultät rückgängig gemacht, weil Dehn, der seinerzeit nicht rehabilitiert worden sei, dem Ansehen der Fakultät Schaden zufügen könne. Daraufhin wurde Dehn durch den preußischen Kultusminister und Sozialdemokraten A. Grimme nach Halle berufen, ein Vorgehen, das nun in der nationalistischen Studentenschaft Halle heftigsten Widerstand hervorrief.

Von Seiten der verfaßten Studentenschaft wurde u.a. wie folgt argumentiert: „*Wer unvoreingenommen Herrn G. Dehns Worte in seiner Magdeburger-Rede beurteilt, muß zu dem Schluß kommen, daß Herr G. Dehn in seinem Denken ein Marxist und Pazifist ist*", ein Vertreter jedenfalls „*eines Geistes, der dem Volk und insbesondere der deutschen Jugend nur gefährlich werden kann*" (Dehn, S. 56f). Ähnlich die „Deutsche Studentenschaft": „*Ein Lehrer, ein Führer . . . , der sich nicht bedingungslos und klar für eine nationale Wiedererstarkung einsetzt, wird kategorisch mit der ganzen elementaren Kraft der Empörung abgelehnt, deren die deutsche Jugend fähig ist . . . Man bedenke, daß er Mitglied der SPD war, daß er der Gruppe der religiösen Sozialisten nahe steht, und daß von ihm behauptet wird, er habe nahe Beziehungen zur deutschen Friedensgesellschaft, die nach dem Urteil eines deutschen Gerichtes von Frankreich Verrätergelder empfing . . .*" (S. 58f).

Die Studenten drohten nicht nur, Dehn zu boykottieren, sondern Halle zu verlassen. In dieser Situation richtete Barth — mit K.L. Schmidt, M. Dibelius, O. Pieper und auch G. Wünsch — ein Schreiben an den Rektor der Universität sowie an den Dekan der theologischen Fakultät Halle, in welchem er sich mit Dehn in sehr weitgehender Weise „*persönlich und sachlich solidarisch*" erklärte (S. 76f).

In diesen Schreiben wurden zugleich die Studenten auf die „*groteske Situation*" aufmerksam gemacht, die sich bei angezeigtem Sachverhalt für diejenigen ergeben würde, die von Halle an andere theologische Fakultäten „*abwandern*" wollten. Diese Erklärung wurde von Bultmann nicht mitunterzeichnet, der aber eine andere Erklärung von über dreißig Professoren initiierte, in welcher das Vorgehen der Studenten im Namen der Forschungs- und Lehrfreiheit „*aufs Schärfste verurteilt*" wurde (B.-B., S. 131ff).

Dank des Eingreifens des Rektors konnte Dehn seine Vorlesungen — im Rahmen eines „Burgfriedens" — doch abhalten. Die eigentliche Eskalation trat aber ein, als Dehn — gegen das Anraten Barths — eine Dokumentation veröffentlichte, in welcher er sich grundsätzlich zu rechtfertigen versuchte.

In einem Nachwort analysierte er die Vorgänge in Halle hellsichtig als ein *„Vorspiel kommender Ereignisse, wo ein machtpolitisch orientierter Staat . . . von der Kirche entweder völligen Gehorsam verlangen oder sie für staatsgefährlich erklären wird."* Der Studentenschaft aber warf er *„irregeführten Idealismus"* vor, eine *„von Gott gelöste Vaterlandsliebe"*, die dem Vaterland nicht wirklich hilft. *„Verzerrter Idealismus ist Dämonie"* (Dehn, S. 89f). Damit war dem Faß der Boden ausgeschlagen. Mit den Studenten solidarisierten sich auch Professoren gegen den *„undeutschen Geist'.* Wer *„vaterländische Dinge so kühl, so fragweise behandeln kann . . . statt elementar zu fühlen, daß man diesem seinem Volk mit Leib und Leben verhaftet ist"*, könne diesen Lernenden — so ein Prof. Eger — unmöglich ein guter und vertrauenswürdiger Lehrer sein. Unterstützung wurde diesen Kreisen nun aber aus Göttingen zuteil, wo Hirsch und Dörries eine Erklärung veröffentlichten, die von einem Hochschullehrer, unbeschadet seiner Lehrfreiheit, ein *„Bekenntnis zu dem leidenschaftlichen Freiheitswillen unseres Volkes"* erwarteten, *„das von macht- und habgierigen Feinden geknechtet und geschändet wird"* (Bizer, S. 257f) [21].

Das Eingreifen seines ehemaligen Kollegen Hirsch dürfte für Barth das Signal gegeben haben, den Streit — nach Drängen u.a. von M. Rade — nun seinerseits aufzunehmen. In der Frankfurter Zeitung vom 15.2.1932 wandte er sich erstmals an die breite politische bzw. bürgerliche Öffentlichkeit und forderte dazu auf, den *„in seinen Einzelheiten nach gerade immer unwürdigeren Streit gegen den einen Dehn"* zu einem Streit *„gegen die ‚irgendwie' hinter ihm stehende sogen. ‚dialektische' Theologie"* d.h. aber — gegen Barth selber werden zu lassen. Unter dem Titel *„Warum führt man den Kampf nicht auf der ganzen Linie?"* bestätigte Barth seine direkte *„persönliche und sachliche Solidarität"* mit G. Dehn und machte dessen Fall in geradezu beispielloser Weise zu seinem eigenen (Barth 1932a, S. 373ff). Mit anderen Worten: Barth hatte erkannt (und wohl richtig analysiert), daß mit dem „Fall Dehn" die Existenz und Glaubwürdigkeit, aber auch Absicht und Politizität seiner „dialektischen Theologie" unmittelbar betroffen war.

Es habe keinen Sinn, gegen Dehn *„als einen doch vielleicht kleineren Dieb"* vorzugehen, die *„großen Diebe"* aber laufen zu lassen, besonders, wenn diejenigen, die es angeht, *„sich sagen müssen, daß Dehn vielleicht gar nicht am schlimmsten das ist, was sie mit ihrem Kampf treffen wollen"* (Barth, 1932a, S. 376f)! Dabei sei es besonders schlimm, wenn auch seine ehemaligen Göttinger-Kollegen *„losschlagen"* würden ohne zu sehen, daß hier Wesen und Auftrag der evangelischen Theologie zur Debatte stünden. Barth bringt natürlich gerade

21) Vgl. die Darstellung von K. Scholder, 1977, S. 217-224.

seine **Theologie** in die politische Auseinandersetzung ein — freilich nicht ohne seine Kollegen dazu aufzufordern, wenigstens im primitivsten Sinne *„wissenschaftlich"* zu argumentieren, d.h. die bei Dehn *„inkriminierten Sätze"* — *„z.B. seine Lehre vom Zusammenhang zwischen Notwehr und Krieg"* — auch einmal in ihrem *„Sinnzusammenhang"* zu reflektieren etc. Aber: *„es liegt ein Rauhreif von Barbarei über diesem ganzen Schlachtfeld"* (S. 378). Hier zögert Barth nicht — Hitler zu zitieren, um damit den allgemeinpolitischen wie hochschulpolitischen Hintergrund des Streites zu enthüllen.

Denn nach einer Führeranweisung handle es sich in der gegenwärtigen Auseinandersetzung an Hochschule und in der Gesellschaft *„um eine Feldschlacht, nicht um das Betreiben kriegswissenschaftlicher Studien . . . Jetzt muß unsere Sorge sein, daß uns niemand die Macht nimmt. Da haben wir für theoretische Probleme keine Zeit"* (S. 379).

Barth fragt — rethorisch — ob es auch für ihn Zeit sein müsse, *„alle Argumente fahren zu lassen und sich nach irgendwelcher mechanischen Bewaffnung umzusehen"*. *„Aber ich kann mir wirklich nicht denken, daß dies die Meinung der gegen Dehn streitenden Studenten und Professoren im Ernst sein sollte"*. Darum die Aufforderung, sich gerade jetzt nochmals *„hinzusetzen"* und auch ein wenig *„zum Gegner"* hinzusetzen! Barth beruft sich darauf, daß die nationalsozialistischen Studenten seinen Vorlesungen ohne Murren folgen würden!

„Dürfte nicht sogar der in dieser Sache offenbar besonders grimmige Kollege Hirsch in Göttingen mit mir einig darin werden, daß es an der Zeit wäre, diesen Streit aus dem Bereich der Straße auf ein uns aller und vor allem der evangelischen Theologie würdiges Niveau zu erheben? Ich fürchte, daß er und ich uns weder theologisch noch politisch je verständigen werden. Ich hoffe aber, daß sein und mein primäres Interesse der Theologie und nicht der Politik gehört" (S. 279-381).

Kein Zweifel: Barth argumentiert hier als „Republikaner", der immer noch glaubt, daß Politik „mit Argumenten" zu machen, daß nur mit Argumenten auch wirkliche „Politik" zu machen ist. Hat er sich darin geirrt? Er spricht freilich — und dies dürfte für das Verständnis dieses Aufsatzes entscheidend sein — aus seinem „kirchlichen" Verständnis von Öffentlichkeit heraus. Daß die Auseinandersetzung unter „theologischen" Voraussetzungen zu führen sei — das ist kein nur formales bzw. wissenschaftliches Argument, sofern eben gerade die Theologie die Bedingungen der Möglichkeit auch einer echten Polis enthält. Mögen die Argumente „der Straße" — „undeutscher Geist", „Marxismus" etc. — in der (schlechten) „Politik" ihre Rolle spielen, unter der gemeinsamen Voraussetzung des Evangeliums können sie diese Rolle nicht spielen. Unter dieser Voraussetzung — d.h. in der „Kirche", im **Raum** der Evangelischen Theologie! — wird man sich auch

zum ärgsten politischen Gegner ein wenig hin-setzen müssen! Aber eben:
auch diese Voraussetzung hat Barth nicht mit Hirsch gemeinsam.

Hirsch antwortet im 1. Aprilheft des Deutschen Volkstums 1932:
*„Wollen sie leugnen, daß die Eingliederung in Volk und Staat und in
die geschichtliche Stunde und Aufgabe von Volk und Staat mit meiner
Existenz als Mensch so verwoben ist, daß ich sie nur im Ungehorsam
gegen den, der mich in sie gesetzt hat („Gott" PW), verleugnen könnte
und durch Ableiten in nicht – existenzielles, also theologisch belangloses Gerede nicht zum Grundpunkt desjenigen Verstehens machen
könnte, welches mir als Theologen aufgegeben ist. Wollen sie wirklich? Dann würden Sie an die Stelle der konkreten menschlichen Existenz, die uns gegeben ist, der in der Geschichte, eine abstrakte
menschliche Existenz setzen, die nur im Hirn einiger philosophischer
und theologischer Spekulanten vorkommt"* (Traub, S. 365).

Diesem Argument ist schwerlich mehr zu entgegnen, sofern hier eine Kategorie des „Existenziellen" in Anspruch genommen wird, in welcher – ähnlich wie bei C. Schmitt – nur noch derjenige mitreden kann, der ihre Voraussetzung teilt. Sie ist geradezu die Reinform der nationalsozialistischen
Ideologie. Ihr gegenüber erscheint Barth nun notgedrungen als ein gebilde-
ter und intellektualisitischer „Bourgeois" bzw. – und beides mußte er fortan nun dauern zu hören bekommen! – als ein republikanischer „Schweizer", der einen *„von der Wurzel bis zum Wipfel"* mit seinem Volk empfin-
denden Deutschen per se nicht verstehen könne [22].

Die Fronten des folgenden „Kirchenkampfes" sind damit schon abgesteckt
– und man würde sich wohl wünschen, sie wären anders verlaufen. Aber
gegen diese Front ist nun auch für Barth, wie er merkt, kein Ankommen
mehr. Hätte er nun plötzlich von einem Genus ins andere fallen, zu einem
radikalen „Sozialisten", zu einem „Deutschen", zu einem „Kommunisten"
werden sollen? Seine verzweifelt eindringliche und über alle Gräben hinweg
doch einfühlende Duplik gehört trotz allem zu den besten Worten, die er
je gefunden hat:

*„Mußte ich Sie erst nötigen, noch einmal und noch einmal zu erklä-
ren, daß als der ‚Grundpunkt' Ihres theologischen Verstehens von
Volk, Staat und Krieg die in ihrer ‚Verwobenheit' von Schöpfung und
Sünde als göttliche Setzung direkt einzusehende menschliche Existenz
und beileibe nicht eine der menschlichen Existenz und allen ihren Bestimmungen eindeutig und unumkehrbar gegenüberstehende Instanz
anzusehen sei? Wie sollte es angesichts dieses Ihr und Ihrer Freunde
Schrifttum beherrschenden ‚Grundpunktes' nicht klar sein, daß Ihre*

---

22) So Hirsch in seiner Erwiderung auf Barths „Theologische Existenz heute", zit.
nach K. Scholder, 1977, S. 557.

theologische ,Leidenschaft' mit Ihrer politischen schlechterdings iden-
tisch sein muß! . . . Wo und wie sollte es da ein Oberhalb und Jenseits
geben? Vielleicht einen ,Gott', vielleicht ein ,Evangelium', vielleicht
eine ,Kirche', die eine schlechterdings selbständige und überlegene
,Leidenschaft' für sich in Anspruch nehmen könnten? Vielleicht ein
Gesetz, das sich auch und gerade gegen das bestgemeinte Ja! des rein-
sten menschlichen Willens wenden könnte? Vielleicht einen Glauben,
eine Liebe, eine Hoffnung, die sich auf keinen Fall dialektisch in das
Pathos von ,Schöpfung und Sünde' auflösen ließen? Vielleicht eine
Theologie, die auch im Angesicht der Politik nicht Politik würde, son-
dern Theologie bliebe?" (Traub, S. 369f).

3.3. Dogmatische Form und politischer Inhalt — zum „Formproblem" der Theologie K. Barths

Also Theologie — und keine Politik? [23)]

Barth kämpft um eine Voraussetzung, oder auch nur um ein „Spurenele-
ment" dieser Voraussetzung, ohne die der Nationalsozialismus in der Tat
möglich, wenn nicht eben „schicksalshaft" und unentrinnbar ist, mit der
und „unter" der er aber unmöglich, ja wenn auch nur teilweise nicht möglich, dann auch in seiner Totalität unmöglich ist. Auf den ersten Blick
scheint diese Voraussetzung mehr als schwach und „belanglos" zu sein. Ist
sie aber da — oder ist sie auch nur aus der Ferne in Betracht gezogen, dann
ist Theologie nie „nur" Theologie, dann ist gerade Barths Theologie hier
im Begriff, im höchsten Maße „politisch" zu werden. Barths Argument
bleibt freilich — im ganzen Fall Dehn — noch relativ formal, und ist insofern Mißdeutungen ausgesetzt. Man dürfte vielleicht sogar sagen: Barth hält
seine materialen Argumente — z.B. über das Wesen der Kirche, über die Beurteilung von Volkstum, Staat und Gesellschaft bzw. über den von Dehn
direkt zitierten Zusammenhang von „Notwehr und Krieg" (Ethik I., S. 239-
269) — bewußt zurück. Aber dies, daß Barth in den ersten Jahren des nun
anhebenden „Kirchenkampfes" die materialen Konsequenzen seiner
Dogmatik und Ethik erst nach und nach offenlegen und präzisieren und
zugleich den neuen, unerwarteten Gesellschaftszuständen einzeichnen
wird, läßt nicht nur auf ein Überraschungsmoment schließen, in welchem
Barth seine bisherigen Konzeptionen nocheinmal überdenken und „überholen" mußte [24)]. Barths Theologie befand sich in den Zwanziger Jahren
überhaupt erst „in der Etappe" d.h. in einer Vorbereitungsphase, in welcher auch eine „formale" Argumentationsbasis allererst gefunden und —
in Auseinandersetzung mit der neo-protestantischen kirchlichen Tradi-

---

23) Dies ,suggeriert' vor allem K. Scholder, S. 221ff.
24) Vgl. Teil II, Kap. 6.2.

tion — erarbeitet werden mußte. Aber wichtiger als dies erscheint die Tatsache, daß Barths formaler Ansatz zur notwendigen Materialisierung **fähig**, und nicht nur fähig, sondern auch **bereit** und sachlich **genötigt** war. Barths Theologie ist von Anfang an auf sie angelegt: die „Form" ihres Inhaltes, keine Theologie „an sich" [25]. Barths „christologische Konzentration" hat, abgesehen von der Sensation, die sie für die traditionelle Dogmatik formaliter bedeutete, inhaltliche, materiale, eben auch: kirchenpolitische und politische Bedeutung. Ohne diese ist auch ihre „Form" Schall und Rauch, mit dieser aber gewinnt auch das formale Argument seine Zielrichtung und Kraft. Es formuliert die Bedingungen, unter denen in der Kirche ein bestimmtes freies politisches Urteilen und Wollen möglich und notwendig, ein bestimmtes anderes politisches Urteilen und Wollen aber schlechterdings unmöglich ist. „*A posse ad esse valet consequentia*" (B.-B., S. 153)! Die Interpretation hat dieses Form-Problem der Barth'schen Theologie mit zu berücksichtigen, aber nicht so, daß sie diese Theologie zu einer „reinen" Theologie-an-sich erklärt, sondern so, daß sie zu erkennen gibt, inwiefern Barth in der Etappe „zwischen den Zeiten" so um dieses „posse" gerungen hat, daß sich das „esse" des Kirchenkampfes wie seines späteren „politischen" Widerstandes daraus ergibt. Man kann nicht fehlgehen in der Annahme, daß Barth auch im Kirchenkampf um das „posse" eines von der Kirche zu tragenden, ja auch erst von der Kirche her zu begründenden „*politischen*" Widerstandes gekämpft hat! Gerade seine Theologie ist sein **erstes** „politisches" Kampfmittel.

> „*Es trug der theologisch-kirchliche Konflikt den politischen in sich, und es mußte so kommen, daß er tatsächlich mehr und mehr als politischer Konflikt offenbar wurde . . . Man hat sich über die ‚Veränderung' meiner Haltung . . . sehr verwundert: . . . darüber, daß ich nun auch noch direkt politisch zu werden begann. Daß es mir früher und jetzt nicht immer gelungen ist, mich für alle verständlich auszudrücken, das ist ein Stück von der Schuld, die ich, wenn ich mich von so viel Ärger und Verwirrung umgeben sehe, gewiß vor allem mir selber zuzuschreiben habe. Ich möchte aber doch gern sagen dürfen, daß, wer mich wirklich vorher gekannt hat, sich auch jetzt so sehr nicht verwundern dürfte. Ich denke, daß die Majestät Gottes, der eschatologische Charakter der ganzen christlichen Botschaft, die Predigt des reinen Evangeliums als die alleinige Aufgabe der christlichen Kirchen die Gedanken sind, die nach wie vor den Mittelpunkt meiner theologischen Lehre bilden. Es existierte aber der abstrakt transzendente Gott,*

---

25) Ob man Scholders großangelegte Darstellung „tendenziös" nennen darf? Es gibt kaum ein Faktum, das er „an sich" unrichtig darstellte, kaum eine Interpretation, die er nicht belegte. Dazu gehört etliche Meisterschaft in Stoff- und Sprachbeherrschung, die man Scholder gewiß nicht absprechen kann! Erst der Gesamtzusammenhang läßt auch die Tendenz erkennen, die der angewandten Methode entspricht.

*der sich des wirklichen Menschen nicht annimmt: ,Gott alles, der Mensch nichts!', es existierte eine abstrakt eschatologische Erwartung ohne Gegenwartsbedeutung und es existierte die ebenso abstrakt nur mit diesem transzendenten Gott beschäftigte, von Staat und Gesellschaft durch einen Abgrund getrennte Kirche nicht in **meinem** Kopf, sondern nur in den Köpfen mancher meiner Leser, und besonders solcher, die Rezensionen und ganze Bücher über mich geschrieben haben . . . Ich habe nicht nur zum Vergnügen einen leeren Bogen gespannt, wie ich es nach vieler Meinung zu tun schien, ich habe nun offenbar auch einen Pfeil auf der Sehne gehabt und geschossen. Es wäre gut, wenn einige im Blick auf das, was jetzt geschehen ist, endlich verstehen würden, wie es schon vorher gemeint war!"* (Der Götze, S. 189f).

Dieser Anweisung Barths ist zu folgen. Sie bedeutet aber konkret, daß sich der Interpret niemals vom Anblick der relativ spröden Formeln der Barth'-schen Dogmatik in Bann schlagen und dazu verleiten lassen darf, auf sie statt auf den fliegenden Pfeil, statt auf die in ihnen angedeutete Bewegung und Tendenz, „Richtung und Linie" (Barth 1946a, S. 60) zu sehen. Barths Theologie ist keine Theologie-an-sich, auch dann, wenn sie und wo sie sich der Anstrengung des „reinen", des dogmatischen Begriffs unterwirft, sie darf niemals als bare Münze genommen werden! Sie ist ja kein „Zahlungsmittel", das für jeden beliebigen Inhalt und Nicht-Inhalt eintauschbar ist, kein Äquivalent für die „Allgemeinheit schlechthin" (gegen Wagner 1975). Sie ist die Form eines historisch-konkreten Inhaltes, so wahr sie „Jesus Christus", einen bestimmten Menschen — zumal einen Juden! — und seine bestimmte „Geschichte" zum Inhalt hat. Sagen wir darum deutlich: mit diesem **Gegenstand**, aber nur mit ihm, steht und fällt das Recht jeder, also auch einer „marxistisch" orientierten Barth-Interpretation. Er bezeichnet die Grenze jeder möglichen Interpretationsweise (und ihres Rechtes), zugleich aber jenen „Grundpunkt" des theologischen Verständnisses, der wie dem einfältigen so auch dem theoretischen, wie dem „dogmatisch" so gewiß auch dem „marxistisch" geschulten Denken geboten und angeboten ist. An **diesem** „Grundpunkt" ist Barths Theologie von Anfang an orientiert, auf ihn führt sie hin. An ihm entwickelt sie die „dogmatische" Begriffsform. Auf ihn hin ist sie zu interpretieren. Mag es zuweilen wie „Unterstellung" wirken, wenn wir in der dogmatischen Linienführung Barths da oder dort eine „marxistische" Absicht erkennen und zu verfolgen versuchen, entscheidend ist, wie Barth diese Absicht dogmatisch realisiert.

Es ist ja unschwer zu erkennen, daß seine frühe marxistisch geprägte **Religionskritik** — oder auch konkret: die Kritik des religiösen militaristischen Nationalismus! — in der „Dogmatik" wiederkehrt. Sie erscheint dort aber als „Resultat" der Lehre vom „Wort Gottes" bzw. des Begriffs der „Offenbarung" in seinen drei Artikeln von Vater, Sohn und Geist. Und dennoch ist es schwerlich bloße Unterstellung, zu behaupten, daß Barth hier eine seiner frühesten Absichten reali-

siert und auch die exegetischen Resultate seiner Römerbriefkommentare mitverarbeitet hat. Wie nun? Ist die „Dogmatik" darum eine unnötige, überflüssige „Verkleidung", Chiffrierung oder Legitimierung
eines bei Barth schon vorher und ohne alle Dogmatik bestehenden politischen oder „ideologischen" Interesses? Das sei ferne! Oder ist dieses Interesse, wenn es bestanden hat, nun darum erledigt, weil es in die
höhere, womöglich „zeitlose" Form der Dogmatik eingegangen ist?
Mitnichten! Hier gilt, was H.U.v. Balthasar festgestellt hat: daß „gewisse politische Stellungnahmen Karl Barths am Ursprung einer dogmatischen Linienführung stehen können, sofern wiederum solche Linienführung zu praktischen und politischen Folgerungen zu führen imstande ist. Je tiefer man Barths Denken kennen lernt, um so evidenter
werden solche Zusammenhänge, und zwar in beiderlei Richtung . . .
Und man wird vielleicht nochmals verwundert feststellen, daß Barth
auch hierin sich treu geblieben ist, daß seine frühesten Stellungnahmen
– geistliche und weltliche in einem – sich durch allen Wandel bis zu
den jüngsten so gut wie unverändert durchgehalten haben" (Balthasar,
S. 54). Wir stoßen hier noch einmal auf das Formproblem dieser Theologie: auf den eigentümlichen Zusammenhang zwischen Induktion und
Deduktion bzw. von der „Arbeits- und Erkenntnisweise" dieser Theologie und der „Darstellungsweise" des Resultates. Die „strenge Form"
der Darstellung verbirgt u.U., was ihr an exegetischer, aber auch
ethisch-politischer Überlegung vorangegangen ist, sie ist aber zugleich
der Maßstab, dem sich auch Barths politisches Denken unterzieht.
Kurz: Barth „arbeitet" induktiv, d.h. von unten nach oben – in der
Darstellung aber argumentiert er deduktiv, d.h. von oben her nach unten. Er wird gewußt haben, warum er das tut – und offenbar erwartet
er auch von seinen Kritikern, daß auch sie sich der Anstrengung dieser
„Form" bzw. des dogmatischen Begriffs unterziehen, bevor sie abschließend über ihn urteilen.

Bevor wir aber den Anfängen des „dogmatischen" Denkens von Barth –
und seinen Denkformen – nachspüren, wenden wir uns kurz seinen exegetischen Anfängen zu. Barth will ja, so wahr als „christlicher" Theologe, so
wahr eben als „biblischer Theologe" verstanden sein.

KAPITEL 3

Zeitgeschichtliche Bibelauslegung
Zu den Römerbriefkommentaren (R I und R II)

1.) Zur Hermeneutik von R I und R II

Wie die „christologische Konzentration" der Terminus ad quem, sind die Römerbriefe der terminus a quo von Barths „dogmatischer" Theologie „zwischen den Zeiten". Sie ist eine „Theologie des Wortes Gottes" eben, indem sie zunächst die Bibel als die in „Gott" – auf „Gott" hin, von „Gott" her – zu lesende historische Quelle versteht. In dieser Absicht erneuert Barth die reformatorische Lehre von der Autorität der Schrift bzw. des altkirchlichen Kanons. In dieser Absicht wird seine Theologie zur Neuinterpretation der reformatorischen Theologie. Wenn irgendwo, wird sich Barths „dialektische" Theologie an dieser Stelle spezifizieren und von anderer „dialektischer Theologie" unterscheiden lassen. Wenn irgendwo, dann findet sich hier auch die Argumentationsbasis, von welcher aus Barths Verhältnis zu den anderen Dialektischen Theologen zu klären ist. Dies gilt um so mehr, als Barth die Römerbriefe – auch den ersten – nie gänzlich revoziert hat, und die zweite Bearbeitung in der Weimarer Zeit mehrere Neuauflagen erfährt. Die Römerbriefe „kommentieren" Barths Theologie in dieser ganzen Zeit sowie auch seine Dogmatik den Römerbrief bzw. die Bibel des Alten und Neuen Testamentes „kommentiert" (Marquardt 1968, S. 90f). Barth betont, „daß alles Frühere im Jetzigen enthalten ist" (Der Götze, S. 113), der Römerbrief bleibt Stützpunkt seines Denkens bis in die kirchliche Dogmatik hinein. Es versteht sich freilich, daß Barths frühe Kommentare an dieser Stelle in keiner Weise erschöpfend behandelt werden können. Sie „warten" immer noch (R I, Vorwort). Wir begnügen uns mit einigen Hinweisen, Thesen, die Barths Wendung zur Theologie im zeitgeschichtlichen Kontext beleuchten –

Die Hermeneutik dieser beiden Texte – R I und R II – bereitet freilich einige Schwierigkeiten, und nicht nur, was ihr Verhältnis untereinander betrifft. Worum handelt es sich überhaupt, was ist der Zweck und Gegenstand dieser Unternehmung? Oder möchte es schon unstatthaft sein, von einem gewißen „Zweck" und „Gegenstand" zu reden? Handelt es sich etwa um eine esoterische Geheimlehre, die nur versteht, wer eben versteht? Oder um ein letztes großes Feuerwerk der Selbstaufhebung und Destruktion aller Theologie (Farner, S. 149)? Um eine groteske expressionistische Gebärde eines einsam in der Leere verharrenden Individuums? Oder um gezielten Protest gerade gegen eine jede „zweckhafte", ihres Gegenstandes und ihrer Sinnhaftigkeit versicherten Theologenkunst? Um neue Orthodoxie und Bibeltreue? Oder um theologisch verbrämten Nihilismus? Um einen Dezisionismus im Sinne C. Schmitts – oder um spätbürgerliche Ideologie? Keine dieser Fragen kann letztlich bejaht oder verneint werden. Das „Chamäleon", als das sich Barth hier schon erweist, läßt viele Fragen nicht nur unbeantwortet, sondern fügt ihnen neue hinzu, es läßt das Fragen — und vor allem den **Frager** problematisch werden. Vor allem den unbeteiligten, aber auch den „*allzu aktuell interessierten*" bzw. „*sensationslüsternen*" Frager (R II, S. 462)! Wer sind wir denn, daß wir von Barths Theologie dieses oder jenes zu erwarten und über sie so oder anders zu urteilen müssen meinen? Auch Thesen können hier nur den Charakter von Arbeits-Hypothesen haben, die im nächsten Augenblick schon hinfällig werden können, die den Leser aber zur eigenen Mitarbeit anregen mögen. Einseitigkeiten, Über- oder Unterbelichtungen werden dabei schwerlich zu vermeiden sein.

> „*Das übliche arbeitslose Reden und Schreiben vom ganzen Evangelium, das Glaube, Liebe und Hoffnung, Himmel, Erde und Hölle in schöner Proportion gleichmäßig umfaßt, halte ich für wenig erbaulich . . . An der Grenze der Häresie hat sich der Paulinismus immer befunden, und man muß sich nur wundern darüber, was für absolut harmlose und unanstößige Bücher die meisten Römerbriefkommentare und anderen Paulusbücher sind . . . die Studenten möchte ich diesmal . . . selbst ermahnen, das Buch sehr vorsichtig zu lesen, nicht zu schnell, nicht ohne mein Vorgehen am griechischen Text und an anderen Kommentaren zu kontrollieren, und bitte lieber nicht ‚begeistert'! Es handelt sich um ernste und im prägnanten Sinn kritische Arbeit, die hier zu tun ist*" (R II, S. XV).

Im „kritischen Augenblick" vor allem von R II läßt sich nicht verharren. Der Versuch, ihn einfach zu wiederholen, könnte zu „*lauter Strohdreschen, . . . Kommödie oder Tragödie*" werden (KD I/1, S. 168) [1]. Es hat keinen Sinn, auf ihm als solchem zu insistieren, als ob er das einzig wahre Merkmal der wahren Theologie zu sein vermöchte. Die Interpretation kann aber der „Krisis" auch nicht entgehen wollen oder letztlich entgehen, sofern ihr „Augenblick" immer wieder und stets zu vergegenwärtigen ist. Konkret gilt es zu berücksichtigen:

1.) Es handelt sich um einen „**Kommentar**": nicht um einen selbständigen, sondern unselbständigen Text, der einen bestimmten Gegenstand vor sich hat und in der **Arbeit** an diesem Gegenstand begriffen ist.

2.) Es handelt sich bei diesem Gegenstand aber zunächst um die **Bibel** bzw. um einen im Horizont des Alten Testamentes redenden neutestamentlichen Autor, nicht um eine „Philosophie".

---

1) Vgl. auch Barths ‚Selbstkritik' KD II/1, S. 717.

3.) Es handelt sich in dieser Arbeit aber um den Versuch, diesen Autor bzw. diesen Text zu verstehen bzw. auf das zu hören, was dieser Text eigentlich „sagen will".

4.) Es handelt sich freilich auch da um „kritische" Arbeit, in welcher mit allerlei historisch bekannten und vermeintlich nur allzu bekannten Größen, dann aber eben auch mit allerlei Variablen und letzten „Unbekannten" zu rechnen ist.

5.) Es handelt sich aber um einen Prozeß, um eine Praxis der Erkenntnis — um eine fortschreitende Bewegung! —, in welcher der innere und äußere Zusammenhang dieser Größen sich dem Betrachter niemals „im Großen und Ganzen", sondern nur immer in concreto, d.h. im Vollzug dieses Erkenntnisprozesses, in einer bestimmten „Aktualität" zu verstehen gibt.

In diesem Sinne muß auch das Verhältnis des R I zum R II interpretiert werden, in welchem nach Barths Aussage *sozusagen kein Stein auf dem anderen geblieben"* ist (R II, S. VI). Beide Kommentare bilden eine differenzierte Einheit, in welcher R I freilich stärker den politischen (-sozialistischen), R II aber stärker den existenziell-theologischen bzw. ideologiekritischen Charakter der Barth'schen Römerbriefauslegung betont. Erst in R II vollzieht Barth den endgültigen Bruch mit der „liberalen" Theologie. Diesem geht aber der Bruch mit dem politischen Liberalismus voraus. R I ist darum, wie in R II „aufgehoben", gewiß darin auch enthalten.

H. Kirsch betont, anders als Marquardt, die Differenz zwischen R I und R II, sofern Barth in R I theologisch noch einem *„materiell liberalen Denken"* verhaftet sei (Kirsch, S. 105, vgl. Balthasar, S. 227), wogegen *„im Verhältnis der kritischen zur späteren Theologie Barths die Gleichartigkeit trotz aller Differenz im einzelnen"* dominiere (Kirsch, S. 109). Barths theologischer Liberalismus mache sich in R I z.B. daran fest, daß Barth das *„Reich Gottes"* noch in einem „evolutionären" Prozeß, in einer *„Immanenz"* des Reiches Gottes in der Geschichte, in einer synergistischen oder spekulativen *„Identität"* von göttlicher und·menschlicher Aktivität denkt. Dagegen führe Barth in R II die noch besser verstandene paulinische Rechtfertigungslehre, die Krisis des *„Ursprungs"* (Plato, Kant), das *„Paradox"* Kierkegaards, die Skepsis Nietsches und Overbecks, die Sündenerkenntnis Dostojewskis auf den Plan. *„Mensch ist Mensch und Gott ist Gott"* (R II, Vorwort). So schreibt Barth auch an Thurneysen: *„Die Wendung von Osiander zu Luther macht sich gegenüber der ersten Auflage geltend wie eine Katastrophe, und ich frage mich oft, wie ich damals so blind sein konnte, ,es' nicht zu sehen. Wenn nur der Spektakel über die literarische Sensation dieser retractatio die Aufmerksamkeit auf die Sache nicht übertäuben wird"* (Kirsch, S. 109, vgl. B.-Th. I/S. 435, 518ff).

Aber H. Kirsch stellt in Rechnung, daß Barth in R I gegen eine *„über-mächtige Tradition"* anzukämpfen hatte, die man *„unterschätzt"*, wenn man meint erwarten zu können, daß Barths Bemühung *„um-gehend zum endgültigen Erfolg"* hätte führen können (Kirsch, S. 113). Man könne *„in Barths frühesten Arbeiten, bei allem Mangel an eindeu-tiger Klarheit, dennoch eine gewiße Vorarbeit zur Destruktion der li-beralen Theologie erkennen"* (S. 113). Allerdings! R II ist in guten Treuen ohne die „Vorarbeit" des R I nicht zu denken, und man kann R I um so weniger der Vergangenheit überantworten, als auch der spä-te Barth selber auf ihn, gerade auf ihn, zurückgegriffen hat. Was Barth in R I seiner eigenen Meinung nach nur schlecht gesagt, was er in R II einer massiven Korrektur unterzogen hat, das hat er in der Kirchlichen Dogmatik — auch bei R II und dem „Gott alles — der Mensch nichts" ist er nicht stehen geblieben — eben besser zu sagen versucht. So etwa — mit H. Gollwitzer (1972, S. 36f) — in der Lehre vom „concursus dei" in KD III/3 (S. 166-170), so etwa in Barths später Tauflehre (KD IV/4), die den sogenannten „Synergismus" von R I, das Zusammen-Wirken Gottes und der Menschen in der Geschichte tatsächlich erneu-ert [2]. J. Fangmeier hat geurteilt: In R I *„scheint mit den alten Ver-hältnissen zu gründlich, mit dem alten Menschen zu wenig aufge-räumt"* (Fangmeier, S. 46). Aber R II nimmt die Kritik an den „Ver-hältnissen" nicht zurück, sondern radikalisiert sie bis in den Begriff des „Einzelnen" hinein, der diese Verhältnisse reproduziert. Die Pa-rallelen zu Marx und zur „kritischen Theorie" liegen auf der Hand (Kirsch, S. 35, 48f, 71, 77, 78, 82ff u.a.). Der „Einzelne" mit seiner vermeintlich unsterblichen „Seele", der fromme, christliche „Bour-geois" wird nun doch nicht als solcher rehabilitiert! Polemisch heißt es gegen ihn: *„Wir gerade verkündigen das Recht des Individuums, den unendlichen Wert des Einzelnen (Kierkegaard!), indem wir verkündi-gen, daß seine Seele verloren ist vor Gott und in Gott, aufgehoben und gerettet in ihm"* (R II, S. 91, U. PW) [3]. „Das Gericht muß jetzt voll-ständig sein" — so begründet Barth freilich seine selbstkritische Ab-sicht in R II (B.-Th. I/S. 448), — und so ergeht nun das „Gericht" über alle noch verbleibenden „Reste" von Geschichtsphilosophie, Meta-physik oder Ontologie. Barth erlebt das Aufeinanderprallen nicht ver-schiedener gedanklicher Systeme, sondern zweier „*Welten"*: „*Zwi-*

---

2) Gegen Dannemann, S. 95, Anm. 301, der meint, daß Gollwitzer den „Reflexions-stand von R. I . . . überschätzt". Vgl. meine Überlegungen Teil II, Kap. 3.1.2., und zu R. I/S. 169 in Kap. 7.3.4.

3) Gegen Dannemann, S. 95' dem der polemische, gegen den abstrakten „Einzel-nen" gerichteten Sinn dieser Sätze entgeht. Auch von Kierkegaard macht Barth polemisch Gebrauch gegen einen zeitgenössischen Existenzialismus, der sich auf ihn beruft. Der „unendliche Wert" des Individuums, den der Existenzialismus zweifellos meint, kann doch gerade vom Existenzialismus nicht wirklich „ver-teidigt" werden. Hier könnten Parallelen mit der späteren Existenzialismuskri-tik von H. Marcuse gezogen werden. Vgl. unten, Teil II, Kap. 5.1.5.

schen beiden besteht keine Polarität. Es sind inkommensurable Grös-
sen. Die Anerkennung der einen ist die Verwerfung der anderen. Ein
friedliches Nebeneinander ist ausgeschlossen. Die neue Welt hat das
absolute Übergewicht. Der Übergang von der einen zur anderen ist
nicht (Entwicklungs-) Prozeß, sondern geschieht durch einen Bruch.
Er ist Krisis, Scheidung" (Bakker, S. 4). Es handelt sich um die *„Zer-*
störung von Ontologie und Metaphysik" (S. 44ff) — aber Bakker zeigt,
wie Barth auf dem Höhepunkt der absoluten Krisis doch gerade das
biblische Verständnis der *„Geschichte"* zurückgewinnt (passim)! Sowenig Barth bei R II stehen geblieben ist, sowenig darf man bei der
Lektüre von R II an irgendeiner Stelle Halt machen und stehen bleiben. Es handelt sich von Kapitel zu Kapitel um eine Bewegung, in welcher Kierkegaard, Nietzsche etc. wohl aufgenommen (und gleichermaßen aufgezehrt), dann aber auch an ihrem Ort zurückgelassen werden. Abgesehen von dieser Bewegung handelte es sich tatsächlich nur
um einen *„Absud aus Nietzsche, Kierkegaard und Cohen"* (Vorw. zur
5. Aufl. S. XXV).

2.) Auseinandersetzung mit dem Marxismus

Wir sagen aber nicht zuviel mit der Annahme, daß Barth in den Römerbrie-
fen die Auseinandersetzung auch gerade mit dem Marxismus führt, die für
uns an dieser Stelle von besonderem Interesse ist. Sie spielt sich freilich
mehr indirekt und -praktisch, theoretisch — auf verschiedenen Ebenen ab.
Aber zweifellos kreist Barth hier auch um das, was er in R I die *„erlöschende Glut des marxistischen Dogmas"* genannt hat.

> *„Denn Gott schickt sich vielleicht gegenwärtig an, auch den alt und*
> *unsicher gewordenen Sozialismus hinter sich zurückzulassen. Denn sei-*
> *ne geschichtliche Stunde ist vielleicht nun abgelaufen, ohne der Welt*
> *zu bringen, was sie ihr hätte bringen sollen! Und damit würden seine*
> *bis jetzt sektenhaft eingeschlossenen Wahrheiten und Kräfte freige-*
> *macht für neue Bildungen und Versuche. Aber wichtiger als diese Auf-*
> *lösung wird die andere, die erfüllende geschichtliche Stunde sein, wo*
> *die jetzt erlöschende Glut des marxistischen Dogmas als Weltwahrheit*
> *neu aufleuchten, wo die sozialistische Kirche in einer sozialistisch ge-*
> *wordenen Welt auferstehen wird"* (R I/S. 331f).

Es handelt sich bei diesem „Dogma" aber um die von Marx bis zu Lenin
postulierte „Einheit von Theorie und (gesellschaftlicher) Praxis", von deren „Krisis" ja auch — Paulus nicht wenig gewußt hat!

> *„Immer ist das, was der Mensch tut, das Gericht dessen, was er will"*
> (R II/S. 467) — Das meint die „Krisis" des (zweiten) Römerbriefes!

Aber schon in seiner Frühzeit hat Barth zu den Sozialisten zu sagen gewagt:

> *„Jesus wollte, was Ihr wollt: er wollte den Geringsten helfen, er wollte*
> *das Reich Gottes auf dieser Erde aufrichten, er wollte das selbstsüch-*
> *tige Eigentum aufheben, er wollte die Menschen zu Genossen machen*
> *. . . Der rechte Sozialismus ist das rechte Christentum in unserer Zeit."*
> Aber: *„Da habt Ihr den Unterschied zwischen Jesus und Euch! Er*
> *wollte, was Ihr wollt, aber er tat es auch, wie Ihr gehört habt. Das ist*
> *ja überhaupt der Unterschied zwischen Jesus und uns Anderen, daß*
> *bei uns das meiste Programm ist, während bei Jesus Programm und*
> *Ausführung eins waren. Darum sagt Euch Jesus ganz einfach, daß Ihr*
> *. . . machen sollt, was Ihr wollt"* (Barth 1911, Nr. 156).

In diesen Sätzen spricht sich eines der ursprünglichsten, wenn nicht **das** ursprüngliche Motiv aus, das bei Barth zur Neubildung der theologischen
Fragestellung führte, das sich aber bis in sein Spätwerk durchgehalten hat.
Denn es ist gerade die Differenz von „Anspruch" und „Wirklichkeit" bzw.
die offenkundige Nicht-Realisierung der Einheit von Theorie und Praxis,
die bei Barth die Neubildung der theologischen Fragestellung erzwingt. Ich
versuche, dies thesenförmig zu skizzieren:

1.) Gerade das „Christentum" hatte nun trotz der von ihm behaupteten
Wahrheiten und göttlichen Wirklichkeiten angesichts der „sozialen
Frage" und des Weltkrieges auf der ganzen Linie versagt.

2.) Aber auch der Sozialismus hatte versagt, von dem Barth 1914 *„noch*
mehr als von der christlichen Kirche erwartet" hatte, daß er sich der
Kriegsideologie entziehen werde (B.-B., S. 306f).

3.) In dieser Situation reagiert Barth 1915 aber zugleich
a) praktisch mit dem Parteieintritt, um seinen radikalen Sozialismus
als *„mithoffender und mitschuldiger (!) Genosse"* auch *„innerhalb*
der Sozialdemokratie" zu betätigen (Anf. I, S. 32), wie
b) theoretisch – und in merklicher innerer Distanz zu ersterem
(Busch, S. 94f) – mit der Inangriffnahme des Römerbriefes. Insofern reflektieren Barths Römerbriefe auch die Schwierigkeiten eines bibellesenden Christen in der Beteiligung am „Klassenkampf".

4.) Barths Auslegung des Römerbriefs führt indessen nicht zu einer neuen
„Theorie" des globalen Klassenkampfes im umfänglichen marxistischen Sinn. Sie reflektiert vielmehr die konkrete Parteilichkeit des
Christen in den stattfindenden Kämpfen „vor Ort". M.a.W.: Die marxistische Theorie wird von Barth nicht durch eine andere „Theorie" ersetzt, sondern – soweit Ausdruck der gesellschaftlichen Wirklichkeit
– **vorausge**setzt. Nur die Frage der „Einheit" von Theorie und Praxis
wird vom biblischen Standpunkt aus problematisiert.

5.) Hier aber bekommt die Analyse und Kritik der „Religion" zentrale Bedeutung — sowohl in Hinsicht auf die Religion des christlichen Bürgertums bzw. der „Kirche", die für Barth im Grunde nur die Ideologie und Verbrämung eines praktizierten „Atheismus" war, — als auch in Hinsicht auf die gescheiterten Synthesen von „Christentum" und „Sozialismus". In beiden Fällen erscheint auch Barth das Auftreten der „Religion" als „Dasein eines Mangels": als eine Art Symptom oder Ersatzfunktion der gescheiterten Verbindung von Praxis und Theorie. Warum braucht denn der Sozialismus die „Hilfe" der Religion [4])? Und was soll nun gerade die Religion hier noch helfen können? Freilich war gerade der „Religiöse Sozialismus" der Versuch, dem mangelhaften Bewußtsein bzw. dem unchristlichen „Geist" der Arbeiterbewegung durch einen besseren — christlichen — Geist bzw. durch eine bessere „Moral" des Klassenkampfes aufzuhelfen. Aber gerade dagegen tritt Barth nun in voller Polemik auf.

6.) In merkwürdiger Übereinstimmung mit der marxistischen oder auch leninistischen Kritik am „Religiösen Sozialismus" [5]) wehrt er sich gegen den Versuch, den Sozialismus zu „klerikalisieren". Der Religiöse Sozialismus ist für ihn der letzte Versuch gerade des christlichen Bourgeois oder Kleinbürgers, den sozialen Kampf doch in falsche Bahnen zu lenken, die Arbeiterschaft erneut zu bevormunden, an den Symptomen statt an den Ursachen zu therapieren bzw. überhaupt die eine Krankheit mit einer anderen Krankheit heilen zu wollen. Die Arbeiter sollen nun also wieder „moralisch" werden, zur Kirche gehen, fromm werden, beten . . . . !
Dagegen heißt es:

*„Der Idealismus stellt ausgezeichnete Programme auf, zu deren Ausführung aber ein ‚neuer Geist', der nicht da ist, als weiterer Programmpunkt hinzu postuliert werden muß, und wenn und weil er diesem ‚neuen Geist' nirgendwo begegnet, schlägt er alsbald um in immer bitterere Anklagen und Urteile. Und er hat auf seinem Boden nur zu recht! Ideen sind immer negativ, immer Bußpredigt und Bußübung. Moral ist immer Kritik und Askese. Denn das ist's ja eben, daß der entscheidende Punkt aller idealistischen Programme immer der ‚neue Geist' ist, der sich tragischerweise **nicht** postulieren läßt"* (R I/S. 52).

So ist der religiöse Sozialist vielleicht dem „Pietisten" nur allzu verwandt, von dem es heißt:

---

4) So hatte F. Naumann seine christlich-soziale Zeitung genannt.

5) Vgl. M. Mattmüller, L. Ragaz, Bd. 2, S. 253ff.

„Wie sollte der Pietist etwas zu sagen oder zu tun wissen gegen Mammon, Krieg, Krankheit, Schicksal, Tod, wo sein tiefstes Wesen in demselben Abfall von Gott besteht, wie das Wesen jener Mächte? Er begegnet in der Welt überall der gleichen Eigenherrlichkeit, deren er sich selber schuldig weiß, und so kann er sich kraft seines besseren Wissens und Wollens wohl in Gegensatz stellen zu ihrer religiösen Oberflächlichkeit und zu ihrem moralischen Leichtsinn, aber niemals kraft seines besseren Tuns hindurchbrechen durch die Naturgesetze ihres Daseins. Denn dieses bessere Tun fehlt ihm sowohl wie ihr. Auch bei ihm raucht es nur, aber brennt es nicht. Er versteht und hat Gott so wenig, wie der Weltmensch, nur daß er sich vielleicht durch sein eigenherrliches Bemühen um Gott, durch seine übermütigen Erwartungen und Ansprüche dieses Verstehen und Haben noch besonders schwer gemacht hat und darum den herrschenden Mächten dieses Aeons besonders ratlos und widerstandslos ausgeliefert ist" (R I/S. 214f).

Dagegen verteidigt Barth die — anarchistische! — Spontanität des „Geistes Gottes", der „weht, wo er will". Aber er stellt in Rechnung, daß *„die Gewalt der Wahrheit, die in der ganzen Menschheit frei werden möchte (und im Christus frei geworden ist!)"* sich gerade nicht nur auf den Höhepunkten der moralischen und religiösen Entwicklung — *„im sogenannten ‚Christentum' oder in den Kreisen der moralischen Idealisten"* — bemerkbar und geltend macht,

„sondern auch in den schattenreichen Tälern der Menschheit und der Gesellschaft, wo es scheinbar äußerlich bei bloßen dumpfen Instinkten für das Göttliche sein Bewenden hat. Es gibt eben Instinkte, Ahnungen, unbewußte Regungen im Denken, Reden und Tun der Menschen, in denen tatsächlich jenes ergriffene Ergreifen des Göttlichen enthalten ist, auf das es im Urteil Gottes ankommt, in denen der entscheidende Fortschritt aus der von der menschlichen Ungerechtigkeit orientierten Welt hinein in die Welt der Gerechtigkeit tatsächlich bereits vollzogen ist. Es gibt eben ein ‚von Natur tun, was das Gesetz meint', abseits von den ‚hohen Werten' der Religion und der Moral, ein Durchbrechen zur Erkenntnis Gottes mitten aus der Ungewißheit und Untugend, eine Buße und einen Glauben der Weltkinder, die tatsächlich genau das sind, was in den Ankündigungen Gottes an die Gerechten gesucht und gemeint und beabsichtigt ist" (R I/S. 34).

Barth hat diese Sätze so gewiß nicht wiederholt, aber sie markieren deutlich genug die Situation des **Proletariates** als Ausgangspunkt seiner theologischen Fragestellungen gegen alles höhere und bessere „Wissen" von Religion und Moral im Kampf um die Gerechtigkeit. Hier wird den vermeintlich „Gottlosen" Recht gegeben, die gegen die Vertröstungen der Religion protestieren und doch dem Reiche Gottes näher sind in all ihrem noch schwachen und unbeholfenen Tun [6].

7.) Mit der Kritik am Religiösen Sozialismus vollzieht Barth freilich auch die Kritik von dessen „leninistischen" Pendant, das dem mangelnden „Klassenbewußtsein" der Arbeiterschaft durch doktrinäre Schulung und Parteiaufbau bzw. durch den „demokratischen Zentralismus" aufhelfen will. Dies ist eine vielleicht verständliche, aber in sich nicht minder verzweifelte Reaktion auf die Krise der sozialistischen Bewegung, der Versuch, die „Einheit von Theorie und Praxis" nun eben gewaltsam herzustellen. Nun soll es also die Partei sein, die kraft ihres besseren Wissens fehlenden „Geist" schaffen oder ersetzen und mit ihrer Einsicht in den historischen Prozeß nun auch noch den Mantel des hegelischen „Weltgeistes" ergreifen soll! Auch dies kann Bevormundung, auch dies kann „Religion" sein, die als Flucht in die ideologischen und politischen Aktivismus eben nur seinem Widerpart, dem Religiösen Sozialismus stets neue Argumente gibt.

8.) Auf diesem Hintergrund - zeitgeschichtlich nun konkret zwischen Lenin und Ragaz! - fragt Barth nach „Gott" und dem „Wort Gottes" als der Neubegründung der Einheit von Theorie und Praxis im gesellschaftlichen Horizont. Er fragt nach der „Revolution Gottes", die eine unprogrammierbar spontane Größe ist, die durch keine Aktivität vorweggenommen werden kann. Er fragt nach jener Revolution, die den Staat nicht durch einen anderen Staat, die Diktatur nicht durch eine andere Diktatur ersetzt, sondern alle Herrschaft von Menschen über Menschen im Ansatz negiert. Er fragt nach der Durchbrechung der Spirale von Gewalt und Gegengewalt: nach jener Revolution, die mit den neuen Verhältnissen auch neue Menschen, aber mit den neuen Menschen auch neue Verhältnisse schafft. Dies aber ist die unvermeidliche „Krisis" gerade des „Revolutionärs", der sich diesem „Programm" verschreibt.

Es sind dabei gerade die Tage des Spartakusaufstandes und des schweizerischen Landesgeneralstreiks, in denen Barth feststellt, daß er mit seinem „bißchen Einsicht" in die Welt des Neuen Testamentes eigentlich „zu spät" komme. Dem entspricht, daß Barth seine Erkenntnisse auch nicht mehr fruchtbar in die innersozialistische und marxistische Diskussion einbringen konnte. Aber gerade in diesem Zusammenhang prägt er den Satz vom „organischen Zusammenhang beider Welten" nämlich der „Bibel" und der „Zeitung", die nun Tag für Tag mit Revolutionsnachrichten kommt (B.-TH. I/S. 299f). Barth will in diesem Zusammenhang verstanden sein, und es besteht kein Hindernis, Barths Theologie auch als einen, wenn auch „verspäteten" Beitrag zur innersozialistischen Diskussion zu werten.

6) Hinter dieser Art „natürlicher Theologie" steht bei Barth auch schon in R. I der Erwählungsgedanke! Dazu: A. Geense, Verkündigung und Forschung 24/1979, S. 23f.

3.) Barths Paulus-Lektüre und ihre vorerst „theoretischen Konsequenzen"

Wir fragen nun: Was hat dieser „Kontext" des 20. Jahrhunderts nun mit dem „Text" der Bibel bzw. mit Paulus zu tun? Der Graben zwischen heute und damals scheint unüberbrückbar zu sein. Aber kein Zweifel: Barth legt Paulus aus, indem er ihn in die neue Zeit, ja ins Tagesgeschehen mitten hineinlegt. Wir erinnern uns, daß Barth seine ersten großen Entdeckungen im Römerbrief immer wieder damit beschreibt, daß an die Stelle der bekannten und allzu bekannten Größen „Gott", „Wort Gottes" ein gewaltiger „Hohlraum" getreten sei, ein „Loch" großen Ausmaßes, in welchem alle geschriebenen Worte des Paulus ihren Sinn und Gehalt erst wieder gewinnen mußten. An die Stelle jener Größen, wo sich die traditionelle Kirche und Theologie am sichersten fühlen konnte, tritt für Barth eine Leere und muß er sich bald am unsichersten fühlen. Was meint denn „Gott" — und wie sind die paulinischen Aussagen von daher zu verstehen?

> *„Die Religion war 1909 eine so ‚gewaltig spürbare Macht' geworden, daß ein besonderes ‚Nachschlagewerk' über ihre Geschichte und Gegenwart dringendes Bedürfnis wurde . . . ! Rastlose Weltkomitees waren an der Arbeit. In Basel jubelten die (religiösen PW) Sozialisten, in Edingburg die Christen über das nahe herbeigekommene Gottesreich . . . Aber ob ‚die Sache' nun auch wirklich Gottes Sache sei, ob Gott das alles wolle, danach wollte im Ernst niemand fragen; denn das war immer schon eine gefährliche Frage. Es war immer schon alles fertig ohne Gott. Gott sollte immer gut genug sein zur Durchführung und Krönung dessen, was die Menschen von sich aus begannen. Die Furcht des Herrn stand objektiv nicht am Anfang unserer Weisheit . . . Unsere ‚Bewegungen' sind dann direkt die Ursache, daß Gott sich nicht bewegen kann, unsere ‚Sachen' stehen Gottes Sache im Wege . . . "* (R I/S. 229).

Bitter klingt die Bilanz über das „Christentum":

> *„ ‚Die Kirche hat einen guten Magen' (Goethe) — ein unheimlich wahres Wort! Sie bekommt Mose — und verwandelt seine Erbschaft in einen Kodex von Buchstaben, zu dem die Rabbinen ihre Kommentare schreiben. Sie bekommt den Römerbrief — und zerlegt das lebendige Ganze sorgsam in einzelne tote Stücke, die Wahrheit in Wahrheiten, baut ihn wieder auf als ‚Glaubens- und Sittenlehre' und rühmt sich ‚ihres' Paulus. Sie bekommt Franziskus — und erhebt ihn zum Ordenshaupt und Heiligen und später zum Liebling aller Ästheten, damit er nur ja schweige von dem, was er eigentlich sagen möchte. Sie bekommt Luther — und macht aus ihm den Patron von ‚Innerlichkeit', ‚Deutschtum', ‚evangelischer Freiheit' und wie diese Nichtigkeiten alle heißen. Sie bekommt Zwingli — und er wird unter ihren Händen zum Proto-*

typ des freisinnigen Pfarrers . . . Sie bekommt Calvin – und er ist ihr gerade gut genug zum Heiligen des Kapitalismus und der modernen Demokratie. Sie bekommt die deutsche Mystik, sie bekommt Kierkegaard, sie bekommt Blumhardt, sie bekommt Tolstoj – und sie nimmt von allen Notiz, weiß aus allem etwas zu machen für ihre Zwecke . . ., das Religiöse, das Menschliche, das Interessante, die ‚Frömmigkeit‘ zu entdecken . . . Den Christus vermochte sie sich nicht anzueignen. Hier war nur die Aufforderung zur Buße zu holen. Hier widerstand das Göttliche einmal den Bemühungen, es mißzuverstehen. Darum mußte die Kirche ihn kreuzigen. Nachträglich hat sie freilich sein Kreuz millionenfach zum Symbol der höchsten Menschlichkeit . . . gemacht . . . Aber es bleibt dabei, daß sie – die Kirche, nicht die Welt! – ihn einmal gekreuzigt hat. So hat sie jedenfalls einmal ihre Ablehnung Gottes, statt wie gewohnt durch Verehrung, durch Verwerfung betätigen müssen" (R I/S. 313f).

Das Fazit ist:

„Das, was gerade die Kirche meint, ist gerade der Kirche etwas ganz Fremdes . . . Die Kirche ist das Grab der biblischen Wahrheit!" (S.268).

Barths Religions- und Kirchenkritik muß freilich um so schärfer ausfallen, als er mit Paulus an der *„biblischen Wahrheit"* interessiert ist, eben darum, weil die Kirche, die sich im Besitz dieser Wahrheit wähnt, ihr so nahe – und doch so ferne ist, weil sie die Verkehrung und Verfälschung dieser Wahrheit ist. Diese Wahrheit ist *„Gott",* die Aufhebung der Religion. Der Akt, das Geschehnis, in welchem diese Wahrheit wieder an den Tag geholt, dem Grab entrissen wird, heißt: *„Auferstehung der Toten".* Der Inhalt dieses Aktes und Geschehnisses ist der Mensch Jesus, der Gekreuzigte, selbst. Ein Zeugnis davon ist der Römerbrief.

Barths Auslegung des Römerbriefes ist der Versuch, mit Paulus zu sagen, was dies „Jesus Christus, unser Herr" heute bedeuten mag.

Wir versuchen, – einige Konsequenzen anzudeuten. Sie muten zunächst abstrakt und „theoretisch" an. Zweifellos reagiert Barth auf die Zeitereignisse auf einer relativ abstrakten und theoretischen Ebene – ohne, daß er nun sogleich praktische Rezepte und Remeduren empfehlen will. Es geht nicht um Rezepte und Remeduren, es geht um „Gott" als der einzigen Remedur. Aber eben: im Vollzug der Paulus-Lektüre muß sich Barth von geliebten Rezepten und religiösen „Vorstellungen" trennen. Abstraktion ist „Trennung", eine vor allem „theoretische" Tätigkeit, die auseinandernimmt, scheidet, was eigentlich und „ursprünglich" zusammen gehört. Eigentlich und ursprünglich gehören Gott und Welt, Schöpfer und Schöpfung, Schöpfer und Geschöpf, Theologie und Geschichte, Erkenntnis und Praxis zuhauf. Eigentlich und „ursprünglich" dürfte nicht auseinander-

fallen, was unter verschiedenen Aspekten gesehen eine einzige umfaßende
Wirklichkeit Gottes und der Menschen sein müßte: eine mannigfaltige,
konkrete Totalität. Daß dem so sein müßte, das ist in Barths früher Theologie eine eher naive und unproblematische, als eine spekulative oder irgendwie „identitätsphilosophische" Voraussetzung. Aber faktisch — unter
dem „Sündenfall", wie Barth sagt — ist dem nicht so, fallen die Bereiche
des Lebens und der Gesellschaft — und hier ist Barth alles andere als „naiv"
— schmerzlich auseinander. „Gott" steht der Welt als ein „metaphysisches
Ding" gegenüber, die „Religion" ist nur ein Bereich neben vielen anderen
Bereichen, die Gesellschaft fällt in sich bekämpfende Individuen, Gruppen
und Klassen auseinander. Aber gerade darum ist auch „Abstraktion" von-
nöten, die von der „chaotischen" Vorstellung des Ganzen wieder zu einer
neugeordneten, vollziehbaren Einheit gelangt. Ja, um der Wiederherstellung
der „Einheit" von Theorie und Praxis willen muß Barth von der unmittelbaren Praxis zunächst Abschied nehmen. Um den Zusammenhang von
Theologie und Geschichte, Theologie und Sozialismus wiederzufinden,
muß Barth von allen idealistischen und philosophischen Konzeptionen der
„Geschichte" und des „Sozialismus" Abschied nehmen. Es wird ganz beiläufig auch das marxistische „System" von Wissenschaft, Geschichte und
Sozialismus zerschlagen, aber nicht, um es durch ein besseres christliches
oder idealistisches System zu ersetzen, sondern, weil jedes System immer
nur ein „System": immer noch hegelisch eingefärbter „Idealismus" ist.
Zweifellos hält Barth an der Einheit dieses Ganzen praktisch fest: aber in
einer „theoretischen Praxis", die in „Gott" die Einheit des Ganzen sucht.
So kann denn Barth in R II den Nietzscheanern sogar ein Nietzscheaner
werden, der jede geschichtliche Teleologie, jeden Entwicklungsgedanken,
jeden naturgesetzlichen „Fortschritt" in der Geschichte leugnet. Die Geschichte sei als solche ohne „Nutzen" (S. 118ff), ein „photographiertes
und analysiertes Chaos" (S. 124), ein Prozeß ohne Vernunft und ohne erkennbares immanentes Subjekt. „Gott", jener Inbegriff alles Wirklichen
und Sinnhaften: er ist der Geschichte, die wir sehen und „feststellen" können, absolut transzendent. Denn wie der Prediger sagt: Es ist auf Erden
„alles eitel" und umsonst!

Die Diastase der ideologiekritischen „Trennungen" findet statt: Zwischen
Gott und Mensch, Gott und Welt, Gott und Religion, Gott und Geschichte
etc. Sie haben das Bild geprägt, das vor allem die „bürgerliche" Welt sich
von Barths kritisch-dialektischer Theologie gemacht hat. Aber diese Welt
hat wenig nach dem Sinn dieser Trennungen, wenig nach ihrer biblischen
Absicht und Begründung gefragt. Ist hier nur noch Skeptizismus, Nihilismus, Agnostizismus und Resignation, wenn auch gepaart mit einem merkwürdigen „Wissen" Barths um alle jene unerforschlichen göttlichen Dinge,
die dem menschlichen Wissen nun eigentlich radikal entzogen sein müßten?
Man würde auch diese Trennungen nicht verstehen, wenn man hier nur
Nietzsche und Kierkegaard, wenn man hier nur den Prediger in der Wüste
vernehmen würde, wenn nicht auch hier Moses und die Propheten und das

ganze Alte Testament zu hören wären. Nein, gerade diese Geschichte, bar aller Illusionen, ist nun doch nicht ohne Verheißung, und das Eis muß nun gerade da, wo es erkannt ist, zum Schmelzen kommen. Nachdem der Idealismus verbannt, die Religion als Täuschung und Selbstbetrug entlarvt, die Moral als nutzlos erkannt ist, da ist nun zu hören:

„Gott sendet ihn: aus dem Reich der ewigen, der nicht gefallenen, der uns unbekannten Welt des Anfanges und des Endes, also (wahrhaftig, nun soll kein Orthodoxer zustimmend frohlocken!) ‚gezeugt, nicht ge-schaffen' (im Gegensatz zu allem, was wir als Kreatur kennen), also ‚geboren aus Maria der Jungfrau' (als Protest gegen die angemaßte Ewigkeit des uns bekannten Systems von Menschheit, Natur und Ge-schichte), also ‚wahrer Gott und wahrer Mensch' (als Dokument der ursprünglichen, verlorenen, nicht zu verlierenden Einheit von Gott und Mensch). Gott sendet ihn: in diese unsere zeitliche, gefallene, nur zu bekannte Welt, in dieses letztlich nur nach biologischen Kategorien zu deutende System, das wir die Natur, in dieses letztlich nur unter ökonomisch-materialistischen Gesichtspunkten verständliche System, das wir die Geschichte heißen, in diese Menschheit, in dieses Fleisch also. Jawohl: das Wort ward Fleisch, ‚sündebeherrschtes Fleisch' sogar, wie wir nachher hören. Gott sendet ihn: nicht, um hier irgendetwas zu verändern, nicht um das Fleisch durch Moral zu verbessern, durch Kunst zu verklären, durch Wissenschaft zu rationalisieren, durch die Fata Morgana der Religion zu überhöhen, sondern um des Fleisches Auferstehung zu verkündigen, den neuen Menschen, in dem Gott sich erkennt als in seinem Ebenbild, und der in Gott als in seinem Urbild sich selber erkennt; die neue Welt, in der Gott nicht erst zu siegen braucht, weil er schon gesiegt hat, in der er nicht Etwas neben Ande-rem ist, sondern Alles in Allem; die neue Schöpfung, in der Schöpfer und Geschöpf nicht zwei, sondern eins sind. – Daran mögen wir uns beständig prüfen, ob wir von der Sendung des Sohnes Gottes recht re-den: wenn nicht jeder möglichen menschlichen Betrachtungsweise an einem bestimmten Punkt ihr spezielles echtes und kräftiges Ärgernis geboten ist, dann haben wir sicher von etwas anderem geredet" (R II/S. 262f).

Was ist es, von dem Barth hier – mit Paulus – reden will, was in keinem „Vorverständnis" aufgeht und in keinem eilfertigen „Verständnis" einge-ebnet werden kann, was nun auch zu keiner christlichen Selbstverständ-lichkeit zu erheben oder gar einem intakten christlich-abendländischen „Weltbild" einzuverleiben ist? *„Gott sendet ihn"* – wer das schon wüßte (oder wem dies soeben zur Selbstverständlichkeit geworden wäre), der brauchte bei Paulus oder Barth offenbar nicht weiterzulesen. D. Schellong hat recht, wenn er feststellt, daß diese Theologie hier – als „bürgerliche" Theologie! – radikal auf „Kollisionskurs" geht (Schellong 1975, S. 96f). Sie muß kollidieren, nicht nur mit jeder schon in sich festgefügten Weltanschauung und Ideologie, sondern vornehmlich und gerade mit den etablierten christlichen Weltanschauungen und Ideologien. Gott wird Mensch — damit hat sowenig wie die Kirche von damals, sowenig auch die Kirche von heute gerechnet, das ist das „Neue" im Alten, das von keiner christlichen oder sonstigen Philosophie oder Geschichtsphilosophie zu erahnen war. Aber „wirklicher" Mensch: in Natur und Geschichte, unter allen Bedingungen des materiellen Seins, *„in dieser Menschheit, in diesem Fleisch also"*. Damit hat nun freilich auch der Marxismus nicht gerechnet, aber hier wird nun das Sein Gottes „lokalisiert": in diesem *„letztlich nur unter ökonomisch-materialistischen Gesichtspunkten verständlichen System, das wir die Geschichte heißen"*. Was bedeutet es? Ein pastoraler Wink, eine freundliche Geste nach links — der Versuch, nun doch noch auf einen längst abgefahrenen Zug aufzuspringen? Es spricht einiges dafür, gerade diesen Nebensatz bei Barth rigoros zu verstehen. Barth will mit der Fleischwerdung des Wortes Gottes endlich ernst und wirklichen: die erfahrbare menschliche Wirklichkeit und Geschichte betreffenden Ernst machen. Gott wird Mensch: nicht in Gedanken und Systembildungen, sondern in aller Äußerlichkeit und Niedrigkeit und gänzlich außer-theoretischer Wirklichkeit. Rigoros verstanden heißt dies: Barth akzeptiert nur noch **eine** „Wissenschaft" der allgemeinen Geschichte, nämlich diejenige, die diese Geschichte jeglicher Verklärung, Überhöhung und religiösen Glorifizierung entziehen muß, weil sie deren materielle Determinationen erkennt. Es bedeutet aber auch, daß Barth diese Wissenschaft nur insofern akzeptiert, als sie ihrerseits auf eine Ideologisierung und Überhöhung ihrer Anschauungen verzichtet.

Barth „trennt" sich insofern auch von der ökonomisch-materialistischen Wissenschaft und weist der Theologie eine Aufgabe und Zuständigkeit neben dieser Wissenschaft zu. Einen prinzipiellen Vorrang der Theologie gegenüber dieser Wissenschaft wird man daraus freilich schwer ableiten können, nur dies, daß die Theologie ihr gegenüber eine dialektisch-kritische Funktion wahrnimmt. Auch Wissenschaft ist „Abstraktion"! Aber ihre Kritik bedeutet noch nicht notwendig „Revision", sofern sie auch zum besseren Verständnis einer Wissenschaft beitragen bzw. zur Reflexion über den historisch-praktischen und theoretischen „Status" einer Wissenschaft im gesellschaftlichen Leben anregen kann. Es könnte immerhin sein, daß Barths Theologie nicht als „Revision" der marxistischen Wissenschaft und Erkenntnis verstanden sein möchte, sondern sich zu ihr in ein differenziertes, meta-theoretisches oder dialektisches, so aber doch auch: echtes und positives Verhältnis setzen will, in welchem all das, was im Marxismus *„zweifellos wahr und wirklich ist"* (KD III/2, S. 466), wiederum positiv zum Tragen kommen kann. Nur so ließe sich wohl erklären, warum Barth bei aller Marxismus-Kritik im Raum der „bürgerlichen" Wissenschaften — und gerade gegenüber den Naturwissenschaften! — immer noch einen wesentlich „marxistischen" Erkenntnistypus repräsentiert [7].

7) Vgl. Marquardt, Theologie und Sozialismus, S. 313-332.

Er bricht mit dem Monopol-Anspruch des Marxismus oder Leninismus auf revolutionäre Praxis und Theorie [8]. Aber zweifellos hat Barth von der marxistischen Dialektik – als einer historischen Realdialektik – etliches gelernt. Wir dürfen sogar vermuten, daß gerade das **marxistische** „Dogma" für ihn eine ernstzunehmende Analogie dessen gewesen ist, was auch mit „christlicher Dogmatik" – bzw. mit der Einheit von „Dogmatik" und „Ethik" – gemeint sein muß! Meint das „Dogma" im Marxismus das Zusammenfallen des Allgemeinen und Besonderen bzw. die lebendige Einheit der Theorie und der Praxis im gesellschaftlichen Prozeß – wie sollte es dann nicht eine ernstzunehmende Analogie auch des **christlichen** „Dogmas" sein? Und wo anders hätte Barth sonst noch den Geschmack am „Dogmatischen" wiederfinden können, das in der bürgerlichen Tradition – mehr noch als im Marxismus – längst zum starren Gerüst geworden war? Nein, Barth wird nicht einfach „Ethiker", wie es von seiner neo-kantianischen bzw. theologisch-liberalen Herkunft (W. Herrmann, E. Troeltsch u.a.) wohl nahegelegen hätte! Er wird „Dogmatiker" – freilich nicht marxistischer, sondern christlicher Dogmatiker. Er entwickelt seine Dialektik nicht mehr aus der allgemeinen Dialektik der Gesellschaft und ihrer sozialen Kämpfe, sondern vom Standpunkt eines eigentümlichen, besonderen Subjektes darin: des Christus und der christlichen Gemeinde! Doch zugleich vollzieht sich hier ein Wechsel des „Terrains", der auch den Bruch mit der philosophisch-idealistischen bzw. scholastischen Tradition der kirchlichen Dogmatik beinhaltet: Theologie spricht sich nicht länger im philosophischen Gewande aus, sie wird mit ihrer spezifischen Aufgabe ins Feld der geschichtlichen und gesellschaftlichen Praxis verwiesen.

4.) Philosophiegeschichtliche Notiz

Hier sei abschließend eine kursorische philosophiegeschichtliche Notiz erlaubt. Zweifellos ist Barths Sozialismusverständnis – wie seine theologische Erkenntnistheorie überhaupt – **neo-kantianisch** vorgebildet (Marquardt 1972, S. 297ff). Auch dem Marxismus – dem hegelischen wie auch dem gar nicht mehr hegelischen, sondern naturphilosophisch verflachten und darwinistischen Marxismus gegenüber – hat Barth immer wieder souverän auf Kant bzw. gerade auf die *„praktische Seite"* des kritischen Idealismus zurückgegriffen (vgl. Korsch 1971, S. 58).

---

8) In seiner Ausgabe von W. Sombart, Sozialismus und soziale Bewegung, 6. Aufl., Jena 1908, hat Barth u.a. folgenden Absatz unterstrichen: „Die sozialistische Revolution wird nicht kommen, indem man die Doktrinen von Marx immer und immer wiederholt. Die arbeitende Klasse ist nicht für eine bestimmte sozialistische Theorie da, sondern diese ist für die Arbeiterklasse da." (S. 108; es handelt sich um ein Zitat von G.D. Herron, Barth-Archiv, Basel).

Wo bei Schleiermacher noch das Gefühl, wo bei W. Herrmann das individuelle religiöse „Erlebnis" stand, dahin trat bei Barth je länger je mehr der Praxisbezug des christlichen Glaubens, das „wirkliche Leben" und die gesellschaftlich „sittliche Tat". Der kritische Idealismus überprüft dabei die „allgemein" geltenden Einsichten bzw. „Gesetze" des Daseins gerade hinsichtlich ihrer Geltung für den Einzelnen, d.h., er fragt nach jenem (göttlichen) „Ursprung", in welchem diese Gesetze und allgemeinen Wahrheiten hinsichtlich des Einzelnen nun auch in Kraft treten. Hier fragt es sich freilich, ob Barths frühe Theologie nicht überhaupt von daher: in der Verlängerung einer wesentlich **erkenntnistheoretischen** Fragestellung zu interpretieren sei. (So E. Lessing, S. 28ff und auch U. Dannemann, S. 26ff, die die Theologie des frühen Barth am Problem des „Wertrelativismus" diskutieren). Ich zweifle daran. Reiner Erkenntnistheoretiker ist Barth auch in Tambach nicht gewesen, und wenn sich eine neo-kantianische Fragestellung auch ohne weiteres bis in die Kirchliche Dogmatik verfolgen läßt, so wird man sich doch immer wieder auf peinliche Überraschungen gefaßt machen müssen! Warum ist es nur immer so fruchtlos geblieben, Barth auf seine „philosophische Eierschalen" zu behaften? Barth ist auch in seinem philosophischen Assoziationsvermögen zu reichhaltig gewesen, als daß es gelingen könnte, ihn auf diese oder jene Herkunft, Verwandtschaft oder Wahlverwandtschaft letztlich festzulegen. Konkret:

a) Schon die Tatsache, daß Barth die Erkenntnis allgemeiner Gesetze auch in der **Geschichte** bzw. Gesellschaft für möglich hält, stellt ein gewißes (nur von Marx her zu erklärendes) Novum dar.

b) Freilich hat Barth sich auch frühzeitig mit **Hegel** und − nach dem unverdächtigen Zeugnis von G. Merz − „*mit dem Einfluß von Hegel auf K. Marx und auf die Anfänge der Arbeiterbewegung befaßt*" (Merz, S. 167). Als zweifellos kritischer Hegelianer bleibt er doch der „dialektischen Methode" verbunden − gerade im Feld der Geschichte! − und wird somit, wie Marquardt nicht von ungefähr feststellte, zum „Linkshegelianer".

c) So hat er **Feuerbach** rezipiert, und zwar in der kritischen Frontstellung gegen den deutschen Idealismus wie gegen Schleiermacher und die ihm nachfolgende „bürgerliche" Theologie. Barth ist, was den meisten Interpreten entgangen sein dürfte, ein höchst sinnenfreudiger, im Feuerbachschen Sinne „sinnlicher" Theologe, und gerade damit ein **guter** „Materialist"!

d) Aber nun hat Barth auch die **Marxschen Feuerbach-Thesen** rezipiert, gerade in Hinsicht darauf, daß Feuerbach den Materialismus „*nur unter der Form des Objektes oder der Anschauung*", nicht aber als „*menschliche sinnliche Tätigkeit, Praxis*" bzw. „*gegenständliche Tätigkeit*" gefaßt hat (These 1). „*Die Frage, ob dem mensch-*

lichen Denken gegenständliche Wahrheit zukomme, ist keine Frage der Theorie, sondern eine praktische Frage" (These 2) — dies trifft mehr als etwas anderes gerade auf den „dogmatischen" Barth zu!

e) Dies erinnert aber daran, daß Barth an Kant, Hegel, Feuerbach vor allem eine **theologische** Kritik übt, die aber im praktischen Interesse mit der Marxschen Kritik zusammengeht — nämlich hinsichtlich der *„alles in allem nicht nur neu beleuchtenden, sondern real verändernden Tatsache, daß Gott ist"* (KD II/1, S. 289).

f) So ist es am Schluß gerade die **„Gegenständlichkeit"** des Wortes bzw. der Offenbarung Gottes, mit deren Behauptung Barth dieser ganzen philosophischen Tradition letztlich den Rücken zukehrt. An ihr hängt das „Dogma" des christlichen Glaubens und damit auch — im Barth'schen Sinne — die Einheit der Praxis des Glaubens mit seiner Theorie. *„Fides quaerens intellectum"!* (Barth 1931). Aber eben: welcher „reine" Erkenntnistheoretiker würde bis dahin mitgehen wollen oder können? Barth hat seine Theologie von Anfang bis zum Ende als eine „theologia viatorum" empfunden — und gerade hier bekommt einer seiner frühesten Hinweise seinen wirklichen Sinn: das Erkenntnis-Problem dieser Theologie ist mehr als etwas anderes *„das spezifische Pfarrerproblem"*: *„Zu den Menschen, in den unerhörten Widerspruch ihres Lebens hinein sollte ich ja als Pfarrer reden, aber reden von der nicht minder unerhörten Botschaft der Bibel"* (Not und Verheißung der christlichen Verkündigung 1922, WG S. 101). Das ist nicht nur ein pastoral-theologisches oder „homiletisches" Problem, sondern die „erkenntnistheoretische" Grundform seines Denkens — aber eben auch: seines Redens und Handelns! — zwischen den Zeiten.

TEIL II

Anfänge und „Grundformen" des kirchlich-dogmatischen Denkens. Barth auf dem (langen) Weg zur „christologischen Konzentration".

Vorüberlegung zur „politischen Hermeneutik" der Theologie K. Barths

Barth interpretieren heißt: ihn lesen! Es sind dürre, spröde „dogmatische" Texte, die da zu lesen sind, die aber als solche einen direkten Zeit- oder Gesellschaftsbezug weitgehend vermissen lassen. Barth befindet sich in einer Etappe der Abwehr aller Gesichts-, Bezugs- und Anknüpfungspunkte, die „von außen" an die Theologie und ihren Gegenstand: das „Wort Gottes" herangetragen werden, in der grundsätzlichen Bestreitung der „analogia entis", die von irgendeiner herrschenden „Allgemeinheit" zur „Besonderheit" dieses Gegenstandes vorstoßen will. Barth will originäres (nicht originelles!) christliches Denken lernen, darum kommt es zum Rückgriff auf die dogmatische Tradition der alten Kirche und der Reformation, darum auch zur Umbildung und zugleich Erneuerung dieser Tradition. Barth beabsichtigt keine „Theorie" des Christentums und seiner geschichtlichen Überlieferung, aber darum, weil für ihn überhaupt fraglich geworden ist, was das „Christliche", „christlicher Glaube", „Christentum" sei. Ihn interessieren nicht erst die Folgen und Wirkungen bzw. politischen Implikationen des Christentums, sondern die Analyse und Explikation des „Christlichen" selbst — nicht weil ihm dessen politischen Folgen gleichgültig wären, aber darum, weil er nicht länger glauben konnte, daß das, was gemeinhin unter „Christentum", „Glaube", „Offenbarung" verstanden wird, auch das ist, was die Propheten und Apostel darunter verstanden haben. Aber auch darum,

> *„weil ich fest überzeugt bin, daß es zu den Klärungen besonders auf dem weiten Feld der Politik, die heute nötig sind und zu denen die Theologie heute ein Wort sagen möchte (wie sie denn auch in der Tat ein Wort dazu zu sagen haben sollte!) nicht kommen kann, ohne daß es zuvor zu denjenigen umfassenden Klärungen in der Theologie und über die Theologie selbst gekommen ist, um die es hier gehen soll."* (KD I/1, S. XI)

Soll das Christentum — im allgemeinen wie im besonderen marxistischen Sinne — nicht „Religion" sein, was ist es dann? Unter dem Eindruck seiner Römerbrief-Lektüre begibt sich Barth nun in der Tat auf den „langen Marsch" durch die Kirche und ihre dogmatische Tradition, wo mehr oder minder alles, was hier schon gedacht worden ist, nochmals gedacht, besichtigt und überprüft, aufgenommen oder ad acta gelegt werden muß. Aber was sich hier im Verborgenen und abseits vom Tagesgeschehen nur allzu rätselhaft vollzieht, ist kein zeitloser Akt. Er vollzieht sich nicht im leeren Raum. Er hat einen Ausgangspunkt und ein Ziel. Der Ausgangspunkt ist das „Zeugnis" von Jesus Christus als einem historischen Datum: die Bibel, die Verkündigung, eine Kirche, die sich auf Jesus Christus bezieht. Der Zielpunkt ist aber: die „christologische Konzentration", in welcher Barth Jesus Christus selbst als das „Wort Gottes, als den „Gegenstand" kirchlicher Verkündigung und Praxis begreifen möchte. Ob und wie Barth von Anfang gewußt hat, auf welches Ende dieses sein Unternehmen hinauslaufen werde, ob und wie er geahnt hat, welche Aktualität dieses Unternehmen unter dem Nationalsozialismus erlangen werde, dies muß freilich dahingestellt sein. Ex post müssen wir es uns aber verboten sein lassen, Barth anders als auf dem Weg nach dorthin zu interpretieren. Barth lesen, heißt ja zweifellos: ihn interpretieren! Es gibt keine „unschuldige" Barth-Lektüre. Gerade die dogmatische Begrifflichkeit ist in höchstem Maße „vorbelastet". Immer und unvermeidlich denken wir bei diesen Begriffen — „Gott", „Wort Gottes", „Offenbarung" etc. — an irgendetwas, was Barth in bestimmtester Weise gar nicht gesagt haben wollte, immer wieder machen wir uns ebenso unvermeidlicher wie unerlaubter „Eintragungen" schuldig. So sind wir dann entweder der Meinung, daß uns diese Dogmatik auch „heute" noch etwas zu sagen haben könnte, oder aber, daß sie uns schon wegen ihrer Form, aber auch wegen ihres Inhaltes, kaum mehr etwas zu sagen haben kann. Wir machen sie zum Gegenstand entweder einer nur retrospektiven Betrachtung und Analyse, oder wir treten mit der Erwartung an sie heran, daß sie uns auch prospektiv und in zeitgeschichtlicher Gegenwart etwas mitzuteilen habe. So sind wir entweder nur mit der Ableitung, Rekonstruktion und Erklärung ihrer „Denkform" beschäftigt, oder aber mit ihrem Gegenstand selber, der nie zur Vergangenheit, sondern Zukunft und darum Gegenwart hat: Jesus Christus selbst. Freilich hat sich Barth gegen „modische" Vereinnahmung und Aktualisierung dieses „Gegenstandes" leidenschaftlich gewehrt. Das Interesse an Barths Theologie ist entweder Interesse an diesem Gegenstand, oder es ist kein „theologisches" Interesse im engeren Sinn. Aber dieses Interesse schließt umfänglich kritische, auch politische und gesellschaftskritische Reflexion nicht aus, sondern ein. Kriterium ist, wie Barth in seiner Geschichte der protestantischen Theologie im 19. Jahrhundert ausführt,

„nicht die Zugehörigkeit zum (theologischen) Stand, wohl aber die tätige Anteilnahme am Problem des Theologen ... Es soll von dieser Anteilnahme auch die Haltung der Kritik, der Negation, der Skepsis,

*innerhalb der Theologie oder auch der Theologie gegenüber, nicht
ausgeschlossen sein, wenn sie nur selber theologisch ist, wenn sie (und
nun beachte man den Parallelismus der folgenden Sätze! PW.) nur kein
Fallenlassen des theologischen Problems, keine metabasis eis allo genos bedeutet, wenn nur auch da die Bereitschaft zu eigener verant-
wortlicher Stellungnahme, praktische Vernunft, die Voraussetzung
bleibt. Ausgeschlossen, nicht kompetent, ist nicht der irrende Theologe
und auch nicht der Gegner der Theologie – man kann gar nicht Gegner der Theologie sein, ohne selber Theologe zu werden – wohl aber
der müßige Zuschauer, der etwas zu sehen und von etwas reden zu
können meint, das ihn nicht angeht. Dieser Zuschauer – sieht hier . . .
gar nichts." (Prot. Theol. S. 11/U.PW)*

Auch die reinste „immanente" Werkexegese könnte ihren Zweck und Gegenstand verfehlen, wenn sie in diesem Sinne allzu uninteressiert, unprak-
tisch und damit gewiß auch unverantwortlich wäre – wenn sie in Furcht
vor „modischer" Aktualisierung sich vor jeder Aktualisierung hütete, um
sich alsbald mit dem Pathos und Trost einer allzeit „unzeitgemäßen" Wahrheit zu umgeben. Als ob sie den Menschen ihrer Zeit grundsätzlich nichts
zu sagen haben dürfte! Als ob es nicht wiederum an ihr sein könnte, zur
rechten Zeit zur Stelle zu sein und unter Umständen zu *„rechtzeitigem po-
litischem Widerstand"* aufzurufen! (Jüngel 1979, S. 36ff) Wer sich freilich
zur Zeitgemäßheit der Barthschen Theologie bekennt, bekennt sich damit
auch zur Zeit- und Situationsbedingtheit seiner eigenen Interpretation.
Hier muß auch der zeitliche Abstand zwischen Barth und dem Interpreten
bedacht werden, in welchem Barths Theologie nicht mehr in derselben
Aktualität zu interpretieren ist, die sie „zwischen den Zeiten" oder z.B. in
Barmen hatte. Die heutige Aktualität dieser Etappe liegt zweifellos nicht in
der Abwehr des Nationalsozialismus als solchem. Dieser ist eine Gestalt der
Vergangenheit, die es gewiß nicht wieder herbeizuwünschen, aber gewiß
auch nicht wieder herbeizureden gilt. Er war und bleibt der „Ernstfall",
den Barths Theologie damals zu bestehen hatte. Aber allzu naiv wäre es, zu
erwarten, daß sich der Gegner von damals auch stets wieder unter diesem
Namen bekannt machen würde, allzu oberflächlich, die Bedeutung der
Barthschen Theologie oder von „Barmen" 1934 auf die Abwehr dieses
damaligen Gegners zu beschränken. Wann und wo haben denn Theologie
und Kirche etwa nicht ihren „Ernstfall" zu vergegenwärtigen? Einem einseitig politischen Mißverständnis dieser Theologie entspricht aber ein theologisches, das das Wesen und die Aufgabe der Dogmatik überhaupt ins Zeitlose erhebt. Welche ungeheuerliche Abstraktion muß da am Wirken sein,
wo Barths polemische Haltung, in welcher er 1933 – *„als wäre nichts
geschehen"* – *„Theologie und nur Theologie"* betreiben wollte (Barth
1933a, S. 3), nun nachträglich – als wäre wirklich nichts geschehen
– in eine unpolitische, abstrakt-dogmatische Haltung umgedeutet (um
nicht zu sagen: „umfunktionalisiert") wird! Da, wo man nach 1945 in
Theologie und Kirche meinte, dort fortfahren zu können, wo es mit Theo-

logie und Kirche 1933 ein Ende nahm. Es ist aber etwas geschehen. Es ist
z.B. geschehen, daß die Zeitgenossenschaft von Kirche und **Judentum** in
einer Weise „aktuell" geworden ist, die für alle vorangegangene Theologie
eine schlechthinnige Krisis hätte bedeuten müssen — und die auch Barth
zu vollständiger Revision alles dessen gezwungen hat, was er in R I und
R II noch zum Judentum gesagt (oder zu sagen unterlassen) hat. Es ist weiter geschehen, daß im Gefolge des zweiten Weltkrieges sich die politische
Lage in ganz Europa in einer Weise veränderte, die nun besonders in der
Teilung Deutschlands manifest geworden ist. Es ist aber auch dies geschе-
hen, daß man die im Zuge dieses Geschehens eintretenden „Veränderungen" der Barthschen Haltung auch im **Ost-West-Konflikt** nicht weiter meinte, ernst nehmen zu müssen, und sich in der Rezeption dieser Theologie
auf den status quo ante einer an sich schon mißverstandenen „Theologischen Existenz heute!" berief. Und so konnte es nicht fehlen, daß in der
Rezeption der Barthschen Theologie von dieser alsbald nur noch ein blut-
leeres dogmatisches Gerüst übrigblieb, in welcher die formale Aufgabenbe-
stimmung der Dogmatik in Kirche und Gesellschaft kaum mehr zu ma-
terialisieren war.

Entscheidend für die „politische Hermeneutik" dieser Theologie ist
natürlich Barths Verhältnis zur „*Bonner Demokratie*" (A. Grosser,
1974), bzw. die Frage, wie diese Theologie (und das Erbe der Bekennenden Kirche überhaupt) unter den Bedingungen eines **demokratischen Pluralismus** zu rezipieren sei [1]. Sollte es so sein, daß die
Protesthaltung, die Barth in Weimar und unter dem Nationalsozialismus an den Tag gelegt hat, nun ihren Sinn und ihre „Funktion" verloren hätte? Sollte der Mohr, nachdem er seine Schuldigkeit getan,
nun gehen? Daß hier auf politischer Ebene reale Veränderungen eingetreten und von Barth lebhaft begrüßt worden sind, darf aber nicht darüber hinwegtäuschen, daß Barth in einem geschichtlichen Kontinuum
verstanden sein will, das auch nach der Verkündigung des Grundge-
setztes" 1949 nicht zu existieren aufgehört hat. Es ist dieses in merkwürdige Anführungsstriche gesetzte Gebilde der „DDR", es ist die Ver-
lagerung des „Feindbildes" und also auch die nun für nötig befundene
Wiederbewaffnung — es ist all dies gewissermaßen der Preis und die
Kehrseite der hier wiedergewonnenen Freiheit, die zu bedenken der
Schlüssel für das Verständnis der Barthschen Theologie nach 1945 sein
wird. Andererseits dürfte gerade das Beispiel von **G. Heinemann** dafür
stehen, wie Barth die Bejahung der Bonner Demokratie und damit die
aktive Beteilung der Christen am politischen Leben dieser Demokratie
verstanden haben dürfte [2].

---

1) Vgl. H. Zilessen, Dialektische Theologie und Politik, Berlin 1970; A. Schwan,
   Karl Barths dialektische Grundlegung der Politik, in: Civitas, Bd. 2, 1963,
   S. 31-71.

2) Vgl. D. Koch, Heinemann und die Deutschlandfrage, 1972.

Eine beiläufige kritische Auseinandersetzung mit heutiger Barth-Rezeption legt sich darum nahe. Sie hat das heutige theologische Bewußtsein z.T. schon so weit vorgeprägt, daß sie den Zugang zu einem zeitgeschichtlichen Verständnis der Barthschen Theologie oft methodisch und „systematisch" verbaut. Interpretation muß kritisch sein — aber eben: kritisch auch gegenüber Vielen, die über Barth „Rezensionen und ganze Bücher" geschrieben haben (Der Götze w., S. 189). Interpretation kann freilich nicht heißen: Barth in den Mund legen, was er zu seiner Zeit weder sagen konnte noch wollte. Es kann nicht heißen, „etwas anderes" sagen wollen, als was Barth sich zu sagen bemühte, wohl aber dieses Selbe in anderem Zusammenhang, aus verändertem Kontext zu sagen.

Es ist dabei nicht die Möglichkeit auszuschließen, daß dieselben Texte Barths unter verändertem Blickwinkel anderen und neuen Sinn preisgeben, der bisheriger Interpretation entgangen ist. So sind es oft die politischen „Randbemerkungen", die — von Barth nicht unabsichtlich eingestreut — auch den dogmatischen Diskurs erhellen bzw. ihn vor bestimmten Mißdeutungen bewahren können. „Kritische" Interpretation muß darum auch heißen: den Text den Irrtümern entreißen, die sich an ihn angeheftet haben. Ich leugne nicht, daß dies im Folgenden „einseitig" geschieht, auch wenn ich mich bemühe, dieses Eine jeweils auch möglichst vielfältig und konkret auszuführen. Möchten doch diejenigen, denen „andere" Seiten an dieser Theologie wichtig geworden sind, nun wenigstens auch auf diese Seite aufmerksam werden! „Kritische" Interpretation muß sich vor Selbstverabsolutierung hüten. Sie kann Barths „Theologie der Krise" zeitgeschichtlich relativieren — aber sie kann nicht der „Krisis" ausweichen wollen, der jede Interpretation kraft des Gegenstandes dieser Theologie ausgesetzt ist. Gerade in dieser Hinsicht wird „kritische Barth-Interpretation" heißen müssen: „in anderen Worten dasselbe sagen" (KD I/1, 364). Sie darf sich nicht zu gut sein, all das, was Barth oft sehr viel besser gesagt hat, nun eben nach Kräften — nochmals zu sagen.

Hier müssen wir uns kurz — zur Wehr setzen. Denn T. Rendtorff möchte die Möglichkeit und Berechtigung heutiger „politischer Theologie", wie er sie im Zeichen der Aufklärung und der Säkularisierung — im Gefolge von R. Rothe, aber auch von C. Schmitt und F. Gogarten — bejahen_kann, grundsätzlich vom „Niveau ihrer Theorie" abhängig machen (Rendtorff 1972, S. 69). Denn für ihn ist das „Christentum", von der Reformation M. Luthers her, längst in die Grundlagen der freiheitlichen Verfassung der neuzeitlichen Welt eingegangen, wenn auch in entkirchlichter und entdogmatisierter Gestalt. Schon 1966 interpretierte er — der neueren Barth-Kritik den entscheidenden Anstoß gebend — die dialektische Theologie als eine „negative Emanzipation . . . von der geschichtlichen Welt des Christentums" (Baumotte 1973, S. 13),·die den „Offenbarungsglauben" unversehrt zu bewahren bzw. „der allgemeinen Geschichte des Christentums zu entreißen versuch-

te" (Rendtorff 1966, S. 9). Demgegenüber gelte es, eine im Grunde undialektische *„Diastase"* zu vermeiden und das Verständnis politischer Theologie *„in einer Theorie des Christentums aufzubauen, in der die innertheologische Motivation und die geschichtlich-politische Wirklichkeit in jener Vermittlung begriffen werden, die das Strukturmerkmal des neuzeitlichen Christentums ist"* (Rendtorff 1972. S. 75). Worum es eigentlich geht, zeigt der weitere Absatz:

„Die eigentliche Sorge, die sich ausgebreitet in der heutigen sozialethischen Diskussion zeigt, ist ja bekanntlich, die Theologie könne ungewollt oder, noch schlimmer, gewollt eine die gesellschaftliche Realität bestätigende Funktion ausüben. Dabei kann durchaus die Tendenz vorherrschen, das Verständnis der theologischen Aufgabe überhaupt darin gipfeln zu lassen, ihr ein fundamental und radikal kritisches Mandat zuzuschreiben. Das fällt um so leichter, als sich in solchem prinzipiell kritischen Sinne ein gänzlich unkritischer, weil vermittlungsfeindlicher Begriff der Theologie, wenn auch modifiziert, konservieren läßt." (75) *„Eine politische Theolige, die mit systematischer Konsequenz Theologie der Revolution ist, stellt sich damit auch außerhalb des Zusammenhanges des Christentums, sie hörte in einem sehr dezidierten Sinne (!) auf, christliche Theologie zu sein, weil und sofern sie sich jenseits des geschichtlichen Vermittlungszusammenhanges (!) stellen müßte, in dem eine allgemeine (!) und von verschiedenen Seiten aus zugängliche (!) Verständigung und Übereinkunft (!) über den christlichen Glauben und das Christentum denkbar ist."* (79 – ! vom VF).

Das ist es also, was von „zünftigen" Vertretern der theologischen Wissenschaft zu unserem Unternehmen zu hören ist! Wir wollen dabei nicht überhören, was in diesen Sätzen auch an mitunter begreiflichem Protest gegen einen orthodoxen „Barthianismus" nach 1934 anklingt. Hüten wir uns darum, uns an jenen Ort — etwa einer *„prinzipiellen Weltüberlegenheit"* (68) oder der vermittlungsfeindlichen „Dogmatik" — hinzustellen, an welchem wir nun allem Anschein nach tatsächlich getroffen und erledigt sein müßten. Und hätten wir an diesem Ort gestanden, so käme nun in der Tat alles darauf an, daß wir uns bewegen und von jenem Ort **fort**bewegen! Dennoch fragt es sich, ob wir gut daran täten, das *„radikal kritische Mandat"* der Theologie für solche *„allgemeinen Übereinkünfte"* einzutauschen, in denen die Kirche oder ein mehr oder weniger anonym gewordenes „Christentum" sich gelegentlich auch über Dinge wie „Offenbarung", „Bekenntnis", „Bibel", „Jesus Christus" verständigen könnten. Ist nicht auch das noch einmal der alte Gegner in einem nun freilich sehr gewandelten und theoretisch attraktiven Gewande: die Konzeption einer „ecclesia una sancta catholica", die sich *„in sehr dezidiertem Sinne"* auf die Offenbarungsquelle des *„allgemein . . . Zugänglichen"*, des bestehenden

„*geschichtlichen Vermittlungszusammenhanges*" bzw. der conziliaren „Vernunft" zu berufen weiß? Protestantischer müßten uns die modernen Protestanten sein! Wir möchten zwar zustimmen, „*wenn die konstitutive Bedeutung der neuzeitlichen Welt des Christentums für die christlichen Theologien in deren Begriff einbezogen wird.*" (72) Aber eben: Warum nur die „Welt des Christentums", warum nicht auch die sozialistische Welt, warum nicht gerade die — von Rendtorff leichthin übersprungene — Welt der Jahre 1933 — 1945? Warum nicht von solchen Erkenntnissen ausgehen, die in jenen Jahren — gerade abseits von der großen Tradition und oftmals hinter Stacheldraht — einigen Christen im Dialog mit Juden und Kommunisten zuteil geworden sind?

Und warum diese Eile, den ausgeträumten Mythos von der „christlichen Welt" wieder salonfähig zu machen?

KAPITEL 1

**Das „erste Gebot" in der Praxis des Theologen.
Zu den „Voraussetzungen" der Theologie.**

1) Wie anfangen?

Der „heutige Mensch" fragt nicht nach Gott. Aber welcher Mensch hat jemals nach Gott gefragt? Haben es die Vertreter jener *„vorderasiatischen Stammesreligion des Altertums"* oder jener *„Kultreligion der hellenistischen Epoche"* getan, deren *„literarische Denkmäler"* wir in der Bibel finden? (Anf. I/55) Der Mensch als solcher fragt nicht nach Gott, der fromme sowenig wie der sogenannt „säkulare" Mensch. „Glaube" im biblischen Sinne ist keine jener Selbstverständlichkeiten, mit denen sich fromme wie unfromme Menschen früher oder später abzufinden pflegen, er ist heute wie damals skandalös. Nicht umsonst hat man jene frühen Christen „atheoi": Atheisten, Gottlose genannt. Aber wer ist denn „Gott", daß Menschen nach ihm fragen könnten?

Das religiöse Gemüt wird dazu sagen: „Gott", das ist jenes höchste uns erfahrbare oder zu erahnende, unbekannte oder unendliche Wesen, demgegenüber wir uns in „schlechthinniger Abhängigkeit" (Schleiermacher) befinden: die „Tiefe des Seins" (Tillich), eine umfassende persönliche oder auch unpersönliche Allmacht und Schicksalsmacht, oder — wir denken an den Pietismus — die unmittelbare Gegenwart des Erlösers in unserem Herzen. Die Philosophen werden es anders sagen: „Gott", das ist die reine „Idee", das ursprüngliche „Sein", das schlechthin „Gute" und „Schöne", die absolute „Vernunft" in allem Geschehen oder die „Eigentlichkeit" der menschlichen Existenz — schließlich: das *„Vonwoher der Fraglichkeit"* aller Dinge als der letzten wissbaren Instanz (Weischedel, 1972, S. 206ff). Aber auch die Politiker werden ein Wort mitreden wollen: „Gott", das ist doch der Ursprung aller gesellschaftlichen Ordnung oder des sittlichen Ideals, ohne das ein gedeihliches Zusammenleben der Menschen in einem Gemeinwesen nicht möglich ist! Zu alledem hat Barth aber in seinen Anfängen ein mehr oder minder rücksichtsloses und rigoroses „Nein!" gesagt. „Gott" ist weder Religion, noch Idee, noch ein höchster moralischer Wert oder Zweck, Gott ist der, der er ist, aber in der Weise, in der er **selber** zu uns spricht, an uns handelt, sich uns „offenbart". Nur unter der Voraussetzung des „Wortes" und der „Offenbarung" Gottes reden wir wirklich von Gott — nur **unter** dieser Voraussetzung können wir überhaupt von „Gott" reden.

Schon hier kreuzen wir den Weg und das Anliegen einer „**theologischen Theologie**" unserer Tage [1], die das Wesen und die Aufgabe der Theologie ausschließlich von der göttlichen Offenbarung her bestimmt sein lassen will. In der Bestreitung der „analogi entis" — d.h. einer Got-

teserkenntnis aus Natur und Geschichte, Gesellschaft oder Politik –
widerstreitet sie heute auch einer politischen oder „sozialistischen"
Barth-Interpretation [2]. Mit Recht beharrt sie auf der „*Armut der
Theologie*", was ihre Voraussetzungen betrifft (Jüngel, 1972, S. 26ff).
Theologie kann sich nicht selber begründen – sie kann sich nur in Gott
und „von Gott her" begründet sein lassen! Auch ein Rekurs auf die
historischen Vorfindlichkeiten der Kirche, der Bibel oder des „historischen Jesus" selber kann nicht darüber hinwegtäuschen, daß erst das
„Wort" des lebendigen Gottes selber das Tote wiederum zum Leben
erwecken kann. Wie wird dann aber der „Glaube" an diesen Gott möglich? In der **Sprache**, in welcher das Wort Gottes „*Ereignis*" geworden
ist – in den Gleichnissen Jesu etwa, in der Sprache der Bibel überhaupt. Hier wird die menschliche Existenz jeder falschen Sicherung
entkleidet, hier wird ein neues Verständnis und Selbstverständnis des
menschlichen Daseins möglich, das sich wiederum in der Theologie als
der Sprache des Glaubens aussprechen kann. Was sollen wir nun sagen? Es ist nicht zu übersehen, daß diese Theologie mit ihren zahlreichen Barthischen Elementen stark auch zur Rehabilitierung der
Barthschen Theologie gegenüber den modernen Fragestellungen des
Existenzialismus, der Ontologie oder auch der Sprachtheorie und des
logischen Positivismus beigetragen hat. Sie hat ihren Zeitgenossen die
Theologie – und gerade die Theologie K. Barths – damit wieder interessant werden lassen, daß sie sich auch weithin selber in die Sprach-
welt dieser Philosophien zu begeben verstand. Aber das ist nun allerdings zu sagen: diese Theologie ist – was immer wir sonst von ihr zu
sagen und zu lernen haben könnten – in ihren eigenen Voraussetzungen wesentlich „philosophische Theologie". Sie bewegt sich nicht nur
soziologisch in den selben Kreisen, sie bewegt sich auch formal und
sachlich im selben „hermeneutischen Zirkel", in welchem sich auch
jene Philosophen formal und sachlich bewegen. So ist sie an diesem
Ort aber nicht immer nur in einer nötigen und verständigen gedankli-
chen Abstraktion begriffen, sondern oftmals auch in einer fatalen Abstraktion: nämlich von den äußeren gesellschaftlichen Voraussetzungen ihres eigenen Tuns. Weiß Sie nur davon, daß Gottes Wort als
„**Wort**" zur Sprache kommen will – oder auch davon, daß Gottes
Wort in Jesus Christus „**Fleisch**" geworden: ja äußere, gesellschaftliche, politische Gegebenheit geworden ist? Ist sie mit der Sache der
Logik – oder mit der Logik dieser Sache selber befaßt? Müßte es
sie nicht mindestens ärgern, daß sich Barth auf eine reine Sprach-Lo-
gik des Glaubens – bzw. auf ein sog. „*Sprachereignis*" des Wortes Gottes – weder einlassen noch festlegen lassen wollte? (Jüngel, 1976,

---

1) E. Wolf hat diese Parole im ersten Heft der „Evangelischen Theologie" ausge-
   geben. EvTh 1934, S. 17.

2) Ich nehme va. Bezug auf E. Jüngel, Gottes Sein ist im Werden, 3. Aufl., 1976
   (Nachwort!). Vgl. ders., Unterwegs zur Sache, 1972.

S. 13, Anm. 1). Auch gerade in dieser philosophischen Gestalt steht die Theologie hier in Gefahr, ein *theologisches Prinzip'* zur Sache zu erheben, das eines Tages — wie alle Prinzipien — auch wieder hinfällig werden kann.

Es scheint hier ein „Zirkel" vorzuliegen, aus dem es kein Entrinnen gibt. Es gibt kein Vorauswissen über Gott, es kommt aber Gott auch nicht als eine allgemein feststellbare oder auffindbare Größe oder „Voraussetzung" in Betracht. Aber indem die Theologie von „Gott" **redet, weiß** sie doch offenbar schon von Gott, weiß sie von „Offenbarung". Woher aber soll sie wissen, daß gerade diese **ihre** Voraussetzung die wahre, die wirkliche Voraussetzung ist? Womit will sie anfangen, mit was sich „begründen"? Oder ist es gar so, daß sie sich wie Münchhausen am eigenen Schopf aus dem Sumpf ziehen muß: unter Vorausgabe einer Voraussetzung, dann in der Explikation und nachträglichen Bestätigung dieser Voraussetzung? Es könnte dann eine solche Voraussetzung schwerlich anders zu beurteilen sein, wie jegliches philosophische oder mathematische „Axiom" — es müßte denselben wissenschaftlichen Kriterien unterliegen. Wenn nicht — und Barth hat solches immer wieder als Zumutung zurückgewiesen [3] — wie soll hier dann „Wissenschaft" stattfinden können, wenn der Gegenstand dieser Wissenschaft weder festgestellt noch in etwa umrissen und angegeben werden kann? Welch andere Wissenschaft als eben bestenfalls eine allgemeine vergleichende Religionskunde und Religionsphänomenologie bzw. eine historische oder philosophische Religionswissenschaft?

K. Marx hat diesen typischen Theologenstreit mit dem Satz ironisiert, daß die Theologen stets „*zwei Arten von Religion unterscheiden. Jede Religion, die nicht die ihre ist, ist eine Erfindung der Menschen, während ihre eigene Religion eine Offenbarung Gottes ist.*" (Marx, 1971, S. 122). Dem hat Barth im religionskritischen Paragraphen von KD I/2 mit dem Satz entsprochen: „*Es ist zwar die Offenbarungsreligion an Gottes Offenbarung, es ist aber Gottes Offenbarung nicht an die Offenbarungsreligion gebunden.*" (360) Gott ist in seiner Offenbarung nicht auf Religion angewiesen und — wohlverstanden — auch nicht auf „Theologie". Es kann sich gerade da, wo am lautesten von Offenbarung geredet wird, um eine vielleicht phänomenologisch sehr interessante, aber biblisch völlig uninteressante „Offenbarungsreligion", so aber um „Religion" und nicht um „Offenbarung" handeln! Die Geschichte des „Christentums" und seiner Theologie ist ja wahrlich keine Offenbarung, wenn nicht eben von menschlicher Bosheit, Trägheit und religiöser Habgier, des Klerikalismus etc. Ist darum etwa Barths Theologie „die Offenbarung"?? Hüten wir uns davor, dieses Etikett vorschnell nach hierhin oder dorthin zu verteilen bzw. davor, die eigene „Offenbarungstheologie" als die „wahre Religion" zu verstehen! [4]

---

3) Vgl. die Auseinandersetzung mit H. Scholz KD I/1, S. 7.

Dieser „Zirkel" war hier vorzuführen, weil er im Sinne Barths ein „circulus vitiosus": ein unechter und verkehrter, gerade kein „theologischer" Zirkel ist, auf den es schon darum keine Antwort gibt, weil er auf einer falschen abstrakten Fragestellung beruht. Es handelt sich aber um jene Abstraktion, in welcher Barth gerade das „bürgerliche" Individuum mitsamt seiner „theoretischen Neugierde" (Blumenberg, 1973) ewig um sich selber kreisen sieht. [5] Warum gibt es denn überhaupt Theologie und nicht vielmehr keine Theologie? Warum gibt es überhaupt Etwas und nicht vielmehr „Nichts"? Nicht, daß der Theologe Barth um die Existenz und auch um den Ernst dieser und ähnlicher Fragen nicht wüßte. Aber er „beantwortet" sie nur, indem er an ihnen – vorbeigeht und auf sie, sofern sie Fragen wesentlich philosophischer Abkunft sind, nicht letztlich eintritt. Der Ernsthaftigkeit des philosophischen Fragens wird nicht jeder Respekt, aber der „letzte" Respekt verweigert, um dann von dorther jene Antwort zu geben, mit welcher diesem Fragen auch der Boden entzogen werden kann. Ist es nicht so, daß dieses philosophische Fragen in einer letztgültigen Voraussetzungslosigkeit nicht nur des Denkens, sondern auch des realen Seins beharren will: in der Abstraktion gerade von den wirklichen Voraussetzungen dieses Seins? Was ist denn „wirklich"? hören wir den Philosophen fragen – und lassen wir ihn fragen! Aber was soll wirklich sein, wenn nicht das, was auch schon vor uns existierte und auch ohne uns und „außerhalb" uns existiert? Was nicht nur in Gedanken, sondern in höchst realer Dialektik unser Denken und Dasein bestimmt? Was ist wirklich, wenn nicht eben – wie ein Anselm zu behaupten wagte [6] – „Gott"? Wie dem auch sei: der Mensch ist kein „voraussetzungslos" existierendes Wesen. Er wird nicht im luftleeren Raum geboren und er stirbt nicht in einem abstrakten Nichts. Keine abstrakten Voraussetzungen des menschlichen Lebens stehen in Frage, wenn wir nach Gott fragen, sondern diese „wirklichen" Voraussetzungen unseres Lebens und Seins. Wer ist „Gott"? Ja, wem gebühren in unserem täglichen Leben Ehre, Würde, Ruhm und Dank? Was ist das Höchste, Werteste, Eigentlichste in der Gesellschaft? Woran – so hätte auch Luther gefragt – hängt unser „Herz"? Am Mammon, an der Familie, am Staat? An der Technik, an der Wissenschaft? Am „Gott der Philosophen", an der Religion? Wem ist alles unterworfen? Der „Natur" und ihren Gesetzen? Einem allmächtigen Schicksal und Triebschicksal, dem keiner entrinnt? Wer hat die Macht? etc.

---

4) Die ersten Paragraphen von KD I/2 können hier insofern berücksichtigt werden als sie auf Vorlesungen in Bonn 1933/34 zurückgehen.

5) Dazu Barths Anmerkungen zum „Absolutismus" des bürgerlichen Zeitalters in Prot. Theol. (18. Jh.).

6) Vgl. K. Barth, Fides quärens intellectum. Anselms Beweis der Existenz Gottes 1931.

2) Eine erste praktische „Stellungnahme"!

„Du sollst keine anderen Götter neben mir haben!" — so hat Barth im Anbruch des Dritten Reiches das *„Axiom"* der Theologie formuliert (Barth, 1933aa, S. 301). Die Theologie beginnt hier mit einer praktischen *„Stellungnahme"*, nicht mit einer abstrakten „Theorie" — mit einem „Gebot" und der „Praxis" dieses Gebotes! Gott ist keine „theoretische", er ist eine unbedingt *„gebietende"* Instanz (S. 301) — wir extrapolieren nicht ungehörig, wenn wir sagen: es ist jene Instanz, an welcher alle „anderen" Instanzen zu messen und unter Umständen zu Fall zu bringen sind, konkret: jene Instanz, an welcher nun auch das Dritte Reich mit all seinen Instanzen zu Schanden werden muß. Vorausgesetzt ist, daß es auch noch im 20. Jahrhundert „Götter", „andere Götter" bzw. gottähnliche Instanzen **gibt**, die nun durch dieses „erste Gebot" auch als solche zu entlarven sind. *„Ein Gott ist das, woran der Mensch sein Herz hängt"* (304). Von daher lautet unsere Frage also: **Welcher** „Gott" ist Gott? Welcher „Gott" ist **unser** Gott? Und hier also die Antwort:
„ICH bin der Herr, dein ‚Gott', der ich dich aus dem Lande Ägypten, dem Sklavenhaus herausgeführt habe" — dieser da, JHWH, ist „Gott", dessen Name die Befreiung, die Errettung ist!

> *„Es ist eine wesentliche Eigentümlichkeit des ersten Gebotes, daß der, der dieses Gebot gibt und sich der Herr nennt, zu dem, dem er es gibt, in dem Verhältnis des Befreiers zum Befreiten, des Erretters zum Erretteten steht. ‚Ich bin der Herr, dein Gott, der ich dich aus Ägyptenland, dem Diensthaus geführt habe'. Auch diese Vorgeschichte des Gebotes ist nicht etwa zufällig. Auch von ihr kann nicht etwa abstrahiert werden. Wer der Gott ist, der im ersten Gebot persönlich mit seinem Befehl auf den Plan tritt, das ergibt sich vielmehr entscheidend aus dieser Vorgeschichte seines Befehlens. Er ist der Erlöser Israels und so jedes einzelnen Israeliten." (302f)*

Es ist deutlich: von sich allein käme kein Mensch auf die Idee, gerade nach diesem Gott zu fragen. So fragt niemand, der gänzlich voraussetzungslos und geschichtslos fragen wollte. Es kann im Verständnis des „ersten Gebotes" eben nicht von der „Geschichte" abstrahiert werden, in welcher dieser Gott sich seinen Namen gemacht und erworben hat. Dieser Name ist *„nicht etwa zufällig"* mit einem Werk der **Befreiung** verbunden, an das sich der Israelit, der diesen Namen hört, erinnern soll. Aus dieser Erinnerung erwächst die Autorität des Gebotes bzw. des Befehls, das Herz nicht an „andere Götter" zu hängen. Natürlich möchten wir wissen, was es mit diesem Befehl auf sich hat, welche Macht und „Persönlichkeit" sich dahinter verbirgt. Aber eben: Wir verstehen hier gar nichts, es sei denn, wir hätten schon gehört und erinnerten uns, wir wüßten schon um die „Praxis" dieses göttlichen Gebotes! Von „Befehl" spricht Barth, gerade **weil** es um Praxis geht, aber um ein Gebot, das uns „von außen" trifft. Da ist keine platonische Mimesis gefragt, die sich nur dessen erinnert, was ohnehin in uns schlummert und was im Grunde „jedermann weiß", sondern etwas, was uns immerzu gesagt werden muß. Aber problematisch ist hier zunächst nicht die Existenz dieses Gottes, sondern die Existenz jenes Menschen, der durchaus nicht betroffen sein und nicht „hören" will, der von dieser als seiner eigenen Geschichte nur allzu gerne abstrahiert. Er möchte ja durchaus sich selbst genügen, „frei" und „voraussetzungslos" existieren, um sich alsbald heroisch seinem Schicksal zu unterwerfen. Und gerade jetzt, wo es um ein existenzielles Denken zu tun ist, kann noch einmal die abstrakte „Existenz", der Mensch-an-sich, der „Einzelne" in seiner Allgemeinheit bzw. ein isoliertes Individuum, können Kierkegaard, Heidegger und die „existenziale Interpretation" siegreichen Einzug halten. Die Frage nach „mir selbst" schiebt sich dann doch vor die Frage nach jenem anderen Wesen, indem das eigene Wesen allererst zu erkennen wäre. Aber

> *„ein Wesen, welches seine Natur nicht außer sich hat, ist kein natürliches Wesen . . ., ein Wesen, welches keinen Gegenstand außer sich hat, ist kein gegenständliches Wesen . . . Ein ungegenständliches Wesen ist ein Unwesen." (Marx, 1968, S. 17)*

So sagt es Marx in den „Pariser Manuskripten." Nur, daß ich diese Frage nach dem anderen, mir so eigenen und doch so fremden Wesen nicht stelle, wenn sie mir nicht gestellt wird: *„Wo ist dein Bruder Abel?" „Aber bin ich denn meines Bruders Hüter?" „Was hast du getan! Höre, das Blut deines Bruders schreit zu mir empor vom Ackerland!"* (Gen. 4,9f). Das ist die Ouvertüre der hebräischen Bibel, das sind die Fragen, die aller ernstzunehmenden Theologie vorangehen, nicht die Begründungen, die sie sich selbst gibt, aber die sie in Realität begründenden Fragestellungen. Wer sie aufnimmt, merkt, daß er sich „in Gesellschaft" befindet, und schon der Streit von Kain und Abel zeugt nicht von nur individueller Streitsucht, sondern von einem eminent gesellschaftlichen Konflikt nomadischer und seßhafter Existenz- und Produktionsweisen. Mensch, was sind deine Götter? Das ist zweifellos eine Frage mit weitreichender gesellschaftlich-politischer Konsequenz. Daß Barth diese Konsequenz 1933 nur im „innertheologischen" bzw. kirchlichen Bereich gezogen hat, hat immer wieder Anlaß zu Entschärfungen dieser Problematik gegeben. Man konnte wohl, aber man mußte offenbar nicht hören. Dennoch sind die anderen Instanzen deutlich genug gekennzeichnet und dürften die „Fleischtöpfe Agyptens" keineswegs nur metaphorisch gemeint sein. Wie für Luther der Mammon, so fällt für Barth auch die kapitalistische, so dann auch die nazistische Form der „Dienstbarkeit" in den Geltungsbereich des ersten Gebotes, und so waren es doch wiederum gerade die „Fleischtöpfe" des Nationalsozialismus („Arbeit und Freude", „Winterhilfe", Nationalstraßenbau), die diesen so manchem Bürger sympathisch gemacht haben. Aber es geht nun nicht einfach um den Nächsten, um den verlassenen Bruder, um Politik und einen religiös verstandenen Sozialismus. Es geht um diesen einen „Gott" als der allein maßgeblichen und weisenden Instanz, denn dieser Gott

> *„bezeichnet sich nicht nur als der Herr, sondern er benimmt sich als solcher, indem er fordert, gebietet, verbietet: „Du sollst keine anderen Götter neben mir haben."* (Barth, 1933aa, S. 301)

So ist es nun die Frage, ob man sich darauf einlassen solle, ob man sich darauf **verlassen** könne, es scheint jetzt das Wesen dieses Gottes – seine „Existenz" – in ganz anderer, nämlich **inhaltlicher** Weise problematisch zu werden. Die Frage nach den Voraussetzungen unseres Daseins in der Geschichte ist gestellt. Aber dieser Gott könnte nach Form und Inhalt ein leeres Postulat, ein „Mythus", eine Projektion oder Einbildung des Theologen Karl Barth oder der Bibel sein. Wer sagt uns, daß das wahr ist, was da steht, daß in der Geschichte das erste und das letzte Wort „Befreiung" sein soll? Wer sagt, daß nicht irgendein Schicksal oder eine fatale naturgeschichtliche Notwendigkeit den Sieg davontragen werden?

Wer könnte uns triumphierend klar machen, daß etwa Marx in seinen frühen wie späten Werken, nicht aber Darwin sich auf der richtigen Fährte befand; wie sollten wir wissen können, daß etwa Rosa Luxemburg, nicht aber Stalin, das Recht auf ihrer Seite hatte; wer kann uns sagen, daß nicht Nietzsche das letzte Wort behält und man auch Nietzsche mißverstand, als man im Dritten Reich nach dem „Übermenschen" Ausschau zu halten begann; wer kann uns letztlich davor bewahren, wie Heidegger nun doch einer platonischen Dreieinigkeit von „Nährstand, Wehrstand und Lehrstand" zu erliegen? Liegt uns das Hemd nicht näher als der Rock, und ist es nicht tunlicher, sich dem „Schicksal" zu beugen als ihm vergeblich zu entrinnen zu versuchen?

3) „Es steht geschrieben . . ."

Mit Barth ist zu antworten: Dieser „Gott" sagt es, Gottes Wort: *„Es steht geschrieben"* (Barth, 1933aa, S. 299). Es kann wohl geschrieben stehen, weil es Geschichte ist, weil dieser Gott sein Wort immer wieder gehalten und seinem Namen Ehre gemacht hat, weil er sein Volk, wiewohl und wie oft es sich preisgegeben erschien, doch noch verließ. Aber *„es steht geschrieben"* in letzter, nicht zu hinterfragender Instanz. Es gibt kein „Oberhalb", aus dem es etwa abzuleiten, kein „Unterhalb", aus dem es zu erschließen, zu begründen oder zu beweisen wäre, es ist kein Axiom in der Weise irgendeines sonst bekannten Axioms. Es ist *„nicht allgemein auffindbar, es 'steht geschrieben' und nur so und darin ist es Axiom, daß es geschrieben steht."* (S. 300) Es ist freilich Geschichte, die auf ungeschriebene, mündliche Erzählung, auf Ereignisse und göttliche Taten (debarim)

verweist, aber wir haben keinen anderen Zugang dazu, als daß es nun —
und zwar sehr anders als in den großen Chroniken der Weltgeschichte —
„geschrieben" steht. Doch gerade so läßt es sich nicht abstrahieren von den
hier auftretenden Namen und handelnden Personen. Es bezeichnet der
„Name" Gottes keine Idee oder metaphysische Wesenheit, sondern das
Wesen dieses Gottes in seinen Werken — und gerade darum eine „Persona-
lität". Hier ist alles Geschichte, hat alles seinen Ort und seine Zeit, ist kein
Platz mehr für zeit- und raumlose, gestaltlose Wahrheiten, Axiome oder Beziehungen von Gott und Mensch. Aber in dieser Geschichte, in diesen vielfältigen Beziehungen, Begegnungen, Ereignissen und Taten hat „Offenbarung" stattgefunden: ein Wort Gottes, das menschliches, gesprochenes,
geschriebenes Wort wurde, Gott selbst, der Mensch geworden ist. In kühner
Zusammenfassung und Interpretation der hebräischen Bibel sagt Barth —
im Einklang mit den Aposteln —:

*„Jesus Christus ist der Sinn des Sinaigesetzes, sofern es Gottes Offen-
barung ist." (S. 303)*

Was uns, zumal als den „Heiden", unverständlich sein und bleiben müßte:
hier wird es uns verständlich, freilich so, wie es aus keinem menschlichen
„Selbstverständnis" abzuleiten wäre. Ist es Mythus? Ja, sofern es aus einer
Zeit voller Mythen berichtet wird und ein von Mythen reichlich überlager-
tes Geschehen ist. Aber nein, sofern hier den Mythen „in letzter Instanz"
der Kampf angesagt wird! Nein, weil hier ein erstlich und letzlich **menschliches** Wort ist, das heißt: Jesus, der Knecht — Jesus, der Befreier — Jesus,
der Herr! Diese Geschichte, so sehr sie von Mythen überlagert ist, verträgt
sich mit keinem Mythus. Das ist wirklicher Zugang zum Gott Israels, zum
„Gott Abrahams, Isaaks und Jakobs", zum Alten Testament. Von daher
bestimmt sich der Weg, die Praxis der Theologie.

Es wird nun freilich gut sein, von diesem „Anfang" der Theologie Karl
Barths, wie er von Barth doch schon am Ende einer langen Etappe theologischer Arbeit formuliert wurde, zu den „**Anfängen**" dieser Theologie zu-
rückzugehen, um den Weg — die „Methode" — dorthin zu untersuchen.
Wer „Gott" ist, das ist nicht ein-für-alle-mal und nur „im Großen und Ganzen" zu erklären. Ob Gott oder Abgott, ob Gott oder Mythus, dies steht in
jeder Entscheidung des Theologen (und nicht nur des Theologen), bei jedem noch so kleinen Schritt auf dem Spiel. Keine „allgemeinen" Antworten sollen gegeben werden. Denn allgemeine Antworten könnten nur bedeuten, daß irgendein „Prinzip" — das Prinzip „Religion" oder „Hoffnung", das Prinzip „Vernunft" oder „Offenbarung", das Prinzip „Sozialismus" oder sogar „Theologie" — über die Sache, diesen „Namen" zur Herrschaft gelangt ist. Die herrschenden Prinzipien sind aber auch für Barth die
Prinzipien der Herrschenden, „allgemeine" Antworten stehen im Verdacht,
wie richtig sie auch seien, domestizierende Antworten zu sein. Allgemeine
Antworten würden nicht zuletzt bedeuten, daß man zugunsten der je in

Betracht gekommenen Allgemeinheit — und wäre es die Allgemeinheit der „Geschichte"! — alsbald auf das Besondere: diesen Gott und sein Wort auch verzichten könnte. Genau das aber ist es, was nicht geschehen darf und unter dem „ersten Gebot", es sei denn im Verstoß gegen dieses Gebot, auch gar nicht geschehen kann. *„Deus non est in generalisbus"* — das ist der „Grundsatz" einer Theologie, die Schritt für Schritt die Herrschaft eines gar sehr „Besonderen" über alle Allgemeinheit proklamiert — das ist das „Prinzip" einer Dogmatik, die nur in *„grundsätzlicher Ungrundsätzlichkeit"* (KD I/2, 972) betrieben werden kann, die ihre heiligen und unheiligen Prinzipien also auf Schritt und Tritt fallen lassen muß. Dies bedeutet nicht zuletzt, daß die Theologie bei jedem Schritt wiederum erneut das Ganze zur Rede stellen und: in-Frage stellen muß.

KAPITEL 2

Die Rede von Gott und die Aufgabe des „Wortes Gottes". Barths Methodologie 1922.

1. Menschliche Rede von „Gott". Empirisch-analytischer Ansatz und Postulate „auf Gott hin"

> „Wir sollen als Theologen von Gott reden. Wir sind aber Menschen und können als solche nicht von Gott reden. Wir sollen beides wissen und eben damit Gott die Ehre geben." (Anf I/199)

1.1 Wir sollen als Theologen von „Gott" reden . . . !

Die „Methodologie" seiner Theologie hat Barth 1922 in konzentrierter Gestalt auf der Elgersburg vorgetragen, unter dem bezeichnenden Titel: „Das Wort Gottes als Aufgabe der Theologie". (Anf I/199 ff). Was aber ist das „Wort Gottes", daß es Gegenstand und „Aufgabe" einer theologischen Lehre werden könnte? Braucht es überhaupt eine solche Lehre? Brauchen wir „Theologie"? Diese Frage könnte in zweierlei Weise verneint werden: religionskritisch, im Sinne des Materialismus von Feuerbach und Marx (oder Freud), aber auch theologisch, sofern es Gott gefallen könnte, auch ohne Theologie zu existieren, oder besonders auf eine akademische Theologie zu verzichten! [1]

„Wir sollen als Theologen von Gott reden" — das ist für Barth zunächst ein ganz äußerlicher, gesellschaftlicher Tatbestand ohne innere Notwendigkeit und Begründung. Die Leute „erwarten" vom Pfarrer nun einmal, daß er ein Wort von „Gott" zu sagen habe, man „erwartet" eben von einem Theologen, daß er über den Gegenstand und die Methode einer „theologischen Wissenschaft" verfüge. Warum eigentlich? Gerade von seiten des Theologen muß eine solche Erwartung als durchaus absonderlich und durch nichts gerechtfertigt erscheinen, gibt es gar nichts, womit ihr der Theologe entsprechen könnte. Barth nimmt diese Erwartung alles andere als beifällig auf: Der Theologe ist kein Magier oder Zauberer, der etwa über „besondere Schlüssel zu besonderen Türen" (KD I/1,3) verfügte, sowenig er etwa auch ein Psychoanalytiker oder ausgebildeter Sozialtherapeut wäre.

> „Schützen wir nicht zu schnell die Liebe vor! . . . Es könnte sein, daß wir unbarmherzig sind, solange wir meinen, damit barmherzig zu sein, daß wir den Menschen existieren helfen und wenn Tausende uns für unsere Gaben dankten." (Anf I S. 201)

---

[1] Das hat va. Kutter gegen Barths akademische Theologie eingewandt! Vgl. B.-Th. II/313ff.

Schärfere „Ideologiekritik" an der traditionellen Pfarrerrolle läßt sich kaum denken. „*Wir sind aber Menschen und können als solche nicht von Gott reden*" — wie erklärt sich dann die Erwartung, die der Theologe auf sich gerichtet sieht?

Wir bemerken zunächst, daß Barth empirisch-analytisch argumentiert. Daß allsonntäglich von Tausenden von Pastoren gepredigt wird, ist ein Faktum wie irgendein Faktum. „*Es predigt*" wie „*es regnet*", kann Barth sagen (CD 32), und dieses unqualifizierte Faktum braucht noch in gar keinem engeren Zusammenhang mit Jes. 55,10 f zu stehen, wo es heißt:

> „*Denn wie der Regen vom Himmel herabkommt und nicht zurück-kehrt, er tränkte denn die Erde und machte sie gebären und schenkte Samen dem Sämann und Brot dem Esser, so mein Wort, das aus mei-nem Munde gegangen: es wird nicht leer zu mir zurückkehren, es habe denn getan, was mir gefiel, und ausgeführt, wozu ich es sandte.*" *(zit. KD I/1, 157 f).*

Menschen reden jedenfalls nicht das „Wort Gottes". Sie reden nicht in der Weise, in der Gott redet, sondern in der Weise, in der Menschen reden. Theologie ist „*menschliches Reden*" (Anf I/214) und von anderer mensch-licher Rede nicht qualitativ verschieden. Auch des Wort „Gott" ist in ihrem Munde ein Allerweltswort, das zudem, wie ein exakter Sprachfor-scher nur allzuschnell feststellen könnte, von nahezu beliebigem Inhalt, darum ohne Inhalt ist: ein Wort des Unsinns, nicht des Sinns.

> „*Worüber man nicht reden kann, soll man schweigen*" — warum ist dieses Wort Wittgensteins nicht das einzige und letzte Wort, das in der Theologie gesagt werden kann?

Aber sei es denn, daß das Wort Gott den „Sinn" und „Inhalt" **allen** Lebens meint, warum bedarf es dann einer besonderen „Rede" von Gott?

> „*Leben muß gelebt werden in einem lebendigen Leben — was sollen sonst alle Worte über das Wort?*" *(Anf. I/10). Und KD I/1: „Nicht alle menschliche Rede ist Rede von Gott. Es könnte und müßte wohl so sein. Es ist nicht prinzipiell zu begründen, warum es anders ist.*" *(S. 47)*

Ist Gott alles in allem, das „Leben selbst", dann bedürfte es keiner geson-derten Rede von Gott — würde geschehen, was das Wort Gottes besagt, dann müßte ja **alles** menschliche Werk — ob religiös oder areligiös — „Got-teserkenntnis", „Gottesdienst" sein. Ja, würde alles **getan**, was im Namen des Wortes Gottes zu tun ist, dann könnte eine besondere „Theologie" im besten Sinne des Wortes überflüssig sein! Barth weiß davon.

Denn „*wenn irgendein Wort der Begründung, der Beglaubigung, der Erfahrung durch die entsprechende sittliche, soziale, politische Tat bedarf, so ist es das biblische Wort vom Tod, der verschlungen ist in den Sieg. Wissen wir auch nur ein wenig, wie problematisch seine Begründung, Beglaubigung und Erfahrung durch unsere Taten ist, dann müssen wir uns doch darüber klar sein, daß wir dieses Wort nur in höchster Beschämung, Verwirrung und Zurückhaltung auf die Lippen nehmen können.“ (Anf I/70).*

Ist Gott die „*Erfüllung der Verheißung, das Sattwerden der Hungrigen, die Eröffnung der blinden Augen und tauben Ohren*“ (Anf I/207), soll „*Erkenntnis Gottes*“ sein wie ein „*Land voll von Wassern, die das Meer bedecken*“ (Js 11,9), dann ist die „Theologie“ dafür kein Ersatz. Dann ist gerade die **Sonderstellung** der Theologie unter den Wissenschaften, dann ist der Sonderstatus des Pfarrers auf der Kanzel „*zwischen Rathaus und Fabrik*“ (Barth, 1916, S. 262ff), im höchsten Maße problematisch. Warum erwartet man dann trotzdem zu Stadt und Land vom Pfarrer, daß er zu all den Dingen in der Welt ein „letztes“ Wort zu sagen habe, das den Menschen helfen, sie trösten und aufrichten könne? Warum müssen die Wissenschaftler gerade der „bürgerlichen“ Universität, warum müssen Juristen und Politologen, Soziologen und Psychologen doch immer wieder zur Theolgie hinüberschielen, als ob ihnen da die fehlenden Grundlagen nachgeliefert werden könnten? Dies besagt nichts anderes, als daß der Theologie hier eine bedenklich ideologische bzw. legitimatorische Funktion zugeschoben wird, die doch nur die offenkundigen Lücken und Mängel der anderen „Wissenschaften“ zudecken soll; nichts anderes, als daß es Mängel und Mißstände in der Gesellschaft gibt, über die der Pfarrer tröstend und aufrichtend hinweghelfen soll. Was kann in solcher Situation dann die „Aufgabe“ der Theologie sein?

„*Wir sollen beides, unser Sollen und unser Nicht-Können, wissen und eben damit Gott die Ehre geben*“ (Anf I/S. 199). Wir versuchen zu verstehen: Barth steht vor der Wahl, wie er es schon als Pfarrer stand, entweder den Beruf zu wechseln oder ihn irgendwie auszufüllen. Er steht aber auch in der Versuchung, „*zurückzukehren in die Niederungen, wo man scheinbar Theologe und in Wirklichkeit etwas ganz Anderes ist, etwas, was die anderen auch sein könnten und wozu sie uns im Grunde nicht brauchen*“. (Anf I/S. 216). Er könnte versucht sein, die falschen, die ideologischen Erwartungen zu erfüllen und ein Pfarrer und Theologe zu sein, „*der es den Leuten recht macht.*“ (Barth, 1916). Wir könnten nun wirklich in Gefahr kommen, Pastoren zu werden, die im Grunde nicht Theologen, sondern eine Art Sozial- und Psychotherapeuten, aber dann doch keine echten Sozial- und Psychotherapeuten sind.

„ . . . *der Theologie Valet sagen, unser Amt an den Nagel hängen und irgendetwas von dem werden, was die glücklichen Anderen sind?*“

„Was soll das Spiel? . . . Aber die Anderen sind nicht glücklich, sonst wären wir nicht da. Die Bedrängnis unserer Aufgabe ist nur das Zeichen der Bedrängnis aller menschlichen Aufgaben. Wenn wir es nicht wären, müßten eben andere Theologen sein unter denselben Umständen. Die Frau kann auch nicht von den Kindern weglaufen und der Schuster nicht von seinem Leisten, und wir können überzeugt sein, daß die Dialektik etwa der Kinderstube nicht minder angreifend ist als die Dialektik unserer theologischen Studierstube. Die Theologie aufgeben hat so wenig Sinn wie sich das Leben zu nehmen; es wird nichts, gar nichts anders dadurch. Also ausharren, nichts weiter." (Anf I/216)

Die Auskunft ist unbefriedigend. Aber Barth will mit keiner „neuen Theologie", Homiletik, Didaktik oder Liturgik aufwarten, bei der man den *„Kranken zur Abwechslung von der einen auf die andere Seite legt"* (Anf I/S. 198). Die Entfremdung des Pfarrers, die Entfremdung von „Gott" ist die Entfremdung der ganzen Gesellschaft, die noch nicht damit beseitigt ist, daß der eine oder andere den Beruf wechselt (oder, was nicht besser wäre, „Berufsrevolutionär" wird). Diese Entfremdung tritt beim Pfarrer, sie tritt in den religiösen Erwartungen und „Bedürfnissen" der Menschen an den Tag. Aber so gilt es standzuhalten, nicht zu flüchten. Es **muß** eben tatsächlich gepredigt werden, wie Tag für Tag die Züge fahren, die wirklichen Kranken umgebettet, Säuglinge gesäugt, Jugendliche unterrichtet, Obdachlose beherbergt, die Hungrigen gesättigt werden müssen. Es muß gepredigt werden, ja, aber es steht nicht geschrieben, daß Religion und Ideologie gepredigt werden muß! Und noch ist es nicht ausgemacht, ob die Leute vielleicht nicht doch und darum vom Pfarrer etwas erwarten, weil sie irgendwie wissen oder gehört haben, daß es hier um einen **bestimmten** „Gott", nicht um die Götzen der warenproduzierenden Gesellschaft, oder um ein „Wort" nur des Pfarrers geht. So hören wir nun Barth sagen: Wohlan, ihr kommt zu mir, ihr habt mich gefragt, so frage ich euch: Von welchem „Gott" wollt ihr hören? Ihr sagt, ihr suchet Gott. Wohlan, ich sage euch, was es mit diesem Gott auf sich hat! Ihr wollt das „Wort Gottes" vernehmen? Wohlan, ich lasse mich darauf ein, aber ich stelle die Bedingung, daß es nun wirklich um dieses „Wort Gottes", und „nur" um dieses Wort Gottes geht!

In Safenwil hatte Barth dem Fabrikanten Hüssy geantwortet: *„Sie reden mir in meiner Eigenschaft als Pfarrer zu, ich sollte ‚vermittelnd' wirken. Ach ja, so wie Sie das verstehen, nicht wahr? Das könnte Ihnen so passen! Mit Ihrer Erlaubnis stelle ich mir als Pfarrer aber ein anderes Programm . . ." (Barth, 1912)*

1.2. Barths „anderes Programm": ein Gott, der wirklich Gott ist!

Das „andere Programm", das Barth sich nun vornimmt, ist kein religiös-soziales, kein parteipolitisches, es ist ein politisch-theologisches Programm. Es lautet 1922 nur noch ganz knapp:

> „Nicht ihre Existenz, sondern das Jenseits ihrer Existenz, Gottes Existenz steht in Frage, wenn sie (die Menschen PW) uns um ihre Hilfe angehen. Als Dorfweise oder Stadtweise aber sind wir im Grunde unerwünscht, überflüssig und lächerlich" (Anf I/201).

„Gottes Existenz", die die Erfüllung **aller** Inhalte ist! Aber schon 1915/16 stellte sich für Barth als das „Primär-Notwendige" heraus, „daß wir Gott überhaupt wieder als Gott anerkennen" müssen.

> „Das ist eine Aufgabe, neben der alle kulturellen, sozialen und patriotischen Aufgaben . . . Kinderspiel sind." (Busch 101). Ebenso 1922: „Wir sollen als Theologen von Gott reden . . . Das ist unsere Bedrängnis. Alles andere ist daneben Kinderspiel." (Anf I/199). Später erläutert er: „Meine Frage war von Anfang an die, wie man aufgrund der Voraussetzung, daß Gott ist, weiterdenken, was ich als Pfarrer aufgrund dieser Voraussetzung nun eigentlich sagen sollte . . . Schlimm war, daß ich solange nicht merkte, daß die eigentliche und ernsthafte Anfechtung gerade und erst auf dem Boden jener positiven Voraussetzung möglich und wirklich wird. Was weiß man denn von letzter ‚Infragestellung' auf dem Boden der Skepsis . . . ? Ist man bei dieser Frage . . . nicht noch immer gründlich bei sich selber und in sich selber unerschüttert? Wird die Sache nicht erst dann lebensgefährlich, wenn und weil Gott ist, weil die entscheidende Frage sich dann gegen einen selbst kehrt, weil dann das Anfangen und das Weiterkommen, die ‚Skepsis' und der vermeintliche Glaubensmut . . . miteinander auf die Waage zu liegen kommt und . . . als zu leicht erfunden wird? Das ist . . . die Frage, die dann etwa um 1915 herum ‚wie ein gewappneter Mann' über mich gekommen ist." (Busch 103 f).

In Barths Predigt lautet dies so:

> „Was soll uns das, ein Gott, der uns nicht frei macht, der uns zu ewiger Angst und Bedürftigkeit und Abhängigkeit zwingt, statt uns auf eigene Füße zu stellen, ein Gott, den wir bloß brauchen und verehren, weil wir so jämmerlich sind? . . . was soll uns der Gott, der bloß ein Gedankending ist . . . − was hilft dir dein Gedankending? . . . Was wir brauchen, sind nicht Ideen und Theorien, so wahr sie sein mögen, sondern siegreiches Leben, überlegene Kräfte, Tatsachen gegen Tatsachen! Hast du auch schon etwas gemerkt von der Revolution, die auch in dir ist gegen den Gott, der nur dein Gedankengott und Gottesgedanke ist? . . .

Laß dich nicht betrügen! Heuchle dir nichts vor! Du meinst und suchst etwas anderes. — Und weiter geht diese Revolution auch gegen den Gefühlsgott, den du dir vorgezaubert hast oder dir von anderen hast vorzaubern lassen . . . täusche dich nicht: das genügt dir nicht . . . Es ist dir schon jetzt im stillen ein wenig verleidet. Ich sage dir: es wird dir noch einmal zum Ekel verleiden . . . Das was wir meinen und nicht treffen, suchen . . . und doch nirgends entdecken, das ist ein lebendiger Gott . . . ein Gott, der wirklich Gott ist! Kein fremdes Wort neben dem Dasein, sondern das Dasein selbst . . . Kein fünftes Rad am Wagen, sondern das Rad, das alle Räder treibt . . . Kein Gefühl, mit dem man spielt, sondern eine Tatsache, mit der man ernst macht, auf die man sich nährt wie vom Brot, in die man sich zurückzieht wie in eine Festung, aus der man hervorbricht wie Belagerte, die einen fröhlichen Ausfall um den anderen wagen . . . Das heißt lebendig!" Dieser Gott, diese lebendige Tatsache ist es, die in Frage steht, die durch Unterdrückung und Krieg in Zweifel gezogen wird „wie jetzt die Kanonen jenseits des Jura, diese gewaltigen Apostel des radikalsten Zweifels, wie jede Uniform . . . (diese Abzeichen der Schmach und der Gottlosigkeit der Menschheit!) wie das alles uns fragt und fragt: wo ist nun dein Gott?" (Barth 1917, S. 96 ff).

Marquardt hat in diesem Zusammenhang auf das „Überpredigen" des kleinbürgerlichen Bewußtseins und der kleinbürgerlichen Resignation hingewiesen (Marquardt 1972, S. 252; 87 ff), das sich methodisch bis in Barths Dogmatik durchhält, in welchem Barth aber seine Zuhörer durchaus besser verstehen will als sie sich selber verstehen. Die „Seelen" des Dorfes müssen ihres „Ursprunges" in Gott erinnert werden, aber der lebendigen Tatsache, daß Gott ist, **entspricht** doch auch schon eine leise Erwartung, ein unbeholfenes Aufbegehren gegen die Götzen und das Elend, ein noch „unbewußter" Protest gegen alle Religion und Ideologie. Diese Erwartung und diesen Protest gilt es aufzunehmen und auf „Gott" hin zu radikalisieren; gerade die „Tatsache", daß Gott ist, gilt es allen anderen Tatsachen entgegenzustellen! Gott wäre nicht Gott, wenn es damit sein Bewenden hätte, und als „fünftes Rad am Wagen", z.B. als **ein** religiös-sozialer Programmpunkt unter vielen anderen, wäre er nur Religion. Als religiöser Gott ist er aber nicht Gott, als Gott, der nur teilweise, aber nicht gänzlich, nur in einem Bereich, aber nicht in allen Bereichen der Gesellschaft und des Lebens Gott sein darf, kann er nicht wirklicher Gott sein. Wir werden darum auch sogleich auf den **ideologiekritischen** und sozialen Kontext dieser „Rede von Gott" aufmerksam. Es ist wahr: Gott wäre nicht Gott, wenn er nicht auch und gerade der Gott der Armen und Entrechteten, von Bauern und vom Proletariat wäre. Aber Barth störte es nicht, wenn die Arbeiter auf seinen Kirchenbänken weithin fehlten. Sein Adressat ist das „Kleinbürgertum": jene Zwischenschicht zwischen den gesellschaftlichen Hauptklassen, die nach marxistischer Auffassung gerade am meisten der religiösen Ideologiebildung verfällt! Barths Abwendung von der liberalen Ideologie manifestiert sich hier: in der Zuwendung zur Gemeinde, der er ein neues Bewußtsein und Selbstbewußtsein gegenüber den falschen Göttern dieser Welt vermitteln will. Dies stellt freilich eine eigentümliche Verschärfung der Ideologieproblematik dar. Hier ist es mit einigen Gemeinplätzen über Gott, Eigentum, Familie, Volk und Staat nicht getan. Hier kann alles in Ideologie auslaufen, wenn es nicht in Gott und aus Gott selber begründet ist. Unerhört tönt das Postulat:

> *„Das heißt nicht von Gott reden, etwas, und wäre es das Wort ‚Gott‘ vor den Menschen hinstellen mit der Aufforderung, das nun zu glauben. Das ist's ja, daß der Mensch das nicht glauben kann, was bloß vor ihm steht, das nicht als das, was es dort ist, auch hier wäre – daß er nicht glauben kann, was sich ihm nicht offenbart, die Kraft und das Vollbringen nicht hat, zu ihm zu kommen. Bloß Gott ist nicht Gott. Er könnte auch etwas anderes sein. Der Gott, der sich offenbart, ist Gott. Der Gott, der Mensch wird, ist Gott. Und der Dogmatiker redet nicht von diesem Gott.“ (Anf I/209)*

Wir übersetzen: nur der Gott kann Gott heißen, der die Macht hat, herabzusteigen und der notleidenden Menschen Gott zu sein, nur derjenige, der auch herabkommt, die Verlorenen sammelt, den Unmündigen eine Perspektive gibt, ihnen zum aufrechten Gang verhilft. Das Wort Gottes ist entweder ein Mythus oder die Durchbrechung dieses Mythus. Die Theologie redet entweder von diesem „Ereignis“ und „Geschehnis“, oder sie ist reine „Ideologie“. Aber eben: *„der Dogmatiker redet nicht von diesem Gott“* (S. 209). Er kann wohl das Wort „Gott“ in den Mund nehmen, nicht aber das „Wort Gottes“ sagen, er kann „Worte“ über Gott machen – bzw. einen „Gottesbegriff“ ausbilden – aber damit beweist er nur, wie sehr er das Wort Gottes nicht hat. Das ist seine, des Theologen, „Bedrängnis“ und „Not“. Sie ist aber das

> *„Notzeichen einer Verlegenheit, die über die ganze Skala wirklicher und möglicher menschlicher Zuständlichkeiten sich ausbreitet, in der sich der moralische mit dem unmoralischen, der geistige mit dem ungeistigen, der fromme mit dem unfrommen Menschen, in der sich der Mensch einfach als Mensch befindet.“ (Anf I/201)*

Das Überpredigen der kleinbürgerlichen Situation der Menschen in der Gesellschaft wird mit dem Satz auf die Spitze getrieben: „*Der Mensch als Mensch schreit nach Gott“* (S. 201). Denn ob er in die Kirche geht oder nicht geht, ob er fromm ist oder Atheist, ob er es weiß oder nicht weiß:

> *„er selbst, der Mensch, ist ja die Frage, so muß die Antwort die Frage sein, sie muß er selbst sein, aber nun als Antwort, als beantwortete Frage. Nicht nach Lösungen schreit er, sondern nach Erlösung. Nicht wiederum nach etwas Menschlichem, sondern nach Gott, aber nach Gott als dem Erlöser seiner Menschlichkeit.“ (201 f)*

„Der Mensch als Mensch . . ." — wir wittern hier „Ontologie". Eben
diejenige „Ontologie", auf die offenbar Bultmann angesprochen hat,
wenn er sich mit seinem Programm immer wieder auf die anfängliche
Gemeinsamkeit mit Barth berief! Eben diejenige Ontologie, mit der
Barth offenbar auch akademisch „salonfähig" werden konnte, weil es
nun nicht mehr um die Gesellschaft und den Sozialismus, sondern um
das menschliche Wesen und Sein „als solchem" zu gehen schien! Eben
um jene Ontologie, die Barths Rede von Gott in einem „*anthropologischen Existenzial*" veranlagt oder begründet sieht, oder sie jedenfalls
nach dorthin auslegen möchte (Jüngel 1976, S. 69 ff). Wir müßten
nun also zwischen Gott und den Menschen auch noch nach einer dritten Instanz: nach einer Beschaffenheit des menschlichen „Seins" als
solchem Ausschau halten. Es läge alle Not und Entfremdung der Menschen in der Gesellschaft gar nicht in dieser Gesellschaft und in diesen
Menschen, sondern in einer „ontologischen" Beschaffenheit des
Menschseins begründet. Es würde die Frage nach Gott nicht den
menschlichen Leiden und Leidenschaften (als solchen), sondern es
würden diese Leiden und Leidenschaften einer „ontologischen" Gottferne entspringen. Und es würde die gefragte Antwort dann wiederum
die Antwort auf eine wesentlich ontologische Frage, bzw. auf ein noch
so verdecktes und tiefliegendes „religiöses Bedürfnis" der Menschen
sein müssen. Wie dem auch sei: Es wäre nun jedenfalls zwischen Gott
und den Menschen ein Raum geschaffen, in welchem solche und ähn-
liche Erwägungen eben möglich, wenn nicht geboten sein könnten.

Aber Barth will offenbar nicht einer solchen „Ontologie" das Wort reden,
die diese Not der Menschen, indem sie sie allgemeinverbindlich erklärte,
nun sogleich auch verharmlosen müßte. „*Der Mensch als Mensch schreit
nach Gott*" — jawohl: nicht nur die Kleinbürger und auch nicht nur die
Proletarier, sondern **alle** Menschen, so wahr ja nun alle Menschen in der
Gesellschaft zu leiden haben, so wahr sie ja nun alle eines Tages sterben,
sofern alles Fleisch vor Gott ist „wie Gras". „Der Mensch als Mensch . . ."
— das heißt: nicht nur der „religiöse" Mensch und nicht nur der Mensch in
seiner Religion, sondern der Mensch in der Ganzheit seines Daseins, in allen seinen Nöten, den materiellen wie den immateriellen, als Seele **und**
Leib. Er „schreit nach Gott", weil die Not dieses Menschen, weil das bloße
nackte Dasein dieses Menschen als solches schon die Infragestellung Gottes, seiner Existenz, Barmherzigkeit und Gerechtigkeit ist. Denn wer ist
schuld an aller Ungerechtigkeit und der Not der Menschen? Etwa die „gesellschaftlichen Verhältnisse" in ihrer großen Anonymität — als ob sie
nicht als solche auch Verhältnisse der Menschen untereinander wären?!
Etwa nur Privateigentum und Kapital — als ob wir uns **damit** entschuldigen
könnten?! Oder immer nur der **andere** Mensch, der wir nicht selber sind?
Ja, in großer Ungrundsätzlichkeit kann und muß hier auch einmal „ontologisch" geredet werden: alle Menschen sind es, die ganze Gesellschaft, also

„der Mensch", der nach Gott schreit, aber eben, weil er sich in Not befindet, weil er nach der Aufhebung dieser Not verlangt. Er schreit aber „nach Gott", nicht nach Religion und Philosophie, sondern nach derjenigen Antwort, die die Aufhebung seiner Frage und **damit** die Antwort auf seine Frage ist! Barth bringt alle Not und Klage, alle Anklage der Menschen „vor Gott", weil sie nur da in ihrem ganzen Ausmaß erkannt und gehört, weil sie nur da „aufgehoben" und gewendet werden kann. Eben indem das „Unmögliche möglich" wird, daß Gott selber „Mensch wird", sein „Wort" dazu sagt, sich offenbart.

1.3. Sozialistische Postulate auf Gott hin (Barths Politologie)

Das ist zunächst nur das **Postulat**, mit dem Barth an die Bibel und die dort bezeugte „Offenbarung" herantritt, seine *„petitio principii"* (CD 106 ff) Soyez réalistes, demandez l'impossible! Es ist dabei deutlich, daß der **Sozialismus** in diesem Postulat nicht abwesend, sondern in höchstem Maße anwesend ist. Wo ist denn Gottes Gottheit stärker in Frage gestellt als durch die Allmacht des „Kapitals"? Wo, wenn nicht hier, wo Menschen wie „Waren" veranschlagt und zur Arbeit herangezogen werden? Hier ist ja Behinderung und Zerstörung, permanenter *„Angriff"* auf fremdes Leben, wie Barth später in der Ethik unter dem 6. Gebot ausführt (Ethik I, S. 274 ff). Hier ist Verstoß gegen das erste Gebot, so wahr es heißt: *„Ihr könnt nicht Gott dienen und dem Mammon!"* Freilich:

> *„daß die Götzen Nichtse sind, das beginnen wir zu ahnen, aber ihre dämonische Macht über unser Leben ist damit noch nicht gebrochen. Denn ein anderes ist der kritische Zweifel dem Gott dieser Welt gegenüber, ein anderes die Erkenntnis der dynamis, der Bedeutung und Kraft des lebendigen Gottes, der eine neue Welt schafft. Ohne diese Erkenntnis ist doch wohl ,Christlich-sozial' auch heute noch Unsinn."* *(Anf I/S. 7)* [2]

Aber so hat Barths politische Abstinenz durchaus auch „politologischen" Sinn. Nur in „Gott" kann die Auflösung des kapitalistischen Rätsels gesucht und gefunden werden, nur in der Erkenntnis der „dynamis" Gottes kann die vermeintliche Allmacht dieses Abgottes gebrochen werden. Aber da **muß** sie es auch, da kann es keine Bereiche und kein noch so tiefes Elend geben, wo Gott aufhören müßte, der notleidenden Menschen Gott zu sein, keinen Bereich, wo er, nur noch zur Ohnmacht verurteilt, nur mehr teilweise, aber damit gar nicht mehr Gott, vielleicht Schöpfer, aber nicht mehr Versöhner und nicht mehr Erlöser sein dürfte.

---

[2] Barth erinnert an die Kaiserdepesche Wilhelms II. 1896: „Christlich-sozial ist Unsinn, die Herren Pastoren sollen sich um die Seelen ihrer Gemeinden kümmern . . .".

Der Gegner zur Rechten ist schon hier: die Lehre von den „**Schöpfungs-ordnungen**", wonach es Bereiche unter dem „Sündenfall" gebe, die der göttlichen Barmherzigkeit und Gerechtigkeit entzogen bleiben müßten — Bereiche also, in denen nur mit einigen abstrakten „Anord-nungen" Gottes (z.b. Konkurrenz, Eigentum, Staat) zu rechnen wäre, aber nicht mit Gott selber, nicht mit seiner Offenbarung, nicht mit seinem Wort. Es wären dann dies Bereiche, in denen auch die christ-liche Verkündigung nichts zu suchen und zu finden hätte. Aber das ist Mythus, das ist Konstruktion (und zwar als Ideologie der herrschen-den Klasse)! Auf der Linken widersteht Barth freilich einem anderen frommen Trugschluß: der Meinung nämlich, daß die alten Verhältnisse und Mächte (und angeblichen Schöpfungsordnungen) aufgrund der schon geschehenen Offenbarung und Versöhnung nun hinfällig gewor-den wären — das es uns nun möglich sein müsse, auf breiter Straße in das „Reich Gottes" einzumarschieren! Das ist Schwärmerei, die den tatsächlichen „Sündenfall" der Menschheit in Gottes guter Schöpfung ignoriert! Wie Barth hier einen Weg zwischen Skylla und Charybdis sucht und auch findet, zeigt sich in seiner Ethik der Schöpfung 1928! (Ethik I/93 ff).

Die Theologie steht hier freilich vor einem unvermeidlichen Dilemma: Sie wird unweigerlich zur Ideologie, wo sie für ein bestehendes Recht und die bestehende Ordnung eine letzte göttliche „Legitimität" reklamiert — sie wird es aber auch da, wo sie „Gott" ausschließlich für den Umsturz oder ein bestimmtes revolutionäres Programm in Anspruch nimmt (auch wo der Revolution das relativ größere Recht zukommt). Sie wird es in jedem Fall sein, wo sie von „Gott" redet, als ob er nur gerade eine Chiffre wäre, wenn sie von „Gott" weniger erwartete als daß er eben — **Gott** sei, der „selber" zum Rechten sehen und sein Recht und seine Ordnung „*gegen alle Unge-rechtigkeit der Menschen*" (Röm 2,18) aufrichten werde.

„Gott" — und damit die Theologie — kann freilich **nicht** „*auf Sozialis-mus vereidigt*" werden, wie F. Wagner Marquardt unterstellt (Wagner 1976, S. 40). Das Wort „Gott" ist kein Chiffre für die Allgemeinheit des Sozialismus. Aber nun meint ja auch der Sozialismus für Barth kein Allgemeines, sondern ein nicht beliebig auswechselbares „Beson-deres" in der bürgerlichen Gesellschaft. Es handelt sich zunächst um die **Negation der herrschenden Allgemeinheit** vom Standpunkt des Proletariates. In seiner fatalen Besonderung ist es gerade das Prole-tariat, das nach „Gott" schreit und nach einer neuen besseren „Allge-meinheit" verlangt bzw. stellvertretend das „Seufzen" aller Kreatur zum Ausdruck bringt.

1.4. Der dogmatische und der kritische Weg

Hier meldet sich aber der „Kritiker" zu Wort, der nur glauben will, was er sieht und erfährt. Der kritische Weg setzt da ein, wo der dogmatische Weg versagt. Der Dogmatiker redet immer nur von „Gott" und vom „Wort Gottes" in Form der „allgemeinen Wahrheit". Aber *„von Gott reden würde heißen, Gottes Wort reden . . . , das Wort, daß Gott Mensch wird. Diese vier Worte können wir sagen, aber wir haben damit noch nicht das Wort Gottes gesagt . . . "* (Anf I/S. 207)

Da greift der „Kritiker" ein, der sich nun gerade für die „Besonderheit" und Wirklichkeit des „Wortes Gottes" interessiert. „Gott wird Mensch", dies bedeutet, daß er zum **Gegenstand** menschlicher Erkenntnis, von Erfahrung und Praxis wird, daß er sich in der Geschichte, ja auch inmitten von Staat und Gesellschaft „offenbart". Der Kritiker möchte nicht länger „dogmatisch" und „von oben herab", sondern aus dem Horizont seiner **Erfahrung,** sei es Erlebnis oder Gefühl, d.h. „von unten" von Gott reden. „Gott wird Mensch", das heißt: es sind keine allgemeinen Wahrheiten gefragt, sondern besondere Wahrheiten für ein besonderes Publikum, konkrete Wahrheiten für mich und dich, Tatsachen, die zu **Lebenstatsachen** werden. Und in der Tat: Das Wort Gottes will nicht nur vorgestellt, betrachtet und gedacht sein — *„da, das glaube nun!"* (S. 209) — es will Wirklichkeit werden, es will gelebt sein! Es ist nicht nur logisches, es ist immer auch psychologisches und soziologisches, praktisches Ereignis oder gar kein Ereignis. Es sind ja Entscheidungen, die hier und heute bei diesen und jenen bestimmten Menschen fallen müssen, wie sie eben im „Worte Gottes" immer schon und grundsätzlich fallen. Auch Theologie ist nie nur Analyse und Exegese, sie ist auch Rhetorik, Predigt, ja Agitation. Sagt an, welchen Göttern ihr dienen wollt! (vgl. Jos. 24).

Barth denkt hier vor allem aber an den *„Mystiker",* der die Gegenwart Gottes in der Unmittelbarkeit erleben möchte, sei es denn, daß er sich zur „unio mystica" mit Gott erhebt, sei es, daß er sich nun vollends, wie der frühe Luther, unter dem göttlichen *„Gericht"* erfährt. (Anf I/ S. 210 f) Der Mystiker ist der Asket, der das Leiden Gottes in der Welt **an sich selber** vollziehen und **darin** der Erkenntnis Gottes teilhaftig sein möchte. *„Dem in seiner Kultur und Unkultur sich aufblähenden, dem in seiner Moral und Religiosität sich so titanisch gen Himmel reckenden Menschen"* gegenüber ist er der Mönch in der Zelle, der in die Betrachtung und Imitatio des Gekreuzigten versunken ist. Aber gerade an diesem Beispiel wird für Barth deutlich: auch der Kritiker erlebt nicht das „Wort Gottes": *hier wird Gott so energisch Mensch, daß vom Menschen sozusagen gar nichts übrig bleibt."* (S. 210) Das ist eben die Frage, ob die „Negation", in der der Kritiker sich selber oder die ganze Welt, das Individuum oder die Gesellschaft erfährt, auch immer die göttliche, die wahre, die konkrete Negation sei. Aber

nur jene Negation ist die wahre Negation, die in sich auch die Kraft
der „Position" enthält: die „Negation der Negation", die die **Auferstehung von den Toten** ist! Aber diese Möglichkeit, die die unmögliche
Möglichkeit jenseits seiner eigenen Möglichkeiten ist, hat der Kritiker
oder Mystiker, der Pietist oder Schwärmer nicht in der Hand. Gerade
er ist noch einmal in stärkstem Maße in Gefahr, seiner Einbildung
oder seinem Mythus, einer falschen Utopie und einer sektiererischen
Praxis zu verfallen. Zwar wird „*das Kreuz dabei aufgerichtet, aber die
Auferstehung wird so nicht verkündigt, und darum ist es endlich und
zuletzt doch nicht das Kreuz Christi, was da aufgerichtet wird, sondern irgendein anderes Kreuz.*" (S. 211)

Wie die Allgemeinheit ohne Besonderheit und Gegenständlichkeit „leer"
ist, so ist die Besonderheit ohne Allgemeinheit „blind". Der Kritiker meint
die **Praxis** des Wortes Gottes, wie der Dogmatiker dessen Theorie. Aber
diese Praxis kann auch ein Irrweg sein, wenn sie nicht in und aus dem Wort
Gottes ihre Begründung findet, das zugleich ihr Kriterium, ihr Wegweiser
ist. Der Kritiker, wie sehr und mit wieviel Recht er sich auch über den Dogmatiker entrüstet, wird diesen doch nicht los. Er redet so viel und so wenig
wie dieser von Gott. So ist die Frage, wie denn überhaupt von Gott zu reden sein kann. Es bleibt für Barth der „**dialektische Weg**", (S. 212) nicht
als der goldene Weg der Mitte, der die Aporien der anderen Möglichkeiten
zu umgehen oder auszugleichen vermöchte, aber als ein Weg besonderer
Bescheidenheit. Auch der Dialektiker kann und tut nicht, was ihm vom
„*Wort Gottes*" aufgetragen wäre. Auch er wird immer wieder mehr kritisch
oder mehr dogmatisch argumentieren und sich bald in dieser, bald in jener
Sackgasse verlaufen. Es **bleibt** dabei: „*Wir sind Menschen und können als
solche nicht von Gott reden.*"

> „*Das ist das Ergebnis des Bisherigen, und das Bisherige ist das Ganze,
> was ich zu diesem Thema zu sagen habe*"! *(S. 216)*

1.5. Eine „fragwürdige Kunst" — als Wissenschaft!

Die goldene Synthese des Allgemeinen und des Besonderen ist in der Theologie nicht hegelisch konstruierbar. Jenes erhoffte Umschlagen der Quantität in Qualität bzw. der Negation in die Position liegt nicht in der Hand des
Dialektikers. Jenseits seiner „*fragwürdigen . . . Kunst*" kann der Dialektiker — wie auch der Dogmatiker oder Kritiker! — nur davon leben, daß sich
„*in seinem immer eindeutigen und zweideutigen Behaupten die lebendige
Wahrheit in der Mitte, die Wirklichkeit Gottes selbst sich behauptet.*"
(S. 205).

> „*Aber diese Möglichkeit, die Möglichkeit, daß Gott selbst spricht, wo
> von ihm gesprochen wird, liegt nicht auf dem dialektischen Weg als
> solchem, sondern dort, wo auch dieser Weg abbricht.*" *(eb.)*

Nur als unprogrammierbares, unerwartetes und umstürzendes „Ereignis" kann Gottes Wort real werden, und nur als dieses Ereignis wird es auch zum untheoretisch realen, praktischen Ereignis! Das ist allein der Vorzug des Dialektikers, daß er um diese Möglichkeit jenseits seiner eigenen Möglichkeiten weiß, daß er darum **nicht aufhören kann**, diese Möglichkeit dogmatisch und kritisch zu bedenken. Das ist offenbar der Sinn auch einer akademischen Theologie: nicht dem Worte Gottes selber, aber einer „Theologie des Wortes Gottes" Raum zu schaffen, die nicht theologische Grundlagen erstellt, sondern diese abbricht, um *„damit Gott die Ehre zu geben"*. Unter allen fragwürdigen Wissenschaften soll sie — als die fragwürdigste dieser Wissenschaften! — „Zeugnis" geben von einem Grund, der nicht ihr eigener ist, aber allein die Last der Begründungen zu tragen vermag. Sofern dies in einer doch irgendwie übersichtlichen und geordneten Weise vonstatten geht, sofern die Theologie ja durchaus auch im Gespräch mit anderen „Wissenschaften" begriffen sein kann, kann sie sich freilich auch selber als „**Wissenschaft**" begreifen. Sie unterstreicht damit aber nur noch einmal, daß sie keine „höhere" Erkenntnisform, sondern ein Menschenwerk wie jedes andere, aber auch nicht Philosophie, sondern die Erkenntnistheorie eines sehr bestimmten und eigentümlichen „Gegenstandes" ist. Dazu bedarf es offenbar dieser Disziplin: daß dieser Gegenstand in seiner Eigentümlichkeit überhaupt wieder einmal ins Auge gefaßt und mit Ernst als Möglichkeit, ja auch als Wirklichkeit postuliert wird. Nur so könnte aus der banalen Tatsache der allsonntäglichen Predigten wieder eine qualifizierte Tatsache, eine gesellschaftliche „Aufgabe" werden, die **mit Recht** „Erwartungen" auf sich zieht: nicht indem der Prediger diesen Erwartungen nachgibt und seinen Gegenstand den Leuten mundgerecht, aber damit doch nur lächerlich macht, sondern damit, daß er ihn der Harmlosigkeit entzieht. Barths „Lehre vom Wort Gottes" ist freilich nicht schon der Inhalt solcher Predigt, so wenig sie das Wort Gottes wäre, das allein die Menschen aufrichten, trösten, aber nicht nur trösten, sondern auch zum Handeln befähigen würde. Wer etwa den Inhalt des ersten Bandes der Kirchlichen Dogmatik predigen wollte, könnte dabei nur Schiffbruch erleiden. Es ist nicht schon der Inhalt der Predigt, es ist zunächst ihre „Form" gefragt, sofern Predigt ein ihrer Aufgabe entsprechendes exemplarisches Handeln der Kirche sein soll. Die „Lehre vom Wort Gottes" ist die „Formanalyse" der christlichen Verkündigung, darum der kirchlichen Praxis überhaupt. Denn das ist das Tun der Kirche, wenn es ein ihrer Bestimmung entsprechendes und gemäßes Tun ist: daß sie das „Wort Gottes" in menschlichen Tat-Worten „verkündigt" bzw. bezeugt. Aber eben: da ist die *„große Verwechslung"* der Religion (CD 306 ff), der jeder Prediger des Wortes Gottes vorübergehend oder dauerhaft anheimfällt, daß er die Form mit dem Inhalt, den Inhalt mit dieser Form identifiziert bzw. in dem einen auch das andere zu „haben" meint. Da ist die große Täuschung, die mit den kühnen und trügerischen Definitionen des „Wortes Gottes" als einem „Bewußtseinsinhalt" oder „Objektgehalt" der frommen Sprache, Gemütserhebung oder des „Glaubens" einhergeht, daß eine Identität (von Inhalt

und Bewußtsein, von Subjekt und Objekt etc.) behauptet wird, deren Verwirklichung aber notorisch aussteht (CD, S. 29). Sagen wir dagegen mit
Barth, daß das „Wort Gottes" dem gläubigen Bewußtsein und seiner
Sprache „transzendent" bleibt, so meinen wir damit kein abstraktes Jenseits (sowenig wie eine Philosophie der Transzenden), sondern dies, daß
dem „Bewußtsein" als solchem dem Worte Gottes gegenüber (das nie
bloßer Bewußtseinsinhalt sein kann) eine definitive Schranke gesetzt wird.
Das „Bewußtsein" müßte sich, wenn schon, in ein bewußtes tätiges „Sein"
des Glaubenden d.h. in eine Praxis verwandeln, wenn es diesem Inhalt entsprechen und in „reine(r) Form" entsprechen wollte [3]. Das heißt aber:
Gerade in der „reinen Form" der Entsprechung kann das Wort Gottes **nicht**
zum „Objektgehalt" des christlichen Bewußtseins degradiert bzw. in sog.
„reine" Bewußtseins- oder Sprachinhalte aufgelöst werden! In diesem Zusammenhang ist m.W. bislang zuwenig gewürdigt worden, in welch polemi-
schem Sinne Barth die Theologie als „Wissenschaft" definiert (CD 32).[4]
Sie ist als Wissenschaft möglich, sofern sie sich gerade **nicht** auf das „Gotteswort" als solchem, sondern gerade nur auf das „Menschenwort" als dem
schriftlichen oder mündlichen „Zeugnis" des Wortes Gottes bezieht! Sie
untersucht also die christlichen und biblischen Zeugnisse, Sprach- und
Glaubensgestalten unter der Frage, **inwiefern** sie etwa als Zeugnis des Wortes Gottes zu verstehen sein möchten. In dieser Hinsicht ist die Theologie
aber **notwendig** „Wissenschaft", eben, indem sie zur Ausbildung eines religiösen „Bewußtseins" **nichts** beiträgt oder austrägt, sich am Geschäft der
Explikation dieses Bewußtseins und seiner Sache nicht beteiligt, d.h. in
keiner Weise als ahnungs- oder gemütsvolle Religionsphilosophie, Glaubens-
philosophie, Meditation oder Spekulation über „die christliche Sache selbst"
(CD 30) verstanden sein will! Sie ist „Wissenschaft", indem sie ihrer Sache
nur „indirekt", in der Brechung jeder Unmittelbarkeit, nur in der Gegenständlichkeit ihrer Historie, nur in praxi ansichtig wird.

2. Geschichtliche Empirie des „Wortes Gottes" — Vorrang des Besonderen

2.1. Die wirkliche Besonderheit des „Wortes Gottess" in der Geschichte

Woher rührt dann aber Barths merkwürdige Zuversicht, daß diese Beschäftigung sich trotz allem lohnen, daß sich auf diesem Wege in der Kirche
trotz allem wieder etwas bewegen und ereignen, wenn nicht eben: etwas

---

3) Von „reiner Form" (CD 18) spricht Barth nicht im Sinne der philosophischen
Reinheit des Gedankens oder Ideals, sondern — „judaisierend" — im Sinne einer
Entsprechung dem Worte Gottes gegenüber. Nicht Wahrheit — an sich — sondern
Bewährung ist hier gefragt!

4) Vgl. K. Geyer, Polemische Theologie, in: Geyer/Winzeler, Von der realen Dialektik der Gnade, 1975, S. 1ff.

Umstürzendes ereignen könnte? Die Selbstbescheidung scheint hier von Barth als der einzige Weg zur Besserung empfohlen zu werden — und diese Selbstbescheidung ist jener Wendepunkt, an welchem Barth aufhört, nur prophetische und umstürzlerische „Worte" auszustoßen (und etwa den Pfarrer als einen auf allen Fronten agierenden und agitierenden „Hans-Dampf in allen Gassen" begreifen zu wollen), sondern ins nüchterne Geschäft der Dogmatik einsteigt. Solche Selbstbescheidung klang schon in der Tambacherrede an, als Barth als das Revolutionärste des Revolutionären ein bloßes „*priesterliches Bewegen*" (!) der Weltdinge in der Verantwortung vor Gott empfahl. (Anf I/9) Aber nun ist es eben vorbei mit dem Hochgemut, in welchem die Theologen, Pfarrer und Religiös-Sozialen des 19. und des anhebenden 20. Jahrhunderts ihre Sache als das siegreiche Spezifikum oder Proprium des Christentums, des christlichen Abendlandes und seiner Religion in Angriff genommen haben. Gewiß:

> „*In der Kirche ist man sich einig darüber, daß das Wort Gottes Alles und Jedes aus dem Felde schlägt, was ihm widerstehen mag . . .* "
> *(Barth 1933 a, S. 4)*

aber das Wort Gottes ist als dieses **nicht** „Proprium" der christlichen Religion, Predigt und Theologie! Das ist ja die größte „Verwechslung" unter allen Verwechslungen, daß man meinte, das Christliche als einen Spezialfall in der Kategorie der **Religion** verstehen und in Anspruch nehmen zu sollen! Das ist der Irrtum des „Religiösen Sozialismus", daß er in seinem Hochgemut in keiner Weise besser ist als seine Väter! Da droht nun gerade auch im Gesellschaftlichen und Politischen die größte Gefahr (als ob es nicht geradezu lebensgefährlich sein könnte, sich im Kampf um den Sozialismus gerade mit der „*Todesmacht*" der „Religion" zu verbünden! Anf. I/ S. 16) „Theologie des Wortes Gottes" ist Theologie unter dem **Kreuz** (d.h. Schandpfahl, Galgen) als dem notorischen Ergebnis von Religion. Aber das ist das „Besondere" in der Verkündigung des Wortes Gottes, daß es — nicht im Zeichen der Religion, sondern im Zeichen des Kreuzes d.h. aber inmitten der Weltgeschichte — **geschah**, daß das Wort Gottes „Fleisch" wurde, daß es sich ereignete, daß dieses Wort Gestalt, aber menschliche, lebenspraktische Gestalt annahm, also **selber** „Besonderheit", Wirklichkeit wurde! Nicht darum geht es in dieser Geschichte, daß hier irgendetwas zu finden wäre, was historisch oder theologisch grundsätzlich keine Analogien hat und also als ein spezifisches „Mehr" aus der Welt der Religionen herausragen müßte. Nein, gerade darum geht es, daß diese Geschichte, **weil** sie Besonderheit ist, sogar eine Vielzahl von Analogien findet (und keineswegs nur im Feld der Religion) — so sehr, daß sich hier geradezu nichts findet, was nicht auch da oder dort: im Judentum oder im Islam, im Buddhismus, Atheismus oder Sozialismus zu finden sein könnte. Mag es „heilige Bücher" und Gegenstände, Frömmigkeit und Kult, Barmherzigkeit und Gerechtigkeit, ja auch Nächstenliebe und die mystische Gestalt eines Erlösers selbst auch überall anderswo geben, gegeben haben und wieder gegeben — die

Frage ist, wie und **inwiefern** das alles da ist: ob nur als Ideal, frommes Prinzip und Kultgegenstand oder als lebendige, ergreifende Wirklichkeit und Tat! Das ist die Frage, ob sich das „Christentum" in dieser Hinsicht nur in irgendeiner Weise rühmen und den anderen Religionen als überlegen empfehlen könnte! Nicht aber in der Allgemeinheit, **nur in der „Besonderheit" dessen, was sich in den Jahren 1 — 30 in Galiläa, Samaria und Jerusalem tatsächlich ereignete, unterscheidet sich das „spezifische Christliche" fort und fort von dem, was gerade im Christentum am meisten daraus gemacht worden ist.** Im Vorrang dieser Wirklichkeit vor aller Theorie begründet sich die Möglichkeit der Theologie, hier findet die Predigt und die Theologie das „Material", an welchem sie zu arbeiten und sich abzuarbeiten hat! Und nur in dieser Hinsicht (im Vertrauen nämlich auf die Güte und Beschaffenheit dieses „Materials"!) kann Barth seine Aufgabe zuversichtlich in Angriff nehmen.

> *„Alle meine Gedanken kreisen um den einen Punkt, der im Neuen Testament Jesus Christus heißt . . . Aber wer von uns ist in der Lage, ‚Jesus Christus' zu sagen? Wir müssen uns vielleicht begnügen mit der Feststellung, daß Jesus Christus gesagt ist von seinen ersten Zeugen. Auf ihr Zeugnis hin zu glauben an die Verheißung und also Zeugen von ihrem Zeugnis zu sein, also Schrifttheologen, das wäre dann unsere Aufgabe. Mein Vortrag ist alttestamentlich gemeint und reformiert."* (Anf I/S. 218)

Eine Entscheidung ist gefallen. Barth stellt sich in eine **bestimmte** Tradition und Geschichte. Er gibt seiner Theologie keine theoretische Begründung, aber einen historischen und sozialen Begründungszusammenhang, in welchem ihre Funktion und Aufgabe allererst einsichtig werden kann. Barth wagt es, sich aufgrund der Bibel bzw. des biblischen Zeugnisses in den Raum der **Kirche**, ja einer bestimmten, besonderen Kirche zu stellen. Wie, das ist zu untersuchen. Aber von nun an gilt, daß es Theologie nicht im leeren Raum gibt, zumal nicht als Wissenschaft. Theologie ist eine Wissenschaft der Kirche, eine „Funktion" dieser Kirche, keine voraussetzungslose freischwebende Theorie. Als Wissenschaft der Kirche kann sie aber auch nur die Wissenschaft einer bestimmten, dieser **oder** jener Kirche und Konfession sein, auch wenn sie im ökumenischen Gespräch begriffen ist. Aber mit dieser Entscheidung bestätigt Barth auch gesellschaftlich und praktisch, was seine theologische Einsicht bestimmt: den Vorrang der Besonderheit vor aller Allgemeinheit bzw. den Vorrang der Praxis vor der Theorie.

2.2. Die Revision der Hegelschen Dialektik (Hegel — Marx)

> *„Mit einem Wort: Ihr könnt die Philosophie nicht aufheben, ohne sie zu verwirklichen"* — so **Marx** in der Einleitung zur Kritik der Hegel-

schen Rechtsphilosophie (Marx – Engels 1966, S. 23), dem es an dieser Stelle allerdings darum geht, nichts weniger als die philosophische Theologie **Hegels** „aufzuheben". Marx zieht die philosophischen „Allgemeinheiten" vor den Richtstuhl des „Besonderen", ja der konkreten Besonderung des Proletariats in der „bürgerlichen Gesellschaft" Hegels. Die Herrschaft der Allgemeinheit wird hier aber in einer Weise gebrochen, die in der Bibel immer schon grundsätzliche Analogien hat: Vom Standpunkt der leidenden Kreatur, bzw. des „Gottesknechtes" Israel. Diese Vorordnung einer „Besonderheit" vor die „Allgemeinheit" stellt kategorial den Angelpunkt der Marxschen Hegelkritik dar, und sie ist es, die letztlich die Preisgabe des „idealistischen" Standpunktes erzwingt (Wilsdorf, S. 93 ff). Primat des Besonderen ist ein leeres Wort, wenn damit nicht ein realer Primat gemeint ist – ganz ähnlich, wie das Wort von der Menschwerdung Gottes ein leeres Wort ist, wenn damit nicht ein bestimmter Mensch eines bestimmten Volkes in besonderen historischen und gesellschaftlichen Zusammenhängen gemeint ist. [5]) Das heißt: der „Theorie" wird eine Wirklichkeit zum Maßstab gesetzt, die nicht aus der Theorie hervorgeht und niemals aus ihr hervorgehen kann, die nun aber ihrerseits die Theorie und Erkenntnis dieses Gegenstandes zu begründen vermag. Nichts anderes sagt Barth in seiner Hegel-Kritik, wenn es heißt: *„Ist eine Theorie der Wahrheit, die sich aufbaut auf die innere Konsequenz eines von der Praxis gelösten Denkens, noch die Theorie des wirklichen Menschen, die Theorie seiner Wahrheit? Kann die Theorie der Wahrheit eine andere sein als die Theorie der Praxis des Menschen?"* (Prot. Theol. S. 347) Das ist Rezeption der 2. Feuerbachthese von Marx – aber auch der „Neokantianer" Barth hält Hegel zugute, daß schon er wenigstens im **Denken** den Primat der Praxis etabliert: *„Die Logik hat sich eben – und mit ihr die Wissenschaft – nach dem Leben zu richten und nicht umgekehrt"* (344). Gerade so ist die Notwendigkeit der Dialektik gegeben, die um die *„Bewegung"* aller Dinge, um die *„Geschichte"* weiß. *„Auch die Theologie und gerade die Theologie war und ist durch Hegel . . . erinnert an die Möglichkeit, daß die Wahrheit Geschichte, Ereignis sein könnte, daß sie sich je und je in Aktualität und nichts anders zu erkennen und zu finden geben könnte"* (345). Nur daß Barth

---

5) Diese Einsicht bestimmt Barth auch in der Auseinandersetzung mit P. Tillich über „Kritisches und positives Paradox" (Anf. I/165ff). Gegen Tillichs „allgemeine Glaubens- und Offenbarungswalze" (183) hält Barth die ernüchternde „Feststellung, daß wir keineswegs verlorene im Weltraum schwebende geistige Monaden . . . sondern getaufte Christen sind, und daß es für uns als solche nach dem Zeugnis der Schrift und dem Bekenntnis der Kirche eine als die Stätte der Heilsgeschichte qualifizierte Geschichte ,gibt', jawohl: ,es gibt'. . ." (185). Eine solche konfessorische Theologie hat Tillich – unter Verweis auf die allgemeine „Geisteslage" (189) – für nicht mehr möglich gehalten: „ . . . so zwingt unsere Lage dazu, als Theologe nicht Theologe, sondern Kulturphilosoph zu sein" (191). Gerade dies war für Barth nicht mehr möglich! Vgl. II. 6.1.

am entscheidenden Punkt die *„Identifizierung"* der *„dialektischen Methode"* mit der Wahrheit bzw. mit *„Gott"* selber bestreitet, dort, wo Gott zum Gefangenen der Logik, dann auch *„sein eigener Gefangener"* werden könnte. Dieser Gott wäre ein bloßer Bewußtseinsgott, ein Gedankeninhalt, aber nicht der wirkliche, sich offenbarende Gott. Aber diese Möglichkeit des abstrakten Denkens und der abstrakten Theologie ist offenbar mit jener *„Teilung der materiellen und geistigen Arbeit"* gegeben, von der Marx sagt: *„Von diesem Augenblick kann sich das Bewußtsein einbilden, . . . wirklich etwas vorzustellen, ohne etwas Wirkliches vorzustellen – von diesem Augenblick an ist das Bewußtsein imstande, sich von der Welt zu emanzipieren und zur Bildung der ‚reinen' Theorie, Theologie, Philosophie, Moral etc. überzugehen."* (Marx – Engels 1966, S. 96) Ebenso Barth: *„ . . . sofern dieser lebendige Mensch nun doch nur der denkende Mensch, dieser* **abstrakt** *denkende Mensch aber ein bloß gedachter Mensch und gar nicht der wirkliche Mensch sein könnte, könnte es sein, daß auch dieser lebendige Gott, der Gott Hegels, ein bloß denkender und bloß gedachter Gott ist, dem dann der wirkliche Mensch (wie ihn Feuerbach und Marx im Auge hatten PW) als einem Götzen oder eben einem Nichts gegenüberstehen, jedenfalls in grenzenloser Einsamkeit ‚ohne Gott in der Welt' gegenüberstehen würde."* (Prot. Theol. S. 349)

Damit bestätigt Barth die Marxsche (und Feuerbachsche) Religionskritik an intimster Stelle bzw. am Ort ihres Ursprunges in der Hegel-Kritik. Er tut dies aber theologisch, denn es kann nun bei Hegel – diesem fortgeschrittensten Repräsentanten der philosophischen Theologie – zu keinem *„realen Gegenüber . . . von Gott und Mensch"* kommen, darum auch nicht zu einem echten *„Gesprochenwerden und Hören eines Wortes"*, das das ewige Selbstgespräch des um sich selbst kreisenden Menschen unterbricht. (348) *„Die Dialektik, in der wir selber existieren, eine Methode, die wir jederzeit selbst handzuhaben vermögen, ist jedenfalls nicht die reale Dialektik der Gnade".* (349) Sie ist nicht die Dialektik der **realen** Gnade, die sich des wirklichen Menschen in seiner Geschichte annimmt, sie ist darum auch nicht die Dialektik realer **Gnade**, die sich dieser Mensch niemals selber, denkend, verschaffen kann. Damit vollzieht Barth theologisch denselben Wechsel des Terrains, den Marx ohne Theologie gegenüber Hegel vollzogen hat, dessen „dogmatische" Auswirkungen sich aber bis in Barths Lehre von der „Erwählung" Israels bzw. des Juden Jesus von Nazareth verfolgen lassen. Ja, hier ist eine *„metabasis eis allo genos"*, wie sie etwa für einen Lessing noch schauerlich gewesen wäre (Prot. Theol. S. 210!), und wie sie für die bürgerliche Problemstellung von „Offenbarung" und „Geschichte" bis heute noch schauerlich ist! Aber sie bedeutet theologisch gerade kein „Fallenlassen", sondern ein Aufnehmen des theologischen Problems. Konkret bedeutet es, daß Barth von Anfang an in historischen „Analogien" und Vorordnungen denkt, an Materialien **arbeitet** bzw. sein dogmatisches Verfahren der Herrschaft dieses „Besonderen" unterwirft. Es ist die Herrschaft **des** Besonderen, der nun eben, theoretisch völlig unableitbar, Jesus von Nazareth heißt.

2.3. Theologie als kritische „Formanalyse" der Praxis der Kirche in der Gesellschaft

In der Konsequenz dieser Entscheidung kann Barth seinen Standort nicht mehr frei wählen, er kann ihn nur in Freiheit **beziehen,** und dabei allerlei falsche Brücken abbrechen. Dieser Standort ist die „Kirche", die ja selber eine **wirkliche Besonderheit** in der Gesellschaft darstellt, die auch der marxistischen Dialektik immer wieder enträt. Es ist dies aber die Kirche des Jesus von Nazareth, der der verheißene Messias ist, nicht das allgemeine Phänomen von Kirche überhaupt. Daß Barths theologischer Vortrag *„reformiert"* gemeint [6] ist, bleibt zu erörtern, daß er *„alttestamentlich"* ist, das – spricht Bände! Es gibt jedenfalls der neuen „Erwartung" Ausdruck, daß die Kirche zur Kirche des verheißenen Messias wiederum **werden** könne, wenn sie sich nur zunächst einmal bescheiden genug in die Haltung der Erwartung **zurück**begibt. [7] So aber gibt Barths Dogmatik zu erwarten, daß sie nicht nur eine „reine Lehre" der christlichen Verkündigung sein wird, sondern mehr als das: eine „Theorie" der Praxis der Kirche in der Gesellschaft! Auch eine spezifische „Soziologie" der Kirche, aber in praktischer Absicht! Sowenig die „Theologie" einen prinzipiellen Vorrang vor der Predigt haben könnte, sowenig hat die Predigt einen Vorrang vor der Praxis der Gemeinde. Nur stellvertretend für die Praxis der Gemeinde ist Barths Theologie zunächst eine typische Predigt- bzw. Pfarrer-Theologie. Aber sie ist schon damit keine abstrakte akademische Disziplin, sondern „Theorie" mit besonderem gesellschaftlichem Praxis-Bezug. **Theologie und Predigt sind aber** „Dienste" **unter und neben anderen kirchlichen Diensten, nichts anderes als ein Moment oft beklagter, aber oft unumgänglicher kirchlicher** „Arbeitsteilung". Es gäbe nicht Theologie, wenn es nicht Predigt gäbe, es gäbe aber nicht Predigt, wenn es nicht von Anbeginn „Gemeinde" gegeben hätte. Und so ist auch die Theologie noch nicht die Predigt, sondern deren

---

6) Und zwar auch zwinglianisch-reformiert! Daß Barths erste Begegnung mit Zwingli im WS 1922/23 wie die Schlacht von Kappel endigte (nämlich negativ, vgl. B.-Th. II/132), und daß Barth in diesen Jahren allerlei Grund hatte, sich über Zwingli nur zurückhaltend zu äußern, darf nicht darüber hinwegtäuschen, a) daß er in seiner Dogmatik auch die Intentionen Zwinglis aufgenommen hat und daß b) hinter Barmen 1934 entscheidend Zwinglis Thesen von Zürich 1523 und Bern 1528 stehen (KD I/2, 508f). Vgl. dazu Barths Vortrag über „Reformierte Lehre, ihr Wesen und ihre Aufgabe" 1923 (WG 179-212), der hier Schlüsselcharakter hat.

7) „Meinst Du nicht auch, Eduard, das ist irgendwie unser Ort: dort im Schatten vor der Reformation, als es noch keine ‚Heilsgewißheit', noch keine ‚evangelische Freiheit' etc. gab"? (B.-Th. II/S. 30).

„Formanalyse", so wie die Predigt noch nicht die Praxis der ganzen Gemeinde ist. Die Predigt sagt nicht das „Wort Gottes", sie **bezeugt** es nur! Ja, sie „hilft" nichts und tröstet nicht, beseitigt keine Mißstände und lindert keine Not! Sie weckt „Glauben", sonst nichts, gar nichts. Aber das „Wort Gottes" tut dies alles und noch mehr, wo es wahr wird, daß es ein wahrhaft göttliches, **darum** ein wahrhaft menschliches „Wort" ist, das darum zu Worten und Taten von real angesprochenen Menschen wird. Ein Tun der Menschen selbst!

Die **Predigt** ist für Barth eben nur diejenige „Form" der christlichen Verkündigung bzw. der kirchlichen Praxis, die sich in ihrer Beziehung auf den „Inhalt" dieser Verkündigung und Praxis **als erstes** der theologischen Form-Analyse anbietet. Wesentlich scheint, daß in KD I/1 aber auch das „Sakrament" zum Formmerkmal der kirchlichen, gemeindlichen Praxis wird, auf das wir im nächsten Abschnitt unser Augenmerk richten wollen. Wir schließen diesen Abschnitt dem entsprechende Leitsatz aus KD I/1, der das Gesagte in komprimiertester Form zusammenfaßt:

„Die in der Kirche stattfindende Rede von Gott will insofern Verkündigung sein, als sie sich als Predigt und Sakrement an den Menschen richtet mit dem Anspruch und umgeben von der Erwartung, daß sie ihm auftragsgemäß das im Glauben zu hörende Wort Gottes zu sagen habe. Sofern sie trotz dieses Anspruchs und dieser Erwartung menschliches Wort ist, wird sie Stoff der Dogmatik, d.h. der Untersuchung ihrer Verantwortlichkeit, gemessen an dem Wort Gottes, das sie verkündigen will." (§ 3, S. 47). Hier wäre fast jedes Wort mit Ausrufezeichen zu versehen! Soziologie? Zunächst analysiert Barth einfach, was in der Kirche „empirisch" und faktisch geschieht und was demnach die analytische Aufgabe der „Dogmatik" sei. Man könnte dann über die Belanglosigkeit solcher „Praxis" nur lächelnd hinwegschreiten und sich vermeintlich besseren Methoden, allgemeineren religionssoziologischen Erhebungen und „Theorien" zuwenden — wenn nur nicht das eigentliche „Subjekt" dieses Satzes das gar nicht so belanglose „Wort Gottes" wäre!

KAPITEL 3

Die „Kirche".
**Empirie des „Wortes Gottes" in der Gesellschaft.
Auseinandersetzung mit dem römischen Katholizismus.
Taufe und Abendmahl.**

1. Die Wendung zur kirchlichen Lehre

1.1. Barth wird Professor (der „lange Marsch" . . .)

Wir fragen jetzt, wo denn dieses Ereignis, als welches Barth das „Wort Gottes" verstanden wissen möchte, zum konkreten, zum realen Ereignis werde. Wenn das wahr ist, daß da vor 2.000 Jahren *„ein Stein von ungewöhnlichem Gewicht in die Tiefe gegangen sein muß"* (Anf I/57) — wo ist dann der Wellenschlag zu spüren, der auch uns erfassen würde und wo die Bewegung, in welcher dieses Ereignis auch uns zur bewegenden Tatsache wird? Die Dialektische Theologie hat im allgemeinen darauf geantwortet: in der personalen Begegnung von Gott und Mensch, in der Beziehung, in welcher sich Gott uns heute und gerade jetzt offenbart, von da aus dann auch in den zwischenmenschlichen Begegnungen und Beziehungen von Mensch und Mensch, Ich und Du, Du und Ich. Aber der neubestallte Professor Barth hat sich in Göttingen sehr zur Verwunderung seiner Freunde nicht an die Analyse zwischenmenschlicher Beziehungen und Existenzialien gemacht, hat sich auch nicht lange bei der Phänomenologie des *„Wortes"* und der *„geistigen Realitäten"* [1] aufgehalten, sondern sogleich die Lehre von der Kirche und ihren Sakramenten, den reformierten Taufkatechismus und auch Luthers Lehre vom Abendmahl in Angriff genommen. [2] Diese Wendung Barths zur Kirche und zur kirchlichen Theologie wurde zur bestimmenden Grundlage einer ganzen Etappe seines Denkens, die ihn nicht nur seinen religiös-sozialen Freunen entfremdet, sondern auch für manch anderen Zeitgenossen in den Verdacht kirchlicher „Orthodoxie" gestellt hat. Was war aus dem Sozialisten Barth, und was aus dem Verfasser der Römerbriefe geworden, der doch die institutionelle Kirche als den großen Betrug und die *„Kirche Esaus"* brandmarken konnte (R II/S. 326 ff) und die Parole ausgab: *„Die Frage: religiös oder nichtreligiös? ist grundsätzlich keine Frage mehr, um von ‚kirchlich oder weltlich?' gar nicht zu reden"* (R II/15)? Der äußere Anlaß zu dieser Wendung war sicher seine Berufung auf eine Professur zur *„Einführung in das reformierte Bekenntnis, die re-*

---

1) Großen Eindruck — gerade auf Gogarten — machte das Buch von F. Ebner „Das Wort und die geistigen Realitäten" (1922). Vgl. Lange, Konkrete Theologie? S. 111ff.

2) Vgl. die Liste der Arbeiten und Vorlesungen B.-Th. II. S. 739; 741f.

formierte Glaubenslehre und das reformierte Gemeindeleben" (Busch
S. 142), die Barth als Aufgabenstellung sofort sehr ernst genommen hat.

> *„Ich war jetzt freudig entschlossen, mit der theologischen Forschung
> und Lehre — Ragaz und Kutter gaben mir keinen Beifall zu diesem
> Entschluß — in meiner Weise und in meinem Stil grimmigen Ernst zu
> machen." (Busch, S. 140).*

Aber von kirchlicher, reformierter Theologie hatte der Pfarrer aus Safenwil
zunächst noch kaum eine Ahnung.

> *„Ich kann jetzt . . . wohl gestehen, daß ich damals die reformierten
> Bekenntnisschriften nicht einmal besaß." (S. 142)*

Was sollte er lehren? Wie sich in der neuen Rolle zurechtfinden? Seine
Briefe an E. Thurneysen geben ein beredtes Zeugnis von seinen anfänglichen Schwierigkeiten.

> *„Was ich mache? Ich studiere. Hauptsächlich die Reformation und
> was drum und dran ist. Ein umfangreiches Zeddelwerk ist im Ent-
> stehen, wo alles Wichtige seinen Platz bekommt und wieder gefunden
> werden kann. Die Calvin-Vorlesung für den Sommer macht mir große
> Sorge, und ich klaue von allen Seiten zusammen, was ich nur kann . . .
> Hirsch, dieser Alleswisser, mit dem ich jetzt viel verkehre, sieht mir
> arglistig wohlwollend zu. Natürlich, er hat sich alles das, was ich jetzt
> schanzen muß, schon mit 18 Jahren angeeignet." (B.-Th. II/29)* Barth
kann sich nur insofern trösten, als Hirschs *„Luther . . . eine fatale
Ähnlichkeit mit einem mildpositiven, strammnationalen Pfarrer aus
der Fellachenzeit"* hat, dem *„alle Spitzen abgebrochen"* sind! (eb)

Barth muß sein Verhältnis zur Kirche der Reformation allererst erarbeiten
und tut es von Anfang an kritisch. Aber schon damit, daß er das „Wort
Gottes" zum Zentralbegriff und zur „Aufgabe" der Theologie erhob, hat
er einen ersten Schritt in die reformatorische kirchliche Tradition getan,
und zugleich deutlich gemacht, welche *„Ahnenreihe"* hier für ihn allein in
Frage kommt. Sie *„läuft über Kierkegaard zu Luther und Calvin, zu Paulus, zu Jeremia."*

> *„Um ganz deutlich zu sein, möchte ich ausdrücklich darauf hinweisen,
> daß in der hier empfohlenen Ahnenreihe der Name Schleiermacher
> fehlt",* weil es schlecht möglich wäre, sich *„auf Schleiermacher und
> die Reformatoren, auf Schleiermacher und das Neue Testament, auf
> Schleiermacher und die alttestamentlichen Propheten zu berufen."
> (Anf I/205)*

Schleiermacher, dem Barth den *„schuldigen Respekt"* schon in seinen Jugendjahren zur Genüge gezollt hat, steht hier — mit „*der Genialität seines Lebenswerkes*" (eb) — repräsentativ für den modernen Protestantismus des bürgerlichen Zeitalters. So ist aber der Rückgriff auf die Reformation und die biblischen Quellen kein bloßes „Zurück", sondern Barths Versuch einer zeitgemäßen Neuinterpretation und zugleich der Angriff auf die bürgerliche Kirche und Religion von ihrer eigenen Grundlage her. Barth tritt den „langen Marsch" durch die Kirche und ihre Traditionen an und setzt somit — auf dem Katheder — fort, was er schon vorher — auf der Kanzel — angefangen hat. 1925 kommentiert er dies wie folgt:

> „*Eine neue Kirche darf es natürlich nicht sein, was wir wollen, aber die Kirche im Unterschied zur Sekte oder auch zu unserer eigenen persönlichen Prophetie. Auch unser Protest gegen die Kirche war doch, sofern er gut war, gerade kirchlich gemeint, kirchlicher als alles, was die Leute . . . uns immer entgegenhalten zu müssen meinten. Er hat uns zuerst auf die Bibel geführt und dann folgerichtig auch wieder zum Dogma und wenigstens zu der Einsicht, daß über dem Sakramentsbegriff die Akten noch nicht geschlossen seien. Er hat uns, zunächst einfach als Verpflichtung für unsere eigene Person, dann z.t. infolge meiner merkwürdigen Aufgabe hier, auch prinzipiell das kirchliche Amt als solches wieder wichtig gemacht und im Zusammenhang damit das Anliegen einer ihres Namens werten Theologie! In alledem sehe ich keine Möglichkeit, rückwärts zu gehen oder uns in den erreichten Stellungen einzurichten. Sind wir den ‚Kirchenbonzen' mit der ‚neuen Parole' vielleicht vorübergehend wohlgefällig, so wird sich das bald ändern, wenn sie einsehen, wie die Sache gemeint ist, und ebenso wird es unbesonnenen Nachrednern ergehen.*" (B.–Th. II/319)

Diese Passage hat normierende Funktion für unsere Auslegung und sie weist weit in die Zeit des Kirchenkampfes voraus. Zunächst aber lautet die Parole: Kirche, nicht Sekte oder bloßes Querulantentum — aber „kirchlicher" als es den „Kirchenbonzen" lieb sein kann! Über die „politischen" Motive dieser „*Wendung zur Theologie*" hat F.W. Marquardt ausführlich referiert (Marquardt 1972, S. 169 ff). Sie bestimmen, wie zu zeigen ist, die ganze nun anhebende Etappe der Barthschen Theologie.

1.2. Kirche als „gesellschaftliches Subjekt. (Beispiel Erwachsenentaufe)

Mißverstehen könnte diese Wendung eigentlich nur, wer den historischen, aber auch soziologischen „Realismus" übersieht, in welchem Barth sein theologisches Denken sofort nicht an metaphysischen, sondern an gegenständlichen Gegebenheiten, nicht an einer Philosophie der Sprache, son-

dern an einem Empirisch-Faktischen orientiert. [3] Der „Protest" der Römerbriefe wird nun dogmatisch „verobjektiviert" und von daher neu reflektiert, die Theologie wird in ein soziales Beziehungsfeld überführt, in
welchem sie ihre — praktische! — Funktion allererst gewinnen kann. Barth
fragt nach der „Wirklichkeit" des Geschehens, das im Begriff des „Wortes
Gottes" bezeichnet ist, und entwickelt diesen Begriff darum sogleich im
Bezug auf diese Wirklichkeit. Wo also ist das „Wort Gottes" **wirkliche** Gegenwart? Wo ist sein Ereignis sofort auch äußerlicher, gegenständlicher, ja
sinnlicher Natur? Die Antwort lautet: In der „Kirche", in diesem sichtbaren Hervortreten und Sich-sammeln von Menschen in der Gesellschaft
um die Verkündigung des Wortes Gottes, wie es mit der **Taufe** immer
schon gemeint ist! Wo ist das Wort Gottes selber greifbar, leibliche Gegenwart (auch wenn sie als diese immer noch „unbegreiflich" und unanschau-
lich ist)? Ja, eben im **Abendmahl**, beim *„Austeilen, Essen und Trinken von
Brot und Wein"* (KD I/1, S. 90) — in dieser Gemeinschaft der Menschen
untereinander mit ihrem auferstandenen Herrn!

Es wird erlaubt sein, schon hier darauf hinzuweisen, daß die soziologischen, kirchen- und staatsrechtlichen, ja sogar ökonomischen Implikate
des Barthschen Kirchenverständnisses wohl nirgendwo deutlicher an den
Tag getreten sind als in seiner späten Tauflehre. Die Lehre von der **Erwachsenentaufe**, die Barth (nach einem Hinweis Gollwitzers) seit 1939 erwogen, aber schon 1943 erstmals öffentlich vorgetragen hat, ist — in ihrer
endgültigen Fassung von KD IV/4 — wohl nicht zuletzt deswegen auf so
massiven Widerstand gestoßen, weil sie auch die soziologische, rechtliche
und ökonomische Gestalt der *„Volkskirche"* in Frage gestellt und von
ihrer Basis her angegriffen hat.

> *„Irre ich mich, wenn ich denke, daß der eigentliche und durchschla-
> gende außersachliche Grund für die Kindertaufe schon bei den Refor-
> matoren und seither immer wieder sehr schlicht der gewesen ist: Man
> wollte damals auf keinen Fall und um keinen Preis auf die Existenz
> der evangelischen Kirche im konstantinischen corpus christianum —
> und man will heute auf keinen Fall und um keinen Preis — auf die
> heutige Gestalt der Volkskirche verzichten? Volkskirche als Staats-
> kirche und Massenkirche könnte die Kirche, wenn sie mit der Kinder-
> taufe brechen würde, allerdings nicht mehr gut sein. Hinc, hinc illae
> lacrymae!"* (Barth 1943, S. 39).

Zweifellos sind diese Sätze unter dem Eindruck des Nationalsozialismus
und der real erfolgten Gleichschaltung der *„Reichskirche"* gesprochen,

---

[3] „ ‚Real'. Ich verstehe das Wort nach alter Vätersitte bis auf bessere Belehrung
im Gegensatz zu ‚ideal' " (Anf. I/S. 180). Vgl. den Vortrag „Schicksal und Idee
in der Theologie" in: ThFuA S. 55-92, bes. S. 62-72.

aber sie nehmen ursprüngliche Motive auch schon des frühen Barth auf. Christliche Existenz ist für Barth primär die Existenz eines mündigen, „gesellschaftlich" [4] handelnden und also „erwachsenen" Menschen — auch „Kirche" kommt für ihn nur als ein solches selbstbestimmtes gesellschaftliches Subjekt in Betracht. Aber freilich hat Barth die ekklesiologische Konsequenz dieser Einsicht in den zwanziger Jahren noch nicht zu ziehen vermocht. Noch arbeitet er an den „Prolegomena" seiner Dogmatik, aber gerade von daher ist auch die innere Konsequenz, die zur späteren Tauflehre führt, nicht zu leugnen.

Äußerlich zieht Barth dort die Konsequenz des Kirchenkampfes, die in anderer Weise auch von D. Bonhoeffer formuliert worden ist (Bonhoeffer 1970, S. 328, 415). Daß ihm die Kirche nach 1945 in ihrer Restaurationsphase darin nicht gefolgt ist, dürfte m.E. eine der gewichtigsten Ursachen dafür sein, daß die **Rezeption seiner Theologie nach 1945** der Evangelischen Kirche und besonders ihren Pfarrern soviel innere und äußere Schwierigkeiten gemacht hat. Was soll man denn mit einer „Theorie kirchlicher Praxis" anfangen, wenn man sich weigert oder realiter gehindert sieht, die praktischen Schritte, die sie meint und reflektiert, selber zu tun? Wenn die Theologie Barths hier alsbald in den Geruch der „abstrakten" Theoriebildung gekommen ist, dann sicher auch darum, weil man da oder dort meinte, diese „Theorie" auch **ohne** ihre Praxis lehren und verstehen zu können: die Predigt des Evangeliums **ohne** das Ereignis und die Gestalt einer mündig werdenden Gemeinde; die Aktion des Wortes Gottes **ohne** die Aktion der Menschen, die ihrer in Predigt, Taufe und Abendmahl teilhaftig werden! Hier gereicht es E. Jüngel zweifellos zur Ehre, daß er in seiner Interpretation der Barthschen Tauflehre erneut eine Lanze für die Erwachsenentaufe eingelegt hat und sie als deren „*intergrierender Bestandteil*" versteht (Jüngel 1968, S. 52). Sie ist für ihn auch in dieser kirchenkritischen „*negativen Spitze kein Appendix der Kirchlichen Dogmatik, sondern in gewisser Weise die Probe aufs Exempel (S. 53)*" — eine Probe freilich, mit der Barth nach eigener Aussage „*noch einmal in der gewissen Einsamkeit auf dem theologisch-kirchlichen Plan*" stand, „*in der ich ihn vor bald 50 Jahren betreten habe*", mit der er darum sich „*einen schlechten Abgang zu verschaffen im Begriff stehe.*" (KD IV/4 S. XII).
Die Anspielung auf die Zeit der Römerbriefe dürfte nicht zufällig sein. Auch E. Jüngel bemerkt Rückgriffe wie auf KD I/1 so auch auf R II

---

4) H. Gollwitzer sagt mit Recht: „Der Taufband der KD IV/4 ist auf diese Vorstellung der gesellschaftlichen Funktion der Kirche hin zu lesen und darum insgeheim der Entwurf eines Kapitels von Barths Gesellschaftslehre, dem wahrscheinlich im Abendmahlsabschnitt des gleichen Teiles der Versöhnungslehre noch ein weiteres wichtiges Kapitel gefolgt wäre." (Reich Gottes und Sozialismus bei K. Barth S. 26).

(Jüngel 1968, Anm. 20). Warum nicht auch den Rückgriff auf R I? Daß dem göttlichen Handeln gerade auch ein menschlich-gesellschaftliches Handeln entsprechen möge und werde, das ist ja das große Thema des ersten Römerbriefkommentars! Auch Gollwitzer hat es freilich unterlassen, Barths Tauflehre in seine Überlegungen über die von ihm behauptete *„Wiederaufnahme des 1. Römerbriefes"* in der KD miteinzubeziehen (Gollwitzer 1972, S. 35ff)! Aber er hat recht: Barth wird die *„Sätze des 1. Römerbriefes, in denen er über die alte Antithese von gratia und opus hominis hinausdrängte, nicht mehr so wiederholen — auch dies ein Zeichen, daß er nun nicht mehr im Dialog mit den Marxisten spricht, im Gehör von deren Beschwerde gegen eine eventuelle quietistische Folge der Reformationstheologie, sondern im Dialog mit dem tridentinischen Katholizismus, den er in den zwanziger Jahren mit größerem Ernst als irgend ein anderer Theologe aufgenommen hat"* (S. 36).

1.3. Wort und Sakrament. Kritik der reinen „Predigtkirche".

Zunächst muß jedenfalls auffallen, daß Barth den „Sakramenten" schon in seinen „Prolegomena" von 1927 und 1932, d.h. in der „Lehre vom Wort Gottes" (!) eine vorzügliche Stellung verschafft, die ihn sofort in die Nachbarschaft des **Katholizismus** bringt. Barth bekämpft die reine „Geistkirche", die Kirche als „religiöse Anstalt" oder auch als blosse „Predigtkirche". Gewiß sieht sich Barth mit Überzeugung in der Tradition der Reformation, die die *„Verkündigung durch die Rede an Stelle des Sakramentes in den Mittelpunkt des kirchlichen Dienstes"* stellte (CD 26). Aber

> *„mit der Zuspitzung des Begriffs ‚Kirchliche Verkündigung' auf den der ‚Kirchlichen Predigt' soll jene ursprüngliche Weite des Begriffs, in der er eine Tätigkeit der ganzen Gemeinde bezeichnet, nicht in Vergessenheit gebracht werden." (CD 28).*

Mehr noch: Gerade weil es in der kirchlichen Verkündigung um die Predigt des „Wortes Gottes" (nicht um das Machen „frommer Worte") zu tun ist, ist nun auch die absolute Vorrangstellung des Predigtwortes im kirchlichen Gottesdienst gebrochen bzw. relativiert. Es ist nicht selber das Geschehen des Wortes Gottes und also auch nicht selber der Ursprung des kirchlichen Lebens. Es kann immer wieder nur „interpretieren" und auslegen, was mit den Zeichen der Sakramente **realiter** geschieht, wenn das Wort Gottes in der Gemeinde mächtig wird.

> *„Wir bejahen die Reformationskirche, wenn wir die Kirche überhaupt verstehen als in erster Linie christlich redende Kirche, als Kirche, die in erster Linie durch das menschliche Wort dient, als Kirche, die in*

erster Linie und allem anderen übergeordnet Predigtkirche ist. Nehmen wir sie trotzdem und gerade so ernst als Kirche, als Stätte eines
Handelns Gottes selbst, im gleichen Sinn, wie der Katholizismus seine
Sakramentskirche ernst nimmt, dann würde offenbar jede Definition,
die als Inhalt der christlichen Verkündigung etwas anderes nennen
wollte als eben das Wort Gottes, zu tief greifen, zu wenig sagen"
(CD 27). Aber nun gehört es zur Eigentümlichkeit des Wortes Gottes,
daß es − im Unterschied zum Predigtwort − „Fleisch" geworden ist.
„Es nimmt menschliche Natur an, d.h. aber Seele und Leib in Jesus
Christus . . . Es wird in der kirchlichen Verkündigung menschliches Wort
und menschlich-sinnliches Zeichen, Sakrament. Immer beides, denn
nur so ist es die wirkliche Anrede Gottes an den als seelisch-leibliches
Wesen existierenden Menschen. Wer spiritualistisch nur von der Seele
Jesu wüßte . . . , der wüßte nicht um das Wort Gottes. Und wer
materialistisch nur vom Leib Jesu wüßte . . . , der wüßte wiederum
nicht um das Wort Gottes. Es ist alles gleich konstitutiv: daß das Wort
überhaupt eingeht in die Sphäre des Menschen, und daß es in allen
seinen Gestalten menschlicher Geist und menschliche Sinnlichkeit (!)
wird" (CD 111f). Präziser lautet die Formel dann in KD I/1: „Nicht
das Sakrament allein, auch nicht die Predigt allein und wenn man
exakt reden will, auch nicht einfach zweispurig: die Predigt und das
Sakrament, sondern: die Predigt mit dem Sakrament, mit dem ihre
menschliche Rede als göttliches Werk bestätigenden sichtbaren Handeln ist das konstitutive Element, die anschauliche Mitte des Lebens
der Kirche" (KD I/1 S. 71). Dazu gehört dann gewiß auch „die Betätigung helfender Solidarität gegenüber der äußeren Lebensnot der
menschlichen Gesellschaft" (50). Aber es muß „die Verkündigung zur
Verkündigung und damit die Kirche zur Kirche" immer erst „werden" (89). Das Ereignis des Wortes Gottes ist ein ganzheitliches
das den „ganzen Menschen" in seinem gesellschaftlichen Dasein mit-
einbegreift. Es ist dabei deutlich, daß Barth in seinen „Prolegomena"
gegen zwei Seiten zu kämpfen hat: gegen das römisch-katholische
bzw. kultische Sakramentsverständnis einerseits, aber nun besonders
auch gegen das lutherisch-protestantische Predigtverständnis andererseits. Von R II herkommend kämpft Barth gegen die „unverschämten
Identifikationen" (R II) sowohl von Predigtwort und Gotteswort wie
auch gegen Luthers Identifikationen im Sakramentsverständnis. Beidem gegenüber macht Barth in den zwanziger Jahren das „extra
calvinistikum" geltend, das dem Worte Gottes vorbehält, was nur kraft
des Wortes Gottes selber „real" und „identisch" werden kann!

Ist die Kirche nicht nur als Kirche des gesprochenen Wortes, sondern als
Kirche auch der menschlichen (sakramentalen) Handlung verstanden, so ist
deutlich, daß mit ihr weder nur eine innere oder innerliche, noch nur eine
geistige oder geistliche, sondern auch eine materielle, äußere Wirklichkeit
bezeichnet ist, die als diese auch in Geschichte und Gesellschaft da ist und

sich Raum verschafft. Kein Zweifel für Barth, daß diese Wirklichkeit als solche auch äußeren und allgemeineren Bedingungen bzw. „*soziologischen Gesetzen*" (ThuK 386) und „*realgeschichtlichen Voraussetzungen*" (ThFuA 240) unterliegt. In dieser soziologischen Abhängigkeit unterscheidet sie sich darum nicht grundsätzlich von anderen gesellschaftlichen Gestaltungen oder gerade etwa von staatlichen Institutionen. Nur ist die Frage, ob die Kirche, diesen Bedingungen unterliegend, diesen Bedingungen auch „gehorchen" solle oder müsse − oder ob sie auch eine eigene, spezifische Bestimmung aufweisen und in dieser Bestimmung auch sichtbar werde! Sie wäre ja nicht die „Kirche" − die Ekklesia − wenn sie nicht in einem solchen Hervor- und Heraustreten „sichtbar" würde − aber das ist dann die Frage: in **welcher** „Sichtbarkeit" und „Öffentlichkeit" dies zu geschehen hat und ob die Kirche dabei mehr ein „Objekt" (und Spielball) „fremder" Mächte und Interessen sein wird oder sich als „Subjekt" des eigenen Auftrages zu begreifen, zu konstituieren lernt.[*]

2. Der römische Katholizismus als Frage an den völkisch-nationalen Protestantismus

„*Kirchliche Gestaltung geschieht nicht im luftleeren Raum, sondern immer in bestimmten Zusammenhängen der politischen, wirtschaftlichen, kulturellen, seelischen Geschichte . . . Hinter all den so verschiedenen Bemühungen, Bestrebungen und Bewegungen an die wir denken, wenn wir heute von kirchlicher Gestaltung reden, steht nicht nur das mehr oder weniger treu verstandene Gebot Gottes, sondern auch der große Krieg 1914-18 mit der ganzen äußeren und vor allem inneren Veränderung des Weltbildes, die sein Ergebnis ist: unübersehbar vorliegend in den Friedensverträgen und ihren konkreten politischen Folgen, noch mehr in einer ganz bestimmten geistigen Erschlaffung und zugleich Erregung, der die abendländische Menscheit seit jenem Ereignis unentrinnbar verfallen scheint, und noch mehr schließlich in einer seither eingetretenen und, wie es scheint, durch keinen Verstand der Verständigen zu behebenden allgemeinen wirtschaftlichen Unordnung und Unsicherheit*" *(ThFuA S. 239).*

Wir beginnen noch einmal bei der historischen Reminiszenz: O. Dibelius konnte schon 1919 befriedigt feststellen, daß der „*wichtigste Gewinn*" der Revolutionsjahre nicht „*eine neue Führung der Gemeinden*

---

[*] „Die heilige christliche Kirche, deren einig Haupt Christus ist, ist aus dem Wort Gottes geboren, in demselben bleibt sie und hört nicht die Stimme eines Fremden" (Zwingli, 1. Berner These, vgl. CD S. 42).

und der Kirchen durch freie volkskirchliche Organisationen gewesen (sei), sondern im Gegenteil eine Neubelebung der organisierten Kirche, unabhängig von der volkskirchlichen Bewegung in ihren mannigfaltigen Formen" (Scholder 1977, S. 12). Der entscheidende Gewinn bestand für Dibelius wie er später ausführte, in der gewonnenen *,,Selbständigkeit"* der Kirche gegenüber dem Staat, nicht zuletzt als Trägerin und Bewahrerin der deutschen lutherischen und vor allem der *,,altpreussischen"* kirchlichen Tradition. *,,Ecclesiam habemus! Wir haben eine Kirche!"* (S. 43).

Dagegen hatte sich Barth 1919 in Tambach eingefunden, um vor der erneuten ,,Klerikalisierung" des gesellschaftlichen Lebens zu warnen. 1925 legt Barth dann seine eigenen Gedanken über den Neubau der Kirche bzw. über die *,,Wünschbarkeit und Möglichkeit eines allgemeinen reformierten Glaubensbekenntnisses"* dar (vgl. unten 3.c).

Aber erst 1930 (Quo usque tandem . . .) kommt die **Auseinandersetzung mit Dibelius** offen zum Ausbruch. Sie leitet gleichsam schon den Kirchenkampf ein, und ist auch hinsichtlich des kirchlichen Neubaus nach 1945 (Treysa und die Folgen) von größter Aktualität. In diesem Zusammenhang ist es von Bedeutung, daß Barth nicht als Vertreter einer orthodoxen kirchlichen *,,Lehre"* gegen den *,,kirchlichen Praktiker"* argumentieren wollte, wie es Dibelius verstand. *,,Meint er wirklich im Ernst, mir sei irgendeine Problematik oder Theorie Selbstzweck?"* (Barth 1931 b, S. 118). Was Barth in seinem großen Berliner-Vortrag 1931 Dibelius zum Vorwurf machte, war nicht der praktische ;,*Realismus"* an sich, sondern eine *,,neurealistische Kirchlichkeit"* (S. 118), die er − auch in ihrem politischen bzw. deutsch-nationalen Kontext − für genauso unevangelisch halten mußte wie die vormalige deutsche *,,Innerlichkeit'.* *,, Wir sind heute in der evangelischen Kirche im Begriffe, ebenso hemmungslos mit einem neu erstandenen Realismus zu segeln, wie wir es vorher mit dem Idealismus taten. Das kann nicht gut kommen"* (S. 106) − und ist nicht gut gekommen. *,,Charakter müsse die evangelische Kirche wieder bekommen, Öffentlichkeitswillen, Tatwillen, wird uns gesagt. Schön, aber welchen Charakter eigentlich? Was soll denn hier an die Öffentlichkeit? Was soll hier getan werden? . . . Ich frage: Warum kümmert man sich offenbar nur um die Existenz der Kirche als solche, um Charakter, Öffentlichkeit, Tat der Kirche an sich und gar nicht um das Was, dessen Existenz man will? Warum steckt so wenig oder auch gar keine rechtschaffene Theologie gerade hinter den wuchtigsten Existenzäußerungen der heutigen evangelischen Kirche? Warum kommen, wenn einmal etwas Theologisches sichtbar wird, alsbald . . . die übelsten Ladenhüter ausgerechnet des theologischen Idealismus an den Tag? . . . Meint man wirklich, man könne, treu und eifrig mit der Existenz der Kirche beschäftigt, die Frage nach ihrem Wesen (vielleicht aus Zeitmangel) den gern beläche-*

ten Theoretikern und Studierstubengelehrten überlassen?" (S. 109f).
So hat Barth aber auch die soziologische Struktur dieser Kirche im
Auge, wenn er ausführt, daß ihre *"durchschnittliche Predigt . . . trotz
alles Lutherpathos . . . eine Ideologie des gehobenen Mittelstandes"*
sei (S. 114f), „Ideologisch" ist dabei nicht nur der bürgerliche Charakter und Öffentlichkeitswille dieser Kirche, sondern gerade auch ihr
Selbstverständnis als „Volkskirche", in dem nämlich die *"Assoziation
und der Bindestrich zwischen Christentum und Volkstum, evangelisch
und deutsch, nachgerade in der Weise in den eisernen Bestand der
mündlichen und gedruckten Rede unserer Kirche aufgenommen worden ist, daß man sagen muß: Das, dieser Bindestrich, ist heute das
eigentliche Kriterium der kirchlichen Orthodoxie geworden. Erbau-
liche Ketzereien aller Art in bezug auf Gott und Christus, vor allem
die offensten Verleugnungen der reformatorischen Rechtfertigungslehre, dürfen ruhig unterlaufen, ohne daß sich in den Gemeinden und
bei den Behörden auch nur ein Hauch regt, wenn sie nur eben erbaulich sind"* (S. 115). Nun ist sicher nicht Dibelius allein oder hauptsächlich für diese (von ihm repräsentierte) „Kirchlichkeit" verantwortlich
zu machen. *"Man muß sich überhaupt völlig frei machen von der Vorstellung, als könnten einzelne Persönlichkeiten oder gar leitende Kör-
perschaften einen entscheidenden Einfluß auf das innere Leben ihrer
Kirche ausüben . . . Der einzelne wird von der Welle getragen: lenken
kann er die Welle nicht. Das konnte auch Karl Barth nicht"* (Dibelius
1961, S. 272). Aber das dürfte den einzelnen gewiß nicht der Frage
entheben, wohin diese „Welle" trägt. Und nun steht es offenbar so: Ist
der Weg des kirchlichen „Aufbaus" erst einmal so beschritten, wie er
von O. Dibelius für richtig gehalten wurde, dann **geht** es eben vor allem um kirchliche und staatliche Verträge und Rechtssetzungen, um
die Eröffnung von finanziellen Quellen, um den Ausbau der kirchlichen Dienste, um Kirchenbauten und ein „evangelisches Pressewesen"
— dann wird die Frage nach dem kirchlichen „Bekenntnis" (d.h. nach
dem Inhalt, dem Was und dem Wesen der kirchlichen Existenz) fast
zwangsläufig in den Hintergrund treten müssen. Dann wird ein guter
Christ heißen, der diese sichtbare und immer sichtbarer werdende
Kirche glaubt und bejaht, sich von der „Welle" **tragen** läßt und in alledem „kirchlich", volkskirchlich", „national", aber ja nicht etwa „international", „demokratisch", „pazifistisch", oder gar „sozialistisch"
gesinnt ist. Dann wird die Frage, ob Gott sei oder nicht sei, ob er in
der Schrift selber rede oder nicht rede, ob er in den Sakramenten real
gegenwärtig sei etc. unwichtig oder doch neben-sächlich werden gegenüber der Tatsache, daß die **Kirche** da ist, handelt und sich etwa tatkräftig gegen allerlei unerfreuliche Erscheinungen des modernen Lebens: Säkularismus, Atheismus, Materialismus, Marxismus etc. zur
Wehr zu setzen versteht. Wie aber sollte dann noch das Wort vom
Kreuz und von der Rechtfertigung des Sünders und Gottlosen laut
werden und „zum Tragen kommen" können? Und umgekehrt: Nur

wenn dieser bekannte Weg nicht beschritten werden soll, wird die Frage interessant, brennend und nachgerade entscheidend, auf welch anderen „Grund" die Kirche ihr Haus in etwa noch bauen – und wie sie dann voranschreiten könne. Dann ist die Frage nach der rechten „Lehre" und dem kirchlichen „Bekenntnis" nicht länger eine Nebensache, dann wird aber der Christ und Theologe der sichtbaren Kirche auch nicht einfach ausweichen und den Rücken kehren können, sondern in und hinter der sichtlichen „Not" dieser Kirche auch die eigentliche Not des „Kreuzes" der Sünder und Gottlosen entdecken und sehen müssen (Barth 1931 b, S. 91). Gerade die „Flucht vor der Sichtbarkeit der Kirche" (in eine unsichtbare, himmlische oder lieblich anzusehende Kirche S. 101) läßt sich Barth genauso (oder noch mehr) verboten sein wie die „Flucht in die Sichtbarkeit" einer Kirche (S. 106), die ihr notvolles Schattendasein abwerfen und – auf der Welle des nationalen oder auch sozialen Fortschritts – sich als „gestaltende Kraft", Avantgarde etc. begreifen möchte.

In dieser Hinsicht hat Barth aber nicht in Dibelius, sondern im Römischen Katholizismus seinen wirklich herausfordernden Gegner gefunden, der ja seit dem 1. Vatikanum in neuer Mächtigkeit und Gestalt vorangeschritten ist. Wer etwa kritisch hinter den modernen Protestantismus zurückfragen, dabei aber auch kritisch hinter die Reformation zurückfragen möchte, der fragt ja in die mittelalterliche und alte Kirche, er fragt in die „römische Kirche" zurück! Er wird also nicht umhin können, zu erkennen, daß es neben seiner Kirche immer schon eine andere Kirche gibt, gegeben hat und wieder gibt, die in mancherlei Hinsicht weit imponierender und überlegen: in weit größerer Festigkeit, in viel beachtlicherem Traditionsbewußtsein, in viel ungebrochenerer rechtlicher und politischer Kontinuität begriffen war und ist. Er wird also fragen, ob er hinsichtlich der Gestalt, des Ursprungs, der Grundlagen und des Aufbaues von „Kirche" nicht eben hier die nötige Belehrung erwarten dürfe. Und in der Tat: Wo ist etwa das Wort von der „Volkskirche" historisch, soziologisch und religions-psychologisch konkreter gefüllt und wahrer als hier? Wo könnte der evangelischen Kirche, was „Charakter, Öffentlichkeitswille, Tatwille" betrifft, eine gefährlichere Konkurrenz erwachsen als hier? Und wo ist die „Gegenwart" des Wortes Gottes gegenständlicher, leibhafter, sinnenfreudiger zu fassen, als eben hier? Wie trocken und spröd muß neben dem römischen Gottesdienst eine protestantische Predigt erscheinen, die nur noch in der „dünnen Luft" des moralischen Urteilens zu atmen – und vor aller Physis, Äußerlichkeit, Leibhaftigkeit und Wunderhaftigkeit des Wortes Gottes nunmehr „Horror" zu empfinden vermag (KD I/2, 143)? Es mag Zufall sein, daß Barth ab 1925 in Münster auch ernstzunehmende katholische Gesprächspartner gefunden hat – aber nicht zufällig, daß er diese Kontakte wahrgenommen und, bis zum Besuch von römisch-katholischen Gottesdiensten (Busch, 182, 191ff) auch gepflegt hat.

Darum:

„Der römische Katholizismus als Frage an die protestantische Kirche"
(Barth 1928 b) — dieses Thema eines großen Vortrages enthält m.E.
den Schlüssel nicht nur zu Barths Auseinandersetzung mit Dibelius,
sondern Barths Stellung zur Kirchenfrage überhaupt. Es ist unzweideutig ein **polemisches** Thema — Barth hat im Ernst nie daran gedacht,
katholisch zu werden! — , aber polemisch vor allem gegen den modernen Protestantismus, dem der Katholizismus seine Fragen stellt. Es ist
ein „politisches" Thema — denn der nationalistischen Verengung
gerade des deutschen Protestantismus hält Barth hier die ökumenische
Weite, die Einheit, aber auch alle Völker einbeziehend Allgemeinheit
des „Katholizismus" entgegen. Es ist jedenfalls ein Thema, dem die
protestantische Kirche, **indem** sie *„protestantische Kirche"* sein will,
auf keinen Fall ausweichen kann.

So wird der Katholizismus für Barth in doppelter Weise zur Frage

1. ob und inwiefern der moderne Protestantismus im ursprünglichen
Sinne des Wortes überhaupt noch *„Kirche"* sein will und ist (Barth
1931 b, S. 280 ff).

2. ob und inwiefern er aber dem Katholizismus gegenüber wenigstens
zu recht protestierende Kirche, d.h. im ursprünglichen Sinne der Reformation *„protestantische Kirche"* sei (S. 290 ff).

Aber beide Fragen muß Barth für seine Gegenwart verneinen, indem es
nämlich *„derselbe neue zweite Protestantismus (ist), von dem wir . . .
zugestehen mußten, daß er die Substanz der Kirche verloren hat, von
dem wir nun sagen müssen: er hat auch ihre Erneuerung preisgegeben.
Er hat aufgehört kirchlich und er hat aufgehört protestantisch zu
sein . . . "* (S. 292). War Barth schon auf dem Weg zur Dritten Konfession? Wir fragen nun, wie Barth zu diesem vernichtenden Urteil gekommen ist und wie er es begründet hat.

Zu 1.) Die Absicht der Reformatoren und der Reformation war für
Barth nicht die der Zerstörung oder des Abbruchs der Kirche, sondern
die der *„Wiederherstellung"* dieser Kirche. Aber was ist *„Kirche"*? Der
Katholizismus sagt uns an dieser Stelle, daß die Kirche *„nicht das
Haus individueller oder gemeinsamer Erlebnisse oder Überzeugungen"*
sei, sondern *„Gottes Haus"* (S. 281). Dies bedeutet: nicht unsere liberalen oder illiberalen Ansichten und Absichten, keine Frömmigkeit
und Religion, keine Moral machen die Kirche zur Kirche, sondern diejenige Wirklichkeit, die *„schlechterdings und primär Gott selber in
Jesus Christus"* ist (S. 282). Diese Wirklichkeit, die Gegenwart Gottes
in der Kirche ist es, die — in den Sakramenten, in den kirchlichen
Ämtern und Amtshandlungen, im kirchlichen Wort — die Kirche zur

Kirche macht. Dies ist **gut**-katholische Lehre, in welcher der Katholizismus lange nicht so „werkgerecht" ist, wie die Protestanten vielleicht meinen könnten — aber eben: **unter** dieser Voraussetzung wagt es der Katholizismus, *„eine in der Kirche stattfindende irdisch-menschliche Vermittlung der göttlichen Offenbarung und Versöhnung, das Stattfinden eines wirklich irdisch-menschlichen Gottesdienstes zu glauben"* (S. 284). Denn *„weil hier Gott Subjekt ist, stehen hier Menschen und Dinge zu seiner Verfügung, können sie hier Prädikat werden. ,Das Wort ward Fleisch', darum und darin: in der Wirklichkeit dieser göttlichen Herablassung ist die Kirche Gottes Haus".*

„Von da aus versteht der Katholik das Sakrament als ,sichtbare Gewähr, daß Jesus mitten unter uns wirkt" (eb.). So haben aber für Barth auch *„die Reformatoren . . . den Schritt zur sichtbaren Kirche ohne alle Zimperlichkeit getan",* haben sie mit der realen Existenz des Wortes Gottes auch die reale Existenz der *„Kirche"* bejaht, *„ja sie haben vor dieser Zimperlichkeit in aller Form als vor einer widergöttlichen Versuchung gewarnt"* und vor allem die spiritualistische Schwärmerei, die *„ins Unmittelbare und Absolute, in eine reine Geistigkeit und Innerlichkeit fliegen"* wollte, abgewehrt. So ist der Katholizismus aber auch für die moderne protestantische Kirche die *„Frage, ob und inwiefern wir denn etwas ernsthaftes bejahen, wenn auch wir neben dem, was im Fabrikraum und im Laboratorium getan wird, auch das sichtbare Tun einer sichtbaren Kirche bejahen"* (S. 287). Wie will denn der Protestantismus immer noch die Existenz einer Kirche in der Gesellschaft rechtfertigen, die doch immer wieder dringendere Nöte und Sorgen hat? Der Katholizismus hat sich aber gerade hier nicht gescheut, für die von ihm gemeinte göttliche Wirklichkeit und ihre irdisch-menschliche Vermittlung auch in Gesellschaft und Staat *„Autorität"* zu beanspruchen, d.h. wegweisende Orientierung für das Leben der Menschen, ethischer Anspruch auf Güter und Eigentum, verbindliche Norm. *„Wo Kirche ist, da ist auch kirchliche Gewalt"* (S. 288), ruft uns der Katholizismus in Erinnerung — aber eben: *„Heute wird oft vergessen"* (Barth ruft Max Weber zum Zeugen auf!), *„daß die Reformation ja nicht sowohl die Beseitigung der kirchlichen Herrschaft über das Leben überhaupt, als vielmehr die Ersetzung der bisherigen Form derselben durch eine andere bedeutete".* Darum können wir nicht das *„besonnenerweise gegen das Papsttum haben, daß es Gewalt übt. Wäre sie nur kirchliche, geistliche, und darum Gott dienende, nicht aber Gott verdrängende und ersetzende Gewalt geblieben, wir wollten wohl mit Luther nichts dagegen haben, dem Papst die Füße zu küssen"* (S. 289)! So ist der Katholizismus wiederum die Frage an den modernen Protestantismus, ob er, indem er das katholische Erbe ausschlug, sich nicht allzu sehr in die „Innerlichkeit" und „Privatheit" bzw. in die Unverbindlichkeit eines liberal-pluralistischen Denkens und Meinens habe abdrängen lassen. Dies ist aber im Zeichen des „Pietis-

mus" einerseits, des aufklärerisch-liberalen „Rationalismus" andererseits geschehen − und es fragt sich, ob hier das *„Erstgeburtsrecht"* des Katholizismus nicht um ein *„Linsengericht"* ausgeschlagen wurde (eb).

Zu 2.) Aber nun weiß auch Barth um die Gründe, die die Reformatoren veranlaßten, gerade auch den offenkundigen Verlockungen des Katholizismus gegenüber zu widerstehen. Umso mehr gilt jetzt die Frage, ob und inwiefern die moderne protestantische Kirche zu recht *„protestantische"* Kirche heißt. *„Wie steht es mit der regenerierten Substanz? haben wir uns fragen lassen. Es gibt aber auch die andere Frage: Wie steht es mit der Regeneriertheit dieser Substanz?"* (S. 290f). Diese Frage erscheint Barth um so dringlicher, als *„uns gleichzeitig von der anderen Seite klar geworden sein sollte, daß die gemeinsame Substanz der Kirche alles in allem drüben sich in besseren Händen befinden möchte als hüben".* Ob es etwa so sein sollte, daß auch die gerade in Deutschland heftige *„Renitenz gegen Rom . . . ein einziges großes Mißverständnis wäre?"* Wogegen richtete sich denn der **reformatorische** Protest? Unter Voraussetzung der Kirche wußten die Reformatoren darum, daß Gott allein in seinem *„Wort"* Wirklichkeit und Gegenwart hat und regiert − wogegen der *„bezeichnende Begriff, den die modern-katholische Sprache dort verwendet, wo wir vom Wort Gottes reden . . . Übernatur"* heißt (S. 293). Gewiß meinten die Reformatoren mit ihrem sola scriptura, sola fide, sola gratia wiederum das eine fleischgewordene „Wort Gottes", das Jesus Christus heißt − aber eben: *„Nicht daß wir das Wort Gottes hören im Glauben und Gehorsam, sondern, daß wir der Übernatur, der göttlichen Natur, teilhaftig werden",* d.h. die heimliche oder offene **Vergottung** der menschlichen Natur ist im Katholizismus das *„Ziel"* (eb). Dagegen richtete sich der reformatorische Protest: *„Wo die Begriffe Leben, Eros, Sein, Natur (und wäre es Übernatur, göttliche Natur!), herrschen, da herrscht das Neutrum. Wie kann da von Glauben und Gehorsam die Rede sein? . . . Und wie dann von Herrschaft (nämlich Jesu Christi PW)? Und wie dann ernsthaft von Gott?"* **Nur:** *„Wo befinden wir uns doch, wo jene Kategorien das Feld beherrschen? Wie wird uns doch? . . . Ist das nicht Schleiermacher, ist das nicht Troeltsch? Ist nicht Übernatur oder Leben genau das, was eine seit dem 18. Jahrhundert im Protestantismus immer wachsende Opposition an die Stelle des ‚toten Wortes' setzen wollte und weithin gesetzt hat? . . . Sind wir noch Protestanten? Oder liegt es nur an dem Gesetz der historischen Trägheit und an einem unsachlichen Ressentiment, wenn wir uns nicht aufmachen und dorthin gehen, wo der Kultus der Übernatur und des Lebens und des Urgrundes samt seinen aufsteigenden Lebenswellen seine Heimat und im Gegensatz zu unseren dürftigen, schwächlichen und kitschigen Nachahmungen seine wenigstens klassische Stätte hat"* (294)? Ja, gegenüber der deutsch-nationalen „Volks"kirche und ihren Mythen brauchte der Katholizismus gewiß nicht schlecht abzuschneiden! Gegenüber dieser lebens- und geschichtsmächtigen Kirche haben aber die Reformatoren die *„Wiederherstellung der Kirche als Sünder-kirche"* gewollt, einer Kirche, die in keiner Weise der göttlichen Natur teilhaftig (oder zu vergotten), keine Gemeinschaft von lauter „Heiligen" und eitel Frommen bzw. sich in ihrer Frömmigkeit auszeichnender Menschen ist. Und nun ist es zweifellos gerade der Pietismus, der – *„in dieser Hinsicht das bemerkenswerteste Phänomen jenes neuen zweiten Protestantismus"* – einen *„großen, manchmal . . . erschütternden Sünderernst entwickelt"* und an den Tag gelegt hat. *„Aber ist er in seinem Wesen so etwas ganz anderes als der ebenfalls nicht zu unterschätzende katholische Sündenernst?"* Kann sich nicht gerade auch der Pietist vermittels seiner Bußübungen oder *„aufgrund einer eingetretenen Bekehrung"* doch noch *„als etwas anderes"* und besseres als einen *„Sünder"* begreifen, sich in eine höhere Lebenssphäre erheben, mit der Sünde so oder anders gar auch *„fertig werden"*? *„Von Schleiermachers Lehre von der Sünde wollen wir lieber gar nicht reden . . . Ist es nicht beschämend, daß wir uns das von dem Russen Dostojewski wieder ganz neu haben sagen lassen müssen"* (S. 297)? Wie steht es dann mit dem Wort von der „Gnade", die nach reformatorischem Verständnis allein die Sünder annimmt, rechtfertigt, heiligt, befreit? *„Jesus nimmt den Sünder an . . . Das ist unsere Rechtfertigung. Und er nimmt uns in Anspruch, unseren Glauben und unseren Gehorsam. Das ist unsere Heiligung. Beides ohne unser Zutun, ohne ein vorangehendes oder nachfolgendes ‚Verdienst', wie das mittelalterliche Stichwort lautet"* (S. 298f). Aber nun hält sich Barth an keinen geringeren als an Karl Heim, den viele als Barth nahestehend empfanden. *5)*

Von ihm vernimmt Barth die Nachricht, daß es eine *„bestimmte Art von Menschen"* gebe, die für die Gnade besonders *„empfänglich"* und *„reif"* seien, solche, die den *„Schwerpunkt ihrer Seele in dem Innenland haben, in dem Jesus König ist"*, solche, die kraft dieser *„Grundstimmung"* – und *„ohne alle Anstrengung"* – durchbrechen zu einem *„Affekt der Hingabe an Gott"* und des *„selbstvergessenen Schaffens ohne einen Gedanken an Lohn und Ruhm"* – wobei es Heim aber nicht unterlasse, vorzurechnen, daß die Barmherzigkeit und Wohltätigkeit der Kirche für Staat und Gesellschaft *„rein wirtschaftlich ein ausgezeichnetes Geschäft"* bedeuten würde. Denn *„fast alle großen Firmen geben Riesensummen dafür, weil sie genau wissen, daß sie ohne christliche . . . Wohlfahrtspflege mit ihren Arbeitern nicht auskommen können"*! Aber die „Liebe" wolle dafür, so Heim, „keinen Dank". – Barths Kommentar: *„Offenbar doch!"*, und Barth bemerkt hier jene

---

5) Im folgenden einige Zitate Barths aus K. Heim, Das Wesen des evangelischen Christentums 1927.

„kleine Allerheiligenlitanei mit den Namen J.S. Bach, Zinzendorf, P. Gerhard, Teerstegen, Bodelschwingh, Sundar Singh" — im Sinne einer *„religiös-sittlichen Virtuosität"* — *„wobei wir offenbar noch dankbar sein müssen, wenn uns wenigstens der Name Bismarcks in diesem Zusammenhang erspart bleibt"* (S. 300)!
Ja, nun haben wir ein klassisches Beispiel der Barthschen „Arroganz" vor uns, mit welcher er in diesen Jahren mit seinen lieben Kirchengenossen offenbar umgesprungen ist, und in der er gerade K. Heim gewiß in eine Ecke gedrängt hat, in welcher dieser sich „bewußt" auch gar nicht befunden hat. Zweifellos hat Barth mit seinen Zitaten aus Heims *„Wesen des evangelischen Christentums"* einen rhetorischen Zusammenhang hergestellt, der ohne eine zielgerichtete Fragestellung nicht herzustellen gewesen wäre. Die Parenthese zu Bismarck habe denn auch *„in Düsseldorf"* (wo Barth vortrug) *„einen kleinen Sturm der Entrüstung hervorgerufen"* — aber eben: *„also ob ich hier, hier (,Das sind deine Götter, Israel!) das Heiligtum angegriffen hätte"* (Anm. 55a). Aber ist dieser Zusammenhang wirklich nur rhetorischer, nicht sachlicher Natur? Offenbar muß man K. Heim (Schleiermacher, Troeltsch, Ritschl, Herrmann etc.) auch einmal in diesem Zusammenhang lesen **lernen**, um zu begreifen, in welchen Gestalten der von Barth gemeinte „protestantische Modernismus" in etwa einherzuschreiten vermag — daß Barth hier keineswegs nur die offenkundig mißliebigen Gestalten, sondern *„unsere maßgeblichsten Theologen"* im Auge hatte (S. 287, Anm. 18). Nicht anders ist Barth wenig später auch mit seinen noch engeren „theologischen Freunden", mit Gogarten, Bultmann, Brunner etc. umgesprungen! Wer hören will, der höre! Barth hat seinen (sachlichen, nicht persönlichen) Gegner jedenfalls theologisch — aber auch schon politisch — vorgewarnt, während er sich im Katholizismus die notwendige ekklesiologische Angriffsbasis verschafft.
Barth geht aber — um das Maß vollzumachen (aber wir erinnern uns auch der besonderen Ärgernisse, die das Jahr 1928 für Barth gebracht hat) — noch einen Schritt weiter, wenn er in der Drucklegung seines Vortrages eine weitere Parenthese einrückt: *„Wenn ich heute zur Überzeugung käme, daß die Interpretation der Reformation auf der Linie Schleiermacher-Ritschl-Troeltsch (oder auch -Seeberg, oder auch -Holl) richtig sei, daß Luther und Calvin es wirklich so gemeint haben sollten mit ihrem Unternehmen, so würde ich morgen zwar nicht katholisch werden, wohl aber auch von der vermeintlich evangelischen Kirche Abschied nehmen müssen, vor die Wahl zwischen beiden Übeln gestellt aber in der Tat lieber katholisch werden"* (Anm. 1b). Das *„reformatorische Anliegen"* sei in der protestantischen Kirche *„eine unbekannte oder fast unbekannte Größe geworden"* (S. 282) — darum: *„Das ,Jahrhundert der Kirche' soll nach zuverlässigen Nachrichten angebrochen sein . . . Aber das ist allerdings sicher, daß der Protestantismus erledigt sein wird, wenn er die richtige Antwort auf beiden durch*

den römischen Katholizismus an ihn gerichteten Fragen endgültig schuldig bleiben sollte" (S. 302).
Ende 1933 war er erledigt.

3. Kirche in der „analogia fidei"

3.1 Unsichtbare Kirche?

Man wird sich nun fragen, was Barth veranlaßte, trotz seiner einschlägig negativen Analyse der „empirischen" Kirche immer noch und trotz allem „Erwartungen" in diese Kirche zu setzen, ja gerade sie — polemisch, aber sachlich — zum „Gegenstand" der theologischen Bemühung zu machen. Warum dennoch — und trotz aller Warnungen von seiten von L. Ragaz! — der Abschied vom Religiösen Sozialismus? Warum dieser so schwer verständliche — und so oft mißverstandene — Gang hinüber ins „kirchliche Lager"? Oder war es nicht doch so, wie man es immer wieder im „rechten" Lager aufgenommen — und auf der Linken, bis hin zu W.D. Marsch, Barth vorgeworfen — hat, daß Barth ein Ideal- oder „Traumbild" von Kirche vorschwebte: einer „ganz anderen" Kirche, die eben nirgendwo auffindbar, nirgendwo (oder niemals) realisierbar, **nur** zu „glauben" und zu erhoffen ist? Einer Kirche aber, die dann, weil sie den kirchlichen Realitäten (und geraden den „volkskirchlichen" Realitäten!) nur immerzu widerspricht, ein nun mehr „himmlisches", „geistiges" oder „geistliches" d.h. abgehobenes und der Welt gegenüber „isoliertes" Dasein hätte und führen müßte?

Nun sage man nicht vorschnell „Nein"! „Es gab" diese Kirche, die Barth offenbar meinte, in diesen Jahren offensichtlich nicht. Es gab diese Kirche vielleicht für kurze Zeit in der „Bekennenden Kirche", wo Barth sich dann auch praktisch an der Aufgabe der „Kirchenleitung" beteiligt hat (!), aber gerade dort wiederum wurde dem radikalen „Dahlemitischen Flügel" ein „elitäres" Verhalten vorgeworfen. Es sind vor allem die sog. „**nicht-theologischen Faktoren**" der Kirchenbildung, die zu vergessen oder zu ignorieren diesem Flügel vorgeworfen wurde. „*Die BK hatte niemals kennengelernt, was es um die Verwaltung eines ganzen Kirchenwesens ist. Sie wußte einfach nicht, was da alles zusammenkommt: Geistliches, Rechtliches, Wirtschaftliches, Organisatorisches*". (Dibelius 1961, S. 208). Dem entspricht wiederum das Urteil der Religionssoziologie, die in Barth den typischen Vertreter einer „*cognitiven Minderheit*" sieht (Berger S. 19f), die auf keine Breitenwirkung rechnen kann. Hätte nun Barths „Kirche" aus lauter „rechtgläubigen" Theologen bestehen sollen?

Wir antworten an dieser Stelle nur kurz und vorläufig: Nein, Barth hatte nicht eine „Theologenkirche", aber die „christliche Kirche" innerhalb und außerhalb dieser „Volkskirche" im Auge, wie sie tatsächlich nur aus dem „Wort Gottes" d.h. aber: aus dem **Zeugnis** der vielen Einzelnen und Gruppen, der „Theologen" **und** der „Laien", der Pfarrer und der „ganzen Gemeinde" geboren werden kann. „*Welcher eine andere Thür sucht oder zeygt, der irt, ja ist ein Mörder der Seelen und ein Dieb*" (Zwingli, 4. Schlußrede 1923).

Man hat diese „kritische" Etappe „zwischen den Zeiten" mit dem dogmatischen Stichwort der „*Wendung zur Analogie*" charakterisiert (Balthasar). Dieses Stichwort suggeriert freilich zu Unrecht, als habe es bei Barth jemals ein analogieloses Denken, d.h. Begriffe **ohne** Anschauungen, **ohne** Gegenstand, **ohne** Realitätsgehalt gegeben. Es ist aber wahr: Barth ist auf dem Wege, die „allgemeinen" Analogien (der Natur und Übernatur, von Basis und Überbau, von Leben und „religiösem Erlebnis" etc.) abzustreifen, um zur spezifischen Analogie des „Glaubens" und „Gehorsams" durchzustoßen. Es gilt, wenn Barth 1932 sagen kann: „*Ich halte die analogia entis für die Erfindung des Antichrist und denke, daß man ihretwegen nicht katholisch werden kann. Wobei ich mir zugleich erlaube, alle anderen Gründe, die man haben kann, nicht katholisch zu werden, für kurzsichtig und unernsthaft zu halten*" (KD I/1, S. VIIIf). Hat Barth darum vorher analogielos gedacht? Dies würde nur dann richtig sein, wenn man die Kirche — und gerade die historische, die empirische Kirche — als eine solche mögliche, negative oder positive Analogie des Wort Gottes **nicht** gelten lassen wollte, wenn man übersähe, daß ja auch etwa Israel und die Urgemeinde, das biblische Zeugnis und die Gegenstände der kirchlichen Verkündigung je auf ihre Weise **auch** „historische Analogien" des Wortes und Reiches Gottes sind! Und gewiß auch die „katholische Kirche", obgleich sich Barth nun den Vorwurf gefallen lassen mußte: Es „*scheine doch die Kirchengeschichte für mich nicht erst mit dem Jahre 1517 anzufangen. Sei ich doch in der Lage, Anselm und Thomas auch ohne Zeichen des Abscheus zu zitieren. Gebe es doch für mich offensichtlich so etwas wie eine Maßgeblichkeit des altkirchlichen Dogmas. Trage ich doch in aller Ausführlichkeit die Lehre von der Trinität und an ihrem Ort sogar die von der Jungfrauengeburt vor . . . Was soll ich dazu sagen*" (S. IV)? „*Ich kann dazu nur sagen, daß ich es mir verboten sein lasse, mich durch den Gedanken daran müde machen zu lassen. Weil ich meine, daß derjenige auf eine sich selbst ernst nehmende evangelische Kirche bis zum jüngsten Tag vergeblich warten würde, der es nicht in aller Bescheidenheit wagen wollte, an seinem Ort und so gut er es versteht, solche Kirche zu sein*" (S. XI).

3.2 Der biblische „Marschbefehl"

Man kann aber die Haltung des ewigen Nein-Sagers, in welcher viele Zeit-genossen Barth erstarrt gesehen haben, nicht wirklich verstehen, wenn nicht auf dem zeitgeschichtlichen Hintergrund des „modernen Protestan-tismus", dem gegenüber Barth dieses Nein realiter gemeint hat! Nein, es hat sich nicht um einen bloßen Gestus einer ewig-kritischen Theologie ge-handelt, sondern um die Kritik dieser „empirischen" Kirche von ihren Grundlagen her — und gerade die Auseinandersetzung mit dem Katholizis-mus beweist Barths Realismus. Er wollte in der Tat den „langen Marsch durch die Institutionen" antreten, zwischen der (protestantischen) Skylla und der (römischen) Charybdis mitten hindurch! Die Fahrrinne, in welcher Barth sein „Narrenschiff" (B.-Th. II/S. 110) zu halten versucht, ist ausge-sprochen schmal. Aber Barth zielt auf die Gestalt und Existenz einer „Be-kennenden Kirche" — und auch hier gilt: Soyez realistes — demandez l'impossible!

Schon in der Christlichen Dogmatik 1927 klingt das unerhörte Postu-lat an:

„*Die Kirche meint wirklich Gott, wenn sie ihre Predigt in Beziehung setzt zum Wort Gottes — nicht ein Göttliches, nicht einen Gott, son-dern den Gott, den einen einzigen Gott. Sie appelliert mit ihrer Pre-digt an das Votum der einen einzigen Autorität (!), Wahrheit (!), Macht (!). Sie sagt mit ihrer Predigt nicht: ,es gibt' einen Gott, diesen einen Gott, sondern sie sagt: dieser eine Gott handelt, er gibt sein Wort. In seinem Wort gibt er sein Wesen. In seinem Wort wirkt er. In seinem Wort ,existiert' er für die Kirche (und existiert die Kirche sel-ber PW). Sein Wort will sie predigen. Das heißt aber: sie predigt Gott nicht in abstracto, in seinem Wesen, Wirken und Existenz an sich, son-dern Gott in seiner ganz in ihm begründeten, ganz von ihm ausgehen-den und nur in seiner Tat wirklichen Zuwendung zum Menschen, und das heißt dann: Gott in concreto, Gott als Gott, Gott über den sie, indem sie von ihm zu reden in der Lage ist, gerade keine Gewalt und Verfügung hat und bekommt, dessen Gewalt und Verfü-gung sie vielmehr bei ihrem Tun auf der ganzen Linie nur unterstehen kann.*"
Aber nun heißt es: „*Kirchliche Predigt geschieht. Sie ist Geschichte und antwortet auf Geschichte. Sie wird gewagt im Blick auf ein be-stimmtes historisches Datum . . . Sie wird gewagt, weil die Kirche in diesem für ihre Existenz entscheidenden Datum einen Imperativ er-kennt, dahin lautend, daß jenes Wagnis, koste es was es wolle, gewagt werden müsse. Dieses Datum ist das Zeugnis der Propheten und Apostel . . . : die Gesamtheit der von der Kirche als authentisch (als apostolisch) anerkannten biblischen Bücher . . . Mit dem Begriff des Kanonischen bezeichnet die Kirche ein bestimmtes Stück überlie-*

ferung, ein historisches Datum als ein solches, indem sie ihren Marsch-
befehl, ihre Arbeitsanweisung erkennt . . . *Man kann sich die Mög-*
lichkeit und Wirklichkeit der Entdeckung des Kanonischen veran-
schaulichen an ihrer bekannten Wiederholung im 16. Jahrhundert, be-
sonders deutlich an den Vorgängen, die zur Konstituierung der refor-
mierten Kirchen geführt haben, an der rätselhaften Dynamik, mit der
sich hier (ohne alle oder jedenfalls vor aller Inspirationslehre!) das alte
Buch, die Bibel als solche und als Ganzes Aufmerksamkeit, Respekt
und Gehorsam, revolutionärste Bedeutung für Lehre und Leben er-
zwungen hat, an der unerhörten Quantität und Intensität, mit der im
Blick auf jenes historische Datum, d.h. im Blick in dieses Buch hinein,
ins Leben hinaus eben gepredigt werden müßte, als ob das noch nie ge-
schehen wäre" (CD S. 38-40). *"Ob das Wagnis gelingt, ob ich wirklich*
von Gott rede . . . *"? "Immerhin: ich wage es"* (S. 49).

Es ist unzweifelhaft ein „Wagnis", das Barth hier eingeht und eingehen will.
Aber diesem Wagnis, dem unerhörten Postulat, der *"petitio principii"*
(CD S. 106) **entspricht** doch schon etwas: eine Faktizität, die in der Geschichte ein reales Zeugnis **gibt**, von dem, was da kommen soll, ein schwaches, gewiß, oder gar pervertiertes Zeugnis, aber eben: „ein Zeugnis". Es
gibt die Kirche, ob wir es wollen oder nicht, gar nicht als theoretisches,
sondern als höchst untheoretisches Faktum. Eine Theologie, die sich diesem Faktum leichtsinnig entzöge, würde sich vielleicht nur um die Erkenntnis herumdrücken, daß es weit und breit kein anderes und besseres Zeugnis
gibt (und geben wird) als dies. Wir wären nicht Theologen, wenn es nicht
wirklich die Kirche gäbe — aber noch gilt es auch in dieser Kirche, daß die
Bibel in ihr das Wort haben solle. So „gibt" es die Bibel — auch sie als ein
irdisch-menschliches Dokument, das die alte Kirche uns überliefert hat —
aber wir würden nicht „protestantische" Theologen sein, wenn wir nicht
gerade in der Bibel unseren *„Marschbefehl"* (CD S. 39) erkennen würden!
Es „gibt" Predigt — aber nun ist deutlich, daß zu predigen nur vermag, wer
auch diese Geschichte zu verstehen, all dieses Material zu analysieren —
und zu radikalisieren vermag. Barths Wendung zur Kirche vollzieht sich
über den Begriff des „Wortes Gottes", wobei Barth diesem Begriff nun
aber sofort eine erste historische Analogie verschafft.

3.3 Erste Umrisse eines „Kirchenbegriffs"

Das heißt nun: **Die Kirche wird von Barth unter der Direktion, Wegwei-**
sung und „Regierungsgewalt" des Wortes Gottes verstanden. Das bedeutet
unter anderem:
Das *„allgemeine Formproblem"* der Kirche, nämlich ihr Charakter, eine Institution des öffentlichen Lebens zu sein, muß zurücktreten zugunsten des
Problems der konkreten, spezifischen *„Sichtbarkeit der Kirche"* (Barth

1931b, S. 119), sofern sie eine im Auftrag des Wortes Gottes handelnde Kirche ist. Die Kirche, wie sie von Barth begriffen wird, kommt weder im katholischen noch im marxistischen Sinne dieses Begriffes als ein „Überbau" von Gesellschaft und Staat in Betracht und sie kann aus keiner allgemein-gesellschaftlichen, staatlichen, nationalen oder völkischen Notwendigkeit begründet oder legitimiert werden.

Unter der Direktion des Wortes Gottes ist die Kirche Jesu Christi aber die „Sünderkirche" — als Kirche des fleischgewordenen Wortes die Kirche des erniedrigten, des gekreuzigten Christus. Sie ist niemals schön und erbaulich anzusehen, sie konstituiert eine sehr eigene und eigentümliche Art der „Öffentlichkeit". Sie ist „Kirche des Volkes" im soziologisch sehr unprätenziösen Sinne, den dieses Wort in der Bibel und bei Jesus hat, der das „Volk" bei sich hatte: Kirche des „armen Volkes", der Mühseligen und Beladenen, derer, die da hungern und dürsten nach Gerechtigkeit. Sie ist gewiß die Kirche nicht der herrschenden, sondern der unterdrückten „Klasse" — aber gewiß nicht der „Elite" der „Klassenbewußten", und nicht im Sinne eines klar zu definierenden Klassenbegriffs. Aber ihr Charakter ist doch unzweideutig durch das *„Draußensein des gekreuzigten Christus"* bestimmt.

„Beides, sein Gekreuzigtsein und sein Draußensein, hatten für die Reformatoren ebenso wie einst für Paulus grundsätzliche Bedeutung" (Barth 1931b S. 92). „Kreuz" heißt: römisches Kreuz, Galgen, der im römischen Imperium auf Verbrecher, Sklaven, Aufrührer und gerade die aufständischen Juden wartete. „Draußensein" meint aber: *„ausgestoßen und verurteilt von der einen Kirche, die damals war", „Israel . . . außerhalb Israels", „Kirche . . . außerhalb der (bestehenden PW) Kirche", „vor den Toren Jerusalems"* (S. 91). Da findet sich, und zwar *„wider ihr Wünschen und Wollen"* die *„wahre Kirche",* die nicht mehr vom eigenen Sein und Schein, sondern nur noch aus Gottes *„Gnade"* und *„Barmherzigkeit"* leben kann. Sage niemand, daß er diesen Ort — etwa aus Gründen seiner Geschichts- oder Gesellschaftsauffassung — gerne und freiwillig aufsuchen würde, möchte oder auch nur könnte. Aber *„konkret: der unter Pontius Pilatus gekreuzigte Mensch Jesus Christus, der Gott selber ist"* hat diesen Ort aufgesucht (S. 92). Er allein „konstituiert" diese Kirche.

So ist die Kirche aber zu allen Zeiten und in jeder Umgebung ein örtlich wie zeitlich konkret zu umschreibender Sammelpunkt von Menschen unterschiedlichster Herkunft, Stellung und Überzeugung, die von verschiedensten Krankheiten und Nöten geplagt sind — so aber ein ebensowohl „integrierender", wie unangepaßter und verändernder Faktor in der Gesellschaft.
Wir fragen: Wo ist diese Kirche — heute? Ist sie nur etwa bei den „Randgruppen", Außenseitern, Ketzern und von der herrschenden

Kirche Verfolgten zu sehen — und nicht etwa auch in der je existierenden Kirchengemeinde vor Ort? Barth verwehrt es sich in seinem Vortrag über die „Not der evangelischen Kirche", etwa aufgrund des
Draußenseins des gekreuzigten Christus von zwei Kirchen zu reden,
die voneinander unabhängig existierten oder deutlich voneinander zu
scheiden wären. Nicht allezeit ist die Scheidung und Sammlung der
wahren von der falschen Kirche in der Weise möglich, wie es in der Reformation oder unter dem Faschismus geschah! Barth hat es demgegenüber vorgezogen, von der „doppelten Not" — wir könnten marxistisch übersetzen: vom „Doppelcharakter" — der je existierenden
Kirche zu reden (Barth 1931b S. 89f). Es gibt für Barth keine sichtbare Kirche, die nicht auch und stets dem „allgemeinen Formproblem"
der kirchlichen Existenz — also den von O. Dibelius zitierten institu-
tionellen, wirtschaftlichen, sozialen, rechtlichen, politischen Nöten
unterworfen wäre. Es dürfte aber auch keine institutionelle Kirche geben — einschließlich des Katholizismus! — in welcher an der Basis und
in den Gemeinden selber nicht auch da oder dort das „Wesen" der
„wahren Kirche", die Kirche der Gedemütigten, der Sünder und des
gekreuzigten Christus sichtbar sein oder werden könnte! Das macht
offenbar gerade soviele soziologischen oder auch marxistischen Analysen und Kritiken der Kirche so unfruchtbar, daß sie es unterlassen, in
der „Kirche" selber zu unterscheiden, welche Gestalt und Tendenz
hier eher dem allgemeinen Gesetz kirchlicher Existenz, welche aber
dem besonderen Gesetz dieser Existenz gehorcht. Für Barth stellte es
sich so dar: „So müßte die evangelische Kirche existieren: als ein Ort
mitten in der menschlichen Gesellschaft, ja sagen wir noch deutlicher:
als eine menschliche Gesellschaft mitten unter und neben allen anderen menschlichen Gesellschaften, eine Gesellschaft, deren besondere
Tätigkeit darin bestünde, dieser Situation, nämlich der Konfrontierung
des Menschen mit dem gekreuzigten Christus als dem schlechthin aus-
schließlichen Gesetz und Urheber seines Heils standzuhalten . . . : ein
Zeichen, ein in anspruchslosem Gehorsam abgelegtes Zeugnis von dieser Situation. Wo und wenn und sofern die evangelische Kirche so
existiert hat es keine Not." — „Die Not ihrer Existenz, jene zweite,
ungute, nicht notwendige und nicht heilvolle Not der evangelischen
Kirche (als einer gesellschaftlichen Institution etc., PW) tritt aber ein,
wo und wenn und sofern sie sich faktisch des Evangeliums schämt,
dessen sie sich rühmt, wo und wenn und sofern sie die in ihrem Wesen
begründete Not nicht anerkennt und nicht auf sich nimmt und also
nicht ihrem Wesen entsprechend existieren will" (S. 100).

So existiert die wahre Kirche aber als Kirche des „Bekenntnisses" zu Jesus
Christus als dem „Urheber" ihrer Not, wie ihres Heils. Dieses Bekenntnis
muß nun aber gerade in den Kategorien der „Praxis", der „Spontaneität",
ja der gesellschaftlichen Autonomie bzw. Selbstbestimmung gedacht werden, in welchen sich die örtliche Gemeinde als eigenständiges gesellschaft-

liches „Subjekt" begreift.

So wird es in Umrissen von Barth schon 1925 im Aufsatz: „*Wünschbarkeit und Möglichkeit eines allgemeinen reformierten Glaubensbekenntnisses*" entwickelt (1925a). Barth stellt sich hier mit gutem Grund in die reformierte, nicht in die lutherische Tradition, die vor allem auch am Konsens mit der alten Kirche „der ersten fünf Jahrhunderte" festhält, und somit den ökumenischen Charakter der „una sancta" betont (S. 78). In dieser „Allgemeinheit" der wahren Kirche sieht Barth aber festgehalten (a), daß es sich um eine Kirche des Bekenntnisses handelt, die sich darin nur ihrem Herrn gegenüber, nicht aber Kaiser und Fürst gegenüber zu verantworten hat (b), daß das Subjekt dieses Bekenntnisses nicht die Kirche im allgemeinen, sondern immer nur eine jeweils „*örtlich umschriebene christliche Gemeinschaft*" (S. 87ff) sein kann, daß also (c) der Akt des Bekenntnisses nicht nur als „*Erkenntnis Gottes in seiner Offenbarung, sondern auch und eben damit zugleich als Demonstration wirklicher, menschlich-irdischer Gemeinschaft*" (S. 93) erfolgt (d), daß dieser Akt ein „*spontaner*" Akt sein muß („*hinter dem reformierten Bekenntnis steht letztlich, wenn es mit rechten Dingen zugeht, weder eine konsistoriale noch eine fürstliche Kanzlei, sondern − mindestens in der Idee − der Marktplatz oder das Rathaus und daselbst die als christliche Abendmahlsgemeinde sich konstituierende Gemeinde der Stadt- oder Volksgenossen*" (S. 82) (e), daß dieses Bekenntnis immer nur „*bis auf weiteres*" erfolgt, d.h. korrigierbar, veränderbar ist (S. 79f) und (f), daß es von praktischer Konsequenz, für „*Lehre und Leben*" nach außen und nach innen maßgeblich ist. Ohne diese „*ethische*", d.h. gesellschaftliche Konsequenz wäre ein Bekenntnis für Barth eine „*ausgezeichnete Blamage*" (S. 103). „*Gerade als ethisches Bekenntnis hat das reformierte Bekenntnis in den soziologischen Neubau Europas entscheidend eingegriffen*" (S. 102). „*Ethos*" umfaßt aber im christlichen Sinne den „*ganzen Menschen, die ganze Stadt*", am konkreten Ort das Ganze der Gesellschaft. Und vor allem deswegen, weil Barth die reformierte Kirche seiner Zeit „haltlos schwanken" sieht „zwischen Ja und Nein", kann er ihr in seinem Aufsatz kein allgemeines Bekenntnis empfehlen. „*Nicht immer erst dreißig Jahre zu spät, wie im sozialen Manifest des Bielefelder Kirchentages, sondern, wenn die Probleme noch brennen, wenn es für sie noch Zeit ist . . . Heute z.B., um nur eines zu nennen, zu dem seit dem Krieg in allen Ländern in gleichförmiger Weise auftretenden faschistisch-völkischen Nationalismus. Sagt die Kirche ja oder nein zu dieser Sache? Sagt sie zum Antisemitismus ja oder nein? Sagt sie zum Krieg prinzipiell und bewußt ja oder hat sie etwa aller praktischen Vorbehalte ungeachtet ein letztes prinzipielles . . . nicht pazifistisches, sondern spezifisch christliches Nein gegen den Krieg auf den Leuchter zu stellen? Gedenkt die Kirche, die in allen Ländern eindeutig militaristische Haltung, die sie 1914 in dieser Frage eingenommen hat, bekenntnis-*

mäßig festzulegen und zu bestätigen. Oder . . . ?" (S. 102f). Zu solcher politischen Konsequenz kommt es aber nur, wenn das Bekenntnis (g) ein Akt der Selbstbestimmung und *„Demokratie"* als *„Korrelat der Autokratie Christi"* ist. *„Das reformierte Volk läßt sich nicht so gängeln von oben herab. Es bekennt sich selber oder es bekennt sich gar nicht". „Kein Amt, kein Klerus darf sich hineinschieben zwischen den Imperator Christus im Himmel, und die auf Erden souveräne christliche Landsgemeinde"* (S. 82). Der Aufsatz läßt an Deutlichkeit nichts zu wünschen übrig und wirft ein Licht auf Barths spätere Konzeption einer „Bekennenden Kirche in Deutschland". Barth hat auf sie hingearbeitet und die tatsächliche Existenz bekennender Gemeinden im dritten Reich bezeugt, daß Barths Konzeption keineswegs „unrealistisch" war. „Unsichtbar" ist solche Kirche vielleicht vom Standpunkt der bürgerlichen bzw. dann faschistischen *„Öffentlichkeit",* sofern sie — oft am Rande der kirchlichen und politischen Legalität arbeitend — in ihr keine oder nur negative Anerkennung finden konnte. „Konkrete Sichtbarkeit" hatte sie aber in der Ausbildung sozialer Basisstrukturen, in der Tätigkeit an Ort und Stelle, in der Hilfestellung für bedrohte und verfolgte Menschen. Aber diese „Empirie" von Kirche läßt sich schwerlich „statistisch" aufrechnen! —
Warum gibt dann aber Barth den allgemeinen Begriff von „Kirche" nicht zugunsten des konkreteren und spezifischeren Begriffs der „Gemeinde" preis (wie das etwa bei Ed. Schweizer zu beobachten wäre)? Warum dieser übergreifende Begriff, wo die kirchliche Einheit vielleicht längst nicht mehr — oder nur mehr scheinbar besteht? Warum diese Klammer, mit der doch Barth auch immer mit der volkskirchlichen Realität verklammert geblieben ist? Ja, warum *„Kirchliche Dogmatik"* und nicht: Gemeinde-Theologie? Die Frage ist ernstzunehmen, in Hinsicht auch darauf, daß sich Barth auch in der Kirchlichen Dogmatik je länger je mehr auf eine Gemeinde-Theologie zubewegt. Aber eben: eine Theologie, die nur Theologie der Gemeinde, das heißt womöglich: nur dieser oder jener, nur einer bestimmten Gemeinde sein wollte, müßte früher oder später Gefahr laufen, die Theologie einer **Sekte,** eines „wahren Christentums" im Unterschied zu allerlei „unwahrem Christentum", des allein wahren Glaubens zu allerlei Unglauben zu werden — aber ohne die Notwendigkeit, sich mit dem Gegner je konkret auseinanderzusetzen, ja mit dem Gegner sich auch wieder zusammensetzen zu müssen. In der Allgemeinheit der „Kirche" ist aber jegliche Gemeinde daran erinnert, daß sie mit allerlei Christen und Heiden zusammen immer nur eine Kirche der „Sünder" ist — auch dann, wenn sie sich in der Sammlung und im Bekenntnis von anderer Kirche trennt.

Kirche — so fassen wir Barths Auffassung von der Kirche jetzt zusammen — gibt es nicht „an sich". **Kirche findet statt** — eben da, wo Menschen bereit sind, das Nötige zu tun. Kirche, die „es gibt", ist immer nur ein brutum factum, ein rohes, negatives Zeugnis von der Gegenwart des auferstandenen Herrn, als solches nicht unterschieden von jeder historischen Institution. Ja, gerade als „Institution" ist die Kirche höchstens die Potentialität, aber niemals die Aktualität dessen, was Kirche im Auftrag des Wortes Gottes, was sie als Kirche Jesu Christi tut. Interessant wird sie aber, wo sie in Jesus Christus begriffen, wo sie als der irdisch-reale Leib des auferstandenen Herrn begriffen, aber tätig begriffen wird. Dieser Herr hat keinen anderen Leib als diesen Leib, keine andere historische Wirklichkeit als diese Wirklichkeit, die nun − zeichenhaft − durch die Taufe konstituiert in Brot und Wein gegenwärtig ist. Aber eben: sofern hier dieses stattfindet, sofern er, der Herr, das „Subjekt" dieser Menschen, diese Menschen nun ihrerseits zum Subjekt „Gemeinde" werden, das diesen Herrn bezeugt.

3.4 „analogia fidei" (Taufe und Abendmahl)

So hat Barth das „Sein Gottes" in der Geschichte primär ekklesiologisch d.h. gesellschaftlich-praktisch und nicht „ontologisch" lokalisiert (Jüngel 1976) − und es fragt sich immer noch, inwieweit Jüngels Interpretation „*wirklich in der Richtung der Barthschen Intentionen liegt*" (Marquardt 1972, S. 232). Esse operari sequitur! Wir könnten auch sagen: nur in der ekklesiologischen „Praxis" können Sinn und Funktion auch der später „ontologischen" d.h. über das „Sein der Kirche" hinausgreifenden Aussagen der Kirchlichen (!) Dogmatik zu erschliessen sein. Zunächst haftet dem Begriff des „Wortes Gottes" untilgbar Historisches an, das in keinen allgemeinen Begriff aufzulösen, in keine „Ontologie" zu überführen ist: das Wasser der Taufe verweist auf die nicht weiter abzuleitende Praxis des Johannes des Täufers an den Wassern des Jordan; Brot und Wein sind im Abendmahl unauflöslich an die Worte seines Stifters, ja an den Stifter selber, Kreuz und Auferstehung Jesu Christi gebunden. Es ist kein Wunder, daß Barth darum auch in der Logik und „Erkenntnistheorie" dieses Ereignisses diesem Historischen Nachachtung verschaffen und seine Erkenntnis geradezu auf dieses Historische gründen will.

Sehr zum Mißfallen seiner Kritiker hat er in der Christlichen Dogmatik die Erkenntnis des Glaubens auf keine philosophische Erkenntnistheorie, sondern auf die Taufe gegründet und die „*Taufe*" als den „*Erkenntnisgrund der Gnade*" bezeichnet (CD S. 297). Welcher Affront gegen Bultmann und die ganze Fragestellung der liberalen Theologie um „Offenbarung und Vernunft" [6]! Aber eben: Wo sonst kann Gottes Existenz und Offenbarung zur realen, sinnlichen, praktischen Ge-

---

6) Vgl. die Kritik von Th. Siegfried, Das Wort und die Existenz Bd. 1, 1930, S. 89ff, dessen Buch Barth allerdings mit dazu veranlaßte, die „CD" gründlich zu überarbeiten und zur „KD" werden zu lassen.

genwart werden, wenn nicht hier: in der Taufe, die „vom Menschen her" gesehen immer nur Wassertaufe, von Gott her gesehen aber die Taufe mit dem „Heiligen Geist" ist? Die Taufe ist ja jener sinnliche, gegenständliche und gemeinschaftsbezogene Akt, in welchem „der Mensch" aufhört, „ein abstraktes, außer der Welt hockendes Wesen" zu sein (K. Marx), in welchem er aus seinem familiären, beruflichen, anderweitigen Dasein „heraustritt" und der Gemeinde Jesu Christi beitritt. In der Taufe — und wäre es nur in der Erinnerung daran, daß er einmal getauft worden ist — wird der Mensch erstmals zum *„Hörer und Täter des göttlichen Wortes"* (CD S. 299). Er wird es nicht kraft seines Vermögens, sondern kraft der Verheißung und der göttlichen Gnade: es handelt sich ja um einen Akt, dessen Möglichkeit und Wirklichkeit nur „von Gott her", d.h. von Jesus von Nazareth her einzusehen ist.

Barth kann sagen: *„Der Mensch handelt, indem er glaubt, aber daß er glaubt, indem er handelt, das ist (nicht etwa sein eigenes seelisches oder intellektuelles Vermögen, sondern PW) Gottes Handeln"* (KD I/1, S. 258). Gott erweist sich, indem ein bestimmter Mensch hier etwas Bestimmtes tut, aber Gott erweist sich gar nicht anders, als indem dieser Mensch dies tut. Schärfer ließe sich der Primat der Praxis im christlichen Leben gar nicht ausdrücken. Aber das ist für Barth der Kern der „analogia fidei": der „Entsprechung" des göttlichen Handelns im menschlichen Handeln — es ist das ganze Geheimnis der Existenz von Kirche bzw. die Regel, nach welcher Kirche allein leben kann. Wohlgemerkt: das römische „opus operatum", eine von der Kirche und ihren Amtsträgern ins Werk zu setzende „Gnadenvermittlung", die vom betroffenen Menschen abstrahiert, von dessen eigener selbstbestimmter Tat gelöst werden könnte, ist hier von Grund auf ausgeschlossen. Es müßte die menschliche Mündigkeit und Selbsttätigkeit gerade zerstören. Es ist aber auch das protestantische „opus operatum", das Werk des „Glaubens" bzw. ein sich selber schaffender oder begründender Glaube ausgeschlossen. Glaube ist keine Sache eines sich selbst genügenden, sich selber reproduzierenden frommen Gemütszustandes bzw. religiösen Bewußtseins. Der Glaubende kann sich *„nicht selbst als handelndes Subjekt des Werkes, das da geschieht, verstehen. Unbeschadet dessen, daß es um seine Erfahrung und Tat geht, daß er im Glauben keineswegs ein Holzbock oder Stein, sondern eben der sich selber bestimmende Mensch ist . . . , jedenfalls denkend, wollend, fühlend, durchaus bei sich selber ist, sein eigenes Leben lebt"* (KD I/1, S. 258). Indem der Mensch das Menschliche tut, das er als Mensch tun kann, kann er nur „anerkennen", daß es Gott ist, der darin und damit das Entscheidende tut, getan hat, wieder tun wird.
Wie und wo kann das möglich sein? Barth verweist hier unableitbar auf den Raum der kirchlichen Verkündigung bzw. der christlichen Gemeinde, die ein solches Theorie-Praxis- bzw. Praxis-Theorie-Verhältnis

konstituiert. In dogmatischen Termini heißt dies: *„der Raum der subjektiven (d.h. menschlichen PW) Wirklichkeit der Offenbarung ist der sakramentale Raum. Das hat mit dem römischen opus operatum oder gar mit heidnischer Magie nichts zu tun"* (KD I/2, S. 253). Wohl aber dürfte dies mit jüdischem Praxisverständnis – wohl aber dürfte dies mit K. Marx zu tun haben, bei dem es heißt: *„Alle Mysterien, welche die Theorie zum Mystizismus verleiten, finden ihre rationelle Lösung in der menschlichen Praxis und im Begreifen dieser Praxis".* (Feuerbachthese 8). So wahr aber Barth das sog. Sakramentale je länger je mehr ins Ethische, ins Gesellschaftlich-Praktische überführt, er denkt nicht daran, die „Sakramente" einfach abzuschaffen! Der marxistische Verdacht, daß hier ein *„Kultus des abstrakten Menschen"* betrieben werde (Marx, MEW 23, S. 93), bleibt freilich bestehen. Aber eben: auch die „Warenverhältnisse" der bürgerlichen Gesellschaft sind ja noch nicht damit aufgehoben, daß man sie theoretisch durchschaut, in Gedanken enträtselt, in Gedanken „aufgehoben" hat. Nur in der Praxis können die Kulte und Mysterien aufgehoben werden – und die merkwürdigen Rituale und Liturgien nicht etwa nur von aufklärerischen Freimaurerorden, sondern auch von kommunistischen Parteiversammlungen mögen Barth daran erinnert haben, daß dies immer wieder von Neuem geschehen muß! Das Rätsel der *„Sakramente"* mag dabei entschleiert und ihr historischer Ursprung (der nur ja nicht etwa mit dem Ursprung der bürgerlichen Gesellschaft zu verwechseln wäre!) aufgeklärt werden. Das „Geheimnis" der Sakramente: ihre Bindung an den Menschen Jesus von Nazareth, die Geschichte des Bundes Gottes mit seinem Volk bleibt bestehen.

Denn nun wird es auch wahr: die Sakramente verstehen könnte offenbar nur derjenige, der auch das biblische Zeugnis hören und verstehen könnte, das diese Geschichte „erklärt". Die Praxis ruft nach einer „Theorie": Es ist das **Wort**, das gesprochene und interpretierende Zeugnis, das diesem Geschehen seinen Sinn und Zusammenhang, seine gegenwärtige Bedeutung, seinen Inhalt gibt, indem es den **Namen** nennt, der dieser Sinn, diese Bedeutung, dieser Inhalt ist. *„Ein Christ soll wissen, daß auf Erden kein größeres Heiltum ist, denn Gottes Wort, denn auch das Sakrament selbst durch Gottes Wort gemacht und gebenedeit und geheiligt wird." „Wo nicht das Wort Gottes bei dem Blut und Wein wäre, möchte es keine geistliche Speise sein noch den Glauben üben",* wäre vielmehr *„ein Leib ohne Seele, ein Fass ohne Wein, eine Truhe ohne Geld."* Man kann *„ohne Sakrament, doch nicht ohne Testament selig werden."* Diese Sätze **Luthers** kann Barth schon 1923 beifällig zitieren (Barth 1923c, S. 26ff). Sie stammen indessen vom selben Luther, der den Realismus der Sakramentenlehre rückhaltlos gegen Zwingli verteidigt hat.

Der Schleier, der diese geheimnisumwitterte „Mitte" des kirchlichen Lebens umgibt, muß dann freilich fallen. Es gibt keine Gegenwart des Herrn in der

Kirche, die „an sich" feststellbar wäre — auch nicht in den „Sakramenten" selbst. Kein Brot und kein Wein, die „als solche" von göttlicher Substanz wären — kein Taufwasser das etwas anderes als eben Wasser ist! Kein Platz für magische Verwandlungskünste und die Zauberer des Pharao! Aber auch kein ewiges Rätselraten und Räsonieren über diese „Symbole" und ihre „Bedeutungen", als ob sie die Zeichen von irgendwelchen hintersinnlichen Wirklichkeiten, als ob sie doch nur Chiffren und Metaphern, aber nicht selber auch Wirklichkeit wären! Gemeint aber ist, was in der „Gemeinschaft der Heiligen" (d.h. der gerechtgesprochenen „Sünder") realiter geschieht, wenn Brot gebrochen und ausgeteilt, wenn Wein getrunken wird und die Worte gesprochen werden: „*Dies ist mein Leib für Euch.*" „*Dieser Becher ist der neue (d.h. erneuerte) Bund in meinem Blut.*" (1. Kor. 11,24). Manches Rätsel darf schwinden, mit ihm manche falsche Weihe, Scheu und Feierlichkeit! Doch das Geheimnis dieses Bundes bleibt bestehen, auch wo es zum offenbarten Geheimnis wird. Aber darum ist es nun auch zu tun: dieses Ereignis im empirischen Dasein der Kirche, dieses Geschehen, diese Praxis der Kirche selber will ja nun auch „verstanden" sein. Wie ist es wirklich, wie ist es aber auch möglich, daß dieser Jesus von Nazareth, von damals und dort, nun wiederum Gegenwart und Zukunft haben kann? Wie soll sich nun gerade da in der Gemeinde die GROSSE PERSPEKTIVE eröffnen? Mit der Tat-Sachen-Frage stellt sich die „*Verständnisfrage*" (KD I/2, S. 29)!

KAPITEL 4

Die Bibel als das geschriebene „Wort Gottes".
Die „Auferstehung der Toten" und die Begründung des
Schriftprinzips

1. Die „Verständnisfrage"

1.1. Christentum als „sozialer Mythos"?

Erst haben wir uns an den „Kern der Sache" herangetastet. Aber werden
wir dieses Kerns jemals „als solchem" ansichtig werden? Oder handelt es
sich etwa um eine bloße Hypothese — ein Kreisen um Nichts und wieder
Nichts? Was wäre, wenn das Geschehen des Wortes Gottes — und damit die
ganze Geschichte des Christentums! — doch nur von „subjektiver Wirklichkeit" wäre, aber des objektiven Kriteriums entbehrte, an dem es zu messen,
aus dem es allererst zu begründen wäre? Es wäre das Christentum dann
zweifellos als die Geschichte eines „sozialen Mythus" zu interpretieren —
ganz ähnlich, wie etwa G. Sorel Marxismus wie Christentum als die Massen
bewegende Sozial-Mythen verstand. [1] Und zweifellos ist ein solcher Mythus im Nationalsozialismus buchstäblich zur „bewegenden Kraft" des
Jahrhunderts geworden! Der *„Mythus des 20. Jahrhunderts"* (Rosenberg)
ist aber deutlich auch vom Christentum geprägt, und er dürfte in allerlei
Kreuzzugs- und Massenbewegungen des christlichen Mittelalters nur allzu
unerweckliche Vorbilder haben (Cohn). Ob der Mythus nun aber als ge-
schichtsmächtige Illusion, als Propagandamittel oder als beruhigendes Opiat
verstanden ist, er ist in seinem Wesen immer dasselbe: Schicksalsglaube,
Religion. Immer ist der Mensch von unfaßlichen und blindwirkenden —
kosmischen — Mächten umgeben, in deren Geschick er geworfen ist, dem
er sich anzugleichen oder zu versöhnen hat. Immer muß er sich unterziehen, unterwerfen: einem irrationalen Lebenswillen, anonymen Gesetzen
der Geschichte, seinem „Triebschicksal". Und wie sollte er dann nicht alsbald enttäuscht werden und resignieren?
Eine Anti-These zum brutum factum der Kirche bzw. des „Christentums"
müßte nun doch eine begründete und begründbare Anti-These sein! Barth
übersieht zwar nicht, daß die Kirche niemals in Reinform existiert, daß sie
neben dem, was sie sein **soll**, auch immer noch etwas anderes ist: bald ein
esoterischer Verein, bald eine bürokratische Institution, bald ein gruppen-
dynamischer Zirkel oder sogar eine politische Aktionseinheit etc. Kein
Zweifel, daß sich von außen dabei nicht ohne weiteres und letztlich gar
nicht beurteilen läßt, ob und wie eine Kirche in der „Nachfolge Christi"
steht, ob und wie sie ihren Umständen und Möglichkeiten entsprechend

---

1) Vgl. Hans Barth, Masse und Mythos, rde 1959.

„wahre Kirche" ist. Es ist aber die Frage, ob in diesen „Erscheinungsweisen" der Kirche und des Christentums auch immer schon das „Wesen"
der Kirche zu sehen sei – ob dieses Wesen in dieser Erscheinung aufgeht,
oder aber, ob dieses Wesen nicht geradezu die „Aufhebung" der jeweiligen
Form sein müßte: die Aufhebung der Religion, der Institution wie der Sektiererei! Warum braucht es denn Kirche? Ach, weil die Idee eines „Frei-
raumes" in der Gesellschaft so schön und das Bedürfnis danach so groß
ist – weil wir in der Plage des Alltages endlich einmal Ruhe haben möchten! Warum braucht es Gott? Ach ja, weil in den Menschen ein tiefes
„religiöses Bedürfnis" schlummert, das auch als solches einmal geweckt
und befriedigt werden möchte! Weil es um unsere Bedürfnisse in der Gesellschaft vielleicht sonst nicht zum Besten bestellt ist und wir den „Sinn"
unseres Daseins am liebsten außerhalb unseres wirklichen Daseins suchen
und finden möchten! Warum brauchen wir das Wort Gottes? Weil hier endlich ein Bereich ist, wo etwas Hoffnungsvolles „in Bewegung" ist, wo etwas
geschieht – damit der Trägheit Nahrung und der Langeweile Aufschub gewährt ist? Sehen wir uns indessen vor, ob die progressiven Varianten, die
wir diesem wohlbekannten „Christentum" entgegenstellen möchten, nicht
dessen heimlichste Voraussetzungen teilen – so daß sie vielleicht gar sehr
in der Erscheinung, aber nicht im Wesen von ihm unterschieden und somit
auch nur ein neues „Christentum" wären! Denn offensichtlich gibt es diese
Varianten: die Auffassung der Kirche als einer Art gesellschaftlicher Avantgarde; der Theologie als einer mit anderen Theorien konkurrierenden
Sozialphilosophie; des „Wortes Gottes" endlich als Chiffre für jenes dialektische Prinzip, mit welchem die Widersprüche der Geschichte insgesamt zu
lösen und nun doch noch der Mantel des hegelischen Weltgeistes zu ergreifen wäre! Einem solchen Mythus – und seiner Philosophie – gegenüber
müßten aber weder der Katholizismus noch der moderne Protestantismus
noch etwa der Pietismus schlecht dastehen – und man möchte dann wohl
ein Einsehen haben und die theologische Sache auf sich beruhen lassen, um
in den Schoß dieser oder jener Bewegung oder Institution zurückzukehren!

Wie aber sollen wir eine Antithese begründen, wenn wir davon ausgehen,
daß diese Mächte, Schicksale, Gewalten doch nie nur in der Einbildung
existieren, sondern immer auch, wenn auch z.T. scheinhaften Realitäts-
charakter haben? Die große Unbekümmertheit, in welcher K. Barth an so
manchen Mächten und Gefahren vorübergeschritten ist, könnte uns indessen auch zum Mißverständnis verleiten, die „Lösung" dieses Problems weniger im Wort Gottes und seiner Verheißung, als in der Person, dem Charakter, der Bildung und sozialen Stellung Barths zu suchen. Aber auch der
„Bürger" Barth darf in seinen Grenzen gesehen werden, der doch nicht immer und überall auf dem Königsweg der Dialektik einherschritt – und somit noch so vielen Beobachtern und Kritikern heilsames Ärgernis bereitet!
Barth hätte indessen nicht „Lehrer der Kirche" sein können, wenn er nicht
eben **in** der kirchlichen Praxis stehend nach der „**Theorie**" dieser Praxis
gefragt hätte.

1.2 Die Bibel als „Wort" Gottes

Nun haben wir die Frage nach der „Empirie" des „Wortes Gottes" vorangestellt, um uns auf dem Boden der „Tatsachen" zu bewegen. Es wäre Gottes Wort nicht wirklich Gottes Wort, wenn es nicht Gottes „Sohn": **kein** „Dogma", keine „Theorie", kein „Prinzip", keine „Idee", aber menschliche Wirklichkeit: **ein Mensch, ein Jude** gewesen wäre. Ohne diesen Menschen würde alles, was wir über Gott und die Welt und das „Sein der Kirche" zu sagen vermöchten, haltlos in der Luft hängen und jeder echten Grundlage entbehren. Aber hier steckt nun ein Problem: Dieser Mensch ist uns nicht bekannt, wie wir sonst einen Menschen kennen. Er entzieht sich allen Recherchen, die auf ein „objektives" Maß gesicherter historischer Erkenntnis über ihn abzielen. Man kann sich ihm gegenüber, was immer der Grund sein mag, auf keine neutralen Quellen berufen: Auf keine biblischen, weil sie per se nicht neutral sind, aber auch auf keine außerbiblischen, da die „Weltgeschichte" allgemein, da jedenfalls die **herrschende** Geschichtsschreibung jener Zeit von diesem Menschen kaum Notiz genommen hat. Es ist zwar dieser historische Mensch − Jesus von Nazareth − derjenige, der in der Kirche geglaubt und bekannt und verkündigt wird, aber eben: doch nur „in der Kirche", doch nur unter der Voraussetzung, daß er **als der Auferstandene** geglaubt, bekannt und verkündigt wird. Und so stellt sich nun die „**Verständnisfrage**", wie es denn wirklich, wie es denn aber auch möglich sei, daß dieser „auferstanden ist von den Toten" in seinem Leib. Von dieser Frage hängt so gut wie alles ab. Wäre sie nicht oder nur aproximativ zu beantworten, gäbe es auch hier nur eine weitere Fülle von Spekulationen und − historischen und überhistorischen, psychologischen und parapsychologischen − Hypothesen, und würde dann das „letzte Wort" in dieser Angelegenheit lauten müssen, daß es sich hier gar nicht um eine Wirklichkeit, sondern „eigentlich" um etwas ganz anderes, eben um z.B. einen „Mythus" handle, dann wäre das Haus der Kirche, was immer sonst von ihm zu sagen wäre, doch recht eigentlich „auf Sand gebaut". Was wäre die Kirche, wenn ihr Bekenntnis gar keinen Gegenstand und ihre Verkündigung doch keinen Inhalt hätte, was wäre uns noch Jesus, wenn wir uns gerade auf das **Zeugnis** über ihn − die Bibel − in keiner Weise verlassen könnten? Es bliebe nun in der Tat alles im Ungewissen, wenn Gottes Wort nicht zugleich auch Gottes „**Wort**" wäre: mündliche und schriftliche Überlieferung und Mitteilung, verständliche Sprache, die auch heute noch gesprochen werden kann. Es gäbe kein theologisches „Verständnis" von Kirche, wenn darüber keine Verständigung stattgefunden hätte, uns bliebe das „Wort Gottes" (wie die Ware) ein „*sehr vertracktes Ding voller metaphysischer Spitzfindigkeit und theologischer Mucken*" (MEW 23 S. 85), wenn außer Acht bleibt, daß sich hier alles um einen historischen **Text** dreht. Auf alles andere, auf Kirchturm und Glocken, auf Kanzel und Altar, auf Dogmatik und persönliche Eingebung könnte zur Not verzichtet werden, auf die Bibel nicht. So ist aber Barths Antwort zunächst auch nur „analytisch" gemeint, wenn sie lautet: Jesus von Nazareth ist „Herr" und „Christus", indem er als dieser auch zur Sprache gekommen ist und noch heute zur Sprache kommt. Er, der Mensch von damals, ist das Wort Gottes eben, indem er auch das Wort dieses Gottes ist, indem die Bibel von ihm berichtet, indem sie von ihm Zeugnis gibt. „Gottes Wort" ist: Jesus Christus im Zeugnis der Propheten und Apostel, des Alten und des Neuen Testamentes! Und sofern das wahr ist, sofern die Bibel in der Einheit von Altem und Neuem Testament ja nicht nur von außen, sondern von ihr selber her als das authentische, prophetische und apostolische Zeugnis Jesu Christi verstanden sein will, insofern ist dann auch mit Barth zu sagen: „Die Bibel ist Gottes Wort" (CD S. 336).

Das ist freilich kein „Blankoscheck" für solche, die mit der Bibel nun alle möglichen und unmöglichen Wahrheiten und Lebensweisheiten „beweisen" möchten! Dieser zweite Satz — daß die Bibel Gottes Wort ist — ist ja offenkundig wahr und gültig nur in Hinsicht auf den ersten Satz, daß die Bibel das „Zeugnis Jesu Christi" ist. Wir sagen damit nicht, daß schlechterdings alles, was „in der Bibel steht", wahr, heilig und ein göttlich Wort sei, muß die Bibel doch gerade als ein menschliches Zeugnis des Wortes Gottes verstanden sein. Sie ist Gottes Wort, weil uns in ihr das eine Wort Gottes nun auch durch Menschenmund verbaliter erreicht. Sie ist aber als dieses — wie etwa auch die Predigt, die Barth als die dritte „Gestalt" des Wortes Gottes begreift — ein „Zeugnis", das als dieses aber das angemessene, zuverlässige und zureichende Zeugnis Jesu Christi ist. In seiner ganzen Anfechtbarkeit und tatsächlichen Angefochtenheit „genügt" dieses Zeugnis, um die Predigt und damit die Existenz und die Praxis der Kirche zu begründen, bedarf es nicht noch anderer „Gestalten" des Wortes Gottes, um dies zu tun. Es geht hier ja offenkundig um die Aufnahme der reformatorischen Erkenntnis, die in der Bibel die allein maßgebliche „Quelle" und „Richtschnur" des christlichen Glaubens und Handelns gesehen hat, um die Auslegung des reformatorischen „Schriftprinzips". Ja, wer so reden kann, der hat mit dem Katholizismus doch schon an entscheidender Stelle gebrochen. Er wird sich mit Luther, Zwingli und Calvin, aber auch schon mit Wiclif und Jan Hus vielleicht gegen eine ganze kirchliche Hierarchie auflehnen müssen. Er wird es in Erinnerung an das Wort von den „Zweien und Dreien", die in Christi Namen versammelt sind, darauf ankommen lassen müssen, Kirche außerhalb der bestehenden Kirche zu sein. Vielleicht außerhalb auch der politischen Legalität. Vielleicht buchstäblich in Katakomben. Das Schriftprinzip hat selbstredend auch große „soziologische" Relevanz.

Barth wird freilich sofort zufügen, daß Gott nicht nur in der Bibel Gott ist und sein Wort sich auch im „Geist" und also ohne die Bibel beweisen kann. Auch Jesus wäre und ist „Gottes Sohn", auch dann, wenn wir von ihm nicht wüßten, und da, wo er als dieser nicht „zur Sprache kommt". Es kann die Erkenntnis und Praxis des „Wortes Gottes" auch ohne die Bibel stattfinden und es kann Gott gefallen, *„durch den russischen Kommunismus, durch ein Flötenkonzert, durch einen blühenden Strauch oder durch einen toten Hund zu uns zu reden"* (KD I/1, S. 7). Es steht und fällt also wohl die Existenz der „Kirche" mit diesem Grund-Satz, nicht aber die Existenz Gottes selber und somit auch nicht das Kommen des Reiches Gottes überhaupt. So sicher und bestimmt die Kirche also an dieser Stelle reden und handeln wird, sie kann sich auch da nicht in „letzter" Sicherheit wiegen. Es könnte eben Gott gefallen, sich erneut eine Kirche außer der Kirche zu schaffen, sowie er sich ein „Israel außer Israel" geschaffen hat. Nur, sofern sich die Theologie in den **Dienst** dieser oder jener Kirche stellt, ja, wenn sie sich in den Dienst der Kirche der **Reformation** stellen will, wird sie gut tun, diese Kirche gerade an diesem Satz zu messen, wird sie gerade an der **Bibel** prüfen wollen, ob und wie hier von „Gott", ob und wie hier von seinem „Wort" die Rede ist. Denn diese Kirche existiert ja, wenn sie im Bekenntnis existiert, dann aufgrund der Bibel als der maßgeblichen und vorfindlichen, prüfbaren und diskutierbaren Gegenwart des „Wortes Gottes". Wohl ist dieser Text nicht selber diese Gegenwart, wohl aber ist Jesus Christus als Inhalt dieses Textes diese Gegenwart. Nicht der gedruckte Buchstabe ist das Wort Gottes, wohl aber ist das Wort Gottes in diesem gedruckten Buchstaben, nirgendwo sonst. Davon **lebt** die Gemeinde, daß dem so ist. Und daran wäre sie immer schon zugrunde gegangen, wenn dem nicht so wäre, wenn die Bibel sich damit nicht selber zu beweisen und auch durchzusetzen vermöchte.

Es ist die dogmatische Lehre von der **Prae-Existenz** des „Wortes Gottes", die besagt, daß Gottes Wort auch **ohne** das Kirchen-Wort, ohne Verkündigung, Sakrament, Glauben etc. Gottes Wort ist, die von Barth folgerichtig rezipiert wird:

„auch nicht erst der Glaube setzt all das in Geltung, was das Wort Gottes für uns besagt. Auch der Glaube ist doch der Glaube an Jesus Christus und also die Anerkennung und Bestätigung, daß das Wort Gottes in Geltung gestanden hat, bevor wir glaubten und ohne daß wir glaubten." (KD I/1 S. 159). Auch diese Lehre hat eminent kirchenkritische – und im weitesten Sinne gesellschaftskritische Bedeutung. Denn *„so ist die Kirche nicht draußen bei Gott und so ist die Welt nicht drinnen ohne Gott. So kann man die Dinge nur sehen, wenn man Bibel und Kirche abgesehen von der sie konstituierenden Offenbarung betrachtet oder wenn man unter Offenbarung mit Schleiermacher bloß den ... Anfang der Religion ... verstehen will."* (eb.) Dem fügt sich bruchlos an, was Barth später in KD IV/3 lehren wird: *„So ist der Bereich seiner (Christi) Macht und seines Wortes gerade laut des in seiner Auferstehung begründeten Zeugnisses seiner Propheten und Apostel auf alle Fälle größer als der Bereich ihrer Prophetie, ihres Apostolates und größer als der Bereich des Kerygmas, des Dogmas, des Kultus und der Mission, des ganzen Lebens seiner in ihrer*

Schule sich sammelnden . . . redenden und handelnden Gemeinde"
(KD IV/3, S. 130).

Wir müssen nicht zwangsweise, aber wir dürfen die Bibel als „Gottes Wort"
lesen! Dabei ist Barth schlicht davon ausgegangen, daß die Bibel ein *„gutes
Buch"* sei (R II, Vorwort), das als dieses zur Lektüre zu empfehlen ist, von
dem man aber erwarten und verlangen darf, was man von jedem „guten
Buch" erwarten und verlangen wird: daß die in ihm vertretene Sache darin
auch gut vertreten, die in ihm gemeinte Wirklichkeit gut zum Ausdruck gebracht sei. Was aber ist diese Lektüre, was ist „biblische Theologie"?

Sie ist nicht Philosophie, nicht gänzlich „voraussetzungsslos". *„Es steht
geschrieben"* (Barth 1933aa, S. 299)! Mit dem, was da geschrieben
steht, steht und fällt diese Lektüre, steht und fällt alle biblische Theologie. Aber eben: es steht nicht geschrieben, daß der Theologe nun daran gehen solle, aus diesem Text und über dem Text ein philosophisches oder theologisches „System" zu errichten oder daraus abzuleiten und zu beweisen, was immer hier bei genügender Kunstfertigkeit
abzuleiten und zu beweisen sein mag. *„Was steht in der Bibel? Geschichte! . . . Moral! . . . Religion! . . . eine neue Welt"! „Wir werden
in ihr immer gerade so viel finden, als wir suchen: Großes und Göttliches, wenn wir Großes und Göttliches suchen, Nichtiges und ‚Historisches‘, wenn wir Nichtiges und ‚Historisches‘ suchen – überhaupt
nichts, wenn wir überhaupt nichts suchen"* (WG S. 20ff). Hier bringt
jeder seine eigenen „Voraussetzungen" mit. Vorausgesetzt ist aber
offenbar, daß die Menschen hier etwas suchen, daß sie neben der
„Zeitung" auch ab und zu Bibel lesen! *„Es steht geschrieben"* – mit
dieser Voraussetzung steht und fällt offenbar auch das ganze historische und soziale Umfeld der Theologie. Vorausgesetzt ist, daß Menschen sich versammeln, nicht um den Pfarrer zu hören, sondern um
das Wort Gottes und somit die Bibel zu hören. Der Pfarrer soll nicht
sein „System" vortragen, sondern erläutern, was jeder Christ auch selber nachlesen, prüfen, diskutieren kann. Barths Vorliebe für die Lehre
der sog. „Verbalinspiration" hat nicht zuletzt diese soziologische Seite: sie bewahrt die Autonomie des lesenden Subjektes. Sie präjudiziert
nicht theologisch (oder philosophisch), was als Inhalt dieses Textes
aufzufinden sein wird, sondern besteht darauf, daß der Text in seinem
Buchstaben Vorrang vor jeder Deutung haben soll. Sie schafft gemeind-
liche „Demokratie". Die Theologie kann darum nur ein stellvertreten-
der Versuch einer zeitgenössischen Bibellektüre sein, ein Versuch, wie
ihn z.B. gerade Barth während des 1. Weltkrieges aufgenommen hat,
um eben nicht „Religion" und „Moral", sondern eine *„neue Welt in
der Bibel"* zu finden (Marquardt 1972, S. 94ff)! So hat er zwischen
Kriegsgeschrei und Sozialismus dem *„organischen Zusammenhang von
Bibel und Zeitung"* (B.-Th. I, S. 299ff) nachgespürt. Freilich: „lesen"

bedeutet nicht bloß buchstabieren und Worte wiederkäuen, sondern
nach-lesen, nach-denken, mit-denken und mit-tun, also nicht Ausschal-
tung, sondern volle Einschaltung der menschlichen Subjektivität.
Barths Lektüre ist gerade darin **nicht** „voraussetzungslos", daß er in
keinem Augenblick vergißt, daß er auch selber nicht voraussetzungslos,
sondern als Mensch unter Menschen, als Mensch in der Gesellschaft
existiert. **Kein** philosophisches „Vorverständnis", aber gerade ein nüch-
ternes Bewußtsein vom menschlichen Sein und von den sog. „harten
Realitäten" des menschlichen Lebens ist vorausgesetzt, und diese
Realitäten sind es, die nun durch das „Wort Gottes" nicht nur neu beleuchtet und interpretiert, sondern in Zweifel gezogen, in ihrer Wirklichkeit in Frage gestellt, realiter angegriffen und „verändert" werden
sollen. Wie das geschieht, davon will Barths Kommentar Rechenschaft
geben, mit dem kühnen Hinweis, daß in aller Geschichte es immer wieder das „*Individuum*" ist, das sich als „*das erste Bewegte*" und Bewegende zu begreifen hat (Anf. I., S. 76). Und freilich: Wo Könige bau-
en, haben die (theologischen) Kärrner zu tun! Aber Barths Römerbriefe sind immer schon mißverstanden, wenn sie als „dialektisches
System" verstanden sind, mit dem dann möglicherweise auch abgesehen von der Bibel hantiert werden könnte. Sie sind weit mehr −
und ohne Geringschätzung gesagt − das „Abfallprodukt" der Lektüre
bzw. der Tätigkeit des Lesens. In dieser Tätigkeit ist dann freilich auch
Barths philosophische Vorbildung nicht abwesend, wird auch sie aufgenommen, umgesetzt, verzehrt. Wie soll man das „Ergebnis" einer
solchen Lektüre umschreiben? Gerade der zweite Römerbriefkommen-
tar ist ein „Durchbruch" zu einem unphilosophischen Verständnis des
biblischen Textes und Inhaltes, in welchem aber auch die Philosophie
in ihren besten Reprästentanten „aufgehoben" (und zurückgelassen)
wird. Er ist die exegetische Grundlage der ganzen Wort-Gottes-Theolo-
gie Barths in den Zwanziger Jahren. **Aber als „Theologie des Wortes
Gottes" ist seine Dogmatik gar nichts anderes als die begriffliche Erklärung seines praktisch-hermeneutischen Verhältnisses zum biblischen
Text.** Von daher haben alle seine Begriffe Inhalt und Sinn, während
sie abgesehen davon allesamt haltlos, sinnlos und in der Luft schwe-
bend wären. Ohne diesen Text wäre auch sein **Begriff des „Dogmas"**
im Sinne des **begriffenen „Inhaltes" dieses Textes** ein nicht nur star-
rer, sondern unmöglicher Begriff, wäre „Dogmatik" Metaphysik. Gerade das wollten die ihm nahestehenden theologischen Freunde, die
mit der „reinen" existenzialen oder personalen Dialektik von Gott
und Mensch beschäftigt waren, aber so nicht wahrhaben. Barth steuert
scharf an dieser Klippe vorbei, wohl im Bewußtsein, sich noch „zwischen den Zeiten" zu bewegen, aber nicht ohne hinsichtlich Gogartens
zu fragen, „*ob wir bei dieser Ehe dem Publikum gegenüber nicht nur
,Zwischen den Zeiten', sondern zwischen Stuhl und Bank Platz nehmen*" (B.-Th. II/S. 98). Was soll alles Reden von der „personalen Beziehung" oder „Begegnung" zwischen Gott und Mensch, wenn dabei

an eine unkonkrete, raum- und zeitlose, „reine" und darum ungegen-
ständliche Beziehung gedacht ist? Wenn es sich also um gar keine echte Beziehung handelt? Es ist die **Gegenständlichkeit** des biblischen
Textes, die für Barth zur **Waffe gegen die philosophische und existenziale Dialektik** wird — zugleich zum Faustpfand dafür, daß mit dem
Begriff des „Wortes Gottes" aller „Bewußtseinstheologie", dem Gefühl der Unmittelbarkeit und der Schleiermacherischen „Religion" die
Spitze gebrochen werden kann! Nur in der realen Gebrochenheit
durch diesen gänzlich historischen, ja profanen Text redet Gott zum
Menschen und wird der „wirkliche Mensch" zum Adressaten des Wortes Gottes! Nur so gibt es ein praktisches Verhältnis des Menschen zu
„Gott", nein, setzt sich Gott hier in ein praktisches und zu praktizie-
rendes Verhältnis zum Menschen. So wird für Barth der *„Theologie
von Schleiermacher bis Ritschl"* (ThuK S. 190ff) gegenüber die Frage
zum Kriterium, ob in ihr *„der Mensch der Wahrheit Gottes gegenüber"*
stehe, oder — ob er sich diese Wahrheit religiös, psychologisch etc. an-
eignen könne. *„Ist ihre Erkenntnis Anerkenntnis? Oder steht er* (der
Mensch) *ihr nicht gegenüber, . . . weil er sie schon weiß und hat . . . ?"*
(ThuK S. 190f). Das Resultat fällt auf der ganzen Linie negativ aus, so
sehr, daß Barth schließlich **Feuerbach** recht geben muß hinsichtlich
seiner vernichtenden Theologiekritik: Diese Theologie ist **„Projektion"
ohne reales Gegenüber**, nicht eigentlich Theo-logie, sondern verkappte
Anthropologie (S. 207f). Aber Barth führt auch noch ein zweites Kriterium ins Feld, mit welchem er sowohl dem Biblizismus wie auch
Feuerbach selber wehren kann: das Verhältnis der Theologie zur *„Geschichte"* (S. 203ff, S. 208).

1.3 Die Theologische Exegese und die faktische Normativität des Kanons

Theologie ist „Exegese", aber nicht nur in dem Sinne, daß sie den Text
„auslegen" muß, sondern auch in dem Sinne, daß sie überhaupt einmal feststellen muß, was denn da steht. Auch als bloßer Text ist die Bibel keine
neutrale Tatsache — schon etwa in der elementaren Aufgabe der „Textkri-
tik", nämlich der Herstellung einer möglichst originalen Fassung des Textes, läßt sich die „Verständnisfrage" nicht heraushalten. Auch da wird schon
die Frage nach dem „Subjekt" des Textes, nach seinen „Objekten" und
„Prädikaten" etc. im Einzelnen wie im Ganzen eine Rolle spielen. Theologie ist als **philologische** Disziplin nicht nur urteilende Logik (bzw. Dialektik) und Rhetorik, sondern vorher „Grammatik", die das Verhältnis von
Subjekt, Objekt, Prädikaten im Sinne eines vorgegebenen Textes zu bestimmen hat. Nicht nur der Leser beurteilt den Text, der Text ,beurteilt' den Leser, der Leser wird dem Urteil des Textes unterzogen. Sofern dies geschieht, sofern die Theologie den Text im Sinne seiner eigenen Grammatik
feststellt und versteht, wird sie zur *„theologischen Exegese"* (Barth 1926a,
S. III).

„Theologische Exegese" steht dabei nicht im notwendigen Gegensatz zu „historisch-kritischer" Exegese. Jede Exegese muß versuchen, von einem notwendigen „*Minimum*" an historisch gesicherter Erkenntnis zum „*theologischen Maximum*" (G.v. Rad, S. 120) der Aussage dieses Textes vorzustoßen, d.h. „Gott" im Sinne des „Subjektes" dieses Textes zu verstehen.

Indem sie das tut, geht die Theologie freilich ein beträchtliches Risiko ein. Sie kann nicht schlechterdings erwarten, bei diesem Unterfangen bei sich und bei anderen auf Verständnis zu stoßen, schon gar nicht von vornherein. Sie kann nicht voraussetzen, daß dieser Text auf jeden Fall ein verständlicher Text sein wird. Die Gefahr eines verzweifelten und natürlich unsinnigen „*sacrificium intellectus*" (CD S. 403ff) kann hier irgendwo zur reellen Gefahr werden. Und schon gar nicht wird die Theologie mit ihrer jeweiligen Auslegung beanspruchen können, die einzig mögliche Auslegung geboten zu haben. Um dieser Gefahr zu wehren, aber auch um die Möglichkeit einer Gefügig-machung des Textes und schließlich seiner Domestizierung durch einen „wissenschaftlichen Apparat" oder durch die herrschende Auslegungspraxis vorzubeugen, hat Barth folgende reformatorischen Grundsätze befolgt:

1. **Die Schrift interpretiert sich selbst** (scriptura sui ipsius interpres) [2].
   Sie wird verständlich, sofern sie **sich selbst** nach Inhalt und Buchstaben verständlich macht. Es waren ja auch Menschen, die sie geschrieben haben, die wußten, warum sie so und nicht anders geschrieben haben. Alles was sie über sich selbst und ihre Situation (auch sozial, politisch, wirtschaftlich), alles, was sie über ihren Gegenstand sagen **wollen**, das **sagen** sie auch. Das historische Minimum, das die Bibel überliefert, genügt, um ihr „theologisches Maximum", d.h. den Inhalt des Textes zu verstehen. Es hat darum keinen Sinn, hier „zwischen den Zeilen" und außerhalb der Zeilen zu lesen, wenn man nicht die Zeilen selbst gelesen hat. Damit hat Barth schon den Weg eines „closed bible reading" eingeschlagen.

2. Die Schrift interpretiert sich durch die Schrift (per scripturam). Das
   Einzelne ist im Zusammenhang des Ganzen, das Ganze in Hinsicht auf das Einzelne und Zentrale auszulegen. Die Schrift ist „*Kanon*" (CD S. 39f, S. 338f), so wie er sich historisch-faktisch durchgesetzt hat. Er könnte als dieser durchaus veränderlich sein, es könnten − falls zwingende Gründe beizubringen sind − noch andere Schriften „kanonisiert", oder biblische Schriften (wie Luther es mit Jakobus, wie A.v. Harnack es mit dem ganzen Alten Testament halten wollte!) exkommuniziert werden, aber auch dann ist der Kanon in seiner Faktizität der kritische Maßstab seiner selbst. Das Neue Testament ist ja durchwegs Auslegung des Alten Testamentes, das

2) Vgl. KD IV/4, S. 121.

Alte Testament der Grund und die methodische Basis zum Verständnis des Neuen Testamentes. Es ist für Barth der Jakobusbrief z.b. einleuchtend als kritischer *„Flankenangriff auf den Paulinismus"* (B.-Th. S. II/151). Es kann die Eigenart jedes Evangelisten nur im Vergleich mit den anderen Evangelisten herausgearbeitet werden. Es sind die Propheten die Ausleger und Umgestalter der mosaischen Tradition, wie uns diese wiederum nur in der prophetischen und priesterlichen Interpretation erhalten ist. Die Beispiele sind unzählige, bis hin zu dem von Barth sehr geschätzten „Prediger" als dem durchwegs „skeptischen" und „nihillistischen" Ausleger der Schrift in ihrer eigenen Reihe.

Dieses „per scripturam" betrifft freilich auch die sogenannte „**Konkordanzexegese**", die man bei Barth immer wieder milde lächelnd gerügt hat. Warum eigentlich? Sie dürfte immer noch eine der einfachsten und doch sachhaltigsten „handwerklichen Methoden" der Bibelauslegung sein. Auch sie beruht auf der Überzeugung, daß die Bibel ein „gutes Buch" sei, das bis in die Wahl der „Worte" weiß, wie es spricht. Wer lehrt uns das Hebräische? Wer die biblische „Koinä"? Die Bibel selber, eben, indem sie fast alle ihre „Worte" nicht nur einmal und an einem einzigen Ort, sondern mehrmals, in verschiedenen Zusammenhängen und Wiederholungen anklingen läßt! Es gibt dabei vielleicht kein heilsameres Mittel **gegen** jeglichen „Biblizismus", als daß wir uns der Mühe der Konkordanz nicht entziehen – und immer wieder höchst befremdet vor diesen rätselhaften Worten, Wörtern und Idiomen biblischer Sprache stehen, die eben nicht nur formal, sondern auch inhaltlich und sachlich immer wieder eine „Fremdsprache" ist!

1.4 Bibelauslegung und -übersetzung im Unterschied der Zeiten

Aber noch sind wir in der Gefahr, einem allzu gutmütigen Biblizismus oder „Fundamentalismus" zu verfallen. Wer sagt uns, daß und inwiefern dieses kultur- und religionsgeschichtliche Dokument aus „Vorderasien" uns überhaupt noch etwas zu sagen haben könnte? Immer noch wäre es möglich, die biblische Welt als eine reine Literatur- und (mythologische) Vorstellungswelt anzusehen, die für uns kaum mehr als antiquarische oder „exotische" Bedeutung haben könnte. Der literarische und religionsgeschichtliche Vergleich, mit dem wir uns anmaßen könnten, die Besonderheit und Außergewöhnlichkeit bzw. die grundsätzliche Überlegenheit dieses Textes gegenüber anderen Texten zu erweisen, könnte daran scheitern, daß sich nicht nur einiges Äußerliche, sondern auch das Besondere und Heiligste sich unter Umständen auf sumerische und akkadische, iranische oder hellenistische „Einflüsse" zurückführen läßt! Denn daran ist kein Zweifel, daß dieses Dokument in aller Außergewöhnlichkeit auch ein sehr gewöhnliches, höchst zeitbedingtes und „historisches" Dokument ist, von dem es nicht ohne weiteres klar ist, welches andere als ein bloß religionswissenschaftliches

Interesse es noch auf sich ziehen könnte. Die Welt von damals ist ja nicht nur durch das moderne wissenschaftliche „Weltbild", sondern durch die moderne Welt (der Technik und Industrie, des weltweiten Verkehrs, Handels, der Großstädte, der Atomenergie etc.) in die Ferne gerückt, so daß es die Frage ist, ob wir von dorther überhaupt noch irgendwelche Maßstäbe werden beziehen können.

Es ist unmöglich, „*Jesus zu modernisieren*", das ist die Bilanz von A. Schweitzers „*Geschichte der Leben Jesu Forschung*" (Schweitzer, S. 623). Dennoch hielt er an dem „*elementaren Gefühl*" fest, daß Jesu „*Persönlichkeit, trotz alles Fremdartigen und Rätselhaften, allen Zeiten, solange die Welt steht . . . etwas Großes zu sagen hat und darum eine weitgehende Bereicherung auch unserer Religion bedeutet*" (S. 622) Schweitzer ging in den Urwald — ein Symbol vielleicht für seine ganze Epoche der liberalen Theologie — und Barth hat es 1925 bewußt abgelehnt, gegen ihn das Wort zu ergreifen (ZZ 1925/1, S. 113f). Wie sollte er denn triumphierend den Beweis führen können, daß Schweitzer mit seiner Einsicht — Unrecht hatte? Das Problem der historischen Bibelkritik stellte sich freilich schon früher, mit der elementaren Aufgabe der **Bibelübersetzung** aus den alten, fremden Sprachen. Mit der Aufklärung entstand aber ein Bedürfnis nach „Übersetzung" noch in ganz anderem Sinne: Die moderne, aufgeklärte Welt wußte sich von der antiken Welt mit Lessing wie durch einen „*garstigen Graben*" (CD S. 347) getrennt. Wissenschaftliche Methoden erlaubten es, am biblischen Text schlichte Widersprüche, Unstimmigkeiten, Konstruktionen aufzuweisen, die geeignet waren, die traditionelle Autorität der Bibel zu erschüttern. Wie sollte sie dann ihre Geltung behalten können? Sie schien so etwas wie eine „pädagogische" Vorstufe des modernen Bewußtseins darzustellen — das Dokument einer Religion, auf die man auch in der „bürgerlichen Gesellschaft" (des „Volkes" wegen) nicht gänzlich verzichten konnte oder wollte! Die Geltung des Alten Testamentes und seiner Gesetze war freilich schon seit der Reformation Luthers grundsätzlich relativiert. Aber die historische und vor allem religionsgeschichtliche Forschung machte auch vor dem Neuen Testament nicht halt. Die heiligste Glaubenswahrheiten der Kirche wurden als „historisch bedingt" erklärt — was sollte da noch von überzeitlicher Bedeutung sein? Lange Zeit stand die Bemühung im Vordergrund, aus den Legenden und Mythen der biblischen Berichte ein authentisches Bild der „Persönlichkeit" Jesu zu rekonstruieren: einen „**historischen Jesus**", der hinter dem Text von Bedeutung sein möchte. Andere wiederum sahen in der **Idee des fleischgewordenen** „**Logos**" den zeitlosen oder überzeitlichen Gehalt, der aus der biblischen „Mythenbildung" herauszulesen wäre. Endlich wurde und wird auf die gewaltige „**Wirkungsgeschichte**" verwiesen, die diesem Text zu eigen ist, von welcher die moderne Welt von Grund auf geprägt worden sei.

Alle drei Motive finden sich auch bei **R. Bultmann** wieder, der die besten Ergebnisse der historischen Kritik in seiner Theologie zusammenzufassen wußte und mit seiner „existenzialen Interpretation" exegetisch bahnbrechend gewirkt hat. Dabei — wurde die Bibel radikal als historisches Dokument gesehen und dem Fundamentalismus gewehrt — wurde auch das NT einer „*soziologischen*" bzw. „*formgeschichtlichen*" Betrachtungsweise unterworfen, die breite Teile der Überlieferung als Gemeindebildung auswies (Bultmann 1967, S. 3f) — wurden radikale Entwürfe inhaltlicher Übersetzungsarbeit gewagt, die die Bibel dem modernen Zeitgenossen wieder interessant erscheinen lassen sollte — wurde vehemente „*Sachkritik*" geübt an Mythen und Überlieferungen, die in einem modernen Verständnis preiszugeben wären (Anf. II, S. 70).

Indem aber Bultmann das NT mehr und mehr auf die ontologischen Existenziale Heideggers hin interpretierte, mußte er den „historischen Jesus" mehr und mehr dem „Spätjudentum" überlassen (Bultmann 1926). Die Bedeutung der synoptischen Evangelien schien ohnehin auf die Überlieferung einiger weniger authentischer „Jesus-Worte" reduziert. Das NT schien den Anforderungen des modernen Menschen- und Existenzverständnisses erst mit Paulus (und Johannes) Genüge zu tun. Und war dem nicht so, daß das „Christentum" erst mit Paulus in die Welt getreten, ja eben: erst in der damaligen „Moderne" des Hellenismus entstanden ist? Das „*Bekehrungserlebnis des Paulus . . . ist das ekstatische Erlebnis eines hellenistischen Juden, das ihn in den Bann des Kyrioskultes der hellenistischen Gemeinde zog*" — diese Einsicht des frühen Bultmann 1920 (Anf. II/34) enthält den Schlüssel auch zum Aufbau seiner späteren „Theologie des Neuen Testamentes", die im ersten Satz in aller wünschenswerten Deutlichkeit feststellt: „*Die Verkündigung Jesu gehört zu den Voraussetzungen der Theologie des NT und ist nicht ein Teil dieser selbst.*" (Bultmann 1965, S. 1). Eine Kritik der gewiß kritik-würdigen Theologie Bultmanns ist hier freilich nicht zu leisten. Diese wenigen Andeutungen mögen aber genügen, um anzuzeigen, was **Barth** gemeint haben könnte, als er, augenscheinlich einen Schritt zurück und unter weitgehender Ignorierung des Bultmannschen Vorhabens doch schon einen weiteren Schritt nach vorn tun wollte: „*Es ist denn doch zu offenkundig, daß das vernünftige Gespräch über die Bibel jenseits der Einsicht in ihren menschlichen, historisch-psychologischen Charakter anfängt. Möchte sich doch der Lehrkörper unserer hohen und niedrigen Schulen und mit ihm der ohnehin fortschrittliche Teil der Geistlichkeit unserer Landeskirchen entschließen, ein Gefecht abzubrechen, das seine Zeit gehabt, aber nun auch wirklich gehabt hat.*" (Anf. I/55)

Offenbar kann uns die Bibel nur dann auch „heute" etwas sagen, wenn auch ihr „Inhalt" über die Zeiten hinweg uns etwas zu sagen hat. Dieser Inhalt ist es, der uns in und trotz seiner zeitbedingten, geschichtlichen Form, ja gerade im Zusammenhang mit dieser Form über die Zeiten hinweg „etwas sagen" muß, was wir „moderne Menschen" uns vielleicht nicht ebenso gut auch selber sagen können. Es muß dieser Inhalt sein, der sich unseren Versuchen gegenüber, ihn zu assimilieren, ihn zu domestizieren oder in geeigneter Weise zu historisieren als resistent erweist. Und es muß dieser Inhalt — in seiner Form — sein, der uns bedeuten könnte, daß wir uns mit unserer Geschichte und Gesellschaft auch selber noch nicht am Ende aller Tage befinden, der uns also auch helfen könnte, die eigene Geschichte als Geschichte zu verstehen. Wissen wir denn, was Geschichte ist?

Was ihre Gesetze sind? Daß es hier z.B. einen unvermeidlichen „Fortschritt" gibt, der die alten Zeiten unwiderruflich überholt und veralten läßt? Daß unsere geschichtliche Position dieser vergangenen Position gegenüber schlechterdings überlegen ist? Und daß es keine Zukunft gibt, die auch unsere Position nicht wiederum schlechterdings und radikal überholen könnte? Von solcher Zukunft weiß die Bibel. Sie weiß davon, daß Jesus Christus nicht nur „gestern" war, sondern auch „heute" sein will und „morgen" sein wird. Dieser Inhalt ist es, der im Unterschied der Zeiten, ohne je „zeitlos" zu sein, Gültigkeit beansprucht. In der Qualität von „Offenbarung"! Aber in der Offenbarung dieses **Inhaltes**, der Jesus Christus heißt.

Die Offenbarung wäre nicht die Offenbarung Gottes, wenn sie das, was sie dort und damals war, nicht auch hier und heute sein könnte. *„Bloß Gott ist nicht Gott . . . Der Gott, der sich offenbart, ist Gott."* (Anf. I, S. 209). Aber nun ist es gerade das **Zeitproblem**, das Barths Offenbarungsbegriff in der Wurzel konstituiert. In der zeitlichen Distanz und in der Verschiedenheit der Zeiten muß Jesus v. Nazareth den heutigen Menschen nun doch „gleichzeitig" werden können. Auch dies ist ein **Postulat**, mit dem Barth an die Bibel herantritt. Aber dieses Postulat bezieht sich auf die zentrale Aussage der Bibel selber, die lautet: *„Jesus, der Herr",* der Herr darum auch der Zeiten und der Geschichte selbst (CD, S. 182). Barths Lehre von der Offenbarung, seine dogmatische Trinitätslehre vollzieht diesen Satz in der Form eines logischen Urteils, wie es sich in der Analyse des biblischen Textes ergibt. „Jesus, der Herr!" „Jesus Christus!" Aber dies ist ja nichts anderes als die christologische Konzentration und Zusammenfassung eines Phänomens, das Barth von seinen Anfängen her beschäftigt: die Auferstehung der Toten.

2. „Jesus Christus" im Zentrum der ganzen Schrift — damals, heute und morgen

2.1 Jesus, der Herr der Zeiten und der Geschichte. Besonderheit und Allgemeinheit

Das Rätsel wird aufgelöst, indem Barth im Vollzug seiner Lektüre zum Inhalt des Textes selber durchbricht, der da lautet: „Jesus Christus"! Wer das nachsprechen kann, der sagt ja, daß dieser Inhalt seine historische Form transzendiert. Wer sich dazu bekennt, bekennt sich — ob er will oder nicht — zur „Auferstehung von den Toten", dazu, daß Jesus von Nazareth, obgleich gescheitert und vergangen, doch nicht gescheitert und vergangen, sondern lebendig, gegenwärtig und zukünftig ist. In diesem Inhalt sind die formalen Aporien der Exesse aufgehoben, während abgesehen von diesem Inhalt sogar die formalen Voraussetzungen der Exegese sinnlos und hinfällig wären. Die Einheit von Neuem und Altem Testament: sie wäre abgesehen von der Auferstehung Christi als des Messias Israels auch nicht formaliter zu behaupten. Und wiederum: nur kraft der Auferstehung von den Toten hat sie sich faktisch formaliter und materialiter behauptet. Aber wohlgemerkt: aufgrund eines allgemeinen Geschichtsverständnisses, aufgrund irgendeiner Philosophie würde sich so etwas nicht sagen lassen. Ausserhalb des biblischen Zeugnisses müßte das Wort von der Hinrichtung Jesu das letzte Wort und die einzige einigermaßen feststellbare Tatsache sein. Es existiert dieser Inhalt also nicht ohne und abgesehen von dieser Zeugnis-Form. Aber in dieser Form existiert er heute als Gegenstand des „Bekenntnisses" und der Tat, — ist es die „Kirche", die ihn mit ihrem Bekenntnis jeden Tag neu zur Tat-Sache erhebt (CD S. 376ff). Und so muß nun in dieser doppelten Klammer, daß — ohne die Bibel kein Bekenntnis möglich, — ohne ein Bekenntnis aber keine sinnvolle Exegese möglich wäre, die inhaltliche Bestimmung der Exegese dahin lauten, daß sie in der Auslegung des Textes auch die „Auslegung" der aktuellen kirchlichen Praxis ist (vgl. Barth 1966, S. 91-98). Die Exegese findet also nicht im luftleeren Raum als Literaturwissenschaft statt, sondern im konkreten Raum der Kirche, als Auslegung auch der jeweils spezifischen, historischen, sozialen, auch politischen Situation. Der biblische Inhalt ist also keine allgemeine, sei es persönliche oder geschichtliche Wahrheit, sondern unter allen Umständen (und in aller „Ewigkeit") besondere, zeitlich und geografisch bestimmte und bestimmbare Tatwahrheit. Erst die konkrete Situation macht den Text, erst der Text die Situation konkret! Erst die in Frage gestellten Menschen können die gestellten Fragen beantworten! Und nur so, in strenger — gegenseitiger — Bedingtheit von Frage und Antwort, Form und Inhalt, Text und Situation kann sich die Wahrheit und Allgemeinheit dieses Inhaltes erweisen! Haben wir nun gemogelt und um die Sache herum geredet?

Man muß in der Tat so fragen; denn von jedem erdenklichen philosophischen Standpunkt aus haben wir um das Eigentliche und „Letzte" herumgeredet, uns also um nichts und im Kreise gedreht! Weder haben wir eine allgemeine Begründung dieses Besonderen beibringen, noch die Allgemeinheit dieses Besonderen nachweisen können, jedenfalls nicht im Sinne einer allseitig einsichtigen hegelischen „Synthese". Also doch unkontrollierbarer Mythos? Aber letzte **Begründungen** sind jedenfalls noch keine **letzten** Begründungen, die in der Praxis nicht stets wieder durch neue Begründungen zu ersetzen wären. Und den Mythos wird man im Denken allein nicht los. Es ist richtig: wir haben das Rätsel aufgelöst und das *„Geheimnis"* bestehen lassen (KD I/2, S. 134ff). Aber das Geheimnis kann erst in der Praxis zum offenen, offenbaren Geheimnis werden. Noch sind wir ja erst in der Theorie der Auferstehung, nicht schon in der Praxis des Aufstandes begriffen! Noch ist die Zeit vielleicht nicht da, wo der Inhalt der Bibel klar und eindeutig zutage tritt, weil er unsere Situation konkret auslegt und in eine eindeutige Richtung bestimmt. Wo also die Bibel im Einzelnen wie in ihrem Kanon eine klar verständliche, sagen wir: *„politische"* Sprache spricht (z.B. KD I/2, S. 743ff). Oder sind wir schon in der Lage zu sagen, wer Jesus Christus heute ist? Daß Jesus bei den Proletariern ist? Daß seine Auferstehung der Sozialismus ist? Daß ein heutiges Bekenntnis ein Bekenntnis im Klassenkampf ist? Das läßt sich in dieser Allgemeinheit schlecht sagen. Und es ist die Frage, ob es in solcher Allgemeinheit und vom Schreibtisch überhaupt irgendwo gesagt werden darf. Es käme ja darauf an, diese Antwort nicht von vornherein zu wissen, sondern sie sich an Ort und Stelle, in Frage und Antwort, geben zu lassen. Also **keine** „unverschämten Identifikationen", **weder** Gottes mit der Natur, **noch** der Kirche mit dem Staat, **noch** Jesu Christi mit dem Klassenkampf! Es ging ja genau darum, auf dieser Sandbank **nicht** aufzulaufen, sondern sie hinter sich zu lassen. Die Logik dieser Geschichte ist nicht mit der „allgemeinen" Logik der Weltgeschichte in eins zu setzen, weder aus ihr abzuleiten, noch in sie aufzulösen. Sie ist spezifische, sagen wir: exemplarische Logik exemplarischer Geschichte, Logik spontaner — und darum nicht ableitbarer — Erhebung, über die der Gang der Geschichte im Allgemeinen natürlich allzu oft hinweggeht. Aber gerade so ist diese Logik nicht ohne Allgemeinheit, steht sie im Horizont der Auferstehung nicht nur **eines** Toten, sondern aller Toten, im Horizont der ganzen Gattung Mensch!

Es geht ja nun in der Tat auch um eine größtmögliche „Allgemeinheit", um die Allgemeinheit dieses **Besonderen**, aber um die wahre, echte **Allgemeinheit** dieses Besonderen! Um die Herrschaft des Menschen Jesus in Natur und Geschichte, in Gesellschaft und Staat, über alle Zeiten hinweg! Aber nun erwarte man nicht, daß dieses Allgemeine in abstracto vorgeführt, d.h. — im hegelischen Sinne — systematisch entwickelt werden könnte! Dem Mythus eines solchen Systems gegenüber — sei es von Gott, Natur und Geschichte, sei es von einer christlichen „Universalgeschichte" und ihren Nachfolgern — kann man sich mit Barth nur stur stellen und sagen, daß es sich beim Worte Gottes um eine „übergeschichtliche" Angelegenheit handelt. Nein, von dieser Allgemeinheit wird nur zu reden sein, wo der Mythus zerbricht, weil Gott redend und handelnd an seine Stelle tritt, an dem Ort und zu der Zeit, wo die Sprache der Bibel lebendig und ihre Grammatik – „stürzend und aufrichtend" (vgl. Anf. I, S. 6) – zur revolutionären Logik der Situation wird. Denn das ist ja die crux auch der revolutionären Theologie und Systeme: daß Revolution nicht dasjenige ist, was man immer schon weiß und in seinem Gang vorausberechnen kann. Das ist der Grund, warum so viele Revolutionen nur allzu schnell wieder in den gewohnten Gang aller Dinge zurückgekehrt sind: weil gerade die „Berufsrevolutionäre" am wenigsten wahrhaben wollen, was an einer Revolution das Neue, Verschiedene, nicht immer schon Programmierbare ist. Und das ist dann das Widergöttliche, Rebellische, ja Konterrevolutionäre in der Logik des voreiligen Revolutionärs: daß er der wahren Logik der Revolution (die die „Revolution Gottes" ist) vorausgreifen, sich ihrer bemächtigen oder gerade sie mit Zwang und Gewalt durchsetzen möchte! Als ob es selbstverständlich einsichtig, kalkulierbar und berechenbar sei, daß aus dem Tod das Leben, aus der Ohnmacht die Macht, aus der Knechtschaft die Herrschaft zu folgen hätte! Und als ob man einer gedrückten Menschheit damit zum Sieg verhelfen könnte, daß man sie immer schon überholen, das heißt aber: der eigenen Fähigkeiten und Möglichkeiten, Initiative und Spontanität berauben will. Nein, es geht sehr wohl um die Herrschaft der Knechte, um die Macht der Machtlosen und um die Perspektive der Gescheiterten, aber in einer Weise, die „allgemein" nur unter ihrem Gegenteil bekannt, in ihrem realen Eintreten aber nur allzu sehr unbekannt ist. Es geht sehr wohl um die Geschichte der Menschheit in Zeit und Raum, ja darum, daß aus der allgemeinen Naturgeschichte (des Kampfes um das Überleben) endlich **Menschheits**geschichte und aus diesem merkwürdigen biologischen Objekt „Mensch" endlich auch das „Subjekt" seiner Verhältnisse werde – aber das doch nicht aus Gründen einer allgemeinen Geschichtsauffassung, sondern von jenem **Ende** aller „Auffassungen" her, das allein auch den **Anfang** zu setzen vermag. Woher aber sollte uns bekannt sein, daß der Mensch noch etwas anderes ist (oder sein könnte) als ein „sterbliches" und steten Notwendigkeiten unterworfenes Wesen und seine Geschichte noch etwas mehr als ein subjektloser ökonomisch-materialistischer „Prozeß"? Woher sollen wir Hoffnung schöpfen, solange nicht einmal **diese** „Einsicht in die Notwendigkeit" wirklich gewonnen (und allen schönen Menschheitsträumen entgegengehalten) wird? Wir können nicht einmal diese Einsicht wirklich gewinnen, wenn nicht mit, in und unter aller geschichtlichen Notwendigkeit, das mehr-als-Notwendig geschieht, das „*Auferstehung der Toten*" (Barth 1926a) heißt: wenn nicht tatsächlich sich Köpfe aus dem Staub erheben und Glieder aufgerichtet werden.

Mythologie? Der Form nach gewiß! Weil hier mit Anschauungen gearbeitet werden muß, wo, soweit das Auge reicht, keine Anschauungen vorhanden sind. Weil das eben eine Theorie ist, die als bloße Theorie immer nur ein

Mythus sein kann! Weil man so nur reden kann, um sich sofort und gründlich alle Illusionen aus dem Kopf zu schlagen und nicht schon zu meinen, man — und wäre es die Partei, die so spricht! — hätte den Zipfel des „Weltgeistes" erfaßt! Der Christ ist, gerade wenn er kraft seines Berufs (und seiner Berufung) „Revolutionär" sein sollte, doch nicht „Berufsrevolutionär". Nein, man sehe sich vor, bevor man sich selber — bevor man eine Elite, eine Kadergruppe oder eine ganze Klasse zum „Subjekt" der Revolution erklärt. Wir können die Revolution an entscheidender Stelle gerade **nicht selber** in Gang setzen. Und wir sollten vielleicht nicht zu naiv auf dieses oder jenes Subjekt der Revolution setzen — schon gar nicht auf uns selbst. Es müßte vielleicht doch Gott selber, an unserer Stelle, dieses Subjekt sein! Es müßte doch jenen Menschen vielleicht schon gegeben haben, der, obgleich allen materiellen Notwendigkeiten unterworfen, doch tatsächlich das revolutionäre Subjekt seiner Verhältnisse war! Das sind die Postulate, mit denen wir an das nächste Kapitel herantreten.

2.2. Der apokalyptische Horizont — Umrisse einer „historisch-materialistischen" Schriftauslegung (1. Kor. 15)

„*Omnia instaurare in Christo*" (Anf. I/S. 8)! Aber, wie F.W. Marquardt schon festgestellt hat, erreicht Barth die christologische Konzentration über zwei Etappen oder Strukturmomente: die Apoklayptik und die Ekklesiologie (Marquardt 1972, S. 219ff). D.h. aber: er konstituiert seine christologischen Aussagen im Spannungsfeld von örtlich und zeitlich gebundener Kirche einerseits, dem universalsten Inhalt der Bibel andererseits (und also nicht etwa in einer bloß abstrakten Relation von Gott und Mensch, Theologie und Anthropologie). Aber dies beinhaltet auch grundlegende exegetische Entscheidungen, die Barth treffen muß. „*Die Auferstehung der Toten*"! Unter diesem Titel hat er 1925 sich einen weiteren Stützpunkt in der neutestamentlichen Exegese gesichert und die Auseinandersetzung vor allem mit R. Bultmann aufgenommen (Barth 1926a). Ein Stein des Anstoßes bis auf den heutigen Tag! Aber schon der Titel gibt zu denken: Auferstehung **der** Toten? Barth hätte sich auch mit der Auferstehung eines, **des** Toten begnügen, und sich damit sicher leichter der Sympathie eines Bultmann versichern können. Aber im Unterschied zu Bultmann, der die Apokalyptik anthropologisch-christologisch interpretiert, will Barth die Christologie „apokalyptisch", d.h. im Horizont einer universalen Enderwartung interpretieren. „*Gibt es keine Totenauferstehung, so ist auch Christus nicht erweckt. Ist aber Christus nicht erweckt, so ist unsere Verkündigung leer, leer auch euer Glaube.*" (1. Kor. 15, 13, vgl. Barth 1926a, S. 87, 90f). Für Bultmann ist dieser Satz im Grunde ein Ausrutscher des Apostels Paulus, aber Barth stellt sich sofort mit Paulus auf diese äußerste „linke" Seite der biblischen Tradition. Für Bultmann hieße das: den Glauben an Jesus Christus von der Akzeptierung einer dem modernen Menschen schlechterdings nicht mehr verständlichen mythologischen Eschatologie abhängig machen, für Barth heißt es: allererst den Schlüssel für die paulinische Christologie in die Hand bekommen. Für Bultmann ist das ein „liebloses" Umgehen mit dem modernen Menschen — gerade im 1. Korintherbrief, wo sich alles um das dreizehnte Kapitel dreht (,,*und wenn ich allen Glauben habe, so daß ich Berge versetze, habe aber die Liebe nicht, so bin ich nichts*" V.2)! Für Barth dreht sich aber der 1. Korintherbrief im einzelnen wie im ganzen um 1. Kor. 15! Denn Paulus *„verteidigt sich nicht, sondern er greift an: das Christentum ohne Auferstehung, und sagt in den stärksten Ausdrücken, daß es Lug und Betrug sei, nicht darum weil ihm dieser Glaubensartikel fehlt, sondern darum, weil es in sich selber eine Illusion, eine Fiktion ist. Während sie Paulus für den Dogmatiker halten, der ihre Vernunft mit einer unnötigen, unvollziehbaren Vorstellung belastet, zeigt er ihnen, daß sie es sind, die (nicht mit ihren Zweifeln und Negationen, sondern mit dem was sie zugeben und vermeintlich auch glauben!) ein blindes Spiel mit von der realen Wirklichkeit gelösten Gedanken treiben. Indem sie der Auferstehung als dem vermeintlich Absurden entrinnen wollen, machen sie das, was ihnen nicht absurd, sondern vernünftig und erträglich erscheint, zur Absurdität, sägen sie den Ast ab, auf dem sie sitzen . . . Wenn aber die Totenauferstehung nichts ist, dann ist auch Christus nicht auferweckt."* (S. 90).

Nun, wer hat Recht? Vom Standpunkt der „historisch-kritischen Exegese" ist es fraglich, ob Barth Recht hat, läßt sich vielleicht weder die systematische Einheit dieses Briefes noch etwa das 15. Kap. als Mittelpunkt dieser Einheit erweisen! Auch Barth gesteht: *„So etwas sagt man nicht alles Tage"* (S. 63)! Aber *„besser denn als Eschatologie würde man die im 1. Kor. 15 entwickelten Gedanken als Methodologie der Apostelpredigt bezeichnen, weil sie wirklich nicht von diesem oder jenem Besonderen, sondern vom Sinn und Nerv des Ganzen handeln, von dem Woher? und Wohin? des menschlichen Weges als solchem und an sich. Eine gefährliche Zuspitzung des Problems! Kann man davon an sich isoliert reden? . . . Kann man den Vogel im Flug zeichnen? Die Frage richtet sich an alle Methodologie".* (S. 62f) Barth greift das Thema des Tambacher-Vortrages wieder auf (vgl. Anf. 1/10), aber da findet sich für ihn offenbar der „rote Faden" der Schrift: in jener alttestamentlich-jüdischen Tradition, die kein kosmisches, gnostisch-dualistisches „Jenseits", sondern eine „neue Welt" in der alten Welt meint; in diesem radikalsten Ausdruck, den die jüdische Real-Utopie im Kampf gegen die römische Übermacht gefunden hat; in diesem Universalismus, in dem sogar der „Sonderstatus" Israels unter den Völkern zugunsten einer neuen Menschheit, ja der Rekonstitution der wahren „Gattung Mensch" aufgehoben ist! *„Man lese einmal nach, wie in der Stephanusrede der Apostelgeschichte die Summe des Alten Testamentes gezogen wird. Das zentrale Interesse der beiden Testa-*

mente ist unleugbar nicht dem Aufbau, sondern dem Abbruch der Kirche (d.h. des religiösen Sonderstatus, der Religion überhaupt PW) *zugewendet. Im himmlischen Jerusalem der Offenbarung endlich ist nichts bezeichnender als ihr gänzliches Fehlen: ‚Und ich sah keinen Tempel darinnen' " * (Anf. I/62). **Das** ist Apokalypsis und „Offenbarung", die in der Offenbarung Jesu Christi gemeint ist, das ist das A und O der Schrift, aber das ist **keine** „geschichtliche Möglichkeit" – nicht die Vorstellung des geschichtlichen **End**zustandes, kein mögliches „Resultat" eines allgemeinen geschichtlichen Entwicklungsprozesses – sondern das ist das „Unmögliche", das vom Ende aller Dinge her zum Maßstab des Möglichen gesetzt wird.

„*Alles Vergängliche ist nur ein Gleichnis*" (Barth 1926a, S. 59), das gilt aber gerade auch für die himmlischen, vermeintlich oder wirklich „mythologischen" Anschauungen und „Vorstellungen" der Bibel! „*Letzte Dinge sind als solche nicht letzte Dinge, wie groß und bedeutsam sie immer sein mögen. Von letzten Dingen würde nur reden, wer vom Ende aller Dinge reden würde, von ihrem Ende so schlechthin, so grundsätzlich verstanden, von einer Wirklichkeit so radikal überlegen allen Dingen, daß die Existenz aller Dinge ganz und gar in ihr, in ihr allein begründet wäre, also von ihrem Ende würde er reden, das in Wahrheit nichts anderes wäre, als ihr Anfang*" (S. 59). Es handelt sich um jenes „Ende der Zeit", das in Wahrheit der „Ursprung der Zeit" – damit die Überbrückung der verschiedenen Zeiten! – darum Maß und Bestimmung gerade auch unserer Jetzt-Zeit ist. Nein, die Auferstehung Jesu Christi ist **keine** „historische Tatsache", wenn sie nicht als jene **über**geschichtliche Tatsache verstanden ist, in der sie allen sog. Tatsachen entgegenzusetzen und als **die** „geschichtliche Tatsache" schlechthin zu verstehen sein muß. Jesus ist der „*Herr der Zeit*" (KD I/2, S. 50ff), aber das heißt ja: Er ist Herr gerade auch unserer Lebens-Zeit, nicht einer abstrakten Chronologie.

Von daher versteht sich das merkwürdige Interesse des Paulus nun gerade nicht an den „überirdischen", sondern an den irdischen Dingen: an der „*proletarischen Zusammensetzung der Gemeinde*" (Barth 1926a, S. 2), an Ehe und Sexualität („*Paulus schreibt förmlich gegen sich selbst*" (S. 17), am Problem der Gerichtsbarkeit in der Gemeinde und an den sozialen Voraussetzungen des Abendmahles etc. (S. 34f). Im Gegenüber zum „*Glanz . . . hellenistischer Christlichkeit*" (6) holt Paulus zu einer vernichtenden Religionskritik aus. Denn hier stoßen nicht Weltanschauungen, sondern „*zwei Welten aufeinander . . . , die Welt des Evangeliums . . . und die Welt einer Religiosität und Moral, die fast ganz so aussieht wie Christentum*" aber „*zerfällt*" in „*Individualismus*" (z.B. das „*eng-persönliche In-den-Himmel-kommen und selig-werden-wollen*"!) und in die religiöse „*dem Heidentum entlehnte Lüge, kraft derer unsere tatsächliche Lage nicht mehr nach dem Zeugnis der groben Wirklichkeit beurteilt würde, sondern nach einem vermeintlichen Glauben, d.h. einem mutwilligen Spiel der Phantasie in*

Beziehung auf das Unsichtbare" (S. 69). Hier ist darum *„Verachtung der sichtbaren Wirklichkeit",* die sich zu ihrer Tröstung dann religiöser Lehren und Vorstellungen bedient, und *„dem Göttlichen nur die Sphäre des Unsichtbaren zuschreibt"* (eb.). *„Das Fortleben nach dem Tode . . . muß doch ein nur geistiges, ein immaterielles sein! Warum? Nun natürlich, damit es neben diesem jetzigen leiblichen Leben Raum hat, in einer befriedigenden Gesamtweltanschauung. Eine nach dem Tode fortlebende Seele, das läßt sich ohne große Störung eines einheitlichen Weltbildes wenigstens trefflich behaupten, wenn auch vielleicht nicht beweisen. Auferstehung des Leibes aber, desselben Leibes, den wir offenkundig sterben und vergehen sehen, Behauptung also nicht einer Dualität von Diesseits und Jenseits, sondern einer Identität beider, aber nun doch nicht gegeben, nicht direkt festzustellen, nur zu hoffen, nur zu glauben, gerade das ist offenbar die erbarmungslose Zerreißung jener* (weltanschaulichen PW) *Einheit, Skandal und Unvernunft und religiöser Materialismus"* (S. 67).

So muß Barth die Auferstehungs-Vorstellung erst dem Idealismus entreißen, um ihres Gehaltes und ihrer Provokation überhaupt wieder ansichtig zu werden — und nur so kann er hier den Lebensnerv der apostolischen Predigt entdecken. So lernt er zugleich einen anderen Paulus kennen als es Bultmann tat. Nein, ist Paulus „den Griechen ein Grieche geworden", so doch nicht unter Preisgabe seines Jude-seins, so doch gerade in 1. Kor. 15 in der Bestätigung und polemischen Bekräftigung palästinensischer (um nicht zu sagen: zelotischer) Tradition. Und das ist der „mythologische" Hintergrund des sog. „Spätjudentums", aus welchem Paulus spricht: die Feststellung, daß es in der Auferstehung der Toten nicht um eine Trennung von Diesseits und Jenseits, sondern um ihre Einheit zu tun ist, somit um den „Leib" und die ganze materielle Wirklichkeit der Menschen.

Es stimmt zwar: es ist gerade auch dieses Geschehen in gar keiner Weise zu „verobjektivieren", d.h. gegenständlich-anschaulich zu machen. Immer sind wir selber auch als Subjekte in diesem Geschehen enthalten! *„Ist Gott nicht Gott in unserem Leben, so ist er es auch nicht im Leben Christi. Wie kommen wir überhaupt dazu, dort etwas zu erkennen, geschweige denn zu bejahen, was wir selber für uns nicht kennen und gelten lassen? Wozu aus Gründen der Pietät und Dogmatik etwas festhalten, was keine Bedeutung hat? Sollen keine Toten auferstehen außer dem Einen, dann ist auch die Auferstehung dieses Einen anstössig, entbehrlich, unwichtig, ein fremdes dualistisches Element in einer im übrigen einheitlichen Weltanschauung, demgegenüber es nur eine Frage des religiösen Taktes ist, ob man es liebenswürdig, poetisch umdeuten oder frischweg leugnen will"* (S. 90). Aber nun wird dieses Geschehen doch als ein „objektives", „wirkliches" Geschehen behauptet, das uns realiter angeht. *„Entweder Gott wird erkannt und anerkannt als der Herr und Schöpfer und Ursprung, wie er sich als solcher offenbart hat, oder aber es gibt keine Offenbarung in der Geschichte, keine*

Wunder, keine besondere Kategorie ,Christus' " (S. 91). Können wir
verstehen? Aber „verstehen" würde offenbar heißen, tatsächlich betroffen, darum aber auch schon selber in Bewegung sein. Der bloße
Zuschauer sieht und versteht einmal mehr nichts!
Ist Barth wohl auf dem Weg schon einer „**historisch-materialistischen
Exegese**"? Er führt hier in der Tat auch den Methoden-Kanon seiner
eigenen zeitgenössischen Bibellektüre vor! Wir versuchen, dies in einigen Punkten zusammenzufassen.

1.) Barth will den sog. „spätjüdischen" apokalyptischen Hintergrund des
NT's nicht mythologie- und sachkritisch eliminieren, wie es die „religionsgeschichtliche Schule" und Bultmanns „existenziale Interpretation" bis heute nahelegen, sondern ihn − darin Erbe der „konsequenten Eschatologie" A. Schweitzers! − als den einzig sach-gemäßen Kontext des paulinischen Textes begreifen! Es handelt sich dabei um die
zugleich inhaltliche wie *„methodologische"* Voraussetzung der Exegese, die auch Barths „dogmatische" Theologie als „Offenbarungs"-
Theologie konstituiert. Dabei benützt Barth Elemente des neo-kantianischen „Ursprungs"-Denkens gleichsam als Sprungbrett, um die biblische „Denkform" zu erlernen. Wird die „Auferstehung" aber hinfällig, wird für ihn **alles** „Christentum" hinfällig. Es ist dann in der Tat
nur noch eine Frage des religiösen Taktes und der theologischen Tak-
tik, an welchen biblischen „Vorstellungen" man sonst noch festhalten
möchte. Etwa am „historischen Jesus"? Am „historischen Jesus" kann
man − auch am „Sozialrevolutionär" Jesus, wie das Beispiel F. Naumanns zeigt (Anf. I/41) − irre werden. Und wird dann nicht auch alles
weitere, z.B. die jüdische Eigenart dieses Jesus, seine „Gesetzlichkeit",
alsdann die Berichterstattung der Synoptiker, alsdann die Einheit des
NT's, alsdann der Zusammenhang von NT und AT irgendwann problematisch und zur Last werden − und als diese Last irgendwann **abge-
worfen** werden müssen? Und nur „unter" und kraft dieser Voraussetzung, könnte es sich erweisen, daß das vielstimmige und „wider-
sprüchliche" Zeugnis der Bibel doch brauchbar, doch nicht einfach unverständlich, sondern gerade als menschliches, geschichtliches Zeugnis
verständlich ist.

2.) Dieses Geschehen in der unanschaulichen Mitte des biblischen Zeugnisses heißt „**Jesus Christus**". Wer Jesus Christus sagt, sagt: er ist auferstanden, er ist der Herr etc. Er sagt: Auferstehung **der** Toten! Aber
eben: abseits von dieser − „christologischen" − Auslegung der Schrift
gibt es actualiter **keine** Auslegung der Schrift, nur noch die Sammlung
von jüdisch-hellenistischen Altertümern. Man hat diese christologische
Auslegung bei Barth freilich immer wieder des Dogmatismus verdächtigt, in welchem Barth die Bibel nicht sowohl ausgelegt, als vielmehr
seine eigenen dogmatischen Überzeugungen in sie „eingelegt" habe.
Aber gibt es **dazu** eine Alternative? Es gibt gewiß viele und in sich wi-

dersprüchliche christologische Titel und Christologien im Neuen Testament — aber kann man davon absehen, daß das ganze Neue Testament in mannigfaltiger Weise — aber in steter Auslegung des „Alten Testamentes! — nur immer dieses eine sagen und bezeugen will: „Jesus Christus"? Es geht dabei gewiß nicht darum, und es ist bei kritischer Exegese gar nicht möglich, die Bibel auf eine einzige „Christologie" festzulegen und sie nach deren Maßgabe zurechtzustutzen. Aber immer geht es darum, daß „Jesus Christus" der Inhalt und die Voraussetzung der Verkündigung, darum das Ziel aller Fragen, die Beantwortung aller Fragen — aber doch auch stets die Infragestellung aller schon vorgegebenen „Antworten" ist!

3.) Diese Logik des revolutionären Gottes widerspricht freilich den Gesetzen der allgemeinen Logik. Daß es in allem, was die christliche Theologie zu sagen habe, nur immer um diesen einen Menschen, sein Volk unter den Völkern, seinen Gott, seinen Ort, seine Zeit zu gehen habe, das ist dem modernen Menschen — aber nicht nur dem „modernen" Menschen! — schwer erträglich und verdaulich. Die allgemeine Logik gerade von Geld, Ware und Eigentum (und deren abstrakten Formbestimmungen) kennt eine solche Formbestimmung nicht. Sie ruft keinen Menschen beim Namen, sie fragt keinen Menschen nach seiner konkreten Arbeit, Lebenszeit und -tat. Sie kennt nur Zahlen und den berechenbaren abstrakten „Wert" jeglicher Arbeit und der menschlichen Existenz. Hier ist alles austauschbar und schlechterdings nichts unersetzlich. Hier sind darum Menschen ohne Seele und Seelen ohne Leib, Bedürfnisse ohne Gegenstand und Gegenstände ohne Bedürfnis danach, schließlich Köpfe ohne Hände, Einsichten ohne Wirklichkeit und Füße ohne Kopf etc. Aber „Auferstehung der Toten" heißt dann in jedem Falle: daß den toten Knochen Leben und Seele eingegeben wird (vgl. Ez. S. 37), daß die Herrschaft jener Logik gebrochen wird durch die Herrschaft einer anderen Logik, die den Austauschprinzipien widerspricht; daß die Menschheit rekonstituiert wird nach Haupt und Gliedern. Jesus ist unaustauschbar.

4.) So ist aber gerade die Gemeinde des auferstandenen Herrn der erste sichtbare „Leib" dieser noch unsichtbaren neuen Menschheit. Nun ist es auch wahr, daß alle neutestamentlichen Texte weithin „Gemeindebildungen" bzw. Ausdruck einer Gemeindepraxis sind, in denen diese Menschen diese neue Wirklichkeit höchst subjektiv und befangen betätigt und bezeugt haben. Barth tut hier einen tieferen Blick in die theologische „Werkstatt" des Paulus, als es Bultmann jemals gelungen ist. Mit der nur literarischen und religionsgeschichtlichen Klassifizierung, Einordnung und Interpretation dieser Texte ist es eben nicht getan, und die Reduktion des Wesengehaltes dieser Texte auf die Inhalte ihrer existenzialen Auslegung gibt gerade den Realismus und Pragmatismus dieser Texte preis. Gott will Gott in unserem Leben sein, aber darum in unserem wirklichen **Leben**, im Leben der Gemeinde, ihrer Verkündigung und Tat. Nur indem die Gemeinde als — revolutionäres — **Subjekt** der Geschichte Gottes mit den Menschen in Blick kommt, kann der Bann der Warenverhältnisse gebrochen, kann die Spaltung von Subjekt und Objekt, Innen und Außen, Diesseits und Jenseits überwunden werden. Aber nur in der Praxis kann Wirklichkeit werden, was sonst in der Tat nur als eine fremde, störende und „mythologische" Vorstellungs-Welt in Betracht kommen könnte.

5.) So erhält dann alles wiederum seinen Namen, seinen Ort und seine Zeit, ist nun nichts mehr auszutauschen und zu ersetzen, ist kein einzelnes Detail und kein einziger Mensch mehr „zu vernachlässigen". So erhält die Barthsche Auslegung dann auch ihren „Sitz im Leben" — und erst das verdient den Namen einer „historisch-materialistischen Exegese"! — in der **„bürgerlichen Gesellschaft"**. Es ist ja durchaus die **moderne** Christenheit, die Barth durch Paulus angegriffen sieht! **Sie** lebt ja in jenem friedlichen Dualismus von Diesseits und Jenseits, Innerlichkeit und Äußerlichkeit, — und zugleich doch in einem äußerst friedlosen realen Dualismus zwischen der von Goethe symbolisierten geistigen Menschengestalt und jener „seelenlosen Masse", die zum Entsetzen des Bürgers gerade unter der Regie und in der Verantwortung des Kapitals befremdliche Wirklichkeit geworden ist (vgl. KD III/2, S. 463f). Wer etwa den Schritt dieser Erkenntnis scheuen und also von der Auslegung der Bibel fernhalten wollte, wie könnte er dann noch wirklich die Bibel auslegen? Wohlgemerkt: eine „Theorie" oder mehr noch „Ideologie" des Klassenkampfes hat in der Auslegung der Bibel nichts zu suchen und könnte da nur vergeblich „eingetragen" werden. Aber dies schließt nicht aus, sondern ein, daß die Wirklichkeit des **Proletariates** bzw. einer hungernden Menschheit in aller Welt **realer Auslegungsfaktor** in der Barthschen Exegese ist. Die „Welt" des Klassenkampfes braucht in die Bibel nicht eingetragen zu werden, weil diese von jener immer schon zeugt.

6.) In diesem Zusammenhang ist Barths Exegese aber ein „*großer Kampf für das Alte Testament*" (KD I/1, S. 337), in welchem Barth von Bultmann, Gogarten, Brunner weithin allein gelassen worden ist. Was der große A.v. Harnack der modernen Christenheit noch empfohlen (Harnack 1920, S. 217), das schickten sich die Deutschen Christen nämlich alsbald an, realiter zu tun. In dieser konkreten Situation wird der biblische Kanon des Neuen und Alten Testamentes für Barth zum Maßstab und Imperativ des **„Kirchenkampfes"**! Barths Theologie und Bibelauslegung im zeitgeschichtlichen Kontext des Nationalsozialismus ist im weitesten Sinne ein großartiges Exempel „historisch-materialistischer" Bibelauslegung, in welchem Barth freilich um die elementarsten Voraussetzungen des Bibelverständnisses kämpfen mußte. Aber wiederum: „Historischer Materialismus" im Sinne historisch-

konkreter Analyse und Handlungsanweisung konkretisiert sich bei
Barth an der Bibel, nicht in Gestalt einer abstrakten Theorie oder
Ideologie. Es handelt sich auch so um nichts als um „Exegese" — näm-
lich um ein Hören auf das, was der Text als Ganzer uns in unserer
Situation gerade heute selber sagen will.

KAPITEL 5

Das Dogma von der Jungfrauengeburt und die konkrete Fleischwerdung des „Wortes Gottes" in der Befreiungsgeschichte Israels und der „Gattung Mensch".
Zum Begriff der „Offenbarung".

„Ich hatte in diesen Jahren zu lernen, daß christliche Lehre ausschließlich und folgerichtig und in allen ihren Aussagen direkt oder indirekt Lehre von Jesus Christus als von dem uns gesagten lebendigen Wort Gottes sein muß, um ihren Namen zu verdienen und um die christliche Kirche in der Welt zu erbauen, wie sie als christliche Kirche erbaut sein will." (How my mind has changed 1928–38).

1. Gott in der Geschichte. Barths Kampf um den Offenbarungsbegriff „zwischen den Zeiten"

1.1 Der Grundsatz der Barthschen Dogmatik

Wir fragten nach dem tatsächlichen Grund und der aktuellen Begründung jener Praxis, in welcher die Kirche ihr geschichtliches „Sein", die Verkündigung ihren Inhalt, das Bekenntnis seinen Gegenstand und die Theologie ihr Kriterium findet. Wir nähern uns jetzt unweigerlich jenem Zentrum aller hier anzustellenden Überlegungen, wo zu sagen ist: „Jesus Christus" ist dieser Grund und diese Begründung, so wie ihn die Schrift in der Mitte der Zeiten — von Erwartung und Erinnerung, von Vergangenheit, Gegenwart und Zukunft — bezeugt. Er ist es nur so: in der „Auferstehung der Toten", in der seine Herrschaft über alle Zeiten und Geschichte beglaubigt und bezeugt worden ist, in dem „Ereignis", in dem das immer wieder geschehen kann und geschieht, in jener Tatsächlichkeit, in der er zur bewegenden Tatsache aller Geschichte geworden ist. So aber ist grundsätzlich zu sagen und zu erläutern, was die Kirche von alters her gesagt und bekannt hat: *„Jesus, der Herr!"* (CD S. 182). Diese Akklamation ist der zu keiner Zeit selbstverständliche, zu jeder Zeit fragliche, aber eben: zu jeder Zeit zur Norm und Frage der Kirche zu erhebende Zentralinhalt der christlichen Verkündigung und Praxis. Er ist der Grundsatz der ganzen Barthschen „Dogmatik", diese Dogmatik darum folgerichtig nur die Erläuterung und Kommentierung dieses Satzes. Es ist dies in der Kirche darum zweifellos ein Satz von denkbar größter Tragweite und, fast möchte man sagen, „ontologischer" Relevanz. Aber es ist kein philosophisch-ontologischer Satz. Für Barth resultiert er aus der schlichten Analyse des biblischen Offenbarungszeugnisses. Dem ist zu folgen.

„Jesus, der Herr"! Es ist nicht einzusehen, wie dieser Satz in etwa umgangen und wie dem darin auftretenden Herrschaftsanspruch des Menschen Jesus aus Nazareth in etwa ausgewichen werden könnte. Aber indem wir nochmals an die **exegetische** Begründung dieses Satzes und damit der Barthschen „Dogmatik" erinnern, erinnern wir auch daran, daß er doch durchaus nicht der einzige aller hier möglichen Sätze ist. Nur in „ungrundsätzlicher Grundsätzlichkeit" kann und muß hier auch einmal so — in dieser „ontologischen" Einfachheit — geredet werden! Aber wie die Bibel ist auch Barth nicht einseitig auf eine „Herrschafts-" Christologie festgelegt. Hier handelt es sich ja bereits um eine Gräzisierung von Aussagen, die ursprünglich auf den **Messias Israels** gemünzt waren. Jesus ist dort auch einfach der „Sohn Davids" bzw. der „Sohn Gottes" im Sinne der Thronanwärterschaft in Israel genannt. Aber in welcher Weise! Der „König der Juden" wird im Stall geboren, er lebt in der Niedrigkeit und am Rande der Gesellschaft, er stirbt als Abtrünniger und Gottloser vor den Toren der Stadt. Im Messias-Titel ist, noch anders als im Titel des „Kyrios", die **Befreier- und Erlöserrolle** assoziiert, die im strengsten Gegensatz zum Caesarenkult steht. Daneben gilt Jesus auch als der „Knecht Gottes", als der „Gerechte" in Israel, der zu Gott „erhöht" worden ist, als der „**Menschensohn**", der der Repräsentant einer neuen Menschheit ist. Aber auch die aramäische Urgemeinde akklamierte Jesus wohl schon als ihren auferstandenen und wiederkommenden „Herrn", mit dem auch das „Reich Gottes" kommt. Die Herkunft des „**Kyrios**"-Titels im engeren Sinne scheint dagegen umstritten zu sein. Handelt es sich um die Gräzisierung von aramäischen Aussagen — oder um die Adaption eines hellenistischen „Kyrios"-Kultes? Handelt es sich um eine wesentlich politische Aussage, sofern auch der Kaiser hellenistisch „Kyrios" genannt wird — oder um eine theologische Übertragung des alttestamentlichen Gottesnamens auf den Menschen Jesus, sofern auch der Gott Israel in der Septuaginta „Kyrios" genannt ist? Offenbar haben die frühen Gemeinden bald dieses, bald jenes betonen wollen, und dürfen darum alle diese Aspekte mitassoziiert werden. Die alles überbietende Aussage des Neuen Testamentes ist aber zweifellos die, daß der Mensch Jesus, wie immer es zu verstehen sein wird, selber „Gott" genannt wird und offenbar in seinem ganzen Auftreten, Reden und Handeln auch genannt sein will. Das Neue Testament behauptet eine Identität dieses Menschen mit dem Gott Israels, und dies ist es, was es nun — „dogmatisch" — zu verstehen gilt. Aber der exegetische Tatbestand ist evident: Jesus ist alttestamentlich das Gotteswort, Schöpferwort und Prophetenwort in Person, er ist griechisch der „Logos" Gottes, in dem alle Dinge — die physischen und die meta-physischen — geschaffen sind. Er ist der „Offenbarer" Gottes, ja die „Offenbarung Gottes" selber. *„Aber wie kommt Jesus von Nazareth dazu, Gott zu heißen?"* (CD, S. 172). Wie kommt es, fragen wir weiter, zur Bestreitung jeglicher Gottheit, es sei denn, daß sie in Jesus geoffenbart und erkannt sei?

„Niemand kennt den Vater, denn nur der Sohn und wem es der Sohn will offenbaren" (CD, S. 178, vgl. Joh. 6,46). *„Wer mich sieht, der sieht den Vater"* (Joh. 14,9). Zweifellos ist gerade die johanneische Tradition [1] die Ausgangsbasis der Barthschen „Offenbarungs"-Lehre — ist diese Lehre wiederum nur die Exegese und Analyse dieser biblischen Tradition. Die Frage bleibt dennoch bestehen, ob sich alle Jesus-Aussagen des Neuen Testamentes auf diesen Punkt hin konzentrieren, harmonisieren und letztlich „systematisieren" lassen. Barth ist sicher der letzte, der dies grundsätzlich und also in einem falschen Sinne „dogmatisch" behauptet haben wollte.

1.2 Analytische und ideologiekritische Fragestellung

Barth verläßt nicht die analytische Basis seiner Argumentation, wenn er seine Lehre von der „Offenbarung" Gottes auf den einen Satz aufbaut: *„Jesus, der Herr!"* (CD, S. 182). Um „Analyse" handelt es sich für Barth aber auch in dem Sinne, daß die Erkenntnis und Anerkenntnis dieses Satzes bzw. die Erkenntnis und Anerkenntnis der darin bezeichneten „Herrschaft" vom Menschen keinen Sprung ins Ungewisse, nicht die Preisgabe seines analytischen Vermögens, kein „sacrificium intellectus" verlangt. Es handelt sich ja auch nicht um die Erkenntnis und Anerkenntnis eines beliebigen historischen Faktums, das man „glauben" oder „nicht glauben", für-wahrhalten oder nicht-für-wahrhalten könnte. Es geht um etwas, was dem Menschen gar nicht anders als an ihm selber „offenbar" werden kann. *„Wir halten es, nachdem wir einmal des Lebens im Leben bewußt geworden sind, nicht mehr aus im Lande des Todes"* (Anf. I/13). Nicht eine zusätzliche: höhere, zweite Wirklichkeit ist es, die der Mensch hier zur Kenntnis nehmen und anerkennen sollte, sondern die Befreiung seiner eigenen menschlichen Wirklichkeit. Nicht um etwas geht es, was dem Menschen grundsätzlich fremd sein oder bleiben müßte — nicht um eine unnatürliche oder „übernatürliche" Dimension seiner Existenz —, nicht um Lehre und Dogma an und für sich, aber um „Evangelium": um eine „gute Nachricht" für diesen Menschen, um einen Grund-Bescheid gerade über seine Existenz und die Freilegung der Möglichkeiten dieser Existenz. So aber geht es trotz allem um eine „Nachricht", nicht um etwas, was dieser Mensch immer schon weiß und hat, sondern um etwas, was er noch nicht weiß und niemals „hat", um etwas, was nur ein „Dialog" zutage fördern kann, was diesem Menschen also „offenbar" gemacht werden muß. Es handelt sich ja um das „Wort Gottes": um ein Wort, über das nicht der Mensch, das aber wohl über den Menschen Bescheid weiß und „verfügt", dasjenige Wort also, dem sich der Mensch, so wahr es sich ihm letztlich entzieht, doch nicht selber letztlich entziehen kann — so war es Gottes Wort ist!

---

[1] Vgl. Erklärung des Johannes-Evangeliums 1925/1926, Gesamtausgabe II, 1976.

„Offenbarung" ist, wie Barth paradox formuliert, jenes Ereignis und Geschehnis, in welchem nicht der Mensch Gott, wohl aber Gott den Menschen
„erkennt", indem dieser Mensch also *„erkannt wird"* (CD, S. 82ff), so daß
er sich im „Wort Gottes" selber erkennt und wiedererkennt.
Was also ist „Offenbarung"? Wir haben es hier offenbar mit einer Wahrheit
und Wirklichkeit zu tun, die so sehr umfassend, aber auch so sehr in sich
selber begründet und genügend ist, daß sie sich auch nur aus sich selbst
heraus zu erkennen gibt, die so sehr „überlegen" ist, daß sie auch letztlich
keine „anderen", konkurrierenden Wahrheiten neben, unter oder über sich
duldet, vielmehr die „Voraussetzung" dafür ist, daß auch alle „andere"
Wahrheit und Wirklichkeit durch sie an ihren Platz gestellt wird.

Dieses Allgemeine ist zweifellos gemeint, wenn die Kirche sich zu Gott,
dem Vater Jesu Christi, als dem *„Schöpfer des Himmels und der Erde"*
bekennt (vgl. CD, S. 171ff). Sie bekennt sich damit freilich nicht zu
irgendeinem „Himmelswesen" oder zu einer über- oder außerirdischen
bzw. kosmischen Macht oder Intelligenz, sondern zu jenem „Gott",
der auch den Kosmos mit seinen sichtbaren und unsichtbaren, sinnlichen und hintersinnlichen Gegebenheiten und Wesenheiten zu seinen
„Geschöpfen" zählt, ihnen ihren Platz und ihre „Funktion" zuweist
und sie in ihren Schranken hält. In diesem Sinne kann Barth von Gott
neo-kantianisch als dem „Ursprung" reden: von einer schlechthinnigen
„Voraussetzung", die keinen Bedingungen als ihren eigenen unterliegt.
Das Skandalon des christlichen Schöpfungsglaubens wird aber weniger
darin zu suchen sein, daß hier überhaupt mit einer solchen höchsten
Ursprungs- oder Schöpfermacht gerechnet wird − als ob nicht jede
Religion ihren „Urheber" und jede Philosophie einen letzten Welten-
grund kennen, suchen oder erahnen würde − als vielmehr darin, daß es
der **Bundesgott Israels** ist, dem alle diese hohen und höchsten Attribute
zugelegt worden sind. Es ist der Gott Abrahams, Isaaks und Jakobs,
der Gott vom Sinai und gerade der Gott des exilierten Israels, von dem
das Alte Testament dies und nicht weniger behauptet hat, derselbe,
den Jesus „Vater" nennt!

Es versteht sich nun, wenn sich gegen solche „Lehre" Protest erhebt und
wohl auch erheben muß, und zwar gerade im Namen der menschlichen
Vernunft und Wissenschaft, im Namen der Selbstbestimmung und des
„Selbstverständnisses" des modernen Menschen, im Namen der Humanität.
Er erhebt sich gegen die biblische Offenbarung wie gegen das Phänomen
von „Offenbarung" überhaupt. Denn vom Standpunkt der Humanität erscheint „Offenbarung" als ein Mythos bzw. als ein religionsgeschichtliches
Phänomen, das rationales Denken nicht ermöglicht, sondern verunmöglicht, und Autonomie nicht freisetzt, sondern beschränkt. Das moderne na-
turwissenschaftliche Denken wie das bürgerliche Selbstbewußtsein überhaupt verstehen sich dagegen im *„Ausgang des Menschen aus seiner selbst-
verschuldeten Unmündigkeit"* (Kant., S. 9) in der Emanzipation aus theo-

logischer Bevormundung, im Protest gegen ein religiös-christliches Weltbild, das sich in „Offenbarung" legitimiert.

Solchen Protest bekam Barth zu hören, aber nicht nur von außerhalb seines theologischen Freundeskreises, sondern aus den Reihen der „dialektischen Theologie" selbst. Dieser Protest, im Namen des modernen Menschen erhoben, läßt sich, stark vereinfacht, auf folgenden vorläufigen Nennei bringen: Wenn es denn, so hören wir, in der „Offenbarung", wie auch Barth meint, nicht um Religion und Mythos, sondern um eine redliche und existenzielle, um eine menschliche Erkenntnis und „Selbsterkenntnis" geht, wenn es diese menschliche Wirklichkeit selbst und nicht eine „überweltliche" Wirklichkeit ist, um die es hier „eigentlich" geht, ja − dann laßt uns den Spieß doch endlich umdrehen! Laßt uns uns selbst erkennen (in all unserem Widerspruch zu unseren Nächsten und zu uns selbst), dann erkennen wir „Gott"! Laßt uns das „Leben" bejahen (in all seinen Tief- und Höhepunkten), dann leben wir aus „Gott" und der Auferstehung der Toten! Laßt uns unseren „Nächsten" lieben, so lieben wir „Gott"! Und laßt uns endlich − analytisch-praktisch − in die Erfahrungen und Grundbefindlichkeiten der menschlichen „Existenz" eintreten, dann wird der Raum frei für „Gott"!

Aber dieser Umkehrung oder Umstülpung der theologischen Fragestellung in christlichen „Humanismus" oder „Existenzialismus" hat Barth entschieden gewehrt. Dagegen hat er seine „dogmatische" Denkform bzw. seine umfängliche Dogmatik überhaupt ins Feld geführt. Es ist dies aber ein Angriff, den Barth nicht nur gegen diese späten Ausläufer, sondern gegen eine ganze theologische Tradition führt, die, wie er im Vorwort zur CD sagt, „seit mindestens 200 Jahren" den modernen Protestantismus beherrscht (CD, S. VII). Sie geht in einzelnen Aspekten bis auf Luther und die Reformation zurück, sie ist aber entscheidend die Theologie des „bürgerlichen" Menschen und Zeitalters mit seinem eigentümlichen Geschichtsbewußtsein.

Bezeichnend für diese Epoche, die für Barth mit dem 18. Jahrhundert anhebt, ist der Versuch, das Problem der Theologie zu „humanisieren". Dabei ging es „1. um seine Verstaatlichung, 2. um seine Verbürgerlichung oder Moralisierung, 3. um seine Verwissenschaftlichung oder Philosophierung, 4. um seine Individualisierung oder Verinnerlichung". (Prot. Theol., S. 7f).

Barth exemplifiziert ad 1.) auf den „politischen Absolutismus" auch in seiner „aufgeklärten Gestalt" (S. 65ff), ad 2.) auf die durch seine „Besitzes- und Standesinteressen" bedingte „Lebensauffassung und Moral" des aufstrebenden „Bürgertums" (S. 73ff), ad 3.) auf das dort sich durchsetzende Verlangen nach einem „natürlichen" und „vernünftigen Christentum" in Gestalt des „Rationalismus" (S. 81ff), ad 4.) entscheidend auf die „pietistische" Gestalt dieses Christentums

264 Widerstehende Theologie

(S. 93ff). Wie auch immer: „*das eigentlich sachliche Anliegen der im
18. Jh. einsetzenden modernen Bibel- und Dogmenkritik* . . . *ist primär eine Angelegenheit des Bürgertums, das nicht ohne Christentum
sein möchte, das alte Christentum als allzu unbürgerlich empfindet
und darum an allen Ecken und Enden anders haben möchte, damit es
ihm zugänglich, d.h. selber bürgerlich werde.*" (S. 87).

Es ist klar, daß dieser theologischen Tradition nicht nur die Bibelautorität
und nicht nur das überlieferte kirchliche Dogma, sondern entscheidend
auch die besondere Geschichtlichkeit der Offenbarung selber anstößig werden mußte. Sie wollte die Wahrheit der Offenbarung durchaus „more geo-
metrico", d.h. in Form der allgemeinen Vernunftwahrheit demonstriert bekommen.

*„Zufällige Geschichtswahrheiten können der Beweis von notwendigen
Vernunftswahrheiten nie werden"* (Lessing, zit. Prot. Theol., S. 211).

So hat sie damit angefangen, daß sie die Offenbarung als geschichtliches
Ereignis entweder frischweg geleugnet oder aber ihrem eigenen Verständnis
von „Geschichte" subsumiert und alsdann als „Mythus" gedeutet hat. Sie
ist darum das großangelegte – und sicher auch eindrucksvolle – Unternehmen dieses Zeitalters, nicht länger den Menschen „von Gott her", sondern
Gott und seine Offenbarung „**vom Menschen her**" bzw. aus einem Allge-
meinverständnis von „Geschichte" heraus zu verstehen.

Sollte der Offenbarungsglaube Israels und der Urgemeinde vielleicht
so etwas wie ein notwendiges **Stadium** der allgemeinen Geschichte: in
der „Erziehung des Menschengeschlechtes" (Lessing), im Prozeß der
„Aufklärung" (Kant), in der Entfaltung, Entfremdung und Selbstverwirklichung des „absoluten Geistes" (Hegel) sein? Sollte vielleicht
doch Joachim von Fiore mit seiner Vision von den **drei Zeitaltern** des
Vaters, Sohnes und Geistes im Recht gewesen sein? Sollte also das
„**dritte Reich**" des Geistes und der Aufklärung, eines „christlichen
Staates" oder sogar einer „christlichen Welt", d.h. eines undogmatisch
säkularen Christentums angebrochen sein (R. Rothe)? Sollten wir nicht
erkennen müssen, daß die Zeit eines besonderen Israels zuende gegangen und abgetan sei, daß die Fortexistenz eines unbußfertigen **Judentums** doch nur auf einem sträflichen Irrtum beruhen könne? Sollte
nicht vielmehr die Geschichte im Allgemeinen das Thema der Theologie sein: als Enthüllung oder Erfüllung oder doch Erfüllungsgehilfin
eines bis anhin verborgenen Heilsplanes göttlicher Vernunft? Sollte
nicht die **Geschichte** die Offenbarung sein? – Das sind die Fragen und
Antworten des 18. und 19. Jahrhunderts, die offenbar auch in der
Theologie des 20. Jhs. noch keineswegs ad acta gelegt sind. (Vgl.
Barths Kommentare zu Lessing, Kant, Hegel etc. in der Prot. Theol.!)

Es ist deutlich: auf dieser Linie sind etwa auch **Feuerbach** und **Marx** nur die konsequenten Erben dieses Zeitalters, wenn sie die „Religionskritik" bis an ihr „Ende" führten, um den Gott Hegels endgültig in die enthüllende Kraft der „dialektischen Methode", in die Geschichte und „Ökonomie" der zu ihrem Selbstbewußtsein erwachenden „Gattung Mensch" zu überführen. Hegel hatte ihnen dazu – wohl unter dem heftigen Protest Kierkegaards – auf der ganzen Linie den nötigen Kredit gegeben. So ist aber der Affront des modernen Protestantismus gegen den „Marxismus" und seine Religionskritik für Barth nicht nur unglaubwürdig, sondern – auf diesem Boden – unberechtigt und, für das weitere Publikum, irreführend. Das Erbe jener „Religion", die man dem Marxismus gegenüber zu verteidigen müssen wähnte, stand unter dem selben Vorzeichen. War hier der Gott der Offenbarung mit Recht in den Verdacht geraten, mit dem „Nichts" in nur all zu enger logischer (oder ontologischer) Verwandtschaft zu existieren, was wollte man dann gegen Marx – aber was gegen Darwin, Nietzsche, Overbeck oder auch Heidegger sagen? Daß man sein Haupt nun vor dem **Marxismus** verhüllte (als ob er das „crimen laesae Majestatis" begangen habe), daß man sich – angesichts der Schrecken der Revolution Hegels schnell überdrüssig geworden – nun in die „inneren Provinzen" des menschlichen Daseins zurückzog, daß man die Wahrheit bald nur noch beim „Einzelnen" suchen wollte und darum einfach **aufhörte**, nach der dialektischen Wahrheit im Ganzen zu fragen – damit konnte man den Hals tatsächlich nicht mehr aus der Schlinge ziehen.

So mußte sich Barth aber auch angesichts seiner nächsten theologischen Freunde fragen, ob auch ihr Anliegen in der Fortsetzung dieser selben Linie zu verstehen sei: als „spätbürgerliche Ideologie"? Kein Zweifel, daß eine solche Frage auch an Barths „dialektische Theologie" zu richten sein könnte. Aber das ist nun deutlich: Barths vermeintlich „unzeitgemäße" Dogmatik – gerade indem sie *„die Besonderheit des Offenbarungsglaubens der allgemeinen Geschichte des Christentums zu entreißen suchte"* (Rendtorff 1966, S. 9) – steht in einem höchst brisanten zeitgeschichtlichen Zusammenhang. Sie läßt sich nicht anders darlegen und verstehen, als in der zeitbedingt „dialektischen" Auseinandersetzung auch mit seinen Freunden, als da, wo Barth seine Begriffe – vom „Wort Gottes", von der „Offenbarung" – polemisch geschärft und zugespitzt hat. Aber auch dafür brauchte er „Zeit"!

1.3 Auseinandersetzung mit Gogarten (Lange)

Ich beschränke mich hier auf die Auseinandersetzung, die Barth „zwischen den Zeiten" mit seinen dialektischen Freunden geführt hat. Es kann Barths „dialektische Theologie" nicht zu verstehen sein, wenn nicht in der Weise, in der sie dialogisch auf jene andere Theologie und ihre Fragen rückbezogen ist. Die Lage ist für den Interpreten insofern schwierig, als sich ja ohne Zweifel in jeder Hinsicht starke formale und

sprachliche Parallelen und gegenseitige Einflußnahmen feststellen lassen. Dagegen sahen Bultmann und Gogarten bei Barth die Gefahren
einer „ungeklärten Begrifflichkeit" und der „idealistischen Spekulation", des Mythologisierens und der „alten Ontologie" in Folge des Ver-
zichtes auf kritische philosophische und anthropologische Reflexion
(vgl. B.-B., S. 80f). Daß Barth sich gegenüber solchen Einwänden weithin taub gestellt hat, ja Angebote zu klärenden Gesprächen immer
wieder ausschlug, konnte dann nur noch eine psychologische Erklärung
finden!

Auch ein Vergleich, wie ihn P. Lange (Konkrete Theologie? K. Barth
und F. Gogarten ‚Zwischen den Zeiten' 1922 − 1933, Zürich 1972)
auf vor allem existenzialtheologischer Ebene angestellt hat, wird darum
nur ein mehr oder minder ausgewogenes Ganzes von Gemeinsamkeit
und Differenzen, Vorzügen und Nachteilen, Mißverständnissen und
Unverständlichkeiten (bis hin zum politischen „Lapsus" von Gogarten)
erbringen. Lange möchte dabei bewußt vom politischen Hintergrund
abheben, um das darob in Vergessenheit geratene theologische Gespräch wieder aufzunehmen. Lange gibt an, daß sein Buch vor allem
durch Gogartens „Gericht oder Skepsis. Eine Streitschaft gegen K.
Barth", (1937) angeregt sei, die bei ihm „wie eine Bombe" eingeschlagen habe (Lange, S. 24). Er fragt, ob Gogarten nicht auch da noch
theologisch hätte Gehör finden müssen, wo er politisch sich längst im
Irrtum befand. Er möchte die psychologischen Verhärtungen und
„Komplexe" aufweichen, die sich infolge des „Bruches" zwischen
Barth und Gogarten auch bei deren Schüler eingenistet haben. (eb.)
Und er scheint nicht zuletzt beunruhigt durch J. Kahls Bilanz über
„Das Elend des Christentums", der als Schüler Gogartens − ähnlich
wie H. Braun im Gefolge Bultmanns! − radikale Folgerungen im Sinne
eines „Humanismus ohne Gott" gezogen hat. Handelt es sich um eine
nachträgliche Bestätigung des Barthschen Verdiktes? Lange möchte
mindestens zeigen, daß Kahl nicht in der Konsequenz der Theologie
Gogartens liegt, weil sein Versuch, Gogartens „Lehre von Ich und Du
aus ihrem Zusammenhang mit der Christologie zu lösen", den „Nerv"
dieser Theologie „völlig verfehlt" (S. 337) [2]. In dieser Stoßrichtung
möchte Lange Gogarten rehabilitieren als Vertreter auch einer „theologischen" − bzw. „christologischen" − „Anthropologie". Barth und
Gogarten scheinen darin ihren gemeinsamen Nenner zu finden, daß
beide sich bemühten, das Verhältnis von Gott und Mensch „konkret"
zu denken, − und das sei schließlich „nicht eine Sache von Begriffen,
nicht eine Sache der Methode des Denkens, sondern eine Frage des
Miteinander-Bleibens auf dem Weg der Liebe Gottes. Abstrakt ist jedes

[2] Vgl. J. Kahls Dissertation, Philosophie und Christologie im Denken F. Gogartens,
Marburg 1967.

*Reden von Gott und vom Menschen, das nicht ,in der Liebe Christi'
geschieht"* (S. 306). Barth hätte demnach das Gespräch mit Gogarten
nicht abbrechen und nicht alle Türen zu ihm hin zuschlagen dürfen.

Die Frage ist nur, wann und wo, auf welche Weise und unter welchen
„Voraussetzungen" dieses Gespräch sinnvollerweise geführt werden
kann — die Frage ist, ob in der Unnachgiebigkeit Barths, die Diskussion nur unter bestimmten Voraussetzungen zu führen, nur persönliche Arroganz oder auch eine theologische Sachlichkeit zu entdecken
ist. Die Frage ist, ob uns jene „Liebe" zu Gebote steht, die — über das
uns jederzeit zu Gebote stehende menschliche Wohlwollen hinaus —
allezeit barmherzig und gerecht ist. Es dürfte aber neben dem Gesichtspunkt der Liebe mindestens noch den Gesichtspunkt des Glaubens
und der Hoffnung (!) geben — und es dürften nun in der **Differenz von
Barth und Gogarten** mindestens drei Vermittlungsebenen zu sehen
sein, auf denen diese beiden „Kirchenväter" des 20. Jhs. sich verstanden — und eben offenbar mißverstanden haben.

1.) **Die politische Ebene:** Gegenüber Bultmann gibt Barth nachträglich zu,
daß sein Mißtrauen gegen Gogarten vor allem politisch motiviert war
(B.-B., S. 152f). Worauf es ihm ankam, sagte Barth schon 1930 deutlich mit dem Satz, daß er im Ernstfall *„immer noch lieber mit den Religiös-Sozialen in die Hölle als in den Himmel kommen* (wolle), *in dem
es einem beschieden sein wird, von Ewigkeit zu Ewigkeit in seinen
,Stand' gebannt, das einem schöpfungsmäßig verordnete ,Du' anzustar-
ren und diesen Zustand dann noch für Erlösung halten zu müssen"*
(B.-B., S. 101f). Barth nimmt Gogartens „Schöpfungsordnungen" aufs
Korn, die einer anthropologischen Festschreibung von bestimmten gesellschaftlichen Verhältnissen gleichkommen — und ihnen gegenüber
verteidigt er den Primat und den politischen Gehalt der Christologie.
Freilich hatte Gogarten recht, wenn er sagte, daß *„nach Barths eigener
Aussage nicht so sehr die äußere Tatsache, daß ich mich im Spätsom-
mer 1933 kirchenpolitisch auf die Seite der ,Deutschen Christen'
stellte, als vielmehr meine Zustimmung zu dem Stapelschen Satz, daß
das Gesetz Gottes uns in unserem Volkstum gegeben sei"*, der „*Grund*"
für Barths „*Beschuldigung*" und Abschied von zwischen den Zeiten
war (Anf. II/332). Aber dieser Stapelsche Satz war nun in actu ein
eminent politischer Satz, der die grundsätzliche Zustimmung zum Nationalsozialismus enthielt, dem im Namen des christlichen Bekenntnisses energisch zu widersprechen war. Hat Barth nun darum ein politisches Urteil in einem theologischen Argument „verkleidet"? Es gibt
keine Anzeichen dafür, daß für Barth das theologische Argument —
gegenüber den politischen Irrtümern, die jedem Christen in diesen Jahren unterlaufen konnten — nicht das Ausschlaggebende war. Aber das
theologische Urteil war zweifellos politisch reflektiert, und es hatte
nun selbstredend auch einen „politischen" bzw. kirchenpolitischen

Charakter, so daß es nun „politische" Gründe waren, die Barth daran
hinderten, das Gespräch mit Gogarten – als wäre nichts geschehen –
weiterzuführen. So ist aber beides gleichbedeutend für Karl Barth:
– daß in seinem theologischen Urteilen immer auch **politische** Erwägungen, Urteile oder auch Vor-Urteile (!) eine Rolle spielten
– daß Barth diese Erwägungen aber entscheidend **theologisch** zur
Sprache bringen bzw. „dogmatisch" überprüfen und begründen wollte.
Barth hat sich dabei, was sein persönliches politisches Urteil betraf,
eine enorme Zurückhaltung auferlegen können. Aber nun ist es gar
nicht zu übersehen: Von Anfang an kämpfte Barth um den **Primat der
Christologie** als dem einzigen Maßstab und Kriterium auch der politischen Existenz von Kirche. Es handelt sich um den für die Kirche
schlechthin lebensnotwendigen Primat des gekreuzigten und auferstandenen Menschen Jesus vor jeglicher anderweitigen „Definition" und –
weltanschaulicher, ideologischer, mythologischer oder rassistischer –
Bestimmung des Menschenwesens. In diesem Zusammenhang lautete
Barths Vorwurf gegen Gogarten, Bultmann etc. gar nicht nur dahingehend, daß sie ihrer Anthropologie eine unechte oder falsche „theologische Begründung" gegeben hätten, sondern dahingehend, daß sie
überhaupt entscheidend und vor allem anderen an einer „Anthropologie" interessiert waren!

2.) Die „anthropologischen Prolegomena": Barth hat sich Gogarten (und
Bultmann) gegenüber insofern immer schon „ideologiekritisch" verhalten, als er gar nicht auf die immanenten „theologischen Begründungen" ihrer Anthropologie eintrat, sondern sich auf das Faktum einer
anthropologischen Grundorientierung überhaupt bezog. Dies liegt
m.E. auf der Hand, erklärt aber auch, warum zwischen diesen „Häup-
tern" der dialektischen Theologie so viel aneinander-vorbei-geredet
worden ist! Aber eben: handle es sich um Bultmann oder H. Braun,
Gogarten oder J. Kahl, handle es sich also um einen „theologisch"
noch so subtil begründeten Humanismus und Existenzialismus „mit
Gott" oder um kaltschnäuzigen Humanismus „ohne Gott" (bzw.
Atheismus) – für Barth war entscheidend, daß das Eine die Folge des
Anderen sein konnte, weil es sich in jedem Fall um „Humanismus"
handelte, nicht darum, nun endlich von „Gott" zu reden, sondern darum, einmal mehr „*in erhöhtem Ton vom Menschen zu reden*" (Anf./
205). Das haben diese Theologen mit Schleiermacher, das haben sie
mit der ganzen Theologie des 18. und 19. Jahrhunderts gemein! Und
darin sind sie einem **Feuerbach** für Barth nicht überlegen, sondern eher
noch im Rückstand – von Marx gar nicht zu reden. Barth spricht hier
aus einem weiten ideologiekritischen (und gesellschaftskritischen)
Kontext heraus – in dessen Ignorierung es aber für P. Lange unverständlich bleiben muß, wieso Barth Gogarten „*in die Nähe Feuerbachs*"
rücken konnte (Lange, S. 250).

„Barths – wie er selbst zugeben muß – nicht sehr überzeugender Versuch (in KD I/1, S. 128ff), *Gogartens Forderung einer ‚eigentlichen Anthropologie' im Sinne jener (von Gogarten ausdrücklich abgelehnten) neuprotestantischen Prolegomena zu interpretieren als Forderung einer von einer zünftigen ‚natürlichen Theologie' (S. 134) kaum mehr zu unterscheidenden Lehre von einer der Offenbarung in Jesus Christus vorangehenden Schöpfungsoffenbarung (vgl. S. 133) . . . – dieser Versuch Barths ist durchaus unangebracht. Es ist schwer, einzusehen, weshalb Barth ihn gemacht hat . . . "* (Lange, S. 253f). Dies ist in der Tat schwer einzusehen, wenn man Barths ideologiekritischen Vorbehalt gegen Gogartens „Schöpfungsordnungen" – und die politischen Folgen, die sich daraus tatsächlich ergeben haben! – nicht zur Kenntnis nehmen will. Aber Barth war formal und sachlich insofern in einer schwierigen Lage, als es ihm Gogarten **nicht gerade leicht gemacht** hat, sein ideologiekritisches Bedenken an Gogartens theologischen Äußerungen zu verifizieren! Gogarten ist nicht Feuerbach – und immer wieder konnte Barth seine Bedenken nur „indirekt", dogmatisch und theologiegeschichtlich zum Vortrag bringen. Gewiß war der gesamte denkerische Habitus Gogartens für Barth schwer verständlich – aber immer auch mußte er sich fragen, ob Gogarten an seinem guten Ende – im Sinne des getrennt Marschierens und gemeinsam Schlagens! – nicht doch auf dieselbe Sache hinauswolle. Hat nicht auch Gogarten, wie Lange beteuert, im selben „*theologischen Zirkel"* gedacht (S. 253)? Hat nicht auch er den Kampf gegen die „Religion", den „Kulturprotestantismus", den „Historismus" geführt? *„Die Offenbarung Gottes in Jesus Christus schließt auch für Gogarten aus, ‚daß es vom Menschen aus irgendwelche Möglichkeiten zu Gott hin gibt'. Gerade die ‚Religion' als die in den Prolegomena neuprotestantischer Dogmatiken behandelte Voraussetzung der eigentlichen Theologie, die ‚Religion' als die angebliche ‚natürliche Fähigkeit des Menschen, Gott zu erkennen', hat nach Gogarten keinen Platz in der Dogmatik. Die anthropologischen Prolegomena, wie Gogarten sie sich vorstellt, sollten zu nichts anderem dienen, als dazu, jenem neuprotestantischen Thema seinen Platz in der Theologie streitig zu machen"* (S. 253). Formaliter ist hier kein Einwand möglich, es sei denn eben dahingehend, daß Gogarten mit dieser seiner unstrittigen Absicht doch gerade materialiter nicht wirklichen Ernst gemacht hat – nun gerade im eigentlichen **Fortgang** des gesamten Unternehmens merkwürdig stecken geblieben ist. [3] Hier ist vor allem Gogartens Verhältnis zu dem kritischen Philosophen **Griesebach** zu nennen, der in den Zwanziger Jahren die theologischen Gemüter erhitzte (vgl. Lange S. 95-147) – das für Barth, je länger je mehr, in den Verdacht geriet, daß es Gogarten hier darum ginge, mit

---

3) „Wenn er doch . . . die Gnade hätte, von seiner Methode des Kässtechens auf breiter Front endlich auch zum Käsen selber zu kommen!" (B.-Th. II/688).

dem Philosophen zusammen „*eine gemeinsame Plattform*" zu finden (KD I/1, S. 135), darum, daß einmal mehr „*der Mensch*" die eigentliche „*Drehscheibe*" sei, auf der sich Theologie wie Philosophie bewegt (S. 134). Aber auch diesen Verdacht weist Lange zurück. Er will das ganze Kapitel von Gogartens Beschäftigung mit Griesebach als einen „*kriegerischen Ausfall in die Gefilde philosophischer Anthropologie*" verstehen (Lange, S. 255). Gogartens Lehre von „*Du und Ich*" (S. 112ff), sein geschichtsphilosophischer Hintergrund, etc. wird mit dem Satz abgetan: „*Die Absicht beider Theologen ist also dieselbe*" (S. 257). Beide bemühten sich also um das Verständnis Gottes im Verhältnis „*zum Menschen*"! Beide dachten sie in einem „*Zirkel*", der es „*nicht zuläßt, Gott ,isoliert' vom Menschen zu denken. Wer also wirklich von Gott aus denkt, denkt damit auch schon vom Menschen aus, der seinerseits infolge der Offenbarung Gottes nicht von Gott ,isoliert' zu denken ist*" (S. 253). Hier scheint „*völlige Übereinstimmung*" zu sein (eb.), wenn auch Lange zugeben muß, „*daß Gogarten methodisch gesehen die Denkbewegung in jenem Zirkel auch umkehren kann*" (S. 252). „*Die Differenz könnte etwa folgendermaßen formuliert werden: Barth beschränkt sich darauf, innerhalb der gerade geläufigen, sei es traditionellen, sei es modernen Begrifflichkeit Raum zu schaffen für die Aktion des Wortes Gottes . . . Gogarten dagegen möchte den Kampf, der hier zu führen ist, (im Dienste Gottes) selber vorantreiben, indem er die Begriffe, in denen das eigensinnige Selbstverständnis des Menschen sich artikuliert, in methodischer Voruntersuchung kritisch zu analysieren versucht, mit dem Zweck, dem Menschen, der jene Begriffe konzipiert (d.h. immer zuerst sich selbst), seine ,Sicherheit' zu nehmen und ihn so instandzusetzen (! PW), das Wort Gottes zu verstehen*" (S. 256f). Hier sieht aber auch Lange, daß Barth ein „*nicht unberechtigtes Bedenken*" (S. 257) hatte, als er bemerkte, daß „*dem Verständnis des Menschen*" bei Gogarten „*ein Vorsprung vor dem Verständnis Gottes zugeschrieben*" sei (KD I/1, S. 133). Freilich meint Lange, daß der „*Impuls zu dieser Umkehrung*" auch bei Gogarten „*immer vom Wort Gottes herkommt*" — aber eben: genau an dieser Stelle hat Barth, noch durchaus freundschaftlich-kritisch, einhaken wollen. Der von ihm in KD I/1 inkriminierte Satz Gogartens lautet: „*es gibt kein Verständnis des Menschen ohne das Verständnis Gottes; aber . . . diesen Gott kann ich wiederum nicht verstehen, ohne schon den Menschen zu verstehen*" (KD I/1, S. 132). Dieses „ohne schon" ist es, woran Barth seinen Widerspruch formaliter festmachen kann.

Und in der Tat: Zu recht bemerkt Lange, daß Gogarten diesen Satz nicht wiederum „*umkehren*" kann. Was Barth zweifellos hätte sagen können und wollen, nämlich, daß ich „*den Menschen nicht verstehen (kann), ohne schon Gott zu verstehen*" — „*das kann Gogarten nicht sagen!*" (Lange, S. 252).

Die kirchlich-politische Ebene: Aber worum handelt es sich in diesem Streit? Um typischen Theologenstreit, um die „rabies theologorum", die offenbar auch vor einzelnen Wortfetzen nicht Halt machen kann oder will — die aber für das weitere interessierte Publikum ohne jedes Interesse sein dürfte? Die Konsequenzen dieser unscheinbaren „formalen" Differenz sind materialiter enorm. Sie hat Barth gemeint, als er in der „Theologischen Existenz heute" 1933 die für manches Ohr horrible These aussprach: *„Die Kirche hat überhaupt nicht den Menschen und also auch nicht dem deutschen Volk zu dienen. Die deutsche evangelische Kirche ist die Kirche für das deutsche evangelische Volk. Sie dient aber allein dem Worte Gottes. Es ist Gottes Wille und Werk, wenn durch sein Wort den Menschen und also auch dem deutschen Volk gedient wird".* Und: Die Kirche *„verkündigt es auch im Dritten Reich, aber nicht unter ihm und nicht in seinem Geiste"* (Barth 1933a, S.24). In diesem Zusammenhang meint die hervorgehobene These, daß es „*Gottes Wille und Werk"* sei, wenn sein Wort den Menschen, und also auch den „heutigen Menschen" erreicht. Aber eben: Wer ist „der Mensch", um dessen Verständnis sich Gogarten zeit seines Lebens bemühte? Die Festlegung auf diese oder jene „Anthropologie" könnte vereiteln, daß dieser Mensch überhaupt in seiner Vielfalt und steten Verschiedenheit — auch in den je äußeren Bedingungen seines gesellschaftlichen Daseins — theologisch auf den Plan treten kann. Die Eingrenzung des menschlichen „Wesens" auf diese oder jene anthropologische Grundbestimmung (warum dann nicht auch: Art, Herkunft, Stand, Rasse etc.?) könnte vereiteln, daß „der Mensch" als (noch undefinierter) Adressat und **Ansprechpartner** des „Wortes Gottes" in der diesem entsprechenden geschichtlichen Konkretion in Blick kommt. Aber auch gerade die unaufgebbare Dialektik von „Du und Ich", die Gogarten zum Grundpunkt seines theologischen Verständnisses machte — in der er alle idealistischen Bestimmungen des Menschseins ideologiekritisch meinte unterlaufen zu können! — ist bei ihm in die autoritäre Lehre von den „Ordnungen wie Ehe, Familie, Beruf, Staat" umgeschlagen, die *„ohne Autorität und Gehorsam, ohne Gewalt und Zwang schlechthin unmöglich"* seien (Gogarten 1930, S. 9). Aber diese Möglichkeit, daß die Christologie von irgendeiner Anthropologie (oder „Schöpfungsordnung") funktional abhängig wird, das ist das „posse", das Barth bei Gogarten wie Bultmann von Anfang an wahrgenommen hat (B.-B., S. 153). Aber das „Wort Gottes" wählt seine Adressaten nicht nur, es konstituiert sie ohne Vorbedingung, es ist gerade darin unbedingt „frei". Es kann sich weder an den Ideal-Typus des zivilisierten Menschen, es kann sich auch nicht an die darwinistischen Selektionsprinzipien des Nationalsozialismus halten. Es kann gerade in einer allgemeinen „Lehre" vom Menschen (d.h. Anthropologie) nicht zur Sprache gebracht werden, weil es die in keiner Kategorie zu erfassenden **„wirklichen Menschen"** sind (Feuerbach), die vom Wort Gottes direkt und unvermittelt angeredet (und zum Glauben befähigt) werden. Es ist deutlich: Barth spricht von der Kirche bzw. von der höchsten Konkretion der **christlichen Gemeinde** her, in der sich die arme Menschheit aller Herkunft sammelt. Nicht „der Mensch" im Allgemeinen, „der Mensch" im Besonderen: der Mit-Mensch Jesu Christi: „Jesus Christus" selber ist das Thema der Barthschen Theologie. Er ist Gottes Partner, Ansprechpartner und Bundesgenosse, er — und hier kommt virtuell jeder Mensch, alle Menschheit in Betracht — der ureigene Adressat des Wortes Gottes. Ja, auch hier stellt sich dann die Frage, wie dieses Wort Gottes dann auch „von unten her", d.h. von diesen Menschen her verstanden werden kann — und tatsächlich erfolgt Barths eigentliche Entgegnung auf Gogarten wohl erst in KD II/1, wo die „*Bereitschaft des Menschen*" zur Gotteserkenntnis verhandelt wird (KD II/1, S. 141ff). Aber täuschen wir uns nicht: Barths Christologie ist von Anfang an „von unten her", nur eben: **vom Menschen Jesus her** aufgebaut! Möchte Barth von Gogarten vielleicht noch Etliches zu lernen gehabt haben — dennoch: „*Nicht nur die exegetische Bemühung um die Bibel, sondern auch die systematische Besinnung über Ort und die Funktion der Bibel in der nach dem Wort Gottes fragenden Kirche beansprucht bei Barth viel mehr Raum als bei Gogarten*" (Lange, S. 23)! Die materialen Konsequenzen dieses Unterschiedes hat Lange nicht ausgeführt. Und sollte Gogarten nach 1945 doch so etwas wie der heimliche Kirchenvater des 20. Jahrhunderts (einschließlich der „politischen Theologie"!) geworden sein, so wird er doch schwerlich ein guter Kirchenvater sein (vgl. II, 6.3).

1.4 Der Gott der „Offenbarung"

Was ist nun der eigentliche Gegenstand dieser Auseinandersetzung „zwischen den Zeiten"? Es geht Barth von Anfang an um bestimmte Offenbarung, nämlich des Gottes Israels und der Väter, aber um die Frage, ob uns dieser Gott „*erkennbar*" oder nicht vielmehr unerkennbar sei — ob er nun eben ein möglicher und wirklicher „*Gegenstand*" menschlicher Erkenntnis oder nicht vielmehr kein solcher „Gegenstand" (also auch kein Gegenstand christlichen Redens und Handelns) sei (KD I/1, S. 250). Es wäre also das „allgemeine" Problem von Offenbarung denkbar ungeeignet, um den Gegensatz zwischen Barth und seinen Freunden zur Darstellung zu bringen, sofern sich ja alle diese Theologen mit Barth auf die biblische „Offenbarung" berufen, und es geht nun sogleich um die Frage: inwiefern ist diese Offenbarung nun wirklich Offenbarung Gottes und nicht vielmehr Mythus, bzw. „Illusion"? Aber um dies zu verstehen, müssen wir zunächst auch das Allgemeine rekapitulieren: Ist die Offenbarung **wirkliche** Offenbarung Gottes, dann muß sie es zweifellos auch im „allgemeinen" Feld der Geschichte, dann muß sie es zwangsläufig auch im Feld der sog. „Religionsgeschichte" und Religionsphilosophie sein. Dann wird es also mindestens **möglich** sein, daß man sie daselbst zum Gegenstand auch einer phänomenologischen oder vergleichenden Betrachtung oder religionsphilosophischen Spekulation erhebt. Dann **kann** man sich darüber streiten, ob diese Offenbarung unter allen anderen Offenbarungen nun auch die beste und einleuchtendste oder gar: die absolute Offenbarung des absoluten, einzigen Gottes ist! Dann erwächst ihr „Konkurrenz"!

Aber eben: man wird dann sofort feststellen müssen, daß die biblische Offenbarung auf diesem Felde jedenfalls **nicht die einzige** (und insofern nicht die „absolute") und im allgemeinen Durchschnitt vielleicht nicht einmal die außergewöhnlichste Offenbarung ist. Es mag auf diesem Feld sogar manches geschichtliche oder mythologische Phänomen geben, das als solches von weit größerem Gewicht, von größerer Tiefe oder Erhabenheit zu sein verspricht und als solches weit mehr Aufmerksamkeit auf sich zu ziehen in der Lage wäre.

Es möchte dann auch die „geschichtliche Stunde" des Jahres 1933 als ein solches Phänomen geschichtlicher „Offenbarung" verstanden werden, die ihren sogenannt „ursprungshaften" und „göttlichen" Charakter damit unter Beweis stellte, daß sie die denkbar größte Aufmerksamkeit auf sich zog und das menschliche, geschichtliche Sein in elementarer „Tiefe" erfaßte und zu wahren Stürmen der Begeisterung erhob!

Gerade faktisch ist die biblische Offenbarung nicht einzig, nicht unbestritten, nicht „absolut". Und sie ist ja auch in der Tat nicht die Offenbarung eines „absoluten", d.h. nur in sich selber ruhenden und in sich selber abgeschlossenen Seins, sondern die Selbst-Mitteilung eines sich-offenbarenden, seine ewige Ruhe und Vollkommenheit darum preisgebenden Gottes. Der Gott der Bibel ist für Barth nicht der Gott des abendländisch-christlichen „Monotheismus", dessen wahre Heimstätte dann doch eher der Islam sein dürfte, nicht der Gott der abendländischen Philosophie, kein Gott der Religion. Der offenkundige Poly-Theismus der alttestamentlichen Schriften beweist, daß auch der sog. „Monotheismus" der sog. „israelitischen Religion" eine heidnische Erfindung ist. Ja, „Gott ist Einer" (Singular, Deut. 6,4) ‑ und „an der Wahrheit des Satzes, daß Gott Einer ist, wird das Dritte Reich Adolf Hitlers zu Schanden werden" (KD II/1, S. 500) —, aber doch **der** „eine" in der „Geschichte" handelnde, der im kirchlichen Dogma „dreieinige" Gott. „Offenbarung" heißt nicht: „es gibt" irgendwo „einen Gott" und es gibt dann irgendwo auch noch eine Offenbarung und Aufklärung über diesen Gott. Es heißt: Gott „begibt" sich in unsere nur zu bekannte menschliche Wirklichkeit, er „gibt" sich damit ebensowohl der menschlichen Erkenntnis und Anerkenntnis, wie auch der Anfechtung und totalen Skepsis preis. Es heißt: *„Es begab sich aber in jenen Tagen . . .* (Luk. 2,1), und: *„Immanuel, Gott-mit-uns!"* (Jes. 7,14). In flagranter Negation des „absoluten' Gottes und seiner Religion wird hier die Menschwerdung Gottes, das heißt aber: die *„Aufhebung"* jenes Gottes wie seiner Religion (KD I/2, S. 304ff) verkündigt, ja gerade auch der sog. „christlichen Religion"!

Mit Recht bemerkt E. Jüngel: *„Barth hat seiner Trinitätslehre (1932) sachlich dieselbe Funktion zuerkannt, die in der Theologie R. Bultmanns dessen Programm der Entmythologisierung einnimmt"* (Jüngel 1976, S. 33). Die Trinitätslehre ist bei Barth das **Integral von** „**Dogmatik**" **und** „**Kritik**", d.h. auch seiner marxistisch vorgeprägten Religionskritik. In der CD, 1927, exemplifiziert Barth dabei auf Schleiermachers *„große Verwechslung"* des Gottes der Offenbarung mit dem Gott des *„Bewußtseins"* und des frommen *„Gefühls"* (CD, S. 301ff). In KD 1/2 wird generalisiert: Die Offenbarung ist die *„Aufhebung der Religion"*, wie auch die Religion die Leugnung und Aufhebung der „Offenbarung" ist. Barth zieht aber in Betracht, daß es, wie eine Rechtfertigung des Sünders, so auch eine Rechtfertigung und Begnadigung der religiösen Sünde geben kann! Religion ist immer *„Unglaube"*, Gottferne, *„Gottlosigkeit"*, aber eben: die Offenbarung gilt dem Sünder und Gottlosen in all seinem Unglauben, in all seiner Religion. So kommt es zum schwierigen, aber unvermeidlichen Begriff der *„wahren Religion"* (KD I/21, S. 356ff), die als Religion des gerechtfertigten Sünders nun aber ja nicht etwa mit der Weltreligionsgestalt des „Christentums" in eins zu setzen wäre! Es **ist** die Ablehnung des sog. *„vestigium trinitatis"*, mit welcher sich **Barth** vom Weg des abendländischen Christentums seit Augustin trennt. Diese Lehre suchte den „Anknüpfungspunkt" für die Entfaltung des Offenbarung-Begriffs in auch sonst vorfindlichen geschichtlichen Phänomenen von Einheit und Dreiheit, Dreiheit und Einheit, und wäre es nur in der Dreinigkeit von Leib, Seele und Geist. Wie „politisch" auch das gemeint war, zeigt der folgende Absatz:

„Warum sollte gerade die christliche Trinität das Ursprüngliche, das Primäre sein? Warum nicht umgekehrt? Das Primäre könnte ja auch das Trimurti oder Lehrstand-Wehrstand-Nährstand oder Gelb-Rot-Blau oder doch das Wahre, Gute und Schöne oder vielleicht – es kommt ja alles auf den Standpunkt an – vom völkischen Standpunkt aus Odin-Thor-Loki sein. Oder es könnten all diese Triaden und die christliche Trinität darunter nur Ausprägungen einer letzten verborgenen, bei Hegel in den Einzelheiten zu erfragenden oder auch unaussprechlichen Urdreieinigkeit sein"! (CD, S. 144f). Dabei bleibt auch die „Logos-Christologie" der *„wackeren Kirchenväter"* nicht verschont (eb.).

Die biblische Offenbarung ist, sowenig sie aus einem allgemeinen „Dreiakt" des Denkens oder der Geschichte zu deduzieren ist, sowenig dadurch auch zu induzieren. Und auch dann, wenn die Theologie sich zu ihrem kritischen Verständnis da oder dort (sei es bei Plato, Hegel oder Marx) bestimmte Kategorien „ausleiht", bleibt die Offenbarung selber *„kontigent"* (KD I/1, S. 348). Aber nun gibt es offenbar gar keine größere „Anfechtung" der Offenbarung, als daß das Denken sich ihrer bemächtigt, als daß sie zum Gegenstand der „Religion" gemacht wird: der feierlichen Verehrung, der erbaulichen „Erlebnisse", des ahndungsvollen Kultus bzw. der gemütserhebenden Spekulation! Durch nichts anderes wird die „Geschichtlichkeit" der Offenbarung so sehr unterstrichen wie durch dieses Faktum, in welchem der Gott der Bibel sich bis zum letzten „Mißbrauch" seines Namens in die Hände der Menschen gegeben hat. Und gewiß entgeht auch Barths Theologie nicht dem Verdacht, diese Offenbarung von neuem gefügig gemacht und domestiziert, sie irgendwelchen Interessen und Herrschaftsinteressen untergeordnet zu haben. Nur dazu bedarf es offenbar auch einer „Dogmatik" als einer „kritischen" Disziplin: um die „Gegenständlichkeit" der Offenbarung kritisch zu sichern, die „Offenbarung" von der „Offenbarungsreligion" zu unterscheiden, sie als diese zu *„beobachten"*, zu *„bewachen"*, zu *„bewahren"* (ThFuA, S. 32).

Mit diesen drei Begriffen übersetzt Barth den biblischen Begriff des *„Haltens der Gebote"* (eb.). Was soll die Theologie „tun"? Nur eben dies: die Gebote, d.h. das erste, zweite, dritte Gebot etc., „beobachten, bewachen, bewahren". Aber wie sollte Barth in diesen Jahren mit dieser Aufgabe nicht alle Hände voll zu tun gehabt haben? „Du sollst den Namen Deines Gottes nicht unnütz im Munde führen!" Dieses Gebot charakterisiert wohl am Besten, wie Barth seine Theologie „zwischen den Zeiten" verstanden wissen wollte.

1.5 Kritik am Existenzialismus mit und ohne „Gott" – zeitgeschichtlich

Diese Aufgabe stellt sich Barth nun in zeitgeschichtlicher Konkretion. Es geht ihm nicht nur um die Abwehr des allgemeinen Mißverständnisses der Offenbarung, sondern gerade im Besonderen um die Abwehr des „humanistischen" bzw. „existenzialistischen" Mißverständnisses. Der Existenzialismus ist für Barth freilich ein Derivat des allgemeineren Phänomens der Anthropologisierung in der Theologie. So ist er für ihn aber gerade nochmals der Versuch des „bürgerlichen" Menschen, seine „Absolutheit" zu behaupten. Dies kann im offenen Protest gegen alle Offenbarung und Theologie geschehen (d.h. ohne Gott) – es kann nun aber auch in Anrufung der Offenbarung, ja mit Hilfe der Theologie geschehen. So oder so entspricht es dem „Zeitgeist" auch schon der Weimarer-Republik. Der Existenzialismus ist hier als der Versuch eines menschlichen Subjektes zu begreifen, das sich aus aller überkommenen Abhängigkeit befreien, auch gerade die Herrschaft der abstrakten Vernunft abwerfen möchte, um sich selber und nur sich selber zu artikulieren bzw. Herr des eigenen Schicksals zu sein.

Dies ist eine behelfsmäßige und anfechtbare Umschreibung eines Phänomens, das sich seit dem 1. Weltkrieg keineswegs einheitlich und geradlinige, sondern widersprüchlich und vielschichtig, bald konservativ und neu-konservativ (Deutschland), bald auch progessiv (Frankreich), bald theologisch, bald untheologisch, bald fachphilosophisch, bald populär, individualistisch oder auch kollektivistisch in Westeuropa Geltung verschafft hat. In der marxistischen Diskussion wird es vor allem als ideologische Ausdrucksform der sozialen und politischen Verunsicherung vorwiegend von intellektuellen und kleinbürgerlichen Schichten, als ein spätes Produkt darum der Krise der „bürgerlichen Gesellschaft" rezipiert. Nicht von ungefähr ist es gerade auch und wiederum in der Studentenbewegung der 60er Jahre zutage getreten! Inwiefern es sich aber um eine typische Bewußtseinsform der spätbürgerlichen Gesellschaft handelt, erläuterte **Bultmann** 1952 gegenüber Barth folgendermaßen:

„Der Mensch lebt durchwegs in dem von der objektivierenden Wissenschaft entworfenen Weltbild; es ist ihm aber mehr und mehr zum Bewußtsein gekommen . . . , daß er seine eigene Existenz nicht aus jenem Weltbild verstehen kann. Das russische Experiment, das gleichwohl und in radikaler Konsequenz zu tun, offenbart eben in seinen Konsequenzen dem ‚westlichen‘ Menschen die Absurdität dieses Unterfangens. Der moderne Mensch, der für seine Arbeit das Weltbild der Wissenschaft nötig hat, empfindet doch immer stärker den Charakter seines Seins, den die Existenz-Philisophie als ‚Geschichtlichkeit‘ bezeichnet. Und darin liegt die außerordentliche Bedeutung, die dieser Philosophie heute zukommt. Für diese Philosophie ist er faktisch aufgeschlossen, weil sie ihm das Verständnis seiner selbst eröffnet. Selbstverständlich braucht es nicht Heidegger zu sein und schließlich überhaupt nicht die Fachphilosophie. Es kann ebenso die Dichtung sein . . . " (B.-B., S. 171)

Und Barth gibt zu: *„Ein bißchen existenzialistisch denken und reden wir heute alle"* (Barth 1952, S. 38). Dennoch kontert er, daß auch *„die sieghafteste Ausbreitung jener Philosophie über den ganzen Erdkreis . . . mir da nicht den geringsten Eindruck machen (könnte)"* B.-B., S. 197). Es scheint nun aber zum Wesen dieses Phänomens zu gehören, daß in bezug auf dieses sein Wesen nur mitreden kann, wer sich seinen Voraussetzungen unterwirft — und anders Gefahr läuft, eines notorischen Mißverständnisses bezichtigt zu werden. Denn das „Existenzielle" ist im Gegensatz zu allem an vorobjektivierbaren „Normen" orientierten Denken *„etwas, was unter keine außerhalb seiner selbst liegende Norm gestellt werden kann"* (Marcuse 1965a, S. 44).

Dies gilt für C. Schmitt, E. Jünger und das in ihrem Umkreis befindliche Denken der „konservativen Revolution" ebenso wie etwa für das philosophische Werk **M. Heideggers**. Alle Auseinandersetzung um dieses Werk krankt offenbar daran, daß diese Philosophie geradezu darauf angelegt scheint, bei kritischen wie unkritischen Zeitgenossen „Mißverständnisse" zu produzieren, sofern es nach Heidegger *„zum Wesen jeder echten Philosophie gehört, daß sie von ihren Zeitgenossen notwendig mißverstanden wird"* (Nietzsche I/S. 269, zit. nach Bourdieu

S. 32). So scheint diese Philosophie auch gegen jeden Vorwurf immun zu sein, der ihr einen unmittelbaren ideologischen oder politischen Zusammenhang mit dem Nationalsozialismus nachweisen möchte. Wie ist es? Haben nur jene Heidegger mißverstanden, die in seinem Gefolge dem 3. Reich gegenüber keineswegs immun geblieben sind? Hat Heidegger sich selbst mißverstanden, als er 1933 seine berühmt-berüchtigte Rektoratsrede hielt? Oder tun es nur jene Kritiker, die in ideologie-kritischer oder marxistischer Absicht immer noch nach Zusammenhängen zwischen dieser Philosophie und dem damaligen „Zeitgeist" suchen? Daß man es hier niemandem „recht machen" kann, ist das eine. Daß diese Philosophie aber zur Ideologiekritik geradezu herausfordert (und auch Barth herausgefordert hat), ist das andere. Mag es denn sein, daß die **marxistische Ideologiekritik** an dieser Stelle immer wieder zu kurz greifen und das Philosophische allzuschnell in Soziales und Ökonomisches zurückführen wird — wie kommt es aber, daß gerade diese Philosphie ihre bedeutendsten Kritiker im Marxismus bzw. in der „kritischen Theorie" gefunden hat? Nicht von ungefähr hat gerade Heidegger im Marxismus seinen heftigsten Widersacher und Reprästentanten des „Zeitgeistes" gesehen. Nicht von ungefähr ist er aber vom Marxismus auch nicht losgekommen, so wenig dieser schon von Heidegger losgekommen wäre. Denn hier wie dort geht es offenbar um dieselben Folgeprobleme, die gerade der „bürgerliche" Fortschritt und Fortschrittsglaube hinterlassen hat: um die „Ambivalenz" von Technik und Wissenschaft (Weizsäcker 1964), um die Entfremdungs- und Verdinglichungsphänomene der kapitalistischen Produktion (Goldmann), um das Auftauchen des modernen „Massenmenschen" in Arbeit und Konsum als der Folge dieser Produktion. Aber während der Marxismus nach den gesellschaftlichen Ursache-Wirkungs-Zusammenhängen in diesen Phänomenen fragt, stellt Heidegger das moderne Ursache-Wirkungs-Denken überhaupt in Frage; während der Marxismus nach einem neuen Real-Subjekt in der Geschichte Ausschau hält, versucht Heidegger die „Geschichtlichkeit" des menschlichen „Daseins" als solchem zu denken; während der Marxismus nach einer neuen Einheit von „Subjekt" und „Objekt" in der Praxis fragt, will Heidegger das Subjekt-Objekt-Schema der neuzeitlichen Philosphie im „Denken" beseitigen; während der Marxismus nun aber eine realisierbare und „objektiv", nämlich sozial und ökonomisch begründete gesellschaftliche Perspektive sucht, besinnt sich Heidegger auf den „Ursprung" der Philosophie und Metaphysik, auf die Ursprungsmächte des „Seins", der Sprache und der Tradition, auf die Verwurzelung des Denkens in Volkstum und Bauerntum. In fast allen diesen Punkten wird man zugeben, daß Heidegger mindestens ernstzunehmende **Fragen** gestellt hat. Aber es ist wiederum die Frage, ob er darauf auch **Antwort** zu geben wußte und ob etwa die Theologie gut daran tat, sich **ihre** Fragen von dorther geben zu lassen. Denn jenes unsagbar und undiskutierbar „Existenzielle" in dieser Philsophie hatte sich nun ja längst schon rea-

liter mit den Ursprungsmächten von Boden, Blut und Volk verbunden,
es existierte bereits — ob philosophisch dementiert oder nicht — in
einer politischen Frontstellung gegen links. Es richtete sich diese Philosophie gegen die linksliberale, besonders gegen die neo-kantianische
und marxistische, und in alledem doch gegen die jüdische *„Intelligenz"* (Bourdieu, S. 99). Und so geschah es auch, daß sich dieser Existenzialismus **politisch** durchzusetzen versuchte und sich durchzusetzen vermochte, und zwar in einer Weise, die allem Hohn sprach,
was in ihm philosophisch vielleicht einmal gemeint gewesen war. Nun
wurde gerade **hier** der kollektive „Massenmensch" geboren, nun hieß
es, daß der Mensch *„existenziell"* ein *„politisches"* Wesen sei! Nun
wurde die *„Autonomie des Denkens, die Objektivität und Neutralität
der Wissenschaft"* vollends als *„Irrlehre oder gar als politische Fäl-
schung des Liberalismus verworfen"* (Marcuse 1965a, S. 46). Nun war
das „Leben" wichtiger als die „Theorie", nun verkündigte man in fataler Abwandlung der marxistischen Erkenntnisse die *„Lebensbedingt-
heit, Wirklichkeitsbezogenheit, geschichtliche Bedingtheit und Stand-
ortgebundenheit aller Wissenschaft"* (eb.). Aber welcher Wirklichkeit
und Geschichte? Es zeigte sich nun, daß diesem Subjektiven ein „Objekt" fehlte, an dem es sich kritisch hätte konstituieren können, daß
es keine Kriterien mehr gab, an dem es hätte gemessen werden können, keinen „Ursprung", der die aufbrechenden Ursprungsmächte hätte in Schranken weisen können. Nun hieß es, daß man sich einfach
„entscheiden" müsse, aber nicht *„entscheiden-für . . ."*, sondern: sich-
entscheiden, handeln, Partei ergreifen *„kraft eines schicksalhaften Auf-
trags, kraft eigenen Rechts"* (S. 47). Nun gab es *„keine Sphäre des privaten und öffentlichen Daseins, keine rechtliche und rationale Instanz"*
mehr, die sich *„dieser Politisierung widersetzen konnte"* (S. 49). Der
Staat, die Führerschaft, die Gefolgschaft trat an die Stelle dessen, was
einmal existenzialistisch gemeint war. *„Der Existenzialismus"*, das ist
für H. Marcuse das Fazit, *„bricht zusammen in dem Augenblick, da
sich seine politische Theorie verwirklicht"* (S. 53). Man wird zugeben,
daß weder Heidegger noch Gogarten es philosophisch und theologisch
so gemeint haben, wie es dann wirklich geschehen ist. (Aber haben sie
sich davon jemals wirklich distanziert?) Aber sie konnten den Nationalsozialismus doch eben bejahen in dem Maße, indem sie ihn nicht
in seinen Erscheinungen aber in seinem tieferen oder höheren „Wesen", nicht in den „Auswüchsen", aber in der „Tiefe" seiner „geistigen" Voraussetzungen bejahten. Ja, man konnte eben *„hinter der Li-
turgie der Vorbeimärsche, der Faszination der Macht, den Ekstasen
des Führers"*, wie C.F. v. Weizsäcker in dankenswerter Weise offenlegt,
„eine noch unenthüllte Möglichkeit eines höheren Inhaltes spüren",
— und man konnte es gerade auch dann, wenn man zu jener *„gesellschaftlichen Schicht"* gehörte, *„der die Nazis in allen ihren Instinkten
ein Greuel sein mußte, und die gleichwohl mit ihnen zusammenarbei-
tete um der Bewahrung des Bestandes und der Hoffnung auf eine Än-*

derung willen" (Weizsäcker 1977, S. 565ff). Diese Möglichkeit bestand, sie war aber für Barth offensichtlich schon mit der ontologischen Voraussetzung des Existenzialismus gegeben: mit jener „Geschichtlichkeit", die eben nur allzugerne von aller äußeren, materiellen Determination der Geschichte abstrahiert; mit jener Subjektivität, die mit dem verobjektivierenden Denken auch die objektiven Daseinsstrukturen selber ignoriert; mit jener Menschlichkeit, die alle „Äußerlichkeit" in die Innerlichkeit und „Eigentlichkeit" der menschlichen Existenz auflösen will. Der Existenzialismus tritt dann in philosophischer Weise das Erbe des **Pietismus** an, wie ihn Barth in seiner Theologiegeschichte des 18. und 19. Jahrhunderts analysiert. Denn hier tritt dieser Typus des modernen, bürgerlichen Menschen zum ersten Mal auf den Plan: ein Mensch, der nur sich selber verwirklichen und ein ungeteiltes „*Individuum"* sein will. „*Individualisierung heißt Verinnerlichung, nämlich Verinnerlichung des Außen, des dem Menschen Gegenständlichen, wodurch es seiner Gegenständlichkeit beraubt, sozusagen verspiesen und verdaut, zu einem menschlichen Innen gemacht wird"* (Prot. Theol. S. 93). Es ist dabei nicht die Frömmigkeit als solche, die Barth am Pietismus stört, aber jene Frömmigkeit, die nun gerade die Offenbarung Gottes aller „*Gegenständlichkeit"* berauben will. Es sind vor allem vier Phänomene, die Barth dabei als auffallend bezeichnet:

1.) Es ist der Versuch, den „*Abstand der Zeit"* aufzuheben, der unsere Zeit von der Zeit der Offenbarung in den Jahren 1 – 30 objektiv trennt. „*Die zeitliche Ferne wird jetzt disqualifiziert . . . Die eigentliche Geburt Christ ist die in unserem Herzen, sein eigentliches und heilsames Sterben ist das, was wir an uns selbst vollstreckt sehen und auch wohl selbst zu vollstrecken haben . . . "* (S. 94).

2.) Es ist der Versuch, die „*Freiheit des Mitmenschen"* aufzuheben, unschädlich zu machen oder zu assimilieren, in dessen Gemeinschaft oder Gesellschaft sich der Einzelne befindet. „*Die Gemeinschaft soll mich nicht beunruhigen, sondern sie soll mich bestätigen. Auch aus diesem Draußen soll eben ein Drinnen werden. Dann und unter dieser Voraussetzung kann und will der Individualist lieben, Brüder haben, in der Kirche sein"* (S. 95).

3.) Es handelt sich um den Versuch, im Leben des Einzelnen wie im Leben der Gemeinschaft oder Gesellschaft alle äußere und fremde „*Autorität"* aufzuheben. „*Individualismus heißt nicht Leugnung der Autorität, wohl aber Aufhebung aller fremden äußeren Autorität zugunsten der inneren, eigenen, mit der Autorität Gottes in einer eventuell besonders zu klärenden Nähe und Verwandtschaft stehenden Autorität des als Individuum letztlich in sich selbst gegründeten Menschen"* (S. 96). Autorität heißt „Ursprung", aber dieser Ursprung soll nun nicht mehr im Außen, sondern im Inneren, womöglich in der

„inneren Stimme" gesucht werden, der die Autorität der Schrift, des kirchlichen Amtes, des Dogmas etc. nach Möglichkeit zu weichen hat. Dem widerspricht nur scheinbar die Tatsache, daß gerade der Pietismus erneut in sich Autoritätsstrukturen begründet und sich auch allzu sang- und klanglos der **staatlichen** Autorität unterworfen hat! (S.104f)

4.) Es handelt sich dementsprechend dann um den Versuch, die Wirklichkeit und Äußerlichkeit des *„göttlichen Gebotes"* aufzuheben. Gottes Wort ist ja Gottes Wort, indem es den Menschen „von außen" trifft, aber nun als „Gebot", das eine bestimmte Praxis dieses Menschen begründet. Aber nun möchte der Pietist gerade auch das *„Gesetz . . . verinnerlichen"* (S. 98), nicht mehr den objektiven, sondern den subjektiven Voraussetzungen seines Daseins gehorchen, um sich letztlich selbst zu bestimmen. Und nun muß gerade dieser Versuch dieses Menschen in sein Gegenteil umschlagen, gibt es sich nun, daß gerade das *„innere Leben"* bis in die *„sexuelle Sphäre"* hinein bestimmten Regeln und Riten unterworfen, in seinen Einzelheiten normiert und alles in allem der Gewissenkontrolle unterzogen wird! (eb.).

So ist der Pietismus für Barth doch der gescheiterte Versuch, die Autonomie des modernen Menschen damit zu begründen, daß alles in die subjektive Sphäre des menschlichen Daseins verlagert wird: *„Sein und Zeit"*, Räumlichkeit und Geschichtlichkeit, die objektiven Determinationen dieses Daseins wie endlich auch „Gott". Dagegen ist es das Programm der ganzen Etappe „zwischen den Zeiten", wenn Barth in Tambach ausführt: *„Wir meinen zu verstehen, was der deutsche Theologe wollte, der während des Krieges die Entdeckung gemacht hat, daß man statt Jenseits hinfort besser Innseits sagen sollte; wir hoffen aber lebhaft, daß dieses mehr schlangenkluge als taubeneinfältige Wortspiel keine Schule macht. Nein, nein, antworten wir, geht uns ihr Psychiker, mit eurem Innseits! APAGE SATANAS! Jenseits, trans, darum gerade handelt es sich, davon leben wir!"* (Anf. I/34). Nun haben sich freilich auch Barths theologische Freunde zu Anfang der Zwanziger Jahre mit Barth in eine Front gegen die modernen Psychiker, Mystiker und Religiösen gestellt. Nun haben sicher auch sie zustimmend mit dem Kopf genickt, als Barth die Eigenschaften des Wortes und Gebotes Gottes je länger je mehr mit einer *„an harter Gegenständlichkeit . . . auch den schärfsten philosophischen Realismus überbietenden"* Objektivität beschrieb (Barth 1930c, S. 381) bzw. als ein geradezu autoritäres *„Gegenüber"*, als *„Befehl"*, *„Regierungsgewalt"* bezeichnete. (KD I/1 passim). Ja, sie wollten diese Einladung des „Dogmatikers" Barth durchaus annehmen, aber offenbar nur, um sich alsbald — wie die Hochzeitsgäste aus Matth. 22! — der augenblicklich dringlicher erscheinenden *„anderen Aufgabe"* der Theologie zuzuwenden! (Brunner 1929). Nun sollte also das von Barth gemeinte „Wort Gottes" doch nicht das Wort Gottes sein, das seinen Weg zu diesem Menschen doch wohl finden und auch: selber finden würde. So wollte man nun diesem Wort Gottes mit einer besonderen „Hermeneutik" oder „Eristik" zu Hilfe eilen, die dieses Wort diesem Menschen in besonderer Weise „verständlich" machen könnte. Und so waren dann also, wie es Barth sah, wieder „Verhandlungen" nötig und möglich darüber, ob und inwiefern der heutige Mensch sich an dieses Wort gebunden wissen müsse, „ob es nicht etwa möglich sei, jene Bindung an Christus, Bibel und Dogma so zu interpretieren, daß der Mensch als Subjekt des theologischen Denkens nicht etwa gebunden werde und sei, sondern nach eigenem Ermessen sich selber binde" (Barth 1930c, S. 390). Das ist für Barth die Theologie des 18. und 19. Jahrhunderts, aber das ist für ihn „Verharmlosung der Theologie" (S. 391). „Der Versuch, um den es sich hier handelt, ist weder besonders fruchtbar, noch besonders modern. Er ist einfach der Versuch, die Theologie billig in Kauf zu bekommen"! (S. 391). Demgegenüber steckt für Barth in der radikalen „Verneinung der Theologie oft mehr aufmerksames Hören, mehr Verständnis für das Wesen der Theologie als in ihrer Bejahung" (S. 387). Theologie ist ja eine „Kampfhandlung" (S. 387), keineswegs ein friedlich-schiedliches Bejahen und Gelten-lassen dessen, was der moderne Mensch gerade sinnt. Barth, der sich im zitierten Vortrag besonders auch mit den Einwänden seiner Freunde auseinandersetzt, gesteht zwar zu, daß die Theologie dem „heutigen Menschen" nicht von ungefähr immer wieder wie eine „Sphinx" erscheint (S. 377). Aber er kann das „Ressentiment", die „Art Vaterkomplex" gegenüber allem, was „Orthodoxie" heißt, nicht gutheißen (S. 389). „Wenn die Theologenschaft weiß, um was es geht in der Theologie, dann wird sie z.B. heute in der wilden antitheologischen Rebellion in Sowjetrußland ungleich mehr Sachnähe empfinden, als in der lauen Duldung, deren sie sich unter uns zu erfreuen hat oder gar in der Euthanasie, der friedlichen Unschädlichmachung, die in Nordamerika die artige Gottlosigkeit des dort sogenannten ‚Humanismus' aller Theologie so zu bereiten sich anschickt, daß diese gar nichts davon zu merken bekommen" 4). Aber

---

4) a.a.O., S. 387 – Barth bezieht sich hier auf die Bewegung des „Bundes der Gottlosen" in der UdSSR, dessen Mitgliederzahl von 465 000 im Jahre 1929 auf 2 Millionen zu Beginn des Jahres 1930 angewachsen war und bis Mitte 1932 auf 7 Millionen anstieg. (Angaben nach J. Chrysostomus, Kirchengeschichte Rußlands der neuesten Zeit, Bd. II, S. 268ff). Chrysostomus schätzt die Zahl der Atheisten in Rußland bis 1928 auf 10 Millionen, d.h. 10 % der Gesamtbevölkerung, und bemerkt, daß der Bestand der orthodoxen Kirche bis dahin „nicht ernstlich gefährdet" war (249f). Vor allem auf dem Lande war der Einfluß der Kirche noch kaum gebrochen. Die bis dahin bestehende verfassungsmäßige Religionsfreiheit wurde 1929 durch Gesetz wesentlich eingeschränkt. Die atheistische Offensive stand dabei im Zusammenhang des 1. Fünfjahresplans und sollte vor allem die ideologischen Voraussetzungen für die Kollektivierung der Landwirtschaft schaffen. Kirchenglocken wurden in die Schwerindustrie überführt, zahlreiche Kirchen geschlossen, die Erlöserkathedrale in Moskau 1931 gesprengt. Der „Bund der Gottlosen", verbreitete zahlreiches Propagandamaterial und

der immer wieder nur allzu berechtigten „Verneinung" der Theologie, wie auch der zu dieser Anlaß gebenden „Verharmlosung" steht als Drittes die Möglichkeit des modernen Menschen gegenüber, sich der Theologie bzw. der Offenbarung zu „*bemächtigen*". Hier wird zu Bibel, Dogma, Christus nicht mehr Nein, sondern ein emphatisches Ja gesagt. „*Wie man ja einem wild und bedrohlich einhergaloppierenden Pferd, statt ihm angstvoll auszuweichen oder statt es mit freundlichen Worten besänftigen zu wollen, wenn man das nötige Selbstvertrauen hätte, allenfalls auch auf den Rücken springen und so zu seinem Reiter und Herrn werden könnte*" (S. 393). Für Barth ist das die Möglichkeit des **Römischen Katholizismus**, der das Ärgernis der Offenbarung einfach damit beseitigt, daß er sich zu eigen und sich selber zu dessen Sachwalter macht. Aber diese Möglichkeit sieht Barth nun auch auf **protestantischer** Seite, und zwar auch in seiner Nähe real werden. In unmittelbarer Anwendung auf seine dialektischen Freunde heißt es: „*Sollte es nicht eine Metaphysik geben, die aufzeigt, daß das Wissen notwendig vom Glauben . . . gekrönt werden muß . . . Vielleicht eine negative Metaphysik, eine scheinbar sehr unthomistische Metaphysik nicht der Vollendung, sondern gerade der Aporien menschlichen Erkennes, eine Ontologie des Hohlraums, dessen Ausmaße denen des Glaubens und der Theologie genau entsprechen und insofern auf deren Wahrheit deutlich hinweisen würden?* (Bultmann, PW). *Eine ‚eristische' Theologie, die die Aufgabe hätte, dem modernen Menschen mit väterlicher Klugheit klar zu machen, daß er, indem er sich ohne den christlichen Glauben behelfen zu können meint, in üble Selbstwidersprüche notwendig sich verwickeln müsse?* (Brunner, PW). *Oder eine Lehre von der Geschichte, deren Wahrheit genau dem entsprechen würde, was die biblische Darstellung des Verhältnisses von Gott und Mensch als Wirklichkeit beschreibt? Oder eine Anthropologie, als deren innerster Kern sich wiederum wenigstens das Negativ der Christologie enthüllen würde?* (Gogarten, PW) (S. 394f). In allen diesen Varianten wäre aber die Theologie nicht mehr als in einem schlechthinnigen Axiom, Gebot oder „*Befehl*", sondern in einer höchsten, feinsten oder erhabensten „*menschlichen Möglichkeit*" begründet verstanden. Diese Möglichkeit ist für Barth aber die „*gefährlichste*" aller Möglichkeiten, eben darum, weil das Wort Gottes hier so ganz und gar „*in den Rahmen der Humanität einbezogen wird*" (S. 395). Auch das ist heimliche „*Rebellion*" und „*Domestizierung*". Sie ist die Möglichkeit des „*Großinquisitors*", der über das Wort und Gebot und die Gnade Gottes Bescheid zu wis-

hoffte, die „Religion" in 5 Jahren aus dem gesellschaftlichen Leben ausschalten zu können: „Die Zeiten der Schamanen sind zu Ende, dem Pfaffengeschwätz legt niemand mehr Bedeutung zu" (zit. a.a.O., S. 272). Dies stimmte natürlich nicht – wohl aber fielen große Teile der Geistlichkeit der Säuberungswelle des Jahres 1937 zum Opfer. Im Widerstand gegen Hitler wurden die Kirchen dagegen rehabilitiert und die Propaganda der „Gottlosen" verboten.

sen glaubt. Sie ist *„gefährlicher als aller Atheismus und Liberalismus"*, eben, *„weil die Theologie dabei so unglaublich gut wegkommt mit Ausnahme des einen kleinen Punktes, daß sie jetzt nicht mehr sagen kann, daß menschliches Denken allein durch den Glauben dazu komme, mit dem Wort Gottes zu rechnen. Und wenn es nun so wäre, daß gerade an diesem einen kleine Punkte alles hinge?"* (S. 395). Haben wir verstanden? *„Die Nicht-Theologen werden in dieser wie in jeder Beziehung nicht mit verschränkten Armen neben den Theologen stehen können. Die Nicht-Theologen haben die Theologen, die sie verdienen"* (S. 396). Aber einmal mehr hat Barth die ideologiekritische Frontstellung seiner Theologie so scharf wie nur möglich umrissen. Wie sollte er freilich dem Eindruck entgehen, daß er nun vollends **selber** in der Haltung des „Großinquisitors" erscheint? Aber Barth will, indem er auf dem „einen kleinen Punkt" insistiert, in welchem die Theologie **allein** auch zur „menschlichen Möglichkeit" werden könnte, nicht **seine** Festung und Burg verteidigen, sondern gerade die Mauern des Existenzialismus durchbrechen. Er tut es, ohne sich auf dessen Voraussetzungen einzulassen und ohne in dessen philosophischen Gestus zu verfallen. Er tut es indirekt, indem er nur da und dort den einen oder anderen Stein und vermeintlichen Eckstein herauszubrechen und rundherum das Wasser abzugraben versucht. Er tut es aber pragmatisch, indem er einfach in seiner theologischen Arbeit weitergeht. Die *„vierte Möglichkeit einer Stellungnahme zur Theologie"* besteht für ihn schlicht darin, *„von den drei ersten keinen Gebrauch zu machen. Das Positive, was damit gesagt ist, soll in der kurzen Einladung zusammengefaßt sein: der heutige Mensch soll so klug und so gut sein, die durch die Theologie gestellte Frage stehen zu lassen ... Alles weitere dürfte sich nicht mehr bereden, sondern nur noch tun lassen"* (S. 396). Glaube ist „Praxis", das „Halten" des göttlichen Gebotes. Den vollen anti-existenzialistischen Barth wird man also erst verstehen, wenn man auch den „ethischen" Barth, Barths Ethik kennen lernt. Aber der Glaube ist keine theorielose Praxis – und auf seine Weise hat Barth die Auseinandersetzung mit dem modernen Denken und der Philosophie von Descartes bis Heidegger sehr gründlich geführt: in *„Fides quärens intellectum"*, dem Buch über Anselms Gottesbeweis (Barth 1931a). Gerade der „dogmatische" Barth ist der bewußt anti-existenzialistische Barth, und vielleicht wird man eines Tages feststellen dürfen, daß die Überwindung des Existenzialismus, die Zähigkeit, mit der Barth – auf Bultmann, Heidegger, aber auch Sartre eingehend – an Bultmann, Heidegger und an dem im Ungarnkonflikt 1956 „bußfertigen" Sartre „unbußfertig" vorbeigegangen ist (Der Götze, S. 204), zu den wesentlichsten biblisch-theologischen Leistungen Barths im 20. Jahrhundert gehört (vgl. II7.2.3).

1.6 Religion und säkularer Mythos in der „bürgerlichen Gesellschaft"

Der Existenzialismus tritt, wie aller Humanismus, sowohl theologisch wie untheologisch, − „mit Gott" und „ohne" bzw. „gegen Gott" − zutage, wobei Barth (in der „Resistence"!) dem Existenzialismus zur Linken: der radikalen „Verneinung der Theologie" bzw. dem konsequent atheistischen Verzicht auf Theologie durchaus **mehr** Respekt entgegenbrachte als dem „theologischen" Existenzialismus zur Rechten! So oder so handelt es sich für ihn aber doch um den mehr oder minder verzweifelten Versuch eines schon **auf verlorenem Posten** stehenden menschlichen Subjektes, „sich selber" zu sein, sich selber noch einen „Trost" oder „Sinn" zu verschaffen, und wäre es in der Variante, daß es der offenbaren Sinnlosigkeit und Auswegslosigkeit seiner Unternehmung eine letzte Größe oder Würde geben wollte. So oder so handelt es sich − so lautet die präzise ideologiekritische Formel schon der Römerbriefkommentare − um eine „**Rechtfertigung vor dem eigenen Gott**" (der dann ja auch eine leere Hypostase oder ein „Nichts" sein kann), darum, daß dieser Mensch sich letztlich − „vor sich selber" rechtfertigen will bzw. sich selber trösten oder bestätigen muß. Daß dieser Versuch dabei dann auch nicht vor der Vokabel „Gott" Halt machen, nein, sich auch dieser „letzten Instanz" versichern will, ist für Barth gerade Ausdruck des „Absolutheits"anspruchs dieser Sache, die so oder so eine „gottlose" Sache ist. So handelt es sich um den „*absoluten Menschen*" gerade des bürgerlichen Zeitalters, der doch notorisch „*mit sich selber in großer Gottähnlichkeit in einer Weise allein (sein will), wie er nun doch auch vielleicht in den Schranken der Menschlichkeit nicht notwendig mit sich selber allein zu sein brauchte*" (Prot. Theol. S. 34). Nur daß dieser Mensch jetzt, **seinen** Göttern dienend, doch nicht umhin kann, alsbald wieder „fremden Göttern" zu dienen und nun gerade den „Anmaßungen" seines Wollens und Tuns − etwa des von ihm festgesetzten „Rechtes", des von ihm proklamierten „Eigentums", des von ihm „absolut" gesetzten „Staates", von Volk, Familie oder Religion − zu erliegen.

So hat ja auch **Max Weber**, der große Theoretiker der „Säkularisierung", die tot geglaubten Götter wieder „*ihren Gräbern . . . entsteigen*" sehen (Weber 1968, S. 330). Es ist bezeichnend für Barth, daß er das allgemeine Phänomen der **Säkularisierung** in der Neuzeit niemals anerkannt hat. Was Barth für das 18. Jahrhundert feststellt, gilt auch für das 19. und 20. Jahrhundert: „*Direkte Leugnung der Wahrheit des Christentums, explizites Heidentum oder expliziter Atheismus, waren in dieser wie zu jeder Zeit Grenzfälle und wenig ernst zu nehmende Erscheinungen. Das 18. Jahrhundert war so fromm wie irgendein anderes Jahrhundert*". Das Phänomen der Säkularisierung bestand für Barth dagegen in einem sehr viel eingegrenzteren Sinne in der „*Verstaatlichung*" des Christentums, wie sie sich im 18. Jahrhundert anbahnte: eben in der Weise, in der ein sich selbst „*absolut*" setzender Staat Kirche und Christentum „*einzuklammern*" versuchte (Prot.

Theol., S. 72f). Damit schlägt sich Barth, gegen Weber, auf die Seite der **marxistischen** „Religionssoziologie", die das Verhältnis von Religion und Gesellschaft als durch den Staat vermitteltes erkennt. Bezeichnend für diesen Staat ist es aber, daß gerade er auf Kirche und Christentum nicht gänzlich verzichten, daß gerade er — wie „absolut" er sich sonst auch gebärden mag — die Religion oder die Kirche für sich in Beschlag nehmen will. Von hier aus führt eine direkte Linie zu Barths Faschismusanalyse!

Es wird nun also einen neuen „Mythus" geben: vielleicht der „Technik" (die doch wahrlich auch Herrschaft von Menschen über Menschen begründet) oder der „Wissenschaft" (trotz ihrer augenscheinlichen „Ambivalenz"), vielleicht der „Arbeit" (als ob sie an-sich sinnvoll und sinnvermittelnd wäre) oder des gesellschaftlichen „Fortschritts" (der doch der wahre Moloch der Neuzeit ist). Oder eben: einer von alledem sich zurückziehenden und von alledem abstrahierenden bzw. dies zu tun versuchenden „Existenz".

Ist es nicht auch merkwürdig, daß es gerade auf dem Boden des Existenzialismus zur wahren **Mythologie** „des Arbeiters" bzw. „der Arbeit" kommen konnte? Hervorgehobenes Beispiel ist E. Jüngers Buch „Der Arbeiter", dem M. Heidegger *„vorbehaltlos Bewunderung"* gezollt, und das er noch 1939/40 als geradezu *„hellsichtig"* bezeichnet hat (Bourdieu, S. 50, Anm. 63). Treffend bemerkt Barth in Tambach: *„Und wenn wir heute mit allem Ernst, denn es geht um die Existenzfrage, einstimmen in den Ruf: Arbeit, Arbeit ist es, was Europa heute nötig hat! so wollen wir uns wenigstens nicht bis auf den Grund unserer Seele verwundern . . . , wenn uns die Spartakisten . . . antworten, daß sie lieber zugrunde gehen und alles zugrunde richten wollen, als wieder unter das Joch der Arbeit an sich zurückzukehren"* (Anf. I/16). Aber auch hier dauert es seine Zeit, bis sich Barth dogmatisch-ethisch ans Thema der *„Arbeit"* wagt (Ethik I, S. 367ff, Barth 1931b).

Es handelt sich ja um ein Thema, das auch in der marxistischen Diskussion noch keineswegs befriedigend gelöst ist — und wann sollte es je befriedigend zu „lösen" sein? Man mag es, marxistisch, bedauern, daß Barth seine Theologie nicht systematisch in einer Theorie der „Arbeit", der „Arbeitsteilung" und schließlich der „Produktionsverhältnisse" aufgebaut hat. Aber gerade in der positiven Wertbestimmung der Arbeit hält sich Barth sichtlich zurück. Nicht von ungefähr stellt er die Arbeit unter das — Gebot des *„Sabbates"* bzw. der *„Ruhe"* am siebten Tag (Ethik I, S. 379). Ja, auch Arbeit ist „Gottesdienst" im unmittelbaren Geltungsbereich des „ersten Gebotes"! Aber sie ist es unter dem Vorzeichen des „Mangels", und entzieht sich insofern jeglicher Glorifizierung oder Mythologisierung. Wen wundert es, daß Barth auch das Problem der Arbeit unter der Direktion des „Wortes

Gottes" begreift? Positiv bedeutet dies, daß sich die theologische Arbeit für Barth jedenfalls auch und nicht zuletzt in der Fluchtlinie des *"Problems der Arbeit"* (Barth 1931b) stellt. So wahr das „Wort Gottes" dem Problem der Arbeit übergeordnet ist, so wahr kann dieses jenem nicht entzogen bleiben, so wahr muß das „Wort Gottes" auch und gerade in der Welt der Arbeit und des Arbeiters zu Gehör gebracht werden!

Es wird dann aber der „Individualismus" hier dem „Kollektivismus" dort — es wird die isolierte Existenz in der Eigentlichkeit dem Trend der „Masse" oder des „Man", (wie gerade das Beispiel Heideggers zeigt) — doch nichts Grundsätzliches entgegenzusetzen haben, so wie eben der bürgerliche Egoismus des Einzelnen sich immer wieder als der beste Gewährsmann und Garant auch des bürgerlichen *„Klassenegoismus"* erwiesen hat! (Ethik I, S. 280). So handelt es sich dann vielleicht im Gewande der denkbar weitherzigen „Liberalität" und eines demokratischen Meinungs-Pluralismus immer noch und gerade um „bürgerliche" Ideologie, der es in alledem um die Erhaltung des **„freien Marktes"**, der **„freien Konkurrenz"** Aller gegen Alle bzw. der „freien Persönlichkeit" der **Eigentümer** zu tun ist. Oder aber es geht, wenn das Geheimnis des „Liberalismus" einmal durchschaut (und „ausgeplaudert") worden ist, darum, daß jetzt **ein Teil** der Gesellschaft, sei es im Namen des Volkes, der Nation oder der Klasse, **ganz bewußt** das „Gesetz des Handelns" an sich zu reißen und das eigene Recht gegen das Recht aller anderen durchzusetzen versucht. In diesem Unterfangen ist dann der **Nationalsozialismus** für Barth auch nur die konsequente Fortsetzung des „Liberalismus" (mit anderen Mitteln), das an-den-Tag-treten der „Wahrheit", die im Grunde auch ihn beseelt.

„Freie Konkurrenz der Personen, der Systeme, der Ideen unter der Losung: freie Bahn dem Tüchtigen! in offenem oder manchmal in heimlichem Kampf aller gegen alle" — das ist es, was die „westlichen" Systeme zu bieten haben: ihr Freiheitsideal, ihr „Humanismus", ihr amerikanischer, wie es Barth gerne apostrophierte, „way of life"! [5] Es ist im Grunde eine *„herrenlose"* Welt, wie Barth an anderer Stelle ausführt, die nun aber plötzlich in die Welt der *„Herren"*, ja der *„Herrenmenschen"* umschlägt. *„Zu dem Sieg der autoritären Welt pflegt es dann zu kommen, wenn zu der allen Menschen und allen Systemen eigenen Tendenz, sich selber absolut zu setzen, die Entschlossenheit und die Kraft hinzukommt, das wirklich zu tun und durchzuführen. Hitler und seine Leute . . . hatten, — das kann ihm die größte Abneigung nicht nehmen — diese Kraft und Entschlossenheit."* Und: *„Weil die Menschen vom Liberalismus herkamen, weil sie so viele Herren*

---

5) Kampf und Weg der Evangelischen Kirche in Deutschland 1937, zit. nach Marquardt, Theologische und politische Motivationen, Junge Kirche 5/73, S. 294.

hatten und keinen, darum verfielen sie jetzt, auch in der Kirche, auch in dieser liberalen Kirche, dem einen, der es verstand, sich zum Herrn aufzuwerfen" (eb).

1.7 Schwierigkeiten der Ideologiekritik

Wir haben hier freilich auch etwas zu der Schwierigkeit der Ideologiekritik zu sagen. Barths Ideologiekritik ist zweifellos der marxistischen Ideologiekritik verwandt, die auf das Ganze einer jeweiligen Gesellschaftsformation zielt. Im Falle des Faschismus ist Barths Analyse mit derjenigen etwa von H. Marcuse weithin deckungsgleich, auch wenn sie in der theologischen Begründung divergiert. Aber ist nicht auch der Marxismus eine „Ideologie" — zumal eine solche, deren bisherige Verwirklichungen das Recht des Kritikers zweifelhaft machen könnten? Und welches Recht könnte nun der Theologe haben, sich ihrer zu bedienen? Aber Barths Ideologiekritik ist nicht nur der marxistischen, sondern auch der **psychoanalytischen** Ideologiekritik verwandt, sofern sie ja keineswegs nur auf die „bewußten" Zielsetzungen und Absichten der jeweils Kritisierten zielt, sondern auf etwas, was ihnen noch gar nicht bewußt geworden, also „unbewußt" geblieben ist und dennoch ihre Stellungnahme determiniert. Vielleicht, daß sie es nur darum nicht reflektierten, weil sie es in allzu großer Selbstverständlichkeit bei sich selber und ihren Adressaten voraussetzen konnten (z.B. den Antikommunismus)! Vielleicht, daß sie nur als Erste aussprachen, was von Allen mehr oder minder heimlich und untergründig gedacht worden ist! Vielleicht, daß sie meinten, sogar im größten Gegensatz zum herrschenden Zeitgeist sich zu befinden — und somit selber „ideologiekritisch" zu sein (z.B. gegen den Marxismus, gegen „dogmatische" Theologie etc.)! Mußten sie sich dann nicht vehement gegen all das verwahren, was etwa Barth ihnen an Absichten „unterstellt"? Und wird es hier, wenn man erst einmal anfängt, die „unbewußten" Regungen seines Gegenübers zu analysieren, nicht zu einem ewigen Hin-und-Her von Unterstellung und Gegenunterstellung kommen? Wir bemerken dazu folgendes:
1. Barth versuchte, sich doch immer auch an das zu halten, was diese Kritisierten jeweils „gesagt" haben. Er führte dazu aus, wie er das Gesagte selber „verstand" und interpretierte, aber nicht ohne Rückfrage zu halten, ob es das sei, was diese jeweils auch „gemeint" hätten! In diesem dialogischen Verfahren unterscheidet er sich grundsätzlich von marxistisch-pauschaler Ideologiekritik.
2. Barth hat natürlich gewußt, daß gerade der Marxismus eine „Ideologie" im wahrsten Sinne des Wortes ist: nämlich der Versuch, die Wirklichkeit nach ihrer „Idee" bzw. ihrer eigenen (inhärenten) „Vernunft" umzugestalten, wie es sich aus dem Erbe Hegels ergibt. Aber er hat ebenso gesehen, daß der Marxismus darum doch nicht von unge-

fähr zu einem der schärfsten Ideologiekritiker seiner Zeit und Gesellschaft geworden ist, der mindestens Fragen stellt, die nach Antwort verlangen. Er hat insofern auch den marxistischen Ideologie-Begriff rezipiert, der sich nicht nur auf die Welt der „Ideen", sondern auf die reale Welt bezieht, der die „Ideen" entspringen: Gesellschaft, Klassenverhältnisse, Staat.

3. Barth hat ein großartiges Exempel einer differenzierten und sich immer weiter differenzierenden Kritik der bürgerlichen Epoche — ihrer Gesellschaft wie ihrer philosophischen und theologischen „Ideologien" geliefert: seine Geschichte der protestantischen Theologie im 18. und 19. Jh.! Gerade im theologischen Diskurs sucht er die jeweiligen Vorentscheidungen der theologischen Tradition theologiegeschichtlich zu verobjektivieren und an ihrer historischen Wurzel zu fassen. Auch seinen Freunden Gogarten, Bultmann, Brunner gegenüber verweist er immer wieder auf diese Wurzeln, um sie von dorther indirekt anzufragen und zu besserer Darlegung herauszufordern (z.B. Feuerbach, vgl. 6.1.7).

4. Auch dies ist gewiß oft einseitig und allzu pauschal geschehen, wie ja auch Gogarten, Bultmann, Brunner auf ihre Weise gewiß nicht minder einseitig geredet haben. Man könnte sich also wünschen, daß Barth auf ihre jeweiligen „Begründungen" differenzierter eingegangen wäre. Aber man könnte sich auch noch ein Anderes wünschen: daß Barth seine weiten ideologiekritischen Einsichten und Übersichten „zwischen den Zeiten" nicht nur theologisch-implizit, sondern auch einmal explizit: nicht nur theologiekritisch, sondern auch politisch und gesellschaftskritisch, also noch einseitiger und pauschaler, aber eben auch einmal in der nötigen Einfachheit und Allgemeinheit ausgesprochen hätte! Alles beides von Barth zu verlangen dürfte dann aber vielleicht des Guten zu viel sein!

1.8 Ideologiekritik von der Offenbarung her, dem „Perfectum sondergleichen"!

Auf dem skizzierten Hintergrund wendet sich Barths „Ideologiekritik" nun gegen jene Ideologiebildung, die sich in direkter Weise auf die Bibel und die Offenbarung beruft.

Eindrücklich und stark ist ja die religiöse Ideologiebildung immer da, wo sie sich mit allerlei Wahrheit und Recht auf diese Offenbarung meint beziehen und berufen zu können. Ja, warum brauchen wir „Gott", „Bibel" und „Christus"? Eben darum, wird uns gesagt, weil es im Menschen ein tiefsitzendes „religiöses Bedürfnis" gebe. Eben darum, wird uns gesagt, weil es hier um „Religion": um einen Trost in allem Leiden, endlich um einen „Sinn" des in so viel Umtrieben und in so viel Sinnlosigkeit erstickenden Lebens gehe. Eben darum, weil der Mensch in dieser „Massen-" oder „Konsumgesellschaft" Bereiche brauche, wo er zur Ruhe kommen kann.

Das ist es, was hier gesagt und geantwortet wird, aber das ist es auch, was offenbar gefragt ist und was die Menschen hören möchten. Da stand und stehen sie gewissermaßen alle: Dibelius ebenso wie Gogarten, Bultmann ebenso wie etwa P. Tillich. Und wie trostlos muß es nun um einen Theologen bestellt sein, der hier – in der Haltung des „bösen Propheten" – nur immerzu „Nein"! sagt! Der sagt, daß hier ein falscher Messias erwartet, ein falscher Christus verkündigt wird. Der sagt, daß der Gott der Bibel, so wahr er uns für seine Zwecke gebrauchen möchte, sich doch nicht für diese unsere Zwecke gebrauchen läßt. Der sagt, daß wir die Offenbarung Gottes nur als die „große Störung" (R II/S. 410ff) dieser Unternehmungen empfinden können. Das „religiöse" Verlangen ist für Barth nun in der Tat, bildlich und buchstäblich, ein „gegenstandsloses" Verlangen, das ins „Leere" greifen muß. Wir treffen hier auf ein „Nichts", auf eine „Leere", auf eine „Nicht-Gegenständlichkeit" Gottes, die dem philosophischen „Nichts", der existenziellen „Leere" oder dem existenzial-ontologischen „Hohlraum" nur um so ähnlicher sehen muß, als wir im Himmel oben eben nun wirklich nur Himmel, auf Erden aber gerade nur ein Kreuz zu sehen bekommen. Nur daß sich die Religion an dieser Stelle noch lange nicht geschlagen geben wird, sondern sagt: eben das meinen wir ja auch! Und es mögen wohl vierhundert Propheten aufstehen und dem König sagen: „*Zieh hinab, der Herr wird es dir in die Hand geben*", und es kann und mag dann nur einer sein, von dem es heißt: „*Ich hasse ihn, denn er weissagt mir lauter Böses*" (1. Kön. 22). Ja, wo verläuft die Trennung zwischen Mythus und Offenbarung, und wer möchte nun in der Lage sein, diese Trennung zu ziehen? Wer wüßte, wer im Ernstfall sich auf die eine, und wer sich auf die andere Seite schlagen wird?

„*Ich bin froh*", sagt Barth im Vorwort zu KD I/1, „*in concreto nicht zu wissen und nicht wissen zu müssen, wer hüben, wer drüben steht und also wohl einer Sache, nicht aber einer Partei dienen, wohl gegen eine Sache, aber nicht gegen eine andere Partei mich abgrenzen, m.a.W. nicht für und nicht gegen Personen arbeiten zu müssen.*" Damit hat Barth die in dieser Sache einzig mögliche Haltung bewahrt. Im selben Atemzug betont er aber, daß er seine Dogmatik „*nicht als die Dogmatik der ‚dialektischen Theologie' in Anspruch genommen wissen möchte*" (S. X).

Nein, es geht hier nicht um einen „Schulstreit" von „dialektischer" etwa gegen „liberale", „positive" oder „religiös-soziale" Theologie, so wahr vielleicht mancher dieser Theologen oder auch mancher „Laie" Barth ohne alle „Dialektik" besser verstanden hat als seine nächsten Freunde. Es geht nicht um eine bestimmte theologische „Methode", mit der man dann doch nur das eigene religiöse Verlangen stillen (und allenfalls die eigenen Werke zum krönenden Abschluß bringen) könnte. Es geht nicht um Barth, so wahr auch Barth nicht von Wahrheit zu Wahrheit, sondern von der einen „Einseitigkeit" und „Überbetonung" zur nächsten geschritten ist. Es geht um einen bestimmten „Gott" im Unterschied zu allerlei „anderen Göttern", um die spezifische „Gegenständlichkeit" dieses Gottes in der drohenden Gegenstandslosigkeit **aller** „Wissenschaft" und „Theologie".

Es hat freilich große Bestürzung hervorgerufen, als Barth 1934 zum deutsch-christlichen Theologen K. Fezer doch in aller Deutlichkeit sagte: *„Wir haben einen anderen Glauben, wir haben einen anderen Geist, wir haben einen anderen Gott."* Es entstand *„wilder Tumult"!* (Busch, S. 255). Aber so hat Barth nicht überall geredet — es ging dort um einen Empfang der Kirchenführer bei Hitler!

Ja, nun müssen wir es sagen: es geht um das rechte Verständnis der „evangelischen" Theologie, um die spezifische „Gegenständlichkeit" Gottes in seiner Offenbarung, die nichts weniger als das Evangelium ist: nicht um „Humanismus", wohl aber um die „Menschlichkeit Gottes" in Jesus Christus, nicht um die „menschliche Existenz" allgemein, aber um die Existenz dieses Menschen: **Jesus von Nazareth.** Er ist die Offenbarung, ihre Wahrheit und Wirklichkeit, keiner sonst. Er ist der „Sohn Gottes": ein Mensch, wie wir ihn sonst nicht von ferne kennen, eben jener Mensch, der dem uns bekannten „System von Menschheit, Natur und Geschichte" nicht nur innerlich, sondern auch äußerlich, nicht nur in „Theorie", sondern auch in „Praxis", nicht nur in „Person", sondern in Wort und Werk **widerstanden** hat! Ein Mensch, bei welchem Inneres und Äußeres nicht zweierlei, sondern eins waren, der darum zweifellos ein „selbstbestimmtes", darum auch seine Umgebung und Gesellschaft bestimmendes menschliches Subjekt war!

Aber wer ist er? Müssen wir jetzt nicht zwangsläufig in einen Mythus: in einen „Personenkult" verfallen? Müssen wir uns jetzt nicht zwangsläufig mit „Stangen und Schwertern" bewaffnen, um seiner historischen „Persönlichkeit" habhaft zu werden? Müssen wir jetzt nicht erst recht wie Diebe, Räuber und Mörder über ihn herfallen, um seiner außergewöhnlichen „Sendung" teilhaft zu werden — um ihn in frommer und unfrommer Zudringlichkeit stets aufs Neue ans Kreuz zu schlagen? In der Offenbarung Gottes ist es aber nicht der Mensch, der in seinem Trachten und Streben das Göttliche ereilt, sondern Gott, der den Menschen gerade in der Aussichtslosigkeit, Vergeblichkeit und Verderblichkeit seiner Unternehmungen ereilt. Offenbar gibt es wohl diesen Weg von dem Dort nach dem Hier, aber — es wäre sonst Jesus umsonst gekreuzigt — keinen Weg von Hier nach Dort. Es gibt, wie Barth metaphorisch sagt, nur diesen Weg *„von oben nach unten"* (CD., S. 126ff), aber keinen Weg „von unten nach oben". Es muß also gerade der „religiöse" Mensch in seinem Verlangen, es muß gerade der fromme, der ewig von der „Sinnfrage" bewegte und ewig um „sich selbst" und sein „Heil" kreisende Mensch sich diese gründliche Demaskierung seines Wollens und Tuns gefallen lassen, wo er hier betet, um dort zu demütigen, hier Almosen gibt, um dort zu stehlen, hier freundliche Worte spricht, um dort zu töten. Offenbar ist es entgegen allerlei Verharmlosungen um die

Menschheit so bestellt, daß die Gnade nicht billiger zu haben ist als dort am Kreuz, die Menschlichkeit nicht billiger als in dieser Entäußerung, die Wahrheit und „Eigentlichkeit" der menschlichen Existenz nicht anders als in dieser Zerstörung jeder Illusion.

Gerade aus der Blütezeit des „bürgerlichen Humanismus" der Goethezeit — berichtet Barth: *„Der absolutistische Mensch kann und tut eben beides. Man muß sich klar machen, was es bedeutete, daß er noch zur Zeit, da Gellert seine Oden schrieb und Kant seine Vernunftkritik, noch zur Zeit, da Goethe seine Briefe an Frau von Stein schrieb und noch viel länger tatsächlich beides getan hat: hüben Frömmigkeit gepflegt, die Vernunft kritisiert, die Wahrheit zur Dichtung und die Dichtung zur Wahrheit gemacht und drüben Sklaven gejagt und verkauft. Er kann wirklich beides"* (Prot. Theol., S. 30).

Nun stehen wir freilich messerscharf am Rande der antiken Mythologie bzw. eben jenes (jüdisch?-) christlich-,,gnostischen" **Erlösungsmythusses,** nach welchem ein denkbar höchstes Wesen vor Zeiten ein ihm ähnliches Wesen hernieder zu den Menschen sandte, um ihnen das Licht der Weisheit (sophia) und aller „Erkenntnis" (gnosis) mitzuteilen, ja auch um daselbst zu leiden, aber endlich unversehrt wieder gen Himmel zu steigen. Messerscharf geht es nun vorbei auch an den philosophisch-spekulativen Ausdeutungen dieses Mythus, die in der „Fleischwerdung des göttlichen Logos" die Spitze der menschlichen Erkenntnis und das höchste „Prinzip" der Religionsphilosophie entdecken; messerscharf vorbei auch an allen Versuchen, aus dieser „Geschichte" Gottes mit den Menschen einen spezifisch anthropologischen oder existenzial-ontologischen „Sinn"-Zusammenhang zu extrahieren! Denn damit wäre ein *„tertium comparationis"* (KD I/1, S. 348), ein Stützpunkt zwischen Gott und den Menschen gewonnen, der es nun doch erlaubte, Gott „vom Menschen her" zu verstehen, die Offenbarung unter irgendeinem übergreifenden Gesichtspunkt zu konstruieren, zu deduzieren oder abzuleiten (und wäre es gar unter Zuhilfenahme der Kategorien „Geschichte" bzw. „Geschichtlichkeit" überhaupt). Wäre das gemeint: ein Mythus und nun die freie Ausdeutung dieses Mythus dann hätte wohl auch Barth mit seiner umfänglichen Dogmatik ins Leere gegriffen, dann wäre seine „Trinitätslehre" in der Tat nur jenes himmlische „Glockenspiel", das ein populärer Interpret in ihr vermutet hat. [6] Oder wäre eine „Geschichte" gemeint, die sich ebensowohl hier wie dort, heute oder damals hätte zutragen können, eine „Geschichtlichkeit", in der sich die Menschen ebenso allgemein wie individuell, überall und nirgendwo vorfinden, ja wozu dann noch die Bibel, wozu dieses „Zeugnis" von „Offenbarung", wozu der „Name" dieses Menschen? Ist die Offenbarung das, was zu allen Zeiten von allen Menschen und von allen möglichen Standorten

---

6) H. Zahrnt, Die Sache mit Gott dtv. S. 133.

aus eingesehen werden kann, wozu dann dieses „Datum", diese „Zeit", diese „Begebenheiten", „Orte" und „Wege" dieser Geschichte, von Galiläa bis Jerusalem, von Antiochia bis Rom? Aber weil alle Offenbarungs- und Trinitätslehre nicht selber der Text, sondern *„Kommentar zu einem Text"* ist (KD I, S. 215), den sie zu verstehen versucht; weil dieser Text aber auch nur „Zeugnis" ist vom Geschehnis der „Offenbarung"; weil Gott nämlich, aller Spekulation zuvorkommend, in seiner Offenbarung selber „Geschichte" und „geschichtlich": ein *„Perfectum sondergleichen"* ist (KD I/2, S. 58); weil er also, ohne aufzuhören, der ewige, unsichtbare und nicht-gegenständliche Gott zu sein, doch zeitlich, sichtbar und „gegenständlich" Mensch gewesen ist bis zum Kreuz — deswegen sind Mythus und Religion, Humanismus und Existenzialismus hinfällig geworden, deswegen stehen sie auf verlorenem Posten, deswegen sind sie bereits „erledigt". Denn dies, daß wir nicht nur irgendwie „geschichtlich" existieren, sondern objektiv, „hinter uns", „vor uns" diese Geschichte haben — bzw. uns diese Geschichte hat! — dies ist es ja, was der Existenzialismus unter allen Umständen verleugnen will, aber an dieser Stelle doch nicht gänzlich verleugnen kann. Und eben dies, daß wir Menschen niemals „Gott" sein oder werden können, aber dieser Gott sehr wohl „Mensch" sein und an unsere Stelle treten kann, das ist die große Umkehrung, die die religiösen wie die säkularen Mythen unmöglich macht, so wahr sie damit am allerwenigsten gerechnet haben! Es ist das, was uns nun, wie sehr wir uns nun sträuben, *„in nicht aufzuarbeitender Gegenständlichkeit"* auch selber zu Mit-Menschen dieses einen Menschen, zu seinen Brüdern/Schwestern und Genossen macht (KD I/2, S. 46).

1.9 „assumptio carnis" — Barth und Feuerbach

Es ist Feuerbach, der sich nach Barth, in seiner sinnlich-gegenständlichen Auffassung des Menschen und der Mitmenschlichkeit, *„von einem übriggebliebenen und in seiner Herkunft von ihm nicht mehr erkannten Brocken christlicher Einsicht genährt"* hat. Denn *„wenn Feuerbach das gemeint hat, was in der Bibel ‚der Nächste' heißt, dann ist ihm recht zu geben,"* (KD I/2, S. 46f) — jedenfalls gegenüber einem Max Stirner, der an dieser Stelle recht eigentlich als Urvater des Existenzialismus in Betracht kommen könnte. Es liegt der Schluß nahe, den Marquardt gezogen hat, daß nämlich Barth seine Christologie im Horizont der Feuerbach'schen *„Gattung Mensch"* entwirft (Marquardt 1972, S. 265ff). Das ist gar keine Frage! Es würde sich hier wahrlich nicht um die Menschwerdung Gottes handeln, wenn es sich in dieser Offenbarung der Menschlichkeit Gottes nur um den einen Menschen Jesus, nicht aber, stellvertretend und umgreifend, auch um alle anderen Menschen, ja um die ganze „Menschheit" handeln würde. Wenn Barth die Feuerbach'sche Philosophie oder Theanthropologie nun dennoch als eine *„Plattitüde sondergleichen"* abkanzelt, so hat dies einen anderen Grund. Feuerbach tut so, als ob der Mensch nun doch kein „sterbliches" und „vergängliches", sondern – im Mythus der „Gattung Mensch" – sich verewigendes Wesen sei. *„Gott ist Mensch, der Mensch Gott"*, das ist der Sinn der Feuerbach'schen *„Auflösung der Theologie in Anthropologie"!* (Barth 1927a, S. 225). Aber genau damit hat er, und das hält ihm Barth zugute, *„das Geheimnis (einer) ganzen Priesterschaft"*, nämlich der zeitgenössischen Theologenzunft *„ausgeplaudert"* und sich zugleich *„einen heimlich höchst wirksamen Vorsprung vor der neueren Theologie"* verschafft (S. 231). *„Ihm geht es um die Wirklichkeit, die ganze Wirklichkeit (Herz und Magen!) des Menschen."* Und darin ist er *„ernsthaft gegenüber aller spezifisch akademischen, mit irgendeiner Abstraktion beginnenden und in irgendeine Ideologie auslaufenden, zum wirklichen Leben der wirklichen Menschen in ihren Städten und Dörfern, in ihren Butiken und Wirtshäusern in gar keiner Beziehung stehenden Theologie."* (S. 232) Er weist *„ein starkes Plus"* auf gerade in der Bedeutung, die seine Lehre für die *„sozialistische Arbeiterbewegung"* gewinnen konnte. Denn da war sie immerhin das *„Stück einer Emanzipation, eines Befreiungskampfes . . . von dessen Recht und Notwendigkeit das in der idealistischen Philosophie sich selber verklärende Bürgertum, aber auch die christliche Kirche überhaupt nichts wußten"* (S. 234). *„Um die Entlarvung und um den Sturz von Hypostasen, Mächten und Gewalten . . . Um die Expropration der Expropriateure handelt es sich offenbar hier, wo der extramundane bzw. extrahumane Gott in Frage steht, wie dort, wo es darum geht, die Abstraktion des kapitalistischen Privateigentums rückgängig zu machen"* (eb). Hier war aber der „Gott" des Bürgertums nicht zu unrecht in den *„Verdacht"* geraten, *„ein schöner Traum nicht nur, sondern eine zur Dämpfung jenes Befreiungskampfes sehr absichtlich unterhaltene Vorspiegelung falscher Tatsachen zu sein"* (S. 235). *„Hätte die Kirche nicht früher als Marx sagen und betätigen müssen und können, daß gerade Gotteserkenntnis die Befreiung von allen Hypostasen und Götzenbildern automatisch kräftig in sich schließt"*, daß aber *„Selbsterkenntnis ungebrochen durch Gotteserkenntnis wirkliche Befreiung nimmermehr, sondern nur neue Ideologien, neue Götzenbilder schaffen kann?"* (eb). Demgegenüber war der *„ganze Ansatz der neueren Theologie"* für Barth ein *„Treppenwitz"*. Aber eben: *„Wer das wüßte, daß wir Menschen böse sind vom Schopf bis zur Sohle, und wer das bedächte, daß wir sterben müssen, der würde das als die illusionärste von allen Illusionen erkennen, daß das Wesen Gottes das Wesen des Menschen sei, er würde den lieben Gott, und wenn er ihn für einen Traum hielte, mit solchen Verwechslungen auf alle Fälle in Ruhe lassen"* (S. 237). Gerade hier muß die **Geschichte** der sterblichen Menschheit gegen den Mythus einer unsterblichen Menschheit und Geschichtlichkeit, müssen also Kreuz und Auferstehung Christi gegen Feuerbach verteidigt werden! Aber *„man sehe wohl zu, was man tut, wenn man die Waffe, mit der Feuerbach* *allerdings beizukommen ist, in die Hand nimmt. Man trifft ihn damit nämlich nur, indem man selber von ihr getroffen ist"* (S. 238). Barth meint hier gerade die **lutherische** Tradition, die sich hüten müßte, über Feuerbach, der Luther studierte, ein voreiliges Urteil zu fällen. Denn *„wenn Feuerbach die christliche Lehre bündig wiedergegeben hat mit der Formel: ,Gott wird Mensch, der Mensch wird Gott', so ist diese gewiß brutale Deutung immerhin nicht einfach unmöglich und sinnlos – unter Voraussetzung der spezifisch lutherischen Christologie und Abendmahlslehre. Die genialische Überbetonung, mit der Luther selbst die Gottheit nicht im Himmel, sondern auf Erden, in dem Menschen, dem Menschen Jesus zu suchen lehrte und mit ihm das Brot des Abendmahls der verherrlichte Leib des Erhöhten durchaus sein mußte, verfestigt in der lutherisch-orthodoxen Lehre von der Idiomenkommunikation . . . , wonach eben wirklich der Menschheit Jesu als solcher und in abstracto die Prädikate der göttlichen Herrlichkeit angehören . . . , das alles bedeutet offenbar die Möglichkeit einer Umkehrung von oben und unten, Himmel und Erde, Gott und Mensch, eine Möglichkeit, die eschatologische Grenze zu vergessen, in deren Fruchtbarmachung sich Hegel seinem ausdrücklichen Bekenntnis entsprechend vielleicht als nur zu guter Lutheraner erwiesen hat"* (S. 230f). Ja, wir hören, was Barth hier indirekt auch gegen einen hegelischen Marxismus eingewendet haben könnte, der im Verzicht auf die „Gotteserkenntnis" und im Verwischen der „eschatologischen Grenze" dem Reich der Notwendigkeit dann doch vergeblich zu entrinnen versuchte! Aber was ist, wenn auch Marx hier nur ein allzu „guter Lutheraner" gewesen wäre – wenn dieser Versuch, die Menschennatur zu „vergotten" eben doch nur die Folge einer ganzen Erbschaft seines Jahrhunderts gewesen wäre? Gegen Feuerbach und Marx, aber ohne den Klassen- und Befreiungskampf zu ignorieren, und gegen die gesamte lutheranische Tradition bringt Barth nun das *„extra calvinisticum"* zur Geltung, das die „Auflösung" der Gottheit in die Menschheit verwehrt. *„Finitum non capax infiniti"* – das ist der Grundsatz der weiteren Überlegungen Barths, sofern sie sich in der reformierten calvinistischen Tradition bewegen (CD, S. 269ff).

Gerade um der Erkenntnis des „wirklichen Menschen" und der „wirklichen Menschheit" willen muß Barth den Begriff der Offenbarung nach zwei Seiten ideologiekritisch sichern: sowohl gegen den *„individualistischen"* wie auch gegen den *„kollektivistischen"* Mythus. Droht dort die Apotheose einer einzelnen Person oder „Persönlichkeit", so hier die Auflösung der Christologie in deren Deutung als der „Personifikation" einer „Idee", eines „Existenzials" oder auch: des wahren „Gattungsbewußtseins" (KD I/1, S. 422f). Dagegen leistet die Offenbarung Widerstand, und zwar gerade kraft des **Namens** Jesu Christi, der diese als konkret „geschichtliches Ereignis" bezeugt. Aber als dieses konkrete geschichtliche Ereignis will diese Offenbarung gerade von ihrem göttlichen Ursprung her: als die revolutionäre, in ihrer Radikalität alles überbietende „Tat Gottes" verstanden sein.

Es ist die dogmatische Lehre von der „*Anhypostasie*" des Wortes Gottes, die den göttlichen Ursprung des Menschen Jesus festhalten will, kraft dessen die Existenz Jesu allein im „Wort Gottes" begründet liegt. Sie verwehrt die Auflösung der Christologie in Anthropologie. Es ist wiederum die Lehre von der „*Enhypostasie*" des Wortes Gottes, die positiv ausdrückt, inwiefern kraft der Fleischwerdung des Wortes nun tatsächlich die „*assumptio carnis*": die Aufnahme und Erhöhung des Menschengeschlechtes in die Gemeinschaft mit Gott erfolgt. Gegenüber der gefährlichen Paradoxie der lutherischen Lehre von der „Idiomenkommunikation" hat sich die reformierte Tradition dabei nicht anders zu helfen gewußt, als daß sie neben der Gestalt des Wortes „im Fleisch" Jesu (logos ensarkos) auch eine Gestalt dieses Wortes außerhalb d.h. „*extra*" des Fleisches (logos asarkos) bekannte. Daran knüpfen sich weitere Distinktionen. Hier überrascht vorallem, wie Barth in einer fast vergessenen dogmatischen Tradition die Erkenntnismittel findet, um seine Erkenntis kritisch zu festigen (vgl. CD, S. 259ff). Wir verstehen den „Dogmatiker" Barth aber als „biblischen Theologen", wenn wir auch sogleich nach der exegetischen Verwurzelung dieser Lehren fragen: der Erzählung von der „Jungfrauengeburt".

Denn gerade hier geht es — „*wahrhaftig, nun soll kein Orthodoxer zustimmend frohlocken!* — um den „*Protest gegen die angemaßte Ewigkeit des uns bekannten Systems von Menschheit, Natur und Geschichte*" (R II/S. 262).

2. „natus ex virgine" — Zur kritischen Funktion des kirchlichen Dogmas

2.1 Ein unentbehrlicher Hinweis und 4 Verständnisfragen

Um die Lehre von der „Fleischwerdung des Wortes" gegen jeden voreiligen anthropologischen „Anknüpfungspunkt" zu sichern und ihr ihre Radikalität zu bewahren, greift Barth das „Dogma" von der Jungfrauengeburt auf. Dies scheint nun erst recht ein „Mythus" zu sein. Es versteht sich nun aber gerade in der „Kritik" der säkularen Mythen-Kritik. Es richtet sich nicht zuletzt gegen den Mythus des modernen „Weltbildes", das sich mit diesem Dogma nicht verträgt. Es ist einer der heftigsten Angriffe Barths auf das moderne Geschichtsbewußtsein.

Beginnen wir mit dem äußerlichsten und greifbarsten, von dem dieses „Dogma" redet: Jesus ist der „Sohn" einer jüdischen Mutter aus dem Geschlechte Davids, somit selber ein Jude nach Geburt. Es müßte offenbar alles, was wir von Jesus sagen, abstrakt in der Luft hängen, wenn nicht zu-

allererst das gesagt und festgehalten würde, daß es sich hier um einen wirklichen Menschen, und eben darin um einen bestimmten Menschen einer bestimmten Geschichte und Genealogie, um einen Angehörigen eines bestimmten Volkes oder auch „Kulturraumes" oder gar, wie man dann meinte
feststellen zu müssen, „Rasse" handelt. Es geht nun jedenfalls um die
Menschlichkeit in allen ihren Dimensionen, selbst der Geschlechtlichkeit
und des Geschlechtes. Aber täuschen wir uns nicht: nicht um die Feststellung der reinen „Rassenzugehörigkeit" ist es hier zu tun — als ob der
Stammbaum Jesu hier nicht merkwürdige Überraschungen in sich bergen
würde! — sondern um den theologischen Rahmen, den die Evangelisten
hier sogleich sichtbar machen wollten. Das Evangelium redet vom Ort und
in der (erfüllten) Zeit der Bundes- und Befreiungsgeschichte Israels und seines Gottes — der Messias Jesus kann hier von Anfang an nicht anders zur
Sprache kommen als der verheißene Erbe des Hauses Davids und seiner Väter. Davon redet Maria in ihrem Lobgesang. Davon redet das „Weihnachts-
evangelium". Davon redet das ganze Evangelium. Die „Sensation" liegt
freilich auf der Hand: eben in der Feststellung, die das kirchliche Bekenntnis mit dem „natus ex virgine" von alters her getroffen hat. Es ist aber die
Frage, ob man des kritischen Inhaltes dieses „Dogmas" überhaupt ansichtig wird, wenn man sich — statt von dieser Rahmensetzung — von dieser
„Sensation" leiten läßt.

Es stellt sich hier freilich die Frage nach dem „sacrificium intellectus",
das offenbar da gefordert ist, wo der Glaube an den Christus von der
Anerkennung des antiken **„mythologischen Weltbildes"** abhängig gemacht wird. Das Evangelium erscheint uns dann nicht mehr in Form
des „Evangeliums", sondern des „Gesetzes", das von uns ein Erkennen
wider bessere Einsicht verlangt. Das ist der Einwand, den Bultmann
gegen Barth erhoben hat. So erklärt sich denn Bultmanns Programm
der „Entmythologisierung" durchaus aus dem Interesse, das Evangelium
von Jesus Christus ohne „mythologischen" Ballast zur Sprache zu
bringen bzw. den Kern des Evangeliums aus seiner mythischen Schale
zu befreien. Barth hat diesen Einwand von seiten Bultmanns sicher
nicht auf die leichte Schulter genommen. Aber die Gegenfrage läßt
sich nicht überhören: ob Bultmann denn wisse, nach welchen Kriterien
der „Kern" des Evangeliums von seiner „Schale" zu trennen sei bzw.
ob er über die Kriterien verfüge, mit denen über die historisch-philolo-
gische Kritik hinaus an den Evangelien auch „Sachkritik" geübt werden kann? Barth war nun offensichtlich der Meinung, daß auch heutiges christliches Denken auf die Denkmittel, Hilfsmittel und Kriterien
der alten Christenheit nicht einfach verzichten könne, ja daß es gerade
darum gehe, von neuem für-wahr-zu-halten (CD, S. 396), was von den
Alten zu ihrer Zeit für-wahr befunden wurde. Es heißt zweifelsfrei
auch, zu verstehen, was das Dogma an Vorgaben und intellektuellen
Leistungen, an Opfern und frommen Beteuerungen nun gerade nicht
verlangt — aber was anderes könnte die Aufgabe des Predigers und

Theologen in der Kirche sein, als daß er zusammen mit Laien und Unkundigen, in der Gemeinschaft der Gläubigen und Ungläubigen, im Gespräch mit Zweiflern und Skeptikern – für „wahr" hält, was das „Dogma", was aber hinter dem Dogma die Bibel sagt? Die Bibel erzählt Geschichte, und gerade für die „Wundergeschichten" gilt, daß sie nur im Ensemble aller ihrer Elemente verstanden werden können. Nie und nirgendwo ist die Bibel am Wunder in abstrakto interessiert: an dem, was der moderne, wie vielleicht auch der damalige Mensch als besonders mirakulös, anstößig oder sensationell empfinden könnte. Nie und nirgendwo geht es in der Bibel um das Mirakel als solches – und immer verweist die Wundergeschichte auf Jesus Christus selbst als dem eigentlichen „Inhalt" des Geschehens. Ist der „Rahmen" dieser Geschichten darum zufällig oder belanglos? Die Selbstverständlichkeit, in welcher P. Lange in der Erörterung des Dogmas von der Jungfrauengeburt annimmt, daß Jesus von Nazareth – abgesehen von der theologischen Interpretation seiner Empfängnis und Geburt – das legitime Kind einer legitimen, wenn auch noch nicht vollständig legalisierten ehelichen Beziehung war, ist mindestens verdächtig (Lange, S. 365, Anm. 48). Warum spielt es keine Rolle, daß Jesus – wenn man von den theologischen Gesichtspunkten absehen will – nach damaligen Verhältnissen eben ein illegitimes Kind illegitimer Verhältnisse war, so daß seine Mutter mit ihrem Kind – wenn man vom Eingreifen des „Engels" absieht – durchaus mit der Verstoßung und dem gesellschaftlichen Ausschluß hätte bedroht sein können? Wer erlaubt uns anzunehmen, daß diese „Äußerlichkeit" für die biblischen Erzähler keine Rolle spielten? Der „historische" Hergang bleibt für uns im Dunkel – aber das Leben Jesu ist anstößig von Geburt, ob wir dem Dogma Glauben schenken oder nicht.

Wir stellen im Folgenden vier Verständnisfragen.

2.2 Ein hermeneutischer Zirkel?

Wir hätten es nicht mit der Offenbarung Gottes zu tun, wenn sie nicht ganz und gar „Geschichte" (keine allgemeine Wahrheit), „Tatsache" (kein Mythus), „Ereignis" (aber einmaliges, kein beliebig wiederholbares Ereignis) wäre. Und wir hätten es ebenso nicht mit der Offenbarung Gottes zu tun, wenn sie nicht die Geschichte der Offenbarung dieses Gottes wäre – also kein „historisches Ereignis", das sich mit anderen historischen Ereignissen in eine Reihe stellen läßt, ein Ereignis also, das im Vergleich mit jenen anderen Ereignissen überhaupt kein zweifelsfrei „historisches" Ereignis ist. Der „Zirkel" scheint unentrinnbar zu sein und doch schon zu Anfang das „sacrificium intellectus" oder einen Sprung ins Ungewiße zu verlangen. Aber dieser Zirkel ist, auch als ein in sich geschlossener „Kreis" (KD I/1, S. 400), doch kein hermetisch abgeriegelter Zirkel. Es gibt so viele

Zugänge zum Ereignis der Offenbarung (und zu den diese interpretierenden „Dogmen"), wie es Zugänge zur Bibel, zur Geschichte Israels, zur Kirche und ihrer Verkündigung gibt. Konkrete Wirklichkeiten haben es nun einmal an sich, daß sie nie nur unter einem Aspekt gesehen und unter einer Fragestellung angegangen werden können, sondern sich zu jeder Zeit in vielfältigen Aspekten und Beziehungen darstellen. Und dazu ist der dogmatische „Zirkel" gut: uns den Zusammenhang vor Augen zu führen, indem dieses Ereignis allein als „konkretes" Ereignis verstanden werden kann. Dieser Zirkel soll gerade verhindern, daß wir uns mit einem Aspekt oder Gesichtspunkt vorschnell zufrieden geben, dieses Geschehen in einem „Prinzip" oder Begriff zu fassen versuchen könnten. Der Zirkel ist offen nach allen Seiten, er ist „vollständig" aber in dem Sinne, als er für die Begründung der theologischen Erkenntnis zureichend und genügend ist, also nicht noch zusätzlicher theoretischer Hilfskonstruktionen bedarf.

In diesem Zusammenhang ist eines der stärksten sachlichen Motive der Barthschen Dogmatik die „theologische Warnung vor der Theologie" (KD I/1, S. 171). Es handelt sich um die „Warnung vor der Meinung, gerade die (theologischen) Spitzensätze oder Prinzipien seien wie die angeblichen Axiome der Mathematiker und Physiker in sich selbst gewiß und nicht vielmehr bezogen auf ihren allein gewissen Inhalt und Gegenstand, den sie nicht meistern können, sondern von dem sie gemeistert sein müssen, wenn sie nicht Seifenblasen sein wollen". Aber weil es sich am entscheidenden Punkt immer um „Wort Gottes", nicht um ein „System" der Theologen handelt, darum ist dieser Zirkel, haben wir ihn nur einmal betreten, immer wieder von innen her gesprengt. Darum kann gerade eine so rationale und antimythologische Theologie, wie diejenige Barths, nicht auf die Kategorie des „Geheimnisses", des unfasslichen „Wunders", oder eben: der sich immer wieder anders und überraschend darstellenden „Offenbarung" verzichten.

2.3 Absolutheitsanspruch der Offenbarung?

Aber besagt dies nun nicht, daß Barth die biblische Offenbarung doch mit einem „Absolutheitsanspruch" umgibt, der diese nicht nur aus allen Religionen hervorheben, sondern zugleich auch zum Grundstein einer weltbzw. universalgeschichtlichen Betrachtung machen müßte: zum Grundstein einer „Weltgeschichte", die nun auch sachlich notwendig in eine Geschichte „ante" und „post christum natum" auseinanderfallen muß. Was ist dann aber mit den Vorhergeborenen, und was mit den Nachgeborenen, die hier nicht Zeugen sein durften − die davon nichts vernahmen oder vernehmen?

Wohlgemerkt: Wer so fragt, der hat jedenfalls schon vernommen − er mag sich mit Recht oder Unrecht zu den „Draußenstehenden" rechnen, aber er ist doch schon vor eine Entscheidung gestellt. Seine Frage kann nicht „von außen", sie kann nur „von innen": von der Offenbarung selber her beantwortet werden, wie sie von dort her immer schon beantwortet ist. Aber gewiß: diese Frage kann und muß dann auch zu einer Frage „von innen her" werden, sofern den „Christen" ihr Verhältnis zu den „Nicht-Christen", den Juden und den Vertretern der anderen Religionen zum Problem werden muß. Sie ist gerade dann aber keine allgemeine und abstrakte Frage mehr, sondern wird zur höchst praktischen Frage des „Glaubens" im Streit mit dem „Unglauben", des „Dialoges", der Verkündigung und der Mission. Wir könnten auch sagen: zu einer Frage der christlichen Gemeinde der „Juden und Heiden" – und erst so auch eine echte „dogmatische" Frage.

Nun dürfte aber weiter deutlich sein: gerade das „natus ex virgine" verwehrt es, daß die Geschichte Jesu im allgemeinen Sinne als weltgeschichtliches Datum ins Auge gefaßt werden kann. Es eignet sich gerade nicht zum Grundstein einer „natürlichen Theologie". Der Versuch des römischen Katholizismus, dieses „Wunder" gleichwohl – in allerlei Reliquien – historisch zu „verobjektivieren" und, im Sinne der „analogia entis", als gewisses Datum einer physisch-metaphysischen „Gottessohnschaft" Jesu zu dogmatisieren, hat gerade den „Sprengsatz" dieses Dogmas entschärft.

Man braucht in der Tat nur einmal den Vatikan besucht zu haben, um in guten Treuen – Bultmannianer zu werden! Man kann dann aus den weiten Gemächern der alten Ontologie wie auf einem langen Korridor geradewegs in die engeren Gemächer der „neuen Ontologie" gelangen, die in solchen „Verobjektivierungen" mit Strauss und Bultmann nur noch „Mythenbildung" zu erkennen vermag. Aber zwischen dem „gutmütigen Supranaturalismus" der einen Seite und der „radikalen Kritik" der anderen Seite „ist ja gewiß eine bedeutsame Spannung vorhanden, aber, das sollte man nicht übersehen: keine prinzipielle Spannung" (CD, S. 235f).

Es hat seinen guten Sinn, daß dieses Ereignis in den Annalen der großen „Weltgeschichte" nicht aufgezeichnet ist. Denn hier stoßen nicht nur verschiedene „Interpretationen" von „Welt", sondern verschiedene „Welten" aufeinander: Die Welt des „Christentums" und der sog. „Weltreligionen" mit ihrem Absolutheits- bzw. Offenbarungsanspruch einerseits, die Welt der Bibel bzw. des **Stalles von Bethlehem** andererseits; die großem „Weltanschauungen" hier, die Unterwanderung und Aushöhlung dieser Weltanschauungen dort; die „Weltgeschichte", wie sie durch den Kaiser Augustus, durch den König Herodes und endlich durch Pontius Pilatus nur allzu deutlich repräsentiert ist – und ein „Kind", das nur durch „Wunder" dem Zugriff der Häscher entrinnt. Hier besteht in der Tat ein unüberwindlicher Gegensatz, der in keiner Konzeption einer christlichen „Universalgeschichte" aufgefangen werden kann, nein: gerade der Mythus einer „allmächtigen Weltzeit und Weltwirklichkeit", diese „harte, spiegelglatte Fläche von Profanität" bedeckt auch „die Jahre 1 – 30 . . . wie alle anderen" (KD I/2,

S. 69). Nur als ein in den Augen der Welt eher belangloses „Ereignis" kann die Offenbarung das Ereignis der Weltgeschichte sein: die Umwertung aller Werte, das Auffinden des Verlorenen, die Rechtfertigung der Vergessenen und die Aufrichtung der Gedemütigten. So aber handelt es sich wahrlich nicht um ein Ereignis nur der sogenannten „Religionsgeschichte" — als „Religion" ist das Christentum dem Christus so nahe und so fern wie jede andere Religion — sondern um ein Ereignis in den niedrigsten Dimensionen von Natur und Geschichte, Staatenbildung oder gar Klassenkampf. Mag es um die Geschichte des Volkes Israel bestellt sein, wie es will (sie wird ja in ihrem Auf und Ab von König und Gegenkönig, von Befreiung und Versklavung, von Eroberung und Untergang im Alten Testament jeglicher Verklärung beraubt), so ist es nun doch der „*Bundesgott*" Israels gewesen, mit dem „*grundsätzlich die radikale Entgötterung der Natur, der Geschichte und Kultur, eine rücksichtslose Negation jeder anderen Gottesgegenwart*" als der des „*Bundes*" in die antike Welt hineinbrach.

„*Wenn es fromme Kaananiter gab — und warum sollte es solche nicht gegeben haben? — so muß ihnen der Gott Israels wie der leibhaftige Tod und der Glaube Israels wie die Areligiosität selber erschienen sein*" (KD I/2, S. 93).

Auch das Alte Testament weiß aber, daß die „*Gegenwart Gottes*" nicht an die „*völkische Existenz, Einheit und Eigenart des Volkes Israels*" als solcher, auch nicht an diese oder jene seiner Gestalten, „*Individuen*" oder „*religiösen Persönlichkeiten*" gebunden ist (S. 88). Manch ein „Heide" hat diesen Gott besser verstanden als die Frommen unter den Israeliten, manch ein „Gottloser" hat von dieser Gotteswirklichkeit mehr gewußt. „*Das Verhältnis von Drinnen- und Draußenstehenden scheint nach Röm. 9-11 nicht prinzipiell unumkehrbar zu sein und die Warnung betreffend der Letzten, die vielleicht die Ersten werden könnten oder schon sind, dürften mit dem alten sicher auch das neue Volk Gottes, es dürfte die Kirche als solche angehen . . . Zur Behauptung der Absolutheit des Christentums besteht kein Anlaß. Absolut ist die Offenbarung*" (CD, S. 250). Sie ist es aber „*in ihrem grundsätzlichen Unterschied, von dem, was sonst und zunächst in der Religionsgeschichte Offenbarung heißt*" (S. 252).

„*Und nun können die Religionen unter sich Toleranz üben, Bolschewismus und Islam, Faschismus und Amerikanismus können sich eines Tages gegenseitig finden und sicher jetzt schon viel voneinander lernen. Ein Hitlerianer kann Kommunist werden oder umgekehrt, ohne daß allzuviel anders wird: er hat Götter gewechselt, die man wirklich wechseln kann. Aber wenn die Religionen auf das ‚Christentum' stossen, werden sie alle unerbittlich werden. Dem ‚Christentum' gegenüber haben sie alle ihre heiligsten Güter, nämlich gerade ihr Wesen als Religionen, zu verteidigen. Denn das ‚Christentum' stellt die Gottheit aller Götter und mit ihnen den Ernst aller Religiositäten in Frage — Das ist's, was keine Religion dem ,Christentum' verzeihen kann"* (ThFuA, S. 95f). — Man beachte hier, daß Barth das „Christentum" wohlweislich in Anführungsstrichen setzt. *„Wenn es sich selber recht verstanden hat, dann kann es ja gerade nicht bloß ,Christentum', ,Christianismus' sein wollen. Als -tum oder -ismus wäre es selbst eine Religion neben anderen"* (S. 98). Dies wäre zu beherzigen, wo über Verhältnisse des Christentums zu den anderen Religionen nachgedacht wird bzw. über die Aufgaben der christlichen „Mission". Dies gilt gegenüber dem „Marxismus". Barth sagt zwar in aller wünschenswerten Deutlichkeit: *„Man kann nur aus Vergeßlichkeit, aus einem kleinen Mißverständnis der einen oder anderen Seite Kommunist **und** Christ, Faschist **und** Christ, ,Amerikaner' (europäischer Amerikaner!) **und** Christ sein"* (S. 96). Aber man müßte wohl selber schon „amerikanisiert" oder vielleicht vom Nazismus angerührt sein, wenn man diesem Satz nur das entnehmen wollte, daß der „Christ" jedenfalls nicht Kommunist, nicht Marxist sein darf — wenn man nun meinte, den Kampf gegen den Kommunismus im Namen des „Christentums" führen zu müssen. Vor allem aber muß man es sich abgewöhnen, Marxismus und Kommunismus für eine gefährliche Sache, das Christentum dagegen für eine harmlose Angelegenheit von vergleichsweise harmlosen Menschen zu halten. *„Die Welt war der Kirche nicht immer dankbar dafür, daß sie ihre Götter ignorierte. Es gab bekanntlich eine Zeit, wo sie sie aus diesem Grunde verfolgte. Die Kirche würde vielleicht wieder verfolgt werden, wenn sie es der Welt wieder klarer machen könnte, daß sie sich darin von ihr unterscheidet, daß sie ihre Götter ignorieren muß"* (ThFuA, S. 169).

Die intransigente „Härte" in Barths Gottesbegriff, wie sie im „Dogma" ihren Ausdruck findet, ist nicht auf mangelnde Gesprächsbereitschaft und — Willigkeit zurückzuführen, sie ist sachlicher Natur, aber in der Sache identisch mit Barths „Religionskritik". Barth will von ferne nicht die Absolutheit unseres abendländischen „Christentums" (bzw. „Heidenchristentums") gegen das Judentum oder den Islam, Buddhismus oder Marxismus behaupten, er ist nicht im „Konkurrenzkampf" der großen sog. „Offenbarungsreligionen" begriffen — er redet von der einen Offenbarung in der Mitte, die diese „Religionen" zu Fall bringt und jeden Absolutheitsanspruch der einen gegenüber den anderen relativiert. Er redet aber vom unbedingten Anspruch dieser Offenbarung auf die Welt: von dieser großen Negation, die allein auch die Position entbirgt, die „Juden und Heiden", die ganze Völkerwelt und also die ganze „Ökumene" der Gattung Mensch umgreift.

Siehe, *„mein geliebter Sohn, an dem ich Wohlgefallen habe!"* Mk. 1,11), oder:
„Ehre sei Gott in den Höhen
und Friede auf Erden unter den Menschen,
an denen Gott Wohlgefallen hat" (Lk. 2,14).

2.4 Die Geburt des neuen Menschen
Mythos oder revolutionäre „Tat Gottes"? (Barth-Bultmann)

Barth gebraucht ein Bild: Die Theologie kann *„nicht mit einem auf der Erde aufgestellten Scheinwerfer den Himmel abzuleuchten suchen, sondern sie wird versuchen, die Erde im Lichte des Himmels zu sehen und zu verstehen"* (ThFuA, S. 139). Das ist die Zusammenfassung der Barthschen „Religionskritik".

Es ist dabei augenscheinlich, daß Barth nicht nur einen anderen Begriff von „Offenbarung" hatte als Bultmann, sondern auch mit einem anderen Begriff von „Mythus" gearbeitet hat. „Gott" entgöttert die Welt. Erst an der „Offenbarung" kann deutlich werden, was eigentlich – und im Unterschied zur Offenbarung – ein „Mythus" ist. Gott erweist sich als Gott, indem nicht nur die religiösen und mythischen Vorstellungen entlarvt, sondern auch die irdischen bzw. menschlichen Produktionsstätten der Religion scharf beleuchtet und bloß gestellt und ihrer Existenz getroffen werden. Daß dann auch die „realen" Gottheiten dieser Welt, Staat und Kapital, ihrer vermeintlichen Allmacht und ungebrochenen Herrlichkeit und Dauer verlustig gehen, versteht sich dann von selbst. Der Mensch, der an diesen Mächten und Gestalten solange seinen Halt, seine Sicherheit oder auch seinen Trost zu haben glaubte, wird ins Freie entlassen und – auf sich selbst gestellt. Aber er wird es in und durch die Offenbarung. Wer Barth verstehen will, muß sich also – mit Bultmann geredet – auf Barths „mythologisierende" Redeweise einlassen, auf jenen „hermeneutischen Zirkel", von dem Bultmann sich stets gewünscht hat, daß Barth ihn endlich bewußter und begrifflich klarer darlegen würde. Und doch läßt sich auch Barths „Lehre vom Wort Gottes" im Sinne der dogmatischen „Prolegomena" als eine solche Hinführung und Vorbereitung, ja als die eigentümliche „Hermeneutik" der Barthschen Theologie verstehen.

Formaliter betont Barth, daß es sich in den „Prolegomena" nicht um die *„vorher"*, sondern um die *„zuerst"* zu sagenden Dinge handelt (KD I/1, S. 4). Statt sich über das Wesen von Religion und Mythus allgemein zu verständigen, geht Barth darum sofort ins Zentrum, um seine Kategorien von Religion oder Mythus von dorther zu spezifizieren. Barth bestreitet freilich nicht, daß das *„Wunder"* der Offenbarung für die *„historische Betrachtung"* ein *„Mythus"* ist. *„Man glaube nur ja nicht, daß sich die Anwendung dieses Begriffs auf den Bereich des christlichen Bekenntnisses über den Eingang der Offenbarung in die Zeit etwa direkt abwehren lasse . . . Man weiß nicht, was man sagt, wenn man das Wunder Wahrheit nennt, wenn man es nicht zuvor Mythus genannt hat, wenn man die Analogie nicht sieht, unter die es an sich, vom Worte Gottes abgesehen, zweifellos fällt und nun erst, kraft des gesprochenen und vernommenen Wortes Gottes ebenso zweifellos nicht fällt"* (CD, S. 273). Das ist es eben, daß die Offenbarung, wenn sie als diese verstanden wird, sich jeder möglichen „Analogie" entzieht — auch der der „Geschichte" oder der „Geschichtlichkeit" — und nur diese eine, an sich unmögliche und fatale Analogie zuläßt: den Mythus. Scharf heißt es in KD I/1: „*Wer nicht nach Offenbarung fragt, dem bleibt wohl nichts anderes übrig, als eben nach Mythus zu fragen*" . . ., aber: „*das Verständnis der Bibel als Zeugnis von Offenbarung und das Verständnis der Bibel als Zeugnis von Mythus schliessen sich gegenseitig aus*" (S. 347). Was aber ist Mythus, wenn er in dieser Weise der Feind der Offenbarung ist? In **Bultmanns** Verständnis ist als „mythologisch" sicher all das zu verstehen, was dem modernen naturwissenschaftlichen „Weltverständnis" widerspricht. In dieses allgemeine Verständnis von Mythus hat aber Bultmann ein spezielles, aus der „religionsgeschichtlichen Schule", später an Heidegger entwickeltes Mythus-Verständnis eingelegt. Mythologisch im engeren Sinne sind für Bultmann „*Objektivierungen*" des religiösen Erlebens (Bultmann 1920, S. 19), Vergegenständlichungen ungegenständlicher menschlicher Verhältnisse und Beziehungen bzw. Objektivationen des menschlichen Innenlebens, Empfindens oder der Existenz. So heißt es in diesem frühen Aufsatz: „*Kein Mensch denkt daran, eine Geschichte des Vertrauens zu schreiben. Der Schein der Möglichkeit einer Religionsgeschichte entsteht dadurch, daß das religiöse Erleben wie alles Erleben zu Gestaltungen führt, zu Gedanken, Institutionen und Kunstwerken, deren Geschichte sich in der Tat schreiben läßt. Aber diese Objektivierungen sind nicht die (wahre, PW) Religion, sondern zeugen nur von ihr . . .*"; Religion ist darum kein verobjektivierbarer „*Kulturfaktor*" (ebd., S. 23), vielmehr das „*Jenseits*" der Kultur (S. 26). Hier kommt nun später Heideggers Differenz von „Sein" und objektiv „Seiendem" zum Zuge, in welcher Heidegger die Verfallenheit des modernen Menschen an die gegenständliche Welt, an Technik und Kultur bzw. den gesellschaftlichen Fortschritt kritisiert. Und hier also liegt die Wurzel der modernen Mythologie, die aus einem „Jenseitigen" nun gerade ein „Diesseitiges", aus dem Unsagbaren ein Sagbares, aus dem Ungegenständlichen ein Gegenständliches, womöglich ein weltliches Gut machen will. Was meint dann das Programm der „**Entmythologisierung**" (das Bultmann freilich erst im 2. Weltkrieg in seiner Vollgestalt dargelegt hat)? Der Mythus macht aus der „*Jenseitigkeit*" Gottes z.B. eine „*räumliche Ferne*", aus seiner „*Ewigkeit*" eine „*unendliche Zeit*" — stellt sich das Leben der „Götter" als das Leben himmlischer Menschen vor (Bultmann 1951, S. 22). Dies sei die Vorstellungswelt, in der Jesus gelebt habe und in der das Christentum entstand. Aber das biblische Kerygma widerspricht diesem Mythus, es stellt die „reine Jenseitigkeit" Gottes wieder her, aus welcher sich auch der heutige Mensch wieder in der „Eigentlichkeit" seiner Existenz verstehen kann und sich von den falschen Bindungen an die Welt der Gegenstände, der Kulturgüter etc. befreit. — Was ist dazu zu sagen, wenn wir nun sofort einräumen müssen, daß die Lehre sicher nicht von derselben „Plattheit" ist, die Barth Feuerbach nachgesagt hat? Bultmann meint die Offenbarung — aber redet er von der Offenbarung? Bultmann hat dem 2. Römerbrief Barths begeistert zustimmen können, gerade weil Barth hier das Jenseitige als Jenseitiges, Gott als Gott und den Menschen als Menschen verstanden wissen wollte. Aber schon hier wird man sich fragen, ob diese Gemeinsamkeit mehr ist als eine formale, und worin sie besteht. Denn gerade jene spezifische Trennung von Sein und Seiendem, Welt und Existenz, „Kultur" und „Religion", Gegenstand und einem ungegenständlichen „Dasein" des Menschen findet sich bei Barth so nicht. Die Menschen sind der Entgötterung genauso bedürftig wie ihre Produkte: Kultur, Technik, Wirtschaft und Staat, diese Produkte genauso, wie die reinste Individualität. Es gibt keine Bereiche unter dem Himmel und auf der Erde, wo die Verdinglichungen des Daseins aufzuheben, wo ihnen zu entrinnen wäre — nur in praxi können sie je und je aufzuheben sein. „Kein Mensch denkt daran, eine Geschichte des Vertrauens zu schreiben"? Aber was ist das Vertrauen ohne den Menschen, dem ich es schenke? Was ist es, wenn es nur Gefühl, geheimes Einverständnis, ein Arkanum des Unsagbaren ist — wenn es nicht das Vertrauen zu diesem, nur diesem oder jenem Menschen, darum ein praktisches, sich darum auch bewährendes Vertrauen ist — wenn es nicht ganz konkreten, auch mitteilbaren und sagbaren Inhalt hat? Der Mythus ist stumm. Seine Götter reden nicht, wie ahnungsvoll ich mich auch immer von ihnen umgeben weiß. Aber eben: Was wäre ein „Glaube", wenn er in der radikalsten Ungegenständlichkeit nicht gegenständlich wäre: ein Glaube-an, ein Vertrauen-auf, ein Für-wahr-nehmen und Für-wahr-halten, was das Wort Gottes für uns besagt? Was wäre eine Geschichte Gottes mit den Menschen, wenn sie nicht in aller Naivität erzählt werden könnte, so eben, wie Geschichten erzählt werden, weil sie geschehen sind und uns widerfahren? Freilich, auch der Mythus „erzählt" Geschichten von Göttern und Menschen — und doch tut er nur so. „*Mythus heißt ja in Form von Erzählung gebrachte, aber an sich raum- und zeitlos wahr sein wollende Darstellung gewisser immer und überall bestehender Grundverhältnisse der menschlichen Existenz in ihren Beziehungen zu ihren eigenen Ursprüngen und Bedingungen im natürlichen und geschichtlichen Kosmos bzw. in der Gottheit . . .*" — oder mit den Worten von Ed. Thurneysen: „*Was der Mythus als Faktum berichtet, kann sich immer und überall ereignen, es ist kein einmaliges, sondern ein wiederholbares Geschehen . . . In immer neuen Theophanien erlebt der Mensch den Grund der Welt als gegenwärtig und sich mit ihm verbunden*" (zit. in KD I/1, S. 346). Der Unterschied zur freien Spekulation besteht für Barth hier nur gerade darin, daß „*in der Spekulation die Form der Erzählung wieder abgestreift wird wie ein zu eng gewordenes Kleid, daß also das im Mythus als Faktum vorgeführte nun in die Sphäre der reinen Idee bzw. des Begriffs erhoben*" wird. „*Der Mythus*" — man meint Marx reden zu hören! — „*ist die Vorform der Spekula-*

tion, und die Spekulation ist das an den Tag kommende Wesen des Mythus" (eb). Dagegen heißt es: "Die Bibel will, indem sie von Offenbarung berichtet, **Geschichte** erzählen, d.h. aber sie will nicht berichten über ein allgemein, immer und überall bestehendes oder in Gang befindliches Verhältnis zwischen Gott und Mensch, sondern von einem dort und nur dort, damals und nur damals, zwischen Gott und gewissen ganz bestimmten Menschen sich abspielenden Geschehen" (KD I/1, S. 344). Aber warum sagt Barth dann nicht einfach "Geschichte"? Warum bedarf es nun trotzdem des immerhin nicht ganz unzweideutigen, stets zweifelhaften und leicht mythologisch zu interpretierenden Begriffs der "Offenbarung"? Warum kann dieser Begriff, nach vollzogener Erkenntnis Jesu Christi, nicht endlich fallengelassen werden? Aber auch die "Geschichte" ist kein unzweifelhafter und unbelasteter Begriff, gerade sie ist noch und noch von Mythen überlagert. Barth kämpft im Namen der Geschichte um die Offenbarung. Aber er kämpft im Namen der Offenbarung um die Geschichte gegen jeglichen möglichen Mythus von "Geschichte"! "Wollte man das geschichtliche Ereignis mit der Aufklärung etwa selber doch wieder als bloßen Exponenten eines allgemeinen Geschehens, als unter eine Regel fallenden Sonderfall oder als Verwirklichung einer allgemeinen Möglichkeit auffassen, sollte ,Geschichte' irgendwie als Rahmen verstanden werden, innerhalb dessen es nun auch so etwas wie Offenbarung gebe, dann müßten wir an dieser Stelle den Begriff der Geschichtlichkeit mit demselben Nachdruck ablehnen wie den des Mythus" (S. 348). Das ist direkt gegen Bultmann gesagt. Offenbarung geschieht — mit der berühmten Metapher — "senkrecht vom Himmel", sie ist "Ereignis als Faktum, oberhalb dessen es keine Instanz gibt, von der her es als Faktum und als dieses Faktum einzusehen wäre" (eb). Offenbarung ist sich selbst setzendes, und darum nicht abzuleitendes, "kontingentes" und unter allen äußeren Gesichtspunkten "zufälliges" Ereignis: eine echte Besonderheit in aller Geschichte, die an besondere Orte und Zeiten gebunden ist. Sie enträt aller Dialektik, die das Besondere unter die Herrschaft einer Allgemeinheit bringen will — und wäre es die Allgemeinheit einer "Geschichtlichkeit", in der sich gerade der einzelne Mensch je und je befinden mag. Kein Zweifel: auch dem Marxismus ist hier in sehr bestimmter Weise Einhalt geboten, so er sich etwa anmaßen oder dazu verleiten lassen sollte, dieses Ereignis allzu schnell dem allgemeinen "Fortschritt" zu subsumieren, aber nicht minder einem christlichen Theismus, Deismus oder Monotheismus, der ein göttliches "Oberhalb" der Offenbarung auch ohne Offenbarung schon zu kennen glaubt. Wer "Gott" ist, was "Geschichte" ist, das sagt die Offenbarung, niemand sonst. Zu ihr führt kein Weg, es sei denn der Weg, der von ihr her kommt — es sei denn jene Geschichte des Bundes Gottes mit den Menschen, die nun wahrlich eine "Geschichte des Vertrauens" ist: des Vertrauens eines Volkes in seinen Gott und eines Gottes in sein Volk. Die "Offenbarung" sagt hierüber zweierlei: daß dieser Gott sein Vertrauen wohl oft gar fälschlich in dieses sein Volk gesetzt, daß aber dieses sein Volk sein Vertrauen doch nicht fälschlich in seinen „Gott" gesetzt hat. Sie sagt: daß dieser „Gott" seine Versprechungen gehalten und wahr gemacht und daß er sie, wiewohl er es nicht hätte tun müssen, nun dennoch von neuem bestätigt hat. Ja, wir reden „mythologisch" — aber von jener Mitte, von jenem Anfang und von jenem Ende her, von wo der Mythus aus seinem letzten Erdenwinkel vertrieben wird. Und dazu bedarf es offenbar der „Dogmatik": diese Geschichte und ihren Text zu strukturieren und zu kommentieren. Offensichtlich muß derjenige, der die Bibel zur Lektüre empfiehlt, in etwa zeigen, daß er wissenschaftlich und akademisch, historisch und philosophisch einigermaßen auf der Höhe seiner Zeit sich befindet, und daß auch die Bibel allerlei modernen Fragestellungen von Atheismus und Materialismus, Nihilismus und Existenzialismus — wie gerade etwa Barths Bemerkungen zu Prediger und Hiob, zu Jesus und Judas beweisen — durchaus sich gewachsen zeigen kann. Es bedarf offenbar einer solchen Verständigung über diesen Text, bevor er in etwa wieder zu einem verständlichen Text werden kann, und darüber, von welcher Mitte aus dies in etwa gelingen könnte. Barths Theologie und Dogmatik ist gerade darin „Hermeneutik", daß sie nicht selber der Text und der Inhalt, sondern nur der Kommentar zu diesem Text und somit „Form" seines Inhaltes sein will. Sie ist die leere Form dieses Inhaltes, die für sich genommen durchaus als „Leerlauf" empfunden werden könnte. Aber gerade so ist sie beredt: formuliert sie keine Quintessenzen biblischer Wahrheiten, die man auf 10 oder 20 Seiten nach Hause tragen könnte, abstrahiert sie keine Sinngehalte biblischer Erzählung, die als solche wert und wichtig wären, sondern begleitet den Text in sich wandelnden Räumen und Zeiten. **Dogmatik ist in Begriffe gebrachte Erzählung**, nichts weiter, nichts sonst. Sie kann versuchen, ordentlich und übersichtlich und insofern „systematisch" voranzuschreiten — sie ist dennoch kein „System" der christlichen Wahrheiten. Sie ist auf der Erde, nicht im Himmel — und darum „arbeitet" sie. Die „Trennung" verläuft hier, und nicht dort: zwischen dem unerreichbaren „Oberhalb" Gottes und dem Unten der Menschen, aber nicht zwischen Innerlichkeit und Äußerlichkeit, Theorie und Praxis, Leib und Seele, Körper und Geist. Freilich gibt es auch unter dem Himmel Unterschiede zwischen Wachen und Schlafen, Beten und Arbeiten, zwischen Tag und Nacht, Werktagen und Sonntagen. Auch hier gibt es ein „Oben" und ein „Unten", Höheres und Tieferes, Erhabenes und Erniedrigtes. Aber diese Differenzen bilden doch nur relative, aber keine absoluten, in des Menschen Trägheit immer wiederkehrende, aber doch nicht „ontologische" Differenzen. Der moderne Skeptizismus oder Nihilismus, wonach die Welt der Äußerlichkeit und Gegenständlichkeit entweder nur der Schleier der Maja oder eine Nacht von lauter grauen Katzen ist, wonach alle Arbeit Sysiphusarbeit sein müßte und es weder Schritte noch Fortschritte in der Geschichte geben kann:

er kann doch nur dort Fuß fassen, wo man sich vom Schein des schon Gewordenen, Verdinglichten und scheinbar unabänderlich Bestehenden hat täuschen lassen, wo man jetzt den Zerfall und Untergang der bürgerlichen Kultur beklagt, aber doch die Große Perspektive, die Umwertung aller Werte, den Lobgesang der Maria, der in der äußersten Niedrigkeit erwählten Magd des Herrn aus Ohren und Sinn verloren hat. Jene anscheinend überall bestehenden oder in Gang befindlichen „Grundbefindlichkeiten" und „Grundverhältnisse" der modernen Existenz dürften ja in der Tat weit mehr mit der Ausbreitung und dem Überhandnehmen der Warenproduktion, des Warentauschs und des zur Ware gewordenen Menschen zu tun haben als mit jener „Ontologie", in denen sie sich reflektiert. Aber eben: Wer erlaubt uns zu wissen, daß das Nichts der Nihilisten, und daß die gegenstandslose Eigentlichkeit der Existenzialisten ein „Mythus", aber nun gerade der Lobgesang der Maria von Luk. 1, 46-55 kein Mythus sei? Und doch ist gerade das Dogma von der Jungfrauengeburt das Instrument, mit welchem Barth jener heidnischen „Ontologie" ein Ende bereiten will, die auch nach ihrer lutherischen Christianisierung und ihrer modernsten philosophischen Überarbeitung ihren Ursprung doch nicht verleugnen kann. Denn im „Heidentum" mag es das geben: eine prinzipielle Höherstellung des Geistigen über dem Sinnlichen, der Vernunft über der Tat, der Person über dem Werk dieser Person, der Liebe über der Sexualität, des Genusses über der Arbeit, des Idealismus über dem Materialismus und endlich der Existenz über dem bloßen und faktischen Existieren. Hier mag es dann auch ein abstraktes „Ich" und ein abstraktes „Du" und eine nicht minder abstrakte „Beziehung" zwischen diesem Ich und diesem Du geben, die nicht zugleich wäre eine Beziehung von Arbeitskollegen und Genossen, von Freunden und Verwandten, oder von Mann und Frau. Und schließlich mag es dann gerade auf diesem Boden zu jenen Durchbrüchen und Ausbrüchen des nur-noch-Sexuellen, des blindlings-Triebhaften, der sexuellen Tauschbeziehungen und des primitiven Materialismus kommen, dessen nackte Existenz man so gerne im gottlosen Rußland vermutet hat. Nicht von ungefähr hat die bürgerliche Christologie einen *„Horror vor der Physis, vor der Äußerlichkeit, vor der Leibhaftigkeit; sie atmet gerade nur noch in der dünnen Luft des sittlichen Urteils und des seelischen Erlebnisvermögens . . . Die biblischen Wunder sind ihr, von allem anderen abgesehen, schon darum peinlich, weil sie nun einmal allesamt höchst ,naturhaft' sind. Was soll sie zu Jesu leiblicher Auferstehung, was soll sie zu dem natus ex virgine sagen? . . . Weil man sich an dieser Stelle sperrte, darum mußte man das Neue Testament teils durch Umdeutung, teils durch literar- und religionsgeschichtliche Kritik so lange bearbeiten . . . bis es von allem Realismus gereinigt war"* (KD I/2, S. 143). Aber nun hören wir einfach auch das andere, das es dem Menschen gut sei, Gott zu lieben mit dem „ganzen Herzen", aus der „ganzen Seele", mit allem Bewußtsein und „aller Kraft" als der einzigen

hier in Frage kommenden „Ontologie". Also mit seinem ganzen, und
nicht mit einem geteilten oder unterteilten Sein! Und nun hören wir
vom „Gehorsam" des Gottessohnes, der all dies tat: „*der von keiner
Sünde wußte, aber in unserer Menschennatur die Sünde der Welt nicht
leugnete, nicht von sich schob, es nicht für einen Raub ansah, Gott
gleich zu sein (Phil. 2,6), sondern als der Zöllner und Sünder Geselle
(Mt. 11,19), den Übeltätern gleichgerechnet (Js. 53,12), ja selbst ‚zur
Sünde gemacht' (2. K. 5,21), alle Gerechtigkeit, nämlich die Gerechtigkeit der Buße, erfüllte (Mt. 3,15), die Sünde der Welt trug (Joh.
1,29)"* (CD, S. 266). Und das ist seine Gottessohnschaft, und darin ist
er gerade „*sündlos, daß er anders als Adam, nicht sein will wie Gott,
sondern in Adams Natur sich zum Adamsein . . . bekennt"* (eb). Eine
davon „*abstrahierende Betrachtung wird und muß auch in Jesus von
Nazareth einen fehlbaren, höchst fehlbaren Menschen sehen, wie wir
alle sind. Sie hat es von Anfang an getan. Sie ist es, die ihn ans Kreuz
geschlagen hat. Konkret als der im Fleisch der Sünde handelnde Herr
ist er der Sündlose"* (S. 266f). Diese Predigt kann man aber nur wagen
in Hinsicht darauf, daß dieser Jesus — in der Einheit seiner Person,
seines Weges und seines Werkes — selber mächtig und in der Lage ist,
allerlei mythische Wünsche zu enttäuschen, den Projektionen Widerstand zu leisten und allerlei an ihn herangetragene Ideologien zu Fall
zu bringen. Er ist eben ein nur allzu gewöhnlicher — und doch der un-
gewöhnlichste unter den Menschen. Er war unzweideutig ein Kind seiner Zeit, und wiederum darf er als der Sohn seines Vaters doch nicht
der Sohn dieses Vaters sein, darf er, aus gutem Hause und rechtschaf-
fener Familie stammend, doch nicht aus unzweifelhaft guten Verhältnissen stammen, darf er als der Sohn gerade dieser seiner Mutter doch
nicht der Erbe des väterlichen Standes und Rechtes sein. „*Denn offenbar hat es Sinn zu sagen: der gewöhnliche Mensch bekommt seinen
Namen, seinen Stand, sein Recht, seinen Ort in der Geschichte, seinen
Charakter als diese und diese wirkliche Person, als **ein** Individuum
nicht bloß, sondern als **dieses** wirkliche Individuum von seinem Vater"*
(CD, S. 278). Es ist von der Bibel und von der jüdischen Männergesellschaft her „*kein Zufall, daß der Mensch als geschichtlich handelndes
und wirkendes Wesen, natürlich nicht ausschließlich, aber auf allen Gebieten überwiegend der Mann, daß Weltgeschichte, Kunst und Wissenschaft und Wirtschaftsgeschichte fast auf der ganzen Linie **Männergeschichte**, die die einzelnen Zeiten und Kulturen charakterisierenden
und prägenden Taten Männertaten sind . . . Adam ist geschaffen nach
dem Ebenbild Gottes, durch ihn kam die Sünde in die Welt, ein zweiter Adam muß vom Himmel kommen zur Erneuerung der Menschheit . . ."* (CD, S. 278). Aber „*diese Geschichte"*, die nun anhebt,
„*wird nicht Männergeschichte"* und, nicht nur in abstrakt sexueller
Hinsicht, „*nicht Mannestat sein"* (eb). Es geht nicht um die Ausschal-
tung der menschlichen Sexualität in abstracto, als ob nun gerade sie
der Sitz und Träger menschlicher Sünde wäre, aber darum, daß der

Mann insgesamt jene historische Rolle nicht spielen darf, die er so gerne spielt. *„Gerade seine ‚Genialität‘, seine Schöpferrolle kommt hier nicht in Betracht"* (eb). Wird es sich also um eine „Frauengeschichte" handeln: um den Sturz des Patriarchates, um die Errichtung des Matriarchates? Sowenig hier die Frau etwa nur in ihrer sexuellen Funktion, als Empfängerin und Gebärerin in Betracht genommen wäre, sie ist nun gerade auch als Frau keineswegs als ein sich verselbständigendes „absolutes" Wesen verstanden. Die Frau, hören wir bei Barth, ist die *„Trägerin der Menschheit im Prädikat . . ., die bei der Männergeschichte, bei den Männertaten ebenso unentbehrlich dabei ist wie das Objekt beim Subjekt, wie die Form beim Inhalt, wie der Klang beim Wort, wie die Anschauung beim Begriff . . ."* (S. 279). Das ist nun freilich ein Satz, wie man(n) ihn einer „heutigen Frau" nicht mehr wird zumuten können – er zeigt, wie die Geburt des „neuen Menschen" auch bei Barth noch förmlich **im Streit** mit dem „alten Adam" liegt! Warum hat Charlotte von Kirschbaum – sie war seit 1927 bei Barths theologischen „Männertaten" nun wirklich immerzu „unentbehrlich" mit dabei! – dagegen nicht lauthals protestiert? Oder müssen wir uns vielmehr darüber verwundern, in welcher einsamen Solennität Barth doch schon damals an den „feministischen" Kern dieses Dogmas gerührt hat? Zunächst stellt Barth auch nur fest: Die sichtbare „Männergeschichte" wäre nicht ohne die unsichtbare „Frauengeschichte" – die sichtliche „Männerherrschaft" in Wirtschaft und Staat ist auch offenkundig noch nicht damit beseitigt, daß man ihre Abschaffung im Zeichen des bürgerlichen Rechtes und Vertragsdenkens, der „Gleichheit" im Zeichen des Warentauschs proklamiert. Nein, wir hören bei Barth nichts von der „Gleichberechtigung" der Geschlechter, sondern immer nur von der Gleichheit in der Ungleichheit und von der Ungleichheit in der Gleichheit – in historisch-konkreter „Dialektik" der geschichtlichen „Gattung Mensch". Barth geht in KD I/2 noch einen Schritt weiter, wenn er sagt: *„die Frau ist für die menschliche Natur ebenso bezeichnend wie der Mann für die menschliche Geschichte"* (S. 213), ganz gleich, wie die Stellvertretungsverhältnisse im einzelnen verlaufen mögen. Eine Rollenverteilung im einzelnen hat Barth schon in der Ethik 1928 als *„wirklichkeitsfremd"* abgewiesen, und zwar *„gleichviel, ob man nun mit dem Brustton der Überzeugung von der Schöpfer-, Führer- und Schützerstellung des Mannes oder mit leise bebender Stimme von der Mütterlichkeit, Hingabefähigkeit, Empfänglichkeit und Gestaltungswilligkeit der Frau letzte Worte sich zu reden getraut. Was wissen wir denn vom Manne und von der Frau, als daß der Mann nicht Mensch wäre ohne die Frau, die Frau nicht ohne den Mann, daß beide nicht sich selbst gehören können, ohne eben damit einander zu gehören?"* (Ethik I/S. 307). Dabei spricht Barth nicht von der Ehe, sondern von der schöpfungstheologischen „Voraussetzung" der Ehe – von einem *„Verhältnis"* freilich, wie es *„vielleicht in tausend Ehen nicht einmal verwirklicht wird"* (S. 311).

Ja, hinsichtlich der Kritik der „bürgerlichen Ehe" wie auch der fatalen „Konditionierung" des „anderen Geschlechtes" hat Barth später auch **Simone de Beauvoir** weitgehend zustimmen können (KD III/4, S. 179f). Aber es verwundert nicht, daß Barth auch gegenüber dem Existenzialismus zur Linken nicht nachgeben wollte, was er dem Existenzialismus zur Rechten nicht nachgeben konnte: die Meinung, der Mensch könne sein Sein in irgendeiner ontologischen Abstraktion von seiner Leiblichkeit bzw. in irgendeiner Neutralität gegenüber seiner Geschlechtlichkeit verwirklichen. Nein, der „wirkliche Mensch" ist nicht ein solcher Mensch, der in irgendeiner Freiheit „existiert" und **außerdem** auch noch eine Sexualität „hat". Er ist nicht jenes freudianische Triebbündel, das ewig auf der Suche nach einem passenden „Triebobjekt" zu sein hätte, er ist auch nicht erst kraft jener fatalen „Konditionierung" in Familie, Schule, Gesellschaft etc. Mann und Frau. Nein, er „hat" nicht, sondern er „ist" Sexualität, indem er — in der Einheit, nicht in der Gespaltenheit von Seele und Leib — nicht „Mensch" in abstracto, sondern „Mitmensch": auf das von ihm verschiedene, ihm in der Gleichheit der Ungleichen gegenübertretende „andere Geschlecht" hin angelegt ist. Wir können nicht zweifeln: gerade hier — in der größten Nähe Feuerbachs! — fällt Barths „sozialistische" Entscheidung gegen jegliche Menschlichkeit *„ohne den Mitmenschen"* (KD III/2, S. 273f). Auch noch in Barths Verurteilung der Homosexualität (nicht des Homosexuellen, der der Mitmenschlichkeit Jesu sowenig entrinnen kann wie irgendein anderer Mensch!) äußert sich sein tief emotionaler Protest gegen jene Männergesellschaft des griechisch-platonischen oder germanischen Heidentums, die ihr tiefgeistiges „eigentliches" Menschsein unter Ausschluß der Frauen verwirklichen möchte, ihrer also nur als Mütter, Hetärinnen, Dirnen oder Haussklavinnen bedarf. Nein, es ist nichts mit jener „christlich-abendländischen Kultur", die ihre höchsten Errungenschaften mit der Verdrängung der eigenen wie der anderen Geschlechtlichkeit bezahlt. Es ist darum nichts mit jenem Frauenkampf, der — wie verständlich und berechtigt er auch immer in sich sein möchte — den Männern doch nur in der selben Münze heimzahlen, gerade den den Frauen aufgetragenen „Dienst" verweigern, das offenkundig Böse anders als mit dem Guten bekämpfen wollte (vgl. Röm. 12,21!).
So ist die Frau dem Mann als selbständiges „Gegenüber" geschaffen, ihn, den Unmenschen, zum Menschen werden zu lassen. So steht sie ihm gegenüber als das „andere Geschlecht": durchaus „von Natur" seine Mutter, durchaus von Natur mit einer ihm unbegreiflichen Macht und Gewalt über ihn begabt, mit den Göttern und Göttinnen des Mythus und der Fruchtbarkeit, des Zyklus und des Mondes, des Ackerbodens und der Urflut auf ungleich besserem Fuße stehend als er. Aber täuschen wir uns nicht: Wo mit dem Mythus der „großen Mutter", der Aschera und der Astarte **Baal** zur Herrschaft kommt, der der herrischen Gott des Phallus und der männlichen Potenzen ist, da wird

geherrscht, da geschieht, was B. Brecht in jungen Jahren vorbildlich dramatisierte. Man wird gerade das Alte Testament schwerlich anders lesen können als die Geschichte der Befreiung Israels aus der Herrschaft der Astarte und des Baals: des Mannes zuerst und mit ihm der Frau. Adam ist als erster geschaffen, er repräsentiert an erster Stelle die Geschichte der Befreiung, er wird – etwa in Gestalt des Königs Ahab 1. Kg. 18-21! – an erster Stelle zur Verantwortung gezogen, wenn er versagt. Gewiß: es sind auch die Frauen in dieser Geschichte nicht unbeteiligt, nicht minder verantwortlich und nicht etwa „unschuldig" – hier gilt: mitgegangen, mitgefangen, sei es nun 586 vor Christus oder 1933 nach Christus. Aber machen wir uns nichts vor: Adam ist es, der hier nicht nur in erster Linie, sondern offenkundig auch auf der ganzen Linie versagt. Auf seiner Linie kann der neue Mensch nicht gezeugt und geboren werden, er muß beiseite, er muß abtreten, wo es zur Geburt dieses neuen Menschen kommt. Er, Josef, der Stammhalter Israels, ist es, der nun von Seiten Marias vor ihm unbegreiflich neue „vollendete Tatsachen" gestellt wird.

Wird er diese Schmach hinnehmen, wird er sie, Maria, verstoßen? Sie stellt ja nun offenkundig das schwächste Glied in der Kette dar, von ihr hätte man das nicht erwartet, aber sie – indem sie zum ersten „Prädikat" dieser neuen Geschichte werden durfte – ist nun offenkundig auch ihr erstes „Subjekt". Sie ist die erste Akteurin dieser Geschichte gerade darin, daß sie sich nicht etwa zu gut war, dem Worte Gottes mit ihrem Leib zu dienen. Aber so stimmt sie als erste den GROSSEN LOBGESANG an: die erste Theologin des Neuen Testamentes.

Man muß hier sogleich das große Gegenüber sehen: Der Nationalsozialismus hat, auf einige Generationen hin, alles über den Haufen geworfen, was vorher bürgerlich, sozialistisch und radikal-feministisch bezüglich der „Gleichberechtigung" der Frauen geträumt worden ist. Nun hatte der Wirt die unbezahlten Rechnungen der „christlich-abendländischen Kultur" präsentiert. Wohl hat gerade der Nationalsozialismus den Menschen wieder in seiner Natur und Leibhaftigkeit, Schönheit und Kraft wiederentdecken wollen. Aber man/frau gehe und sehe, was da von biblischer Erotik allenfalls noch zu sehen sein könnte! Wohl hat man den Mythus des „neuen Menschen", des gesunden Arbeiters und der gesunden Frau, des Soldaten und der Krankenschwester aufgerichtet, aber man wundere sich nicht, daß sich die gehemmte Erotik schließlich auf dem Schlachtfeld und in den Schützengräben, und, mit K. Theweleits „Männerphantasien", schließlich in der Verfolgung und Vernichtung gerade der Juden, Zigeuner und Homosexuellen Raum verschaffte. Aber was hatte die Kirche dagegen zu sagen, nachdem sie über Jahrhunderte Maria in die Rolle der „großen Mutter", einer nun freilich asketisch-leibfeindlichen großen Mutter gedrängt, sie geradezu zum Kultobjekt einer neuen Männer- und Priesterreligion erhoben hatte? Welchen Verdrängungsmechanismen ist etwa auch noch K. Barth erlegen, als er die Gemeinde Jesu Christi 1934 — und zwar im nötigen Protest gegen diese Priesterreligion — als eine *„Gemeinde von Brüdern"* definierte? (Barmen III). Dagegen behauptet Maria im kirchlichen Dogma zu recht ihren Platz. Gewiß nicht sie allein, aber auch nicht der Mann Josef allein, sondern Maria mit ihrem Mann Josef ist das Urbild der Kirche Jesu Christi.

Dieser Jesus ist nun wohl — für Frauen vielleicht sehr ärgerlich — ein Mann, und zwar — für Männer, homo- und heterosexuelle in einem, vielleicht nicht weniger ärgerlich — ein Jude gewesen. Er ist der Jude der Juden, von einer Frau zum „Messias" gesalbt (Mk. 14,3ff), ein anstößiger Mann, wie man ihn — ein für alle Mal, und zwar für alle Verfolgten, Juden, Zigeuner, Homosexuelle — an seinem Ende nur noch kreuzigen konnte. Er ist, wenn man so will, der „ewige Jude", der immehr noch nicht hat, wo er sein Haupt hinlege. *„Ihr werdet alle Anstoß nehmen"* (Mk. 14,27). Aber in seiner Gesellschaft ist gut sein, da lassen sich nicht Tempel, aber Hütten bauen. Und in seiner Gesellschaft, an seiner Wiege, entlang seinem Weg, unter seinem Kreuz und an seinem — leeren! — Grab haben die Frauen, derweil die Männer ihr Heil in der Flucht suchten, offenkundig eine „ganz andere" Rolle gespielt. Ein Mythus? Wir haben in der Tat nur noch die Wahl, entweder nach einem in sich kolossalen Mythus oder aber — nach der revolutionären „Tat Gottes" zu fragen.

2.5 Wer ist „Gott"? Zur Trinitätslehre

Nun gilt es: die „Theologie" hat von „Gott" und nicht nur „in erhöhtem Ton vom Menschen" zu reden. Barth tut, was für den Philosophen ein Greuel, für den modernen Menschen ein hoffnungsloses Mythisieren und Projizieren — und vielleicht auch für manchen frommen Christenmenschen ein wahnwitziges Unterfangen bzw. eine „speculatio Divini Majestatis" ist: er fragt nach Gott, nach seinem ureigenen Wesen, seinen „Eigenschaften", Absichten und Plänen. Er durchschneidet den Stacheldraht, der die armen Erdenbürger, Männer und Frauen, offenbar von der Erkenntnis der „höheren Welten" fernhalten soll, er bescheidet sich nicht mit ein bißchen Existenzverständnis, Innerlichkeit und Trost. Aber er fragt nach dem Gott, der sich uns in seinem Wesen mitgeteilt, uns sein Wesen in aller Verhüllung „enthüllt" hat, der in seinem ureigenen Wort „Fleisch geworden", ja „wirklicher Mensch", unser Mitmensch geworden ist. So betritt Barth dieses Arkanum, so redet er von diesem Gott, so „weiß" er offenbar um die göttlichen Geheimnisse. Und so kommt es zu den ersten Umrissen eines dogmatischen „Gottesbegriffs".

Müssen wir nochmals betonen, daß die Gefahr des natürlich-theologischen Mißverständnisses, sei es der Theologie K. Barths oder der Of-

fenbarung selber, hier am nächsten liegt? Es ist nun die Gefahr jener
grotesken Verwechslung, in welcher man in Barths „Gottesbegriff"
doch nicht nur die „Form" seines Inhaltes, sondern den Inhalt selber,
oder doch: den in dieser Form eingefangenen oder einzufangenden
bzw. „gemeisterten" Inhalt zu sehen wünscht. Es ist dies nun vor
allem das aristotelische bzw. katholisch-thomistische Mißverständnis
der Theologie, dem Barth gegenüber notorisch „Platoniker" geblieben
ist: die Auffassung der „Form" als der jeweiligen Ursache und Wesens-
bestimmung jeden Inhaltes bzw. die Meinung, daß kraft der „Logik"
und der Formbestimmung jeglicher Sache auch über diese Sache selber
zu verfügen sei. So meinte aber auch Hegel den Gegenstand jeglicher
Erkenntnis mit seinem „Begriff" identifizieren und in den Begriff geradezu auflösen zu können, auch die Gottheit im philosophischen Begriff einzufangen. So meinte vorher schon Kant, daß von Gott nur das
auszusagen sei, was von ihm „in den Grenzen der Vernunft" ausgesagt
werden kann. So meint wiederum die bürgerliche positive Wissenschaft,
daß über die Wahrheit jeglicher Erkenntnis anhand ihrer abstrakten
Formmerkmale zu entscheiden sei. Und ist eben dies nicht wiederum
die Tragödie des modernen Kunstverständnisses (das dann von Dadais-
mus, Surrealismus etc. nur allzu konsequent ad absurdum geführt wurde), daß Kritiker und Zuschauer vor lauter Stil- und „Form"fragen gar
nicht mehr dazu kommen, den Inhalt einer Darstellung zur Kenntnis
und zu Herzen sich zu nehmen? Auch hier haben wir es freilich mit
dem ökonomischen Prinzip einer warenproduzierenden Gesellschaft
zu tun, das in diesem Falle bis in die höchsten Bereiche des kulturellen
und geistigen Schaffens durchschlägt: wonach Produzent und Produkt
jeglichen Schaffens immer schon nach den Formeigenschaften der po-
tentiell käuflichen „Ware" veranschlagt werden!
Darum: *„Wer hier etwa nur auf das achten wollte, was diese Begriffe
als solche, in ihrer immanenten Bedeutungsmöglichkeit sagen können,
wer sich auf den Hinweis, dem sie hier dienen sollen, nicht einlassen
wollte und könnte, der würde sich hier wohl nur grenzenlos ärgern
können"* (KD I/1, S. 387). Er würde sich aber, indem er sich in irgendeiner Barth-Scholastik verlieren und in irgendwelchen tiefsinnigen Grü-
beleien verirrt hätte, und indem er sich immer wieder vor unüberwindliche „Paradoxien" gestellt und von Barth freundlichst und humorvoll
zum Narren gehalten vorkäme, bestimmt nicht über das Ärgernis der
„Offenbarung" geärgert haben!

Wer ist „Gott"? Sofern „Gott" ein Begriff nur unseres Denkens ist, ist er
von Haus aus ungeeignet, die Wirklichkeit des sich offenbarenden Gottes
zu fassen. Sofern es sich hier um einen allgemeinen „Titel" handelt, werden wir darauf gefaßt sein müssen, daß dieser Titel hier einem „Subjekt"
übereignet wird, das sich von anderen sonst bekannten Gott-heiten radikal
unterscheidet. Die „Revolution" dieses Gottes — sie ist nicht etwa mit jenen
neuzeitlichen Revolutionen zu verwechseln, in denen der Mensch gerne an

die Stelle Gottes treten, ein Volk, eine Klasse oder die ganze „Menschheit"
an die Stelle Gottes setzen möchte. „Gott" tritt in Jesus an unsere Stelle —
aber eben: gerade das „Subjekt" dieses Satzes wird nun in höchstem Maße
erklärungsbedürftig. Nun sagt Barth aber zum Erstaunen seiner Zeitgenossen: indem Gott in Jesus Christus an unsere Stelle tritt, offenbart er uns
nicht nur seine Absichten und Pläne, sondern: *„Er offenbart sich selbst"*
(KD I/1, S. 312). Er *„hört"* von ferne *„nicht auf, Gott zu sein",* sondern
enthüllt uns das Wesen des „wahren Gottes" im Unterschied zu allen
Göttern — er eignet sich diesen Titel erst richtig zu. So können aber auch
wir auf Grund der geschehenen Offenbarung nun nicht einfach „aufhören",
von Gott zu reden (um endlich vom Menschen reden zu können), sondern
können überhaupt erst damit anfangen, „Theologen" zu sein! [7]
So hätten wir aber auch den Menschen Jeus nicht verstanden, wenn wir
sein Leben und Handeln aus diesem „Ursprung" lösten, aus dem heraus er
Mensch — und nun eben „Mitmensch", unser Bruder — gewesen ist. Wir
können nicht davon abstrahieren, daß dieser Mensch, nach dem überein-
stimmenden Zeugnis aller Beteiligten, nur in der Absicht, auf dem Wege,
nur in jener Lebenstat „existiert" und gelebt hat, in welcher er uns die
Wirklichkeit dieses Gottes zeigt und uns — im „Gehorsam" gegenüber seinem Gebot — zum Befreier geworden ist. Er tat es in der Macht und Gegenwart des „Geistes Gottes", aus dem er „gezeugt" und „geboren" ist,
wie das Bekenntnis sagt. Aber eben: jener „historische Jesus", nach dem
die moderne Bibelkritik steckbrieflich fahndet, jener Jesus, von dem dies
alles nicht zu sagen wäre, der könnte nur ein Schatten- und Phantombild
dieses Jesus sein, der hat — kann Barth sagen — gar nicht wirklich existiert.
Wer Jesus wirklich war, kann in keiner Abstraktion von diesem Rahmen, es
kann nur im Rahmen der Bundes- und Befreiungsgeschichte Israels authentisch ausgesagt werden. Nichts anderes ist der Sinn der „Trinitätslehre".

Nicht von ungefähr stellt sich Barth gegenüber A.v. Harnack in die
Linie der „radikalen" Bibelkritik von B. Bauer, die sogar die „Existenz" dieses Jesus bestritten hat, um kraft des „Erschreckens" vor
diesem Sachverhalt endlich zur Sachlichkeit der biblischen Theologie
zu finden (ThFuA, S. 13,17,23f). Dabei haben, mit B. Bauer, auch
F. Engels und K. Kautsky doch wohl von ferne etwas von der biblischen Wahrheit erkannt, als sie die Gemeindepraxis der Urchristenheit
als den sozialen Boden ansprachen, auf dem allein die „Idee" des gekreuzigten und auferstandenen Messias erwachsen konnte (Kautsky,
S. 392ff). Das Urchristentum hat Jesus nie anders verstanden als im
Horizont des anbrechenden „Reiches Gottes" und als das Subjekt der
göttlichen „Revolution". Deswegen sind Paulus und die Evangelisten
so schrecklich uninteressiert an Jesu „Persönlichkeit" und historischer

---

7) So der Leitsatz CD 82: „Wir anerkennen (die Wirklichkeit des Wortes Gottes)
damit, daß wir mit ihr zu denken anfangen, fortfahren und nicht aufhören."

Biografie. So auch Barth: *„Wer es etwa noch nicht weiß (und wir wissen es alle immer noch nicht), daß wir Christus nach dem Fleisch nicht mehr kennen, der mag es sich von der kritischen Bibelwissenschaft sagen lassen: je radikaler er erschrickt, um so besser für ihn und die Sache"* (ThFuA, S. 13). An Thurneysen schreibt er über seine *„dogmatische Gratwanderung": „Jetzt, jetzt erst müßte scharf geschossen werden, müßten die wahren Schneisen durch den Urwald gehauen werden, müßten die lösenden Worte fallen. Aber da kann man lange sagen: müßten! O dieser vielhundertjährige Sumpf, in dem wir stecken! Es ist so gräßlich schwer, immer wieder das Gegenteil auch nur zu denken, geschweige denn zu sagen, geschweige denn formuliert und im Zusammenhang zu sagen . . . Sieh einmal in einer alten Dogmatik nach, was man unter der ‚An-Hypostasie der menschlichen Natur Christi' verstanden hat. Das war noch rasante Lehre – die nun wieder auf den Leuchter sollte, wa?(!)"* (B.-Th. II/S. 249, 252, 255). Barth unternimmt freilich nicht etwa den Versuch, die Entstehung der altkirchlichen Christologie systematisch aus den „Klassenkämpfen" des frühen Christentums herzuleiten – es wird ihm genügt haben, (und es wird auch uns genügen müssen), daß das altkirchliche Dogma in solchen Kämpfen und trotz und gegen die bestehenden gesellschaftlichen Verhältnisse positiv auszusagen versuchte, was „Jesus Christus" für die Gemeinde, für die Kirche zu bedeuten hat. Ja, die *„große Unsachlichkeit der neueren Theologie könnte nicht besser illustriert werden als durch den Abscheu, mit dem man heute gerade diesen Punkt der alten Christologie als künstlich, starr, unlebendig usf. meint ablehnen zu dürfen. Wenn es je eine geradezu unheimlich lebendige, d.h. lebenswahre Lehre gegeben hat, so ist es diese, die die ganze Christusfrage so messerscharf in die Entscheidung der göttlichen Tat und des menschlichen Glaubens stellt, also an den Ort, wo sie allein sachgemäß beantwortet werden kann"* (CD, S. 264). Gerade das „Dogma" ist wohlverstanden nicht das „Starre", sondern das „Lebendige" und Bewegliche, mit dem wir *„begrifflich nie fertig werden können"* (S. 262). Der „Geist" ist es ja – nicht der Intellekt, aber der Heilige Geist, der „ruach Jahwe"! – der tötet und lebendig macht, und so: „von oben her" war Jesus dieser eine reale Mensch, lebte er im Gehorsam, in der Einheit von Person, Weg und Werk. Der Geist ist es, der lebendig macht: so ist Jesus das „Wort Gottes" auch wiederum nur kraft der Gegenwart dieses Geistes in der Verkündigung und Praxis der Gemeinde. *„Nur in seiner Einheit mit dem zu uns gesprochenen und von uns vernommenen Wort Gottes ist, existiert dieser Mensch. Er ist nur der Gottmensch"* CD, S. 262). [8] Es war darum *„nicht gut, wenn die alten Lutheraner lehrten, die Gottheit in abstracto oder die göttliche Natur oder das*

---

8) CD 262 – Barth verwendet den Begriff „Gottmensch" im Gegensatz zum Begriff des „Menschengottes", nicht im Sinne einer vergöttlichten Substanz.

göttliche Wesen habe die Menschheit angenommen", weil eben *„Gott nicht anders Gott ist als in den handelnden Personen des Vaters, des Sohnes und des heiligen Geistes"*, so *„daß man also alles abstrakte Reden von ihm ganz unterlassen, von seinem Wesen oder von seiner Natur nie anders reden sollte, als indem man von seiner dreifaltigen Persönlichkeit redet"* (CD, S. 261). Die göttlichen *„opera ad extra sunt indivisa"* — das ist hier der *„wohl zu bedenkende, aber alles sehr komplizierende"* Grundsatz, dem Barth zur Nachachtung verhilft, über den er aber *„lange und schwermütig"* und *„über den Runen brütend, die die Alten uns da hinterlassen haben"*, nachgedacht hat (B.-Th. II/S. 253).

Aber nun hat man Barth, besonders von lutherischer Seite, gerade an dieser Stelle der unstatthaften „speculatio divinae Majestatis" verdächtigen wollen. Nun sah man gerade in seiner Lehre von der „immanenten Trinität" Gottes als des „ewigen" Vaters, Sohnes und Geistes jene Stelle im christozentrischen „System" dieser Theologie, an der sie formal und inhaltlich anzugreifen, einer Entgleisung zu bezichtigen und teilweise, wenn nicht gänzlich, aus den Angeln zu heben sei. Nun wäre also doch auch bei Barth mit einem Wesen und „Sein" Gottes in seinen „Seinswesen" zu rechnen, das als dieses nicht aus der Offenbarung und dem Menschen Jesus selber zu erkennen wäre: mit einem *„an und für sich, gegen den Menschen hin isolierten Gott"* und dann wohl auch mit einem *„an und für sich, gegen Gott hin-isolierten Menschen"* (so Gogarten, Theol. Rundschau 1929, S. 72, zit. nach KD I/1, S. 177). Das Problem ergibt sich daraus, daß Barth nicht nur von der zeitlichen „Ökonomie" des in der Geschichte handelnden Gottes, sondern auch von der quasi über-zeitlichen Geschichte in Gott selber wissen will: nicht nur vom „opus ad extra" der göttlichen Offenbarung in der Geschichte (CD, S. 191), sondern von einem „opus ad intra" jenes Gottes, der *„ursprünglich in sich selber"* Vater, Sohn und Geist ist (CD, S. 171ff). Und in der Tat: Was hätte Barth — fragen wir es in aller Einfalt! — an dieser Stelle eigentlich sonst und anderes sagen sollen oder können? Etwa dies, daß „Gott", wer immer er sei, doch nicht Gott sei? Aber daran ist es nicht, daß Barth von einer anderen, metaphysischen Gottheit reden möchte, die nicht *„ursprünglich in sich selber . . . der Vater des Sohnes"* d.h. Jesu Christi wäre (CD, S. 171). Und daran liegt es nicht, daß hier von einem anderen „Sohn" geredet würde als von dem, der — wie Barth in KD I/1 ausdrücklich zufügt — *„zu uns gekommen"* (S. 419) ist. Barth möchte ja gerade verhindern, daß je noch von einem „anderen Gott" die Rede sein könnte als von dem Gott, der sich in Sohn und Geist offenbart. Auch der *„Geist"* dieses Gottes (d.h. seine Wirkungsmacht) darf nicht — das besagt das altkirchliche *„filioque"* (CD, S. 199) — vom „Sohn" Jesus abgelöst werden.

Trotzdem und unbeschadet dieser dogmatischen Absicht hat diese

Lehre Anlaß zu einer Reihe von Fragen und Einwänden gegeben, die nicht leichthin wegzuschieben sind. Es sind Fragen, die an Barth nicht nur formal, sondern inhaltlich, weniger von innen als gerade von aussen, nicht so sehr „dogmatisch" als wiederum ideologiekritisch gestellt worden sind. Handelt es sich nicht doch um ein unnötig umständliches und in ganz falscher Weise anstößiges himmlisches „Glockenspiel", das den Zeitgenossen den Zugang zu dieser Theologie verwehrt? [9] Was hat es auf sich mit diesem Gott, der seinen Sohn aus der Ewigkeit zu den Menschen sandte, wenn er als dieser auch ganz andere Möglichkeiten gehabt haben möchte? Ist er nicht der „autoritäre Gott", der seinen Sohn leiden läßt, von ihm Gehorsam und Unterwerfung fordert, bis in den Tod? Ist er — mit D. Sölle gefragt — nicht ein „sadistischer" Gott in der Weise des Vaters, aber „masochistisch" gar in der Weise des Sohnes? [10] Und wenn es denn bei Barth gar nicht so „gemeint" sein solle — wie es denn bei den Theologen immer anders gemeint ist, als sie es sagen! — wird es denn nicht in dieser Weise verstanden und in Kinderstuben, Sonntagsschulen, Pfarrhäusern und Kirchen noch und noch eingeimpft und gelehrt? [11] Oder man wird mit J. Moltmann fragen, ob dieser Gott denn nun wirklich auch Mensch geworden sei? Hat er Menschengestalt angenommen, sich erniedrigt und das Kreuz erlitten — oder hat er es vorgezogen, als „Subjekt" in der Ewigkeit zu verharren? Wenn Luthers „crux omnia probat" gilt: Ist Gott der „gekreuzigte Gott" — oder ein anderer Gott? (Moltmann 1972). Wir fragen: Ob Barth verstanden habe, was „Kenosis" heißt — was es bedeutet, daß der Sohn Gottes sich nach Phil. 2,2-11 alles Göttlichen entledigt und sich bedingungslos und vorbehaltlos dem menschlichen Schicksal ausgeliefert hat? Daß er gerade so die Macht des Schicksals gebrochen und die Menschheit aus der Knechtschaft geführt habe? Daß diese Knechtschaft und das Schicksal aber bestehen bleiben, solange im Himmel immer noch eine unergründliche Gottheit, Vorsehung und Allmacht regiert? Aber eben: Man sehe wohl zu, was man tut, wenn man den „lebendigen Gott" als das überlegene „Subjekt" dieser Geschichte ausstreichen, diesen Gott in falscher Weise „vermenschlichen", dieser Sache die radikale Spitze abbrechen wollte. Nun mag man es auch im Zuge des allgemeinen kulturgeschichtlichen Fortschritts für gut und notwendig halten, daß Gott seinen Platz im Himmel räumen (und den Spatzen überlassen) muß. Nun mag man im Menschen Jesus jene Gewähr suchen oder finden dafür, daß die Geschichte einen „Sinn" hat, daß es hienieden Fortschritt oder doch

---

9) So H. Zahrnt, der den „Grundschaden" dieser Theologie in ihrer „Geschichtslosigkeit" erkennt, a.a.O., S. 116.

10) Phantasie und Gehorsam, passim.

11) Vgl. T. Moser, Gottesvergiftung 1977.

Fortschritte gibt: daß es sich lohne, für eine bessere Welt einzustehen und zu kämpfen und hierbei Opfer und Verzicht und das „Leiden Christi" auf sich zu nehmen. Aber eben: Wenn wir das nur sicherer wüßten, daß unser Leiden in dieser Welt und ihren Kämpfen auch das „Leiden Christi" oder gar „Gottes Leiden in der Welt" ist! Wenn wir nur darüber besser Bescheid wüßten, daß dieser Mensch, der damals und dort am Kreuz gestorben ist, auch unseren Tod gestorben ist; daß er der Gottessohn war und nicht irgendein Mensch — und unser Leben und Leiden von dort her seinen Sinn bekommt! Und wenn wir darüber nur gewisser sein könnten, daß nun alle Herrschaft der falschen Herren und Götter zunichte geworden ist! Aber gerade dies „erfahren" wir nun vielleicht nicht. Es ist Gott vielleicht nun doch so sehr „Mensch" geworden, daß er als dieser doch nur ein Mensch unter vielen anderen gewesen, und doch nicht der Außergewöhnlichste aller Menschen gewesen ist. Er hatte nun doch nicht jenes Aussehen und jene Gestalt, in der er allen seinen Zeitgenossen — oder auch nur seinen engsten Verwandten, Freunden, Genossen und Nachfolgern — hätte letztlich als „der Messias" einleuchten können. „Anderen konnte er helfen, aber sich selbst kann er nicht helfen", so lautet der einhellige Kommentar der Hohepriester, Schriftgelehrten und Ältesten unter dem Kreuz (Mt. 27,42)! *„Ist die humanitas Christi als solche die Offenbarung?"* Offenbar nicht. *„Faktisch wurde ja auch Jesus durchaus nicht allen, die ihm begegneten, sondern nur wenigen zur Offenbarung. Aber auch diese wenigen konnten ihn verleugnen und verlassen und einer unter ihnen konnte der Verräter sein"* (KD I/1, S. 341) — Das ist „Kenosis"! Aber so, wie sie eben doch nur „von Gott her" bzw. „von oben her" als diese einzusehen ist. So hat nun vielleicht der Idealismus recht, in dem, was er sagt (ohne es freilich wirklich zu meinen): daß nur „von oben her" einzusehen ist, was hier auf Erden wirklich geschah. Aber das letzte Wort des Idealismus ist immer eine „Idee" ohne die Wirklichkeit dazu, ein Gemeinplatz ohne Konkretion — und man kann sich an der *„Verwerfung Jesu durch die Juden erschütternd klar"* machen, *„daß es möglich war, den Gott des Alten Testamentes scheinbar in tiefster Ehrfurcht und eifrigstem Glauben zu bejahen und in Wirklichkeit doch zu verleugnen, sofern gerade seine Gestalt, nun ganz konkret geworden, diesen Frommen zum Ärgernis wurde!"* (KD I/1, S. 336). So hat dann aber doch der Materialismus recht, indem, was er meint (ohne daß er es vollständig sagt): daß all das, was im Himmel oben zweifellos wahr ist, nur auf Erden auch wirklich sein kann — in menschlichen Taten, in Parteinahme und Solidarität. So ist der Gottesgedanke für Barth erst „jenseits" des rohen Gegensatzes von Idealismus und Materialismus ein „ernsthafter Gedanke". [12] Mit einer schönen Formulierung von B. Klappert verfolgt Barth *„die Intention . . . , die theolo-*

---

12) Vgl. Schicksal und Idee in der Theologie, 1929, in: ThFuA., S. 54-92.

gia crucis konsequent bis zur Einzeichnung des Kreuzes in den Gottes-
begriff zu Ende zu denken und so allererst der Theologie als Rede von
Gott ihren Ort im Kreuz, d.h. ,auf Erden' zuzuweisen" (Klappert
1971, S. 181). Ja, nun haben wir es zu hören: *,,Nicht darin besteht die*
Kenose (des Wortes Gottes, PW.), von der Paulus redet, daß es ganz
oder auch nur teilweise, auch nur zum kleinsten Teil aufhörte, zu sein,
was es ist (sonst wäre ja die Fleischwerdung nicht die Offenbarung
Gottes), also nicht in einer Negation besteht seine Kenose, sondern in
dem Positivum, daß es zu seiner göttlichen Existenz, die ihm von Ewig-
keit zu Ewigkeit eigen ist, hinzunimmt, sich beilegt, in sich aufnimmt,
mit sich vereinigt die menschliche Existenz in der Zeit . . . Das ist das
Novum der Offenbarung, der Versöhnung: daß Gott so sehr Gott ist,
daß er auch mehr als ewig, nämlich zeitlich, mehr als Gott, nämlich
Mensch sein kann" (CD, S. 260). Aber dies ist *,,kein Zuwachs an Ehre*
und Größe . . . sondern ein Aufsichnehmen von Schuld und Strafe,
von Verkehrtheit und Jammer" (S. 260).

Das ist die Überraschung, die Barth in seinem ,,Gottesbegriff" bereit-
hält, indem er auf das Überraschungsmoment in der Offenbarung selber verweist. Gott muß nicht ,,nur Gott" sein, er kann auch Mensch·
sein. Aber diese Möglichkeit in Gott selber − so wahr sie in Jesus von
Nazareth Wirklichkeit ist − hat nicht die Form eines ,,Widerspruches"
in ,,Gott selbst". Gott ist kein anderer in der Offenbarung als er ,,zu-
vor in sich selber" ist. Er ist aber auch ,,zuvor in sich selber" kein anderer, als der er sich offenbart. Gott setzt sich in seiner Offenbarung
gerade dem **menschlichen Widerspruch** gegen Gott − der ganzen Entfremdung und Gottferne auch des modernen Menschen aus. Aber in
dieser Herablassung, in der *,,Menschlichkeit Gottes"*, bestätigt sich die
Gottheit des ,,wahren Gottes" im Unterschied zum ,,Gott" der Philosophen und der Religion. [13]

So ist nun zu fragen: Haben wir verstanden, was das heißt, was Barth
nur allzu dürftig mit den Worten ,,Gott", ,,Wort Gottes", ,,Offenba-
rung Gottes" bezeichnet? Meinen wir etwa, es schon verstanden zu
haben und somit schnellstens zu einem anderen Tagesordnungspunkt
übergehen zu können? Oder möchten wir nun vorschnell den Riegel
entfernen, mit welchem Barth diesen Gott − als ob er eine Chiffre für
irgendetwas Naheliegendes wäre − dem schnellen Zugriff entziehen
möchte? Was Gott hier tut (wenn er es denn tut), ist jedenfalls gerade
vom menschlichen Standpunkt aus etwas höchst Ungewöhnliches und
,,Fremdes". Was von allen möglichen Standpunkten aus als eine un-

---

13) ,,Eben Gottes recht verstandene Göttlichkeit schließt ein: seine Menschlichkeit." So faßt Barth im kritischen Rückblick 1956 das ,,Ergebnis" des Bisherigen
zusammen. Es muß aber wirklich als das Ergebnis ,,des Bisherigen" verstanden
werden. Zur Feststellung eines Bruches besteht kein Anlaß. Die Menschlichkeit
Gottes ThSt. 48, S. 10.

mögliche „Katabasis eis allo genos" erscheinen möchte, ist gerade von Gott her keine Katabasis eis allo genos. Hier ist nicht nur eine andere Quantität dessen vorhanden, was in jedem Menschenkind an Güte und Barmherzigkeit vorhanden sein mag, hier ist grundsätzlich andere (unendlich verschiedene) „Qualität". Nein, es geht nicht um ein freimütiges Spekulieren über das Wesen und die Eigenschaften Gottes in seiner Ewigkeit, aber darum, zu „begreifen", was nur „von oben her", was aber nur in dem unbegreiflichen „Unten" dieses „Obens" zu begreifen ist. Barth weiß dabei viel zu viel von den realen Verdoppelungen des Menschseins in der bürgerlichen Gesellschaft, als daß er es hätte unterlassen können oder wollen, seinen Zeitgenossen in der Trinitätslehre gerade diesen Spiegel ihrer selbst vor Augen zu führen. Die vermeintliche Verdoppelung in der Trinitätslehre meint aber keine Verdoppelung im Wesen „Gottes selbst", sie ist gerade nur der adäquate Ausdruck der bürgerlichen Verhältnisse im „Gottesbegriff". Sie ist die „Aufhebung" dieser Verhältnisse und ihrer Kategorien − in Barth'schem nicht in Hegel'schem Sinn! −, aber darum gerade die Zerstörung jenes dualistischen Weltbildes und Weltgefüges, in welchem sich der gespaltene Mensch als Teil einer gespaltenen Menschheit wenigstens der Ewigkeit seiner Gedanken oder seiner Seele trösten könnte! Ja, Barth hat alle freundlich zum Narren gehalten, die bei ihm nach einem handlichen und hantierbaren „Gottesbegriff", nach einer zeitlos gültigen „Definition" des göttlichen Wesens oder nach irgend sonst einer Abstraktion Ausschau gehalten haben, mit welcher die Welträtsel als solche zu lösen wären. Es geht hier gewiß um eine ,Meta-Theorie' der Gotteserkenntnis, aber darum, daß dem Menschen die letzte idealistische Fluchtstätte genommen wird, wo er sich zur ,reinen Theorie' erheben könnte, wo „Gott" nur noch eine Bewußtseinstatsache der menschlichen Unterdrückung wäre. Es geht darum, daß das verdrängte Außen in der Entfremdung dieser Gesellschaft für Gott und in Gott kein Außen, keine letzte Fremdheit, kein unbesieglicher Widerspruch gegen Gottes Herrschaft ist und bleiben kann. Das mag es auf Erden und in dieser Gesellschaft geben: eine Doppelung des nackten Existierens und der eigentlichen „Existenz", von privater und öffentlicher, von bürgerlich-kapitalistischer und staatsbürgerlicher Existenz − ein Menschsein hier und ein betontes Menschlichsein dort, ein Mann- und Frau-Sein einerseits, ein höchst charaktervolles „männlich"− oder „fraulich" − sein andererseits, ein reales Dasein in den Verhältnissen der Lohnarbeit und wiederum ein ideales Menschsein im Reiche des Geistes und der Vernunft. Hier also das „Tierreich" Hegels und dort die Religion! Aber der „bourgeoise Gott", der doch in der Tat nur die Projektionsfigur dieser Verhältnisse ist, ist nicht Gott. Der Gott der Offenbarung ist gerade in der notwendigen „Isolation" diesem Menschlich-Allzumenschlichen gegenüber in aller Ewigkeit nicht das, wofür man ihn hier gerne halten möchte. Er existiert nicht in solcher Gespaltenheit, sondern in der Einheit seines Wesens mit seinem Wort und seiner Tat. Das ist die „Wirklichkeit" dieses Gottes, daß er wirklich tut, was er sagt, und zu Ende bringt, was er verheißt. Das ist wiederum der Grund, warum auf diesen Gott Verlaß sein kann, wie auf keine sonstige Wirklichkeit Verlaß sein kann. Und das ist der Umsturz, die „Revolution" in Barths Gottesbegriff, deren Logik nirgendwo zu lernen ist, wenn nicht aus der Logik des revolutionären Gottes selbst. Nein, da hilft keine Theorie, wenn sie nicht wäre die spezifische Meta-Theorie, die sich in die Nachfolge jenes Menschen begibt, der die „Spuren" dieses Gottes hinterlassen hat. Und da hilft keine Psychologie oder Religionspsychologie, wenn sie nur Ausdruck der menschlichen Krankheit, die Therapie der Symptome wäre, aber nicht schon herkommen würde von dort, wo sie hin will: zu dem den Menschen in der Einheit seines Seins mit seinem Bewußtsein, von Theorie und Praxis, von Geist, Seele und Leib ergreifenden „Wort Gottes".

„Gibt" es dieses Wort Gottes, fragen wir? „Deus dixit", antwortet Barth und begibt sich in die Praxis des Wortes Gottes. Haben wir alle Fragen beantwortet? Nein, wir haben Barth gerade nur in einem kritischen Augenblick seines „Begreifens" — in der Umbildung des „Gottesbegriffs" — beobachtet. Hat Barth nun also „begriffen", was und wer Gott ist? Nein, er hat vielleicht gerade nur einen Schritt getan, dem noch viele weitere Schritte folgen sollten. Welche „Christologie" hat und vertritt also K. Barth? Wir müssen antworten: Keine! Denn in der eklektischen Aufnahme der alten und ältesten christologischen Formeln hat und vertritt Barth keine „Christologie", die als solche festzustellen, die dann nach dieser oder jener Seite hin „anzuwenden" und dann möglichst umfassend und systematisch „zur Geltung zu bringen" wäre. Die gesuchte „Synthese" gibt sich uns nirgendwo in die Hand. Wir „können wohl realistisch oder idealistisch, wir können aber nicht christlich denken" (KD I/1, S. 182). Barth versucht, „von Christus her" zu denken, sich immer wieder „auf Christus hin" zu orientieren, aber selbst der „Christomonismus" ist in dieser Theologie — die Trinitätslehre beweist es — ein bloßes Phantom. „Das Paradox, daß Gott am Kreuz ‚tot' ist und doch nicht tot ist, läßt sich trinitarisch lösen, wenn man den einfachen Gottesbegriff zunächst draußen läßt . . ." (!) — so meint es J. Moltmann in seiner Kritik an Barth. Barths Grenze liege „merkwürdigerweise darin, daß Barth noch zu theo-logisch und nicht entschieden genug trinitarisch" denke! (Moltmann 1972, S. 188). Aber eben: welches „Paradox" sich hier auch immer „aufgelöst" haben mag, was ist, wenn sich das wirkliche Paradox — die Fleischwerdung des Wortes Gottes! — in keiner Theorie und in keinem Gottesbegriff aufzulösen gibt? Wenn es nur in praxi, von Schritt zu Schritt und je und je zum offenbaren Geheimnis werden kann? Wenn es sich nicht in Herz und Verstand allein, sondern immer neu in der Äußerlichkeit und Gegenständlichkeit offenbart? Die Frage, wer Gott ist und was wirklich menschlich ist, ist eine zu jeder Zeit offene Frage. Christologisch denken, würde offenbar heißen, diese

Frage nicht abstrakt zu beantworten, sondern sie sich in der Praxis gestellt sein lassen, die Synthese nicht selber zu konstruieren, sondern
darauf zu bauen, daß Jesus Christus diese Antwort selber ist. Es könnte
heißen, heute fröhlicher „Idealist" zu sein, um morgen nur um so
realistischer handeln zu können — hier den einen und dort den anderen Schritt zu tun. Nur in der größten „Indirektheit" des Erkennens
kann hier von „Gott" die Rede sein. Und nur gerade da, wo wir aller
Sicherung entbehren, könnten wir erfahren, daß wir in unserem Tun
doch nicht ziellos und haltlos, doch nicht einem blinden Schicksal ausgeliefert, sondern der „Wirklichkeit" Gottes konfrontiert sind.

3. Des Menschen „Sein und Zeit" in der Geschichte der Offen- barung

3.1 Jesus, der „Grund" des christlichen Lebens und der christlichen Lehre

„Gott" bezeichnet das Subjekt dieser Geschichte, das unter keinen Umständen zu deren Prädikat oder bloßen Chiffre werden kann. Aber der Gott der
Offenbarung ist „Sub-jekt" im wörtlichen Sinne: als einer, der den von
ihm „geschaffenen" Bedingungen der Welt und der Geschichte sich selber
unterzieht. Im Versuch, diese „Einheit" des göttlichen Wesens und Wirkens auszusagen, bildet die „kirchliche Trinitätslehre" eben einen „in sich
geschlossenen Kreis" (KD I/S. 400). Als dieser ist sie aber die schlichte
Nacherzählung der Geschichte Gottes mit den Menschen im dogmatischen
Begriff. Der einfache — d.h. abstrakte! — Gottesbegriff reicht in der Tat
nicht aus. Der „ewig reiche Gott" ist nicht auf eine einzige Bestimmung
oder „Eigenschaft" seines Wesens beschränkt. Er ist der eine Gott, der
Himmel und Erde geschaffen hat, in gleichermaßen drei Gestalten oder
„Seinswesen".
Und doch ist er nicht noch etwas „Viertes" im Hintergrund, als eben das,
was er in seinen drei „Seinswesen" tatsächlich ist. Die Rechnungen gehen
nicht auf. Es ist dies das logische Minimum, das wir von diesem Gott zu
sagen haben. Doch zugleich ist es das theologische Maximum, das je über
einen Gott gesagt worden ist! Nun sollen wir es sagen: der Mensch Jesus
von Nazareth ist, indem er im „Gehorsam" dem Vater gegenüber seinen
Weg bis in den Tod am Kreuz gegangen ist, wahrhaftig „Gottes Sohn", ja
„Gott selber" in Person. Auch als das „beharrende Subjekt der Offenbarung" (KD I/2, S. 1) ist Gott in der Geschichte, ja Geschichte konstituie-
rendes Subjekt. Er hinkt nicht hinter unserer Zeit her, sondern geht ihr,
„ursprünglich" und schöpferisch, voran — wir haben nur Mühe, ihm nach-
zueilen! Wir könnten ihm nicht folgen, wenn er sich nicht als dieser offen-
barte, wenn er uns nicht versöhnend und befreiend zum Mitmenschen geworden wäre. Aber nun ist im Leiden und in der Erniedrigung des „Sohnes" auch Gott, der „Vater" in Mitleidenschaft gezogen. Der Sohn ist nicht
ohne den Vater, haben wir gehört. Aber der Vater ist „Vater" nicht ohne

den Sohn (so wahr es sich hier nicht um bloße Widerspiegelung der „bürgerlichen Familie" handelt). [14] Mit der Existenz des „Sohnes" steht gewissermaßen auch die Existenz des „Vaters" selber auf dem Spiel. Aber nun hat der Vater seinen Sohn gesendet und nun hat sich der Sohn durch den Vater senden lassen, und nun geschah es — nicht aus Zwang, aber im freien Willen dieses Sohnes — daß der Sohn „*sich selber entäußerte*" und „*gehorsam wurde bis zum Tode, ja zum Tode am Kreuz*" (Phil. 2,6ff). So konnte der Vater doch nicht unbewegt bleiben, „mußte" er doch wohl eingreifen: mußte er seinem Sohn doch wohl Recht — und wer weiß, sich selber Unrecht — geben, mußte er in seinem Sohn sich selber erkennen, mußte er ihm zu seinem Recht verhelfen, ihn dem Tod entreißen und ihn „*über die Massen erhöhen*" und in Freuden aufnehmen in sein kommendes Reich (Phil. 2,9). Ja, wir mythologisieren! Und warum sollten wir es nicht? Wenn wir uns nur darüber im Klaren bleiben, daß dieses scheinbar Selbstverständliche auf Erden alles andere als selbstverständlich ist und uns in der ihm eigenen „Notwendigkeit" im höchsten Maße unbegreiflich bleiben muß.

Nun, der immerhin möglichen Hypothese, daß es sich bei dieser Dreiheit in der Einheit um eine bloße logische „Konstruktion" handle: dieser Hypothese, daß es „über uns" und „jenseits uns" entweder gar keinen Gott (nun empöre man sich nur nicht allzu pharisäisch!) oder eben nur einen ewig unbekannten und „unerforschlichen" Gott (jenes bekannte Grenzphänomen der Philosophie und Naturwissenschaft, jene noch allenfalls zu postulierende „Welturursache") gebe — dieser Leugnung der Offenbarung kann und will Barth nicht prinzipiell widersprechen. Er kann es nur faktisch tun — eben sofern es geschieht, daß sich uns Gott in Jesus Christus offenbart — „prinzipiell" aber nur insofern, als es sich eben auch dort nur um mehr oder minder begründbare, letztlich aber leere Hypothesen handelt. Wissenschaftlich gesehen handelt es sich hier wie dort um „Arbeitshypothesen", die sich nur entweder bewähren oder nicht bewähren können (in diesem Sinne mag man auch den Barthschen „Gottesbegriff" als eine „Arbeitshypothese" bezeichnen). „Es steht geschrieben . . ." (vgl. II, Kap. 1). Aber eben: nicht in der „Theorie" allein, nur in der „Praxis" der Gotteserkenntnis können wir uns Feuerbachs entschlagen.

So gibt es aber auch keine „christliche Identität" außerhalb dieser höchst unbegreiflichen Identität Gottes mit der Welt, wie sie in Jesus Christus begründet und offenbar gemacht ist. Für den Christen selber ist es ein fortwährendes „Geheimnis" — aber eben: gerade der „Christ" hat seine „Identität" nicht an sich und in sich selbst. Es „scheint" zwar so, daß er über

---

14) Weichenstellung für die Topologie der ganzen Dogmatik ist dabei Barths Analyse der inneren Teilhabe- und Kommunikationsverhältnisse der göttlichen Dreieinigkeit („Perichorese", „Appropriationen"), die in der Paraphrase E. Jüngels, trotz existenzial-ontologischer Ausbeutung, gut dargestellt ist. Vgl. CD 166, 180ff; KD I/1, 373-395.

allerlei merkwürdige Begabungen, magische Kräfte oder psychische Reserven verfüge — aber gerade als Christ wird er dies energisch und am meisten in Abrede stellen. Für den „Außenstehenden" und Zuschauer ist es ein unerklärliches „Paradoxon" — aber der Christ lebt nicht aus sich selbst und seiner „Religion". Wider allen bösen Schein lebt er nicht von dem, was „in ihm", sondern von dem, was „außer ihm", „vor ihm", „jenseits ihm" ist. Die „Identität Gottes mit der Welt": sie ist auch für ihn nicht anzuschauen (und der Zuschauer bekommt hier ja gar nichts zu Gesicht), denn es handelt sich um eine Identität verschiedener Größen, die diametral entgegengesetzt scheinen. Sie ist gewiß nicht nur „psychologisch" zu erklären oder zu verwirklichen — denn es geht nicht nur um die „Seele" eines jeden Menschen, sondern um sein Leben auch in all seiner leibhaften Dimension. Sie ist nicht mechanisch herzustellen (und in keiner noch so virtuosen Lebensführung zu realisieren) — denn es handelt sich um die höchst reale Dialektik der „Gnade", über die wir niemals verfügen. Es handelt sich um keine Lebens-Technik — denn gewiß geht es hier auch um die Seele jedes Menschen, vor der jede Technik versagt. Sie ist nicht „Idee" (d.h. Leidenschaft des Kopfes), aber auch nicht bloß „Schicksal" (das über den Menschen hereinbricht), aber umstürzende „Erkenntnis" (die zum „Kopf der Leidenschaft" wird). Sie ist gewiß reale „Erfahrung", aber eben: nicht der sog. „religiösen" und hintersinnlichen Wirklichkeiten, sondern einer lebendigen geschichtlichen Wirklichkeit, in die sie hineinführt. Sie ist ein fortwährender, bewegter und bewegender „Prozeß" — aber doch gerade auch im Werden eines neuen „Selbst" dieses Menschen im sonst äußerlichen Ablauf aller Dinge. Sie ist gewiß eine neue „biografische" Möglichkeit dieses Menschen, seine Sprache, seine Empirie [15] — aber in einer Geschichte, die über seine eigene Biografie weit hinausreicht. Es genügt aller „Glaube" nicht, um sie zu fassen — und doch kann sie im „Hören" auf das eine Wort Gottes jeden Tag von neuem konkret werden.

„Ich werde sein, der ich sein werde" — das ist der Name Gottes im Bund mit Israel. Die stete „Verborgenheit" und Unerschlossenheit Gottes ist auch in seiner Offenbarung nicht aufgehoben, beseitigt oder überholt. Es gibt in dieser Hinsicht keinen Widerspruch zwischen dem Gott des Bundes und dem Gott der Offenbarung. Auch in Christus offenbart sich Gott als „verborgener" Gott, der immer wieder von neuem offenbar werden will. Wenn Barth sagt, daß die Christus-Offenbarung der Sinn und Inhalt auch schon des Sinai-Bundes sei, so ist dies a priori jedenfalls nicht unmöglich, auch wenn es erst a posteriori, d.h. von Jesus Christus her zu begründen ist. Aber der Vater Jesu Christi ist kein anderer Gott als der Gott vom Sinai. Das Wort dieses Gottes ist in Jesus Christus auch kein anderes Wort als das Wort des Schöpfers, der „Himmel und Erde" gemacht hat. Gerade in seiner Schöpfungs-

---

15) Vgl. W. Bernet, Gebet 1970.

lehre (KD III/1) hat Barth später zu zeigen versucht, wie es möglich ist, auch den Schöpfungsbericht auf Jesus Christus hin und von Jesus Christus her zu lesen und zu verstehen, ja ihn damit ganz neu zu erschließen und zum Reden zu bringen. So fragt Barth aber, mit welchem Recht man dieser „Begründung" der Schöpfungslehre auf Dauer ausweichen könne oder wolle — mit welchem Recht und in welcher Notwendigkeit man nun gerade in der Kirche immer wieder abseits von der geschehenen Christusoffenbarung eine zweite natürliche oder sog. „Ur-Offenbarung" zu konstruieren oder als „selbständig" zu behaupten versucht. Gerade letzteres dürfte nach Joh. 1,1ff nicht mehr möglich sein.

So kommt es bei Barth zur „christologischen Konzentration": nicht allein, weil sie ein aufregendes Gedankenspiel wäre, sondern weil sie nun die einzig verbleibende Möglichkeit ist, die Möglichkeit und Wirklichkeit eines „christlichen Lebens" zu begründen. Barth betritt Neuland: ein geradezu unbekanntes und scheinbar unwegsames Gelände, wo kein Pfad zu sein scheint; einen Felsen, in den noch keine Nägel gehauen sind. Aber nun gilt es nicht, eine theologische „Plattform" zu erstellen, über der ein ganzes System bzw. theologisches Gebäude zu errichten wäre. Die christologische „Grundlegung" kann in der Dogmatik — wie im Leben selber — nur immer wieder darin bestehen, daß wir uns Rechenschaft geben, inwiefern „der Grund" bereits „*gelegt*" ist (1. Kor. 3,11). Sowenig darum die „Christologie" eine Lehre ist, die jemals abschließend vorgetragen werden könnte oder dürfte, sowenig kann es nun aber im Raum der Kirche noch andere Lehren geben, die der christologischen Begründung letztlich ausweichen und ihr gegenüber eine letzte Selbständigkeit behaupten könnten.

Ist Jesus „der Herr", dem sich „*im Himmel und auf Erden und unter der Erde*" jedes Knie zu beugen hat (Phil. 2,10), dann kann es nicht anders sein. Gilt es, daß „Jesus lebt", wie es schon bei den beiden Blumhardts hieß, dann lebt alle Theologie davon, daß sie in **Christus** möglich und nicht einfach unmöglich, gerechtfertigt und nicht einfach ungerechtfertigt ist — dann lebt sie aber gerade auch davon, daß Jesus Christus der Ermöglichungsgrund nicht nur eines christlichen „Denkens", sondern auch schon des christlichen „Lebens", und nur darum auch des „Denkens" und „Lehrens" ist. Ja, hier tut sich uns eine „menschliche Möglichkeit" auf, mit Gott bzw. in und aus der Offenbarung zu denken, zu reden und zu handeln und also das scheinbar Unmögliche zu tun. Aber diese menschliche Möglichkeit — diese Umwertung aller Werte, diese wahrhaftige Rekonstitution der menschlichen Wirklichkeit und der geschichtlichen „Gattung Mensch" — ist der Mensch Jesus selber, nichts und niemand sonst. Was wir von unseren Ideen und Erfahrungen, von unseren vorläufigen Glaubensgestalten, -einsichten und kühn behaupteten -wirklichkeiten niemals behaupten dürften, vom Menschen Jesus (aber wohlgemerkt: wie er in der Bibel bezeugt und in der Auferstehung des Fleisches beglaubigt ist) sollen und dürfen wir

es behaupten. Was sonst leeres Wort und „Postulat" bleiben müßte: hier
kann es Wirklichkeit werden, weil es Wirklichkeit immer schon „gewesen"
ist. Und was sonst bloßer, überspannter Idealismus bliebe: hier wird es von
Barth *„theologisch immer mehr materialisiert"* (Marquardt 1972, S. 219).

3.2. „Lehre und „Leben". Der Übergang in die (politische) Ethik

Aber nun stehen wir vor dem wahrhaft kritischen Punkt in der Darstellung
und Interpretation dieser Theologie gerade als einer lehrhaften, „akademischen" Theologie. Was wäre, wenn diese Theologie — wie immer sie formaliter und in sich selber „begründet" sein mag — nun doch „in Wirklichkeit"
unbegründet bliebe? Was wäre eine Lehre von der „Offenbarung", die am
entscheidenden Punkte doch nur „Lehre" wäre, aber nicht das „Leben"
beträfe — und so bestimmt keine Offenbarung Gottes sein oder meinen
könnte?

Wir vernehmen nochmals die Warnung vor aller Theologie und besonders vor jenem *„Numinosen, das R. Otto in seinem Buch über das Heilige nicht nur beschrieben, sondern dankenswerter Weise in seiner ganzen teuflischen Fratzenhaftigkeit auch in effigie sichtbar gemacht hat.
Das ist Schicksal! Das ist Idee! . . . Dieses ‚ganz Andere', das ganz Andere, das nur des Menschen eigenes Spiegelbild, der Schlußstein im Ge-
wölbe seiner Kunst und eben darum gerade kein ganz Anderes, sondern nur das letzte in der Reihe unserer eigenen Werke ist — dieses
ganz Andere kann doch dem Menschen nur zum Gericht ohne Gnade
werden, weil er, gerade wenn er in ihm seinen Gott zu haben, sein
letztes Wort gesprochen zu haben meint, offenkundig mit sich selbst
allein bleibt, eingeschlossen in das Gefängnis seiner Gottesferne, Got-
tesfremdheit und Gottesfeindschaft. Darum ist der dialektisch gewonnene Gott und sein Kultus eine Möncherei, und zwar eine lebensge-
fährliche Möncherei, so gut wie jede andere"* (ThFuA, S. 87).

Und nochmals: *K.F. Fröhlich hat Calvin nach der Methode der Otto-
Heilerschen Schule behandelt. Erklärungsprinzip ist hier die Phänomenologie, die gewissenhaft notiert, was immer Calvin, wenn er dra-
stisch geredet hat, von Licht, Blitz, Zorn, Schreck, Kampf und dergl.
gesagt hat, um dann aus diesem absoluten Elementen zuerst sog. ‚We-
senszüge' und dann ein Bild der Frömmigkeit oder des Gottes Calvins
zusammenzustellen — ein Bild, das ich nicht anders denn als eine Gru-
seln erregende Wachsfigur bezeichnen kann, von der man sich, nachdem man mit Entsetzen davon Kenntnis genommen, gern wieder verabschiedet, weil mit ihr ein vernünftiges Gespräch doch nicht zu führen ist"!* (B.-Th. II/78) — Vor einer entsprechenden Beschäftigung mit
dem „Gott Barths" kann an dieser Stelle nur gewarnt werden!

Wir stehen hier vor dem Punkt, wo jede Theologie (nicht nur die „dialektische", aber auch die „dialektische") gleichsam ihren „Offenbarungseid" abzulegen hat. Es muß nicht, aber es könnte immerhin mit ihren Worten und „Wörtern" sein Bewenden haben. Dogmatik bliebe in der Luft hängendes Glasperlenspiel, wenn sie am entscheidenden Wendepunkt nicht zur „Ethik" würde, die uns ins Leben selber, in die Nachfolge Christi verweist. Und in der Tat schlägt Barths „Dogmatik" hier unmittelbar und ohne weitere Begründung in die „Ethik" um, die – unter dem Stichwort des Heiligen Geistes – das *Leben der Kinder Gottes* beschreibt (KD I/2, S. 397ff). Der „Täter" des Wortes Gottes ist erst sein richtiger „Hörer" (eb) – die „reale Dialektik der Gnade" verlangt nach der menschlichen „Tat"! [16) Aber hier erhebt sich ein doppeltes kritisches Bedenken (1) gegen Theologie überhaupt wie (2) gegen die Theologie K. Barths im besonderen.

Es nötigt uns hier zu einigen Überlegungen, die traditionell unter dem Stichwort der „Rechtfertigungslehre" verhandelt werden. Es handelt sich aber um ein Bedenken, das bei Barth selber, aber besonders auch in der lutherischen Tradition gegenüber jeglicher „Ethik" und „Ethisierung" des christlichen Lebens geltend gemacht wird. Mit Recht! Denn eben, auch Barth sagt es uns, es läßt sich zunächst (1) keine Notwendigkeit geltend machen, in welcher Gott sich den Menschen – oder nun gerade uns – offenbaren müßte. Es könnte Gott immerhin gefallen, seine Pläne und Werke ohne uns und gerade ohne unsere „Theologie" durchzuführen, ja überhaupt ohne Theologie, Kirche und Christentümer unser Gott zu sein. Es kann wohl, aber es „muß" nicht so sein, daß uns in „christlicher Lehre" auch die Erkenntnis und Offenbarung Gottes zuteil wird. Aber auch der Mensch Jesus selber – und ob und wie sehr wie ihn nachahmen möchten! – kann uns das andere, bessere Leben doch nicht so garantieren, wie wir es vielleicht gerne wünschten. Es könnte damit sein Bewenden haben, daß er uns ein Fall unter tausenden (und hunderttausenden) von beklagenswerten „Fällen" bleibt – aber so bestimmt nicht zu unserem Fall wird. Allerlei Begeisterung mag vergehen, moralische Appelle können an uns abgleiten und historische „Beweise", wie sie etwa von E. Troeltsch und A. Schweitzer noch geführt wurden, möchten wohl in nur noch größere Ratlosigkeit auslaufen. Doch auch die „Auferstehung von den Toten": sie ist für Barth gewiß eine „objektive" Tatsache und Veränderung unserer Situation, auch ohne daß sie uns zur „subjektiven" Lebens-Tat-Sache wird. Aber wir „müssen" offenbar nicht anerkennen, daß dieser Mensch Recht hatte, derweil wir ihm Unrecht gaben, wir können mit dieser „Tatsache"

---

16) Schon in der CD heißt es: „ ‚Wer diese meine Rede hört und tut sie, den vergleiche ich mit einem klugen Mann, der sein Haus auf den Felsen baute' . . . wer einsieht, daß gegenüber dem Wort, das im Anfang bei Gott war, der Anfang des Menschen (darin hat Goethe recht!) nur in der Tat bestehen kann . . . dessen Programm hat die Verheißung, . . . daß sein geplantes Haus jedenfalls auf die richtige Stelle zu stehen kommt" (105).

auch ganz anders fertig werden: sei es, daß wir sie psychologisch erklären
und als „optische Täuschung" entlarven, sei es, daß wir sie endlich hinnehmen und in *„gutmütigem Supranaturalismus"* (CD, S. 236) unserem Weltbild einverleiben. Und gerade die „frohmachende Osterbotschaft" wird in
unseren Händen zur Keule des Bekenntnisses, mit welcher man Andersden-
kende und die zu missionierenden „Ungläubigen" erschlägt! Diese unstrei-
tigen „Möglichkeiten" sind denn auch die gar nicht mehr zu verheimlichen-
den faktischen Wirklichkeiten der Kirche und des „Christentums", die
Barth — sofern sie die menschliche Wirklichkeit überhaupt charakterisieren — des Menschen „Sünde" nennt. Ja, hier ist „Sünde", hier ist der *„Abgrund"* (R II/S. 316) offenbar, der die „menschlichen Möglichkeiten" bis
in die Spitzen der Religion von der göttlichen Möglichkeit und Wirklichkeit trennt. Nirgendwo sonst ist die Entfremdung der Menschen untereinander und in der Gesellschaft greifbarer als in dieser Fremdheit gerade dem
Evangelium gegenüber. Und gerade dem Evangelium gegenüber — nicht nur
in der stumpfen Trägheit und mangelnden Bereitschaft, sondern vielmehr
in der *„Feindschaft"* gegenüber der *„Gnade"* (Barth 1935, S. 22) — tritt
sie an den Tag. Es ist diese „Sünde", gegen die wir nichts vermögen, weil
sie immer schon die Ausgangsbasis unserer Unternehmungen ist, die aber
als diese schlimmer ist als *„Diebstahl"*, *„Ehebruch"* und *„Mord"* (S. 19),
weil sie ja immer schon die Begründung auch unserer „doppelten Moral"
enthält. In der Kreuzigung Jesu — aber sagen wir sofort auch in zeitgeschichtlicher Konkretion: im feinsinnigen Antijudaismus der höheren Stände wie im grobschlächtigen Antisemitismus der niederen Stände und des
Nationalsozialismus — wird diese Sünde offenbar, gibt es kein Entrinnen
mehr und müssen wir uns als Schuldige und Überführte: Diebe, Rechts-
brecher, Mörder — und „Schreibtischtäter"! — bekennen. Aber auch nur
da — indem unter diesen Vielen der eine Jesus Christus war — kann auch
das Ende dieser Feindschaft, die Aufhebung der Entfremdung, die Abtra-
gung der Schuld in Sichtweite kommen: nicht, indem wir ihre Herrschaft
zu brechen vermöchten, aber so, daß diese Herrschaft durch eine andere
Herrschaft gebrochen wird, die von der unseren qualitativ verschieden,
aber der unseren auch qualitativ „überlegen" ist. Es ist die Herrschaft eben
jenes „Knechtes", der in Gestalt und im Fleisch der von uns gehaßten Menschennatur — als wir noch seine „Feinde" waren (Röm. 5,10) — auch unsere Sünde trug, ohne sie selber zu tun, des Ermordeten, dem wir das Grab
bei den Mördern gaben, des „Gerechten", den wir für einen Ungerechten,
Verblendeten, Gotteslästerer, Aufrührer hielten (vgl. Jes. 53).

Er ist das „Lamm", das Gott „erhöhte" und das nun „sitzet zu Rechten
Gottes", um zu richten Gerechte und Ungerechte. Er ist es, mit dem Gottes Reich kommt. So schließt die Offenbarung Gottes mit ein auch des
Menschen *„Rechtfertigung und Heiligung"* (Barth 1927b) im Blick auf
Christi kommendes Reich. Die Offenbarung wäre auch ihrem „Begriff"
nach nicht vollständig erfaßt, wenn nicht in Sicht käme, was aus ihr im
menschlichen Handeln nun tatsächlich folgen muß und auch folgt.

Aber noch stellt sich uns (2) diese Einordnung der Ethik in die Dogmatik als problematisch dar. Denn es ist schon so, daß Barth an dieser Stelle nicht nur vielerlei Antworten von Freunden und Gegnern, sondern auch an der ganzen traditionellen Gestalt der lutherischen „Rechtfertigungslehre" vorübergegangen ist. Denn diese Lehre hat – in der „rechten Unterscheidung von Gesetz und Evangelium" – die Trennung von „Person" und „Werk" vollzogen und nicht nur die Eigenständigkeit der Dogmatik gegenüber aller Ethik, sondern auch die „Eigengesetzlichkeit" der Konkurrenzgesellschaft, von Wirtschaft, Staat und Krieg gegenüber dem „Glauben" behauptet. Sie gilt bis heute als der „articulus stantis et cadentis ecclesiae" – und hat sich·für Barth doch schon im 1. Weltkrieg als der Grundartikel der nicht „stehenden", sondern „fallenden" Kirche herausgestellt. Wir fragen: Hat Barth diesen Grundartikel einfach „übergangen"? Oder wie ist der Übergang von der Dogmatik in die Ethik positiv zu bestimmen? [17]

Hier kündigt sich die entscheidende Wendung in der Barthschen Dogmatik an, in der er die „Rechtfertigung allein aus Glauben" nicht mehr als das Primum, sondern als das Secundum in der Begründung des christlichen Lebens: als die erste greifbare Folge des Versöhnungs- und Befreiungswerkes Jesu Christi begreift. Nicht unser „Glaube" als solcher, sondern Jesus Christus ist es, der uns rechtfertigt und befreit. Er allein ist es, der kann und vermag, was wir mit unseren Werken – „Gesetzeswerken" und „Glaubenswerken" in einem – nimmermehr vermögen. Nicht wir verdienen – aber er verdient unseren Glauben, unsere Aufmerksamkeit, unseren „Gehorsam", wenn denn der „Gehorsam" den Lebensakt des befreiten und begnadigten, des das Evangelium „hörenden" und darin „handelnden" Menschen umschreibt.

Es handelt sich offenbar darum, daß der Mensch der Geschichte der göttlichen Offenbarung, die in Jesus Christus auch dem gottlosen „Heiden" gilt, ·gar nicht tatenlos zusehen kann, es sei denn, er wäre wirklich einer „optischen Täuschung" verfallen! Er hätte sich von einer falschen „Heiligkeit", von einer abstrakten „Transzendenz" Gottes, von einem abgöttischen Blendwerk seiner Religion irritieren lassen, wenn er übersähe, daß die Offenbarung eine wirkliche Geschichte in der Zeit und im „Diesseits", und zwar nicht nur eine, sondern *seine*, seine „ureigene" Geschichte bezeichnet. In diesem Sinne kann Barth die Offenbarung als die *„Urgeschichte"* bezeichnen (CD, S. 43ff), weil sie nicht nur den Anfang, sondern auch das „Ende" und „Ziel" (Telos, Röm. 10,4), darum auch die Gegenwart einer

---

17) Es ist auffällig, daß der späte Barth in der „Rechtfertigungslehre" in der Tat nur noch eine „Übergangs"-Problematik erkennt, die als diese freilich von Bedeutung ist, aber nicht mehr in der formalen Selbständigkeit auftritt, die ihr in der lutherischen Tradition zu eigen ist. Vgl. KD IV/1, S. 311ff, 573ff.

jeden menschlichen Existenz umgreift. Die immer brennende Frage nach der nötigen „Vermittlung" von Offenbarung und Geschichte bzw. von göttlicher und menschlicher Wirklichkeit: sie ist auf dem Grund der geschehenen Offenbarung gerade **keine** Frage mehr. Sie läßt sich zwar — dies gibt Barth in aller Form zu verstehen — in keiner „goldenen Synthese", in keiner noch so kühnen „theoretischen" Zusammenschau von Gott und Mensch, Theologie und Anthropologie beantworten. In der Wirklichkeit der göttlichen Offenbarung **ist** sie aber immer je neu beantwortet. Es gibt nicht jene neutrale Plattform außerhalb der Offenbarungsgeschichte, von welcher aus die Einheit des göttlichen und des menschlichen Handelns gleichsam „von außen her" einsichtig, feststellbar, übersichtlich oder konstruierbar wäre. Aber das ist es ja, daß man den Tatsachen der Offenbarung gegenüber unmöglich „neutral" bleiben kann! Es gibt kein allgemeines „tertium comparationis" zwischen Offenbarung und Geschichte, sondern: hier gehen sämtliche Allgemeinbegriffe unausweichlich zu Bruch. Auch die Geschichte und das Feld der politischen Ethik ist nicht abstrakt auszumessen — aber wir betreten es, sobald und sofern wir das „Wort Gottes" hören. Auf die Frage nach der notwendigen Vermittlung von „Offenbarung" und „Geschichte" gibt Barth darum die ebenso einfältige wie überraschende Antwort: Gottes Offenbarung ist selber diese Vermittlung, neben der es keine andere gibt — oder es ist nicht die Offenbarung Gottes, der wir anhängen. Das Wort Gottes findet seinen Weg zu den Menschen — so wahr es das Wort Gottes ist! — oder es ist ein anderes Wort, das wir im Munde führen. Es besagt dieses Wort gar nichts anderes, als daß Gott in seiner Majestät *„nichts Menschliches fremd"* ist (ThFuA, S. 164). Gott hat — in der „assumptio carnis" — *„auf sich genommen unser Schicksal, unsere Gottlosigkeit, die Qual unserer Hölle"* (eb.). Er ist somit keine *„zweite Wirklichkeit neben dieser unserer Selbst- und Weltwirklichkeit"*, aber freilich auch nicht nur ein *„anderer Name"* für diese unsere Selbst- und Weltwirklichkeit (ThFuA, S. 66).

So gibt es aber nicht irgendwo „eine Offenbarung" und irgendwo anders den Menschen, der ratlos vor ihr stehen bleiben, von ihr unbetroffen oder unbehelligt bleiben könnte, sondern: *„die Offenbarung ist die Versöhnung, so gewiß sie Gott selber ist: Gott bei uns, Gott mit uns und entscheidend und vor allem: Gott für uns"* (ThFuA., S. 164). Wir können also gar nicht von Gott und seiner Offenbarung sprechen, ohne damit indirekt und implizit auch „schon" vom Menschen zu sprechen, selber auch angesprochenes und beteiligtes „Subjekt" in dieser Geschichte des Bundes zu werden oder zu sein.

Erst damit bekommt nun auch Barths Protest gegen die sog. „Bindestrich-Theologien" (oder neuerdings „Genetiv-Theologien") seinen wirklichen Sinn. Es mag wohl eine „Theologie des Wortes Gottes" — und einen verbreiteten „Barthianismus" geben, der an den wirklichen Nöten der wirklichen Menschen vorbeigeht, aber kein Wort Gottes, das der Hilfestellung jener eilfertigen Theologien letztlich bedürfte. Wir sind drinnen, nicht draußen, weil Gott unseren eilfertigen Bemühungen zuvorgekommen ist —

weil es gar kein Draußen mehr gibt, das nicht schon zum „Drinnen" geworden wäre. So hat dann auch die theologische Ethik — im Sinne einer „Hilfswissenschaft" der Dogmatik — nicht mehr zu fragen, „ob", sondern nur noch „inwiefern" das Wort Gottes den wirklichen Menschen in all den Niederungen seines Daseins wirklich erreicht. Sie ist darin die große Infragestellung aller reinen „Dogmatik" — aber sie hat es tunlichst zu unterlassen, dem Wort Gottes etwa „drein zu reden" (Ethik I, S. 212) bzw. den eigenen guten Ratschlag an die Stelle des lebendigen Wortes Gottes zu setzen. So kann der Theologe die Wirklichkeit dieses Wortes wohl bezeugen, aber sie nicht selber auf den Plan führen. Er muß ihr gegenüber letztlich „die Waffen strecken"!

Somit ist deutlich: Als „Zeugnis" von der Offenbarung ist Barths Theologie — auch in den Jahren 1920 — 1935 — nicht selber die Offenbarung: sie entbehrt gerade jener „Synthese", deren wir in Jesus Christus gegenwärtig zu sein hätten. Aber ein anderes kann nun deutlich werden: Gerade in der **Zeitgeschichte** der Jahre 1920 — 1935, ja inmitten des nun anhebenden *„Flüstern(s), Sausen(s), Donnern(s) der geschichtlichen Bewegung, an der wir alle (!) teilhaben"* (ThFuA., S. 240), wollte sich Barth nicht von der „geschichtlichen Stunde" 1933, sondern von der „Stunde" der Offenbarung leiten lassen, wollte er aber auch nicht allgemein nach dem „Verhältnis" von Geschichte und Offenbarung fragen, sondern nach der Offenbarung selber, so wie sie selber sich zu aller Geschichte auch ins rechte Verhältnis setzt (KD I/2, § 14!). Damit konnte schon formaliter klar sein, daß die geschichtliche Bewegung jener Jahre von der Offenbarung her sofort ihrer Eigen-Macht und „Ursprungs"-Macht beraubt sein würde — daß der „hörende" und darum „gehorsame" Glaube an die Offenbarung die Gefolgschaft der „Hörigen" werde verweigern müssen. Barths Ethik des „Gehorsams" ist eine **Ethik des „zivilen Ungehorsams"** und gerade so eine politische Ethik des anbrechenden „Reiches Gottes" in der Zeit! Aber eben: Barth konnte und „durfte" hier die Gefolgschaft verweigern, weil die Entscheidungen, die nun allerdings fällig waren, für ihn schon in den Jahren 1 — 30 gefallen waren. Und so „konnten" die Entscheidungen, so wahr sie nun fallen „mußten", gar nicht anders als sofort auch „ethisch" und „politisch" fallen. Falls wir Barth hier zubilligen möchten, daß er in diesem Falle rechtens entschieden hat, wäre zu sagen, daß er auch damit schon eine echte „Vermittlung" von Theologie und Politik bzw. Offenbarung und Zeitgeschichte gefunden hat — ließe sich an diesem „Beispiel" zeigen, wie Gott sich in seiner Offenbarung auch je und je finden läßt von solchen, die ihn suchen.

Es bleibt freilich unbefriedigend, daß Barth seine Entscheidung gegen den Nationalsozialismus in den Jahren 1933 — 35 weithin nur in dieser „formalen" und dogmatischen Ausführung begründet hat. Aber über die „taktischen" Momente hinaus wird man Barth zubilligen müssen, daß seine Theologie sich eben auch noch 1933 durchaus im *„Zustand der Prolegomena"* befand (Elert, S. 18), in welcher er die „materialen" Konsequenzen seiner Dogmatik und Ethik z.T. mit Absicht zurückgehalten hat. Es stand ihm 1933 erst eine „Lehre vom Wort Gottes, noch keine Schöpfungslehre und noch keine Erwählungslehre zu Gebote, und gerade um die „formalen" Voraussetzungen der politischen Entscheidung der Kirche hat er in diesen Jahren gekämpft. Aber gerade am Beispiel der „Judenfrage" läßt sich zeigen, wie Barth seine „Vermittlungen" allererst suchen und finden mußte. Barth ist in diesen Jahren nur „Beispiel", das nicht zu generalisieren und in keine allgemeine „Theorie" der politischen Entscheidung des Christenmenschen zu überführen ist. Auch die Bibel redet fort und fort nur in „Beispielen". Und so kann dann allerdings auch F. Gogarten als ein, wenn auch anderes, so doch nicht minder lehrreiches Beispiel zu verstehen sein (vgl. II, Kap. 6.3).

Aber nun ist die Offenbarung auch selber „Geschichte", das heißt: sie konstituiert Geschichte mit „Räumen" und „Zeiten" so, wie sie darin ja auch ein sich in diesen Räumen und Zeiten bewegendes „Volk Gottes" konstituiert. Ja, hier gibt es „Vermittlungen" von vergangener und zukünftiger Geschichte, von „Erwartung" und „Erinnerung", „Verheißung" und „Erfüllung". Spätestens hier müßte auffallen, daß Barths Offenbarungsbegriff ein überaus „vermittelter" Begriff ist, der nirgendwo eine „Unmittelbarkeit" der Offenbarung zuläßt. Da gibt es „Propheten" und „Apostel", eine „Zeit Israels" und eine „Zeit der Kirche" — da gibt es eine Schrift, die in der Brechung jedes unmittelbaren Gottesbewußtseins immer wieder auf die Jahre 1 — 30 zurückweist. Da ist „Geschichte", wie sie nun wahrlich nicht erst mit Karl Marx, aber nun wahrlich auch nicht erst mit dem Jahre 1933 angehoben hat. Sie ist freilich — von den Jahren 1 — 30 abgesehen — nicht als solche die Offenbarung. Aber die Offenbarung ist nicht ohne sie. Sie ist nicht der unumstößliche „Beweis" der göttlichen Offenbarung — aber diese beweist sich nicht ohne sie. Aber von dieser (sich weithin außerhalb des Rampenlichtes begebenden) „Geschichte" der Offenbarung her, erweist sich alle andere Geschichte und Geschichtlichkeit — und die große „Weltgeschichte" im ganzen — bald als ein unerhörter Mythus oder ein kolossales Phantom.

Denn: „*Wir handeln innerhalb der Todesgrenze, über die kein Handeln hinausreicht . . . unter dem Aspekt des Friedhofes, den wir zu überbieten nicht in der Lage sind*" (Ethik I/S. 352). Das ist die geschichtliche „*Grenze*" von allem, was Adam kann, tut und will. Das ist gewiß die „Grenze" des Sozialismus — sogar in seinen „*lebenskräftigsten und fruchtbarsten Erscheinungen*" (S. 280). An dieser Stelle tritt Adam gänzlich „auf der Stelle" und hat uns die ganze Geschichte des „homo sapiens" im Osten wie im Westen „nichts Neues" zu bieten. Gerade der Versuch des Nationalsozialismus, diese Grenze zu verrücken, hat den Friedhöfen nur unendlich neue und weitere Friedhöfe hinzugefügt! So gibt es auch für den späteren Barth nur eine exemplarische

Geschichte, die etwas wirklich Neues und „Veränderndes" zu bieten hat — dies ist es, was der Vorwurf der Geschichtslosigkeit an Barths Adresse beinhaltet —, nämlich die Geschichte Jesu auf dem Weg von Galiläa nach Jerusalem. *„Er trug nicht nur, sondern er trägt die Sünde der Welt . . . Er ging also nicht nur den Weg vom Jordan nach Golgatha, sondern er geht ihn noch und wieder und wieder"* (KD IV/1, S. 345f). Und so „existiert" auch die christliche Gemeinde, indem sie in allem „Zeitgeschehen" diesen Weg antritt, sich wie die Zöllner und Sünder „rufen" läßt, um diesen Weg in der Schar der Jünger — und Frauen! — mitzugehen.

3.3 Rechtfertigung und Heiligung. Recht auf Leben

Es gibt insofern — um es pointiert antihumanistisch zu sagen — auch keine „Rechtfertigung" der „menschlichen Existenz" als solcher. Gerade diese Fluchtburg des bürgerlichen Menschen muß nun doch noch zu Fall kommen! Es hat keinen „Sinn" mehr, sich immer noch in diesem luft- und menschenleeren, in diesem doch „geschichtslosen" Raum aufzuhalten und mit den Füßen nach Grund zu suchen, wo keiner ist. Nein, „Rechtfertigung" geschieht, wo allerlei Besitztümer und Reichtümer weggegeben, wo Schulden erlassen, wo die Hütten der Armen aufgesucht werden, da also, wo der Mensch sich nicht mehr selber rechtfertigen muß, weil er sich selber nicht mehr rechtfertigen kann (Lk. 16,1-13). Da also, wo die Letzten die Ersten und Erste Letzte sind, da wo der Mensch dem Menschen „solidarisch" wird. „Rechtfertigung" geschieht, wo sie geschieht, in der „Heiligung", wenn denn die „Heiligung" die Umschreibung des *„Lebens der Kinder Gottes"* ist (KD I/2, § 18). Rechtfertigung dagegen, die nur für sich allein stehen wollte, die — so wahr sie Gottestat und nicht Menschentat ist — nicht auch und sogleich zur „Menschentat" werden wollte, sie könnte nicht wirklich befreiende „Gottestat", sie könnte gerade nicht die „Gerechtmachung" des Sünders in all seiner Gesetzlichkeit, Religion und „doppelten Moral" sein. Doch bevor wir zum Handeln übergehen, muß auch das andere gefragt werden: ob denn die „Heiligung" (was immer darunter zu verstehen sein möchte) als solche auch „Rechtfertigung" sei, ob die Taten der Menschen denn in jedem Falle befreiende Taten- und ob sie in jedem Falle die Taten befreiter Menschen seien?

Müssen wir nur die Reichtümer weggeben, um des neuen Lebens teilhaftig zu sein? Müssen wir nur um „Freiheit", „Gerechtigkeit" und „Frieden" kämpfen, um die „Sache Gottes" in der Welt zu führen? Müssen aus Bürgern Proletarier werden — damit aus Proletariern eines Tages Bürger, aus Asozialen Sozialisierte, aus Ungebildeten Gebildete, aus Hungrigen Satte, aus Unzufriedenen Zufriedene, aus Verwahrlosten wiederum Verwahrte werden? etc. Sind unsere „helfenden" und vermeintlich „uneigennützigen" Taten als solche schon die gött-

liche Tat? Gerade dem humanistischen Engagement in allerlei Fragen
der Gesellschaft, Erziehung, Fürsorge und Politik kann in der Offenbarung ein kräftiges Ärgernis gesetzt sein! Die „Heiligung" ist nicht als
solche auch „Rechtfertigung", auch wenn die „Rechtfertigung" nie
ohne die „Heiligung" ist.

Irgendeine „Praxis" könnte — darauf hat Luther hingewiesen — auch etwas
ganz anderes: nämlich Ausweichen, Flüchten, Eskapade, Alibi oder doch
eine Therapie ohne durchschlagende Diagnose und also auch ohne Erfolgs-
aussicht sein. Sie könnte also gerade der letztlichen Rechtfertigung, nämlich
der „Vergebung der Sünden" entbehren, aus der allein uns die Befreiung
erwachsen kann. Aber wir fragen auch: Was ist mit den Kranken und Inva-
liden, mit Kindern und Waisen oder gar mit dem „ungeborenen Leben":
mit allen jenen, die nichts zu „leisten", nichts Bedeutsames „zu tun" vermögen, mit all dem Leben, das einfach „ist" und nur gerade „da sein",
„werden" oder doch da bleiben will, und wäre es in lauter Träumen und
Phantasien, Spielen und Sehnsüchten oder „Religion"? Wie ist es nun? Ist
Gott alles, der Mensch aber in seinen Bedürfnissen und Wünschen — nichts?
Ist der Gott, der von uns nur immer ein neues „Tun" und die Preisgabe
alles dessen erwartet, was wir „haben" und „besitzen", nicht erneut der
calvinistische, der autoritäre Gott, ein Moloch, der Gehorsam und Opfer
verlangt? Was müssen wir nur alles, aber was können wir denn überhaupt
tun, um das „ewige Leben" zu erlangen? Es ist nicht an dem, daß dieser
Einwand nicht zu hören und beiseite zu schieben wäre, als ob ihm von
Jesus her nicht immer schon Recht zuteil würde. „Lasset die Kinder zu mir
kommen und wehret ihnen nicht!" Und: „Kommet her zu mir alle, die ihr
mühselig und beladen seid." Und: „Mein Joch ist leicht"! etc. Aber es liegt
dieser Einwand doch wohl nicht auf einer prinzipiell anderen, eventuell
„ontologisch" höheren Ebene als jegliche Frage nach dem rechten menschlichen Tun. Es wird nicht gut möglich sein, aus diesem Einwand oder dieser Frage einen allgemeinen Rechtfertigungsgrund dafür zu machen, daß
unsere Fähigkeiten eben beschränkt, unsere Mittel gering, die Hoffnung
vergebens und die Befreiung (jedenfalls äußerlich) unmöglich sei. Gerade
dem tüchtigen „Bourgeois", der sich hinter solchen vermeintlichen „Lebensweisheiten" gerne verschanzt, wird eben doch nicht Recht gegeben,
sondern jene Antwort, die Jesus dem „reichen Jüngling" zuteil werden läßt.
In der Offenbarung verfährt Gott nicht schematisch und allgemein, so ist
aber jeder nach seinen Fähigkeiten, nach seinen Umständen und Möglichkeiten, — und ein jeder nach seinem „Nächsten" gefragt! So sind denn die
Einen gerade im Gegenüber zu jenen Anderen gefragt, was sie zu tun ge-
denken, um die Not zu stillen, das Elend zu verringern, den Unmündigen
Spielraum zu gewähren und dem „ungeborenen Leben" einen Raum zu
schaffen, in welchem es ein erwartetes und gewünschtes, ein geborgenes
und aufgenommenes — und erst so doch wohl auch ein „gottgewolltes"
Leben ist. Und es ist ja auch all dasjenige Leben, das nicht selber für sich
und die Gesellschaft verantwortlich sein kann, nun doch kein unverant-

wortliches (oder gar „unwertes") Leben, sondern ein eminent gesellschaftliches Leben gerade im Gegenüber zu all denjenigen, die in Staat und Gesellschaft meinen, Verantwortung zu tragen — oder gar über „wertes" und „unwertes" Leben entscheiden zu können. So treten wir schon im Bereich der „Lehre von der Rechtfertigung" in den Bereich einer politischen Ethik und eines Handelns in der Gesellschaft ein, in welcher es kein Leben geben kann oder gibt, das der Rechtfertigung letztlich entbehren — oder auch nur auf Dauer entrinnen könnte. Denn in der „Auferstehung von den Toten" ist ja gerade und erstlich das Recht auf Leben [18] in Kraft getreten, bestätigt und anerkannt, und dies dort, wo dieses Recht grundsätzlich außer Kraft gesetzt scheint, wo es mit Füßen getreten und erbärmlich ist, wo allmächtige Gewalten oder Schicksale dieses Leben hindern, wenn nicht zerstören möchten. Die „Rechtfertigung allein aus Glauben" ist nicht etwa nur die Rechtfertigung unseres „Glaubens"- sowenig sie etwa das „Werk" dieses Glaubens zu sein vermöchte! Ist sie unser frommes Werk und, als unser letztes und feinstes, unser „eigenes Werk", dann ist unser Glaube nicht der Glaube an die Offenbarung, sondern Eitelkeit und Religion. Die „Rechtfertigung allein aus Glauben" ist aber dies, daß wir, die wir mit unserer Kunst am Ende sind, Leben aus einem Leben entgegennehmen, das nicht unser eigenes Leben ist, das uns aber instand stellt, mit unserem eigenen Leben auch das andere Leben, mit diesem anderen Leben erst auch das eigene Leben zu bejahen, dem je „fremden Leben" darum, „solidarisch" zu sein (Ethik I/S. 230) „Auferstehung von den Toten" — das ist nun in der Tat nicht die Frage nach einem zusätzlichen, „zweiten" Leben erst jenseits dieses Lebens, das wir selber leben und sterben, es ist keine Hoffnung auf ein Leben erst „nach" dem physischen Tod. Dieses „nach" ist kraft der Auferstehung, es ist „in Gott" nun doch so sehr aufgehoben, daß nun auch die Frage danach als eine verkehrte Frage wohl „aufgehoben" sein muß. Nein, die falsche Transzendenz muß schwinden, in welcher die Religion immer schon dem Tod Recht gegeben hat — im Diesseits der berüchtigten „Todeslinie" sollen wir leben. Mit der Religion aber — mit ihrem Trost ihren Verheißungen — können wir weder leben noch sterben, ganz gleich, ob vielleucht auch unsere Religion und Frömmigkeit in Gott noch ihre Rechtfertigung erlangt. „Auferstehung" heißt aber, daß wir „schon jetzt" aufstehen und „gehen", so wie die Lahmen in Jesu Wundertaten auch aufstanden und gingen, nachdem sie die „Vergebung der Sünden" erlangten (vgl. Mk. 2,1-11). „Auferstehung" heißt dann, daß der vielbesprochene „Sinn" unseres Lebens der Sinn dieses unseres wirklichen Lebens sein soll: kein Teilbereich neben anderen Bereichen, keine Sache für sich, aber der Sinn und Inhalt des ganzen Lebens, das uns zuteil wird, eines Lebens, das in allen seinen Phasen und Schattierungen, ob in Jugend oder Alter, ob in Krankheit oder Gesundheit, ob in Verzweiflung oder Trost, ob in Einsamkeit oder Gemeinsamkeit, doch niemals isoliertes und abstraktes, darum

---

18) Vgl. Ethik I/193-292 „Das Gebot des Lebens".

doch niemals „sinnloses", von Gott geschiedenes Leben ist. Da mag jemand in der Krankheit getrost und im Leiden aufrecht, im Alter jung oder in der Jugend weise sein — und es mögen auch da die Letzten die Ersten und die Ersten Letzte sein. Gottes Gebot verlangt von uns unendlich viel mehr als unser ‚nacktes Dasein‘ zu fristen! Erst in dieser Freiheit, zu sein, wer wir sind — und erst noch zu werden, was wir sind — sind wir nun frei auch zu fragen: Was sollen wir, aber was können wir, was dürfen denn nun gerade wir — tun? Oder anders gesagt: Erst in der „Einheit" unserer Person" mit dem gerade uns möglichen und eröffneten „Werk" wird uns Gottes Gebot zur realen Verheißung! „*Lebe!*" (Ethik I/S. 211).

KAPITEL 6

Der Christ als „Zeuge" der Offenbarung.
Drei Exkurse zur politischen Theologie und Ethik.

1. Die Kirche und die Kultur des christlichen Abendlandes

1.1. „Die Kirche und die Kulutr" 1926

Wir beschäftigen uns hier mit einem Aufsatz, der von Barth selber später unter das Verdikt der „theologia naturalis" gestellt worden ist (Barth 1926b). [1] Er steht im Schnittpunkt von Dogmatik und Ethik, d.h. bevor Barth sich nun auch der Erörterung der speziellen Ethik des Lebens in der Gesellschaft zuwendet, greift er — unter dem Eindruck der ökumenischen Konferenz zu Stockholm 1925! — noch einmal das Generalthema des Tambacher-Vortrages von 1919 auf. „Der Christ in der Gesellschaft" hieß es dort, „Die Kirche und die Kultur" heißt es jetzt. Die „Kirche": das meint nicht die protestantische und nicht die katholische Kirche, aber die Existenzform der „Christengemeinde" [2], wie sie vom Wort Gottes bzw. von der Offenbarung her zu bestimmen ist — die „Kultur": das meint nun den Inbegriff oder die „Summe" der „Zwecke" und geschaffene Werte, „die aus dem menschlichen Handeln hervorgehen und menschliches Handeln wieder anregen" bzw. die „Normen, von denen menschliches Handeln sich leiten lassen soll" (Barth 1926b, S. 368). Es handelt sich auch um das, was wir im heutigen Sprachgebrauch die „Gesellschaft" nennen würden, wobei Barth ebensowohl auf den französischen Begriff der „Zivilisation", wie auf den deutschen „idealistischeren" Kulturbegriff verweist. Es wird aber deutlich, daß Barth den Kulturbegriff weder in der einen, noch in der anderen Färbung ohne weiteres akzeptiert, sondern die „Selbstständigkeit" der Kultur der Kirche gegenüber sofort bestreitet und als ein „unmögliches Phantom und Götzenbild" bezeichnet (S. 369). Freilich leugnet Barth nicht die relative Eigengesetzlichkeit der Kultur, sofern „keine noch so tief gegründete christliche Gemeinschaft . . . sich den allgemeinen soziologischen Gesetzen auch nur teilweise entziehen" kann (S. 368) — aber ihre wahre und wirkliche „Bestimmung" empfängt die Kultur erst von der „Kirche" her, wie die Kirche sie vom „Wort Gottes" her empfängt. Das heißt: Barth setzt seine Theologie in Beziehung auf das allgemeine Phänomen der Kultur, aber bestreitet (gegen Tillich, B.-Th. II/S. 409), daß sich die Theologie ihre Aufgabe von dort her stellen lassen dürfe. Handelt es sich um den alten Imperialismus einer „Kulturtheologie"? Wir versuchen zu verstehen.

---

1) Vgl. Busch, S. 210.
2) Vgl. Christengemeinde und Bürgergemeinde, 1946.

Barth definiert zunächst die Kirche als eine *„Gemeinschaft"* des *„Glaubens und Gehorsams sündiger Menschen"* (S. 364). Es handelt sich um „sündige" Menschen, die darin aller Leiden und Laster ihrer Zeit und Gesellschaft teilhaftig sind. Aber um *„glaubende und gehorsame"* Menschen. *„Eines nicht ohne das andere . . . : Der Glaube vernimmt, hört, hat das Wort Gottes, aber nur der gehorsame, der auf das Hören hin handelnde Glaube"* (S. 366). Die Kirche ist immer schon in Aktion, ja in gesellschaftlicher Aktion, wie auch „Gott" immer schon in Aktion ist. Aber *„wohl verstanden: nicht durch die Geschichte im allgemeinen, sondern durch die Kirche handelt Gott der Versöhner an der abgefallenen Menschheit, läßt er im Tal des Todes seine Ehre verkündigen"*. Aber: *„er handelt! Noch einmal möchte ich dieses Moment scharf betonen"* (S. 367). So ist die Kirche für Barth jetzt das eigentliche „gesellschaftliche Subjekt". Sie weiß selber um die Bestimmung der Kultur — und so kann es kein „Drittes", keinen übergeordneten Gesichtspunkt, keine *„Weltanschauung"* oder Ideologie zwischen ihr und der Kultur geben (S. 372). So weiß aber die Kirche *„unter dem Gesichtspunkt der Schöpfung"*, daß *„Kultur"* das ist, was der Mensch unter der göttlichen *„Verheißung" . . . werden soll"* (S. 373). Es ist dabei gewiß nicht der Mensch in abstracto, sondern die *„Menschheit"* gemeint. Die „Schöpfung" meint — im ersten Artikel des Bekenntnisses — die Menschheit in Geschichte und Natur. Aber sie meint das, was immer erst noch „werden" muß! Der Mensch soll durchaus *„Kulturarbeit"* leisten, soll sich in etwa „zivilisieren", soll um eine bessere Gesellschaft kämpfen.

> *„Ist es ein wahnsinniges Schöpfen ins bodenlose Faß der Danaiden, dieses Ringen? An sich ja. Denn der Mensch ist gefallen und hat mit dem Vergessen des göttlichen Rechtes auch seinen Anteil an der Verheißung verwirkt und keine Mühsal noch Begeisterung kann ihn ihm wiederbringen. In Christus nein . . . (denn) Kulturarbeit . . . kann gleichnisfähig, kann Hinweis sein auf das, was der Mensch als Gottes Geschöpf und Ebenbild werden soll, kann ein Wiederschein sein vom Licht des ewigen Logos, der Fleisch wurde und doch auch König war, ist und sein wird im Reiche der Natur. ,Sie kann', sage ich. Sie ist es in Christus. Die Versöhnung in Christus ist die Wiederbringung der verlorenen Verheißung"* (S. 376). Die Kirche kann darum die Kulturaufgabe *„wohl praktisch, aber nicht grundsätzlich der Gesellschaft beziehungsweise den ,Fachleuten' überlassen"* (S. 377).

Mit der Offenbarung tritt der „Rechtsanspruch" Gottes auf die ganze gefallene Schöpfung in Kraft, so wahr der Sohn Gottes in sein „Eigentum" gekommen ist (Joh. 1,1ff). Dies ist der weite Horizont, in welchem die Kirche aber *„unter dem Gesichtspunkt der Versöhnung"* um des Menschen *„Rechtfertigung"* und *„Heiligung"* weiß (S. 378). Barth bezieht hier die „Kultur" auf den biblischen Begriff des „Gesetzes": sofern das Evangelium auch „Gesetz" und also nicht nur Gabe, sondern „Aufgabe" ist, ist es geradezu

Kultur-Aufgabe. [3] Es ist freilich nicht an dem, daß die Menschheit mittels ihrer Kulturleistungen die Versöhnung mit Gott zu bewirken oder das „Reich Gottes" zu errichten habe. Aber in der Versöhnung mit Gott ist der Menschheit unweigerlich eine Aufgabe gestellt, die Barth schlicht mit den Worten „*Humanität*", „*Humanisierung*" bezeichnet (S. 380) — sei es „*mit der Gesellschaft, ohne die Gesellschaft, gegen die Gesellschaft*"; sei es „*zeitgemäß oder unzeitgemäß*" (S. 381). Aber „*unter dem Gesichtspunkt der Erlösung*" ist die Kultur unzweifelhaft auch „*die dem Menschen gesetzte Grenze*", die er in all seinem Tun nicht zu überschreiten vermag. Christliche Praxis ist Kulturarbeit, aber sie ist nur (und bestenfalls!) Kulturarbeit — ein vergängliches, nicht das göttliche Tun. [4] Der Mensch muß sterben mit allen seinen Werken, und nur jenseits dieser Grenze ist „*Gott selbst*", der „*in Erfüllung seiner Verheißungen alles neu macht*" (S. 381).

„*Beim Bau des Turmes von Babel, dessen Spitze an den Himmel stossen soll, kann die (Kirche) nicht dabei sein. Sie hofft auf Gott für den Menschen, aber nicht auf den Menschen, auch nicht auf den frommen Menschen, auch nicht etwa darauf, daß der Mensch mit Hilfe Gottes jenen Turm schließlich doch noch bauen und vollenden werde. Sie glaubt weder an die Göttlichkeit des Geistes noch an die der Natur und erst recht nicht an angeblich schon vollzogene Synthesen zwischen beiden*" (S. 384).

Da ist er also: der große „eschatologische Vorbehalt" über allem, was Menschen zu tun vermögen! Aber das ist nicht das Ja zum Bestehenden und nicht das Nein zu jeglicher Revolution — es ist nur das unbedingte Nein zur widergöttlichen Konterrevolution. Der Mensch ist auf Erden, Gott im Himmel, — alles was Menschen errichten werden, kann bestenfalls Menschenreich, nicht Gottesreich sein. So steht die Kirche in „*menschlich tiefster Solidarität*" mit der Gesellschaft und den Menschen in der Gesellschaft, hat sie keinen Grund zur „Überheblichkeit", sondern Grund nur zur „*Gelassenheit*", in der sie das hier immer Nötige tut (S. 387).

Barth redet hier durchaus so, wie er schon im Tambacher-Vortrag geredet hat, und bestätigt ausdrücklich die von Marquardt behauptete Kontinuität

---

3) H.U.v. Balthasar bemerkt zu Recht, daß Barth hier mit Gogarten ‚korrespondiert' (K. Barth, S. 104f). Vgl. auch B.-Th. II/409. Barth hat hier dem Mißverständnis nicht entschieden genug gewehrt, wonach das „Gesetz" des Evangeliums mit dem „Nomos" der Kultur bzw. des Staates in eins zu setzen wäre.

4) Dabei darf nicht übersehen werden, daß Tillich entscheidend von Barth her verstanden sein will, Barth wiederum in vielem mißverstanden hat, aber in den entscheidenden Fragen mit Barth gegen die Fakultätstheologie seiner Zeit gestanden hat. So hat auch Barth manches von dem, was der weit vorauseilende Tillich freilich mißverständlich formulierte, erst sehr viel später auch und bekenntnismäßig sagen können (z.B. in KD IV/3!). Vgl. G. Wehr, P. Tillich 1979 und die zu erwartende Diss. von V. Schliski.

seiner Theologie (S. 373, Anm. 5). Aber Barth ist immer noch auf dem Weg. Vieles ist nun ungleich „dogmatischer" gesagt, als es im Tambacher gesagt war, manches mußte im Zuge der „christologischen Konzentration" einer erneuten und besseren Begründung weichen. Dennoch erschrak Barth förmlich über der *„Gehörlosigkeit, mit der auch der wohlmeinende moderne Kirchenmensch unsereinem zuzuhören pflegt".*

Denn ein wohlmeinender Rezensent hatte über Barths Vortrag in Amsterdam gesagt, daß er *„ein eindrucksvolles Bekenntnis zum relativen Wert der Kultur als Gehorsamstat des Glaubens"* enhalten habe, *„wenn auch zum Schluß in bekannter Weise stark die Grenze, jenseits deren Gott alles neu macht, herausgearbeitet wurde. Es war wenigstens von christlicher Besinnung ein Hintergrund geschaffen, vor dem sozialpolitische Betätigung der Kirche als sinnvoll und von Gott gewollt Geltung behalten konnte"* (zit. nach Barth 1926b, S. 399f, Anm. 7). Barth hatte in allem aber mehr oder minder gerade das Gegenteil sagen wollen von dem, was dieser Zuhörer verstand! Sollen wir diesen Zuhörer deswegen anklagen? Sind wir selber dieser Zuhörer? Diese Notiz verdeutlicht noch einmal das ganze Problem und die Ambivalenz von Barths Theologie „zwischen den Zeiten", in welcher Barth durchwegs „ganz anders" verstanden worden ist, als er es gemeint hat. In Anspielung auf die noch durchwegs schwachen „sozialpolitischen" Gehversuche der Ökumene in Stockholm, die des Erbes Naumanns doch noch immer nicht ledig geworden war, sagte Barth: *„Die christliche Kirche aller Konfessionen und aller Länder hätte (ich will nur zwei große Symptome nennen) 1914 – 18 eine andere Haltung gewahrt und sie hätte 1925 zu Stockholm ein anderes Wort gefunden, wenn sie nicht krank wäre. Sie wird nicht gesund werden, es sei denn sie wagte es wieder, sich ganz auf die Hoffnung zu stellen, auf die sie gegründet ist. Oder sagen wir besser: Es sei denn, der Herr erleuchte sein Angesicht über uns und sei uns gnädig, daß sein Wort uns wieder erreiche in seiner Vollkraft: als das Wort des ewigen Gottes"!* (S. 391).

Was Barth erneuern und dem „Kulturprotestantismus" gegenüber stellen wollte, war gerade die vergessene radikale Utopie: der „eschatologische Vorbehalt" nicht nur den sogenannt „revolutionären", sondern mehr noch den „reformistischen" oder opportunistischen Versuchen gegenüber, mit etwas Religion eine bessere Welt zu schaffen.

Barth ruft, mit Tillich, zur *„prophetischen Sachlichkeit"* der Theologie auf (S. 389), die heute allein das *„Zeitbestimmte",* Zeitgemäße sei. *„Es handelt sich nicht um dogmatische Subtilitäten, die hier vernachläßigt sind, nicht um eine harmlose Lehre von den letzten Dingen, die etwa auf Kanzel und Katheder etwas fleißiger getrieben werden sollten, sondern um die Einsicht, daß das ganze Christentum und sein Verhältnis zur Kultur schlechterdings auf der Hoffnung steht, daß*

Versöhnung und Erlösung grundsätzlich zweierlei sind, und darum dann auch Versöhnung und Schöpfung . . . *Dem Nichtwissen an diesem Punkt, das heißt dem ,liberalen' und ,positiven' Kulturprotestantismus gegenüber, gilt es heute auf die andere Seite zu treten, und dieses das Dritte wieder zu sehen zu versuchen. Einseitig? Nein, nicht einseitig. Nicht ohne auch das Erste und Zweite zu sehen, ohne das man das Dritte nicht sehen kann, aber heute das Dritte zu sehen und zu suchen, nicht zuletzt um des Ersten und des Zweiten willen"* (S. 391).

Damit sagt Barth, worum es ihm eigentlich zu tun ist: nämlich um die Rückgewinnung der wahrhaft revolutionären, der „eschatologischen" Dimension des christlichen Glaubens — gegen alle Versuche, sich mit dem bereits Geschaffenen und „Bestehenden" abzufinden und letztlich zu „versöhnen". Dazu paßt, daß Barth in seiner Ethik 1928/29 gerade auch das unruhige „*Gewissen*" des Menschen der eschatologischen Dimension des christlichen Glaubens zurechnet (Ethik II, S. 384ff). Es ist gerade das „Gewissen", das sich mit dem Vorfindlichen in der Welt nicht abfinden kann, sich auch durch keinerlei Beschwichtigungen letztlich abspeisen läßt! Der christliche Glaube ist ein unruhig Ding, nicht „eindimensional" (H. Marcuse), sondern dreidimensional — es ist ein verkümmertes Gewissen, das sich mit dem Verweis auf die angeblichen „Schöpfungsordnungen" von Eigentum, Konkurrenzkampf, Staat und Krieg letztlich befrieden und beruhigen ließe! Gewiß: Wenn „Gott" alle Dinge neu machen will, dann ist auch dem voreiligen Revolutionär eine eschatologische Grenze gesetzt. Aber wenn Gott alles „neu" machen will, dann ist es auch nicht mit ein bißchen Reformismus getan — dann wird das „Unmögliche" zum Maßstab des Möglichen gesetzt.
Deutlich wird dies gerade da, wo Barth seine eigene Definition der „Kultur" vorschlägt.

Schon in der zweiten These sagt er nämlich: „*Die Kultur ist die durch das Wort Gottes gestellte Aufgabe der in der Einheit von Seele und Leib zu verwirklichenden Bestimmung des Menschen.*" Dieser Satz ist mehrmals zu lesen und durchzukäuen! Der Form nach könnten wir verstehen: Die „Kultur" ist die Aufgabe einer ziemlich individuellen „Selbstverwirklichung" des Menschen — und das hieße: eine Angelegenheit des „bürgerlichen Menschen". Dem Inhalt nach müssen wir aber anders betonen: Die „Kultur" ist die Aufgabe einer „*in der Einheit von Seele und Leib zu verwirklichenden Bestimmung des Menschen*". Was genau diese Bestimmung ist, wird uns (noch) nicht gesagt, aber dies, daß sie in der „Einheit" einer die seelische und leibliche Wirklichkeit der Menschen einbeziehenden Tätigkeit — „zu verwirklichen" sei. „Seele und Leib" stehen hier stellvertretend für alle Gegensätze von „*Geist und Natur, Subjekt und Objekt, innerlich und äußerlich*" (S. 370), d.h. von der materiellen (Produktions-) Sphäre bis zur geistigen (Überbau-) Kultur. Der Mensch „*hält es nicht mehr aus in der sumpfigen Region einer rein natürlichen, aber wahrlich auch nicht in der darüberliegenden Nebelregion einer rein geistigen Existenz und am allerwenigsten in der Illusion, er existiere schon jenseits des Gegensatzes* . . . *Eben der Dualismus, das vernichtende Gegeneinander und das tödliche Auseinander seiner Existenz, manifest in der Sterblichkeit seines Leibes gegenüber einer wenig tröstlichen Unsterblichkeit seiner Seele, ist die Strafe seiner Sündhaftigkeit* . . . *der Spiegel seiner Feindschaft gegen seinen Herrn"* (S. 370). Aber: *„indem der Mensch von Gott weiß, weiß er um die Einheit, weiß er um seine Eigenbestimmung, weiß er, daß er nur im Ganzen sich selber finden kann"* (eb. U.PW.). Was dieses „Ganze" sei, darüber geht der Streit — aber Barth meint, keineswegs nur ein persönlich-individuelles Ganzes, er meint schon das gesellschaftliche „Ganze". Es geht um „das Ganze": um einen neuen Himmel und eine neue Erde, um diesen „eschatologischen Vorbehalt" gegenüber Allem, was Stinnes und Thyssen und was das gar nicht eschatologische „Dritte Reich" zuwege gebracht haben! Es ist gerade der dritte eschatologische Artikel des Bekenntnisses der eigentlich „ethische" Artikel in der Barthschen Theologie.

1.2 Das Mißverständnis der „natürlichen Theologie" und Barths „sozialistische Entscheidung"

Hier scheint sich nun Barths spätere Bemerkung zu rechtfertigen, daß er in „Kirche und Kultur" *„rechte theologia naturalis"* betrieben habe (Busch S. 210). Gerade sein „Kulturbegriff" ist noch in keiner Weise hinreichend christologisch begründet, wie das später etwa in KD III/2 — dort in Auseinandersetzung auch mit K. Marx und dem „historischen Materialismus"! — der Fall sein wird. Dennoch ist nicht zu übersehen, daß Barth an diesem Aufriß der Dogmatik bis in die „KD" hinein festgehalten hat. [5] Natürliche Theologie? Vielleicht dürfte man antworten: De facto Ja, aber de jure Nein! Später hat Barth auch gegenüber E. Brunner eingeräumt, daß jeder Theologe immer wieder nolens volens „natürliche Theologie" betreibe — auch der „Offenbarungstheologe" (vgl. III, Kap. 2)! Auch sein Wissen fällt ja nicht einfach vom Himmel, auch er unterliegt „kulturellen" Einflüssen, auch er schaut immer wieder nach links und rechts, während er die Zeugnisse der Offenbarung befragt! Dennoch lehnt Barth den Erkenntnisweg der „natürlichen Theologie", so wie er sie versteht, doch schon 1926 entschieden ab. Denn die „natürliche Theologie" beruht auf einem doppelten Mißverständnis der Offenbarung wie ihrer selbst:
— Sie möchte wohl den Menschen zur Offenbarung hinführen, der Anwalt des sog. „natürlichen Menschen" gegenüber der Offenbarung sein. Sie reißt

---

[5] Dies gilt für den Gesamtaufbau der KD, wobei das noch fehlende „missing link" die Erwählungslehre sein dürfte!

aber mit ihrem angeblichen Wissen hinsichtlich der Offenbarung erst recht einen tödlichen „*Abgrund*" [6] zwischen diesem Menschen und dem Gott der Offenbarung auf, der von der Offenbarung selber her weder bestehen kann noch besteht.

– Sie möchte sich wohl auch zum Anwalt der Offenbarung gegenüber dem „natürlichen" (bzw. säkularen oder „gottlosen") Menschen machen. Aber sie erhält damit faktisch doch nur die Fiktion eines angeblich „gottlosen" Menschen am Leben, der solcher Vermittlung bedürftig wäre, weil ihm die Offenbarung nicht nur von ihm selber her, sondern auch „von Gott her" unerreichbar sein und bleiben müßte.

– Sie möchte also nach beiden Seiten ihre „guten Dienste" anbieten – und leistet doch weder den Menschen noch der Offenbarung Gottes einen guten Dienst. Die „natürliche Theologie" ist – scharf gesprochen – ein reines „Überbauphänomen", mit welchem sich die Zunft der Priester und Theologen am Leben erhält! Denn jener angeblich „natürliche Mensch", dem die Offenbarung an sich unerreichbar sein und bleiben müßte, ist nicht der wirkliche Mensch, wie er immer schon leibt und lebt. Diese angebliche „Offenbarung" Gottes, die doch nur das löchrige Kleid dieses Menschen stopfen soll, ist nicht die Offenbarung des biblischen Gottes. Und dieser Gott, der seine Schöpfung und die Menschheit nun einfach sich selber und ihrem Schicksal überließe, ist nicht der Gott der Offenbarung. Denn es ist klar, daß für Barth auch der Gott der „natürlichen Theologie" ein „unmögliches Phantom und Götzenbild" ist, das in der Offenbarung Gottes in Jesus Christus gegenstandslos geworden ist. Mit der „natürlichen Theologie" kann darum kein langes Federlesen gemacht werden, weil sie gerade mit der Tatsache der Offenbarung nicht Ernst machen will, weil sie gerade in der Spitze ihrer Voraussetzungen auf einer heimlichen oder vielmehr unheimlichen Gott-losigkeit beruht.

Wir befinden uns an jenem Angel- und Drehpunkt der Barthschen Theologie, an welchem auch ihre „*gesellschaftlichen Postulate . . . ,auf Gott hin*' " (Marquardt 1972, S. 169ff) in das im strengen Sinn „dogmatische" Denken „von Gott her" umschlagen. Hier tritt auch die „sozialistische Entscheidung" des Theologen K. Barth an den Tag. Denn die Ablehnung des Erkenntnisweges der „natürlichen Theologie" besagt keineswegs, daß der „wirkliche Mensch" in Natur, Geschichte und Gesellschaft außerhalb des Gesichtskreises oder Aktionsradius der Offenbarung bleiben müßte, dürfte oder auch nur könnte. Die „Offenbarung" erfaßt den „ganzen Menschen" in all seiner Gottlosigkeit und darum auch die ganze Menschheit in ihrem wirklichen Sein. Sie ist wohl die Kritik des „falschen Bewußtseins" dieses Menschen, seiner (subjektiven) Gottlosigkeit wie seiner Religion und „na-

---

6) „Es existierte eine abstrakt eschatologische Erwartung ohne Gegenwartsbedeutung und es existierte die ebenso abstrakt nur mit diesem transzendenten Gott beschäftigte, von Staat und Gesellschaft durch einen Abgrund getrennte Kirche nicht in meinem Kopf . . ." (Der Götze w. S. 189).

türlichen Theologie". Aber sie ist kein Phänomen des theologischen Überbaus jeglicher Gesellschaft, sie dringt an ihre Basis. Sie bedarf darum auch
keines von fremden Händen zu erstellenden philosophischen „Unterbaus".

„Die Philosophie ist nicht ancilla theologiae" — heißt es darum in der
Ethik 1928 sehr scharf gegen Gogarten, Bultmann, Brunner (bzw. die
katholische Naturrechts- und Soziallehre). (Ethik I/S. 74). Die Theologie lebt nicht von den „Grundlagen" und „Lücken" der anderen
Wissenschaften, nicht von den „missing links" des Darwinismus. Sie
hat den anderen Wissenschaften auch nichts voraus — auch nicht etwa
das Wissen um das *„Böse"*, das Gogartens letzter Trumpf zu sein
schien (S. 42) — *„sie ist so gut und so schlimm wie Philosophie eine
menschliche Wissenschaft"* (S. 54). Was wäre, wenn etwa auch Marx
oder sogar Lenin etwas vom „Bösen" gewußt hätten (nur ohne es laut
zu sagen)?? Überraschend räumt Barth die Möglichkeit einer *„christlichen Philosophie"* ein, für die aber bezeichnend ist, daß sie das Reden in christlicher Sprache, in der *„Form"* und im *„Pathos einer Be-
kenntnisformel . . . grundsätzlich zu unterlassen hat"*! Sie braucht
*„keinen einzigen Satz ausdrücklich ,christlichen' Inhalts, kein dogma-
tisches oder biblisches Wort"* auszusprechen (S. 59). Der Ort dieser
Philosophie ist für Barth freilich auch so die *„Kirche"*, d.h. der Raum
der Offenbarung, aber indem diese Philosophie hier vom konkreten
Menschen aus denkt, kann sie genauso aus Gnaden *„gerechtfertigt"*
sein wie die schönste Offenbarungstheologie (S. 59f). Barth denkt hier
sicher weder primär an Heidegger oder Marx, sondern an seinen Bruder H. Barth. Aber eben: das Pathos, in welchem Theologie und Kirche von Sünde und Gnade, Gesetz und Evangelium, Tod und Auferstehung hier und heute durchaus „mehr" meinen wissen zu müssen
und zu können als alle anderen, kann ihnen gar sehr zum „Gericht"
werden. Und gerade die marxistische Anfrage ist hier am wenigsten
zu überhören: daß „in der Kirche" von der Krankheit des Menschen
und seiner Heilung zwar viel geredet werde, aber man von alledem in
praxis so gut wie gar nichts zu sehen bekomme. So kann die Theologie
der Philosophie (oder dem Marxismus) gerade nicht das Recht streitig
machen, in der Kirche gehört zu werden. Nein: *„Theologie kann nur
mit der Philosophie zusammen* (so wahr sie getrennte Wege gehen,
PW.) *ancilla ecclesiae, ancilla Christi sein wollen"* (S. 74).

Indem die Theologie aber, anders als die Philosophie, stracks ihren eigenen
Erkenntnisweg begeht, wird die Erkenntnis unvermeidlich: Jesus Christus
ist der Herr der ganzen „Schöpfung", d.h. der ganzen auch außerhalb der
Kirche existierenden Menschheit. In Jesus Christus ist nicht nur der Existenzgrund der Kirche, sondern derjenige der ganzen Menschheit, ja der
ganzen Schöpfung offenbar. Nun muß auch die „ontologische" Basis der
„natürlichen Theologie" ins Wanken kommen: ihr angebliches Wissen um
die ehernen „Naturnotwendigkeiten" von Konkurrenzkampf, Eigentum,

Kapital, Staat und Krieg. Aber wie das Verhältnis von Mensch und Natur bei K. Marx als ein gesellschaftlich vermitteltes erkannt ist, wird es bei Barth nun offenbarungstheologisch vermittelt: in einer differenzierten Verhältnisbestimmung von Natur und Menschheitsgeschichte bzw. „Schöpfung" und „Bund". Der „*Bund*" Gottes mit den Menschen wird als der „*innere Grund der Schöpfung*" erkannt (KD III/1). Der Protest gegen den Darwinismus ist mit Händen zu greifen: nicht der „Kampf aller gegen alle", sondern die „Bundesgenossenschaft" ist die ursprüngliche Bestimmung des Menschseins in der Mitmenschlichkeit Jesu Christi. Der Gott der Offenbarung ist nicht der Urheber irgendeiner (sich selbst überlassenen) Wirklichkeit, sondern der Schöpfer dieser, nämlich einer „guten" Lebenswirklichkeit des Menschen, nicht nur in der Koexistenz der „Geschöpfe", sondern in deren Proexistenz und „Solidarität".

Man lese hier die Begründung der Barthschen Ethik 1928 unter dem „*Gebot des Lebens*" als einer anarchistisch-sozialistisch affizierten Ethik der „*Solidarität*" mit dem je „*außer und neben uns*" existierenden „*Geschöpf*", einschließlich der Tiere und der sog. „Natur"! (Ethik I/S. 228ff). „*Es kann nicht anders sein: Erkenne ich mein Leben wirklich als unter das Gebot gestelltes geschöpfliches Leben, dann wird das geschöpfliche Leben um mich her befreit aus jener Verdrängung in die zweite oder dritte Linie meiner Aufmerksamkeit, befreit auch aus jener Rolle eines bloßen Förderungs- oder Hemmungsmittels meines eigenen Lebenswillens, dann erkenne ich es in seiner relativen, ihm nicht weniger als mir selbst eigenen Selbständigkeit*" (S. 230). Das ist die Aufkündigung des „bürgerlichen Prinzips" und das Beste vom Besten, das Barth in seiner Ethik 1928 zu sagen wußte. Es ist der Schlüssel zu seiner Verhältnisbestimmung von Mann und Frau — aber auch zu seiner breit ausgeführten Analyse und Kritik des „*kapitalistischen Imperialismus*" (S. 274) unter den Begriffen der „*Konkurrenz*" (S. 270ff), „*Aneignung*" (S. 273ff), „*Eigentum*" (S. 283), „*Arbeitsteilung*" (S. 284), „*Technik*" (S. 288ff) etc. Dem wiederum entspricht die höchst brisante Relativierung des „*Volkstums*" in Hinsicht auf den Begriff der „*Menschheit*", der von Barth an dieser Stelle, in deutlicher Abgrenzung von humanistischer (feuerbachischer) „Schwärmerei", marxistisch gebildet wird: „*Mag es im 18. Jh. weithin Schwärmerei gewesen sein, wenn man von der Menschheit — und damals oft in abstrakter Überspringung der inneren Kreise, von denen wir hier herkommen, redete, so wäre es im 20. Jh. Schwärmerei, nicht von ihr zu reden, und es wäre in den verschiedensten Hinsichten doch wirklich fatal, wenn sich gerade die Kirche darauf versteifen wollte, ihrer ethischen Besinnung und Verkündigung gerade hier eine Schranke ziehen zu wollen, die durch die Tatsachen, vor allem des Wirtschaftslebens, längst über den Haufen geworfen ist, und wenn nicht alles täuscht, immer mehr über den Haufen geworfen werden wird*" (S. 330).

1.3 Christliches Zeugnis in Staat, Konkurrenzkampf und Klassenkampf

Von da aus dürfte klar sein — und es beweist das Differenzierungsvermögen
dieser Dogmatik und Ethik — warum der Staat von Barth nicht unter die
guten „Schöpfungsordnungen" gerechnet wird. Barth stellt die Existenz
solcher guten „Ordnungen" 1928 freilich nicht gänzlich in Abrede. Aber er
unterscheidet: ist der Mensch „als Mann und Frau geschaffen" (und „gut"
geschaffen!) so ist es doch fraglich, ob etwa die Rechtsgestalt der „Ehe"
eine „Schöpfungsordnung" sei. So kann auch das „Eigentum" (im Unterschied zur menschlichen Arbeit S. 370) nicht unter diese an sich guten
Ordnungen gerechnet werden. Sofern die gute Schöpfungswirklichkeit an
der staatlichen Ordnung partizipiert, partizipiert sie an einer „Notordnung"
des geschöpflichen Seins, die nicht aus den „Schöpfungsordnungen" selber, sondern nur aus dem Abfall von und Aufruhr gegen diese guten Ordnungen zu erklären ist.

Das ist der springende Punkt auch im Verständnis der Barthschen Ethik
als einer „antifaschistischen" Ethik. Der Staat gehört — mit der Kirche — nicht dem regnum naturae, sondern dem regnum gratiae: nicht
dem Schöpfer-, sondern dem Versöhnerwillen Gottes zu. Christus
herrscht freilich nicht nur im regnum gratiae, sondern auch im regnum
naturae, haben wir gehört. Aber er tut es in verschiedener Weise.
Im regnum gratiae, d.h. „in der Kirche", wissen wir, daß die Schöpfung
gefallen ist und der Mensch böse macht, was Gott „gut" macht. „In
der Kirche" wissen wir darum — und wohlverstanden nur „in der Kirche" — um die Notwendigkeit des Staates. Der Staat ist in Barths
Ethik schlechterdings der „Kirche" koordiniert (nicht umgekehrt),
und im Reich der Erlösung wird er mit der „Kirche" verschwinden!
Der Staat hat um des menschlichen Elendes willen darum nur die vor-
läufige Aufgabe, den tödlichen „Kampf Aller gegen Alle" mit Gewalt-
mitteln zu bremsen, das heißt aber: *„der Unterdrückung der Schwachen durch die Starken"* Einhalt zu gebieten *„durch das Mittel des
durch die Gewalt aufrechterhaltenen Rechtes"* (Ethik I, S. 414). Diese Staats-Definition erscheint zunächst als überraschend und ärgerlich
paradox. Sie scheint der marxistischen Definition des „bürgerlichen
Staates" (als einem Instrument der „Klassenherrschaft" bzw. der Unterdrückung der Schwachen durch die Starken) ins Gesicht zu schlagen. Sie tut es auch insofern, als Barth eben durchaus auch vom „bürgerlichen Staat" erwartet, daß er genau das Gegenteil zu tun habe.
Aber man sehe sich vor: diese Staatsdefinition ist die genaue Erfüllung
der von Marquardt postulierten „Strukturparallele" zwischen Barths
Römerbrief und Lenins „Staat und Revolution". Hier weht ein Hauch
der „Diktatur des Proletariates", wenn auch nicht im Leninschen Sinne, sofern eben das Recht der Armen und Schwachen im Staat mehr
gelten solle als die Macht etwa des Kapitals. Daß dies nicht nur Analyse, nein: kategorischer Imperativ ist, dürfte von Barths Ethik nicht

anders zu erwarten sein. Aber man wird hier gut und gerne an die Fabrikgesetzgebung, an das Verbot der Kinderarbeit, an die von Marx geschätzten englischen Fabrikinspektoren und insgesamt an das achte Kapitel des Marxschen „Kapitals" (MEW 23) denken dürfen. Warum habe ich die „Kirche" in Anführungsstriche gesetzt? Weil hier nicht die konstantinische Staatskirche des „christlichen Abendlandes", sondern nur der „Raum der Offenbarung": die „Gemeinde Jesu Christi" als das echte, konkrete Gegenüber des Staates gemeint sein kann.

Und nun sehe man sich vor, wenn man nur etwa „K. Marx und die Seinen" des „Aufruhrs" gegen Gott und seine „Schöpfungsordnungen" anklagen möchte, wie das vor allem im christlichen Vorfeld des Nationalsozialismus geschehen ist. Daß die *„Grenzen des Sozialismus"* für Barth damit bezeichnet sind, daß auch dessen letztes Wort immer wieder „Egoismus" bzw. „Klassenegoismus" (also nicht „Sozialismus") lautet und der „Klassenkampf" somit immer wieder nur die Verlängerung des weltweiten erbitterten Konkurrenzkampfes (nicht dessen „Aufhebung" und Überwindung) ist, das ist das Eine.

„Nun, es wird eine Rechtfertigung auch des Patrioten, auch des Familienvaters und der Familienmutter, auch des Klassenkämpfers geben . . . " (Ethik I/S. 280).

Aber eben: die „Sünde" ist nicht durch K. Marx, sondern mit „Adam" in die Welt gekommen. „Adam" (d.h. Erde) sind wir alle. Die „Sünde" ist das, was am meisten immer wir selber tun. Wir alle, ob fromm oder unfromm, „christlich" oder „atheistisch", sind schlechterdings auf Gnade angewiesen. Wir alle widerstreben der Gnade und sind im Aufruhr gegen sie. „Sünde" ist immer nichts anderes und weniger als Aufruhr gegen Gott. Wie sollte sie dann nicht auch der Aufruhr gegen seine „Schöpfungsordnungen" sein? Denn eben das, daß eine ganze Christenheit gegenüber dem offenkundigen (und jedem Kind erkennbaren) „Unrecht" des Kommunismus selber Recht behalten, und dieses Recht gegen jenes Unrecht selber durchsetzen möchte – wenn das nicht (und geschähe es im Gewande der eilfertigen christlichen Liebe) offenes Unrecht und Aufruhr gegen Gott sein kann! Ob wir wissen, daß dem so ist? Ob wir sicher sein können, daß dem dort so ist – daß der sog. Kommunismus nicht auch Frieden wollen könnte, wo wir zum Krieg rüsten? Wer hier Richter sein darf? Aber eben: daß eine ganze Gesellschaft in christlichem Namen ihr Recht so zu setzen und auch durchzusetzen versteht, daß sie eine ganze Kategorie oder Klasse, eine ganze Hälfte oder sogar Mehrheit der Menschheit meint stillschweigend unter den Tisch fallen und sich von einigen Brosamen ernähren lassen zu können – wenn das nicht der Aufruhr gegen Gottes Schöpfungsordnung ist! Und wie sollte dies dann nicht auch die Zerstörung der Schöpfungsordnung mit allen ihren nun unvermeidlichen Konsequenzen sein? Muß dann nicht *„Alles absolut und abstrakt werden und darum wie*

ein Haufen von auf die Spitze gestellten Kegeln gegeneinander fallen"?
— So Barth in seiner Kritik des „politischen Absolutismus" und der
bürgerlichen „Revolution" als dem Anfang des Elendes vom Klassenkampf, und zwar aus der „Revolution von oben" her (Prot. Theol.
41.33).

Rebus sic stantibus (et cadentibus) ist der Klassenkampf von unten als
„primitivste Maßregel" (Ethik I/S. 213) offenbar unvermeidlich, auch
wenn es die Frage ist, ob und inwiefern er etwa gut — zuheißen ist! Daß
und warum es Klassenkampf gibt, hat der christliche Ethiker freilich nicht
etwa aus Gottes guter Schöpfung zu begründen und zu legitimieren. Er hat
diesem unheiligen Faktum durch allerlei gutgemeinte „Erklärungen" und
geschichtsphilosophische Herleitungen nicht etwa noch eine Elle zuzu-
setzen. Er hat es nicht zu verteufeln, ihm nicht zu vertrauen. Aber es kann
immerhin die Frage sein, ob und inwiefern es sich nicht gerade auch hier
um einen Beitrag zur Wiederherstellung und In-Kraft-Setzung der Schöpfungsordnungen handeln möchte,

„ob die moderne Arbeiterschaft nicht handeln mußte, wie sie gehan-
delt hat, als sie sich im Unterschied zu dem mit Allem zufriedenen
Proletarier der Vorzeit mit dem ihr vom Unternehmertum zugedach-
ten Existenzminimum eines Tages nicht mehr zufriedengab" (eb).

So kann es auch ein christliches Zeugnis im „Klassenkampf" geben — „zeitgemäß oder unzeitgemäß", mit dem Strom und *„gegen den Strom"* [7] —
aber eben: genauso wie die Teilnahme, so kann auch die Nicht-Teilnahme,
so kann nun auch die besondere Form der „christlichen" Teilnahme an
diesem Kampf *„noch einmal allenernstes eine Frage"* sein (Ethik I, S. 280).
Die *„gute Absicht . . . heiligt die Mittel nicht"* und *„Christus"* wird *„nicht*
durch unser christliches Fahnenschwingen . . . siegen" (S. 281). Denn was
ist, wenn der „dritte Weg", den der Christ sich und den Anderen empfiehlt,
gerade nur zu einer *„christlichen Gewerkschaft"* oder *„Partei"* (evtl. sogar
zu einer *„Evangelischen Bank"!* — S. 281) führen sollte — wenn er nun
doch nicht der „schmale Weg" sein sollte, sondern nur die breite Heeres-
straße, die seit Stöcker und Naumann in etwa Jedermann gegangen ist?

Und wenn er dann eines Tages merken sollte, daß er, der **gegen** den
Strom schwimmen wollte, gar nicht gegen, sondern **mit** dem Strom ge-
schwommen hat und plötzlich, wo dieser Strom nicht mehr zu halten
ist und — wie im Nationalsozialismus geschehen — alle Dämme durchbricht, sich seines christlichen Namens nur noch — schämen kann?

Barth hat seine „sozialistische Entscheidung" 1928 freilich nicht zur
Norm gemacht. Nicht der Ethiker weiß, nur Gott weiß, wann und an wel-

---

7) Letzteres betont vor allem E. Brunner, Das Gebot und die Ordnung 1932, S. 419.

chem Ort es gut sein möchte, in einer Partei, und nun wohl am nächsten liegend: in einer sozialistischen Partei, aber eben: nach Zeit und Umständen auch sogar in einer christlichen oder kommunistischen Partei zu sein. Daß er als „Christ" nun eben (mit diesem viel geschundenen Wort) „Sozialist" ist — das braucht er nun gewiß nicht noch extra zu begründen, nimmt er damit doch nur die ihm nach Römer 13 selbstverständlich auferlegte politische und gesellschaftliche Verantwortlichkeit wahr. (Eher könnte er und dürfte er seine lieben Mitchristen fragen, in welcher Freiheit und Verantwortlichkeit sie etwas anderes sein können.) Aber eben: auch so kann er nicht „letztlich" urteilen und wissen, kann es sein, daß er nun auch in seinem ärgsten politischen Gegner je gerade seinen konkreten „Nächsten" zu sehen hat.

1.4 Die „Mission" der christlichen Gemeinde in der Welt der Gegenwart

So fragen wir nun etwas allgemeiner gefaßt: Was ist die „Mission" (d.h. Sendung, Aufgabe) der „Christen" in der Welt? Was ist (mit diesem nicht unproblematischen Begriff gefragt) der „christliche Kulturbeitrag"? Es dürfte deutlich sein, was damit nicht mehr gemeint sein kann: daß die „Christen" als Vertreter einer überlegenen christlich-abendländischen „Kultur" zu den armen Völkern und primitiven Kulturen gesendet wären — das nicht, daß sich diese „Heiden" nun etwa zum „Geist" des christlichen Abendlandes zu bekehren hätten. [8]
Wir sind es, die um-denken müssen. Es stimmt nun zwar: christliche Mission sorgt sich im Inland wie im Ausland ebenso wie um die „Seele", so auch um den „Leib", so auch um den „Geist" der Menschheit. Aber der eigentliche **Missionar** ist: Jesus Christus selber, der *„in sein Eigentum gekommen"* ist (Joh. 1,11). *„Gott beansprucht, was ihm gehört"* (Ethik I/S. 294). Die **Missionierten** sind: die sog. „Christen", das heißt Juden und Vertreter aus allen Schichten und „Völkern" (= Heiden), die sich nicht mehr selber recht geben können, weil sie dem Christus recht geben müssen, die darum in Jesus von Nazareth ihren Befreier und Auftraggeber erkennen. Sie sind nun in aller Unscheinbarkeit das „gesellschaftliche Subjekt" der Veränderung, von dem es heißt, daß in ihm „weder Jude noch Grieche, weder Herr noch Sklave, weder Mann noch Frau" sei (Gal. 3,28). Hier ist die „Rechtfertigung" des Einen die „Rechtfertigung" des Anderen, hier ist der Herrschaft der Einen über die Anderen ein definitives Ende angekündigt und schon gesetzt: Der Mann bekommt nicht Recht, es sei denn, er wüßte etwas von der Vorrangstellung der Frau, (wo doch gerade die Frauen

---

8) Vgl. den immer noch lesenswerten Vortrag: Die Theologie und die Mission in der Gegenwart, 1932 ThFuA S. 100-126. Vgl. für das folgende auch das Barthsche Bild vom „Schlachtfeld", in: Offenbarung, Kirche, Theologie, a.a.O., S. 158f.

die merkwürdig ersten Zeugen der Auferstehung waren!); die Deutschen und Schweizer etc. nicht, es sei denn sie wüßten etwas von der Vorrangstellung der (ihnen doch so unheimlichen!) Juden; die Bürger und Gebildeten nicht, es sei denn sie wüßten etwas von der Vorrangstellung der Armen und Einfältigen (die doch die besonderen Günstlinge des Heiligen Geistes sind!). Die missionarische Situation, in der sie sich befinden, ist zunächst ihre eigene Situation, in welcher sie nicht mehr allein, sondern in Gemeinschaft, nicht mehr als einzelne „Individuen", sondern als die aufgehobenen (aber nun auch gut aufgehobenen) „Einzelnen" existieren. Es ist aber die Situation derer, die nicht mehr nur für sich und unter sich existieren können, sondern – selber schon ein Stück Welt! – in der Welt und für die Welt existieren, in welcher Jesus Christus, ein Mensch, geboren, gekreuzigt und auferstanden ist. Es ist aber diese „geschichtliche Tatsache" des Todes und der Auferstehung Christi, in welcher sie ihre eigene Situation in der Welt schon als grundlegend verändert ansehen müssen, sofern ja dem Tod in allen seinen Erscheinungsweisen hier der „Stachel" schon genommen ist. Es ist diese unglaubliche und unerwartete Situation, in der sie nun nicht etwa daran gehen müssen, selber die Welt zu erlösen, zu erretten, zu verbessern, in der sie aber – es sei denn sie wären taub, blind und lahm – auf diese schon geschehene Veränderung einzutreten haben. Nicht sie sind es ja, die die Welt wirklich verändern, die Mächte der Krankheit, der Sünde und des Todes besiegen könnten, aber sie können, sie dürfen „Zeugen" der Kampfes- und Siegesgeschichte Jesu Christi im Weltgeschehen sein, ihre aufmerksamen Beobachter, dann aber auch ihre Beteiligten, Gottes Bundesgenossen. Es ist nicht an dem, daß sie nun ihre eigene Herrschaft, die Herrschaft einer christlichen „Weltreligion", eines „christlichen Staates", einer „christlichen Partei" aufzurichten hätten, als ob dies alles nicht die Apparaturen und Bollwerke noch der „alten Welt" wären! Aber das haben sie der Welt in Wort und Tat zu verkündigen und zu bezeugen: daß die „Herrschaft Gottes" im Anbruch befindlich, die „neue Welt" schon im Kommen, die „alte Welt" darum nicht nur neu und anders interpretiert, sondern realiter angegriffen und in ihrem Bestand bedroht ist. Es ist die Situation derer, die sich schon auf verlorenem Posten wähnen müssen, die alle und jede Zuversicht schon verloren haben und nun dennoch – wie „Überläufer" ins feindliche Lager, wie Landes- und Klassenverräter (vgl. Jer. 37,11-15) – zu den Siegreichen gehören, an der Herrschaft Christi teilhaben dürfen. Was wird es sie anfechten, daß diese Herrschaft und „neue Welt" noch nicht allen Augen offenbar ist, ja der „alten Welt" noch gar sehr verborgen, ungewiß oder sogar bedrohlich erscheint? Der Knecht steht nicht über seinem Herrn, und es muß ihnen genug sein, vorerst das „Salz" dieser Erde heißen zu dürfen. So handelt es sich um ein neues „Christentum": nicht um die Erneuerung der altbekannten Weltreligion, aber um die Einsicht, daß auch dieses Gehäuse einmal zerbrechen, auch seine Bollwerke einmal fallen, auch seine Türen und Fenster noch einmal weit geöffnet werden müssen. [9] Verhängnisvoll wäre es für sie, ihr „Christentum" nur immer weiter in der Analogie der „Religionen" zu sehen, aber all die anderen Analogien nicht zu sehen, unter die es vielleicht ebenso oder noch vorher fallen möchte: z.b. des Volkes Israel und der Juden, des Bundes und der Genossenschaft, der sozialen Bewegung, der Friedensbewegung und des Sozialismus.

Man hätte nun gewiß auch den „Nationalsozialismus" schlecht verstanden, wenn man es nicht vermöchte, auch in seinen Bewegungen und Bünden, im Volkstum wie in der Freundschaft und Kameradschaft etc. jenes Körnchen Wahrheit zu entdecken, das – vom dogmatischen Marxismus vielleicht allzu schnell beiseite geschoben – dessen Ideologie- oder Mythologie allererst so verführerisch und gefährlich gemacht hat. Daß Barth sich in seiner Ethik 1928 gerade auch an dieser Stelle weit ins Feindesland begeben und auch dort, wie man feststellen kann, erfolgreich operiert hat – z.b. auch mit den Begriffen „Gleichheit" und „Führung"! (Ethik I/S. 415ff) – wird man ihm nicht nachteilig auslegen dürfen. Barth hatte solche Zuhörer, denen er die Begriffe aus dem Mund nehmen, entwenden und in neue Anordnung bringen mußte, er hat sich der Sprachlichkeit der Lutheraner und Gogartens etc. z.T. in großer Souveränität bedient. Barth solle so etwas wie ein „Bewunderer Hitlers" gewesen sein, hat man später gemunkelt! [10] Barth hat darauf geantwortet, wie er auf Feuerbach geantwortet hat: „... wer hier nicht in der Lage ist, ihm einfach ins Gesicht zu lachen, wird mit weinerlicher oder entrüsteter Kritik seiner Religionserklärung niemals beikommen" (ThuK, S. 237). Es ist tatsächlich so: man würde den Wald vor lauter Bäumen nicht sehen, wenn man nicht sehen wollte, daß sich Barths differenziert ‚von unten her' aufgebaute Ethik von Familie, Volk und Staat etc. sich zu Hitlers „politischer Theorie" (F. Wagner) wieder so verhält, wie ein auf dem Boden stehender zu einem senkrecht auf die Spitze gestellten Kegel! Freilich hat gerade Hitler so reden können, als wolle und könne der nationalsozialistische Staat seine (gottgewollte) Aufgabe „im Dienste" des Volkes, der Arbeit, der Familie, der gesunden Ehe, Jugend, Geschlechtlichkeit etc. antreten und erfüllen. Freilich hat gerade er die „Schöpfungsordnungen" usurpiert und die Prinzipien der „Gleichheit" und der „Führung"

---

9) Vgl. Fragen an das Christentum 1931, a.a.O., S. 93ff. Und besonders: Das Evangelium in der Gegenwart 1935, ThEx 25, S. 30ff, wo Barth das „Ende" des bisherigen „Christentums" anvisiert.

10) Dies auch in der Schweiz! – vor allem wohl aufgrund einer Passage in der „Theologischen Existenz heute" wo Barth sich über das „Führerprinzip" erging (S. 176). Dies, und die Tatsache, daß Barth die „Theologische Existenz heute" auch an Hitler persönlich übersandte, mag sich dann zu einer „Dichtung" zusammenreimen, von der Barth schon 1938 sagte, daß er über sie „nur lachen kann"! (Schweizer Stimme, S. 82). In die selbe Kerbe scheinen heute auch K. Scholder (Die Kirchen . . . Bd. 1/707) und va. F. Wagner hauen zu wollen: Politische Theorie des Nationalsozialismus als politische Theologie, in ThEx 175, S. 44ff, Theologische Gleichschaltung, S. 39ff.

an sich gerissen. Wo also liegt die Differenz? Barth bestreitet das Phänomen von „Führung" nicht.
Aber: „*Leithammel und Führerelefanten gibt es auch in der Tierwelt*" (Ethik I/S. 416), und „Führung" gibt es ebensowohl bei Pfadfindern wie in parlamentarischen Fraktionen wie etwa in kommunistischen Zentralkommitees. Immerhin: auch der wohlgesonnene Interpret muß zugeben, daß es in dieser Ethik nicht ganz leicht ist, den Finger auf jene Stelle zu legen, wo die spezifische Differenz dieser beiden „politischen Theologien" zu erheben ist — aber doch darum, weil diese Differenz nicht nur in einem Punkt, sondern in allen Punkten zu behaupten ist, weil es sich um den Punkt in allen Punkten handelt!
Wer das nicht wüßte, daß Gott sehr wohl Mensch werden, aber der Mensch nimmermehr „Gott" werden kann, wer sich also mit diesem Gegner auf denselben Boden stellen und unter seiner Voraussetzung diskutieren wollte, ja der müßte nun alles für mindestens „interessant" und „erwägenswert" halten, müßte der lernäischen Schlange in die Fänge geraten, würde immer noch „diskutieren", wo der Gegner aus der Phase der Diskussion längst schon heraus ist, würde die Propaganda „tiefsinnig" und den Führer faszinierend finden, die sog. „Auswüchse" für nebensächlich halten und immer noch zu „verstehen" suchen — kurz: er könnte den Wald vor lauter Bäumen nicht sehen! Vielleicht, daß Barth gerade das sehr wohl gewußt und mit am eigenen Leibe gespürt hat! Aber darum hat er es mit seiner Ethik nicht nur etwas anders, sondern ganz anders, totaliter aliter gemeint. Und dann, nachdem er lange gepflügt und ein Neues geplügt hat, kommt einer in der größten Mittagshitze und sagt, er sei wohl so etwas wie ein „Bewunderer" Hitlers gewesen! Wenn das dann nicht auch zum Lachen ist!

Gerade im Umfeld von so mancherleich „Bewegungen" in der Gesellschaft: die Christen können nicht immer nur abseits stehen (und „reine Hände" bewahren). Es ist dabei klar: christliche „Bewegung" ist, in welcher Nachbarschaft auch immer, selbstredend Befreiungsbewegung, darum kritisches Ferment in jeder Bewegung! Sie ist gewiß revolutionäre Bewegung, wenn sie sich nicht ihres Namens schämen will. Aber indem sie die Bewegung mitmacht, die die Umkehrung „aller Dinge" ist, kann sie doch nicht jede Bewegung mitmachen. Sie meint ja „*die Bewegung, die sozusagen senkrecht von oben durch alle diese Bewegungen hindurchgeht*" (Anf. I, S. 9) — die einzige Bewegung, die man in letzter Freiheit und wachsender Mündigkeit „mitmachen" kann. Mit Leib und Seele! Aber eben: nicht wachsende „Begeisterung", sondern wachsende Verantwortlichkeit und Sachlichkeit, ja Ernüchterung wird das Kennzeichen dieser Bewegung sein, die den Weizen vom Unkraut trennt!

Es ist „nur" das erste Gebot, das sich dem Faschismus in den Weg stellt und an dem sich fort und fort scheidet, was gut und was böse zu heißen ist. Es ist „nur" das „*Beobachten, Bewachen und Bewahren*" dieses Gebotes (ThFuA, S. 32), was Barth den Christen an erster Stelle zu tun empfiehlt. Es ist die „*Umkehr zur Sachlichkeit*" nun der eigentlich revolutionäre Sinn der Barthschen Ethik (R. II/S. 471). „Gehorsam" ist nicht Hörigkeit, sondern kritisches Aufmerken — in der Bewegung, in der wir uns gerade befinden. Er verlangt nicht das Unmögliche von uns, sondern das nächstliegende Menschenmögliche! Er kann nicht jenes wahnsinnige Unterfangen sein, in welchem die Menschheit bald im Rausch des wirtschaftlichen Wachstums, bald im Rausch der nun notwendigen Revolution und nun bald auch im Rausch der nun für notwendig befundenen Konterrevolution nur immer neues Wasser ins „bodenlose Faß der Danaiden" schöpft. Gerade im zeitgeschichtlichen Horizont ist Barths Ethik die Ethik der großen Ernüchterung!

Es kann darum so sein, daß die Christen an den großen Zeitströmungen vorbei und — wie Barth gerade an Hitler beschied — „*unerbittlich . . . ihren eigenen Weg gehen*" [11] müssen! Nicht dem Staat an sich, und nicht „der Kirche" an sich (als dem Ausdruck des Bestehenden) haben sie zu gehorchen — und gerade unter dem Gesichtspunkt der Versöhnung, in welcher Kirche das Haus aller „Völker" heißt, ist „die Kirche" als ein apartes, womöglich nationales Heiligtum die böseste aller Abstraktionen! Die Gemeinde Jesu Christi: sie ist nun gewiß auch keine Links-Partei, aber ihre Sympathien gehören der „seufzenden Kreatur": den Leidenden und Unrechtleidenden, den Ärmsten und den Verfolgten an ihrem Ort. Sie ist darum, wenn nötig, ein Hort des „zivilen Ungehorsams" oder doch jedenfalls der klugen und resoluten Zivilcourage. Und so wahr die Christen eines jeden Landes „Beisaßen" und eines jeden Staates verantwortliche Staatsbürger sein können und müssen, so werden sie der gerade aktuellen „Staatsräson" vielleicht auf das Bestimmteste zu widerstehen haben. Nur wohl dem Lande und wohl der Stadt, wenn sie — wenn auch nur von ferne — erahnen, daß ihre eigene Freiheit und ihr eigenes gutes Recht damit stehen und fallen könnten, daß sie diesen so störrischen und scheinbar unzuverlässigen „Faktor" in ihrer Mitte akzeptieren! Und wohl der Kirche, die das dem Staat klar machen könnte, daß „Recht" nur heißen kann, was das Recht der Armen und „Freiheit" nur, was die „Freiheit der Andersdenkenden" (R. Luxemburg) ist! Aber eben: nur indem die Christen an ihrem Ort und in der eigenen Sache mit gutem Beispiel vorangehen und selber leben, was sie politisch einklagen, können sie ihrer bürgerlichen Gemeinde glaubwürdig sein. Nicht indem sie auf eigene Rechte und Privilegien pochen (sondern indem sie in der „Rechtfertigung aus Glauben" leben), nicht indem sie ihre eigenen Tugenden bezeugen (sondern indem sie Jesus Christus bezeugen), können sie dem Staat ein Gegenüber, eine echte „außerparlamentarische Opposition" sein! Die Gemeinde Jesu Christi kann sich schlechterdings

---

11) Vgl. W. Koch, Karl Barths erste Auseinandersetzung mit dem Dritten Reich. Dargestellt an Hand seiner Briefe 1933-35, in: Richte unsere Füße auf den Weg des Friedens, S. 504.

nicht auf Staatsmacht, Volksmacht oder Parteimacht gründen — *„der Stab, auf den sie sich da stützt, wird ihr durch die Hand fahren"* (Barth 1930b, S. 5) — sondern schlechterdings nur auf die Macht und Ohnmacht ihres Herrn, der auch heute noch die einzige Rechtfertigung ihres Daseins ist. Sie ist Basis-Gemeinde, die wohl an keinem Ort zu entbehren ist, wenn sie nur wach bleibt, nicht trunken ist oder schläft. Sie ist gewiß für jeden Staat eine Zumutung. Wie sollte sie für den Hitler-Staat nicht eine unerträgliche Zumutung sein?

2. Christengemeinde in der Bürgergemeinde. Zu Barths Thesen 1928/29.

Nun sind einige *„Thesen über Kirche und Staat"* von K. Barth aus dem Wintersemester 1928/29 veröffentlicht worden (Ethik II/S. 457-467), die unserer Auslegung der Intention der Barthschen Ethik auf Anhieb zu widersprechen scheinen. Ich versuche, mich kurz zu fassen.

> Da liest man so erstaunliche Dinge, wie, daß *„die von uns geforderte Demut"* im *„Dienst am Nächsten"* konkret darin bestehe, *„daß unser Tun in der Ordnung des Staates stattfindet und die Ordnung des Staates bestätigt"* (These II,1), daß der Staat aber *„und zwar noch greifbarer als die Kirche, eine auf die Sünde sich beziehende Ordnung der Gnade, speziell der erhaltenden Geduld Gottes"* sei (These II,2); daß der *„Sinn"* dieses Staates aber letztlich nur *„dieser christliche"* sein kann, *„daß wir auf Grund gegenseitiger Vergebung nicht nur miteinander, sondern füreinander da sind"* (These II,3); daß *„die göttliche Würde des Staates . . . letztlich Offenbarungs-Glaubensgegenstand"* sei (These II,4). Weiter scheut sich Barth nicht, Bonifaz VIII. (Bulle Unam sanctam 1302) anzurufen, dahingehend, daß die Kirche dem Staat *„übergeordnet"* sei (*„opportet gladium esse sub gladio et temporalem auctoritatem spirituali subicii"*), was aber nicht hindere, daß sich die Kirche der jeweiligen staatlichen Rechtsordnung einfügen solle. *„Eine ihrer Sache und der Einheit dieser Sache bewußte und treue Staatskirche ist als Symbol der letzten Einheit von Kirche und Staat auch der lebendigsten Freikirche vorzuziehen"* (III, 5)!!

Was ist nun geschehen? Es geht ja nicht an, diese „Thesen" zu einem uns nun wahrhaftig interessierenden Thema als vorübergehenden „Faux pas" des großen Meisters zu entschuldigen. Barth hat diese Thesen freilich 1933 sofort zurückgestellt und G. Merz gegen seinen Wunsch nicht zur Veröffentlichung freigegeben, sondern neu in Arbeit genommen! (Ethik II/S. IXf.) Aber trotzdem: Sollte die „sozialistische Barth-Interpretation" auf einem einzigen großen Mißverständnis beruhen?

Wir bedenken: Barth spricht (1) immer noch und gerade im Horizont der Weimarer Demokratie, wenn er auf eine ordentliche *„Gesetzgebung"*, *„Re-*

gierung" und „Gerichtsbarkeit" — in einer überarbeiteten Fassung wird ausdrücklich auch die „Verfassung" erwähnt (Ethik I, S. 337) — abstellt (II,7). Er bejaht den demokratischen Rechtsstaat und — wenn er vom „Schutz" der „innerhalb der Organisation der Arbeit vorübergehend oder dauernd Benachteiligten" redet (II, 8) — den sozialen Staat. Dies zu einer Zeit, wo von der offiziellen Kirche her in dieser Richtung bestenfalls einige Lippenbekenntnisse zu hören waren.

Es handelt sich (2) um die Frage der Koordination von Kirche und Staat im Reich der Versöhnung, die Barth hier bezeichnenderweise gerade nur thesenförmig ausgeführt hat. Denn es handelt sich um ein Problem, daß der protestantische Modernismus von Luther her in dieser Weise gar nie gestellt, für dessen Lösung er darum in seiner theologischen Tradition auch keine zureichenden Erkenntnismittel bereitgestellt hat. Es handelt sich aber um ein reales Problem: Soll die Kirche soziologisch-real (und nicht nur himmlisch-ideal) existieren, so tritt sie unweigerlich in den Bereich und die Rechtssphäre des ihr zu koordinierenden Staates ein. Barths Begriff der „Staatskirche" hat insofern ideologiekritischen Sinn gegen alles Schwärmertum. Er beschreibt aber nur eine rechtliche bzw. staatsrechtliche Wirklichkeit, die als diese nicht im Sinne einer Staatskirchenideologie auszulegen ist — weder im Sinn der marxistischen Ideologiekritik noch etwa der „politischen Theologie" C. Schmitts! (Ein von der Kirche dem Staatsrecht gegenüber zu behauptendes „Kirchenrecht" hat Barth erst nach den Erfahrungen des Kirchenkampfes in Betracht gezogen!)
Dem entspricht (3) aber genau die „Überordnung", das heißt: Vorordnung der Kirche vor dem Staat, in welcher Barth die staatliche Rechtssphäre nicht als eine „Schöpfungsordnung", sondern als einen „Offenbarungs-Glaubensgegenstand" behandelt. Der eigentliche Sinn der staatlichen Rechtsordnung kann nur im Raum der Offenbarung erkannt und „geglaubt" werden (II, 4). Hier macht Barth gar nicht allzu überraschend von den Erkenntnismitteln der katholischen Tradition Gebrauch.

Was ist der Sinn der staatlichen Rechtsordnung? Eben der, daß die Menschen hier nicht gegeneinander leben sollten, nicht nur „miteinander" existieren müssen, sondern „füreinander" leben dürfen. Daß dem so sei, weiß der Staat von Haus aus (als heidnische Polis) nicht, so wenig wie die Großzahl seiner Bürger. Um so mehr bedarf es einer „Rechtsregel", die für Barth freilich nicht schon die Verwirklichung dieser Gemeinschaft, aber immerhin das „Symbol" (= Analogie) dieser Gemeinschaft sein kann (II, 6). Der Staat ist nicht selber die Offenbarung — seine Weisheit ist am Ende immer der „brutale Zwang" bzw. das „Recht der Gewalt" (II, 5). Nur die Kirche weiß um die Offenbarung, die der Sinn auch der staatlichen Rechtsregel ist. Sie ist gerade damit dem Staat „übergeordnet".

Nun ist sicher nicht zu verkennen, daß Barth mit diesem Rückgriff auf das mittelalterliche „Corpus christianum" nicht etwa die Klerikalisierung, sondern gerade die Säkularisierung des heidnischen Staates und seiner Religion (bzw. der ‚religion civile‘) im Auge hat. Als „Offenbarungs-Glaubensgegenstand" kann der Staat nur entweder der Staat von Römer 13 oder von Offenbarung 13, kann er nur unter der stillschweigenden oder expliziten Voraussetzung der „Königsherrschaft Christi" auch ein zu bejahender Staat sein.

Von „Säkularisierung" (das Wort fällt bei Barth nicht explizit) kann also nicht auf der Linie von Hegel, Rothe, M. Weber, C. Schmitt, Gogarten, Rendtorff etc., nicht im Sinne der Auflösung des kirchlich verfaßten „Christentums" in den „christlichen Staat" bzw. die „christliche Welt" gesprochen werden, sondern immer nur im Sinne des „politischen Gottesdienstes" christlicher Gemeinde gegenüber dem jeweiligen Staat. Jener allgemeine Vorgang der Säkularisierung des Christentums ist nicht zu leugnen, er kann aber nicht die Legitimationsbasis irgendeines Staates sein.

Worin kann dann die originäre „Überlegenheit" der Kirche gegenüber dem Staat bestehen — die doch aller Empirie und Gesellschaftslehre Hohn zu sprechen scheint — wenn nicht eben darin, daß die Kirche, sofern sie die Offenbarung glaubt, dem Staat gegenüber in jeder anderen Hinsicht (in Mitteln der Macht und Gewaltausübung) unterlegen ist? Es ist die wohlverstandene „Demut" der Kirche, daß sie sich der je bestehenden Ordnung „einfügt" und ihrem „Dienst am Nächsten" damit auch die Gestalt der politischen Diakonie bzw. des „politischen Gottesdienstes" gibt. So verhält sie sich im Staat doch qualitativ anders als der Staat. Sie wäre nicht „überlegene", sondern gerade nur übermütige und hochmütige Kirche, wenn sie‚ den Staat sich selber (und den falschen Herren) überlassen, an ihm vorbei ins Reich der Erlösung streben wollte.
So begründet Barth allererst die politische Verantwortlichkeit der Kirche, die der Sinn dieser Koordination im Reich der Versöhnung ist. Denn unter der notwendigen „*Politisierung*" der christlichen Gemeinde [1] ist auch analytisch nichts sinnvolles zu verstehen, wenn sie nicht das meint, daß die Kirche der Notwendigkeit auch des Staates gegenüber sich nicht gleichgültig — „apolitisch" oder „anarchistisch" — verhält, sondern sich zu seinen jeweiligen Einrichtungen und Funktionen auch in ein positives Verhältnis zu setzen versteht. Der Christ kann, darf und soll auch „Staatsbürger" sein, und gerade, wenn die „alte Welt" schon im Abbruch befindliche sein sollte (und nun das Tier aus dem Abgrund sein „Maul" aufreißt, Offb. 13,6), gerade dann darf der Christ auch die rechtlichen Bastionen nicht einfach der Konterrevolution überlassen. Es kann nicht anders sein: weil er als Christ Revolutionär ist und um die Möglichkeit der kommenden „neuen Welt" weiß, darf er die jetzige Welt als Staatsbürger nicht dem Chaos überlassen,

---

1) So in Rechtfertigung und Recht 1938, Schweizer Stimme, S. 35! Das Wort „Politisierung" kommt von „Polis". Vgl. III, 3.3.

muß und darf er dafür eintreten, daß schon jetzt nach dem Maß des Menschenmöglichen für Recht und Frieden gesorgt werde. Der Einwand (oder Vorwand), daß er damit den Zusammenbruch der alten Welt doch nur aufhalten oder hinauszögern werde, kann nun — nachdem er in Christus als unbegründet und zutiefst inhuman erkannt ist — nicht mehr geltend gemacht werden. Der Christ muß aus seinem anarchistischen Schlupfwinkel heraus! Als „**begnadigter** Sünder" ist er Glied der Kirche bzw. der christlichen Gemeinde, in welcher durchaus ein Hauch der Anarchie weht! Als „begnadigter **Sünder**" unterliegt aber auch er noch dem Gesetz der alten Welt, muß er seine revolutionäre Unschuld (und Ungeduld) irgendwann verlieren, sich auch am politischen Tagesgeschehen (Wahlen, Parteienbildung, Gewerkschaft, Bürgerinitiativen, juristische Behelfe etc.) beteiligen, sich also vielleicht auch selber einmal „die Hände schmutzig machen". Er tut es so oder so! Aber daß (und in welcher Perspektive) er das auch tun darf und soll, das ist es ja, was die Evangelische Kirche in der so wenig verheißungsvollen Weimarer-Republik gröblich im Unklaren gelassen hat.

Und nun ist es doch nicht zu übersehen: es kann auch hier der Fall eintreten, daß die Kirche „*zum Protest gegen den Staat übergehen*" muß, um sich gerade so „*zum Sinn des Staates zu bekennen*" (III, 6) — dann nämlich, wenn der Staat sich anschickt, sich selber Attribute der Kirche bzw. der Offenbarung oder des Reiches Gottes anzueignen. Das ist es, was der Nationalsozialismus (anders als der marxistische Sozialismus) 1933 ff zu tun versuchte — und hier ist Barths Haltung im „Kirchenkampf" schon deutlich vorprogrammiert. Die von Barth proklamierte „Einheit von Kirche und Staat" beruht auf dem strengen „Gegenüber" von Kirche und Staat. Der „totale Staat", wie ihn Hitler proklamierte, ist darum per se die Aufhebung und Zerstörung der Kirche, wie etwa ein politischer Klerikalismus die Aufhebung der Demokratie sein könnte. Beide müssen sie sich gegenseitig „begrenzen", wenn sie rechtmäßiger Staat und rechtmäßige Kirche sein wollen. Ja, ein „totaler Staat", der sich in diesem Sinne zur Kirche als zu seiner „*naturgemäßen Grenze*" [2] bekennen würde, würde schon damit zugeben, daß er nicht „totaler Staat" sein kann. Sein totalitärer Anspruch wäre von Anfang an mindestens — eine Blamage!

Warum hat Barth diese Thesen 1933 trotzdem in der Schublade gelassen? Sicher darum, weil er nun „*jeden Tag etwas fabelhaft Neues hinzuzulernen hatte*" (Ethik II/X). Aber auch darum, weil im Zuge dieser „Erneuerung" sich nicht nur die politischen Verhältnisse rapide verwandelten, sondern auch alle Begriffe, die Barth 1928/29 noch verwenden konnte und durfte, einen völligen Funktionswandel durchmachten. Das gute Wort z.B. von der „Einheit von Kirche und Staat" hätte nun katastrophale Wirkungen und

---

[2] Theologische Existenz heute, S. 40. Es handelt sich, in der Bestreitung jeder „natürlichen Theologie" oder Metaphysik des Staates, um eine äußerst ‚spitze' Wortwahl!

Mißverständnisse zeitigen müssen. Nein, um dasselbe zu sagen, was er 1928 schon meinte, mußte er dasselbe nach 1933 nun „noch einmal ganz anders" und besser sagen!

3. „Evangelium" und „Gesetz" in der politischen Theologie F. Gogartens und K. Barths

Es scheint recht einfach zu sein, Gogartens Theologie an Hand ihrer politischen Konsequenzen zu wiederlegen, eine geradezu „dankbare" Aufgabe, seine Thesen den Barthschen Thesen so entgegenzustellen, daß sie dann auch in einem Zuge zu „erledigen" sind. [1] Hat Gogarten doch die „christologische Konzentration" in der Tat nicht so energisch angepackt und durchgeführt, wie dies bei Barth geschah. Und hat er doch eben auch in der Konsequenz seines theologischen Denkens jene Wendung vollzogen, die ihn zur Anerkennung des NS-Staates und in die Nähe der Deutschen Christen brachte.

H. Vogel, auch H.J. Iwand, haben dies freilich „mit rätselhaftem Erstaunen, ja mit Erschütterung" aufgenommen (Thyssen S. 217, Anm. 1), aber K.W. Thyssen bemerkt, daß Gogartens „kirchenpolitische Stellungnahme . . . von langer Hand vorgezeichnet" war. Er bestätigt Barths Urteil: „Ich anerkenne ohne weiteres, daß Gogartens ganzer Weg ihn in höchster Folgerichtigkeit dazu führen mußte, sie (sc. die deutschchristliche Gleichsetzung von Gottesgesetz und Volksnomos) gutzuheißen. Sie und sein Beitritt zur ‚Glaubensbewegung' ist nur der unzweideutige Ausdruck dessen, was er immer gemeint und gewollt hat" (Anf. II/S. 316, vgl. Thyssen, S. 220, Anm. 11). Er ist dabei einem „bedauerlichen, ja verhängnisvollen Irrtum" erlegen (Thyssen, S. 226). Aber: „Ein anderes ist der theologische Standort Gogartens; denn seine Theologie ist zu keiner Zeit Folgeerscheinung und Teilaspekt seines kirchenpolitischen Verhaltens gewesen . . . Wer ein Urteil wagen will über die Haltung Gogartens im Kirchenkampf, wird sich nicht durch Gogartens kirchenpolitische Entscheidung von 1933 der Notwendigkeit gründlicher Nachfrage nach seiner Theologie enthoben wähnen dürfen, will er sich nicht einer Leichtfertigkeit schuldig machen, die angesichts der Bedeutung des theologischen Denkens Go-

1) Ich beziehe mich vor allem auf: Die Schuld der Kirche gegen die Welt 1928. Wider die Ächtung der Autorität 1930, Staat und Kirche ZZ 10/1932, Einheit von Evangelium und Volkstum? 1933 – Vgl. auch Politische Ethik. Versuch einer Grundlegung 1932. Sekundärliteratur: K.W. Thyssen, Begegnung und Verantwortung. Der Weg der Theologie F. Gogartens von den Anfängen bis zum Zweiten Weltkrieg, Tübingen 1970; T. Strohm, Theologie im Schatten politischer Romantik (Diss. 1961) 1970; F. Lange, Konkrete Theologie? (bes. S. 257ff, 392 Anm. 45, 412, Anm. 21).

gartens für die evangelische Theologie schwer wiegt" (S. 226). Ist aber der „theologische Standort" einfach „ein anderes"? Auch P. Lange muß einräumen: „*Es steht heute außer Zweifel, daß Gogarten damals die Realität des NS-Staates und seine kirchenpolitischen Möglichkeiten in diesem Staat falsch einschätzte. Er merkte es übrigens, was die Kirchenpolitik betraf (leider nicht, was den Hitler-Staat als solchen betraf) bald selbst"* (Lange, S. 349).

Gogarten macht in der Tat eine wenig glückliche Figur, wie er 1933 zwischen den Fronten hin und her schwankt, sich bald bei den Jungreformatorischen, bald bei den „Deutschen Christen" einfindet, wie er sich schon frühzeitig über deren „*grausige Gedankenlosigkeiten*" (Gogarten 1932a, S. 501) beschweren, ihnen aber dann doch wieder zustimmen kann, wie er nun aber von den Deutschen Christen keineswegs freudig aufgenommen und — nach seiner Distanzierung vom sogenannten „Sportpalastskandal" — bald fallengelassen worden ist. [2] Gogarten hat sich alsbald in Schweigen gehüllt, wohl aber 1937 zu einem Gegenschlag gegen Barth ausgeholt — aber in jener eher „*komischen Szene"*, wo einer

„*in langem Anlauf und sich im Wirbel um sich selbst drehend . . . nach einem Gegner"* schlägt, „*der gar nicht dort steht, wo der Schläger hinzielt, und der im Augenblick, in dem der Schlag treffen sollte, nicht einmal mehr dort steht, wo er in Wirklichkeit stand, als der Schläger zum Schlag ausholte"* (Lange, S. 301). [3]

Es könnte also auch eine undankbare Aufgabe sein, doch noch zu fragen, was dieser Mann „auf dem Herzen" und gerade kritisch gegen Barth auf dem Herzen hatte, als er meinte, den Weg der Bekennenden Kirche nicht mitgehen zu können, eine undankbare Aufgabe aber auch, Barth nochmals „rechtfertigen" zu sollen in jener Schroffheit, in der er diesen irrenden Freund und langjährigen Kampfgefährten nun doch einfach liegengelassen und schließlich, auch nach 1945, nie mehr, weder streitbar noch versöhnlich, zur Rede gestellt hat. [4] Freilich kann man nicht gut übersehen, daß Barth 1933 wohl oder übel tun mußte, was er tat, als er meinte, daß er

„*lieber gar nicht mehr gehört werden, als der Meinung Vorschub leisten"* wolle, „*daß man fernerhin gemächlich mit dem einen Ohr mich und mit dem anderen Gogarten hören könne"* (Anf. II/S. 218).

2) Thyssen 217-226!

3) Zu „Gericht oder Skepsis" 1937.

4) „Barth meinte 1924, es sei ‚im Angesicht des Feindes ganz ausgeschlossen', Gogarten von ‚Bord' gehen zu lassen. War es angesichts des anderen Feindes, gerade wenn er der gefährlichere war, erlaubt oder gar geboten, Gogarten über Bord zu werfen? Lange 348.

Aber kann dies nun auch nachträglich noch gerechtfertigt sein? Immerhin könnte Gogarten ein Anliegen gehabt haben, das in Barths Theologie entweder teilweise oder gänzlich unberücksichtigt blieb, oder das doch jedenfalls empfindliche Schwächen auch der Barthschen Position aufdecken könnte. Und immerhin könnten auch in Gogartens politischer Programmatik Motive enthalten sein, die als solche durchaus Beachtung verdienten. Hat er nicht lange vor der neueren „politischen Theologie" verstanden, was es heißen könnte, die Theologie „von unten", d.h. aber gerade von den „sozialen" und „wirtschaftlichen" Verhältnissen her zu konzipieren? Hat nicht gerade er von jener „*Schuld der Kirche gegen die Welt*" geredet, die heute die weite ökumenische Diskussion bestimmt? (Gogarten 1928). Hat nicht gerade er jene Trennung von Individuum und Gesellschaft, von „*Individualethik*" und „*Sozialethik*" beklagt, die wohl immer noch das Gepräge des bürgerlichen Protestantismus ist? (Gogarten 1930, S. 15ff). Und mußte er nicht gerade darum in Barth das sehen und anklagen, was Barth, von allerlei anderem abgesehen, nun doch vielleicht auch war: eine gutbürgerliche theologische „Persönlichkeit", die über manche Not erhaben, scheinbar „von weit oben her" über das Zeitgeschehen urteilte, aber wie es oft schien, ohne es wirklich zu berühren, oder doch so, daß er sich immer wieder in die „feste Burg" seiner „theologischen Existenz" zurückziehen konnte? Doch

> „*das wäre . . . kein wirklicher Glaube, der sozusagen dafür da wäre, daß der Mensch mit ihm die Fragen seines persönlichen, individuellen, privaten Lebens in Ordnung brächte, um sich dann allenfalls auch als dieser in seinem Inneren in Ordnung gebrachte in die Welt, in die sozial-ethischen Probleme zu wenden. Sondern wirklicher Glaube ist von vornherein in die Welt gewendet, er steht von vornherein, wenn ich so sagen darf, mitten drin in den ‚sozial-ethischen' Fragen, die uns die Welt mit ihren Ordnungen oder vielmehr, so muß man heute sagen, mit ihrer Unordnung aufgibt*" (Gogarten 1928, S. 33).

Freilich läßt Gogarten seine Leser nicht im Zweifel darüber, wo er die „Unordnung" drohen sieht:

> „*Um anzudeuten, worum es geht, nenne ich nur das Wort Bolschewismus, und ich wollte, man dächte dabei nicht nur an Rußland und an den politischen Bolschewismus, sondern an die sittliche Bolschewisierung unserer bürgerlichen Welt. Will man es noch deutlicher gesagt haben, so bitte ich, sich einmal als Beispiel dieser bürgerlichen Bolschewisierung vor Augen zu halten, welche Anschauung heute in den bürgerlichen Kreisen über die Ehe herrscht, und nicht nur das, sondern auch, wie die tatsächlichen Eheverhältnisse in ihrer geradezu vollendeten Auflösung begriffen sind*" (Gogarten 1928, S. 26).

In der Tat hat Gogarten die Auflösung der bürgerlichen Verhältnisse im

Auge, wie sie für den deutschen „Idealismus" noch „in Ordnung" schienen. Denn das Denken der Idealisten ist für Gogarten, gerade in Deutschland,

> *„auch insofern ein ganz persönliches, ein privates Denken, als sie in Verhältnissen, in Ordnungen lebten, die noch relativ festgefügt sind, darum weil die Französische Revolution nicht in die deutschen Länder übergriff, zum mindestens nicht akut. Darum konnten sie, ohne daß viel geschah, so denken, wie sie es taten. Sie brauchten die Ordnungen, deren elementare Erschütterung sie allerdings von Frankreich her ahnten, aber nicht in Wirklichkeit am eigenen Leib erfuhren, nicht in Wirklichkeit neu aufzubauen . . . Sie brauchten darum diese Ordnungen nur ‚in Gedanken' neu aufzubauen. Was sie dabei taten, war im Grunde nichts anderes, als daß sie sie in Gedanken nun so aufbauten, als wären sie Ausdruck für die weltgestaltende Freiheit des in ihnen denkenden und seiner selbst bewußten Ich . . . So waren sie in Wahrheit äußerst unpolitische Privatleute . . . "* (Gogarten 1928, S. 21).

Der Idealismus überträgt sich dabei auch auf den Staat, den etwa Schleiermacher für ein „*schönstes Kunstwerk*" hielt.

> *„Ich brauche nicht zu sagen, daß diese Gedanken Schleiermachers über den Staat nichts als Konstruktion sind. Hier ist gar nicht der wirkliche Staat gemeint . . . "* (eb.).

Der „wirkliche", ohne idealistische Brille gesehene Staat ist für Gogarten aber schlechterdings durch „Zwangsverhältnisse" charakterisiert — und es ist für ihn gerade diese Wirklichkeit, in die Gott den Menschen, so wahr er sie „geschaffen" hat und so wahr er seinen „Sohn" in sie gesendet hat, hineinstellen wollte. Ein „*falsches Denken*" kann aber auch den „*Glauben verfälschen*" (S. 16), gerade, indem es sich über diese Wirklichkeit erhebt. Es kann aber „*keiner aus der Welt laufen . . .*".

> *„Wir gehören alle zu ihr und tragen unser Teil Verantwortung für sie, von dem wir durch keinen Glauben gelöst werden. Im Gegenteil: wo wirklicher Glaube ist, Glaube, wie Luther ihn der Welt durch das Evangelium wiedergeschenkt hat, da ist höchste Verantwortung für die Welt. Denn da ist dann auch die klare Erkenntnis, daß wir teilhaben an ihr, die die Welt der Sünde ist und bis an den jüngsten Tag die Welt der Sünde bleibt, so gewiß Gott sich ihrer, der sündigen Welt, erbarmt"* (Gogarten 1928, S. 25).

Hier schließt sich freilich der Kreis: weil diese Welt, bis in ihre sozialen Strukturen hinein, eine Welt der Sünde ist „und bleibt", gerade weil es diese „Todverfallenheit" der Schöpfung ist, die im Tode Jesu Christi in ihrer ganzen Finsternis an den Tag getreten ist, eben darum muß auch der Staat für Gogarten „bleiben", und zwar als dieser „wirkliche", auf elementare

Notwendigkeit sich gründende Staat. Nicht der „bürgerliche" Staat, der für Gogarten keine echte, weder materielle noch geistige Autorität mehr-besitzt. [5] Nicht also der Staat, der *„nur die plurale Hoheit vieler Einzelner, d.h. die Darstellung eines Mehrheitswillens"* ist (Gogarten 1932a, S. 392). Aber auch nicht der Staat, der sich nur auf *„Polizeigewalt"* stützt (potestas — 403), sondern ein Staat, der geistige Autorität (auctoritas) gewinnt, indem er *„die Bosheit des Menschen bändigt"* (S. 409), *„sich sozusagen zwischen die Menschen stellt, daß sie sich nicht gegenseitig auffressen"*, ihnen ihre verlorene *„Ehre"*, aber eben: mit der *„Ehre"* auch das *„Leben"* wiedergibt.

> *„So wie Gott dem Menschen durch seine Offenbarung in Jesus Christus in Gnaden das ewige Leben schenkt, das er verwirkt hat, genau so wird dem Menschen das irdische Leben, das er verwirkt hat, vom Staat gegeben"* (Gogarten 1932a, S. 408).

Gogarten hat dies ganz wörtlich gemeint, wenn er an anderer Stelle ausführt, daß ein Volk, das, wie das deutsche, sozial, wirtschaftlich, politisch außer *„Form"* geraten sei, erstmal *„in Uniform gebracht"* werden müsse (Gogarten 1933, S. 17). Aber diese in absichtlich *„übertrieben klingender Formulierung"* vertretenen These, daß der Staat das Leben den Menschen nicht nur „ermöglichen", sondern *„geben"* müsse (Gogarten 1932a, S. 408), konnte Barth nicht hinnehmen. Bei dieser Ineinssetzung des heidnischen „Nomos" (Nährstand, Wehrstand, Lehrstand) mit dem Gesetz Gottes, war für ihn schließlich der „status confessionis" gegeben! Sie spiegelt zwar in eigentümlicher Verschiebung nur wieder, was immer schon die Auffassung des konservativen Luthertums war. Aber sie bedeutet nun — trotz der Anrufung Luthers dahingehend, daß der Staat über die „Seelen" nimmermehr zu gebieten habe — doch unweigerlich ein prinzipielles Einverständnis mit dem nationalsozialistischen Staat. Nur: wie kommt Gogarten dazu, die „Krisis" zu ignorieren, die Gottes Gebot nach Barth sogar für den denkbar besten Staat zu bedeuten hätte? Gogarten verteidigt sich, und zwar gegen eine Ethik, für die kraft der göttlichen Krisis *„alles Tun des Menschen in ein und derselben Verdammnis"* stehe, die sich darum eines konkreten politischen Urteiles nur immerzu enthält.

> *„Es ist alles böse. Ob man den Staat will oder die Anarchie, es ist beides . . . böse . . . Kämpft einer als Kommunist dafür, daß die ‚bourgeoise' Familie und Ehe zerstört wird, und kämpft ein anderer als Konservativ dafür, daß die bürgerliche Familie und Ehe erhalten bleibt, dann ist der Kampf des einen wie des anderen Sünde. Können sie jeder*

---

5) In diesem Urteil — ebenso wie in seinem Urteil über den „marxistischen Sozialismus" — läßt sich Gogarten von C. Schmitt leiten. Politische Ethik 153. Ähnlich nimmt C. Schmitt positiv auf Gogarten Bezug: Politische Theologie 2. Aufl. 1933, Vorwort.

seinen Kampf kämpfen in der Anerkennung von Gottes Gericht und Gottes Barmherzigkeit, dann ist beider Kampf gerecht . . . Von einer solchen Auffassung ,des Guten' kann man allerdings nicht zu den politisch-ethischen Fragen, die uns heute auf das Härteste bedrängen, mit Ja oder Nein Stellung nehmen. Sondern man kann nur . . . auf der Stelle treten." ,,Hier bleibt die Frage: Was sollen wir tun? genau so unbeantwotet, wie sie durch die idealistische Antwort unbeantwortet bleibt" (Gogarten 1930, S. 16ff).

Der Vorwurf richtet sich ohne Zweifel an die Adresse Barths bzw. gegen dessen Ethik, so wie sie von Gogarten — aber nicht nur von Gogarten — verstanden worden ist! Und Gogarten gibt auch den Grund an, warum Barth hier notwendig ,,auf der Stelle" trete: Barth wisse nicht so um die ,,Sünde", wie Luther um sie gewußt hat, er wisse nicht wie Luther um die Notwendigkeit des ,,Gesetzes". Er könne darum auch nicht sagen, was gut ist und was böse ist — er müsse die diesbezügliche Entscheidung darum in die Privatsphäre der als ,,frei" gedachten ,,Persönlichkeit" verweisen.

,,Da muß man dann freilich die (göttlichen) Ordnungen, wenn man sie denn überhaupt noch anerkennt, idealisieren, da muß man sie dem als freie Persönlichkeit gedachten Menschen anzupassen suchen. Und das heißt: man muß und wird sie auflösen, ob man will und ob man es weiß oder nicht. Und das tut das heutige intellektuelle Bürgertum im Gefolge jener großen deutschen Philosophie der Freiheit und der Persönlichkeit. Und es macht sich damit zu dem wirksamsten Vorarbeiter des Bolschewismus. Man sollte sich unter diesen Umständen doch nicht wundern über die Bestrebungen zur Auflösung der Familie . . . " (Gogarten 1930, S. 39).

Aber da wird nun auch Gogartens zeitgenössisches Ressentiment klar: nicht nur gegen Barths (vermeintlich ,,liberale") Ehemoral, sondern gegen den bürgerlichen ,Linksintellektuellen' überhaupt. ,,Gott" hat den Menschen ,,nicht als eine freie Persönlichkeit geschaffen" (S. 28), heißt es in Erinnerung an Luthers ,,servum arbitrium". Und da lauert für Gogarten das Gift, das, schon im Calvinismus angelegt, mit dem ,,Geist" der Französischen Revolution die westliche Welt erobert hat — und nun in der ,,Auflösung" dieser Welt: in Liberalismus, Sozialismus, Kommunismus seinen fatalen Siegeszug antritt.

So ,,meine ich allerdings gegen Karl Barth mit dem Augsburger Bekenntnis, daß man suchen müsse, von den opinios judaicae, die Welt erreiche noch vor der Auferstehung der Toten ein solches Ziel, das eitel Heilige, Fromme ein weltlich Reich haben, so frei als möglich zu werden, und das heißt, ihren Irrtum einzusehen . . . Und ich meine, daß man das ethische Problem nur dann zu Gesicht bekommen kann, wenn man den Irrtum dieser ,jüdischen Lehren' eingesehen hat und vor ihm auf der Hut ist" (Gogarten 1930, S. 27).

Damit ist endlich das Stichwort gefallen, das dem Antisozialismus und auch Antijudaismus in der lutherischen Kirche immer schon das Argument geliefert hat: die „opinio judaica", die Luther seinerzeit bei den Schwärmern, Bauern und Wiedertäufern gewittert hat (und zweifellos gilt Gogartens Ressentiment gerade auch dem „judaisierenden", das heißt: dem alttestamentlich orientierten, dem „biblischen Theologen" Karl Barth). Aber so gibt Gogarten seine Grundüberzeugung preis: es gibt in den Verhältnissen der Gesellschaft und der Menschen untereinander eine unaufhebbare „Ungleichheit", die für die göttlichen Schöpfungsordnungen überhaupt charakteristisch ist. Sie findet sich nicht nur in den Verhältnissen der materiellen Produktion (zwischen körperlicher und geistiger Arbeit), sondern vorher schon in den Verhältnissen von Mann und Frau, Mutter und Kind, Vater und Sohn. Es gibt hier „tatsächliche" Ungleichheit, Abhängigkeits- und Autoritätsverhältnisse, wie sie sich auch im Kommunismus reproduziert haben und die in Abrede zu stellen wohl nur dem Demagogen einfallen könne. [6]

> *„Das ist das Gegenteil von all dem, was in den mannigfaltigen Gedanken eines absoluten Zieles dieser Geschichte als das zu erstrebende hingestellt wird, nämlich der Gleichheit und Freiheit, im Sinne der Selbstbestimmung der Menschen"* (Gogarten 1930, S. 28).

Und eben hier, in der französischen Parole von der zu erringenden „Gleichheit, Freiheit, Brüderlichkeit" der Menschen wittert Gogarten nichts geringeres als die *„Einflüsterung des Teufels".*

> *„Denn das ist doch wohl die Einflüsterung des Teufels, daß die Menschen sein sollten wie Gott"* (eb.).

Wir brechen hier aber ab und ersparen uns weitere Zitate, die Gogartens Haltung in ihrer nicht mehr zu „rettenden" Konsequenz verdeutlichen. [7] Wir versuchen zu rekapitulieren. Aber wir müssen in gewissem Sinne auch — kapitulieren! Wie sollen wir es verstehen? Im Kampf gegen die Ideologie und Demagogie nicht zuletzt des von ihm bekämpften „Liberalismus" und „Marxismus" ist Gogarten selber der Ideologie und Demagogie verfallen. Aber wer will hier urteilen? Man wird freilich nicht gut sagen können, daß Gogarten einfach „nicht wußte", von was er sprach — es ist alles so deutlich gesagt, daß die Distanzierung leicht fallen muß. Aber mit welchem Recht? Etwa mit dem Recht desjenigen, der sich in aller Übereinstimmung

---

6) Bezeichnenderweise sieht Gogarten den Menschen gerade im Marxismus „einer letzten metaphysischen Hörigkeit" unterworfen, die aber „naturgesetzlich" und keine „menschliche, personale Hörigkeit" sei, wie sie Gogarten bejaht. Politische Ethik 1932, S. 154.

7) Dazu den Vergleich zwischen Gogarten und B. Brecht bei Lange S. 392!

mit der theologischen Prämisse nur über Gogartens politische Folgerungen
— oder über den „terrible simplificateur" beklagt (um seinerseits etwas ver-
schlagener zu Werke zu gehen)? Mit dem Recht desjenigen, der sich von
Gogartens politischer Lehre absetzt — aber nur, um dasselbe „Gesetz" unseres Daseins für die je andere geschichtliche Tendenz, den je anderen
Staat, die andere Partei in Anspruch zu nehmen? Mit dem Recht desjenigen, der sich (vielleicht auch nur in glücklicher Inkonsequenz!) noch rechtzeitig aus der Politik und „Zeitgeschichte" zurückgezogen — oder sich mit
ihr, auch theologisch, gar nie wirlich befaßt hat? Oder endlich mit dem
Recht desjenigen, der hier meinte, von überlegener theologischer Warte aus
urteilen zu können — einfach, weil er nun zu wissen meinte, was in Theologie und Politik gut zu heißen und böse zu heißen ist? Es wird schwer fallen
müssen, Gogartens theologische Fragestellung formaliter zu diskutieren
ohne sofort die politischen Konsequenzen zu sehen, die sie materialiter
meint — aber eben: auch so ist schwer zu ersehen, an welcher Stelle genau
Gogartens theologische „Ideologiekritik" nun selber und materialiter zur
Ideologie geworden ist.

Nur darf es jetzt kein Zögern und Zaudern geben: Gogarten war zweifellos
dort am meisten im Recht, wo er am meisten dem Irrtum verfiel, eben
dort, wo er mit Konsequenz auch zum — „politischen Theologen" geworden ist. Dort aber, wo nun einige andere, aber ohne in dieser Konsequenz
zu denken und zu handeln — „als wäre nichts geschehen" — nur allzu gerne
weitermachen würden.

Auch als negatives Lehrbeispiel ist Gogarten ein unendlich positiveres Lehrbeispiel als alle jene Theologen, die sich immer noch scheuen, ihre Theologie auf ihre politische Konsequenz hin zu reflektieren. Auch Barth ist nicht
deswegen schon im Recht, weil Gogarten sich so offenkundig ins Unrecht
gesetzt hat.

Wenn freilich K. Scholder meint, daß „mit der Wendung zur biblischen
Theologie . . . zugleich das politische Engagement Barths deutlich zu-
rück- (trat)" (Scholder 1977, S. 56), wäre ihm, mit der Analyse Gogartens, entgegenzuhalten, daß sich in dieser fundamentalen dogmatischen
Entscheidung, die Stellung des Alten Testament in der Theologie betreffend, eben auch eine fundamental „politische" Entscheidung
durchhält, die in den Zwanziger Jahren alles andere als selbstverständlich war. Bezüge auf das Alte Testament finden sich in Gogartens
Schriften außerordentlich selten!

T. Rendtorff wiederum führt Gogartens Irrweg im wesentlichen auf
dessen „gänzlich unhistorische und in diesem Sinne systematische
Explikation der politischen Konsequenzen einer antikritischen, strikt
autoritativen Fassung des Begriffs Theologie" zurück (Rendtorff 1972,
S. 73). Dagegen habe sich in Gogartens späterer „Säkularisierungs-

these" ein Wandel zum Guten vollzogen, wenn auch nur mit *„halber Konsequenz".* Rendtorff meint, daß Gogarten vor dem Krieg immer noch entscheidend *„dogmatisch"* und *„kirchlich"* gedacht habe im Sinne einer *„unvermittelten Gestalt politischer Theologie"* (und daß dies sein entscheidender Fehler gewesen sei, S. 74) und eben erst später in den „wirkungsgeschichtlichen" Zusammenhängen des „neuzeitlichen Christentums" zu denken gelernt habe. Ist das die Wahrheit? Ich meine, es handle sich um theologische und politische Augenwischerei, wenn unterschlagen wird, in welchen theologie-, geistes- und auch sozialgeschichtlichen Zusammenhängen Gogarten durchaus schon vor dem Krieg zu denken und zu „analysieren" wußte. Es wäre dann mindestens die Frage aufzuwerfen, ob die Wendung zum Guten in diesem Falle auch wirklich eine Wendung zum Guten war — oder ob nicht derselbe alte ‚Essig' nochmals in die neuen Flaschen gegossen wurde.

Nicht von ungefähr verweist Barth in diesen Jahren darauf, daß der Irrtum der „Deutschen Christen" im modernen Protestantismus eine lange Vorgeschichte aufweist und gewissermaßen nur die Spitze des Eisberges darstellt. Wir könnten wiederum Barths Entscheidung nicht als „politische" Entscheidung würdigen, wenn nicht von dieser Vorgeschichte her, welcher Barth von Anfang der Zwanziger Jahre den Kampf angesagt hat.

Aber nun müssen wir mit W. Elert (Karl Barths Index der verbotenen Bücher, 1935) in der Tat feststellen, daß sich Barths Theologie 1933ff noch durchaus *„im Zustand der Prolegomena"* befand (Elert, S. 18). *„Ja, wenn es sich darum handelt, von welcher Autorität die kirchliche Dogmatik lebt und allein leben kann, dann stimmen wir für unsere Person allerdings Karl Barth rückhaltlos bei: das kann nur das Wort von der hl. Schrift sein. Damit steht und fällt der evangelische Charakter jeder Dogmatik. Wer darin anders lehrt, er sei Deutscher Christ, Judenchrist oder Eiserner Halbmondchrist, der hat sich damit von den Kirchen der Reformation geschieden"* (S. 10). Aber nun beachte man weiter, mit welch ansehnlicher Sammlung von Bibelzitaten Elert nun zum Schriftbeweis gegen Barths christologische Konzentration und seine Verdammung der „natürlichen Theologie" ausholt, z.B. mit Lk 2 und 3, mit Matth. 25, 35-46, oder mit dem Gleichnis vom barmherzigen Samariter! *„Die Schriftgelehrsamkeit, die hier verächtlich von Soziologie redet, ist auf dem Wege von Jerusalem nach Jericho. Das ist so gewiß wie das Amen im Vaterunser. ‚Denn wer seinen Bruder nicht liebet, den er siehet, wie kann er Gott lieben, den er nicht siehet!'"* (S. 19). Die Gegenseite hatte ihre Argumente — und es sind mehr oder minder dieselben, die auch von heutiger „politischer Theologie" immer wieder gerne ins Feld geführt werden. *„Es kommt darauf an, daß die Theologie des Wortes nicht zu einer Theologie der Wörter wird"* (S. 20). Gut! Aber freilich unterläßt es Elert nicht, trotzdem die alte

Lehre von der „*doppelten Offenbarung*" zu restaurieren (S. 13) und sie im Sinne der lutherischen Lehre „*vom Gesetz und vom Evangelium*" zu interpretieren (S. 17). Nun besteht kein Hindernis mehr, daß auch der „*sächsische Landwehrmann*" (S. 20) das „*Weltgeschehen unserer Tage*", die „*Rassen*" und die „*Völker*" theologisch zum Zuge kommen können und auch ein „*ganzes Volk*", im Sinne Stapels, als „*ethisches Subjekt*" in Betracht genommen wird (S. 21). – Ob es dann nicht besser gewesen wäre, wenn auch Elert sich eine Zeit lang noch bei den „Prolegomena" aufgehalten hätte? Barth hat es 1922 überhaupt für zweifelhaft gehalten, „*ob die Theologie über die Prolegomena . . . je hinauskommen kann und soll*" (Anf. I/S. 218).

Faktisch hat Barth 1933 aber nichts anderes getan, als „*innerhalb der Schranken meiner Berufung*" (Barth 1933a, S. 3) an seinem Ort stehen zu bleiben, das heißt: in der Entfaltung seiner „Lehre vom Wort Gottes" fortzufahren! Er hat damit, sehr ärgerlich, genau das getan, was seiner Meinung nach nun für jedermann das „Politische" gewesen wäre, was also ein jeder „in den Schranken seiner Berufung" an seinem Ort zu tun gehabt hätte!

„*Daß das deutsche Volk, um das nationalsozialistische Unheil zu verhindern, aus lauter ‚Helden' hätte bestehen müssen, kann ich nicht gelten lassen. Es hätte nur aus simplen, aber politisch vernünftig denkenden und entschlossen handelnden bzw. einfach an ihrem Ort stehenbleibenden Staatsbürgern bestehen müssen. Der ‚Widerstand' wäre dann ganz von selbst dagewesen: in jedem Beamten, der sich verfassungswidrige und wahnsinnige Anordnungen auszuführen geweigert hätte, in jedem Professor und Lehrer, der nach wie vor bei der zuvor von ihm erkannten wissenschaftlichen Wahrheit geblieben wäre, in jedem Pfarrer, der fortgefahren hätte, das unverkrümte Evangelium zu verkündigen, in jedem Offizier, der an dem, was er früher für seine Ehre hielt, festgehalten, und in jedem schlichten Mann, der nach wie vor zu seinem eigenen und gemeinsam verbrieften Recht gestanden hätte. Heldentum? Nein, zivile Gesundheit!*" (Barth 1945, S. 396).

Daß Gogarten gerade daran Anstoß nahm und unter seinen Voraussetzungen auch nehmen mußte, ist ihm schwerlich zu verargen. Die Auseinandersetzung zwischen Barth und Gogarten spielt sich insofern auf unkoordinierbaren Ebenen ab, als Barth auf Gogartens „eigentliche" Anfrage eben nur indirekt und „praktisch", aber nicht in Form einer allgemeinen dogmatischen „Theorie" geantwortet hat.

So sehen wir Barth und Gogarten aber 1933 sich in einer gar sehr ‚zeitbedingten' Konstellation gegenüberstehen – und sehen wir durchaus, daß sich hier nicht nur theologische Prinzipien, sondern in ihrer Eigenart und Unart je verschiedene „Persönlichkeiten" und Temperamente streiten, die sich mit unterschiedlichem zeitgeschichtlichem Horizont gegenüberstanden

und dem weiteren Verlauf der Geschichte gerade so und nicht anders den
Stempel aufdrückten.

Hat es einen Sinn, diesen Streit dann doch noch auf ein abstraktes theologisches Niveau zu bringen? Wer Gogarten mit einer langen dogmatischen
Auslassung über das Verhältnis von „*Evangelium und Gesetz*" (Barth 1935)
antworten wollte, würde seine ideologiekritische Anfrage vielleicht nieder-
schlagen, ohne sie überhaupt zu hören — er könnte Gogarten nochmals und
nochmals zu seinem Recht verhelfen. Denn auch hier gilt, was Barth zu
„Feuerbach" sagte:

> „*Man sehe wohl zu, was man tut, wenn man die Waffe, mit der Feuer-
> bach allerdings beizukommen ist, in die Hand nimmt. Man trifft ihn
> nämlich nur, indem man selber von ihr getroffen ist*" (Barth 1927a,
> S. 238).

Man müßte vielleicht wirklich wissen, was „Sünde" ist (und worin die bis
in die elementarsten Daseinsstrukturen hinein fortwirkende Bosheit der
Menschen besteht), wenn man Gogarten wirksam entgegnen wollte. Man
müßte auch noch ein anderes „Gesetz des Handelns" kennen als dasjenige,
das der Nationalsozialismus so offenkundig an sich gerissen hat, wenn man
dem theologischen und politischen Antijudaismus nicht nur widersprechen,
sondern tatkräftig widerstehen wollte. Man müßte in der Furcht Gottes
sein, wenn. man aufhören wollte, sich in erster Linie vor „Liberalismus"
und „Sozialismus" bzw. marxistischem „Kommunismus" zu fürchten. Und
man müßte dann doch noch sehr viel mehr vom „Gesetz" des „Evangeliums" etwas wissen, wenn man der Geschichtsmythologie des Nationalsozialismus keinen Glauben schenken und seiner allmächtigen Propaganda
also widerstehen — aber eben: unter Umständen mit dem Einsatz des eigenen Lebens oder doch der eigenen Stellung, Privilegien etc. widerstehen
wollte. Wir haben nicht darüber zu befinden, ob Barth dies zur Genüge
getan hat. Wir fragen nur, inwiefern er es gemeint hat.

Denn zweifellos hat er dies gemeint: daß Gottes „Gesetz" — d.h. das Gebot
des Evangeliums, die Weisung des „Bundesgottes", die Thora! — mit keinem „Volksnomos" oder „Staatsnomos" in eins zu setzen sei, es sei denn
eben, es handle sich um den gar sehr eigentümlichen Volksnomos des
„Volkes Gottes" bzw. Israels.

Der unmittelbare Kommentar zu dieser Fragestellung dürfte der Para-
graph 14 in KD I/2 sein, der von Barth 1933/34 in unerhörter Aktualität *(„Gottes Zeit und unsere Zeit"*, § 14,1) und direkter Aufnahme
der zwischen ihm und Gogarten verhandelten Fragestellung wohl noch
in Bonn vorgetragen worden ist. Man nehme sich die „Zeit" und lese
einmal den Abschnitt über „Israel". Man notiere sich einmal die direkt
„politischen" Bezugnahmen und frage sich, was in diesem Zusammenhang über die Einheit von „Gesetz" und „Evangelium" bzw. von Al-

tem und Neuem Bund bzw. von „Israel" und der „Kirche" gesagt worden ist! Man bemerke dann freilich auch die Anti-Judaismen, die von Barth auch da noch aufrecht erhalten worden sind (S. 98, 102, z.B. das Auftauchen des sog. „*Spätjudentums*" auf S. 110!), aber auf dem Hintergrund dessen, was Barth über die Einheit von Altem und Neuem Testament positiv aussagen will. Offensichtlich hat Barth auch da noch (außer M. Buber, H.J. Schoeps, E.B. Cohn, S. 87) kaum konkrete jüdische Gesprächspartner in Sichtweite, ist das „Judentum" in seiner Sicht immer noch ein dogmatisches Schema, das den jüdischen Leser gewiß untröstlich von dann gehen läßt. Ein gewisser Trost dürfte für diesen Leser dann freilich darin zu sehen sein, daß Barth, so unglimpflich er mit der „*Synagoge*" verfährt, so unglimpflich auch mit der nachapostolischen „*Kirche*" ins Gericht geht (§ 14,3). Die Zeit der „Kirche" ist der Zeit „Israels" doch nicht qualitativ überlegen und in vielem nur noch ein schwacher Abglanz des Lichtes, das die Weltgeschichte in der Mitte der Jahre 1 − 30 erleuchtet hat. Die „*Zeit der Erinnerung*" kennt keine „*Wunder*" mehr, wie sie für die Zeit Israels charakteristisch waren (vgl. S. 70f). Gerade die heutige Kirche hat so ganz und gar keine Ahnung mehr von dem, was sie nun allerdings und am meisten im „Alten Testament" zu lernen hätte. „*Man kann nicht genug bedenken und nicht gut genug verstehen, was das heißt, daß dieses* (das apostolische, PW.) *Zeugnis abgelegt wurde Angesicht in Angesicht mit dem schärfsten Protest der Synagoge als der berufenen Hüterin und Auslegerin des alttestamentlichen Kanons, und daß dieses Zeugnis nun dennoch im geringsten nicht in einem antijüdischen Sinn abgelegt wurde, daß von den Evangelisten und Aposteln des Neuen Testaments keiner auch nur daran gedacht hat, diesem Protest in der Weise Gehör zu geben, daß sie etwa die Beziehung der Erinnerung zu der alttestamentlichen Erwartung preisgegeben hätten; keiner von ihnen hat Jesus anders verstanden denn als Messias Israels. Welch eiserne Klammer müssen sie unter diesen Umständen zwischen der alten und neuen Zeit, zwischen Israel und der Kirche befestigt gesehen haben!*" (S. 116f). Es dürfte von daher ein kleiner Schritt der Erkenntnis sein, daß die „*Zeit der Erwartung*" mit dem Jahre 30 (oder 70) ja keineswegs aufgehört hat, daß diese Erwartung auch im Judentum immer von der „Erinnerung" an die „großen Taten Gottes" gelebt hat und lebt, daß diese Erwartung und Erinnerung aber im Judentum um so lebendiger und gewissermaßen auch renitenter sich erhalten hat, als es in der Kirche und im „Christentum" um die Eschatologie des Alten und Neuen Testaments stiller und stiller geworden ist. Daß Jesus von Nazareth der Messias Israels tatsächlich gewesen ist und sei, das wird sich das Judentum gewiß nicht von dieser Kirche sagen und vorhalten lassen müssen. Es wird es sich auch nicht von K. Barth sagen lassen müssen − denn gesagt werden kann es offenbar überhaupt nur unter der Voraussetzung, daß es von den apostolischen Repräsentanten dieses Volkes selber gesagt worden ist.

Denn gerade als Repräsentant Israels ging Jesus in den Tod. Nur so, weil das „Alte Testament" ins Zentrum des „Neuen Testaments" hineinragt, weil es der König Israels, der „König der Juden" ist, der hier ans Kreuz geschlagen ist — aber weil Gott in diesem einen Menschen *„sich selber ein verborgener Gott geworden ist"*, kann Barth sagen, daß das Alte Testament ohne Christus-Offenbarung eine *„jüdische Abstraktion"* ist (S. 98). Das „Alte Testament" zeigt, auch wenn es sich subjektiv immer wieder nur wie ein Dokument der enttäuschten Erwartungen liest, doch objektiv nicht ins Leere. Auch das Leiden der jüdischen Diaspora nach 70, fügen wir hinzu, ist doch kein gottfernes Leiden, sondern immer noch das Leiden Gottes mit diesem Volk.

Barth meinte nun gewiß nicht **gegen** das „Deutsche Volk", sondern aktualiter **für** dieses Volk einzutreten, wenn er der von Gogarten — in größter Ahnungslosigkeit (!) vollzogenen Ineinssetzung von „Gottesgesetz" und deutschem „Volksnomos" so energisch widersprach. Gewiß nicht um der „Selbsterhaltung" der Kirche willen, aber **stellvertretend** für das deutsche wie auch für das jüdische Volk, sollte die „Kirche" jetzt den Gehorsam gegenüber der biblischen „Frohbotschaft" üben. Und gerade um der Freiheit auch der Deutschen willen, mußte den herüberwinkenden „Fleischtöpfen Ägyptens" kompromißlos widerstanden werden. In dieser Haltung hat Barth Gogarten freilich dort angegriffen, wo dieser sich am sichersten fühlte: in der Erkenntnis der „Sünde" und des „Gesetzes" bzw. der „Todesverfallenheit" der ganzen menschlichen Existenz. Denn eben dies, daß der Mensch in der Schöpfung so sehr der „Sünde" und also dem „Gesetz" dieser Sünde unterworfen sei, daß hier kein Wort mehr von Versöhnung und Erlösung zu hören und zu sagen, mit keinem Entrinnen mehr zu rechnen — und also nur noch nach dem ‚starken Arm' des **Staates** zu rufen sei — das konnte und wollte Barth nicht „glauben".

Denn was heißt hier „Sünde"? Ist es eine allgemeine, anthropologisch oder ontologisch einzusehende Beschaffenheit des menschlichen Daseins — oder aber gerade nur die „Sünde der Welt" im Besonderen, wie sie im Tod und in der Auferstehung Jesu an den Tag getreten und zugleich — aber nun in gar keiner Weise zu verharmlosen — „getragen" und gewendet worden ist? Was heißt hier „Gesetz"? Ist es das fortwirkende Gesetz des Todes, dem keiner entrinnt — aber wie sollte dann nicht klar sein, daß gerade auch der Volks- und Staatsnomos des Nationalsozialismus ein Gesetz des Todes und nicht etwa des Lebens sein werde?

Was ist hier der „Tod"? Ein bald erschreckendes, bald auch interessantes „Grenzphänomen" des menschlichen Lebens, dem wir nun alle unsere Aufmerksamkeit zuzuwenden, von dem wir nun gar auch Erkenntnis, Weisheit, Erbauung, Offenbarung zu erwarten hätten — oder aber der keineswegs „natürliche" Tod, den Jesus uns zugute am Kreuz gestorben ist, damit wir leben? [8] *„Gott ist nicht der Tod"* (Ethik I/S. 352). Wir würden nicht „Jesus Christus" sagen, wenn wir nicht das sagen wollten, daß auch dem

Tod der Stachel schon genommen ist. Wir würden auch von der Macht des Todes — und vom „Gesetz der Sünde" — keine Ahnung haben, wenn wir das nicht ahnen und wissen könnten, warum es nichts weniger als des Eingreifens „Gottes selber" bedurfte — warum er selber an jene Stelle trat, an der wir nun dankend und lobend gerade noch vorüberschreiten dürfen! Es ist das „*Gesetz des Geistes des Lebens*" (Röm. 8,2), das Paulus nicht nur den Juden, sondern mehr noch den Heiden verkündigt, das von Barth nun — im Unterschied zum heidnischen Nomos — zum Gegenstand der Disziplin, ja einer kirchlichen Selbstdisziplin gemacht wird. [9]

> „*Gebet auch eure Glieder nicht der Sünde zu Werkzeugen der Ungerechtigkeit hin, sondern gebet euch selbst Gott hin als solche, die aus Toten lebendig geworden sind, und eure Glieder zu Werkzeugen der Gerechtigkeit!*" (Röm. 6,13).

Es ist der Gehorsam dem Gebot des Evangeliums gegenüber, der Gott für seine „gute Gabe": die Thora des Lebens — wie die Juden taten — allezeit zu danken weiß, der zunächst die innere Existenz der Kirche in der heidnischen Polis begründen muß. Nicht um des Rückzugs von der Welt, aber um der **Sammlung und Konzentration der Kräfte** willen hat Barth nun zu dieser einen theologischen „Sachlichkeit" aufgerufen.

Denn nur von daher: von der Offenbarung des „Gottes Abrahams, Isaaks und Jakobs" könnte es sich erweisen, daß die unstreitige Radikalität Gogartens doch nicht die Radikalität des Evangeliums, sondern irgendeine andere Radikalität war. [10] Von der Radikalität des Evangeliums her müßte es sich erweisen, wie es in der so offenkundig fortbestehenden Ungleichheit und Unfreiheit der Menschen doch auch um ihre mögliche „Gleichheit, Freiheit, Brüderlichkeit" bestellt sein möchte. Von dort her, indem der **Jude Jesus** doch auch nicht so ohne weiteres beiseite zu schieben ist,

---

8) „Der Tod ist ein Meister aus Deutschland" (P. Celan)! Hinter Barths Ablehnung Gogartens wie auch Heideggers steht in der Tat Barths reformiertes Mißtrauen gegen jede Art von Todesmystik und Todestheologie (auch in der späteren „Gott-ist-tot-Theologie"!). So handelt es sich aber auch um den Gegensatz des biblischen Gottes und des ältesten Heidentums, das nun zum „gegenwärtigen bösen Traum des erst in der lutherischen Form christianisierten deutschen Heiden" geworden ist (Schweizer Stimme, S. 113, vgl. die Präzisierung, S. 121). Diesen Satz hat man Barth arg übel genommen. Seinen sachlichen Hintergrund beleuchtet unübertrefflich K.H. Miskotte, Edda und Thora 1939, bzw. Wenn die Götter schweigen, München 1963. Vgl. I.2.2.3.

9) Auf dieser Linie dürfte auch Bonhoeffers Rede von der „Arkandisziplin" zu verstehen sein.

10) Ähnliches dürfte auf F. Wagner, Gehlens radikalisierter Handlungsbegriff zutreffen (ZEE 17/1973, 213-229). Dazu die Erwiderung von F.W. Marquardt, Zu-Sätze zu F. Wagners Aufsatz: „Gehlens radikalisierter Handlungsbegriff". Barth betreffend a.a.O., S. 230ff.

könnte es sich zeigen, daß auch die sog. „opiniones judaicae" — trotz
Luther — nicht einfach beiseite zu schieben sind. Barth hat sich — felix
peccator! — dieser „Sünde" schuldig gemacht, hat die „Auferstehung des
Fleisches" und ein kommendes Reich des Friedens und der Gerechtigkeit
für Alle geglaubt, auf das Christen mit den Juden gemeinsam warten. Er
sieht das „Dritte Reich" sofort unter diesem großen „eschatologischen
Vorbehalt" des erst im Kommen begriffenen Reiches — aber nicht einer
abstrakten Jenseitigkeit, die den Menschen im Diesseits zur Passivität verdammt. Und eben darum hat er nun 1933 keine Eile, ist seine „Ethik",
auch im Politischen, eine differenzierte Ethik in der „Zeit". Sie ist gewiß
die Ethik eines unter Umständen sehr bestimmten, unmittelbaren und
entschlossenen Handelns, der scharfen „Stellungnahme" und der kom-
promißlosen „Tat". Aber sie ist nicht eine Ethik des überstürzten Handelns
und der nun gerade drohenden bzw. abzuwehrenden Katastrophe. Vielleicht, daß man Barth gerade das zum Vorwurf machen möchte? Aber
eben: es gibt hier keine Notwendigkeit menschlichen Handelns, deren
Schicksalscharakter nicht sofort in Frage — und Abrede gestellt werden
müßte; keine geschichtliche Dringlichkeit, die — sub specie aeternitatis! —
nicht auch in Ruhe und Nüchternheit, in Überlegung und Entschluß angegangen werden könnte. Hier ist eine Ethik, die zuletzt gewiß gar sehr im
Persönlichen, in der individuellen Entscheidung eines jeden Einzelnen gründet — und wenn dies „liberal" anmutet, dann in der Tat auch „liberale"
Ethik. Aber diese Liberalität ist kein Liberalismus des „freien Marktes"
und der beliebigen Wahl. Es handelt sich nicht um die unverbindliche Freiheit einer sich jeglicher Bindung entschlagenden sog. „freien Persönlichkeit". Es handelt sich, ganz im Gegenteil, um die *„Freiheit Gottes für den
Menschen"*, der wir uns im nächsten Kapitel zuwenden (vgl. KD I/2, S. 1).

KAPITEL 7

„Ein Gott der wirklich frei macht!" — Der „Erwählungsgedanke" und die Grundstruktur von Barths Dogmatik und Analogienlehre. Kirche, Israel und Sozialismusfrage.

1. „Unerledigte Anfragen" und ein „roter Faden"

1.1. Der „Erwählungsgedanke" als „Initium" der Barthschen Theologie

Wer der Theologie Karl Barths folgt, befindet sich eines Tages an einer Stelle, wo man *„weder liegen noch sitzen, noch stehen, sondern unbedingt nur noch sich bewegen"* kann (Barth 1920, S. 4). Nicht von ungefähr empfiehlt Barth den „Studenten" der Theologie (und wer könnte sich hier ausschliessen?) gleich zu Anfang F. Overbeck zur Lektüre, damit sie dort *„Vorschau halten"* über das, *„worauf sie sich einzulassen oder auch hereinzufallen im Begriffe stehen"* (S. 3). *„Die Füchse haben Gruben und die Vögel des Himmels ihre Nester, aber des Menschen Sohn hat nicht, wo er sein Haupt hinlege"* — und jetzt, auf dem Weg in die „Wüste", mögen uns die verlassenen, aber immer noch winkenden „Fleischtöpfe Ägyptens" nochmals wesentlich attraktiver, wenn nicht gar in verklärtem Glanz erscheinen. Wir hätten doch noch so gerne dies oder jenes andere erledigen, kosten, experimentieren wollen, aber nun ist der Rubikon plötzlich überschritten, der Rückweg abgeschnitten, andere Züge sind mittlerweile abgefahren — und wir fragen, worauf wir uns eingelassen haben.

Dazu gibt es freilich reiche Analogien auch in anderen „Berufen" und im politischen Leben. Wer irgendwo A gesagt hat, wird irgendwann auch B und C sagen müssen, eben damit seinen Mann oder seine Frau zu stellen haben. Wer Marx liest, wird vielleicht morgen als „Marxist" abgestempelt werden, wer gegen Berufsverbote protestiert, vielleicht morgen selber vom Berufsverbot betroffen sein. Nichts ist trügerischer als die liberale Konzeption einer gänzlich folgenlosen Wahl-, Gedanken- oder Religionsfreiheit, und alles spricht dafür, daß wir den Göttern, die wir anbeten, eines Tages auch dienen werden. Nur scheinbar gibt es die Möglichkeit, Theologe, aber nicht Christ, Marxologe, aber nicht Marxist, Unternehmer, aber nicht „Kapitalist", Beamter ohne Paragraphen, Politiker ohne Parteibuch, Soldat ohne Gewehr zu sein. Aber auch derjenige, der aus grundsätzlicher Scheu nirgendwo A sagen wollte, wird damit zu leben, dafür die Kosten zu tragen haben. Auch das beliebte folgenlose „Reden von Gott" wird eines Tages, dann freilich ungewollte, Folgen haben — im Privaten wie im Gesellschaftlichen, in der Kirche wie in der Politik.

So fragen wir nun, ob die Stützen taugen, die das Gerüst tragen sollen, ob die Nägel sitzen, an denen nun alles hängt, so kommen wir — am Ende einer ganzen Etappe — auf das eigentliche „Initium" der Barthschen Dogmatik zurück. Sind wir dabei, uns einer blinden Gottheit, einem Schicksal, einem unmenschlichen „Gesetz" zu überantworten, das uns nicht frei machen, sondern knechten wird — oder aber dem Evangelium? War es Willkür, daß wir diesen und keinen anderen Weg eingeschlagen haben, ein böser Zufall nur, daß gerade wir es sind, die dies tun? Haben wir uns gar in eine ausweglose Lage, in eine Sackgasse manövriert, sind wir — was man bei Barth des öfteren vermutet hat — zu den Gefangenen des eigenen „Systems" (oder des sog. „offenbarungstheologischen Ansatzes") geworden? Sind wir auf dem Weg ins Freie — oder auf dem Holzweg, der zu keiner „Lichtung" führt (Heidegger)? Kein Zweifel: Die Theologie ist ein gefährliches Studium (erst recht die Dogmatik!), in welchem es Lichter und Irrlichter, Phantome und Gespenster — und viel „faulen Zauber" gibt! Aber gerade aus dieser Situation der Bedrängnis, vom ausgesprochenen „Ernst" der Lage her, werden sich vielleicht Methode und Struktur dieser Dogmatik, wird sich ihr gefährlichster und zentralster Gedanke — der „Erwählungsgedanke" — wird sich sein großer Ernst und sein großer „Unernst" zumindest erwägen und bedenken lassen.

„Es gibt Fragen, die wir gar nicht aufwerfen könnten, wenn nicht schon eine Antwort da wäre, Fragen, an die wir nicht einmal herantreten könnten ohne den Mut jenes augustinischen Wortes: Du würdest mich nicht suchen, wenn du mich nicht schon gefunden hättest! Wir müssen uns zu diesem Mut, den wir haben, bekennen." (Anf. I, S. 4).

Aber gerade hier haben wir auch nach 1945 mit einem **volkskirchlichen** „**Pluralismus**" zu kämpfen, der im Barthschen „Ansatz" auch nur einen unter immer neueren und besseren „Ansätzen" der Theologie sehen wollte. Haben wir hier „freie Wahl" auf dem „Markt der Möglichkeiten"?
Es können uns die vielen theologischen „Ansätze" doch nicht darüber hinwegtäuschen, daß es im Grund doch nur **eine** „Türe", einen „Weg", einen „Weinstock" und ein „Brot des Lebens" gibt. Freilich: *„Von da an zogen sich viele seiner Jünger zurück und wandelten nicht mehr mit ihm. Jesus sprach nun zu den Zwölfen: Wollt etwa auch ihr hinweggehen? Simon Petrus antwortete ihm: Herr, zu wem sollten wir denn gehen?"* (Joh. 6,66ff).

Die „christologische Konzentration" (gerade der johanneischen „Ich-bin"-Aussagen) steht im Zentrum auch der Barthschen „Erwählungslehre". Aber auch erst die „Erwählungslehre" ermöglicht Barth deren Durchsetzung und Erläuterung auch im dogmatischen „Begriff"! Es dauert Jahre bis Barth 1942 eine ausgeführte „Erwählungslehre" vorlegen kann (KD II/2). Aber der „Erwählungsgedanke" bestimmt von Anfang an die Struktur seiner Theologie. *„Es ist die Frage der Erwählung, mit der die Bibel antwor-*

tet auf unsere Frage, was sie uns zu bieten habe" (Anf. I, S. 53). Auch schon in der Arbeit am Römerbrief bemerkt Barth 1918:

*„Ich bewundere die Zähigkeit, mit der **Calvin** seinen Standpunkt festhielt, der doch ganz berechtigt gewesen wäre, wenn nicht die fatale persönliche Heilsfrage, um die es ihm, aber nicht Paulus zu tun war, die ganze Sache schief beleuchtet hätte"* (B.-Th. I, S. 271).

Barth rezipiert den „Erwählungsgedanken" sofort in kritischer Fronstellung gegen den bürgerlich-protestantischen „Heilsegoismus", der — mehr bei Luther als bei Zwingli angelegt — insbesondere die „calvinistische" Erwählungslehre geprägt hat. Davon zeugt insbesondere Barths Auslegung des erwählenden Handelns Gottes in der Geschichte anhand von Römer 9-11, wo Barth eine *„sozialistische Kirche in einer sozialistisch gewordenen Welt"* in Aussicht nimmt (R I, S. 332, vgl. S. 313). Gewiß wird diese „geschichtstheologische" Schau von Barth 1922 korrigiert und gewiß wird er die Erwählungslehre in KD II/2 — unter Aufnahme endlich auch des Judentums! — völlig neu konstruieren. Aber das ist keine Frage, daß der „Erwählungsgedanke" seine sämtlichen Arbeiten wie ein „**roter Faden**" durchzieht. Er ist das „Rückgrat" dieser Theologie, mit welchem sich Barth entschieden in die reformierte Tradition gestellt hat — er allein gibt das Geheimnis der „Denkform" der Barthschen Dogmatik preis. Aber eben: „Gefunden" hat Barth diese Denkform auch erst in seinem Buch über Anselms Gottesbeweis (Barth 1931). Auch sie bedarf der Erklärung. Auch sie kann nicht einfach „vorausgesetzt" werden. Auch sie unterliegt in flagranter Weise der „Zeitbedingtheit" der ganzen Barthschen Theologie. Hier entscheidet sich in der Tat, ob diese Theologie überhaupt als „System" zu denken ist. Aber wenn man irgendwo in Barths Theologie einen „idealistischen Überhang" wittern, die „Reste" der Metaphysik und heilloser Spekulation auffinden, den Verdacht auf autoritären Calvinismus hegen oder sich auch nur wieder einmal abgrundtief über das „senkrecht von oben" ärgern möchte — dann hier! Und wenn diese immer wieder nur anstößige Denkform dieser Theologie irgendwo auch ihre positive Erklärung finden, wenn es sich irgendwo zeigen könnte, daß sie nicht bloße „Form", sondern die Form eines sehr bestimmten „Inhaltes" ist (und darum die Theologie nur in dieser Form denken kann) — und wenn es denn irgendwo erkennbar sein möchte, daß diese Theologie als eine Theologie der unerhörten **Freiheit** zu verstehen ist, dann wiederum hier.

„Das ist der Anstoß, den die Theologie uns heutigen Menschen, Nicht-Theologen und Theologen zu geben geeignet ist. Er besteht nicht nur darin, daß hier ein Kriterium geltend gemacht wird, daß seinem Begriff nach kein höheres Kriterium über sich hat, von dem aus gesehen vielmehr alle anderen Kriterien als nur vorläufig gültig erscheinen. Er besteht vielmehr entscheidend darin, daß die Warheit dieses in sich selbst begründeten Kriteriums hier als schrankenlos freie Macht, als

persönlicher Herr, gedacht ist, der sich schenken, aber auch versagen kann, wo und wem er will, daß göttliche Wahl, Prädestination, die Entscheidung fällt über das, was in dieser Wissenschaft Wahrheit ist oder nicht ist. Das ist die unendliche Bedrängnis, die die Theologie dem Theologen selbst bereitet, daß hier Forschung und Lehre getrieben werden sollen unter diesem Zeichen. Und das ist die Verlegenheit, die die Theologie offenbar auch für ihre Umgebung bedeutet, daß hier eine Wissenschaft ist, deren Forschung und Lehre unter diesem Zeichen steht. Gilt dies Zeichen vielleicht allen Wissenschaften? Noch mehr: Gilt es villeicht dem Menschen als solchem? Sollte die Furcht Gottes vielleicht der Anfang aller Weisheit sein? Der Theologe wird der Letzte sein, der etwas derartiges allgemein, prinzipiell, systematisch, sozusagen weltanschaulich sagen wollte"! (Barth 1930, S. 379f).

Wir dürfen davon ausgehen, daß Barth in diesen Sätzen wirklich sagt, was er meint, — daß die „Freiheit Gottes" nicht nur als ideologiekritisches Prinzip der Dogmatik, nicht nur als Chiffre für die Freiheit des Menschen und also auch nicht nur als „Konstruktionsprinzip" der Dogmatik angesichts der Autonomieproblematik des modernen Menschen verstanden sein will (Rendtorff, Wagner). Es geht um die Freiheit Gottes gegenüber aller ideologischen Umklammerung, aber eben: um die Freiheit „Gottes", und zwar eines sehr bestimmten, nicht beliebig auffindbaren, nicht überall erkennbaren „Gottes". Nicht in Gott-an-sich, nicht in einem leeren „Gottesbegriff" und nicht in einer bestimmten dogmatischen „Denkform", wohl aber im bestimmten Inhalt dieser Form sieht Barth in der Tat auch die Freiheit des Menschen begründet. Es wollte Barth auch zur Frage der *„deutschen Befreiung"* einen *„solideren Beitrag"* zu leisten versuchen, *„als das meiste von all dem Wohlgemeinten, was so viele auch unter den Theologen angesichts dieser Fragen und Aufgaben dilettantisierend meinen leisten zu sollen und zu können"* (KD I/1, S. XII). Aber eben: gerade im Interesse **dieser** „petitio principii" könnte es nur verhängnisvoll sein, wenn man das eigentliche „Subjekt" dieser Lehre willkürlich streichen, den „lebendigen" und freien Gott durch irgend ein leeres „Prinzip" ersetzen wollte, das dann in der Tat nur das kraftlose Prinzip einer spätbürgerlichen Ideologie sein könnte. Gerade hier stellt sich für uns nochmals das eigenartige „Formproblem" dieser Theologie — als Problem gerade der „sozialistischen" Barth-Interpretation.

1.2 Autoritätsprobleme

Den zutiefst „antiautoritären" Impetus seiner Theologie hat Barth gerade in der reformierten Tradition begründet gesehen. *„An den Anfängen unserer Kirche steht im Unterschied zum Luthertum überall in großer Pietätslosigkeit eine grundsätzliche Absage an die ganze christliche Tradition, sofern sie etwa als solche religiöse Bedeutung in An-*

spruch nimmt, sofern sie sich nicht vor der dem Geist und durch den Geist als Wahrheit bezeugten Schrift rechtfertigen kann". „Den Vätern treu sein würde also heißen müssen, es auch in diesem Stück halten wie sie es selber hielten: . . . Altertum nicht verwechseln mit Ursprünglichkeit und die Autorität, die der Kirche gegeben ist, nicht mit der Autorität, durch die die Kirche begründet ist, keine Invariata und Invariabilis anerkennen außer der einen, vor keinem aufgepflanzten Hut sich bücken und wenn es der Hut Calvins selber wäre . . .* (Barth 1923d, S. 185f). Und gerade das sieht Barth in den reformierten Bekenntnissen verankert, daß sie *„nicht auf die Karte einer Lehre alles setzen, sondern, theologisch weniger kunst- und eindrucksvoll mit der Beziehung aller Lehre auf den einen Gegenstand sich begnügen, daß sie es Gott, nicht ihrem Gottesgedanken, sondern Gott selbst, Gott allein . . . überlassen, die Wahrheit zu sein"* (S. 189). Dies verunmöglicht jeden „Personenkult", nicht den Respekt vor den Vätern, aber jeglichen „Calvinismus", jedes „Luthertum" — und sicher auch jeden „Barthianismus"! Denn *„alle, so andere Lehren dem Evangelium gleich oder höher achten, irren und wissen nicht, was Evangelium ist"* (Zwingli, 5. Schlußrede 1523). Es ist ein kolossales Mißverständnis, wenn man die Autorität, die Barth — im Widerstand gegen den Nationalsozialismus, später gegen Remilitarisierung und Atombewaffnung — für das Bekenntnis in Anspruch genommen hat, mit der Autorität einer inhaltsleeren kirchlichen Orthodoxie verwechselt. Gelöst von ihrem Inhalt kann die strenge Form des Barthschen Theologisierens auch keine Autorität beanspruchen — und tut es auch nicht.

Hat man nicht immer auch die berüchtigte „Vieldeutigkeit" der Barmer Erklärung und den „Dezisionismus" in der politischen Ethik Barths beklagt? Es ist offenbar recht gut möglich, diese Theologie an sich und der Form nach als eine „spätbürgerliche Ideologiebildung" zu begreifen, aber nicht minder auch als Neuauflage mittelalterlicher „Scholastik" oder reformatorischer „Orthodoxie" und darin eines typisch vorneuzeitlichen und noch unaufgeklärten Denkens. Der unverhohlen antibürgerliche Affekt dieser Theologie läßt gewiß auch der konservativen Barth-Interpretation ihren mehr oder minder großen Spielraum. Und einer allzu geradlinig „sozialistischen" Barth-Interpretation gegenüber dürfte gar auch F. Wagners Anfrage nicht fehl am Platz sein, ob diese Theologie — auch in aller Gegnerschaft — nicht auch vom Nationalsozialismus geprägt, nicht auch ihm in irgendeiner Weise *„verwandt"* sein möchte (Wagner 1975, S. 41). Daß diese Theologie — im Kampf gegen die Baalspropheten — auch ihre gewissermaßen „autoritäre Rückseite" hat, wird niemand bestreiten — als ob dasselbe nicht auch von Luther oder Calvin oder Elia zu sagen wäre!

Aber eben: auch nicht die Kirche, auch nicht die Bibel, auch nicht das Zeugnis von Jesus Christus selber stellt sich uns in jener fraglosen

„Eindeutigkeit" dar, die man hier immer wieder wünschen möchte. Als Christ und Theologe lebt und arbeitet man immer im Verein mit anderen Christen und Theologen, die denselben Gegenstand der Erkenntnis „ganz anders" auffassen oder aber, in derselben Sprache, überhaupt von etwas anderem: von einem anderen „Glauben", von einer anderen „Kirche", von einem anderen „Christus" oder von einem anderen „Gott" reden. Wo Glaube ist, da ist auch Unglaube. Wo Offenbarung ist, ist auch Bestreitung oder Verharmlosung der Offenbarung. Wo Christus ist, da alsbald auch die Mysterienreligion! So gibt es auch nicht jene überlegenen Kriterien, mit welchem der „rechte Glaube" ohne weiteres vom Irrglauben zu unterscheiden wäre, kein **Lehramt** der Kirche, das uns die diesbezüglichen Entscheidungen letztlich abnehmen könnte, keine menschliche Autorität, die uns nicht alsbald als allzu-menschliche und zweifelhafte Autorität erscheinen müsste. *„Irren ist menschlich"* (Jüngel), und so gibt es auch keine Theologie, die nicht früher oder später auch eines Irrtums oder falschen Zeugnisses zu überführen sein könnte.

Aber das heißt: es gibt auch nicht den „goldenen Mittelweg" der Interpretation, auf welchem den Irrtümern von rechts und von links nur immerzu auszuweichen wäre, keine Neutralität und Objektivität, die nicht selber dem Irrtum verfallen sein könnte. Unparteilichkeit und überparteilichkeit, ein ewiges Vermitteln, Zaudern und Zögern sind nicht die notwendigen Tugenden der christlichen Wahrheit. Theologie ist immer **Bekenntnisakt**, darum immer auch Theologie in der „Form" dieses oder jenes „Bekenntnisses". Sie darf sich nicht zu gut sein, katholische oder protestantische, lutherische oder reformierte Theologie zu heißen. Sie wird sich freilich fragen, ob es sich bei diesen Gegensätzen noch um echte und notwendige Gegensätze handelt, aber sie kann in keinem abstrakten Raume oberhalb aller Konfessionen evangelische Theologie sein (vgl. KD I/2, S. 919ff). Sie wird dabei keine grundsätzliche Überlegenheit gerade ihrer Position und ihres Bekenntnisses zu behaupten haben, sondern es tunlichst dem Worte Gottes überlassen, daß es als diese überlegene Instanz auf dem Plane sei und sich, in allen Gegensätzen, selber behaupte. Der Theologe hat zu orientieren und einsichtig zu machen, aber er hat nichts und niemandem zu dekretieren. Er wird daran denken, daß diese Wahrheit und Wirklichkeit nach ihrer Wahl noch anders und anderswo zur Sprache kommen könnte, und er wird selbstkritisch bedenken, daß er den Dialog doch gerade auch mit seinen Gegnern nicht einfach abbrechen kann. Das heißt aber: **auch und gerade in ihrer augenscheinlichen „Vieldeutigkeit" ist Barths Theologie in höchstem Maße bei der Sache,** sofern sie nämlich niemals zur Doktrin, zum heimlichen Lehramt, zur „katholischen" Dogmatik werden darf, die für Alle formuliert, was von Allen zu allen Zeiten geglaubt, so und nicht anders geglaubt werden muß. Barths Theologie will **Entscheidung** – auch „politische" Entscheidung! – aber sie will Entscheidung **ermöglichen** und nicht – per Dekret – verunmöglichen. Sie kann nur einladen, aber nicht zwingen, sofern doch gerade die theologischen Entscheidungen, so wahr sie fallen müssen und auch fallen, doch nur als „freie" Entscheidungen fallen **können.** Nur in dieser Freiheit des Evangeliums kann Barths Theologie – über alle bürgerlichen „Freiheiten" hinaus – sozialistische Theologie sein. In dieser Freiheit ist sie aber vom Nationalsozialismus von Grund auf verschieden und definitiv im Widerstreit gegen ihn begriffen.

1.3 Ort und „Zeitbedingtheit" der „Gottesfrage"

So fragen wir nach der Freiheit, so aber auch nach der Verbindlichkeit des christlichen Lebens. Wir sind zur Freiheit – aber eben: zu welcher Freiheit berufen? Wie steht es mit der politischen Verantwortung des Christenmenschen: sind wir, weil nur einem Herrn verantwortlich, darum etwa politisch unverantwortlich? So fragen wir nach dem „Sinn" des christlichen Daseins und der Geschichte der Menschheit. Aber diese Fragen sind nun keine „allgemein" zu stellenden und zu beantwortenden Fragen mehr – keine „philosophischen" Fragen. Ob „es" einen Gott gibt? Ob „das Leben", „die Geschichte" einen Sinn haben? Nein, wir fragen nicht mehr in ungebrochener Naivität. Wir beziehen uns auf etwas, was wir schon „gehört", auf das wir uns schon eingelassen haben. Wir fragen zu einer bestimmten Zeit und an und von einem bestimmten Ort. Diesen Ort definiert Barth als die „Kirche",

> „und das darum, weil hier der Mensch sich selber eingesehen weiß auf Grund eines Wortes, daß er sich nie und nimmer selber sagen kann, das er nur als zu sich selber gesagt vernehmen und verstehen kann, eines Wortes, das seinem Leben letzten Sinn und letzten Grund, letzte Größe gerade abspricht, indem es ihm das ganz Andere: Existenz, Vergebung, Hoffnung zuspricht. Dieses Wort ist das Wort Gottes. Man kann die Wirklichkeit dieses Grundes der Kirche in Abrede stellen. Oder man kann versuchen, diese Instanz, von der aus in der Kirche gedacht und geredet wird, philosophisch zu überbieten und einzuklammern. Man kann aber jedenfalls Theologie nicht anders als von hier aus begründen wollen" (Barth 1930, S. 375). Wir erinnern uns daran, daß Barth in CD. S. 297ff. die Taufe als den „Erkenntnisgrund" und insofern als die „Begründung" des christlichen Lebens angibt.

Aber nun mag es so sein, daß wir „in der Kirche" längst getauft worden sind, bevor wir mündig waren, daß wir Worte hörten, bevor wir sie verstanden, daß wir Schritte taten, ohne uns der Konsequenzen bewußt zu sein. Oder wir sind von ferne hinzugetreten, um den Worten der Verkündigung zu lauschen und dem Tun der Gemeinde zu folgen. Wir fragen uns, ob wir nun „drinnen" oder „draußen" stehen, ob wir hier erwünscht oder unerwünscht seien, ob wir hier mittun dürfen oder nicht. So können wir uns aber auch nicht der Frage enthalten, „inwiefern" hier die Kirche sei — ob wir es hier, in der Kirche befindlich, auch mit der Kirche Jesu Christi zu tun haben.

Wer gehört zur Kirche? Wer nicht? Der Weg ist hier besonders schmal, *„weil wir alle bei dem Wort ‚Kirche' mit einer Art Naturnotwendigkeit zunächst immer wieder an den römisch-katholischen oder an den modern-protestantischen Irrtum oder abwechselnd an den einen oder anderen oder an eine Kombination oder Synthese von beiden denken und weil die Methode, diesem Labyrinth zu entgehen, nur die Methode des Heiligen Geistes und des Glaubens sein kann"* (ThFuA, S. 169). Auch hier könnten wir nur vollständig mutlos werden, wenn wir nicht den **Mut** hätten, selber mitzureden und, im Gespräch mit den Brüdern und Schwestern, selber „Kirche" zu sein (KD I/1, Vorwort!).

So stellt sich uns im Zentrum all dieser Fragen noch einmal die „Gottesfrage". Denn darin unterscheidet sich die Kirche von allerlei religiösen und säkularen Vereinen, daß in ihr „von Gott", und zwar nicht allgemein „über Gott", sondern — auf Grund der Bibel — „von Gott her", von seiner Offenbarung, von seinem Wort geredet wird.

Aber eben: Unvermeidlich beschreiten auch wir hier zunächst immer wieder den Weg der „natürlichen Theologie". Wir möchten zuerst wissen, auf was wir uns hier einlassen, bevor wir uns darauf einlassen; wir fragen zuerst, „ob" überhaupt ein Gott sei, bevor wir fragen, „inwiefern" er für uns dasein will; wir fragen, ob „es" Gott „gibt", statt zu fragen, „was" Gott uns gibt. Und so möchten wir uns denn auch philosophisch und apologetisch abgesichert wissen, bevor wir uns und den anderen mit dem Wort „Gott" ins Haus fallen!

So wird man sich hier vielleicht gerade auf **D. Bonhoeffer** berufen wollen, daß es gelte, „ohne Gott in der Welt" zu leben und besonders auf Gott als den ewigen „Lückenbüsser" zu verzichten. Woher jene merkwürdige Scheu, das eigene bescheidene Licht anzuzünden? Man sehe zu, daß man nicht Bonhoeffer anrufe und im Grunde doch Schleiermacher meine, wo man gerade den allzu vielen „Schleiermachern" unter den Theologen einmal zurufen müßte, von Gott — um Gottes Willen — einmal zu schweigen! Das ist wahr: Wir haben nicht immer und zu jedermann von Gott zu reden. Wir haben nicht immer und überall die „Existenz" dieses Gottes zu „beweisen", die sich doch vielmehr auch in mutigen Taten zu erweisen hätte. Es kommt aber auch das „Wort" dieses Gottes nicht jeden Tag daher wie ein *„fahrender Platzregen"* (M. Luther), und auch die ganze Kirchengeschichte kennt jene Zeiten der Dürre und des theologischen *„Schleimfädenziehens"*, des Buchstabenklaubens und der unverhohlenen Langeweile, in der auch der eifrigste Lehrbetrieb zum verzweifelten Leerbetrieb werden kann. (B.-Th. II/S. 91-93ff!). So kennt aber auch die Bibel jene Zeiten, wo das Lied zum *„Geplärr"* wird (Amos 5,23) und wo das Wort Gottes rar war (8,11ff), wo kein Prophet aufstand und kein Messias kam, wo nur noch Hiob rechtet mit seinem Gott. Ja, *„ich sah all die Bedrückungen, die unter der Sonne geschehen, sah die Tränen der Unterdrückten fließen und niemand tröstete sie . . . "* (Pred. 4,1ff) und *„ich habe gesehen, wie Gottlose begraben wurden und zur Ruhe eingingen, während andere die recht getan, fort mußten vom heiligen Ort und vergessen wurden in der Stadt* (8,10) − und dann heißt es sogar: *„Geh, iß mit Freuden dein Brot und trink deinen Wein mit fröhlichem Herzen . . . und genieße des Lebens mit deinem geliebten Weibe!"* (9,7ff). *„Es hat alles seine Zeit".*

Die „Gottesfrage" hat durchaus ihre eigene Struktur, ihren bestimmten Ort und ihre eigene Zeit. Sie ist nicht „allgemein zugänglich". Sie ist nicht „Jedermanns Ding" (Luther).

2. Der Abschied vom Holzweg des „abendländischen Christentums": Gott, der wirklich „für uns", aber auch wirklich „für alle" da-sein will.

2.1 Der Rückgriff auf Luther, Zwingli und Calvin

Wir erinnern uns an Luthers Frage nach dem „gnädigen Gott". Im Schatten des „verborgenen", des zürnenden und strafenden, des schweigenden oder doch unendlich „fernen" Gottes (der doch nur immer wieder der Gegenstand unserer Projektionen und „Vater"-Projektionen ist) fragt Luther nach dem sich-offenbarenden: herabsteigenden und sich-erbarmenden Gott. In der Tat: anders als in seiner Offenbarung ist Gott nicht zu erkennen. Der Gott der Metaphysik und Scholastik **kann** sich nicht erbarmen, der Gott der „Religion" entzieht sich nur − und „straft" uns nur mit unserer Abgötterei. Der Gott des Evangeliums aber ist nicht Gott in der Weise der „anderen Götter", er richtet auf, die da zerschlagen sind, er befreit und versöhnt. An uns und „für uns" muß darum wahr und wirklich werden, was sonst in der Tat nur eine „speculatio divinae Majestatis" wäre. Haben wir Gott anders als in dieser seiner Herablassung bejaht, dann haben wir etwas anderes − einen „anderen Gott" bejaht.

Wie aber kann Gottes Herablassung anders zu verstehen sein denn als seine „freie", ungeschuldete Herablassung? *„Gott ist frei"* (R II, S. 372). Er ist auch frei, zu erwählen und zu verwerfen, uns gnädig oder ungnädig zu sein − nach seiner Weisheit und Gerechtigkeit, nach seiner „freien Wahl". Er ist aber − und das ist die „gute Nachricht" des Evangeliums − in jedem Fall und unter allen Umständen, er ist gegen alle Einwände und Widerstände frei, herabzukommen, sich unser anzunehmen, ein Mensch unter Menschen, unser Mit-Mensch zu sein. Er wäre nicht frei, wenn er gerade nach

dieser Seite hin einem Zwang unterworfen wäre — er wäre nicht der Gott
des Evangeliums, wenn er diese seine ureigene Möglichkeit nicht auch „gewählt" und ergriffen hätte, um eben darin „unser Gott", ein Gott „für
uns" zu sein.
Auf die Frage, inwiefern das Evangelium nun wirklich „gute Nachricht"
und nicht vielmehr eine Hiobsbotschaft sei, antwortet Barth — mit Calvin — nicht primär mit der Lehre von der „Rechtfertigung", sondern von
der „Erwählung". Freilich kann auch Luther in seiner Gnadenlehre den
„Erwählungsgedanken" nicht vermeiden, auch er kann das „pro nobis"
und „pro me" des Glaubens nicht aussagen und bekräftigen ohne das, was
„extra nos": ohne unser Zutun, vor uns und über uns geschah. Aber:

> *„Nicht sowohl darauf legt das reformierte Bekenntnis den Nachdruck,
> daß der Mensch statt durch Werke durch den Glauben gerechtfertigt
> werde, als darauf, daß es Gott sei und nicht der Mensch, der diese
> Rechtfertigung vollziehe"* (WG, S. 200).

Es ist gerade die gefährliche Einseitigkeit, in welcher bei Luther *„vom
Glauben und nur vom Glauben"* die Rede war, die Barth veranlaßt, in dieser Sache „anders" zu lehren, nämlich entscheidend *„von Gott und nur
von Gott"* zu reden (WG, S. 207). Denn damit wird dem Mißverständnis
gewehrt, als ob das Heil nun doch von dem verdienstlichen Werk eines
„Glaubens" abhängig gemacht werde, der *„wie im Luthertum den Charakter einer zwischen Gott und dem Menschen die Mitte haltenden Hypostase"*
hätte (Eb.). Nicht, daß Barth nun ein *„anderes Evangelium"* (Gal., 1,8)
hätte lehren wollen, wohl aber, daß er „dasselbe noch einmal ganz anders",
in neuer Betonung und Radikalität sagen wollte. Es handelt sich um eine
neue Betonung gerade des Reformatorischen in Luthers Gnadenlehre und
Theologie.
Diese Wendung verbindet Barth aber mit einer ganzen Reihe von Motiven,
die sich um dieses „Initium" seiner Theologie gruppieren, die wir hier, vor-
greifend, kurz andeuten müssen. — Denn jetzt entfallen *„die mühseligen
Überlegungen der Augustana, ob und inwiefern Glaube und gute Werke
sich nicht aus-, sondern einschließen"* (WG, S. 207). Im Glauben wie in
den Werken der Gerechtigkeit kann der Mensch Gott für das Geschenk seiner Befreiungstat nur *„danken"*. Damit wird aber der Weg frei zur Besinnung über das Leben und den Gehorsam der Christen in der Gesellschaft.

> *„Gott redet, nicht nur im Evangelium, sondern auch im Gesetz, nicht
> nur im Neuen, sondern vollgenugsam auch im Alten Testament, nicht
> nur von Sündenvergebung und ewigem Leben . . . , sondern auch, und
> mit gleichem Ernst, von der Ordnung unseres zeitlichen Daseins"*
> (WG, S. 194).

So kommt es zur Neubestimmung des Verhältnisses von *„Evangelium und
Gesetz"* (Barth 1935).

– Nicht die persönliche Heilsvergewisserung des bürgerlichen Individuums, sondern Gottes erwählendes Handeln in der **Bundes- und Befreiungsgeschichte Israels und der Völker** wird nun zum Auslegungsprinzip der heiligen Schrift des Alten und Neuen Testamentes. Damit wird der Weg frei zur Kritik der nationalstaatlichen Ideologie des zeitgenössischen Luthertums wie auch des Calvinismus als kapitalistisch-bürgerlicher Fortschrittsideologie und asketischer „Berufsmoral" (vgl. M. Weber).

– Aber mehr noch verwirft Barth jetzt jeden möglichen „Anknüpfungspunkt", der die Erkenntnis der „freien Gnade" von einer vorangehenden „Sündenerkenntnis", natürlichen Theologie, christlichen Erziehung, Religion, Gesetzlichkeit oder Moral abhängig machte. Damit wird der Weg frei auch zur konstruktiven Auseinandersetzung mit dem Säkularismus und Atheismus in der „neuzeitlichen Welt des Christentums" (Rendtorff), mit dem Marxismus und den nicht-christlichen Religionen.

– Damit sprengt Barth aber das ganze (topologische) Schema der alt- und neuprotestantischen Dogmatik, in welchem die „Christologie" zu einer Funktion der „Soteriologie" – zu einem „Intermezzo" nur zwischen „Sünde" und „Gnade" wurde. Nein, die Christusoffenbarung ist nicht nur ein nachträglicher Eingriff Gottes in den bösen Verlauf der Schöpfung und nicht nur ein Mittel des persönlichen Heils. In Christus ist uns offenbar, was Gott „von Anfang an" mit der Menschheit „gewollt" und „beabsichtigt" hat, was der „Sinn" schon der ganzen „Schöpfung" wie des „Bundes" und der „Versöhnung" und des kommenden „Reiches Gottes" ist. Arme Kirche, die nur in der „Rechtfertigung der Sünder" ihren Daseinsgrund erblickte, deren Predigt sich in einem einzigen Glaubensartikel erschöpfte! Nicht dieser Artikel, sondern **Jesus Christus selber** steht im Zentrum der Offenbarung.

– Weil aber Jesus Christus im Zentrum der Offenbarung steht, weil er das erste und letzte Wort Gottes ist, weil Gott in ihm seine „Wahl" getroffen hat, deswegen wird der kühne „Rückschluß" für Barth unvermeidlich: Gott hat sich hier mit seiner ganzen Divinität für die Menschen und die Menschheit eingesetzt, er will diese Geschichte zum guten Ende führen. Daß er es will, ist unverdiente Gnade – aber Gott erwählt nicht, um zu verwerfen, er verwirft, um zu erwählen, „*er will, daß allen Menschen geholfen werde und sie alle zur Erkenntnis der Wahrheit kommen*" (1. Tim. 2,4). Das ist der „gefährliche" Gedanke der Barthschen Erwählungslehre – Gott führt nichts Böses gegen uns im Schilde! Aber das ist es eben, was „Evangelium" heißt! Das mag ungewohnt und sogar anstößig sein in einer Tradition, in der sich das „Christentum" mit Unterdrückung und Klassenherrschaft, Inquisition und Krieg verbunden hat, aber damit entzieht Barth allen abgründigen Spekulationen allen Boden, daß dies auch Gottes „Wille" sei. Wenn Jesus Christus die Offenbarung des göttlichen Willens ist, dann können, dann „dürfen" wir nicht mit einer verborgenen Willkür des „absoluten Gottes" und seiner „Ratschlüsse" rechnen und mit einem Urgrund seines Wesens, der dieser Offenbarung widerspricht. Und mögen wir Gottes „Weltregierung" auch nur teilweise verstehen:

„nur ja nicht die Ohren hängen lassen! Nie! Denn es wird regiert, nicht nur in Moskau oder Washington oder Peking, sondern es wird regiert, und zwar hier auf Erden, aber ganz von oben, vom Himmel her. Gott sitzt im Regiment! Darum fürchte ich mich nicht" (Kupisch 1971, S. 174).

In diesen „letzten" Sätzen, die doch auch schon am Anfang seiner Römerbriefauslegung stehen, ist Barth freilich über Luther und Calvin weit hinausgegangen, hat er die kühnsten Intentionen des zwinglianischen (!) Universalismus aufgegriffen — und fast der ganzen theologischen Tradition des „christlichen Abendlandes" den Abschied gegeben! Wir werden aber nicht sagen dürfen, daß er damit die „Grundlagen" der Reformation verlassen habe. Nein, indem er die Kirche endlich wieder auf ihren ureigenen und eigentlichen Existenzgrund verwies, hat er der Theologie, nachdem sie lange fremd gegangen und fremdbestimmt gewesen, wieder ihr eigentliches Thema — sola scriptura, sola gratia, solus Christus — zurückgegeben und von neuem gestellt.

2.2 Die Begründung und Absicht der „Denkform" der „Kirchlichen Dogmatik"

Wir fragen nun, inwiefern diese Voraussetzung der Barthschen Theologie nun auch wirklich begründet und nicht nur erdacht und leeres Postulat sei. Barth räumt freilich sofort ein, daß seine dogmatische Konzeption formallogisch auf einer *„regelrechten petitio principii"* beruhe, die also — populär ausgedrückt — in ihren Gegenstand „hineingeheimnissen" muß, was sie alsbald zu aller Überraschung aus ihm hervorzieht (vgl. CD S. 106-110). „Muß" sie? Es gibt nun freilich keine allgemeine Notwendigkeit, aus der gerade diese Voraussetzung des ursprünglich aus sich selbst heraus handelnden und „erwählenden" Gottes zu induzieren und dann auch zu deduzieren wäre, keine Notwendigkeit, diesen Sprung ins Ungewiße zu wagen, die auch den Philosophen überzeugen und nicht gerade bei ihm auf den erbittersten Widerstand stoßen würde.

> *„Daß ein Gott sei, beweist der biblische Theologe daraus, daß er in der Schrift geredet hat"*, ist der trockene Kommentar I. Kants zu diesem Verfahren, mit dem er sogleich auch die **Trennung** der philosophischen und der theologischen Fakultät forderte! (Prot. Theol. S. 259).

Das ist der Grund, warum Barth seine „Christliche Dogmatik" mit ihrem immer noch induktiven Aufbau nachträglich als *„Fehlstart"* bezeichnete (Busch S. 210).

> Es handelt sich aber, wie Barth schon in der Christlichen Dogmatik ausführt, nicht um *„eine"*, sondern um *„die"* petitio principii, die nur der verweigern könnte, der entweder auf noch anderen Wegen als von

der Offenbarung her von „Gott" wissen möchte oder aber Gottes Gottheit überhaupt in Abrede stellen wollte. Hier kommt Franz Overbeck zu seinem Recht, der meinte, daß „*anders als durch Verwegenheit ... Theologie nicht wieder zu gründen*" ist (CD S. 110). In der Radikalisierung dieses Prinzips kommt Barth zur verblüffenden, aber für seine Theologie insgesamt charakteristischen Aufstellung, daß Gottes Existenz gewisser sei als die dem Menschen je gegebene Gewißheit seiner eigenen Existenz. „*Ist Selbstgewißheit wirklich das Erste, auch wenn es um Gott geht, und Gottesgewißheit nur als ihr Derivat, nur als in ihr nachweisbar und begründet zu verstehen?*" (CD S. 108). So ist es im Existenzialismus. Aber an „meiner" Existenz kann ich zweifeln und „meines" Selbstbewußtseins mehr oder minder verlustig gehen. Und gewiß: an der Existenz Gottes, wenn sie nur als irgendein „Prinzip", als irgendeine Welturzache oder „prima causa" gedacht ist, kann ich ebensowohl zweifeln und sie gänzlich in Abrede stellen. Nur an der Existenz Gottes in seiner Offenbarung kann ich nicht zweifeln, wenn sie mir als diese Offenbarung begegnet. Denn jetzt kommt die Erkenntnis wie ein Sturzbach herab: „*der hörende Mensch ist im Begriff des Wortes Gottes ebenso eingeschlossen wie der redende Gott*" (CD S. 111).

Das Wort Gottes definiert — so wahr es sich hier um Jesus Christus handelt — die Wirklichkeit Gottes wie die des Menschen, als Rede und Anrede, wie als befreiende und schöpferische Tat. Erst jetzt werden die Brücken nach rückwärts abgebrochen und die Türen zum Existenzialismus zugeschlagen. Barth wendet sich in „*Fides quaerens intellectum*" (Barth 1931) dem Gottesbeweis des Anselm zu und findet dadurch zur „Denkform" und „**Darstellungsform**" der Kirchlichen Dogmatik. Diese Denkform ist freilich nicht selber Glaubensgegenstand. Man kann sie „*lernen*" (KD I/2, S. 917). Sie kann ihren Gegenstand nicht erzeugen, aber sie „zeugt" von ihm, bezeugt Gottes eigene Tat. „*Der Inhalt der Dogmatik kann also kein anderer sein als eine Erklärung des im Worte Gottes sich ereignenden Werkes und Handelns Gottes*" (KD I/2, S. 957). Wir fragen zurück: Hat Barth dies in seiner CD noch nicht gewußt? Faktisch hat Barth den „Absprung" seiner Dogmatik nicht ohne diese „Startrampe" geschafft — aber faktisch hat er schon dort sehr viel mehr gewußt als seine nachträgliche Abfertigung dieses Buches vermuten läßt. Barth verrät in CD etwas über seine **Arbeitsweise**, mehr als in der strengen Darstellungsweise der KD. Vielleicht dürfte man sogar sagen: Barth mußte seinen Gegenstand erst im Denken erzeugen, bevor er ihn in seiner Wirklichkeit bezeugen konnte! Der Fortschritt ist freilich unverkennbar: Barth konnte jetzt, nach erfolgtem Durchbruch, „*alles viel klarer, unzweideutiger, einfacher und bekenntnismäßiger sagen*" als vorher, wo er „*— weniger durch die kirchliche Tradition als durch die Eierschalen einer philosophischen Systematik — mindestens teilweise gehemmt war*" (Busch, S. 223).

Hier ist aber sofort auch zu fragen, warum Barth sich der „dogmatischen Arbeit" bequemte, in welcher Absicht er sich gerade dieser Denkform unterzog.

Hier spielt sicher eine Rolle, daß Barth seine Theologie im Haus der **Wissenschaften** betrieb, in welchem über Gegenstand und Methode jeder Disziplin „selbständig" Rechenschaft gegeben werden muß. Aber die „reine Form", in welcher Barth seinen Gegenstand denkt, ist weder. die philosophisch reine Form, noch auch die Form der allgemeinen Wissenschaftstheorie. Es kommt Barth wohl auch auf die Selbständigkeit der theologischen Erkenntnis an, die nicht dauernd auf geliehenen Krücken gehen kann! Aber damit ist zweifellos auch ein **gesellschaftliches** Motiv und Interesse verbunden: die „Lehre" und „Verkündigung" der Kirche darf nicht von den herrschenden Interessen, Motiven, Gesichtspunkten bestimmt oder abhängig sein, sie kann sich nicht immer schon fragen und gefragt sein lassen *„nach ihrer Übereinstimmung mit den Erfordernissen dieser oder jener wissenschaftlichen oder ästhetischen Zeitbildung. Sie kann sich nicht fragen lassen, ob sie denn auch zur Erhaltung oder vielleicht auch zum Umsturz dieser oder jener Form der Gesellschaft oder Wirtschaft das Nötige beitrage. Eine Verkündigung, die nach diesen oder ähnlichen Seiten Verantwortung übernimmt, bedeutet Verrat an der Kirche und an Christus selbst. Ihr geschieht nur ihr Recht, wenn ihr früher oder später durch irgendeine feine oder brutale Gottlosigkeit der Mund gestopft wird. Viel besser gar keine als solche Verkündigung"* (KD I/1, S. 73) Dies – 1932!

Dies könnte man nur mißverstehen, wenn man der Meinung wäre, daß die Theologie also nur „reine religiöse Angelegenheiten" im Unterschied zu Gesellschaft, Wirtschaft, Politik zu behandeln hätte. Aber um der (akuten) **Fremdbestimmung** von Theologie und Kirche zu wehren, will Barth auf der **einen** Verantwortlichkeit der Theologie insistieren, in welcher allein die Kirche auch zum selbstbestimmten gesellschaftlichen Subjekt werden kann. Nicht die sog. „persönlichen" liberalen oder illiberalen „Ansichten" des Predigers und Theologen sind hier gefragt, sondern das, was – auf Grund der Offenbarung – in der **Kirche** geglaubt und bekannt werden darf. Auch der „sozialistische" Theologe – und gerade er! – darf sich hier nicht in ein fatales Abseits zurückziehen, wo er sich doch jetzt gerade nicht dogmatisch verkrampfen, sondern **entkrampfen** sollte, wo er – im Zutrauen auf die Macht des Wortes Gottes – gerade in ein **freies**, nach allen Seiten **offenes Gespräch** unter Schwestern und Brüdern eintreten sollte. Suaviter in modo, aber fortiter in re! Was sollte er aber von seinen (wie auch immer geliebten) Mitchristen zu fürchten haben, außer daß er selber nicht als bei der Sache (oder beim Text!) befindlich ertappt werde? Was sollte er von den ewig Skeptischen zu fürchten haben, als daß er selber nicht ernst nähme, was er ihnen und anderen zu „glauben" empfiehlt? Und was sollte er von all den anderen Wissenschaften zu fürchten haben, als daß er — vor lauter Sorge um das „Image" und die „Methode" seiner Wissenschaft — nun ausgerechnet den **Gegenstand** vergässe, von dem er sollte Rechenschaft geben? (Vgl. CD, S. 117). Er hat ja nicht etwa apologetisch zu bestreiten, daß auch Ökonomie und Psychologie, Geistes- oder Naturwissenschaften nach Gegenstand und Methode nicht minder ernstzunehmende Wissenschaften seien!

Er wird auch sie respektieren, auch von ihnen lernen, ihnen nicht „Konkurrenz" machen wollen. Aber was wäre, wenn diese anderen Wissenschaften gerade dort ihren „blinden Fleck" hätten (und also gerade dort „betriebsblind" wären), wo es um die eigentliche und dringlichste Verantwortlichkeit aller Wissenschaften zu tun ist: nicht beim „Warum?" aller Dinge nach dem Maße eines anonymen Naturgesetzes, sondern beim „Wozu?" aller Dinge nach dem Maße ihrer Schöpfungsbestimmung; nicht in der sog. „Erklärung" ihres Seins im Kausalnexus der unübersichtlich vielen „Ursachen" und „Wirkungen", sondern in der Erkenntnis der **einen** „Ursache", die auch ihre Daseins- und Funktionsbestimmung in der Geschichte des Bundes Gottes mit den Menschen ist? Das mag man eine wahrlich „metaphysische" Frage nennen, die die Kompetenz der vielen Einzelwissenschaften wie der „Expertenwelt" übersteigt. Aber eben: Verhängnisvoll wäre es, wenn wir uns hier deswegen zurückziehen und wenn auch wir hier „passen" müßten, weil auch wir dieser alles entscheidenden Voraussetzung ungewiß bleiben müßten, weil Gott auch uns nur ein spekulatives Grenzphänomen der „Metaphysik" wäre, weil er auch uns nur in Gestalt einer fremden Macht des Schicksals und des Grauens begegnete! Gott „will" aber von uns erkannt sein, das will uns die Erwählungslehre besagen. Er „will" sich uns zu erkennen geben — im großen Unterschied zum „Gott der Philosophen" (vgl. 1. Kor. 1,25ff). Wir können doch gar nicht ins Leere greifen, wenn wir ernstlich nach Gott fragen. Und so dürfen und „müssen" wir es wagen, selbst in jene Höhenspähren aufzusteigen, in die sich sonst in der Tat nur das spekulative, philosophische oder metaphysische Denken wagt — wo sonst ganz andere „Mächte und Gewalten" das Feld beherrschen möchten.

Wir können einen solchen Exkurs und Diskurs freilich nur wagen, indem wir von vorneherein erklären, auch „da oben" nach nichts anderem zu suchen, als was uns „da unten" schon gesucht und gefunden hat. Wir **bleiben** bei unserem Leisten. Wir **ertragen** das leise Lächeln der anderen Fakultäten. Wir gehen nicht von den vielen ungewißen Daten, sondern von dem einen **uns** gewißen „Datum" aus. Wir fragen nicht nach dem „Gott der Philosophen". Denn gerade in jenen kunstreichen „Synthesen" von „Natur und Gnade" lauert jene Gefahr der (abendländischen) Metaphysik, der dann — das hat Heidegger durchaus recht gesehen — der Nihilismus, Skeptizismus, Agnostizismus und Existenzialismus wie ein böser Schatten zu folgen pflegt. Denn damit werden wir das „Welträtsel" bestimmt nicht lösen, daß

wir „Gott" mit irgendeinem Urgrund oder Abgrund des „Seins" identifizieren, ihn mit irgendeiner (vielleicht liebenswürdig harmlosen, vielleicht
bedrohlichen) Nichtigkeit verwechseln, sein „Sein" nicht in der Offenbarung, sondern in der „analogia entis" dieser oder jener heidnischen „Ontologie" zu erkennen suchen. „Weltbilder" kommen bekanntlich wie sie
gehen. Aber eben: ob auch wir den bekannten Gefahren hier entgehen werden (ohne zu flüchten) oder standhalten (um doch zu entrinnen)? Wer hier
zu stehen meint, sehe zu, daß er nicht falle. Es kann uns ein kräftiger Irrtum nicht erspart bleiben, wenn wir erkennen sollen, daß nicht wir es sind,
die in dieser Sache recht behalten, sondern Gott, der recht gegen uns behält. Wir müssen vielleicht kräftigst vor den Kopf gestoßen werden (und
gegen „verschlossene Türen" angerannt sein), bis wir beginnen, vom Kopf
auf die Füße — und auf Grund zu treten. Sollte uns Barths Dogmatik diesen „Anstoß" geben, dürfte sie wohl mit Recht die „Denkform" ihres Inhaltes heißen!

2.3 Nutzen und Grenzen neuer und alter Ontologien im Angesicht des Atheismus (Jüngel, Wagner, Anselm, Gollwitzer)

E. Jüngel räumt ein, daß wir, so wahr auch die Offenbarung „Geschichte" ist, nur *„geschichtlich"*, und das heißt: *„anthropomorph"*
von Gott reden können (Jüngel 1965, S. 108). Unvermeidlich mythologisch klingt es, wenn wir von Gott als dem „Schöpfer des Himmels
und der Erde" reden — als ob wir mit den antiken oder modern naturwissenschaftlichen Kosmologien in Konkurrenz treten wollten.
Menschlich, allzu menschlich ist es, von Gott als dem „Vater" aller
Dinge, oder: vom „Vater Jesu Christi" zu reden etc. Können wir und
dürfen wir davon reden, daß Gott „Wirklichkeit" hat, daß er *„an und
für sich existiert?"* [1] Oder müssen wir daran festhalten, daß solche
und andere Sätze nur in Beziehung auf uns Wahrheit haben und gesagt
werden können?

In der Auseinandersetzung mit H. Gollwitzer scheint sich E. Jüngel an
beidem zu stoßen, aber doch letzterem den Vorzug geben zu wollen.
Es wäre eine unerträgliche „analogia entis", Gott eine Wirklichkeit in
Analogie zur vorfindlichen Wirklichkeit, ein „Sein" in Analogie zum
allgemein „Seienden" zuzuschreiben. Gottes „Sein" kann — hier greift
Heideggers Denken der *„ontologischen Differenz"* mit ein (S. 118) —
nur im Unterschied zum „Seienden" und Vorfindlichen ausgesagt werden. Nur so kann Jüngels Programm verständlich werden, „Gottes

---

1) So bei H. Gottwitzer in seinem Buch „Die Existenz Gottes im Bekenntnis des
   Glaubens" 1964, 4. Aufl., auf das sich E. Jüngel S. 103ff bezieht. „Es darf auch
   der Satz nicht vermieden und gescheut werden: Gott ist an und für sich" (Gollw.
   S. 175)!

Sein" nun auch mit Hilfe der Barth'schen Lehre von den drei „Seins-
weisen" Gottes in seiner Offenbarung – „ontologisch zu lokalisieren"
(Jüngel 1965, Vorw.). Gott „ist", der er ist, eben in der Weise, in der
er sich offenbart, d.h. in „Beziehung" zu uns tritt. Er hat ein „Sein",
aber nicht „an und für sich", sondern in dem was er tut, indem er sich
„in Beziehung setzt", indem er „wird", was er ist. „Gottes Sein ist im
Werden", dies im Sinne einer Ortsangabe, ja des „Sitzes im Leben" der
Rede von Gott. Es handelt sich um einen hermeneutisch-ontologi-
schen „Zirkel", der es erlauben soll, Gottes Sein zu „denken". Es geht
dabei um die Analyse des unscheinbaren Wörtleins „ist" im Satz:
„Gott ist . . .", [2] Aber eben: „Eine bewußt oder unbewußt natürliche Theologie wird nicht dadurch schon evangelisch, daß sie die Relation zur Grundkategorie ihrer Aussagen macht" (S. 115). Die Flucht
zu scheinbar neutralen Kategorien wie „Sein", „Seinsweise", „Form",
„Beziehung" oder „Struktur" hindert nicht, daß diese Aussagen genauso anthropomorph, philosophisch oder mythologisch sind, wie die
schlichte Anrufung Gottes als des „Vaters" aller Dinge! „Auch als
‚reine Beziehung' ist die Relation theologisch noch nicht hinreichend
gedacht, solange diese ihre Reinheit nicht theologisch gedacht ist"
(eb.). Hier haben wir den Rechtsstandpunkt der „theologischen Theologie" klar vor uns. „Evangelische Theologie kann die Reinheit der Be-
ziehung nicht ohne einen Beziehungsursprung denken, der als Ursprung der Beziehung ist, indem er sich in Beziehung setzt" (eb.). Damit ist Gottes Sein „ontologisch" als ein „Sein in der Beziehung" um-
schrieben, ja: „Solches Sich-in-Beziehung-Setzen ist, theologisch verstanden, reine Beziehung. Und im Sinne solchen Sich-in-Beziehung-
Setzens ist Gottes Sein wesentlich relational, ist Gottes Sein ‚reine Be-
ziehung' " (S. 116).

Wir könnten verstehen: es geht hier um die Bereinigung jener Sachverhalte, die Gollwitzer mit seiner etwas brutalen Behauptung von der
Existenz Gottes „an und für sich" im Unklaren gelassen haben könnte.
Gott existiert in Beziehung auf uns Menschen, aber so, daß er als der
„Ursprung" dieser Beziehung gedacht werden muß, so also, daß er aus
sich selber heraus der ist, der er ist, sodaß es sein spontaner Wille und
die Betätigung seines „Wesens" ist, sich zu uns in Beziehung zu setzen.
„Reine Beziehung heißt also: Beziehung als Werden ihrer selbst, aber
nicht aus sich selbst. Woraus dann? Gottes Selbstbezogenheit gründet
im ‚Ja' Gottes zu sich selbst. In diesem ‚Ja' Gottes zu sich selbst setzt
Gott sich (trinitarisch, PW) zu sich selbst in Beziehung, um so der zu
sein, der er ist. In diesem Sinne ist Gottes Sein im Werden. ‚Reine Be-

Es darf dabei nicht außer Acht bleiben, daß es Jüngel darum geht, Gottes Offenbarung als „anthropologisches Existenzial" zu „denken"! (69ff) – Im folgenden
zitiere und paraphrasiere ich einen kurzen Absatz von S. 115-117.

*ziehung' kann also nur das Prädikat, niemals aber das Subjekt eines
auf Gott bezogenen Satzes sein. Aber dieses Prädikat kann eines analytischen und eines synthetischen Satzes Prädikat sein. Im Blick auf
die trinitarische Selbstbezogenheit Gottes wird dieses Prädikat als das
eines analytischen Satzes zu verstehen sein. Im Blick auf Gottes Offenbarung wird dieses Prädikat als das eines synthetischen Satzes zu verstehen sein. Der synthetische Satz entspricht allerdings dem analytischen Satz"* (aaO., S. 116f).

Hier — im ursprünglichen „Ja" Gottes zu sich selbst — will Jüngel die
Erwählungslehre in seinen Gedanken einholen. Es gibt keine „Fremdbestimmung" in Gott, er ist das, was er für die Menschen sein will,
auch ursprünglich in sich selbst — er ist es in der Einheit seines Wesens
mit seinem Tun. Und gerade so ist er „wirklicher" als alles, was auf
Erden Wirklichkeit zu haben scheint — existiert er als redende und
handelnde „Person". Und doch: meint Jüngel nun wirklich das, was er
sagt: daß Gott in seinen Worten und Werken — in reiner „Selbstbezogenheit" — „reine Beziehung" sei, sonst nichts? Sind wir hier noch mit
der Logik dieser Sache, oder vielleicht doch nur mit der Sache der Logik befaßt? Sind wir, wenn wir Gottes Sein in Reinheit „gedacht" haben, noch immer beim wirklichen, d.h. handelnden Gott — oder nicht
vielmehr bei einem (vielleicht höchst narzistischen) „Gedankengott"?
Das sind nur einige Fragen. Aber merkwürdig mutete es an, wenn wir
uns zuerst — „analytisch" — über die innere Existenz- und Denkmög-
lichkeit Gottes verständigen müßten, um uns von da aus erst — und
wohl mit der nötigen Verwunderung — nach seiner Offenbarung zu
erkundigen.

Faktisch kennen wir Gott doch nur aus seiner Offenbarung, faktisch
ist Gott in Jesus Christus ein Wirkliches unter und neben vielen anderen konkurrierenden Wirklichkeiten, steht sein menschliches „Sein"
in törichtem Widerspruch zu allem, was wir uns sinnvollerweise unter
einem reinen „Sein" oder einer absoluten Subjektivität Gottes „denken" könnten. Und auch nur die Analyse der geschehenen Offenbarung kann uns — auf Grund der Schrift — das Urteil „a posteriori" erlauben, daß dieses Geschehen auch in Gott keine Unmöglichkeit, sondern eine Möglichkeit ist, wie sie eben auch nur bei diesem Gott möglich und Wirklichkeit ist [3].

---

3) Wenn ich recht sehe, versucht Jüngel die „ontologische Priorität der Möglichkeit
　　vor der Wirklichkeit", die er gegen Barth behauptet (Unterwegs zur Sache 1972,
　　S. 206ff) auch in Barths Gotteslehre nachzuweisen. Und natürlich gibt es ein
　　„Werden" auch im Sein Gottes! Ich sehe aber nicht, wie man dem lieben Gott
　　hinsichtlich der von ihm selbst gewählten und real gesetzten ontologischen
　　Prioritäten und Lokalitäten philosophische Vorschriften machen sollte oder
　　könnte. Und gerade das Herzstück der Barthschen Erwählungslehre — Römer

Anders könnte nun doch **F. Wagner** recht bekommen, wenn er Barth eine idealistische Gedankenkonstruktion vorwirft, in welcher sein Gott als Gott gar nicht wirklich — Mensch werden kann! Es habe Barth daran gelegen, im Interesse des neuzeitlichen Autonomiebewußtseins die *„unbedingte Selbstbestimmung Gottes allen Widerständen zum Trotz"* zu behaupten und dogmatisch durchzusetzen (Wagner 1975, S. 11). Dies könne aber nur geschehen, wenn die *„absolute Subjektivität Gottes"* auch in seiner Offenbarung keine Einschränkung erfährt, wenn Gott auch in seiner Erniedrigung am Kreuz *„nicht aufhört . . . , Gott zu sein".* In der Tat! Aber nun habe Barth dieses Problem so „gelöst", daß sich Gott in Jesus Christus gar nicht wirklich auf ein „Anderes", von ihm Verschiedenes, sondern faktisch doch nur — auf sich selber beziehe! Das Menschsein, das sich Gott hier erwählt habe, sei ein *„schwaches Anderes",* so daß das *„starke Andere"* der von Gott verschiedenen menschlichen Wirklichkeit von Gott unerreicht bleibt. Fazit: *„Die Christologie ist so die Kopie der Theo-Logie im Medium des Unterschiedes, der keiner ist"* (S. 18). Gottes Sein bleibt so durch das immer noch bestehende „starke Andere" negativ begrenzt. Anders gesagt: Barth betreibt *„theologische Gleichschaltung",* die dann ja auch im Politischen nicht unbedenklich sein dürfte. — Was soll man nun dazu sagen? Der Verdacht drängt sich auf, daß diese Auslegungsart der Barthschen Theologie geradezu unvermeidlich ist, wo man den Barthschen Gottesbegriff, ungebrochen durch die Schriftauslegung, im Medium der reinen Vernunft bzw. einer reinen Korrelation von Theologie und (allgemeiner) Anthropologie interpretiert — um ihn alsbald, mit großem Scharfsinn, einer letzten Un-Logik zu überführen. Und nur allzu deutlich verrät uns Wagner, daß er, in den Spuren Hegels, Fichtes, Gogartens wandelnd, seinerseits auf jene Ineinssetzung von göttlicher und menschlicher „Subjektivität" spekuliert, in welcher Gott noch ganz anders zum „Gefangenen der Logik" [4] werden müßte. Aber eben: Warum ist es immer wieder so interessant — und warum doch immer wieder so fruchtlos und ergebnislos, Barths „Dogmatik" auf diesen oder jenen „Standpunkt", auf dieses oder jenes System- oder „Konstruktionsprinzip" festzulegen? Wir leugnen nicht, daß solche Prinzipien bei Barth durchaus ihre Rolle spielen, daß Barth in seiner Dogmatik durchaus auch als „Konstrukteur" zu Werk gegangen ist. Mag man sich denn fragen, ob Barth sich mit bestimmten „Prinzipien" nicht auch dann und wann unnötige Steine in den Weg gelegt hat! Wir leugnen nicht den „Idealismus" in der Barthschen Konstruktion, nur dies, daß es Barth in erster Linie um

---

9-11 — bleibt bei Jüngel nun doch ausgeblendet. Kurz: Wer den „Tellensprung" von Heidegger zu Barth bzw. zur Bibel wagen will (wie man ihn denn auch wagen sollte!) sollte ihn nicht nur in Gedanken, sondern wirklich machen.

4) Vgl. Barths Hegel-Kritik, Prot. Theol., S. 349.

ein solches System und seine Prinzipien gegangen sei. Der neokantianische „Ursprung", das kritische „Paradox", die berühmte „Diastase", der „unendlich qualitative Unterschied", das calvinistische „finitum non capax infiniti", das „ganz Andere" des R. Otto, das „Zu-den-Sachen-selber" der Phänomenologie Husserls, die Dialektik Hegels oder auch die „Ontologie" des Anselm von Canterbury — um all das ist es gegangen und geht es bei Barth, aber eben, sofern es doch immer auch noch um ein weiteres: um eine **Bibel**, um eine **Geschichte Israels** und der **Kirche**, um eine **Taufe** mit Wasser und mit „heiligem Geist" gegangen ist. Um den Menschen Jesus, das heißt: um einen Menschen, dessen **jüdisches** „**Sein**" aus keiner Ontologie abzuleiten und in keiner Theorie des „an sich selbst erfaßten Selbstbewußtseins" (Wagner) aufzuheben ist. Hier ist „Erwählung", die jedes philosophische Bewußtsein schockiert, hier ist eine — partikulare — „ontische Necessität", die jeder — universalen — „noetischen Necessität" (Barth) vorangehen muß. Ja, wenn Barth der theologisch-politischen „Gleichschaltung" irgendwo widerstehen wollte und widerstanden hat, dann hier, wo es um diese „Fremdheit" Gottes in der Welt, und um die Feindschaft dieser Welt gegen diesen Gott ging, da also, wo der „Gleichschaltung" auch sehr praktisch **widerstanden** werden mußte!

Nicht ganz von ungefähr hat sich Barth in seinem **Anselm**-Buch von der modernen Dialektik und Ontologie ab, und der „alten Ontologie" Anselms zugewandt. Es ist dies vielleicht Barths bedeutendster — und für die ganze Kirchliche Dogmatik weichenstellender — Versuch, auf der Höhe der philosophischen Problematik mitzureden, ohne sich mit ihr auf dieselbe Ebene zu begeben, bzw. die neuzeitliche Problemstellung von „Subjekt und Objekt" ernstzunehmen, ohne ihr zu verfallen. *„Ob ich bin? Ob irgendetwas ist? Ob Gott ist? Welches Denken könnte hier zwingend entscheiden? Mag mein Wissen in all diesen Punkten noch so gewiß sein, mein reines Denken ist zur Entscheidung ebenso frei wie unzureichend"* (Barth 1931a, S. 131). In der ganzen Unqualifiziertheit seines Argumentes ist darum der **Atheist** der erste und vornehmliche Ansprech- und Gesprächspartner dieses Buches. *„Man kann Gott als nicht-daseiend denken"* (eb.) — dieses Faktum ist durch keine Dialektik und Rhetorik, durch keine Theologenkunst aus der Welt zu schaffen. Der Atheist sagt aber (wiederum in der ganzen Unqualifiziertheit seines Argumentes) dem Theologen, wie es im Grunde auch um ihn, den Theologen selber, bestellt ist. Der Glaube hier hat dem Unglauben dort doch nichts Grundsätzliches voraus — der Atheismus ist ein Faktum auch in der christlichen Gemeinde selbst. Barths Versuch, die „Existenz Gottes" zu denken, hat nicht die Absicht, dieses Faktum zu beseitigen (S. 158). Im Gegenteil: es schärft das Bewußtsein des Theologen für das, was auch er weder kann noch „hat". Um so mehr dient der Atheismus Barth zur Warnung vor den sehr viel feineren und tiefsinnigeren „Atheismen" der modernen Theologie.

Der eigentliche Gegner dieses Buches ist nicht der offene, blanke Atheismus, sondern der heimliche Atheismus einer Theologie, die Gottes Existenz unter dem „*Vorbehalt bloß intramental gemeinter Gültigkeit*" aussagen will (S. 119). Der Gegner ist die moderne **Bewußtseinstheologie**, die Gott nur in den „Grenzen der Vernunft" gelten läßt, der Versuch, gar nicht eigentlich die Existenz Gottes, sondern nur eine „Eigentlichkeit" des Menschen, ein „Existenzial" zu denken. Diesem Versuch gegenüber ist der moderne Atheist offensichtlich nicht im Unrecht, sondern im Recht. Diesem Versuch gegenüber führt nun Barth aber das Erkenntnisprinzip der alten Ontologie ins Feld: „*als bloß in der Erkenntnis existierender kann (Gott) als Gott auch nicht in der Erkenntnis existieren*" (S. 123).

Gott muß „gegenständlich", er kann nicht nur „ungegenständlich" gedacht werden. Und so muß er sich doch auch in der Gegenständlichkeit zu erkennen geben, **muß** er sich uns „offenbaren" — wenn nur das nicht bloße Hypothese ist!

Aber was ist damit „bewiesen"? Man könnte auch Barth eines solchen Syllogismus verdächtigen, der die Wirklichkeit Gottes in seiner Offenbarung aus deren gedachter „Möglichkeit" und „Notwendigkeit" beweist. Es müßte die Offenbarung dann geradezu erfunden werden, wenn sie als diese nicht schon bezeugt wäre . . . ! Und in der Tat: Selten hat Barth ein so sehr „rationales" Buch geschrieben, das jeglichen Irrationalismus des Lebens und des Lebenswillens ausschließen und den Gottesgedanken als einen „vernünftigen" Gedanken erklären will. Der „heilige Geist" soll sich als ein „Freund" auch des „gesunden" bzw. genesenden „Menschenverstandes" erweisen, die Theologie nicht als ein Buch mit lauter Siegeln.

„*Fides quärens intellectum*"! Das hat nichts mit Intelligenztest zu tun, aber damit, daß der Christenmensch durchaus nicht von allen guten Geistern verlassen sein muß, durchaus auch von seinem **Verstand** Gebrauch machen darf. Der Verdacht auf „Rationalismus" (als einer Folge oder primitiven Umstülpung der Aufklärung) liegt nahe. Aber eben: Was ist vernünftig, wenn es sich um den „logos theou" handelt? Was ist „wirklich", wenn Gott die Wirklichkeit ist? Werden wir die Wirklichkeit der Offenbarung (der Auferstehung, der Himmelfahrt, etc.) jemals rationaliter beweisen können? Was ist denn überhaupt „Wirklichkeit"? Nein, wir haben gar nichts bewiesen, wenn nicht Gott selber sich beweist. Barth schließt mit Anselms Gebet: „*Und das bist Du, unser Gott . . . !*" (S. 143ff). Wir werden den Mythos — diesen ewigen Antipoden und Gegenspieler des Rationalismus — im „Denken" nicht los. Wir können Gott nicht als Gegenstand denken, ohne ihn sofort zu verdinglichen und zum Objekt unter den Objekten zu machen. Und wir können ihn nicht als uneingeschränktes „Subjekt" denken, ohne

immerzu **damit** vor den Kopf gestoßen zu sein, daß Gott nicht nur
Subjekt, sondern auch Objekt, nicht nur „Gott", sondern auch Mensch
sein kann. Aber in dieser Geschichte seiner Taten „ist" Gott — „der
er ist".

Die Frage der Metaphysik, ob irgendwo „an und für sich" ein Gott existiere, ist somit — keine Frage. Dieser Gott hat sich der Gemeinde nicht bekannt gemacht, zu ihm kann sie nicht beten. Und gerade Barth weiß davon, daß das **Gebet** der „Sitz im Leben" der Existenz Gottes ist, eben der
Ort, wo ich nicht „über Gott" rede, sondern ihn anrufe und an-rede und
darauf traue, daß er in seinem Wort, das Jesus Christus ist, auch „antworten" wird. Und wo sonst sollte der Mensch eher in der Einheit seiner „Person" und seines „Werkes": ganz sich selber und ganz beim Wort Gottes,
ganz demütig und ganz aufgerichtet, „unmündig" und doch zugleich „mündig" und „selbstbestimmt" sein wie hier? (Vgl. Barth 1929a). Wie dem
auch sei: Theologie ist Gebet — und eben darin die Sache des „Theologen"
wie des „Laien", des Mannes wie der Frau, des „gläubigen" gewiß, aber
auch des „ungläubigen" Menschen! So sollen wir uns aber doch nicht
grundsätzlich scheuen, von Gott zu erwarten und auszusagen, was in den
Ohren der Philosophen und Skeptiker doch mehr als befremdlich klingt:
das er „wirklich" da-sei und für die Menschen dasein will. Er wäre eben
nicht Gott, wenn er nur im „Bewußtsein" und in der Frömmigkeit der
„Gläubigen" existierte — wenn er also nur der Gott der Frommen und
nicht auch der Unfrommen und (vermeintlich) „Gottlosen" wäre. Er wäre
nicht Gott, wenn er nicht gerade den Gottlosen zum Bruder geworden, ja
selber an ihre Stelle getreten wäre! Er wäre nicht Gott, wenn seine Existenz nur einfach an der Phantasielosigkeit des theoretischen Atheismus
scheitern müßte. Damit werden wir nun auch auf den gesellschaftlichen
„Sitz im Leben" der Barthschen „Ontologie" aufmerksam: Denn das will
uns diese Lehre sagen, daß wir mit der objektiven *„Existenz Gottes"* — im
„Bekenntnis des Glaubens"! (H. Gollwitzer 1963) — auch dort rechnen
dürfen, wo die Menschheit „subjektiv" längst dem Säkularismus verfallen
scheint. Es gibt keine Menschheit, es gibt aber auch keinen Teil dieser
Menschheit, der kraft seines Unglaubens, Zweifels, Atheismus oder Materialismus nun wirklich — „ontologisch" — als „gottlos" zu bezeichnen
wäre, weil er von Gott verlassen und sich selber überlassen und damit — als
„massa perditionis" — auch aus der Solidarität der christlichen Gemeinde
entlassen wäre [5]. Es kann wohl ein „atheistisches", aber **kein** „gottloses"
Rußland geben und gerade die christliche Gemeinde würde den Atheismus
viel zu ernst und den atheistischen Menschen (der wir auch selber sind)
wiederum viel zu wenig ernst nehmen, wenn sie an dieser Stelle — statt zu

---

5) Breit wird dieser Gedanke von Barth erst in KD IV/3 dogmatisch entfaltet, aber
   vgl. 7.3.2 u. 7.3.3!

glauben — selber ungläubig oder „kleingläubig" bliebe. Sie kann ja nicht gut übersehen, daß der **Atheismus** dort, wo er den Gott der Metaphysik leugnet — im Recht ist. Der Atheismus hält für ein Gespenst, was auch sie nur für ein Gespenst halten kann. Sie glaubt aber nicht und sie fürchtet keine (auch nicht kommunistische) Gespenster. Sie könnte sich nur ins Unrecht setzen, wenn sie den Atheismus in seiner Theorie — letztlich — für bare Münze nähme.

Gerade hier ist vom **Humor** der Barthschen Theologie zu sprechen: gegenüber den merkwürdigen Erscheinungen des Säkularismus und Atheismus wie auch einer freudlos verbiesterten Kirchlichkeit, gegenüber dem grimmigen Ernst der sog. „materialistischen Weltanschauung" wie auch dem verbitterten Antikommunismus (oder Antidarwinismus) unter Pietisten, Fundamentalisten, Evangelikalen. Ist das nicht eben lauter Kommödie und Tragödie und Dürrenmattsches Welttheater? Gewiß: der Atheismus ist nicht an sich lächerlich, er kann auch in aller Harmlosigkeit höchst gefährlich, aber auch ein ernstes Problem, eine echte Frage und darin die große missionarische Herausforderung der christlichen Gemeinde sein. Sie würde aber dieser Aufgabe schwerlich gewachsen sein können, wenn sie den Menschen ihren grimmigen Unglauben und Kleinglauben letztlich abnehmen und abkaufen, ihn nicht gerade vom Evangelium her als **gegenstandslos** durchschauen würde.

Ja, es geht um „Sein oder Nicht-Sein", Krieg oder Frieden, Leben oder Tod der ganzen Menschheit, aber eben doch in erster Linie um das Leben und Sterben, um das Kreuz und die Auferstehung des jüdischen Menschen Jesus in seinem Fleisch. Es geht — in einer unerhörten Polemik gegen den vermeintlich „gottlosen" Menschen — um einen geradezu *„ontologischen"* Zusammenhang zwischen diesem Jesus und *„allen übrigen Menschen"* (KD III/2, S. 158). Aber nun doch im Protest gegen jede andere Form der heidnischen „Ontologie"! Der Gott Israels usurpiert und zerschlägt jede Form von Ontologie. Ohne diesen Gott — und ohne Israel (Eph. 2,11) — wäre in der Tat alles menschliche Sein von einer letzten „Nichtigkeit" bedroht. Aber in der Offenbarung dieses Gottes ist nun auch alles „Seiende" nicht nur neu und anders beleuchtet, sondern auch schon in grundstürzender und grundlegender Veränderung begriffen — entbirgt es die in ihm von Anfang angelegten Möglichkeiten seines Seins. So kann Barth aber nach Gleichnissen und „Analogien" des Reiches Gottes auch **außerhalb der Kirche** und im Bereich der **ganzen** Menschheit fragen.

So ist es doch (gegen Jüngel) mit Händen zu greifen, daß in der „ontologischen" Redeweise Barths gerade auch die „sozialistische" Bundesgenossenschaft der christlichen Gemeinde der Juden und Heiden — und der „Christen" auch mit den „Atheisten" begründet liegt. Diese „Ontologie" hat — im Rahmen der „Kirchlichen Dogmatik"! — in erster Linie **kirchen-**

kritische Funktion. Die Christengemeinde ist eben keine „geschlossene Gesellschaft"! Wo Jesus Christus ist, da kann es nicht jene christliche „*Front
der Guten gegen die Bösen, des Lichtes gegen die Finsternis, der Gerechten
gegen die Ungerechten*" geben, die das Darmstädter Wort 1947 als den Irrweg des „abendländischen Christentums" und als eine der Hauptursachen
des Nationalsozialismus analysierte. In seiner zeitgeschichtlichen Konkretion interpretiert dieses (von Barth mitredigierte) Wort des Bruderrates
auch die „Kirchliche Dogmatik", ebenso, wie Barths Schöpfungslehre
(KD III/2) als direkter Kommentar zu diesem Wort zu lesen ist [6]. Von da
aus gilt, was G. Heinemann im Deutschen Bundestag sagte, daß „*Jesus
Christus nicht gegen Karl Marx, sondern für uns alle gestorben*" ist – von
da aus liegt das innere Motiv des gesellschaftlichen Engagements von Niemöller, Barth, Heinemann, Gollwitzer nach 1945 offen am Tag. Ist es doch
deutlich, daß in Jesus Christus nicht nur der Antisemitismus, sondern auch
der Antikommunismus erledigt und begraben sein müßte, daß diejenige
Kirche, die 1933 mit dem Nationalsozialismus unterging, nur im „neuen
Bund" der Juden und Heiden, der Christen und Atheisten auferstehen
kann. Es gibt keine gründlichere „Sozialisierung" des menschlichen Seins
als eben diejenige, die real-„ontologisch", in Jesus Christus begründet ist.

Hier mag nun auch gelten, was das stete Anliegen E. Brunners war:
daß die „*Wahrheit*", von der Kirche lebt, doch immer nur in der „*Begegnung*" mit dem je anderen Menschen konkret werden kann (Brunner 1938), den ich nun im Namen Jesu als meinen Bruder und meine
Schwester annehmen darf. Hier wird man sich vor falschen Vereinn-
nahmungen für „die christliche Sache" hüten müssen! Hier fallen alle
begrifflichen Konstruktionen dahin, handelt es sich doch um den
„*Felsblock eines Du . . . was uns hier in den Weg geworfen ist*" (KD
I/1, S. 146, Gollwitzer 1963, S. 162). Wir fassen darum unsere Kritik
an Jüngels innertrinitarischer Präzisierung der Rede vom „Sein" Gottes in einem Satz zusammen: gerade in seiner mitmenschlichen Realität läßt sich das göttliche „Du" nicht „denken". So fragt es sich allerdings, inwieweit dem offenkundigen „Sprachverlust" der Theologie
philosophisch-theologisch abgeholfen werden kann (vgl. Jüngel 1975,
Anm. S. 146). Und es könnte sein, daß H. Gollwitzer, indem er an
einigen Stellen „zuwenig" sagte, in dieser Richtung doch entschieden
„mehr" und hilfreicheres zu sagen wußte.

---

6) Die von Barth selber verfaßte These 5 entspricht dem in größter Aktualität verfaßten und vorab veröffentlichten Absatz über K. Marx und den „historischen
Materialismus" in KD III/2, 464ff, und zwar in der Polemik gegen jede „Humanität ohne den Mitmenschen" (274).

3. Von der realen Dialektik der „freien Gnade" in der Geschichte des erwählenden Handelns Gottes. Evangelium und Gesetz.

3.1 Kurzgefaßte Erwählungslehre

„Gott wird nur aus Gott erkannt" – aus keinem „Prinzip"[7]. Das ist das stete Recht und das stete Unrecht der „theologischen Theologie". Der Geist weht wo er will. Und der Anschlag auf unser Leben wird auch geführt – nur anders als wir es uns im Gefolge Hegels gerne ausgedacht hätten. In aller Ahnungslosigkeit untseres „Systems"! Aber so, daß wir anscheinend keine andere Wahl haben, als diese „Fremdbestimmung" und damit unsere „Selbstbestimmung" zu wählen.

„Die Philosophen sprechen von der Suche nach Gott, aber das ist, wie wenn man von der Suche einer Maus nach der Katze spräche. Wir sind auf der Flucht – und es wird uns auf die Dauer nicht gelingen. Es wird zu unserem Glücke nicht gelingen" (Gollwitzer 1970, S. 382).

Das ist kurzgefaßte „Erwählungslehre". Etwas anders erzählt Barth:

„Es ist hier gestern abend eine Anekdote erzählt worden von einem japanischen Professor, der der Weisheit letzten Schluß darin gefunden zu haben glaubt, daß er für das innere Leben **Karl Barth**, für das äussere Leben **Karl Marx** verehrt. Sie haben hier das klassische Beispiel eines Menschen, der, statt vor aller menschlichen Weisheit zu fliehen, sich in sie zu retten versucht! Alles käme darauf an, daß er diese **beiden** ‚Karls' dahinten ließe, rechtsumkehrt machte und in größtmöglicher Eile von hier weg nach dort strebte" (ThFuA, S. 195) – So direkt hat sich Barth sonst nirgends neben Karl Marx gestellt!

Eine ausgeführte „Erwählungslehre" stellt freilich höhere Anforderungen und Barth hat sie nicht von ungefähr erst nach langer Vorbereitung in Angriff genommen (KD/2). Denn neben dem inhaltlichen Problem – was will diese Lehre uns besagen? – wirft diese Lehre doch beträchtliche formale Schwierigkeiten auf. Sie ist das berüchtigte Einfallstor wildester Behauptungen und Abstrusitäten, so daß man schon von daher geneigt sein könnte, von ihr Abstand zu nehmen. Auch Paulus muß in der Bedrängnis zu seinem „Das sei ferne!" Zuflucht nehmen (Röm. 9,14; 11,11), und es steht nicht zu erwarten, daß diese Lehre formal jemals „widerspruchsfrei", allseitig „befriedigend" und „logisch" unanstößig vorgetragen werden könnte. Zum Glück!

Wenden wir uns kurz der exegetischen Begründung dieser Lehre zu.

---

[7] Das mag man als die Summe der Barthschen „Methodologie" bezeichnen.

3.2 Kritik des religiösen Besitzstandes. Israel und die Kirche im Römerbrief

Auch wenn der frühe Barth Röm. 6 als die „*Achse*" bezeichnet, um die sich der Römerbrief „*drehe*" (B.-Th. I/S. 477), so sind doch die Kapitel 9-11 bei ihm schon sehr viel näher ans Zentrum gerückt. Anders als Luther, der in Röm. 3 das Kernstück paulinischer Theologie entdeckt, hält Barth auch da schon an der (objektiven) Erwähltheit Israels fest, wenn er (wie Marquardt bemerkt) übersetzt:

> „*Oder ist Gott nur der Juden Gott? Nicht auch der Heiden Gott? Wahrlich auch der Heiden – so gewiß er ein Gott ist! und der wird gerecht machen die Beschnittenen aus Treue und die Unbeschnittenen auch aus Treue*" (R. I/S. 29ff) [8].

Denn eben dieses „*auch*": daß Gott nicht nur den Juden, sondern „auch" den anderen Völkern Gott sein will, versteht sich nicht von selbst. Zu einfach wäre es, die Verhältnisse umzukehren, aus dem Juden-Gott einen Christen-Gott, aus dem erwählten Volk ein verstoßenes Volk zu machen. Ist Israel aber wegen seiner „Religion", gerade in seinem stolzen Erwählungsbewußtsein verworfen, dann ist auch die „Kirche", dann ist auch die stolze christliche „Offenbarungsreligion" verworfen. Denn sie ist – in R. I – gegenüber dem vermeintlich „gottlosen" und seiner Erwählung wenig bewußten Proletariat der eigentliche Hort des „*Unglaubens*" und das „*Grab*" der „*biblischen Wahrheit*" (R. I/S. 268, vgl. R. II, S. 318!).

Wir verstehen: **Israel** meint sich von alters her und von Haus aus „im Besitz" des wahren Gottes, des wahren Glaubens und der Offenbarung („Moses und die Propheten") – aber Israel ist es, das die Propheten steinigt und den Messias verwirft. Und in der Tat: Die **Kirche** ist es, die nach Ostern das „wahre Israel" darstellen, den „Leib" des Auferstandenen bilden und sich „im Besitz" der göttlichen Gnade wähnen möchte, und trotzdem ist es so, „*daß sie – die Kirche, nicht die Welt!*" den Messias von neuem kreuzigt und verwirft (R. I, S. 313). Solches geschieht aber nicht aus grober Fahrlässigkeit und Ignoranz, sondern gerade in und aus dem „*Eifer um Gott*". Denn, wie Barth 1935 unter Aufnahme derselben Typologie ausführt, hat das „*Volk Israel . . . von Gottes Gnade, Geduld und Sündenvergebung immer – am meisten wohl gerade am Tage von Golgatha – viel gewußt und gehalten*" (Barth 1935, S. 21).

> „*Die Pharisäer waren lange nicht so pharisäisch, wie wir es uns der Einfachheit halber vorstellen möchten*" (eb.).

---

8) Vgl. Marquardt, Die Juden im Römerbrief ThSt 107, S. 40.

Es geht keineswegs darum, daß dort — bei den Juden — etwa nur *„Gesetz"*, hier aber — in der Kirche — die lautere *„Gnade"* wäre. Gerade hier triumphiert die *„Sünde"* im Eifer um Gott und seine Gnade, und zwar

> *„unendlich viel mehr als in dem, was wir als Götzendienst, Gotteslästerung, Mord, Ehebruch und Diebstahl zu kennen meinen . . ."*
> (S. 19).

Denn hier ist aus dem „Evangelium" und der „Gnade", die Jesus Christus heißt, geworden:

> *„ein mythischer Halbgott . . . , der (den Seinen) angeblich Kräfte, eine Art magische Begabung mitteilt . . . die ihnen vor sich selbst und anderen zum Ruhme gereicht, an der sie eine rechte Hilfte zu haben glauben bei ihrer Bemühung, sich selbst zu behaupten, zu vertreten, zu rechtfertigen, deren sie sich — und darauf kommt es heimlich . . . vor allem an — zu trösten gedenken . . . Jesus Christus, die unentbehrliche Begleitfigur, der nützliche Hebelarm und schließlich und vor allem der Lückenbüßer! . . . Jesus Christus, die Personifikation der wunderbaren Ideen, die wir uns nach dem Geschmack und Geist des Jahrhunderts zu machen pflegen! Jesus Christus, der große Kreditgeber . . . ! Dies ist's, was hier aus der Gnade, aus dem Evangelium wird . . . Hier ist geradezu Feindschaft gegen das Kreuz"* (S. 21f).

Was bleibt dann noch von der „Kirche", die Barth hier in allen Farben und Schattierungen kleinbürgerlicher Lebensbewältigung und Ideologie, der *„musterhaften Bürger"* und der *„zigeunernden Genies"*, der *„zänkischen kirchlichen Orthodoxie"* und der *„ewig lächelnden evangelischen Freiheit"*, ja der *„philanthropischen oder noch lieber pädagogischen Fürsorge"* oder gar revolutionären *„Weltverbesserung"* charakterisiert?

> *„Welche Kraft soll denn die von uns verschmähte und verachtete, ja gehaßte Gnade haben?"*

Und hier die Antwort:

> *„Gott ist Gott! Kraft, die Kraft der Auferstehung hat auf alle Fälle gerade und erst die von uns verschmähte und verachtete, ja gehaßte Gnade, der bis auf diesen Tag in die Hände der Sünder gegebene, der gekreuzigte, gestorbene und begrabene Christus"* (S. 26f).

Wenn hier alles, was die Kirche zu sein und zu „produzieren" vermag, Religion, Betrug und Volksbetrug, ja „Feindschaft" wider Gott und das Kreuz seines Sohnes ist — das **Kreuz** vermag die Kirche nicht zu beseitigen. Sie wird es in ihrer frommen Zudringlichkeit doch immer nur von Neuem errichten. Aber dieses Kreuz, diese schlechthinnige Negation aller menschlichen Bestrebungen ist das — derweil der Sohn Gottes an ihm aufgehängt und „erhöht" worden ist — das allein auch die Kraft der Position in sich trägt. Die „Kraft der Auferstehung", das ist freilich nicht **unsere** „Negation", kein „mechanisches" Umschlagen des Bösen in das Gute und nicht eine „Voraussetzung", die **wir** an dieser Stelle eintragen, machen oder postulieren könnten, sondern die *„Proklammierung völliger Voraussetzungslosigkeit im entscheidenden Punkt"* (R. II/S. 372).

Die Wende tritt ein, nicht weil wir sie gewollt haben, sondern weil Gott sie gewollt hat, weil nur er die „neue Welt" heraufführen kann. Dieses Geschehen ist aber im Gange — auch wo die „neue Welt" uns noch verborgen erscheint — und so dürfen wir mit dem *„Notvollen"* auch das *„Hoffnungsvolle"* unserer Lage begreifen (Anf. I., S. 9).

„Gotteserkenntnis ist kein Entrinnen in die sichere Höhe reiner Ideen, sondern ein mitleidendes und mitschaffendes und mithoffendes Eintreten auf die Not der jetzigen Welt. Die im Christus geschehene Offenbarung ist ja eben nicht die Mitteilung einer intellektuellen Klarheit, einer Weltformel, deren Besitz die Möglichkeit einer Beruhigung böte, sondern Kraft Gottes, die uns in Bewegung setzt, Schöpfung eines neuen Kosmos, Durchbruch eines göttlichen Keims durch widergöttliche Schalen, anhebende Aufarbeitung der unerlösten Reste, Arbeit und Kampf an jedem Punkt und für jede Stunde. Wer den heiligen Geist anders verstehen wollte, der würde ihn eben falsch verstehen" (R. I/S. 264).

Nun sehe zu, wer meint „drinnen" zu stehen, ob er nicht draußen stehe, und nun sehe zu, wer „draußen" steht, ob er jetzt nicht doch nach drinnen hineingenommen wird.

„Vom Standpunkt der menschlichen, religiös-moralischen Gerechtigkeit aus muß es als seltsam erscheinen, daß Jakob („der Lügner", PW) *geliebt, Esau* (der Erstgeborene, PW) *aber gehaßt wird, daß die Offenbarung der Gerechtigkeit Gottes an Israel vorbei zu den Heiden geht, daß die Kirche als solche nicht mehr die legitime Trägerin des Gotteswortes sein soll. Ist dieser Standpunkt eingenommen, so muß allerlei Verdacht auf Gott selber fallen. Die Ordnung Gottes, gemessen an den menschlichen Ordnungen, erscheint als Unordnung, Gottes Wille, gemessen an menschlicher Erkenntnis der Geschichte, als Willkür, Gottes Wunder, gemessen an menschlichen religiösen Erwartungen und Denkgewohnheiten, als Wunderlichkeiten. Diese Auffassung der Krankheit Israels würde dann dazu führen, das Heil irgendwie außer und ohne Gott zu suchen, sich in der Welt einzurichten, als ob kein Gott oder doch teilweise kein Gott wäre, ein Judentum oder Christentum, eine Sittlichkeit oder Religion aufzubauen, die sich selber mindestens so ernst nimmt wie Gott oder noch ernster, weil ja Gottes Gerechtigkeit*

nicht der einzige und noch dazu ein zweifelhafter Faktor sei, unter den Faktoren, mit denen man rechnen müsse. Das darf eben nicht geschehen" (R. I/S. 276).

Gefährlich liegen die Argumente über dem Abgrund, in den wir nun so oder anders hineinfallen könnten. Und doch ist gerade dieser Barth der keineswegs moralisierende, sondern überaus humorvolle, ja „unernsthafte" Barth. Ja, warum soll es Gott nicht gefallen – er wäre sonst nicht Gott – auf Erden und in der Geschichte seine Wege, nicht unsere Wege zu gehen? Und warum sollten wir nun im Ernst daran glauben und fürchten, daß wir straucheln und fallen könnten ohne in die „Hand Gottes" zu fallen?

Nur der „Bourgeois" in seiner Religion ist hier vor unüberwindliche Paradoxien gestellt! Ist Gott nur ein Faktor unter vielen anderen, dann ist er gar kein Faktor. Soll es heißen: „Hilf dir selbst, so hilft dir Gott!", so kann auch Gott nicht mehr helfen. Dann ist aber der Atheismus, der mit dieser Konsequenz auch „theoretisch" Ernst macht, doch nur das Resultat des christlich bemäntelten „praktischen Atheismus" des klassischen Bürgertums.

Aber Gott ist nicht unser „Privateigentum". Und gerade das kann uns gar sehr zum Gericht ohne Gnade werden, daß wir alle Gnade nur „für uns" in Anspruch nehmen wollen.
Dazu der Kommentar einer Predigt Barths, die ich hier, in Auszügen, unkommentiert wiedergebe.

3.3 Die „reichen Christen" und der „arme Lazarus" – aus einer Predigt Barths 1931

„Die meisten von uns mögen nach den auf diesem Gebiet üblichen Einteilungen zum mittleren oder auch bescheideneren Bürgertum gehören. Auch das Bürgertum redet heute nicht mit Unrecht von schweren oder bedrohlichen Zeiten. Aber täuschen wir uns nicht: Lazarus liegt vor unserer Türe. Lazarus, der noch so gerne mit unseren bürgerlichen Sorgen tauschen würde. Lazarus, der unruhige, unzufriedene Proletarier von den Straßen da drüben, Lazarus, der Arbeitslose, Lazarus, der verschämt und überall lästig bittend von Türe zu Türe schleicht, und Lazarus, der auch dazu zu stolz ist und umso größere Not leidet. O, jetzt nur keine Rechtfertigung und Anklagen! Gott weiß, was auch gegen Lazarus mit Recht zu sagen ist. Aber es könnte noch zehnmal mehr gegen ihn zu sagen sein, das wüsche der Rhein nicht ab: er ist da, er liegt vor unserer Türe" (Barth 1931c, S. 275ff).
Aber nun – wir beobachten Barth in der Aktion seiner Predigt: *„Ja, dieser Lazarus ist in allen Ständen zu finden: Lazarus der Unliebenswürdige und Ungeliebte, Lazarus der Ungeschickte und Langweilige,*

der nach innen unglücklich um sich selbst kreist und nach außen auch die besten Gelegenheiten versiebt . . . Und du, du hast einen, du hast vielleicht viele Menschen, du bist besser mit dir selbst daran und darum auch besser mit den Anderen. Du bist der reiche Mann und er liegt mit seinen Schwären vor deiner Tür. Und nun mach dir ganz klar: entweder bei diesem Lazarus und mit ihm zusammen wirst du Gott und seine Gabe finden oder du wirst sie in deiner ganzen entzücken-den Liebenswürdigkeit . . . gar nicht finden" (S. 276f) Oder: *„Du bist vielleicht nicht nur ein.liebenswürdiger und beliebter, sondern ein innerlicher, ein ernsthafter, ein gediegener Mensch. Du läßt deine Fin-ger vom groben und auch vom feinen Theaterspielen. Du kennst deine Schranken und bist vielleicht in aller Stille auf dem Weg, in der Be-schränkung nach Goethes gutem Wort dich als Meister zu zeigen. Glücklicher Mann! Reicher, sehr reicher Mann! Dich beneiden Mehrere als du denkst, wollten gerne von deines Tisches Brosamen sich nähren . . . und haben es nicht. Liegen vor deiner Tür: der törichte Lazarus, der mit seinem Leben und seinen Kräften nichts anzufangen weiß, der oberflächliche und der immer gerade auf die falsche Karte setzt. Aber nicht wahr, du weißt auch, du denkst daran: ‚Hinabgefahren an die untersten Örter der Erde', hinabgefahren zu denen, die seiner Hilfe be-dürfen! Eben dieses, auch dieses Lazarus Parteigänger und Schutzherr ist der ewige Lebendige Gott selber. Gehst du, und geschähe es in der tiefsten Ernsthaftigkeit, an ihm vorüber, so gehst du an Gott vorüber"* (S. 277f). Und: *„Dein Reichtum könnte der wahre Reichtum des wahren, lebendigen, nüchternen, des durch den heiligen Geist geschaf-fenen und erhaltenen **christlichen Glaubens** sein, der vor Gott gerecht und selig macht, weil wir in ihm Alles sind, was wir vor Gott sein müs-sen. Wie geringfügig ist aller andere Reichtum neben dem des Mannes, der die zwei Wörtlein wagen darf: Ich glaube. Aber eben, wenn wir uns jetzt einen Augenblick denken als solche, die drinnen sind, dann stehen uns Andere gegenüber, die draußen sind, die mit ärgerlichen Zweifeln oder mit noch ärgerlicherem Widerspruch oder am ärgerlich-sten: ganz gleichgültig ihren Weg laufen und mit geschlossenen Augen ins ewige Verderben laufen. Ist das auch Lazarus? Auch dann, wenn Lazarus sich nun nicht einmal ruhig verhält in seinem Elend, sondern an die ihm verschlossene Türe des reichen Mannes zu poltern beginnt, wenn es zu solchen Schilderhebungen des Unglaubens gegen den Glau-ben kommt, wie wir sie gegenwärtig in **Sowjet-Rußland** in großzügig-ster Weise durchgeführt sehen? Man hat nicht den Eindruck als ob die katholische und protestantische Christenheit im Ganzen den Lazarus auch in diesem armen Mann schon gesehen habe. Sonst würde man sicher nicht von einer ‚religiösen Front' und nicht von ‚Gegenstößen' reden. Können wir dann denken, gerade in Gott reich zu sein, ohne zu wissen, daß wir auch gerade die Gottlosen nicht los werden und sie also nicht in erster Linie zu bekämpfen, sondern in ihrer heillosen Not zu sehen und zu verstehen, diese ihre Not als unsere eigene auf uns zu* *nehmen haben? Wie furchtbar, wenn wir nun wirklich gerade im Purpur und in köstlichem Leinwand des Glaubens einhergehen und als Christen alle Tage herrlich und in Freuden leben wollten, vielleicht entrüstet, aber gerade nicht gestört, nicht in Anspruch genommen, nicht zur Solidarität aufgerufen"* (S. 278ff) [9]. Und nun: *„Lazarus hat im Unterschied zu dem reichen Mann nicht die Tugend, aber den Vorzug, daß er in seinem Verhältnis zu seinen Mitmenschen schlechterdings auf diese angewiesen lebt. Daß die Hunde sich seiner erbarmen müssen und seine Schwären belecken, das beleuchtet nur, wie sehr er auf den Menschen, den Mitmenschen wartet. Gewiß nicht aus Nächstenliebe, aber in aller Selbstliebe tatsächlich auf ihn wartet. Gerade das tut ja der Reiche nicht. Er wartet auf niemand, er braucht niemand, nicht einmal seine Hunde! Das ist das Verhängnisvolle des leiblichen, des geistigen und des geistlichen Reichtums: Als Reiche brauchen wir die Menschen nicht. Darum sehen wir dann auch Lazarus, auch Christus nicht –. Daß wir doch sehend werden möchten!"*

3.4 Jesus Christus, das Subjekt der Befreiung. Paulus, Bultmann und Barth 1935

Nun mag es – gerade in der Sicht des „historischen Materialismus" – Zeiten und Situationen oder auch ganze Epochen geben, in der sich die Menschen in einer scheinbar aussichtslosen Lage und ohne „Perspektive" vorfanden, wo die Hoffnungen enttäuscht wurden, die Kämpfe und Opfer vergeblich waren. Man mag hier ans „finstere Mittelalter", an den deutschen Bauernkrieg oder den noch viel rätselhafteren „Dreißigjährigen Krieg" denken (vgl. P. Gerhard!). Aber auch da ist Gott nicht an die Weisheit unserer Dialektik oder Epocheneinteilung gebunden und

„ein reines, vollständiges, restloses Verwerfen und Zurücklassen eines Menschen oder einer Epoche hat nach dem, was wir von Gottes Walten zu sehen vermögen, noch gar nie stattgefunden, sondern noch immer ist, wenn auch noch so undeutlich, verborgen und unbewußt, neben dem Verwerfen einhergegangen ein Erwählen, neben dem Zurücklassen ein Mitnehmen" (R. I/S. 321).

Was wissen wir denn, ob die Frauen im finsteren Mittelalter wirklich unglücklicher waren als in der Zeit der bürgerlichen Emanzipation? Und wer wüßte, daß die Leiden und Opfer von „*Generationen Geschlagener*" (W. Benjamin) wirklich vergeblich waren – ob mit den mutigen Klassenkämpfern nicht auch die Diakonissen, mit den chassidischen Juden nicht

---

9) Dieser Aufruf zur „Solidarität" mit den Gottlosen dürfte 1931 als eine unerhörte Zumutung verstanden worden sein. Zu den „Gottlosen" vgl. Kap. 5, Anm. 4.

auch die Sekten, Mystiker und Schwärmer im göttlichen Urteil Genugtuung erlangen werden?

„Gottesgegenwart" und „Geistesgegenwart" hat es zu allen Zeiten und an allen Orten gegeben, und Gott ist offenbar darin der ewig reiche und freie Gott, daß er uns zu jeder Zeit — und also auch hier und heute — zum Mitmenschen werden kann. Es ist gerade die **konkrete Mitmenschlichkeit** der Ort der „Gegenwart Christi" — und so ist der *„Stand und Gang des Menschen unter der Gnade"* für Barth konkret *„zu bestimmen als der Stand und Gang eines solchen, für dessen Menschsein Jesus Christus mit seinem . . . Menschsein eintritt und zwar, weil der Mensch selber und von sich aus zum Glauben gar keine Willigkeit noch auch Fähigkeit hat, **ganz und gar** eintritt, so also, daß des Menschen eigenes Menschsein, wie Paulus gerne sagt, tot ist, lebendig aber nur, indem er ‚in Christus' ist, d.h. indem Jesus Christus sein Subjekt geworden ist. ‚Ich bin mit Christus gekreuzigt. Ich lebe, aber nun nicht ich, sondern Christus lebt in mir. Denn was ich jetzt lebe im Fleisch, das lebe ich in dem **Glauben des Sohnes Gottes** (ganz wörtlich zu verstehen: ich lebe — nicht etwa in meinem Glauben an den Sohn Gottes, sondern darin, daß der Sohn Gottes glaubte!), der mich geliebt hat und hat sich selbst für mich dargegeben' (Gal. 2,19f). — Daß er in der Gemeinschaft der Heiligen ist, daß er Vergebung seiner Sünden empfangen hat, empfängt und empfangen wird, daß er der Auferstehung des Fleisches und dem ewigen Leben entgegeneilt, das glaubt er, aber das steht real nicht, das steht real auch nicht teilweise bei seinem Glauben, beim Sieg seines Glaubens — das steht real allein darin, daß der Herr Jesus Christus, für uns ein Mensch geboren, für uns gestorben, für uns auferstanden, auch sein Herr, seine Zuversicht, seine Burg, sein Gott ist. Jesus Christus, er selber und er allein ist die einem solchen Menschen geschenkte Gnade"* (Evangelium und Gesetz, S. 7f).

Wir befinden uns am vorläufigen End- und Höhepunkt von Barths „christologischer Konzentration"! Und wir befinden uns zugleich im Kirchenkampf, inmitten jener kleinen Schar, die Barth hier zum Widerstand rufen wollte und die eben dazu so gar keine „Fähigkeit" noch auch „Willigkeit" hatte: „Kleinbürger", Nationalisten, Lutheraner, Pietisten, heimliche Nationalsozialisten etc. Eine Situation also, wie sie nach marxistischen Kriterien völlig hoffnungslos sein mußte.

Gewiß kann man diesen Vortrag — er wurde als Barths *„Abschiedswort"* an die Christen in Deutschland verstanden (Barth durfte ihn nicht mehr selber vortragen) — als dogmatischen Vortrag würdigen, wie er alsbald *„auf Jahrzehnte hinaus die theologische Diskussion"* beschäftigte (Busch, S. 279). Aber wir geben für einmal Bultmann recht:

> *„Sie predigen viel deutlicher und stärker in ihren systematischen Aufsätzen als in ihren Predigten"* (B.-B. , S. 163).

Bultmann wendet freilich auch sofort ein, daß der Genetivus subjectivus, in welchem Barth hier vom „Glauben des Sohnes Gottes" sprach (Gal. 2,19f), bei Paulus „*sicher nicht als Gen. subj. zu verstehen sei*" (B.-B. 162). Paulus habe sicher vom Glauben „an" Jesus Christus sprechen wollen. Was nun? Hat er Barth flagranterweise dabei ertappt, wie er, statt die Bibel auszulegen, einmal mehr, im Eifer des Gefechtes, sein dogmatisch-christologisches Rezept in die Bibel eingelegt hat?

Sollte es nun so sein, daß der „politische Barth", den man zweifellos gut finden kann, im exegetischen gar nicht so gut zu finden ist? Fußt seine Theologie insgesamt auf solchen kleineren und größeren „*exegetischen Gewaltsamkeiten*" (Bultmann eb.)? Aber was hat Paulus gemeint? Etwa dies, daß der Christ in seinem Glauben an den Christus nun doch nicht mit Christus gestorben (und also „tot") und nun doch nicht nur in und mit Christus lebendig ist? Was sagen die Historisch-Kritischen: Daß man theologisch nur das „glauben" und vertreten kann, was auch in der Wahrscheinlichkeit **historisch-kritischer Exegese** für verifizierbar gehalten werden kann? Sodaß man sich von Anfang an auf das zurückziehen müßte, was in einigen Paulus-Kommentaren als historisch-psychologisch nicht mehr zu erklärender „Glaubensrest" übrigbleibt? Paulus hat jedenfalls gemeint, ein „Zeuge Jesu Christi" zu sein. Gewiß: er spricht von „seinem" Glauben an Jesus Christus, aber doch darum von einem Glauben, dessen „Objekt" wie „Subjekt" gewißermaßen dieser Christus selber ist. Aber da scheiden sich offenbar die Wege der Wissenschaft und der exegetischen Leidenschaft: in der Frage nämlich, ob wir vor allem den Paulus zu verstehen suchen sollen, wie er sich als Zeuge Jesu Christi in seinem Glauben „selber" verstand — oder aber, ob wir versuchen sollen, den Paulus vor allem anderen als einen **Zeugen Jesu Christi** in Anspruch zu nehmen. In der einen Richtung werden wir nach allerlei Vorabklärungen z.B. über die anthropologische Begrifflichkeit des Paulus bis dorthin vorstoßen, was als der „Glaubensinhalt" dieses Textes, als das nun geforderte „Wagnis" des Glaubens, als die „Entscheidung" etc. — aber jedenfalls immer noch als eine Möglichkeit „menschlichen Selbstverständnisses" einzusehen sein wird. Im anderen Fall aber wird die Frage, was Paulus denn „selber" gemeint habe (die sicher nicht einfach zu überspringen ist) je länger desto uninteressanter werden gegenüber der Frage, wer denn der „Christus" sei, den Paulus meint. Was Luther mit seiner christologischen Auslegung der Schrift angefangen hat, setzt Barth fort: Jesus Christus ist der „Maßstab" und die „Mitte" des ganzen biblischen Zeugnisses. Ja wir müssen **auch** Paulus verstehen — und wenn es uns vom Alten Testament her noch so schwer fallen sollte! — wie wir neben Paulus auch Jakobus oder Johannes oder die Synoptiker „zu Wort" kommen lassen müssen. Aber scharf heißt es gegen Bultmann: „*Was im Römerbrief zu Wort kommt, das sind überhaupt nur die ‚anderen', die von ihm angeführten jüdischen, vulgär-christlichen,*

hellenistischen und sonstigen ,Geister' " (R. II, Vorwort zur 3. Aufl.,
S. XX). Auf keine Stelle kann man „*den Finger legen*" und sagen, daß
„*da*" und nur da „*ausgerechnet das pneuma Christou zu Wort komme*"
(eb.). Auch Paulus wäre, abgesehen von seinem Christuszeugnis, auch
nur ein spätjüdischer Haeretiker oder hellenistisch-gnostischer Speku-
lant. Und da setzt das „Wagnis des Glaubens" schon ein: Wir könnten
es auch nicht mit Paulus wagen, wenn wir es nicht mit dem Christus
wagen wollten, mit dem auch Paulus es gewagt hat. Vielleicht unter
freiem Himmel, unter dem Abbruch aller Tradition! Vielleicht im Vertrauen auf den Geist, der weht, wo immer er will! Vielleicht schwe-
bend über den Abgründen! Aber sicher so, daß wir um jedes Geländer
froh sind, an das wir uns halten können, um jeden Fußstapfen, den
schon einer gegangen ist. Barth ist lange, sehr lange mit Paulus gegangen bis er es wagen konnte, Paulus an unscheinbarer Stelle ein wenig
besser zu verstehen als er sich selbst. Trotzdem: darf man das? Wir
könnten antworten: Warum soll Barth nicht dürfen, was die Exegese
kritisch und unkritisch über Jahrhunderte hinweg getan hat? Dieser
exegetische „Ausrutscher" könnte vergleichsweise harmlos wirken
gegenüber dem großen Aus- und Abrutschen, daß sich Kirche und
Theologie etwa seit dem 18. Jh. geleistet hatten. Er kann uns als dieser
zugleich mehr verdeutlichen als ganze Bücher, die Barth geschrieben
hat. Aber anders würde Barth zurückfragen: ob wir im Ernst damit
rechneten, daß wir an dieser Stelle etwas anderes „dürften"? Ob wir
dem Paulus nun mit einer feinsinnigen Unterscheidung von „fides
qua" und „fides quae" zu Hilfe eilen sollten? Nein, Paulus **meint**
schon, was er sagt, auch dann, wenn Barth es noch schärfer zu sagen
versucht.

Es ist hier gerade der unerhörte „Objektivismus" der göttlichen Heilstat-
sachen, in welchem von Gott in Jesus Christus schon „alles getan" ist, der
bei Barth mit einem „Subjektivismus" der persönlichen Heilsaneignung
einhergeht, in welchem Barth – auch gar manchen Pietisten übertreffend –
gerade den **Menschen** in Christus als freies und handlungsfähiges „*Subjekt*"
begreifen möchte. Das fatale „Subjekt-Objekt-Schema" des neuzeitlichen
Denkens ist für Barth gerade in Jesus Christus begraben und überwunden –
der „freie Gott" und der befreite Mensch sind sich keine Widersacher, die
vermeintliche „Fremdbestimmung" des menschlichen Seins durch „Gott"
ist der Ermöglichungsgrund gerade der wahren „Selbstbestimmung" des
Menschen. Denn:

> „*Jetzt nur kein Schwanken hin und her zwischen dem, was Gott an
> uns tut, und dem, was wir selbst tun müssen; sondern nun tapfer die
> Seite umgekehrt und furchtlos es ausgesprochen: der Mensch unter
> der Gnade ist das, was er aus sich selbst machen wird. Er ist frei in
> Gott*" (R. I, S. 169).

Nur jetzt nicht bei irgendwelchen Halbheiten (z.B. des Pelagianismus) stehen bleiben – nur jetzt keine Konstruktion von sog. „Wechselwirkungen" des göttlichen und menschlichen Handelns! Nur jetzt keine ethischen Kompromisse, Programme und „guten Ratschläge", die doch nur der eigenen freien Entscheidung des Menschen im Wege stehen! Und nur jetzt keine Resignation, als ob dort, wo Gott für den Menschen schon „alles getan", nun für den Menschen nichts mehr zu tun übrig bliebe! Hat Gott Zeit für uns – wie sollten wir dann Langeweile haben? Hat Gott uns Raum geschaffen – wie sollten wir dann keinen Raum mehr haben? Und hat Gott gar den Felsen des Unrechtes vom Grab gehoben – wie sollten wir dann einigen Schmalspur-Realisten Folge leisten? Nein, wer diese ganze Wirklichkeit nur halb und uneigentlich meint, der meint im Grunde nur seine eigene, stets wiederkehrende und unverbesserliche Wirklichkeit. Und wer von der Freiheit Gottes nur halb und uneigentlich zu reden wagt, der kann auch nur halbherzig von des Menschen Freiheit sprechen.

Nun fällt freilich Verdacht auf Barth – und nicht nur wegen dieses Satzes, den er in dieser Form nie mehr wiederholt hat [10] – weil Barth nämlich die Freiheit der Menschenkinder in einer Weise betonen kann, die ins Unverantwortliche zu geraten scheint. Ja, hier **sind** Tendenzen zur „Anarchie" (wie Gogarten sie gespürt hat), und da ist etwas in Barths Dialektik, das besonders dem religiös-moralischen Menschen nahe gehen muß: Das Evangelium ist in seiner Ganzheit eben „Evangelium", nicht „Gesetz" – es entbehrt jeder Moralinsäure. Es fordert nichts, was es nicht schenken würde, es übt keinen Zwang. Es ist das Angebot der Befreiung für den unfreien, äußerlich geknechteten oder innerlich gefangenen Menschen. Aber der freie Mensch als solcher hat in ihm nichts zu fürchten. Es gilt (wenn es denn einmal ausdrücklich gesagt werden muß): Es „muß" kein Mensch in die Kirche gehen (denn der Mensch ist nicht für den Sabbat da), es „muß" kein Mensch täglich Bibel lesen, es „müssen" weder die Juden (da sie doch „Moses und die Propheten" haben) noch etwa die Heiden (da doch wahrlich auch sie Erkenntnisse haben können – der „logos spermatikos"!) an Christus glauben – oder ist uns Christus zur Knechtschaft bestimmt? Zwischen dem freien und ungehindert verkündigten Evangelium und dem freien, dem Evangelium seinen Lauf lassenden Menschen besteht keine Feindschaft, denn es sei hier ein Mensch durch das Evangelium befreit, dann ist er frei zu glauben, Bibel zu lesen ect. – oder er ist frei auch ohne alles Evangelium, dann wird er dem Evangelium seine Freiheit schon belassen. Ja, hier gilt im Extremfall: *„Wer nicht wider uns ist, der ist für uns"* (Mk., 9,40). Nur besteht, was aber der „Normalfall" sein dürfte, grundsätzliche Feindschaft zwischen dem Evangelium und der **Religion** (weil sie

10) Zur Diskussion um diesen Satz vgl. Marquardt, Theologie und Sozialismus, S. 282; H. Gollwitzer, Reich Gottes und Sozialismus, S. 27 – gegen Dannemann, S. 94f, Anm. 301, H. Kirsch, S. 67ff.

eine Art Habgier ist!), zwischen dem Evangelium und dem sogenannten „säkularen Menschen" (weil er doch die Einschränkung, Verharmlosung und Unschädlichmachung des Evangeliums betreibt!), zwischen dem Evangelium und den Verhältnissen der **Knechtschaft** (weil sie überhaupt wider Gott sind). Es versteht sich als dann, daß gerade die Religion zu diesem Evangelium in erbitterte Konkurrenz treten und alles daran setzen muß, um diese „Störung" ihres Weltbildes zu beseitigen, dieses Wort in all seiner Schwachheit zu überspielen oder künstlich zu ignorieren oder eben, wenn dies doch keinen letzten Erfolg verspricht, es sich zu eigen zu machen, es zu domestizieren, bis sie sich selber zum Sachverwalter des Evangeliums, zum Herrn über die Menschen, zum „Großinquisitor" erhebt. Und hier kann also kein Friede sein, und wenn es bis zum jüngsten Tag dauern möchte, es sei denn, daß das Evangelium obsiegt. Die große Freizügigkeit und scheinbare Unverantwortlichkeit der Barthschen „Erwählungslehre" zeigt hier den gemeinten Sinn: wir sind nicht zum Richter über unseren Bruder und die Schwester bestimmt. Wir haben kein „Gesetz" in der Hand, mit welchem über den Bruder zu wachen, mit welchem die Schwester (und ob sie „langes Haar" trüge und in der Gemeinde redete!) zu unterwerfen wäre. Wir haben das Evangelium entweder selber in letzter und größter **Freiwilligkeit** bejaht — oder wir haben etwas ganz anderes bejaht. Wir haben hier entweder in großer „Unverantwortlichkeit" und „Sorglosigkeit" — um das große Unternehmen der „Weltverbesserung" ebensowohl wie um das kleinere Unternehmen der „Familienpflege", um die schwere Last der „staatspolitischen Verantwortung" ebensowohl wie um die vermeintlich geringere Last der Erziehung und sozialen Fürsorge — wir haben entweder in einem Augenblick der größten Vergessenheit all dieser Dinge **für uns selber** angenommen, uns selber verloren und finden lassen, oder wir sind wohl immer noch gefangen in der Eitelkeit, Selbstherrlichkeit und Lüge der Religion. Die christliche Gemeinde ist nicht der Staatsanwalt! Aber hier, in der Ermessung des „unendlich qualitativen Unterschiedes" zwischen dem „Evangelium" und dem „Gesetz", da zeigt es sich, daß das Evangelium nun doch nicht nur „Illusion" und die „Verkennung" aller Wirklichkeiten ist, sondern die Aufrichtung einer neuen und besseren „Ordnung", ja geradezu die „*Wiederherstellung*" von Gottes Gesetz! (Barth 1935, S. 29). Ein neues Leben in der Ordnung des „neuen Bundes"! Endlich auch die **Bereitschaft** der Menschen, das hier Nötige zu tun.

Das Evangelium schafft selber den Gehorsam, den wir den Geboten Gottes sonst nicht leisten könnten. Es macht uns zu solchen Menschen, die „dankbar" nach der Weisung Gottes fragen. Es setzt uns allererst in den „Gang und Stand" jenes Menschen, der den Wegen Gottes folgen kann.

4. „Gleichnisse" und „Stellvertretungsverhältnisse" des kommenden Reiches Gottes – auch außerhalb der Kirche

4.1 Dialektik und „Analogie"

> „Demokratische Gleichheit ist vielleicht das Ende, aber sicher nicht der Anfang der Wege Gottes" (R. I, S. 273).

Wo Gott erwählt, da steht immer eine Minderheit für die Mehrheit, ein Besonderes für das Allgemeihe, ein „Rest" für das Ganze. Und eben das heißt „Analogie"! Ja, es seien die Sozialisten eine „Analogie" des Reiches Gottes, dann stehen sie als Minderheit für das Ganze und damit für die Mehrheit der Bevölkerung! Oder es sei der demokratische Staat eine „Analogie" des Reiches Gottes, so deutet er in und trotz seiner Verkehrtheit und klassenmäßigen Bedingtheit auf das hin, was aufs Ganze gesehen doch allen Menschen in „Gleichheit, Freiheit und Brüderlichkeit" zuteil werden soll. Aber dann ist die Analogie hier eine andere als die Analogie dort, dann stellt sich das eine Reich Gottes im Staat auf die „eine" Weise, in der sozialistischen Bewegung aber auf eine „andere" Weise dar – dann besteht zwischen diesen beiden Gestalten des kommenden Reiches keine formale Gleichwertigkeit, sondern eine Über- und Unterordnung, eine „Entsprechung" und ein „Gefälle!

So müßten wir aber doch noch einen direkteren Weg ins Himmelreich wissen – und eine „Identität" von Religion und Gottesreich, Kirche und Gottesreich postulieren – wenn wir den Weg in die profanen Niederungen unseres Daseins nicht mitgehen, von der „Freiheit", „Sozialist" zu werden, keinen Gebrauch machen wollten (vgl. Anf. I, S. 48). Eine klassenneutrale bzw. klassenunspezifische Auslegung der Barthschen „Theoanthropologie" wird sich schwerlich auf Barth berufen können.

Denn daß hier „weder Jude noch Grieche, weder Herr noch Sklave, weder Mann noch Frau" sei (Gal., 3,28), bedeutet doch nicht, daß die „Wege Gottes" mit der „freiheitlich demokratischen Grundordnung" zu Ende gegangen, daß die bestehenden Klassenunterschiede faktisch schon aufgehoben oder auch nur die christlichen Gemeinden und Kirchen diesen Unterschieden enthoben seien! Nein, auch das neue „Bewußtsein" der Gemeinde Christi ist doch kein diesen Realitäten enthobenes Bewußtsein und das neue „Sein" dieser Gemeinde ist, indem es die bestehenden Unterschiede immer schon angreift, aushöhlt und negiert, immer auch „revolutionäres" Sein.

Wo Erwählung ist, da ist aber auch **Bund**, da gibt es Bündnisse und da ist Solidarität in allen Ständen und Klassen und durch alle Stände und Klassen hindurch. Und davon handelt eine lange Geschichte von bald 4000 Jahren: von Knechtschaft und Befreiung, von Siegen und Niederlagen, von Königtum und Exil, von verfolgten Propheten und subversiven Schreibern am Königspalast. Nur jetzt nicht sagen, daß wir − die „Kleinbürger", Intellektuellen etc. − um des Reiches Gottes willen alle zu Proletariern werden müßten! Wenn es denn so sein sollte, daß die Befreiung der Arbeiterklasse in der Tat nur das „Werk der Arbeiterklasse" sein kann − was wird dann verheißungsvoller, was wird solidarischer sein, als daß auch wir, ein jeder an seinem Ort, das Unsrige tun, und − als ob die Arbeiter dessen nicht bedürftig wären! − zu ordentlichen Theologen und Theologinnen, Pfarrern, Anwälten, Sozialarbeitern, Ärztinnen, „Funktionären", Lehrern, Schwestern etc. werden. Wo ein Bund ist, da gibt es auch **Stellvertretung**, in der − jenseits alles falschen „Altruismus" − die einen für die anderen eintreten, das eigene im gemeinsamen „Interesse" tun dürfen, ein jeder sein „persönliches Werk" zu erfüllen hat.

Die *„analogia fidei"* (oder *„relationis"*), deren Barth sich fortan bedient, beschreibt demnach gar nichts anderes als die **„Stellvertretungsverhältnisse" in der Konstitution der neuen Menschheit, in denen der je „auserwählte" Teil des Ganzen für die anderen Teile − pars pro toto − gut zu stehen hat.** Im Zentrum aller Geschichte vertritt **Jesus** Gott vor den Menschen und die Menschheit vor Gott und steht für ihre Taten gut. Er tut es aber, indem er zuallererst für **Israel** gut steht, dessen Messias er ist. Israel steht mit seiner Hoffnung und seinem Leiden von alters her für die **„anderen Völker"** gut, sowie die **Kirche** der Juden und Heiden die „anderen Völker" auch gegenüber Israel repräsentiert. Israel hat gewiß auch versagt − und so trat die Kirche an seine Stelle. Aber nun hat auch die Kirche versagt − und so trat nun (für Barth nicht von ungefähr) der **Sozialismus** an ihre Stelle. Aber nun kann, wo auch der Sozialismus versagt, eine christliche Gemeinde der Gottesfürchtigen und Gottlosen erneut auch für den Sozialismus gut zu stehen haben, sowie sie stets für die Unterdrückten, für die Armen, für die Ausgeschlossenen und „Randgruppen" gut zu stehen hat.

So steht es zwischen dem „reichen Mann" und dem „armen Lazarus"! **So** zwischen den Männern und den Frauen! **So** zwischen den Deutschen und den Juden! So vielleicht auch zwischen heutigen „Westdeutschen" und „Ostdeutschen" − so vielleicht auch zwischen dem heutigen Israel und den Palästinensern!

Man merke aber: Wem in diesen Stellvertretungsverhältnissen nicht stets von Neuem ein *„kräftiges Ärgernis"* geboten wäre (R. II, S. 262), der hätte vielleicht noch nicht von Ferne begriffen, worum es hier geht − oder er hätte aus diesem „Systemprinzip" der Theologie K. Barths bereits wieder sein eigenes Konstruktionsprinzip: eine heimliche oder unheimliche Philosophie gemacht [11]. Sollte es nicht in höchstem Maße ärgerlich sein (ge-

11) Es kann auch die gediegenste „Erwählungslehre" in „natürliche Theologie" umschlagen!

rade für die „christlichen Theologen"!), daß Jesus nicht „Christ", sondern
„Jude" war und das „Heil" also auch heute noch „von den Juden kommt"
(Joh., 4,22, Barth 1933e, S. 14)? Sollte es nicht ärgerlich sein für die
Männer, daß dieser Jesus aber von einer Frau zum Messias gesalbt wurde
und ohne daß sie es (in ihrer Empörung) bemerkten? (Mk., 14,3-10). So
kann uns aber gerade das **jüdische Volk** im Ganzen, das doch notorisch in
keinem Schema von „Volk" oder „Religion", „Nation", „Rasse" oder
„Klasse" aufgehen will, ein stetes und heilsames Ärgernis bereiten. Wenn
irgendetwas, dann ist es gerade dieser „Realfaktor" in allem Weltgeschehen,
der sich aller unserer Systematik und „Welterklärung" widersetzt. Und gerade in dieser ungewollten oder auch gewollten „Fremdlingsschaft" dieses Volkes hat Barth den vielleicht einzigen „natürlichen Gottesbeweis"
gesehen.

Und nun weiß auch Gott, was gegen diesen „Beweis" seines Wirkens und
seiner Wirklichkeit mit Recht von uns einzuwenden – und gerade wiederum „heute" von uns einzuwenden sein könnte! Aber auch das „wüsche
der Rhein nicht ab": daß dieses Volk **da** ist und doch immer wieder gerade
die ganze Last **unserer** – der „Heiden" – Verdrängungen und Projektionen,
Feindschaft und Verfolgung zu ertragen hat.

Die Juden haben sich nicht geändert, *„verändert haben sich nur die Be-*
gründungen, die man gegen sie ins Feld führt" (F. Dürrenmatt, S. 137).

4.2 „Das Heil kommt von den Juden!"

.Es gibt keinen sprechenderen „Kommentar" zur Kirchengeschichte des
konstantinischen Zeitalters als eben die Geschichte dieser verdrängten,
zwangsgetauften oder verfolgten, schließlich zur Ursache alles Weltübels
erklärten Juden. Freilich hören wir jetzt sagen, daß man aus dem Holocaust kein theologisches Argument machen dürfe, daß man den Juden zwar
allezeit „menschlich" begegnen dürfe, daß aber ein „Philosemitismus" nur
neuen „Antisemitismus" hervorbringen werde. Und wir hören den Einwand, daß es einen theologischen „Antijudaismus" des Neuen Testamentes
gebe, der – vom „Antisemitismus" wohl zu unterscheiden – auch „heute"
noch unaufgebbar sei! Und so hören wir die alte Litanei, die seit M. Luther
(sei es nun mit oder gegen ihn) in der evangelischen Kirche vorgetragen
wird: daß die Geschichte vom Sinai her und daß der Bund Gottes mit diesem seinem Volk doch nur eine „Vorgeschichte" sei der Offenbarung, von
der der christliche Glaube *„auf keine Weise irgend abhängig sei"* (Schleiermacher, S. 150). Es sei das Neue Testament das *„Ende des Gesetzes"*
(Röm., 10,4) und somit auch die Auflösung und Aufkündigung des „alten
Bundes". Es sei die Geschichte Israels mit der Kreuzigung Jesu – oder
doch spätestens mit der Zerstörung des Tempels durch die Römer –
abgeschlossen. Es sei aber auch schon der alttestamentliche Kanon das Pro-

dukt einer jüdischen „Gesetzesreligion", von der sich Paulus energisch abgewandt habe. Und es sei dann die Geschichte des „Judentums" ein unerheblicher Fortsatz dieser Geschichte, auf den man zu christlichen Belehrungszwecken wohl einmal verweisen, von dem man sich aber — als eines Beispiel des göttlichen Zorns und der Strafe — schleunigst abzugrenzen habe. Es habe die Offenbarung wohl in diesem Rahmen stattgefunden, es stünden die Juden aber doch (selbstverschuldet) außerhalb der Offenbarung. Es habe der Gott Israels, nachdem er *„zu vielen Malen und in der mannigfaltigsten Weise zu den Vätern geredet"* (Hebr. 1,1), zu diesem Volk in der Fortsetzung bestimmt nichts mehr geredet. Es sei aber darum auch schon im „Neuen Testament" zu unterscheiden, was daselbst „jüdischer" Herkunft und Art und was daselbst „christlichen" Ursprunges sei. Und es sei — da diese Unterscheidung doch nicht möglich ist — in Jesus Christus selber zu unterscheiden, was daselbst der Christus „im Fleische" (d.h. der „historische", der jüdische Jesus), was aber der Christus „im Geiste" (nämlich im Kerygma, in der Osterbotschaft) sei. So wird uns denn — in der Gründlichkeit und unter dem Deckmantel der „historisch-kritischen Methode"! — geradezu angeraten, nur das als „echtes" Jesus-Wort anzunehmen, was sich auf seine Weise **nicht** aus der jüdischen Umgebung Jesu erklärt. Es wird uns überhaupt geraten, dieser Umgebung in jener kühlen akademischen Abstraktion zu begegnen, die hier nur einen wunderlichen zeitgeschichlich-mythologischen Hintergrund der Verkündigung Jesu wahrzunehmen vermag. Dieser Hintergrund aber sei „sachkritisch" zu eliminieren. Denn nichts sei gefährlicher als von neuem zu vermengen, was „in Christus" ein für alle Mal geschieden sei: die reale Utopie des Alten Testamentes mit der reinen „Eschatologie" des Neuen Testamentes, den sozialrevolutionären „Atem" der Propheten mit dem „heiligen Geist" der Apostel, die reale Befreiungsgeschichte Israels mit der „Freiheit des Evangeliums" — oder den antiken Imperialismus mit seinen (so viel sittlicher gewordenen) „modernen" Variationen! Bis von alledem nichts mehr bleibt als der aufgeklärte Rest eines „Du sollst, denn du darfst", wenn es nicht eben — wie 1933 geschehen — eine sehr viel furchtbarere Wendung nimmt. Soviel ist klar: So könnte man das „Evangelium" nicht auslegen, wenn es Juden in der Gemeinde gäbe, die hier ein Wörtchen mitreden dürften! Und auf diesem Weg können Jesus und die Apostel bestimmt nicht zu den Juden reden! Aber eben: muß man nicht erkennen, daß auf diesem Wege — von Luther bis Gogarten, von Strauß bis Bultmann, von Schleiermacher bis Brunner (und wie sie, mit wenigen Ausnahmen, alle, alle heißen) — der „Antijudaismus" nicht nur das „Ergebnis", sondern auch schon die Voraussetzung, das Gesetz und die **Methode** dieser „kritischen" Wissenschaft ist? Muß man dann nicht auch einmal aufstehen und, ohne Rücksicht auf das Detail, schreien, daß diese ganze gelehrte Wissenschaft und Theologie (nicht nur in der entsetzlichen Gründlichkeit, sondern auch im „geistlichen" Habitus ihrer „Unterscheidungen") nichts sei als christlich-bourgoise Ideologie? Daß aber auch die Kirche, die sich von solcher Wissenschaft beraten und leiten läßt, verraten und verkauft ist, wenn es darauf ankommt?

„Quo usque tandem . . .?" (Barth 1930b). Man könnte die These aufstellen, daß ein „Nationalsozialismus" in Deutschland gar nicht möglich gewesen wäre, wenn sich die Exegese hier früher aus dem Bann des „späten Luther" und des deutschen Idealismus gelöst hätte. Aber es war jedenfalls von ferne nicht nur ein (verständliches) „menschliches" Versagen, als Kirche und Theologie 1933 unter dem Arierparagraphen in derselben Weise zwischen **getauften** und **ungetauften** Juden säuberlich zu „unterscheiden" begann und sich damit – als ob Jesus Christus nicht für die Juden, sondern nur für „Judenchristen" gestorben sei – am Holocaust auch unmittelbar schuldig machte. Frage ein Jeder nach seiner Schuld. Aber das ist gewiß, daß man nicht fernerhin mit Juden „menschlich" reden kann, solange das **falsche** Ärgernis im Zentrum dieses „Kirchenverständnisses" nicht zugunsten des **echten** Ärgernisses des Evangeliums beseitigt ist – wenn man in Predigt, Taufe und Abendmahl, in Theologie und Kirchenjuristik, „als wäre nichts geschehen", fortfahren wollte. Und ganz nebenbei: Warum sollte es nicht erlaubt sein, dieses Volk der Juden – in seiner ganzen Ärgerlichkeit – zu lieben?

4.3 Die Sozialismusfrage

Nun stoßen wir in dieser Geschichte immer wieder auf Abgründe, die wir nicht zu ermessen vermögen. „Wie konnte Gott das nur zulassen?" Wie kann da noch von seiner „Gnade" und „Vorsehung" die Rede sein? Aber nun (v) erkläre man nicht mit der Theologie, was nicht aus Gottes Willen, sondern aus **menschlichem** Willen geschehen ist – was dem erklärten „Unwillen" Gottes, seinem „Weltgericht", seinem gerechten Zorn entspringt. Die Hölle der Gottverlassenheit ist immer da, wo Gott nur einfach **geschehen** läßt, was die Menschheit gegen seinen Willen tut. *„Gott läßt seiner nicht spotten"* (Gal., 6,7).

Ob Gott auch die Zerstörung seiner „Schöpfung" zulassen wird? Wir wissen es nicht. Es kann wohl sein, daß Gott sich seit 1945 der Atombombe bediente, um uns nochmals eine „Gnadenfrist" der Buße und Umkehr zu gewähren – es könnte aber auch sein, daß wir es **nur** der göttlichen Gnade und nicht den amerikanischen Atombomben zu verdanken haben, daß wir trotz Rüstung und „Abschreckung" immer noch eine Überlebenschance haben. Und es kann sein, daß Gott den Nationalsozialismus auch nur deswegen „zugelassen" hat, weil die **Kirche** nicht da war, die seinen Namen angerufen hätte.

So nenne man nicht „Schicksal", was von Menschen getan und erlitten, und nicht „Naturgesetz", was vielmehr das paulinische *„Gesetz der Sünde und des Todes"* ist (Röm., 8,2). Der Mensch ist nun doch nicht Marionette eines göttlichen (oder hegelisch-marxistischen) „Heilsplanes". Die Freiheit unter der Gnade schließt offenbar mit ein die „Freiheit", die Gnade zurückzuweisen und damit die „ontologische Unmöglichkeit" der Unfreiheit zu wählen – wie die Lemminge in den Abgrund zu rasen. Gott verlangt von uns nicht das „ontologisch Unmögliche" – die Beseitigung des „Nichtigen" dürfen wir getrost seine Sache sein lassen! So verlangt er von uns nur das „ontologisch Mögliche" und „Menschenmögliche" und gerade der (analytische) Satz von K. Marx, daß sich der *„Menschheit immer nur Aufgaben (stellen), die sie lösen kann"* (Marx 1974, S. 16) dürfte von der Offenbarung her kein gänzlich abwegiger, nein, gerade erst von der Offenbarung her auch ein möglicher und notwendiger Satz sein! Er bedeutet dann sicher kein Paradies der unbegrenzten Möglichkeiten – *„Arme werdet ihr allezeit bei euch haben"* (Mk., 14,7) und heute mehr denn je. Dieser Satz entlarvt aber die Ideologie und „politische Ökonomie" der Herrschenden, die nach sich (und am Ende ihres Lateins) nur noch die Sintflut, eine Eiszeit (Troeltsch) oder den Atomkrieg kommen sehen.

Warum sollte nicht auch gerade K. Marx eine gute Lektüre für Christen sein, warum sollte man – jenseits der philosophischen Eierschalen des „frühen Marx" und der „Naturdialektik" des späteren „Marxismus" – nicht gerade den eigentlichen Marx des Kapitals *„lesen"* lernen? (Althusser 1972). Wir haben *„Moses und die Propheten"!* (Luk. 16,29-31).

Gerade der **Sozialismus** dürfte, in welcher Gestalt auch immer, von der technologischen Basis des modernen „Kapitals" längst keine leere „Utopie", sondern fällige, geradezu überfällige Notwendigkeit sein. Er ist es nicht mehr im schwärmerischen Sinne T. Müntzers, sondern durchaus in der *„bitteren Notwendigkeit"* (Thurneysen 1927, S. 516) nüchterner Wirtschaftsplanung und Veränderung der Produktionsverhältnisse. Er ist es nicht so, daß nicht auch hier das „ontologische Unmögliche": die Diktatur des totalen Wirschafts- und Planungsstaates und der Barbarei zur Wirklichkeit werden könnte! Aber eben: Woran könnte die Möglichkeit und Notwendigkeit eines wie auch immer demokratischen Sozialismus eher zu erkennen sein als an dem ungeheuren ökonomischen Potential, das gerade im „Nationalsozialismus" nicht zur Progression, sondern zur Regression und Destruktion: zu einem völkervernichtenden Krieg eingesetzt worden ist? Ja, wie will man der bedrohlich wachsenden sog. „Überbevölkerung" der Erde Herr werden, solange der heimliche Nerv dieses Problems: das „Privateigentum an den Produktionsmitteln" weder theoretisch noch praktisch angerührt wird? Sollte Jesus Christus nicht auch der Herr der Produktionsmittel sein? Und wie will man nun die ökonomische und ökologische **Verantwortung** dieser Bevölkerung wecken, solange man sie für dumm verkauft und ihr die konkrete Verantwortung an allen entscheidenden Punkten vorenthält? Die Menschheitsgeschichte kann aber nur so zur wirklichen „Menschheitsgeschichte" werden, indem die Menschen **selber** zu verantwortlichen und beteiligen, zu beteiligten und darum erst auch verantwortlichen „Subjekten" dieser Geschichte werden. Das ist gewiß ein unendlich mühsamer

und dornenreicher Weg! Aber was tun die herrschenden Schichten, wenn
sie dem Ende ihrer Weisheit entgegensehen müssen? Statt die Bevölkerung
vor Hunger, Krankheit und Tod zu schützen, suchen sie sich selber vor Bevölkerung zu schützen. Und nun reißen sie vollends an sich, was ihnen
nicht gehört, vernichten, wo sie pflanzen, schlagen, wo sie dienen, zerstören
wo sie nur eben — abdanken sollten (vgl. Matth., 25,45ff!). Es gibt kein
zeitloses „Mandat" der guten und rechtmäßigen „Obrigkeit". Und immer
wird der rechtmäßige Staat zum unrechtmäßigen Staat **lange bevor** er zur
konterrevolutionären Tyrannei wird.

Nun scheue man sich nicht, wie von einer allgemeinen „**Zeitgenossenschaft**" der Kirche, so auch von einer je zeitbedingten „**Bundesgenossenschaft**" der Christen mit dieser oder jener anderen Gruppe oder Bewegung
zu reden — nur darum vielleicht, weil diese Gruppen und Bewegungen in
der Bibel noch nicht „vorgesehen" sind! Darum etwa, weil gerade der Sozialismus — da ja auch Ware und Geld, Lohnarbeit, Kapital, Technik und
Wissenschaft (oder etwa das Schweizer Bankengeheimnis) in der Bibel in
diesem Ausmaß *„nicht vorkommen"* — *„biblisch nicht begründbar"* sei! [12].
Denn wenn diese oder jene konkrete Gestalt des Sozialismus in der Tat
nicht biblisch herzuleiten (und von der Kirche auch nicht zu „verkündigen"!) ist, kann sich die Kirche doch nicht der Frage entziehen, welche
Wirtschafts- und Gesellschaftsordnung der Ordnung des Alten und Neuen
Testamentes je **entsprechen** könnte. Es kann nicht anders sein: denn das
wäre kein Bekenntnis zur einen Gestalt des Wort Gottes, das Jesus Christus selber ist, das nicht allen Ernstes damit rechnete, daß diese eine Wahrheit nicht nur in der Gestalt der Kirche, der Predigt und des Sakramentes,
sondern auch noch in anderen Gestalten des sozialen und politischen Lebens Wirklichkeit werden will. Gerade indem die Kirche nicht ihre Identität mit dem „Reiche Gottes" behaupten kann, weil sie selber nur ein
„Gleichnis" des kommenden Reiches Gottes ist, muß sie auch **andere**
„Gleichnisse" um sich und neben sich gelten lassen, anerkennen und bejahen. Und was die Reformatoren hinsichtlich des besseren **Staates** ohne
Zögern getan haben, wird sie heute auch hinsichtlich der besseren **Wirt-
schafts- und Gesellschaftsordnung** tun dürfen und müssen.
Wir brauchen uns hier nur ganz allgemein zu vergegenwärtigen, daß der
Sozialismus diese Frage an die Kirche seit spätestens dem 1. Weltkrieg tatsächlich war. Er war es ja gewiß auch schon lange zuvor — und die Kirche
hätte hier die Zeit gehabt, sich dieser Frage in Ruhe und Nüchternheit, in
dogmatischer Umsicht wie in Liebe und politischer Vernunft zuzuwenden.
Sie hat es ja in etlichen ihrer Glieder auch getan! Sie konnte aber doch
nur in einer Art Weltflüchtigkeit wähnen, daß sie einer Entscheidung auf

---

12) „Warum und inwiefern eigentlich nicht, ihr Lieben?" Vgl. Barths ‚Beweisfüh-
rung' im Zusammenhang des „Nationalsozialismus" in: Die Kirche und die politische Frage von heute, Schweizer Stimme, S. 93.

Dauer würde entgehen bzw. sie den Politikern oder auch nur den „zuständigen Fachleuten" würde überlassen können! Und so geschah es ja auch, daß der Sozialismus zu dieser nicht mehr zu überhörenden Frage **wurde** und sie zur Entscheidung genötigt war: nicht nur in Gestalt der Weimarer-Republik 1918, sondern alsbald in Gestalt auch des „Nationalsozialismus" 1933. Und hier war also die Frage, wie die Kirche sich entscheiden würde: [13]

— ob sie, nachdem sie dem Verlangen des marxistischen und demokratischen Sozialismus solange widerstanden hatte, nun einem völkisch-nationalen und antidemokratischen „Sozialismus" würde nachgeben dürfen?

— ob sie, nachdem sie die Gelegenheit der Jahre 1918 − 23 verpaßt hatte, ihre *„Schuld . . . . gegen die Welt"* (Gogarten 1928) in der geschichtlichen „Stunde" des Jahres 1933 abzutragen habe ?

— ob sie, die 1918 auch die gemäßigte SPD nicht begrüßen wollte, jetzt die Führungsrolle der einzig verbliebenen NSDAP begrüßen dürfe?

— ob sie, die schon immer die Frontstellung des „Klassenkampfes" abgelehnt hatte, nun in eine grundsätzlich antisozialistische, antikommunistische und antisemistische „Volksfront" einschwenken dürfe?

— ob sie in den weiteren Gütern dieser Unternehmung: der Stärkung des militärischen (und paramilitärischen!) Apparates, dem „Führerkult", der arisch-christlichen Mythologie des „Dritten Reiches" etc. ebensolche Wirklichkeiten zu erkennen habe, die in irgendeiner näheren oder auch nur ferneren „Analogie" des „Reiches Gottes" zu begreifen wären?

— ob sie, um nicht den Anschluß an die neue Bewegung zu verpassen, ihre Zeit- und Bundesgenossenschaft mit den Juden würde aufkündigen dürfen?

— ob es für sie irgendeine Art der „Torschlußpanik" geben dürfe?

— ob sie − angesichts der sie nun wahrhaftig überwältigenden geschichtlichen „Stunde" − auch das tun dürfe, was *„biblisch"* nun in der Tat *„nicht begründbar"* war, weil es nicht nur in der Auflösung fast sämtlicher ihrer bisherigen „Dogmen" und politischen Überzeugungen, sondern auch in der Auflösung des biblischen Kanons und also ihres Bekenntnisses bestand?

Diese Fragen stellen, heißt sie beantworten. Es sind dies durchwegs Fragen, die sich im Rahmen des bisherigen „Selbstverständnisses" dieser Kirche bewegen und hier also auch von jedem Gemeindeglied gestellt werden konnten. So konnte man vom Bekenntnis her fragen, so konnte man aber auch im Interesse der reinen „Selbsterhaltung" fragen. Und dies beides wurde ja auch von etlichen Christen getan.

Aber eben: die Zeit und die Freiheit, die die Kirche dem marxistischen Sozialismus gegenüber wohl lange gehabt hatte, besaß sie nun dem Nationalsozialismus gegenüber nicht. Dieser trat der Kirche sofort in einer To-

13) Vgl. Schweizer Stimme, S. 80-94.

talität der Erwartung, Inanspruchnahme und Gleichschaltung gegenüber, in welcher der Marxismus der Kirche (so wahr er in ihr immer auch einen bedrohlichen „Fremdkörper" gesehen hat) noch kaum irgendwo gegenübergetreten ist. Das differenzierte und „dialektische" Ja, das die Kirche nach 1918 doch mindestens der Sozialdemokratie und den Gewerkschaften gegenüber hätte praktizieren können (und das sie in einer differenzierenden Haltung auch der KPD und dem Rußland Stalins gegenüber hätte bewähren können), das hatte dem Nationalsozialismus gegenüber nun plötzlich keinen Raum. Denn er wollte ja selber der berufene Anwalt des „positiven Christentums", selber „Kirche" und selber „Reich Gottes" sein, nicht ein Gleichnis unter und neben anderen, sondern (totale) Identität. So konnte es ihm gegenüber faktisch auch nur ein undialektisches ganzes Ja oder ganzes Nein geben – dies bestimmt Barths Position im Kirchenkampf.

Es ist aber von vorneherein keine Frage, daß Barth, indem er die radikale Alternative formulierte, nicht um die „Selbsterhaltung" der Kirche, sondern um das Bekenntnis gekämpft hat, als er nun gänzlich undialektisch nicht „Theologie und Politik" (auch nicht „Theologie" und „Kirchenpolitik"), sondern – *als wäre nichts geschehen"* – *„Theologie und nur Theologie"* betreiben wollte (Barth 1933a, S. 3). Täuschen wir uns nicht: diese „Stellungnahme" enthält auch Barths *„politische Entscheidung"* (eb.), die für Barth schon in der ersten Stunde des „Dritten Reiches" gefallen ist. Aber täuschen wir uns auch darin nicht: in den selben Tagen zeigte es sich (auch für Barth), daß die Dämme des bisherigen kirchlichen „Selbstverständnisses" brachen als ob sie aus Pappe wären, daß sie der braunen Flut nicht standhalten konnten, daß von einer erhaltenswerten „Substanz" dieses Kirchentums fast gar nicht mehr die Rede sein konnte. Die Kirche suchte ihre „Selbsterhaltung" in politischer und „kirchenpolitischer" Anpaßung und Fremdbestimmung – ein selbstbestimmtes „Subjekt" von Kirche, das zu einer politischen Stellungnahme fähig gewesen wäre, war noch gar nicht in Sicht. Dennoch können wir das Bild einer politisch desinteressierten oder unpolitischen „dialektischen Theologie" K. Barths 1933 (K. Scholder) schon hier ins Reich der Mythenbildung verweisen. Wir folgen auch hier dem „Beispiel Karl Barths".

TEIL III

Karl Barth und die „Bekennende Kirche" im Widerstand gegen den Nationalsozialismus. Zur Tragweite von Barmen 1934.

„Die Verkündigung der Kirche ist per se politisch, sofern sie die in Unordnung befindliche heidnische Polis zur Verwirklichung von Recht aufzurufen hat. Gut ist sie dann, wenn es das konkrete Gebot Gottes, ungut ist sie dann, wenn es die abstrakte Wahrheit einer politischen Ideologie ist, was sie vertritt." (1932, Busch, S. 229)

1. Von der „Kirchenpolitik" zur „Kirche"

1.1 Barths reformatorische Absichten

Die Jahre 1933 – 1935 sind bei Barth Jahre äußerster theologischen Konzentration und sie erbringen „auf einen Schlag" eine ganze Reihe von bedeutsamsten Schriften, Aufsätzen, Vorträgen hervor, so die *„Theologische Existenz heute!"* (1933), *„Nein! Eine Streitschrift gegen Emil Brunner"*, (1934), *„Evangelium und Gesetz"* (1935), und Schriften zur „Reformation". Freilich liegen diese Reden und Schriften gleichsam in der großen Fahrrinne, die die Überarbeitung der Dogmatik 1932 hinterlassen hat, aber was dort noch in der Breite und Abstraktion wissenschaftlicher Darlegung vorgeführt wurde, gewinnt nun im plötzlichen Wandel der politischen Verhältnisse eine Aktualität, die eine sofortige Konkretion, Verdichtung und Zuspitzung verlangt. Das Zentrum aller dieser Reden und Aufsätze ist zweifellos die wesentlich von Barth verfaßte *„Theologische Erklärung von Barmen"* (1934), in welcher Barth auf einen sofort zu begründenden und zu vollziehenden kirchlichen Widerstand abzielt. Barth betritt – implizit – das Feld der politischen Auseinandersetzung und des „ideologischen Kampfes". Aber es ist eben bezeichnend für Barth, daß er dies ganz und gar im Bereich und Medium der Theologie und des organisatorischen Zentrums der Kirche in Angriff nimmt.
Wenn später „explizit" wird, was hier und jetzt noch „implizit" gemeint und (auch politisch) gesagt ist, wenn also die politische Kehrseite der theologischen Medaille nicht etwa als nebensächlich betrachtet werden darf, so

hat doch Barth später keinen Zweifel aufkommen lassen, daß die hauptsächlichen Entscheidungen für ihn 1933 und 1934 gefallen sind und sein
später politisches Auftreten von hierher verstanden werden muß. Zuerst
kämpft Barth um die **Kirche** als dem eigentlichen „Subjekt" der Entscheidungen, und erst als ihn diese Kirche nicht mehr tragen konnte oder
wollte, [1] tritt sein direkt politisches Engagement in den Vordergrund.
Auch hier liegt ein für Barth gewiß schmerzhafter Lernprozess vor, der
faktisch einem Bruch mit der offiziellen kirchlichen Repräsentanz in
Deutschland bis in die spätesten Jahre gleichkommt – und die Weichen für
die so umfangreiche Ausarbeitung der „Kirchlichen Dogmatik" stellt.
Barth wird wieder theologische und politische „Privatperson", nachdem
er für kurze Zeit wirkliche „Kirchenperson" gewesen war! Aber gerade so
möchte ich meine Untersuchung mit der Interpretation dieser „Kirchen-
jahre" und nicht mit seinen politischen Vorträgen in der Schweiz beschlies-
sen, so bedeutsam und erhellend sie auch sind. Sie können mit ihren über-
reichen zeitgeschichtlichen Bezugnahmen auch nur sachgemäß verstanden
werden, wenn hinreichend deutlich wird, was Barth in den streitbaren und
bis heute umstrittenen Jahren davor gewollt hat.

Auch hier liegen überreiche zeitgeschichtliche, politische und va. kirchenpolitische Bezugnahmen vor, aber im Wesentlichen denkt Barth doch weit
über die Tagespolitik hinaus. Es geht ihm um „mehr" als nur gerade um die
Erhaltung der Kirche und der kirchlichen „Verkündigungsfreiheit" unter
dem nationalsozialistischen Regime. Es geht ihm um „mehr" als um einen
kurzschlüssigen (leichtsinnig-lebensgefährlichen) „politischen Widerstand",
um „mehr" auch als um eine schnelle Kompromissfindung in der „Judenfrage" zwischen Kirche und Staat. Barth kämpft um Sinn und Inhalt der
Existenz von Kirche überhaupt, und er war offenbar der Meinung, daß die
nun brennend gewordenen „politischen" Fragen nur so auch zu beantworten seien, daß die Fragen nach dem „Wesen" und „Auftrag" der Kirche beantwortet würden, daß aber die Beantwortung dieser Fragen auch jene Fragen sofort und selbstredend mit-beantworten würde. Denn Barth hatte nun
doch zugleich zweierlei erkannt:
(1) daß der Nationalsozialismus nach seinem politischen Sieg und der Zerschlagung der Linksparteien und Gewerkschaften im Inneren keine wirkliche Opposition, keinen ernsthaften, für ihn gefährlichen Gegner mehr besaß – außer: der „Kirche Jesu Christi", (Barth 1933e).
(2) daß aber die Kirche dieser ernsthafte Gegner des Nationalsozialismus
nur dann und insofern sein würde, als sie wieder zur „evangelischen" Kirche – nicht lutherischen, nicht reformierten, nicht „unierten", aber – zu
einer sich an Haupt und Gliedern **reformierenden** Kirche würde.
Was Barth 1933 – 1935 anstrebte und wollte, war nicht mehr und nicht

---

[1] Vgl. H. Prolingheuer, Der Fall K. Barth 1934/35. Chronografie einer Vertreibung 1978.

weniger als eine „Reformation" der evangelischen Kirche in Deutschland, und zwar aus der äußeren, wie auch der inneren Notwendigkeit ihrer Situation. Sofern das wahr (und dieses Wort nicht zu hoch gegriffen) ist, sofern „Reformation" aber ein Ereignis meint, das man nicht willkürlich wollen oder nicht wollen, sondern nur je in seiner äußeren wie inneren Notwendigkeit einsehen kann — sofern Barth also in der Notwendigkeit einer solchen Situation gesprochen und gehandelt hat, wird man seine diesbezüglichen Schriften und Reden als seine „reformatorischen" Schriften bezeichnen können.

Aber eine solche Wertung und Würdigung steht uns heute vielleicht gar nicht zu. Auch nach allem, was sich hier tatsächlich „bewegt" und ereignet hat — und Barth hat dies nachträglich als ein „Wunder" bezeichnet — (KD II/198) — so hat sich Barth in der „Bekennenden Kirche" doch nur teilweise durchsetzen können. Seine „Reformation" ist in einigen Ansätzen — auf halbem Wege stecken geblieben. Und auch politisch wird man relativieren müßen: der kirchliche Widerstand war nicht ohne weiteres bedeutender als der Widerstand anderer, illegaler, sozialistischer und kommunistischer Gruppierungen. Die Akten über den „Kirchenkampf" sind auch heute noch in keiner Hinsicht geschlossen. [2] Was uns ansteht, ist allein der Versuch einer sachgemäßen Interpretation der Haltung und Absicht Barths im Kirchenkampf.

1.2 Barths Stellung im Kirchenkampf

Auch die im engeren Sinne kirchengeschichtliche Erforschung und Darlegung kann hier nicht unsere Aufgabe sein. Daß die kirchliche und theologische Landschaft in all diesen Jahren „erheblich vielfältiger" war, als es Barth von seinem Ort jeweils zu erkennen und überblicken vermochte, wird gewiß nicht zu bestreiten sein (vgl. Scholder, S. 558). Daß auch K. Barth nicht „alles gesagt hat, was der Herr der Kirche die Seinen in der ihnen widerfahrenen Trübsal erkennen lassen will", wie es T. Breit auf der Augsburger Synode 1935 formulierte, ist gewiß auch in der Polemik ein wahrer Satz (Meier, 2/49). Ob es auch ohne Barth eine „Bekennende Kirche" gegeben hätte? Ob ohne Hitler einen Faschismus? Wer wollte diese Fragen beantworten? Aber sicher ist, daß sich auch die Wirkung Barths im Kirchenkampf nicht erklärte, wenn nicht auf Grund der Bereitschaft von so zahlreichen Theologen, Kirchenmännern und Laien, diese „Schweizer Stimme" zu hören — wie sich der Widerstand ja gewiß auch schon ohne Barth und vor Barth

---

2) Dies gilt auch angesichts der neuen Gesamtdarstellungen von K. Scholder und K. Meier. Es betrifft gerade auch die untergründigen Verflechtungen von christlichem, jüdischem und sozialistisch-kommunistischem Widerstand. Vgl. Anm. 6!

geregt hat. Und was alles hat sich abseits von den großen Synoden etc.
in den Dörfern und Gemeinden getan, was der „Kirchengeschichtsschreibung" entweder gar nicht zugänglich – oder jedenfalls noch entgangen sein dürfte! Und wie einfach und bescheiden wird sich so Manches ausnehmen, was sich da zugetragen hat, gegenüber den großen
Worten, die auf den Synoden gefallen sind! Die Zerstörung von allerlei
„Kirchenkampf-Legenden" (Baumgärtel) wird – wenn sie nicht dem
Aufbau neuer und anderer Legenden dient – gewiß die Voraussetzung
dafür sein, daß dieses Geschehen überhaupt wieder ernst genommen
werden kann. Wir müssen uns der Gefahren der Einseitigkeit, Überbetonung und Verzerrung bewußt bleiben, wenn wir zunächst – mit
Scholder – feststellen, daß sich der „Barthsche Ansatz" jedenfalls auf
den höheren Ebenen Mitte 1934 „kirchenpolitisch . . . durchgesetzt"
hatte (Scholder, S. 558). In der Beurteilung dieses Faktums scheiden
sich die Geister, und der Ausschließlichkeits- bzw. „Totalitätsanspruch
der Bekennenden Kirche" – schon gar ihres „dahlemitischen Flügels"
(Meier, 1/S. 223) – ist vielen als ein bleibendes Ärgernis in Erinnerung.
Aber wie war es gemeint? Und wie hat es sich – nun nicht nur in der
„providentia dei", sondern auch in der „confusio hominum" – wirklich zugetragen? Einer der authentischsten Zeugen dürfte hier H. Ass-
mussen sein, der als Co-Autor der Barmer Erklärung, als überzeugter
Lutheraner und späterer Gegner Barths dessen Wirken im Kirchenkampf 1936 noch einmal zusammenfassend beleuchtet und gewürdigt
hat. Als derjenige, der die Barmer-Erklärung auf der Barmer Synode
1934 vorgelegt, erläutert und verteidigt hat, wird er sicherlich nicht
überhört werden dürfen. Aber auch seine Darstellung von 1936 ist eine
Kampfschrift, in der er die radikalen Schritte des „dahlemitischen Flügels" verteidigt, welche er auch als Lutheraner hat mitgehen können.
„Man hat uns in der Folgezeit oft den Vorwurf gemacht, wir hätten
die in Barmen anwesenden Synodalen veranlaßt, etwas auszusprechen,
was sie in seiner Tragweite nicht übersehen konnten." (Asmussen
1936, S. 93). Er habe oft mit Barth darüber geredet. Er muß sogar zugeben: „Ich bezweifle nicht, daß für alle Barmer Synodalen gilt, daß
sie die Konsequenzen ihres Redens nicht erkannt haben". Dennoch:
„ich bestreite, daß uns diese Erkenntnis hätte veranlassen sollen, weniger zu sagen. Dieser Einwand ist psychologisch, nicht theologisch"
(S. 94). Aber das ist die Lage, wohin wir sehen. Es wurde in diesen
Jahren – und zwar von allen Seiten her – um etwas gekämpft, und
sicher nicht immer unter Berücksichtigung aller zu beachtenden Regeln der menschlichen Psychologie. Das, um was gekämpft wurde, ist
bis heute umstritten und in seiner Tragweite vielleicht noch lange
nicht erkannt. Der Streit muß theologisch, nicht psychologisch geführt
werden. Aber es ging in alledem nicht nur um „reine Lehre", sondern
um „Wesen, Auftrag und Gestalt der Kirche". [3]

---

3) So der Artikel 1.2. der Grundordnung der EKiD 1948.

Vielleicht darf man den Kirchenkampf 1933 – 1935, Barth betreffend, in drei Etappen gliedern.

1. Von der „Theologischen Existenz heute" nach Barmen (1933/34)

Schon die „Theologische Existenz heute" enthielt insofern eine klare kirchenpolitische Beurteilung der „Lage", sofern Barth hier nicht nur gegen die „Glaubensbewegung Deutsche Christen" zu Felde zog (Barth 1933a, S. 22ff), sondern die ganze **Kirchenreformbewegung** des Jahres 1933 mit einem deutlichen Fragezeichen versah. Die Parole „Ein Volk, ein Reich, ein Führer" hatte nun offenkundig auch in Kirchenkreisen eingeschlagen: es sollte endlich eine geeinte „Reichskirche" geschaffen werden und in einem „Reichsbischof" die gebührende Vertretung finden. Die Motive dazu waren gewiß unterschiedlich: Einige sahen das, was sie sich in der Weimarer-Zeit vergeblich erträumten, nun im Zuge der „völkischen Erneuerung" greifbar nahe gerückt; andere glaubten vielleicht an einen völligen Neubau der Kirche „von unten her"; dritte wiederum sahen hier die Chance, das Deutsche Volk endlich wieder mit seinem bedeutsamsten Erbe: der Reformation Luthers bekannt machen zu können. Die kirchliche Mitte hatte sich denn auch in der Bischofswahl nicht hinter den von Staats wegen ausersehenen (späteren) Reichsbischof Müller, sondern hinter den hochangesehenen F. v. Bodelschwingh gestellt. Aber eben: der Staat reagierte auf diese Wahl mit der Einsetzung eines staatlichen Kirchenkommissars (A. Jäger) – und Barth veröffentlichte im selben Augenblick seine Schrift, die die theologische Substanz dieser Kirchenreformsbewegung von Grund auf in Zweifel zog. Barth protestierte zunächst im Namen der „Reformierten" (S. 19) und plädierte dafür, daß die Kirche in den für sie lebenswichtigen Fragen selber entscheiden und von allgemein-politischen Erwägungen bzw. staatlicher Vorsorge unbeeinflußt bleiben muß. Aber dann kündigte er auch schon das Organisationsprinzip des von ihm gemeinten kirchlichen Widerstandes an: „*Wo theologische Existenz ist, da ist man in aller Bescheidenheit – und wenn man ein noch so kleiner Theologe, wenn man der unbekannteste Dorfpfarrer oder auch gar kein Pfarrer und Theologe, sondern ,nur' so etwas wie ein Laienältester wäre, der aber seine Bibel und seinen Katechismus kennt – selber der rechte Bischof, wie er in der heiligen Schrift vorgesehen ist. Wo keine theologische Existenz ist, wo man nach dem kirchlichen Führer* **ruft**, *statt Führer zu* **sein** *in seinem befohlenen Dienste, da ist alles Rufen nach dem Führer so vergeblich wie das Schreien der Baalspfaffen: ,Baal erhöre uns!'* " (S. 21) Wohl hatte Barth seinen Angriff hauptsächlich auf die Irrlehre der „Deutschen Christen" gemünzt. Daß er aber auch die kirchliche „Mitte" bzw. besonders auch die sog. „*Jungreformatorische Bewegung*" nicht verschonte, die er als eine laue, aber darum noch gefährlichere Spielart desselben Trends empfand – diese „*radikale*" Einschätzung der Lage (von Bultmann bedauert, Scholder

S. 557) ist ohne Zweifel die originäre Leistung Barths. War sie „politisch" gemeint? Die sich nun überstürzenden Ereignisse gaben Barth jedenfalls recht. Es waren nicht Barths theologische Argumente — so ernüchternd und wegweisend seine Schrift auf viele zunächst gewirkt haben mag — es waren die fortschreitenden staatlichen Maßnahmen und Übergriffe, die nun auch eine wachsende Zahl der Unentschlossenen ins Sammelbecken der Bekennenden Kirche drängte. Verhalf Hitler den „Deutschen Christen" zu einem überwältigenden Wahlsieg, so mußte sich spätestens mit dem „Sportpalastskandal" vom 13. Nov. 1933 auch den gutmeinenden Christen offenbaren, daß die Grundlage der reformatorischen Bekenntnisse hier verlassen sei. Die wankende Gestalt des neuen Reichsbischof Müller konnte nun auch der kirchlichen Mitte nicht mehr als der „wahre Bischof" einleuchten. Der „Pfarrernotbund" unter Leitung von M. Niemöller organisierte sich frühzeitig gegen die Einführung des Arierparagraphen in der Kirche — er wuchs nach dem Sportpalastskandal schlagartig von 2000 auf 7000 Mitglieder an. (Kupisch 1966/S. 142). Im Bereich der „zerstörten" (d.h. von den Deutschen Christen beherrschten) Landeskirchen bildeten sich — unter dem maßgeblichen Einfluß der reformierten Kreise — sog. „freie Synoden" und Pfarrerbünde. Die Maßnahmen des „Rechtswalters" A. Jäger zwangen aber auch die Bischöfe der verbliebenen „intakten" lutherischen Landeskirchen (Meiser in Bayern, Wurm in Württemberg, Marahrens in Hannover) zur Annäherung an die kirchliche Opposition. Noch verliefen die Fronten z. T. kreuz und quer, und es bedurfte etliche Zeit bis auch Barth in der kirchlichen Opposition Fuß faßte — man denke gerade an seine anfänglichen Schwierigkeiten mit Niemöller! (Scholder, S. 706ff) — aber es hatte sich schneller, als zu erwarten war, gezeigt, daß die „Reichskirche" auf tönernen Füßen stand. Selbst Hitler ließ erkennen, daß er, um die Kirche baldmöglichst zu befrieden, u. U. von den Deutschen Christen und L. Müller abrücken würde. [4]

---

4) Vgl. die Auseinandersetzung von Barth und Niemöller im Pfarrhaus des Berliner Superindententen Jacobi nach dem Sportpalastskandal, nach welcher Barth seinen Unmut über die „Diktatur des U-Bootskommandanten Niemöller" äußerte (Scholder 1977, S. 708). Auch Niemöller erschien Barth zunächst als Repräsentant einer kurzatmigen „Kirchenpolitik", die für eine theologisch radikale, auch gegenüber dem Staat durchzusetzende politische Linie kein Verständnis hatte. So setzte Niemöller immer noch auf Müller, wo Barth bei Hitler die „Freiheit" der Kirche einklagen wollte, ihre Konflikte aus eigener Kraft zu lösen, und also die Absetzung Müllers und den Abzug des Staatskommissars erreichen wollte. Hier unterstellt Scholder Barth politisch naives „Zutrauen" in die Macht des „Wortes Gottes" (wenn nicht noch schlimmeres). Naivität? Nein, Zivilcourage — und ein schlagendes Beispiel der Unsachlichkeit der Scholderschen Darstellung hinsichtlich Barths (S. 707ff).

2. Barmen und Dahlem 1934

Die entscheidende Vorstufe zur 1. großen Bekenntnissynode von Barmen (Mai 1934) war wohl die freie Synode der **reformierten** Gemeinden in Barmen-Gemarcke (Jan./Febr. 1934), die, streng nach dem reformierten Gemeindeprinzip, nur delegierte *„Prediger oder Älteste"* von bestehenden Gemeinden zuließ (Scholder, S. 740). Barth wurde hier das Haupttreferat übertragen, das in einer breit ausgeführten Vorwegnahme der späteren „Barmer Thesen" bestand. Barth wird seine Aufgabe entscheidend so verstanden haben, daß die Kirche hier erstmals lernen müße, ihrem „Bekenntnis" entsprechend auf den eigenen Beinen zu gehen. Dies mußte von den Gemeinden her geschehen — und hier dürften die reformierten Gemeinden den lutherischen Landeskirchen gegenüber einen natürlichen Vorsprung gehabt haben. Nicht von ungefähr ist die große reformierte Gemeinde von Barmen-Gemarcke, in ihrer vielleicht Diaspora-ähnlichen Situation, zu einem der — neben Niemöllers Dahlemer-Gemeinde — wichtigsten „geistlichen Wiederstandszentren" des Kirchenkampfes geworden. Wichtig scheint, daß Barth schon in diesem Vortrag die *„Untrennbarkeit von Botschaft und Ordnung der Kirche"* hervorhebt (Ch. Barth, S. 52), in welcher die Kirche sich weder theologisch noch soziologisch „gleichschalten" lassen kann (vgl. Scholder, S. 742). Das entscheidende Ereignis des Jahres 1934 dürfte nun aber in der Tatsache zu sehen sein, daß sich dieser selbe Ansatz nun auch unter den Bedingungen der **interkonfessionellen Barmer-Synode** unter Lutheranern, Unierten und Reformierten durchzusetzen vermochte. In Voraussicht der möglichen konfessionellen Streitigkeiten hatte sich Barth denn auch äußerste Zurückhaltung auferlegt und das Haupttreferat zu den 6 Barmer Thesen H. Asmussen überlassen. Fast wäre er zu dieser Synode gar nicht eingeladen worden! (Busch, S. 258f). Wenn Barth die in großer Einmütigkeit angenommenen Entschließungen dieser Synode — die *„Theologische Erklärung"* und die damit verbundene *„Erklärung zur Rechtslage"* — nachträglich als ein „Wunder" bezeichnete, so ist damit sicher auch dies gemeint: nicht daß es ohne, aber daß es trotz der zahlreichen kirchenpolitischen Bedenken, Bedingungen und Vorbehalte, trotz der fortexistierenden konfessionellen Gegensätze, trotz aller persönlichen Fehden und taktischen Überlegungen zu solcher Einmütigkeit gekommen war. Barth hat es in diesen Thesen immerhin vermocht, jenen Ton anzuschlagen, in welcher die Situation aller Beteiligten sachgemäß interpretiert und vom Bekenntnis her interpretiert war. Nicht, daß er irgendjemandem irgendetwas hätte „aufschwätzen" wollen! Nicht, daß er irgendetwas hätte sagen wollen, was nicht jeder Christ mit seiner Bibel und seinem Bekenntnis mitsagen konnte. Aber indem es nun geschah, daß diese Synode diese Worte mitredete, geschah es auch, daß der kirchliche Widerstand, wie ihn Barth gemeint hatte, aufhörte, Barths „persönliche" Angelegenheit zu sein, daß sie zur Sache der

Kirche wurde. In dieser „Erklärung" ihrer Lage vom Bekenntnis her
sah diese Synode darum auch die *unumgängliche theologische Grundlage der Deutschen Evangelischen Kirche als eines Bundes der Bekenntniskirchen*" (Quellen, S. 277). Dies bedeutet nicht, daß diese Erklärung nicht weiterhin interpretationsbedürftig und insofern umstritten
bleibt. Gerade Barth hat sich bis in die KD hinein an dieser Aufgabe
fortgesetzt beteiligt. Aber man wird nicht wohl tun, diese Erklärung
einseitig für diese oder jene Partei in Anspruch zu nehmen. [5]

Der Gegensatz in der Auslegung dieser Erklärung sollte sich sehr bald
nicht so sehr in abstrakt-konfessioneller Hinsicht als vielmehr in sozio-
logisch-struktureller Hinsicht ergeben. Schon in Barmen wurde zur
Rechtslage erklärt: *„Die hierarchische Gestaltung der Kirche widerspricht dem reformatorischen Bekenntnis"* (Quellen, S. 278). Die
Tragweite dieses Satzes – Barmen IV entsprechend – sollte sich auf
der 2. großen Bekenntnissynode von **Dahlem** (Okt. 1934) herausstellen, wo es vorallem um die rechtlichen, organisatorischen und insofern „kirchensoziologischen" **Konsequenzen** aus Barmen ging. Diese
Synode ist freilich nicht zu verstehen, wenn nicht aus der Situation
der akuten politischen Bedrohung, in welcher die Bischöfe Meiser und
Wurm kurz vorher unter Hausarrest gestellt worden waren. Nur so ist
es zu erklären, daß auch die lutherischen Vertreter einem kirchlichen
„Notrecht" zustimmten, das die Befehlsgewalt der kirchlichen Hierar-
chien aufhob und einen radikal basisdemokratischen bzw. **rätedemo-
kratischen** Aufbau der Kirche vorsah – unter gehöriger Beteiligung
von Laien! Es wurden die Pfarrer von der Gehorsamspflicht dem
Reichsbischof gegenüber entbunden, es wurden Bestimmungen über
die Mitgliedschaft der BK erlassen und über die Verwendung von kirchlichen Geldern verfügt etc. Die überaus heftige Diskussion dieser Beschlüße schon auf der Synode, die noch heftigere Kritik, die sie darnach erfuhren, ist hier nicht zu referieren (vgl. Meier 1, S. 221-260).
Aber auch Meier, der sich zum Anwalt der Kritiker macht, muß erkennen, daß sich diese Konsequenz schon *„aus dem Ansatz der Barmer
Theologischen Erklärung ergab"* (S. 222). Die BK habe sich hier „über-

[5] Tatsache ist, daß die Barmer Erklärung für die Lutheraner nur im Zusammenhang mit Asmussens Einführungsreferat akzeptabel wurde, das eine „politische"
Absicht im Ansatz negierte. Dennoch haben die Lutheraner sofort ihren Widerstand gegen diese Erklärung artikuliert, H. Sasse ist noch während der Verhandlungen abgereist und Bischof Meiser verkündigte alsbald in Bayern, daß nur eine
rein lutherische Synode beschließen könne, was für die lutherischen Landeskirchen „verbindlich gesagt werden kann". So wurde Barmen denn auch der
Status eines Bekenntnisses verweigert – dies 1934, 1945 in Treysa, 1948 in
Eisenach und bis „heute". Die klassische lutherische Interpretation ist nachzu-
lesen bei H. Brunotte 1977. Aber eben: auch so ist Barmen nicht „von Asmussen her", sondern sind Asmussen und Barth „von Barmen her" zu interpretieren!

nommen" (und ins Abseits drängen lassen), sagten alsbald die einen. Von einer Entscheidung *„wie sie seit den Tagen der Reformation in unserer Kirche nicht gefällt worden ist"*, sprach auf der Synode Präses Koch (Kupisch 1966, S. 149). Und eben darum ging es nun auch Barth, für den diese Synode *„überraschend . . . . einen guten Verlauf und Ausgang"* genommen hatte (Busch, S. 265). Er bejahte die hier getroffenen Beschlüße sicher nicht in allen ihren Akzidenzien und Begleiterscheinungen — und dies wird man „heute" um so weniger tun müssen! — aber wiederum in ihrer „theologischen Substanz": *„Diese Klärung war abhängig von der dogmatischen Klärung von Barmen und konnte sich nur zugleich mit dieser oder gar nicht durchsetzen"* (KD II/1, S. 197). Wir können auch anders sagen: Über die „Tragweite" von Barmen — in kirchlicher wie politischer Hinsicht — wurde auf dem Weg von Barmen nach Dahlem entschieden. Es ist unmöglich, Barmen von Dahlem abzulösen, wenn man verstehen will, was Barth in Barmen gemeint hat. Aber genau dies bestimmt nun den weiteren Verlauf des Geschehens. [6]

3. Von Dahlem nach Augsburg. Barths Abschied (1934/35)

Barth hat sich in Dahlem in den neugebildeten „Reichsbruderrat" wählen lassen und war nun — was auch Asmussen hervorhebt — entschlossen, sich auch an der praktischen Aufgabe der „Kirchenleitung" zu beteiligen. Aber was hieß hier „Kirchenleitung", wenn die „oberste Gewalt" vom Worte Gottes und darum von den Gemeinden und der gewählten Synode auszugehen hatte? *„Es war eine große Sache, sie alle beieinander sitzen zu sehen, dem gleichen Worte Gottes sich konfrontierend: Barth, Immer und Hesse sowohl wie Meiser, Wurm und manche Oberkirchenräte"* (Asmussen, S. 97). Aber eben: der „Schock" von Dahlem bewirkte auf staatlicher Seite mindestens das, daß die Arreste der Bischöfe Meiser und Wurm sofort aufgehoben wurden. Es

---

[6] Schon 14 Tage nach Dahlem erließ das Zentralkomitee der KPD einen „Aufruf . . . an die christlichen Werktätigen Deutschlands", indem es u.a. heißt: „Mit Freude und Genugtuung haben die Werktätigen Deutschlands davon Kenntnis genommen, daß die Bekenntnissynode den uniformierten Reichsbischof . . . desavouierte und seinen Komplizen Jäger aus der protestantischen Kirche ausgeschlossen hat. Mit Recht wurde der Boykott der Steuerabgaben an die faschistische Landeskirche beschlossen. Hunderttausende christlicher Werktätiger stehen im Kampf gegen das ‚Neuheidentum', hinter dem sich die brutale Machtgewalt der Ausbeuter und Kriegsmagnaten verbirgt . . . Wir müssen eine geeinte Volksfront aller gegen die Hitlerdiktatur gerichteten Kräfte schaffen!" Tatsächlich hat die Synode Dahlem wesentlich zur Veränderung der traditionell antikirchlichen Haltung der sozialistischen Arbeiterbewegung und, seit der Berner Erklärung der KPD 1935, zur Neudefinition der Kirchenpolitik der KPD und späteren SED beigetragen. Vgl.: Auf dem Weg zur gemeinsamen humanistischen Verantwortung, S. 89ff.

geschah, daß diese Bischöfe − von Hitler jetzt persönlich empfangen!
(Kupisch 1966, S. 149) − erneut in Amt und Würden saßen und von
sich aus keine Nötigung mehr empfanden, sich dem bruderrätlichen
„Kirchenregiment" unterzuordnen. Und es geschah, daß sich auch der
Reichsbruderrat, vor vollendete Tatsachen gestellt, bald genötigt sah,
in Verhandlungen einzutreten, wie etwa auch die BK noch staatliche
Anerkennung bzw. „legalen" Status erlangen könne. Die Bischöfe −
nun vorallem unter Initiative des national gesinnten Hannoveraners
Marahrens, der lange genug abseits gestanden hatte − sahen ihre Stunde gekommen. Schon im Nov. 1934 wurde auf einer Sitzung des
Reichsbruderrates, gegen die Stimmen der „Dahlemiten", eine „1. Vor-
läufige Kirchenleitung" eingesetzt, die die BK vorallem nach außen
repräsentieren und dem Staat gegenüber als „verhandlungsfähiger"
Partner auftreten sollte. [7]
Barth ist mit Niemöller, Hesse, Immer sofort aus der Reichsbruderrat
zurückgetreten − für ihn sollte dieser Schritt endgültig sein. Es ist aber
diese selbe Situation, in welcher Marahrens − der erste Vorsitzende der
1. VKL − die Bemerkung machte: *„Sie werden doch auch der Meinung
sein, daß die größte Gefahr für die D.E.K. augenblicklich K. Barth ist"*
(Busch, S. 266). Wie soll man es verstehen? Daß hier nur Barthsche Eitelkeit und Arroganz − bzw. „päpstliche Allüren" − eine Rolle spielten, gerade dagegen nimmt H. Asmussen Barth energisch in Schutz (Asmussen, S. 92). Auch Barths begründete Vorbehalte gegen Marahrens
dürften nicht den Ausschlag gegeben haben. Wohl aber das Faktum,
daß die vorher einmütig gefaßten Dahlemer-Beschlüße flagranterweise
außer Kraft gesetzt, damit aber auch das Barthsche **Mandat** in dieser
Art „Kirchenleitung" hinfällig geworden war. Barth mußte zurücktreten − mindestens bis zur nächsten Synode − wie dann auch Niemöller
und die Anderen sich später zum Wiedereintritt in den Reichsbruderrat bewegen ließen. Aber nun nahmen die Dinge ihren Lauf: Vier Tage
später ist Barth vom Amt suspendiert! [8] In Rücksicht auf ihr neues
politisches Kalkül konnte die Kirchenleitung Barth nun auch nicht in
seinem Prozeß unterstützen; für die geplante Augsburger Synode hatte
sich Bischof Meiser eine Beteiligung Barths aus ebensolchem Kalkül
ausdrücklich verbeten. Und wie sollte es nun anders sein, daß diese
Kirchenleitung auch nicht rechtzeitig und energisch genug um einen

---

7) Die Reformierten mit Barth waren freilich schon vor der Beschlußfassung abge-
reist, nachdem Barths Renitenz als „Belastung" bezeichnet worden war. Bischof
Meiser: „Es hat sich herausgestellt, daß mit Barth Kirche nicht zu bauen ist."
(Prolingheuer 40f).

8) Prolingheuer S. 47. Vorher galt Barth als „undenunzierbar", S. 1ff. Die Unter-
redung der Bischöfe mit Hitler und Barths Ausscheiden aus der „Kirchenleitung"
gab den staatlichen Stellen in der Tat das „Signal", mit Barth ‚kurzen Prozeß'
zu machen (45).

möglichen Lehrstuhl für Barth an einer freien kirchlichen Hochschule besorgt sein konnte, wie es sich Barth wohl gewünscht hat? Aber auch für die BK selber waren die Folgen — unabhängig vom Weggang Barths — fatal: Sie hatte sich nun, wie Barth treffend bemerkte, *„das Rückgrat verrenkt"* und konnte seither *„niemehr fröhlich gradeaus laufen, wie sie es zwischen Barmen und Dahlem getan hatte"* (Busch, S. 267). Der sich von unten aufbauenden und regierenden „Bekennenden Kirche" (in den Gebieten der „zerstörten Kirchen") stand nun weiterhin eine „intakte Kirche" der staatstreuen Lutheraner gegenüber, die den konfessionellen Konflikt nun auch zum bleibenden strukturellen Konflikt der „BK" werden ließ. Auch die **Augsburgersynode** (Juni 1935) konnte diesen Tatbestand nicht mehr ändern. Sie hat es, indem sie die Einsetzung der 1. VKL. „dankbar" zur Kenntnis nahm, unterlassen, über eine mögliche Weisungsabhängigkeit der Bischöfe von der Synode zu befinden. Die „BK" hat sich denn auch 1936, nach der letzten großen Synode von Bad Oeynhausen, definitiv **gespalten**. Und es ist dieses merkwürdig auf zwei Seiten hinkende Gebilde, das das Bild von der BK weithin geprägt und Faschismus und Krieg — nun sicher auch nicht ohne Ehren — überstanden hat. [9]

Wir versuchen, zu einem vorläufigen Urteil zu kommen. Für Barths theologisches wie politisches Urteil war entscheidend, daß mit diesem Ausgang der Dinge nicht nur *„Dahlem invalidiert"* war, sondern *„Barmen"* selber nun *„zu den ‚intakten', ‚unantastbaren' Papieren rutschte"* (Busch, S. 267). So mußte sich bis nach 1945 (und vielleicht bis heute) der Geruch einstellen und erhalten, daß Barmen vorallem ein dogmatisches Lehrstück, das Schutzschild irgendeiner Orthodoxie, das Legitimationsstück irgendeiner fatal „intakten", von Weltkrieg und Holocaust völlig unberührten Kirchlichkeit sei — und ohne Bedeutung für das Leben der Gemeinden selber. Barmen schien ja nun auch keinen ernsthaften politischen Widerstand begründet zu haben — und so mußte es nachträglich als fraglich erscheinen, ob ein solcher jemals in der Absicht dieser Erklärung gelegen haben möchte. Dies alles fügt sich dann mit einem Schemen des „biblischen Theologen" Barth zusammen, der in diesen Jahren „nur Theologie" betrieben hat! Dazu ein dreifacher Kommentar, Barths Abschied 1935 betreffend:

a) **H. Asmussen** nimmt Barth gegen Barth selber in Schutz, wenn er betont, daß ihnen politische Absichten in diesen Jahren fremd gewesen seien. Barth habe in einzigartiger Zurückhaltung zur einen *„Sache"* der Kirche und der Theologie zurückgerufen. Freilich: *„So haben auch*

---

[9] Freilich ist auch der „dahlemitische Flügel" der „2. VKL" nach Oeynhausen immer wieder umgefallen: besonders in der Eidesfrage 1938!

viele von uns gewünscht, wir könnten K. Barth hinsichtlich seines poli-
tischen Denkens im Namen des Kreuzes zu unserem Denken herzuru-
fen. Wir hätten es in vielen Dingen sehr viel leichter gehabt. Wir hätten
ihm auch manches erspart" (Asmussen/S. 88) Und: *,,Ich bin . . . bei*
jener Gründung der Vorläufigen Leitung von Männern mit Namen
unter Geltendmachung aller geistlichen und weltlichen Gründe bear-
beitet worden, meine Zustimmung dazu zu geben . . . Ich bin Gott
dankbar, daß ich von K. Barth dieses Bild nicht zurückbehielt, als er
von uns ging" (S. 104).

b) In einem **Brief an H. Hesse** vom 30. Juni 1935 erklärt Barth die
Gründe seines Abschiedes: Es sei ihm, da ihn die BK trotz der ,,*Zu-*
rückhaltung", die er sich auferlegt habe, nicht ,,*tragen*" könne oder
wolle, ,,*sozusagen physisch unmöglich geworden*", in Deutschland zu
verbleiben. In Hinsicht auf den ,,*Augsburger Religionsfrieden*" sagt er:

Die BK denke ,,*noch gar nicht daran, daß sie ein ,Wort an die Obrig-*
keit' richtend, auch noch etwas anderes auszusprechen haben könnte
als die mit der Beteuerung ihrer politischen Zuverlässigkeit begründete
,inständige Bitte' um die Erhaltung ihres Bestandes, und daß ihr Gebet
für die von Gott gesetzte Obrigkeit seine Echtheit darin erweisen
müßte, daß es, wo sie die Lüge und das Unrecht zum Prinzip erhoben
sieht, eines Tages auch zu dem in den Psalmen vorgesehenen Gebet um
Befreiung von einer fluchwürdig gewordenen Tyrannei werden könnte.
Sie hat für Millionen von Unrechtleidenden noch kein Herz. Es wird
mir eine peinliche Erinnerung an die letzten zwei Jahre sein und blei-
ben, daß ich selber nicht kräftiger in der hier gebotenen Richtung vor-
gestoßen habe" (Meier, S. 2,59f).

c) Seinen **Studenten** sagte Barth zum Abschied: ,,*Es war ein munterer*
und es war ein ernster Studienbetrieb. Meinetwegen hätte er noch lan-
ge so weitergehen können und ich hatte mich schon darauf gefaßt
gemacht, mein Grab hier am Rhein zu finden! . . . Aber siehe da
– Es fiel ein Reif in der Frühlingsnacht! . . . Ich möchte raten, daß wir
auch hier, gerade hier, uns ganz schlicht unter das gehörte Wort stellen
und es uns gefallen lassen: Gott widersteht den Hoffärtigen. Den Hof-
färtigen? Das hatten wir uns nicht gedacht, daß dieses Wort uns gelten
könne, damals als wir auf dem Höhepunkt unserer schönen Arbeit
standen! Und doch war gewiß auch damals viel Hoffart dabei . . . Es
war viel Selbstbewußtsein unter uns und der Gedanke gefiel uns gut,
hier so etwas wie eine theologische Schule zu gründen. Und nun? Gott
hat die Sache anscheinend nicht so gut gefallen . . . Wenn wir das er-
kennen, daß wir unter Gottes Gericht stehen, wenn wir uns ihm stel-
len und uns von ihm an unsere Schranken erinnern lassen, daß alle
Professoren- und Studentenherrlichkeit ihr Ende haben muß – dann
dürfen wir wie Hiob sagen: Der Name des Herrn sei gelobt" (Kupisch

1971, S. 93f). Unsere Aufgabe wird es trotzdem sein, den theologischen Ertrag dieser Kampfjahre Barths neu zu bedenken.

1.3 Nicht „Kirchenpolitik", sondern „kirchlicher" Widerstand!

Wir können nicht daran zweifeln, daß Barths radikale theologische Position von Anfang an eine klare **politische Analyse** enthielt: das „und", das Barth im Programm der Deutschen Christen bekämpfte, meinte ja materialiter die Anerkennung und Legitimierung des nationalsozialistischen Staates. Dieser Staat basierte auf Prinzipien, die ein solches „und" unmöglich und unerträglich machten: der Nationalsozialismus war in sich selber ebenso die „Aufhebung" der christlichen Gemeinde wie die christliche Gemeinde in sich selber die Aufhebung dieser Prinzipien und des „totalen Staates" sein mußte. Aber eben: dieser Staat bedurfte offenbar — wenn auch nur vorübergehend — einer solchen christlichen Legitimierung, wenn er sich ideologisch als „totaler Staat" etablieren wollte. Er hätte ohne diese Camouflage — wenn er seine Maske von Anfang hätte fallen lassen, nicht mit dem Christentum, sondern gegen es hätte antreten wollen, seine Herrschaft zweifellos nicht antreten und sich auch in der national-konservativen Bevölkerung nicht durchsetzen können. Er profitierte von jener Eselsgeduld, in welcher sich diese Bevölkerung von ihren Politikern — von Bismarck bis Adenauer — schon immer alles und jedes gefallen ließ und gefallen läßt, wenn diese Politiker nur eben „christlich" sind und im Namen des „Christentums" sprechen — wenn man nur annehmen darf, daß sie es auch als Diktatoren oder „Realpolitiker" im tieferen Herzensgrunde „gut" mit den Menschen meinen, solange nur ihre „Person" über allen Zweifel erhaben ist. In dieser Situation plädierte Barth für eine radikale **Trennung** von „Theologie" und „Politik", für eine „sachliche" Beurteilung der nationalsozialistischen Prinzipien und für die Aberkennung ihrer christlichen Legitimität. Daß es ihm nicht auf die theologischen Torheiten der Deutschen Christen als solche ankam, daß er sie vorallem als Zuträger und politische Ideologielieferanten bekämpfte, daß er also den Sack schlug und den Esel meinte — das durfte er nun ruhig eine Weile für sich behalten. Aber eben: Wir stehen vor der Tatsache, daß Barth eine „politische" Absicht seines Kirchenkampfes immer wieder in aller Form dementierte! Hat sich also auch Barth einer „Camouflage" schuldig gemacht, hat also auch er nicht immer — wie Marquardt ihm zubilligt — *„mit offenen politischen Karten"* gespielt? (Marquardt 1972, S. 37). Hier ist zweierlei zu berücksichtigen: Barth „durfte" mit gutem Gewissen „dementieren", weil er in diesen ersten Jahren des Kirchenkampfes tatsächlich nicht „Politik" oder „Kirchenpolitik" machen, sondern den Weg *„von der Kirchenpolitik zur Kirche"* gehen wollte (Stoevestandt 1979). Neben allem, was nun links und rechts an hastiger „Kirchenpolitik" gemacht wurde, hat Barth wohl eingesehen, daß gerade er — der homo politicus — jetzt auf keinen Fall „Politik" machen: taktieren, ideologisieren, vermitteln, Kompromisse schließen etc.,

sondern schlicht nur noch **eines**: „Theologie" betreiben darf. Als „politi-
sierender" Theologe hätte er die Verwirrung allenfalls noch größer machen,
sich ein sofortiges „Berufsverbot" zuziehen, aber keine Minute Gehör finden können. Nur darf man, um den politischen Sinn auch dieser theologischen Radikalität zu verstehen, sich den Nationalsozialismus nicht als. einen allzu harmlosen Gegner vorstellen. Wenn Barth später sagen konnte:
„*Ein Wörtlein kann ihn fällen*" (Barth 1945, S. 152), so sah es zunächst
nicht so aus, als ob ihn irgendetwas noch fällen könnte. Und auch der im
Ausland reputierte „Prof. Barth" hätte politisierenderweise diesem Gegner
schwerlich Schaden zugefügt. Dies System war z.B. erklärtermaßen dazu
angetreten, den Sozialismus aus der Welt zu schaffen. Jeder Sozialist oder
Kommunist, in flagranti ertappt, konnte die Notwendigkeit dieser „Staatsräson" nur noch weiter legitimieren und jeder ergriffene „Staatsfeind"
konnte die Verschärfung der staatlichen Maßnahmen weiter einleuchtend
machen.

Der **Reichtagsbrand** war für Barth der genaue Ausdruck dieser Situation. Daß Barth dieses „System" sofort durchschaut und mit dem
Ausruf: „Das waren die Nazis!" bloßgestellt hat, wurde ihm später in
seinem Prozeß vorgehalten.

Dieses „System" wartete insofern nur darauf, eine „politisierende" Kirche
unterdrücken zu können und in diesem Sinne hatten Barths „Dementis"
zweifellos auch den Charakter einer nötigen „Schutzbehauptung", in welcher Barth den relativen „Freiraum" der Kirche nicht etwa mutwillig gefährden, sondern – als letzte Zufluchtsstätte für viele Menschen – erhalten
und zur Sammlung der Kräfte nutzen wollte. [10] Hatte nicht selbst Hitler
öffentlich erklärt, daß „*die Rechte der Kirche . . . nicht geschmälert, ihre
Stellung zum Staate nicht geändert*" würden? (Barth 1933a, S. 10f).
Aber nun das Zweite: Barth durfte diese Schutzbehauptung wagen, weil sie
– anders als jene staatliche Absichtserklärung – nicht nur taktischer Art
war! Es war nun einmal nicht so, daß sich in der Bekennenden Kirche –
wie die Parteipresse alsbald denunziatorisch behauptete – nur die Reste
der linken „politischen Opposition" sammelten. Und Barth dachte gar
nicht daran, sich zum Sprecher oder Fürsprecher nur etwa des kleinen
Häufleins „religiöser Sozialisten" zu machen. Barth wollte eine bekennende
„Kirche" – und so beschränkte er sich tatsächlich darauf, in erster Linie
die „innerkirchlichen" Fronten zu klären. Er hat den Staat in diesen Jah-

---

10) Vgl. die Vorworte zu Barths Heften der „Theologischen Existenz" – in Nr. 12
endlich mit der Aufforderung, auch einmal „zwischen den Zeilen" zu lesen!!
Aber Barths Dementis waren auch an die ausländischen „Zaungäste" gerichtet,
die dem „deutschen Kirchenkampf" nur allzu schaulustig und – untätig gegenüberstanden. Barth wollte nicht schlafende Leuen wecken, aber die im kirchlichen Tiefschlaf befindliche Ökumene!

ren tatsächlich nirgendwo „direkt" (oder tätlich) angegriffen, sondern seinen Widerstand nur auf jener inneren Linie der rein kirchlichen und also „*indirekt* . . . *politischen Stellungnahme*" begründet (Barth 1933a, S. 3). Er bekämpfte wirklich „nur" die Deutschen Christen. Er stellte tatsächlich „nur" die ganze Kirchenreformbewegung des Jahres 1933 in Frage. Er verweigerte auch nicht den staatlichen Beamteneid als solchen, sondern „nur" den unbegrenzten „Führereid". Und so bekämpfte er in der Tat nicht den Staat als solchen, sondern „nur" sein Wesen als „*totaler Staat*" (S. 40). Wie sollte er diesen Staat nicht auch gerade damit an seiner verwundbarsten Stelle getroffen und in Wort und Tat angegriffen haben! Aber eben: indem er formaliter auf der Trennung von Kirche und Staat bestand (und jeden staatlichen Übergriff energisch zurückwies) „untergrub" und unterhöhlte er ja bereits den totalitären Anspruch dieses Staates und leistete er — pars pro toto — den jetzt von allen geforderten „politischen Widerstand". Täuschen wir uns nicht: Es war nun doch nicht eine periphere Angelegenheit, daß dieses („faschistische") System neben Staat, Wirtschaft, Armee, Kultur, Wissenschaft etc. auch die **Kirche** sich einzuverleiben wünschte. Sein ganzer „ideologischer Überbau", ja seine ganze ideologisch-politische Konstruktion stand und fiel mit dieser Inanspruchnahme. So wäre es auch in höchstem Maße trügerisch und irreführend, immer noch von einem „Verhältnis" und „Gegenüber" von „Kirche" und „Nationalsozialismus" zu sprechen, wo schlicht von einer — vielleicht auch formal unabhängigen und nur indirekt „gleichgeschalteten" — **nationalsozialistischen Kirche** zu sprechen wäre. Das ist es ja, daß dieses System grundsätzlich nur aus seinen verführten und getäuschten „Mitläufern" bestanden hat, die sich nur irgendwie dem Winde beugten (und später alle hochheilig ihre „Unschuld" beteuerten)! Und eben diesen potentiellen und akuten „Mitläufern" in den **eigenen** Reihen hat Barth das abschreckende Beispiel der „Deutschen Christen" drohend und warnend vor Augen gestellt. Dem theologisch ungefährlichen (wenn auch kirchenpolitisch höchst realen) Einbruch der Deutschen Christen in die Kirche stand der Möglichkeit eines viel unscheinbareren theologischen Einbruchs zur Seite, der jede weitere staatliche Zwangsmaßnahme unnötig gemacht, sich vielleicht still und unauffällig vollzogen, aber die Kirche in jedem Falle „lächerlich" gemacht hätte. Diese Kirche war nicht von Haus aus die „*naturgemäße Grenze*" des „totalen Staates"! (Barth 1933a, S. 40). Sie hatte die reale Möglichkeit, und sie war drauf und dran, hier — mit allerlei Ehren und Würden bedacht — etwas ganz anderes zu werden oder zu sein.

In dieser Situation hat sich Barth nicht eine alsbaldige politische Stellungnahme der Kirche „gegen" den Nationalsozialismus erhoffen wollen. Er führte den Widerstand auf jener höchst gefährdeten und schmalen Linie, in der er der Kirche zur eigenen Konsolidierung — aber nicht nur der Kirche, sondern (so merkwürdig es klingt) auch dem Staat (zur Kenntlichmachung seiner eigentlichen Absichten) — erst noch **Zeit** lassen wollte. Die eigentlichen Fronten mußten sich erst noch bilden, wenn es zu einer wirklichen Scheidung und Entscheidung kommen sollte, und nichts konnte gefähr-

licher (und lebensgefährlicher) sein, als diese Schlacht in einer falschen
Frontstellung anzutreten. Es müßte nicht nur einigen Theologen, sondern
allen Christen möglich sein, diese Scheidung und Entscheidung im Bekenntnis mitzuvollziehen. Es würde auch diese „innere Front" und Sammlungs-
bewegung — und das haben gerade Barths Gegner am besten verstanden! —
auch schon das Zeichen eines „politisch" wirksamen Widerstandes sein.
Es würde dann gewiß auch zur „direkt" politischen Äußerungen kommen
müssen. Aber eben: In all dem, was Barth sich hier 1933 von der Kirche erhoffte, in all dem, was er von dieser Kirche — im Vertrauen auf das Wort
Gottes — zu „erwarten" können meinte: es gab nichts, was er nicht so sehr
erhoffte und erwartete, daß er darauf nicht auch noch hätte — **warten**
können.

1.4 „Kirche", nicht „Sekte" (Barth-Bonhoeffer 1933)

Durchaus noch auf dieser „inneren Linie" des politischen Widerstandes hat
Bonhoeffer nach der kirchlichen Übernahme auch des Arierparagraphen
1933 Barth angefragt, ob jetzt nicht die Zeit gekommen sei, daß die bekennenden Christen aus der Kirche **auszutreten** und sich in der „*Freikirche*"
zu sammeln und zu organisieren hätten (Bonhoeffer, S. 126f). Auch da riet
Barth dazu, bis zur Klärung der Fronten — abzuwarten (S. 128f). Es dürften sich die bekennenden Christen jetzt nicht freiwillig (oder überstürzt)
zur „Sekte" verurteilen. Sie dürften gerade die Kirche jetzt nicht im Stich
lassen. Es dürfe der Arierparagraph nicht der Anlaß zum „Kirchenaustritt"
sein, sondern nur dazu, jetzt um so energischer, und auf breiter Front, die
„Bekenntnisfrage" zu stellen. Es solle der emigrierte Bonhoeffer darum,
heißt es später, schleunigst an sein „*verlassenes Maschinengewehr*" zurückkehren (Bonhoeffer S. 136). Hier wird man sich — a posteriori! — fragen
dürfen, ob Barth an dieser Stelle nicht tatsächlich geirrt hat — ob die Sache
mit der „Bekennenden Kirche" vielleicht deswegen an einem irreparablen
Geburtsfehler litt, weil auch Barth es versäumte, in der Sache der „Judenfrage" „*wenigstens in aller Form*" theologisch zu kämpfen. Aber eben:
„*Ein Text, in dem ich das getan hätte, wäre freilich* (auch noch) *1934 bei
der damaligen Geistesverfassung auch der ‚Bekenner' (nicht) . . . akzeptabel geworden*" (Busch, S. 261). Wir stehen vor einem „historischen Kompromiß" der Barthschen Theologie, der wohl die Koalition der radikalen
„Bekenner" mit den „intakt" gebliebenen lutherischen Bekenntniskirchen
ermöglichte, aber die durchgreifende Klärung der theologischen Fronten
verhinderte. Man wird nicht ohne weiteres sagen dürfen, daß dies das „notwendige" Ergebnis des Barthschen „*Ansatzes*" gewesen sei (Scholder 1977,
S. 558) — als ob nicht auch Bonhoeffer in der Konsequenz dieses „Ansatzes" gedacht und gehandelt hätte! Man wird auch nicht Barth und Bonhoeffer gegeneinander ausspielen dürfen dort, wo es nach 1935 zwischen
der „Bekennenden Kirche" und ihnen **beiden** zum Bruch gekommen ist: in
der Frage der „Kirchenausschüsse" 1936 und der Eidesfrage 1938 wie hin-

sichtlich des (bewaffneten) politischen Widerstandes. Aber eben: indem die theologische Klärung an diesem entscheidenden Punkt unterblieb, konnte und mußte es später auch zu falschen Scheidungen innerhalb der Bekennenden Kirche kommen, konnte es geschehen, daß eine Kirche, die nur noch abstrakt am Bekenntnis festhalten wollte, sich in den Beispielen Barths und Bonhoeffers nicht mehr wiedererkannte, mußte es hier also zu einem fatalen „Bruch" kommen. [11] Wir wissen nicht, was geschehen wäre, wenn Barth auch an dieser Stelle nicht „taktisch"-abwartend, sondern im Glauben einfältig und direkt Stellung genommen hätte. Es ist dies aber sicher der Punkt, an welchem wir dem „Beispiel K. Barths", nach allem, was geschehen ist, nicht unkritisch folgen können (vgl. III, 3.4).

1.5 „Reformation als Entscheidung" (1933)

Aber was ist es, was Barth hier von der Kirche erwartet hat? Warum zog er sich nicht in die innere oder äußere Emigration zurück? Warum meinte er, auf das, was er erwartete, auch noch warten zu können? Plausibel kann der von Barth gemeinte „politische Widerstand" nur werden, indem wir klären, welche „Erneuerung" der Kirche ihm vor Augen stand.

War nicht das Ziel auch des Religiösen Sozialismus von Anfang an die „Reformation" der Kirche, nämlich ihre „Erneuerung" aus dem Geist der Bergpredigt, ihr Erwachen aus der bürgerlichen Trägheit, ihr Eintreten in den Kampf um menschliche Gerechtigkeit wider die Mächte des Äons: Mammon, Armee, Staat? Und was war es, worauf die Deutschen Christen hinzielten, wenn nicht die „Erneuerung", also die „Reformation" der Kirche aus der „Stunde" heraus, die Gott seinem, dem deutschen Volk gewährte?

In seiner Wahlrede zu den Kirchenwahlen des 23. Juli 33, die die Mehrheit für die Deutschen Christen erbrachte, sagte Barth: *„Ich muß ein offenes Wort sagen über die ‚Glaubensbewegung Deutsche Christen'. Hören Sie ruhig an, was ich ruhig sagen will! Die ‚Glaubensbewegung Deutsche Christen' hat sich angekündigt als eine Bewegung der Erneuerung unserer Evangelischen Kirche. Wer hätte da nicht aufgehorcht? Wahrlich nicht nur die Kreise, die sich heute in diesem Lager zusammengefunden haben, haben sich längst gesehnt nach Erneuerung un-*

11) Besonders tragisch — auch hinsichtlich der Zeit nach 1945 — sollte sich dies zwischen Barth und H. Asmussen auswirken, der 1938 auf Grund seiner mutigen Gebetsliturgie und durch den für ihn unakzeptablen Hromadka-Brief Barths (er mag ihn wie einen „Rückenschuß" empfunden haben) in schwere Bedrängnis geriet. Da hatte auch für ihn nicht mehr „der Lehrer der Kirche", sondern „der Politiker" gesprochen! (Vgl. Brakelmann 1979, S. 45ff, 53). So wurde Asmussen 1945 zum Kronzeugen des konservativen Luthertums im Kampf gegen die Bruderschaften und die „politische Theologie" des Darmstädter Wortes 1947.

serer evangelischen Kirche, jawohl nach einer Erneuerung aller Glieder von dem einen Haupte her! Heißt Erneuerung nicht Reformation? Und sind wir nicht die Kirche der Reformation, der Reformation, die wir nicht als eine vor vierhundert Jahren glücklich vollbrachte, sondern als eine weitergehende, in jedem Jahrzehnt neu zu erwartende und neu zu vollziehende verstehen müßen? Hat unsere Kirche eine Reformation nicht nötig genug seit vielen Jahrzehnten, schon seit Jahrhunderten vielleicht? Ja, aber was heißt Reformation?" (Barth 1933b, S. 10).

In der Tat: gegenüber alledem, was im Jahre 1933 nun tatsächlich „in Bewegung" war und „geschah" konnte das, was Barth anstrebte und erwartete, nicht eben als aufregend erscheinen. War man nicht dort daran, eine jahrhundertealte „*Schuld der Kirche gegen die Welt*" einzulösen, zu begleichen, was die Kirche den Nöten der modernen Welt, ja, der sozialen Not und der Arbeiterschaft gegenüber zu tun unterlassen hatte, den Graben zwischen Kirche und Volk endlich zuschütten? So hat es Gogarten (1928) verstanden, und so konnte man es doch verstehen, auch wenn man der deutsch-christlichen Rhetorik nicht überall Glauben schenkte. Dort ging es doch offenbar um ein neues **Leben** der Kirche, während es hier, bei Barth, nur um die Reinerhaltung der **Lehre** zu gehen schien, dort um ein wirkliches, nämlich die Wirklichkeit von Geschichte, Volk, Staat einbeziehendes Leben der Kirche und hier doch nur um ein Festhalten an „dogmatischer" Tradition, — dort also um lebendige, wirkliche Reformation, hier nur um spröde reformierte oder dialektische „Theologie"! Es mag sein, und es wird so sein, daß Barth um die Schwäche seiner Position sehr wohl gewußt hat, nicht nur äußerlich um die Schwäche seiner „Minderheitsfraktion", sondern auch innerlich um die Armut der Voraussetzungen, unter denen er diesen Kampf wohl aufnehmen mußte. Und trotzdem vermochte er zu sagen: „*Schlagt auf ihre Speere, denn sie sind hohl*"! (Barth 1933c, S. 24). Barth sagte dies in großer Nüchternheit und ließ sowohl direkte politische Unmutsäußerungen wie auch ein eigentliches reformatorisches Pathos — „hier stehe ich, ich kann nicht anders" — vermissen. Es wird nicht einfach sein, dies zu verstehen, Barths Entscheidung in diesen Jahren zu verstehen — und der Begriff der „*Entscheidung*" (Barth 1933c) wird ja in der Tat zum Schlüsselbegriff in diesen Jahren —, in welcher er sich, als der homo politicus, der er zweifellos war, für die Theologie, und also in der Theologie sich auch „politisch" entschieden hat. Will man es psychologisch, etwa aus einer besonderen psychischen Konstitution Barths verstehen? Oder aus einer, ihm quasi angeborenen, politischen Weitsicht? Als „Leistung" seiner Persönlichkeit — oder aus der Wirkung einer ihm quasi vom Himmel her geschenkten Einsicht und Tat? Barth würde dies wohl alles verneint und nicht einmal auf eine besondere „Orginalität" seines Tuns Wert gelegt haben.

Offenbar müssen hier alle sowohl fundamentaltheologischen wie marxistischen „Ableitungen" und Erklärungen deswegen „zu spät" kommen, weil es auch hier kein „a priori", sondern nur ein „a posteriori" festzustellen gibt. Etwas metaphorisch ausgedrückt: um „Entscheidung" ging es hier insofern, als es um die endliche Anerkennung einer schon in „*Gott*" gefallenen Entscheidung ging, insofern die Anerkennung dieser bereits „*gefallenen Entscheidung*" nun eben unaufschiebbar **fällig** war (S. 14). Man mag Barths Position im Kirchenkampf wie auch immer politisch begründen: daß Barth sie faktisch beziehen (und nicht nur abstrakt postulieren) konnte, „erklärt" sich nur aus dem Faktum der Offenbarung Gottes in Jesus Christus. Und man mag noch so sehr beteuern, daß diese Entscheidung „nur theologisch" zu verstehen sei: das Faktum bleibt bestehen, daß sie als diese theologische Entscheidung auch sofort eine notwendig politische Entscheidung war.

„*Woran lag es, daß es hier nicht bei bloßen Worten blieb, sondern zur reformatorischen Tat kam? Man wird alle nur vordergründigen Teilantworten auf diese Frage von vorneherein überbieten müssen durch eine paradox klingende radikale Antwort. Es blieb hier deshalb nicht bei bloßen Worten, sondern kam zur Tat, weil die Notwendigkeit und das wirkliche Geschehen von Reformation in einer Tiefe erfaßt wurden, daß die Reformation gar nicht mehr als Sache der Tat, sondern gerade und nur als Sache des Wortes verstanden werden konnte*". So spricht G. Ebeling in Hinsicht auf die Reformation und reformatorische „*Tat*" Martin Luthers (Ebeling, S. 60). Aber so nahe und verführerisch nahe diese (auf Luther wohl zutreffende) Erklärung auch in Hinsicht auf Barth zu liegen scheint, daß nun eben auch Barth in entscheidender Stunde die Kirche als Sachwalterin des „Wortes" und nicht dieser oder jener politischen „Praxis" verstanden haben wollte, so beeindruckt wir vor der „Tiefe" stehen mögen, in welcher Barth das Wesen kirchlicher Erneuerung erfaßt haben mag — diese „Tiefe" (und gerade der „Tiefsinn" der lutherischen „Unterscheidungen"!) geht Barth gänzlich ab. Auf Barth übertragen wäre auch diese Erklärung doch nur eine subtil-theologische Verklärung der Dinge und ein — der Sache freilich bedrängend nahe rückendes — erneutes Mißverständnis. Wie oft hat der hier (zweifellos „zwinglianisch") nach vorne drängende Barth mit diesem „Tiefsinn" seiner deutschen Kollegen zu kämpfen gehabt! So hat er jedenfalls auch die Reformation M. Luthers minutiös anders verstanden, wohl auch als die Tat des „Wortes", aber doch des „Wortes Gottes", das sich schenkt und versagt, wo und wem es will, und gerade so als ein entschlossenes menschliches Tun. „*Eine Entscheidung ist gefallen, wo es für einen Menschen mit der vermittelnden Betrachtung und Erwägung verschiedener Möglichkeiten, mit der Frage nach ihrer allfälligen höheren Einheit oder gar mit dem vermeintlichen Wissen um eine solche Einheit für einmal ein Ende hat . . . Wer sich entschieden hat, hat sich* **gebunden**. *Das freundlichschützende Dunkel oder auch die vornehme Höhe, wo er noch so oder auch anders konnte, liegt hinter ihm. Herausgetreten, herabgestiegen in das nüchterne Licht des Tages muß er nun Ja oder Nein sagen, dies* **oder** *das wollen, hier* **oder** *dort stehen. Solche durch Entscheidung gebundenen Menschen waren die Reformatoren. Sie hatten gewählt. Der Ort, wo sie*

*noch viele Möglichkeiten hatten, war ein von ihnen verlassener Ort. Und
darum hatte ihre Lehre nur eine Dimension, nur ein Anliegen, nur eine
Absicht . . . Reformatorische Lehre ergeht gerade nicht von irgend einer
höheren Warte aus*" (Barth 1933c, S. 10). Wie aber kommt es zu solcher
Entscheidung? Ist sie zu erklären und zu verstehen als Resultat der reinen
und authentischen „Lehre" vom Worte Gottes und den „christlichen Wahrheiten"? Das doch wohl kaum! Es vermag auch die reinste Lehre nicht das
christliche Leben zu begründen. Es können uns alle „Glaubensartikel" zu
nichtssagenden Artikeln werden. Irgendeine „Orthodoxie" könnte auf so
tönernen Füßen stehen wie jeder andere fromme Eifer um Gott, und nur
darüber hinwegtäuschen, daß die reine Lehre nimmermehr der Anfang,
sondern nur die Konsequenz, das „Resultat" des christlichen Lebens, nur
der sachgemäße und schlichte „Ausdruck" der christlichen Tat sein kann.
Nur **sofern** die Kirche schon im Glauben, schon in der „Anerkennung" der
in Gott gefallenen Entscheidung begriffen ist, wird sie nun auch in der entsprechenden „Lehre" den sachlichen, nüchternen Ausdruck ihrer Entscheidung finden. Und nur sofern sie eben **nicht** da steht, sofern sie jene Entscheidung entweder noch vor sich oder gar schon letztendlich hinter sich
zu haben glaubt, wird sie an aller Orthodoxie nur Anstoß nehmen, sie als
bizarre und unnütze Gestalt des Glaubens abtun müssen. Selbst das reformatorische **Schriftprinzip**, wie es von Barth verstanden wird, ist als solches
noch keine zureichende Begründung der christlichen Entscheidung, sondern nur deren **kritische Norm** in Form der „*einfachen Erkenntnis*" und
Feststellung: „*Gott ist von uns Menschen da zu finden, wo es ihm gefallen
hat, uns zu suchen . . . Und er hat zu uns geredet, einmal für allemal. Und
von diesem Perfektum: DEUS DIXIT zeugt die heilige Schrift und nur sie.
Darum kann und darf die Verkündigung der christlichen Kirche in keinem
Sinne eine Philosophie, d.h. eine Entwicklung irgendeiner selbstgefunden-
en Welt- und Lebensanschauung sein. Darum ist sie gebunden als Schriftauslegung. Alle andere Lehre hat in der Kirche kein Recht und keine Verheißung. Diese reformatorische Lehre von der heiligen Schrift ist sofort
verständlich für den, der versteht: sie redet von der endgültig gefallenen
Entscheidung her . . . Von der gefallenen Entscheidung her konnte die
Lehre von der heiligen Schrift tatsächlich nicht anders lauten als so, wie sie
von den Reformatoren in großer Härte aber auch in noch größerer Freudig-
keit (!) vorgetragen worden ist. Von der gefallenen Entscheidung her
konnte und kann eben nach irgendeiner natürlichen Theologie auch nicht
das geringste Bedürfnis bestehen*" (a.a.O., S. 13f). Von daher versteht sich
gar das reformatorische Dogma von der „*Erbsünde*", müssen wir uns
„*sagen lassen, daß der Gebrauch, den wir von unserer Freiheit machen im
Bereich unserer Geburt von Adam her . . . ein böser Gebrauch ist, ein Gebrauch der alle Zeit Feindschaft gegen Gott und Haß gegen unseren Nächsten bedeutet. Wir haben — und das eben ist unsere unendliche Schuld —
faktisch keine Freiheit für Gott . . . Auch diese Lehre redet von der endgültig gefallenen Entscheidung her.
Sie sagt, daß nachdem Gottes Herablassung in Jesus Christus sich als der*

*einzige Weg zwischen Gott und Mensch erwiesen hat, des Menschen un-
göttliche, unheilige, ungerechte Art nicht mehr zu verleugnen, sondern zu
bekennen ist: Wer schlechterdings auf Erbarmen angewiesen ist, der ist
eben erbärmlich"* (a.a.O., S. 14). So ist nun auch der Artikel von der
„*Rechtfertigung*" des sündigen Menschen allein durch den Glauben nicht
zu verstehen als ein letztes Mittel dieses Menschen, wenn nicht durch Werke, so wenigstens durch Worte und Religion, durch das „Vermögen" seines
Glaubens das neue Leben zu schaffen. Ja, das heißt: „*Glauben: Entscheidung für Gott als unseren Herrn! Aber wieder hängt hier alles daran, daß
wir verstehen: hier wird von der endgültig gefallenen Entscheidung her geredet. Die reformatorische Lehre sagt: nachdem Gott seine Ehre und Herrlichkeit darin erwiesen hat, daß er uns in Jesus Christus nicht weniger als
sich selber gab, muß unsere Ehrerbietung, unser Dank und unser Gehorsam
darin bestehen, von aller eigenen Gerechtigkeit hinweg zu seiner Gerechtigkeit zu fliehen . . . Nach einer anderen Güte als der Güte Gottes wird von
der gefallenen Entscheidung her nicht mehr gefragt werden können"*.
Das heißt: Im Glauben ist es durchaus der Mensch, der sich für Gott entscheidet, setzt er, der sich selber (und über sich selber) bestimmende,
durchaus im Vollbesitz seiner leiblich-seelischen und geistigen Fähigkeiten
befindliche Mensch sein ganzes „Vermögen" (Matth., 13,44ff) darin,
Gott zu suchen, nach seiner Gerechtigkeit zu verlangen, den göttlichen Willen zu tun, aber eben doch nicht so, daß ihm dieser Entschluß je wird als
sein eigener Entschluß, als die eigene Leistung, als die Summe des **eigenen**
Vermögens oder auch Preisgebens, Trachtens oder auch Opferns wird einleuchten können. Er wird weder sein „Glaubensvermögen" noch etwa sein
„Glaubensunvermögen", weder seinen „Glaubensernst" und „Glaubens-
eifer" noch etwa die Schwermut (oder den „Tiefsinn" oder Nihilismus)
seiner Glaubensverzweiflung als eine irgendwie letzte und „entscheidende"
Größe in Betracht ziehen dürfen! Nein, er kann sein eigenes „*Wollen und
Laufen*" (Röm. 9,16), er kann seinen eigenen Entschluß gar nicht anders
verstehen als aus der allem seinem Wollen zuvorkommenden (und doch
auch all seinen Tiefsinn beiseite räumenden) Entscheidung Gottes für den
Menschen. So redet denn gerade die reformatorische Lehre von der ,*Prädestination*" von einer „*in ihrer Absicht ebenfalls ganz einfachen und
grundlegenden Erkenntnis: . . . wer entscheidet sich denn selber für Gott
den Herrn? Gerade wer das wirklich tut, also gerade wer glaubt, wird gerade dafür nimmermehr seine Freiheit geltend machen. Sondern das ist die
Lehre des christlichen Glaubens von sich selber: daß er auf einer ganz und
gar unverdienten und unbegreiflichen Wahl dessen beruhe, an den er glaubt,
daß nicht der Mensch frei sei zu glauben oder nicht zu glauben, wohl aber
Gott frei, sich zu erbarmen und zu verstocken nach seinem Wohlgefallen . . .
Darum lehrte sie – Luther und Calvin in dieser Sache in voller Einmütigkeit – die unbedingte, die doppelte Prädestination, das heißt aber die volle
Freiheit Gottes*" (S. 16).

Unverständlich? Unbefriedigend? Wir stellen in Rechnung, daß Barth auch

1933 noch nicht über die Vollgestalt seiner „Erwählungslehre" verfügte
(vgl. II, Kap. 7.2). Und doch: vom Faktum der in Jesus Christus *„endgül-*
tig" für uns Menschen gefallenen Entscheidung Gottes her haben auch wir
keine andere Freiheit und Wahl, als eben darin — und gegen alle menschliche Usurpation der „freien Gnade" — die Freiheit Gottes und seines
Evangeliums zu anerkennen, zu loben und zu preisen — auch wenn dies
von jedem äußeren Standpunkt aus als unbegreiflich, unableitbar und ver-
wegen erscheint. *„Wer bloß über den Glauben nachdenkt, wird nie, wer aus*
dem Glauben denkt, der muß zu dem in dieser Lehre ausgesprochenen Er-
gebnis kommen" (eb).

Wir können nun die „Nagelprobe" machen. Würden sich diese genannten
reformatorischen Bekenntnisartikel — auch ganz abgesehen von der „Judenfrage" — mit jenem „positiven" (und endlich „praktischen"!) „Christentum" vereinbaren lassen, das den Nationalsozialismus für so manchen
Christen im In- und Ausland (von allerlei „Auswüchsen" abgesehen) sympathisch erscheinen ließ? Es bedurfte offenbar einer *„scharfen Hundenase"*
(R. II, Vorwort zur 5. Aufl.), um zu erkennen, daß das, was hier nicht nur
vom Katholizismus, sondern — in den Fußspuren der Stockholmer Konferenz 1925 (vgl. II, Kap. 6.1.1) — auch von der gesamten pietistisch-neupro-
testantischen, christlich- oder religiös-sozialen „Orthopraxie" im Ansatz
gut-geheißen werden konnte, nur in einem Akt des irregeleiteten Glaubens
(und der Verleugnung all dieser Artikel) auch bejaht werden könnte!

Wir dürfen — um gerade den „orthodoxen Lutheranern" Gerechtigkeit
widerfahren zu lassen — nicht übersehen, daß die Gefahr hier nicht nur
von Seiten des deutschen Luthertums, von der falsch verstandenen
„Rechtfertigungslehre", sondern auch von der falsch verstandenen
„**Heiligung**" des christlichen Lebens drohte — daß eben fast die gesamte protestantische **Ökumene** (auch in England, in Amerika, in der
„bodenständigen" Schweiz etc.) nach dieser Seite hin beträchtliche
Schlagseiten hatte; daß Bonhoeffer in Fanö 1934, Iwand in Ostpreus-
sen, K.H. Miskotte in Holland, Hromadka in Prag, Vissert Hooft in
Genf etc. nun wirklich **einsame** Gestalten waren; daß die hier kräftig
sympathisierende „**Oxford-Bewegung**" von F. Buchmann eben auch
die Sympathien eines E. Brunner oder auch E. Gerstenmaier gewinnen
konnte; und daß diese Sachlage sich auch noch 1948 in **Amsterdam**
nicht grundsätzlich geändert hatte, als J.F. Dulles — gegen Hromadkas
heftigsten Widerstand — das neue Dogma des „Kalten Krieges" gegen
den Kommunismus verkündigte! So darf es uns nicht gänzlich verwundern, daß Barth seine besten Kampfgenossen nun doch auf der
Linie des „strengen" Calvinismus (in Holland) und der wirklich „guten" Lutheraner wie Iwand, Gollwitzer, Vogel und eben auch Asmussen
gefunden hat (um von dem alle Schablonen sprengenden Niemöller
gar nicht zu reden!).

Aber eben: im Vollzug des Bekenntnisses zu der in Jesus Christus ein für alle Mal gefallenen Entscheidung, konnte es nicht ausbleiben, daß gerade hier eine energische „Scheidung" fällig wurde, und daß nun auch all die totgeglaubten kirchlichen Bekenntnisartikel für Barth wieder lebendig und „lebenswahr" wurden, ja, daß nun das schlichte altkirchliche und reformatorische „Credo" zu einem politischen Faktum sondergleichen werden mußte (Barth 1935a, vgl. Busch, S. 272f).

Es überrascht uns aber nicht, wenn Barth all seine Fragen und Einwände gegen jenes „positive Christentum" in dem einen „Grundbegriff" der christlichen Existenz zusammenfaßte, der immer schon im Zentrum seiner Theologie gestanden hat: die „Freiheit des Evangeliums".

1.6 „Für die Freiheit des Evangeliums!"

Barth hat in diesen Jahren – und das ist der „kleine" gewichtige Unterschied zur Haltung der intakten „Bekenntniskirchen" – nicht nur um die formale „Verkündigungsfreiheit" der Kirche gegenüber dem Staat und nur einfach um die (,,bürgerliche") Freiheit theologischer Lehre und Forschung gekämpft. Er kämpfte um die „Freiheit des Evangeliums", die identisch ist mit der Freiheit Gottes selbst (vgl. II, Kp. 7). Um jenes „Formale" konnte es Barth nur gehen, weil es auch hier um den göttlichen Inhalt dieser Form ging, der der Inhalt des Evangeliums ist: die „freie Gnade". Nur weil er diesen Grund und Grundbegriff der kirchlichen Existenz verloren gehen sah, mußte er die Existenz der Kirche im Nationalsozialismus als tödlich bedroht ansehen, mußte er im Nationalsozialismus sofort den Gegner der Kirche – und in der Kirche sofort auch den Gegner des Nationalsozialismus erkennen. Und nur von daher konnte und mußte er den kirchlichen Widerstand auch sofort als politischen Widerstand begreifen. Es sollte dieser Widerstand auch eine konkret politische Parteinahme nicht aus-, sondern einschließen. Es sollte diese Parteinahme aber in der „Freiheit des Evangeliums" möglich und wirklich werden. Und eben darin unterschied er sich vom Programm des alten „religiösen Sozialismus" wie nun akut der ganz anders gefährlichen „Deutschen Christen".

Man wird freilich nicht sagen dürfen, daß Barth sich auf dieser Linie quasi „neutral" zwischen die Fronten der „religiösen Sozialisten" hier, der „Deutschen Christen" dort gestellt habe. Was Barth auf der Rechten bekämpfte war schlechterdings die Usurpation der göttlichen Gnade im Namen eines antijudaistischen „Christentums" und der sog. „Lebensinteressen" des deutschen Volkes, der arischen Rasse und des nationalen Machtstaates im Konkurrenzkampf der Nationen. Was Barth auf der Linken zu vermeiden suchte, war eine Form des Widerstandes, die dem deutsch-christlichen Programm unter anderem Vorzeichen sozusagen auf derselben Ebene, mit denselben Mitteln des

„Kampfes", der Fraktionierung, der Parteitaktik geantwortet hätte. Man hätte in der Kirche dann doch nur einen taktisch zu nützenden politischen „Freiraum" gesehen, man hätte den Angriff des Gegners doch nur in der Waffenrüstung einer religiös-sozialen Programmatik oder Ideologie abzuwehren versucht. Man hätte hier wie dort um Machtpositionen gekämpft. Und man wäre — da der Gegner auf diesem Feld über weit mächtigere Hilfstruppen und Hilfsmittel verfügte — auch mit Sicherheit unterlegen. Ein solcher Widerstand wäre wohl „kirchenpolitisch", aber gerade nicht „kirchlich" gewesen — er hätte dem bösen Anschein Vorschub geleistet, daß es nur eine Frage der persönlichen „politischen Überzeugung" sei, wohin ein Christ sich zu stellen habe, daß dem Nationalsozialismus aber nicht im Namen des christlichen Bekenntnisses (und darin auch der ganzen Bekenntnistradition) zu widersprechen gewesen wäre. Und so hätte man, im verständlichen Bemühen, eine kirchliche „Gegenmacht" zu bilden, gerade nicht auf die eine und wirkliche „Macht" des Evangeliums vertraut. Hier ging es also darum, aus den traditionell antikirchlichen Kinderschuhen des „religiösen Sozialismus" herauszuwachsen und gerade die **Kirche** als die Stätte des Handelns Gottes zu begreifen: die *„Communio sanctorum"* (Bonhoeffer), die „Gemeinschaft der Heiligen" von Barmen 3. Man wird hier aber sofort bedenken müssen, daß die „Freiheit des Evangeliums" für Barth entschieden mehr bedeutete als nur Behauptung der „Verkündigungsfreiheit" gegenüber dem „totalen Staat". Barth argumentiert nicht nur in der abstrakten Negation des „totalen Staates", sondern in der **konkreten Negation dieses,** auf das Christentum sich berufenden „totalen Staates". Nicht von ungefähr hat Barth von der „Freiheit des Evangeliums" nach 1945 gegenüber dem Kommunismus auch noch „ganz anders" Gebrauch machen können! Die „Freiheit des Evangeliums" schließt auch für ihn mit ein: die Freiheit der göttlichen Parteinahme für die Armen, Unterdrückten und Verfolgten in der Erniedrigung des Sohnes Gottes bis ans Kreuz. Nein, es handelt sich nicht nur um die Freiheit „von" aller Ideologie, sondern um die Freiheit „für" die Menschen und „zur" konkreten Parteilichkeit. Sie ist nicht Negation um der Negation willen, sondern jene konkrete Negation, die auch schon die **Position** der neuen und besseren Humanität umschließt wie der Rahmen das Bild, wie die Goldfassung den Smaragd. Und wenn Barths Reformation auch hier auf halbem Wege stecken geblieben ist, wird man sich auch hier hüten müssen, falsche Gegensätze zwischen Barth und dem „religiösen Sozialismus" zu konstruieren, wird man wohl bemerken müssen, daß gerade das religiössoziale Anliegen in Barths Position **gut** aufgehoben ist. Und so ist Barth auch von nicht wenigen „religiösen Sozialisten" **verstanden** worden.

Hier wird man wohl zu unterscheiden haben, in welcher „Freiheit des Evangeliums" a) die Kirche im ganzen und ihren öffentlichen Repräsentanzen, b) die Gemeinde vor Ort und in den einzelnen ihrer Glieder und c) der einzelne Christ in seinem Beruf und in der Gesellschaft sich je zu artikulieren und zu betätigen haben (ohne daß es hier zu einer prinzipiellen „Arbeitsteilung" kommen dürfte!). In welcher konkreten Parteilichkeit und Mitmenschlichkeit die „Freiheit des Evangeliums" je zu leben ist, wird die Kirche den einzelnen ihrer Glieder und Gemeinden ja gewiß nicht abstrakt vorzuschreiben haben. Sie kann aber auch nicht in einem angeblich „ideologiefreien" Raum über allen Fronten Kirche sein. Auch sie hat sich zu entscheiden, gerade sie hat zu „bekennen", sie hat den einzelnen ihrer Glieder darin von „Amts" wegen hilfreich und wegweisend voranzugehen. Hier hatte Barth gerade mit einem innerkirchlichen Gegner zu kämpfen, der — in Sorge um die Erhaltung der „Verkündigungsfreiheit" und der staatlichen Anerkennung und in Berufung auf den „status quo ante" der lutherischen Bekenntnissschriften — den politischen „status confessionis" im Vollzug des Bekenntnisses zu vermeiden suchte. Diese „Sorge" kannte Barth nicht. Und nicht das war Barths Frage, ob es eine „intakte" Kirche auch unter dem Nationalsozialismus würde geben können — wie sollten Christen nicht auch unter der Tyrannei oder im Leiden leben und bekennen können? — wohl aber, inwiefern diese Kirche auch mit Recht die „*Kirche Jesu Christi*" würde heißen dürfen (Barth 1933e). Das stand in Frage. Und hier war Barths Antwort rigoros und prinzipiell: Sofern der Nationalsozialismus als **Rahmen** verstanden würde, **innerhalb** dessen es auch noch „Verkündigungsfreiheit" oder ein Evangelium geben könne, sofern und solange hier — gewollt oder ungewollt — ein „Evangelium im Dritten Reich" gepredigt würde, solange würde die Kirche an Christus Verrat üben, würde sie in ihren öffentlichen Ämtern versagen, würde sie auch — direkt oder indirekt — das Evangelium **des** Dritten Reiches predigen. Es würde die Kirche dann, statt das **eine** Evangelium politisch zu predigen, faktisch das Evangelium eines **anderen** Messias und „Führers" und also eines anderen „Reiches" predigen. Es könnte also auch die lauterste Predigt (z.B. im „lutherischen" Verständnis von Gesetz und Evangelium) faktisch nur die leere Hülse dieses „*anderen Evangeliums*" (Gal. 1,9) sein. Barth kämpfte also auch um die „politischen" Rahmenbedingungen der Evangeliumspredigt — und er rechnete damit, daß es Situationen gibt, in denen das Evangelium als solches unlauter und unwahr wird, wenn es nicht mit einer direkt oder indirekt „*politischen Stellungnahme*" verbunden wird (Barth 1933a, S. 3). Und wohlgemerkt: nicht das wirft Barth den „Deutschen Christen" vor, daß sie das Evangelium „politisch" predigten, sondern nur dies, daß sie im politischen Eifer ein **falsches** Evangelium predigten.

Barth kritisiert wohl in erster Linie die deutsch-christliche Verhältnisbestimmung von „Natur und Gnade" bzw. „Gesetz und Evangelium", wenn er seinen Streit auf den alten Gegensatz der Reformatoren zum Katholizismus zurückführt. Er meint aber indirekt gewiß auch die lutherische Tradition, die im „Staatsgesetz" immer wieder das „Gesetz" des Evangeliums erblickte, wenn er sagt:

*„Wie es die katholische Kirche immer gesagt hat: es gibt das Buch der
Natur und es gibt das Buch der Gnade. Das Buch der Natur ist für die
Deutschen Christen das Ereignis des 30. Januars und was dazu gehört.
Die Deutschen Christen sagen uns darum weiter, wiederum ganz unzweideutig: die Verkündigung des Evangeliums muß heute (um den
Menschen von heute zu erreichen, wie sie sagen) eine ganz bestimmte
Form annehmen. Was die Bibel sagt, muß nämlich in einem notwendigen positiven Zusammenhang gebracht werden zu der Weltanschauung
und Moral des heutigen nationalsozialistischen Staates. Diese sollen sozusagen das* **Gesetz** *Gottes sein, das die Kirche vorallem als solches
vorauszusetzen und zu anerkennen und auf das sie dann ihre Verkündigung des Evangeliums zu beziehen hat. Genauso, wie sich die katholische Kirche zuvor von Aristoteles die Form geben läßt, der sich nachher der christliche Inhalt anzupassen hat. Und darum sagen die Deutschen Christen drittens wiederum ganz unzweideutig: Daß wir der
arischen Rasse, dem deutschen Volk und der nun im national-sozialistischen Staat verfaßten deutschen Nation angehören, das ist eine
Sache, durch welche der Glaube, durch welche das unter uns verkündigte Evangelium, durch welche die ganze Gestalt der Kirche sich wesentlich und entscheidend bestimmen und bedingen zu lassen hat. Das
Evangelium ist der tiefste, innerste geistige Besitz des deutschen Menschen und das mächtigste Mittel, um dem deutschen Volk dazu zu verhelfen, wirklich Volk, Volk in diesem neuen Staat zu sein. Von unserem Deutschsein her soll es uns von nun an dienen. Genauso hat die
katholische Kirche das Evangelium von jeher dem Ideal des Menschen
und der menschlichen Gesellschaft, wie sie es verstand, unterzuordnen
und dienstbar zu machen gewußt. – Als Reformation können wir dieses Unternehmen nicht verstehen. Das ist nicht Reformation, das ist
Deformation."* „*Das Evangelium in der Verkündigung der Deutschen
Christen ist in geradezu klassischer Gestalt ein unfreies Evangelium . . .
Ist das Evangelium aber nicht mehr frei, so hat es aufgehört, Evangelium zu sein*" (Barth 1933b, S. 11f).

Indem Barth sich von dieser Tradition verabschiedet, greift er den reformatorischen Faden dort wieder auf, wo das Luthertum seinerzeit (zu Augs-
burg 1530) Halt gemacht hat, wo aber das biblische „Gesetz" schon immer
seinen „Sitz im Leben" hatte: in der Neubestimmung der christlichen Gemeinde als der „*Communio sanctorum*" (Bonhoeffer) bzw. als der freien
„*Gemeinde von (Schwestern und) Brüdern*" nach Barmen III. Es rückt nun
(mit Zwingli und den Täufern!) tatsächlich das Gebot der „*Heiligung*"
Gottes und seines besonderen „Volkes" — und damit auch die „Aussonderung" der christlichen Bundesgenossenschaft in der heidnischen Polis — in
den Mittelpunkt der Barthschen Theologie.

1.7 Das christliche Bekenntnis als Akt der Sammlung, Trennung und Parteinahme

Man verbaut sich allerdings das Verständnis der „Bekennenden Kirche" und gerade ihres „dahlemitischen Flügels" sofort und im Ansatz, wenn man der Meinung wäre, daß sich hier eine „Elite" der Rechtgläubigen und „Erwählten" gesammelt hätte, wenn man von einer „Überforderung" der einzelnen Christen wie der Gemeinden und der kirchlichen Organe spräche. Dieser Vorwurf war und ist damals wie heute ein allzu vordergründiger, und — im Hintergrund — durchsichtig „kirchenpolitischer" Einwand. Daß es hier — gerade in Dahlem 1934 — auch eine Vielzahl von sogenannten (oder angeblichen) „nicht-theologischen Faktoren" zu berücksichtigen gab (welchen „Faktor" könnte man hier aber im Ernst als theologisch irrelevant betrachten?), daß es hier also des Einsatzes nicht nur der „Theologen", sondern auch von Kirchenjuristen, Finanzexperten, „Sachverständigen" und „Laien" aller Art bedurfte, das ist allerdings wahr. Es unterschied sich diese Kirche schon darin von mancherlei Sektenwesen und -unwesen, daß sich hier tatsächlich eine **Kirche** konstituierte, die auch rechtliche Anerkennung verlangte, die für ihren Widerstand auch in der faktischen Illegalität nicht primär Legalität, aber **Legitimität**, nämlich das Recht und die Pflicht des gebotenen Widerstandes in Anspruch nahm. Aber nun dürfen wir nicht übersehen, daß es hier im Kern um den Lebensakt des **allereinfachsten** christlichen Bekenntnisses zum gekreuzigten Christus ging, zu jenem, der stellvertretend für Alle gekreuzigt, nun — im Sturm des Jahres 1933 — definitiv unter die Räder gekommen war. Nur stellvertretend, ja buchstäblich „an der Stelle" aller Anderen, die das auch oder ebenso hätten tun können und sollen, bezeugte diese Minderheit von Frauen und Männern, Theologen und Laien die Herrschaft dieses Gekreuzigten — in ihrer unmittelbaren Nachbarschaft, in der ganzen Gemeinde, im Staat. Sie sagten damit nicht, daß **sie** es seien, auf denen nun aller Augen zu ruhen hätten, sie sagten: Wir alle, Männer **und** Frauen, Deutsche **und** Juden, Gottesfürchtige **und** Gottlose leben davon, daß Gott uns erwählt und nicht verwirft, daß er sich unser Aller in Jesus Christus schon angenommen hat. Damit ist freilich das besondere Sendungsbewußtsein des deutschen Volkes, ist die besondere „Erwählungslehre" in jener Gestalt im Ansatz zerstört.

Von der in **Gott** schon gefallenen Entscheidung her kann es nicht einleuchten, daß die Welt nun gerade „am deutschen Wesen genesen" solle, von dort her kann es nicht länger einleuchten, warum nun die Kirche ihre Zuflucht bei „Rossen und Reitern" zu suchen habe. Das ist die wirkliche „Aushöhlung" und „Aushungerung", ja die gründlichste **Entmythologisierung** der national-sozialistischen Ideologie. Und eben sie steht notwendig auch am Anfang dieser „Sammlung" als der notwendig „ersten Gestalt" des politischen Widerstandes gegenüber einer scheinbar allmächtigen Geschichtswirklichkeit aus Propaganda und Ideologie. Es mußten eben zuerst die „Seelen" der Menschen aus der Umklammerung dieses Ungeistes befreit werden, es mußte das Evangelium zuerst als die große **Gabe** der „inneren" Befreiung von aller Unwahrheit, Lüge und Verwirrung verstanden werden, bevor es auch zur **Aufgabe** einer nicht nur „inneren", sondern auch äußeren und „leibhaften": rechtlich, ökonomisch und politisch wirksamen Kirchengestalt werden konnte.

Wohlgemerkt: Abstrahiert davon, daß das Bekenntnis in Jesus Christus auch seinen äußeren Grund hat und Gott in ihm seine Herrschaft — wider alle Ungerechtigkeit der Menschen — schon angetreten und aufgerichtet hat, wäre das Bekenntnis freilich eine groteske Gebärde und ein verzweifeltes Stehen im luftleeren Raum, dem auch ein politischer Sinn nicht abzugewinnen wäre. Indem das Bekenntnis aber von daher kommt und dahin zielt, entbehrt es jeder „Originalität", ist es kein primäres und „begründendes", sondern ein notwendig sekundäres, nur eben wohl begründetes Tun. Es begründet die Existenz der Kirche im schlichten Gehorsam gegenüber Gottes Gebot, in der einfachen „Theologie" der Theologen und der Laien — in der Anrufung dieses Gottes, im „Gebet". Hier lautet die politologische Weisheit der Stunde in der Tat: *„Glaubt ihr nicht, so bleibt ihr nicht"*, so werdet ihr der großen Verführung nicht standhalten, aber: *„Im Stillesein und Hoffen liegt eure Stärke"* (Jes. 7,9; 30,15). Oder mit Paulus gesagt: Gottes Gnade will, *„in den Schwachen mächtig"* werden (2. Kor. 12,19).

Wir können jetzt auch Barths *„als wäre nichts geschehen"* (mit dem er das „Geschehen" des Jahres 1933 ins rechte Licht rückte) tatsächlich „politisch": als die grundsätzliche Absage an den Mythus des „Dritten Reiches", als den erklärten Ungehorsam gegenüber diesem „Gebot der Stunde", als eine politische Kehrtwendung von 180 Grad begreifen: einer Theologie, die außer Gott nichts mehr „fürchtet" und in der „Furcht Gottes" den Anfang auch aller politologischen Weisheit erblickt.

So ist das Bekenntnis als Akt der „Sammlung" aber auch schon ein Akt der Trennung und „Aussonderung" der christlichen Gemeinde, in der die Fronten sich klären, die Fäden sich entwirren müssen, nicht mehr doppeldeutig, sondern nur noch einfach und eindeutig geredet werden kann. Es müssen die vielen „Geister" unterschieden werden, wo die Gemeinde sich im „einen Geist" sammeln solle, es müssen die Menschen auch wieder zur Vernunft des **einfach** Gebotenen zurückkehren können.
So ist das Bekenntnis in der Sammlung und Trennung aber auch schon ein Akt der **Parteinahme** im schlichtesten Sinne der konkreten Mitmenschlichkeit und „Nächstenliebe". Es kann nicht nur in der Deklamation einiger „Grundsätze" bestehen. Es ist keine bloße Absichtserklärung, bei der es dann über Jahre hinaus sein Bewenden haben könnte — nein, der Gegner wird jetzt auch nicht erst höflich angefragt, sondern es wird in aller Öffentlichkeit bekundet, daß man eine Wahl getroffen und das Entscheidende eben gerade hinter sich gebracht hat, eine Stellung bezogen und die Stellung des Gegners schon unterlaufen, **seine** „Wehr und Waffen" als hohl und

nichtig erkannt hat. Es heißt: hier ist eine Gruppe und Gemeinde, die nicht für alle Zeiten, aber hier und heute — und in der örtlichen und zeitlichen Begrenztheit ihrer Situation — im **Vollzug** des christlichen Bekennens begriffen ist. Es heißt: hier ist ein höchst unscheinbarer Faktor in der Weltgeschichte, mit dem gerechnet werden muß, weil er im Gehorsam, in Gebet und Leiden unbeugsam, in seinem Zeugnis nicht zum Verstummen zu bringen und in der Macht des auferstandenen Christus unbesieglich ist: ein Stück „befreiten Territoriums", eine Quelle der Kraft und eine Keimzelle auch schon der neuen und besseren Gesellschaft.

Jener Reichsführer der SS hatte schon recht, der 1934 zur Lage festellte:

„*Die Richtung Barths muß als wirkliche Gefahr bezeichnet werden. Er schafft in seiner Theologie Inseln, auf denen Menschen sich isolieren, um so der Forderung des heutigen Staates unter religiöser Begründung ausweichen zu können*" (Zipfel, S. 321).

Er hat aber hinsichtlich der eigentlichen Intention dieser Theologie hinsichtlich ihrer „Gefährlichkeit" für allen Nationalsozialismus im Grunde viel zu wenig gesagt.

2. Barths „Nein!" gegen E. Brunner 1934. Das Problem der „natürlichen Theologie" und des „Offenbarungspositivismus" in der Rezeption von Barmen

Nun versteht man die Erregung, in welcher Barth 1934 sein „Nein!" gegen E. Brunner geschleudert hat, am Besten aus dieser Situation der Entscheidung, in welcher Brunner Barth damit zu Hilfe eilen wollte, daß er den Vollzug des Bekenntnisses nun doch in der Möglichkeit einer „natürlichen Theologie" begründen und — absichern wollte.

Es sollte — wie vor dem Überschreiten eines bedrohlichen Abgrundes — nun doch noch eine Hängebrücke erstellt, eine „Korrelation" von Gnade und Vernunft aufgewiesen und schließlich, und darauf kam es Barth wohl besonders an! auf eine Reihe von sicheren „*Konstanten des geschichtlich-sozialen Lebens*" wie Ehe, Familie, Volk und Staat rekurriert werden (Barth 1934, S. 14). [12] „*Der laute Beifall von K. Fezer, P. Althaus, O. Weber und all den anderen halben oder dreiviertels ,Deutschen Christen' hat ihm dafür gedankt. Das Deutsche Pfarrerblatt hat seine Schrift eine ,Fund-, ja geradezu eine Goldgrube'*

12) Die Zitate aus Brunners Schrift „Natur und Gnade. Zum Gespräch mit K. Barth" 1934 sind von mir nach Barth wiedergegeben, da sie hier ohnehin nur paradigmatisch behandelt werden. Zum Ganzen vgl. Gestrich 1977.

*genannt. Ich bin deshalb ‚zornig' auf Brunner, weil er es unter diesen
Umständen nicht unterlassen hat, mich auch noch mit Liebe und Lob
zu beträufeln . . ."* So habe *„einmal Einer von Zürich aus einen Anderen
in Deutschland draußen bis aufs Blut gereizt und es fertig gebracht,
diesen Anderen — mit dem ich mich damit nicht vergleichen
haben möchte, dessen Zorn ich aber, meinerseits nach Zürich hinüberdenkend,
merkwürdig gut verstehen kann — für Jahrhunderte als intoleranten
Störer der christlichen Einheit hinzustellen"* (S. 8f). Worum
ging es? Brunner meinte, das Problem der „natürlichen Theologie"
unter den (vermeintlich Barth'schen) Voraussetzungen einer Offenbarungstheologie
aufrollen zu können. Vielleicht meinte er in der
Tat, Barth damit einen „freundschaftlichen Dienst" erweisen zu können,
daß er „vermittelnd" in die zerklüftete Diskussion einsprang, um
zu zeigen, daß auch „dialektische Theologie" dieses Problem zu sehen
und zu lösen im Stande sei. Wie sollte der heutige Mensch die Offenbarung
Gottes — wie sollte er gerade das Anliegen Barths im Kirchenkampf
verstehen können, wenn es nicht auch von diesem Menschen
her einen „*Anknüpfungspunkt*" dazu gäbe? Im Rückgriff auf Calvins
Verständnis der „natürlichen" (auch den Heiden zu eigenen) Gotteserkenntnis
bzw. Religion entwickelt Brunner darum den Gedanken, daß
der Mensch — als Geschöpf Gottes — für die Offenbarung, wenn auch
nicht *„material"*, doch *„formal ansprechbar"* sein müßte (S. 25).
Er könne nicht einfach vor den Kopf gestoßen werden! Er sei doch
nicht zufällig von Gott mit Herz und Verstand begabt! Es müße — gerade
unter dem Gesichtspunkt der göttlichen *„Erhaltungsgnade"* —
doch so etwas wie eine verborgene *„Offenbarungsmächtigkeit"* dieses
Menschen geben! (S. 20ff) Und zweifellos hat Brunner damit Vielen
aus dem Herzen gesprochen, die dem Barthschen Ansinnen in diesen
Jahren mehr oder minder fassungslos gegenüberstanden.

Aber was Brunner hier in konsequenter Fortsetzung seiner theologischen
Arbeit aussprach und tat, das konnte von Barth jetzt gerade nur
noch in abstracto ruhig und sachlich, aber in concreto unmöglich ruhig
und sachlich angehört und beantwortet werden. Es ging gewiß beiden
Theologen nicht um einen rein akademischen oder dogmatischen
Lehrstreit, sondern um die Bedeutung der christlichen Lehre im christlichen
Leben. Aber gerade so hat Brunner übersehen, was für Barth in
Barmen auf dem Spiel stand. „*Wollte er mich aufs Glatteis führen, indem
er mich einlud, mich so schußgerecht seinen Gegenthesen gegenüberzustellen
. . .? Wie dem auch sei, ich denke nicht daran, mich dahinzustellen.
Denn ‚natürliche Theologie' existiert gar nicht als ein Etwas,
das innerhalb dessen, was ich für wirkliche Theologie halte — und
wäre es auch nur um seiner Negation willen — selbständiges Thema
werden könnte. Man kann, mit wirklicher Theologie beschäftigt, an
der sog. natürlichen Theologie immer gerade nur vorbeikommen wie
an einem Abgrund, in den man, wenn man nicht stürzen will, nun ein-*

mal nicht hineintreten soll . . . In wirklicher Ablehnung der natürlichen Theologie starrt man die Schlange nicht erst an, um sich von ihr wieder anstrarren, hypnotisieren und dann sicher beißen zu lassen, sondern indem man sie erblickt, hat man mit dem Stock schon zugeschlagen und totgeschlagen! In dem Allem unterscheidet sich die Ablehnung der natürlichen Theologie von deren Behauptung, noch bevor sie Ablehnung ist. Wirkliche Ablehnung der natürlichen Theologie kann sich nur in der Furcht Gottes und darum in einer letzten Uninteressiertheit an dieser Sache vollziehen. Läßt man sich diese Sache interessant werden, und wäre es auch nur um ihrer Ablehnung willen, dann ist man schon nicht mehr bei der theologischen Sache . . . Nicht mit dieser Ablehnung wird ja die Wahrheit erkannt, die gute Botschaft ausgelegt, Gott gelobt und die Kirche gebaut . . . "!

Und schließlich: „*Denn was hülfe mir die reinste Gnaden- und Offenbarungstheologie, wenn ich vielleicht ausgerechnet mit Gnade und Offenbarung so umginge, wie die natürliche Theologie mit ihren angeblichen Daten aus Vernunft, Natur und Geschichte umzugehen pflegt, so nämlich, als ob man sie in der Tasche, als ob man ihre Erkenntnis unter sich statt immer hinter sich und vor sich hätte*" (S. 14).

Hätte man diese Sätze gründlicher gelesen, hätte sich wohl manches Mißverständnis bezüglich Barths Haltung zum Problem der natürlichen Theologie (und des „Offenbarungspositivismus") erübrigen können! Aber zweifellos ist es so, daß sich Brunners Mißverständnis des Barthschen Offenbarungsbegriffs (vgl. II, Kap. 6.3.2) nicht nur mit einer Fehleinschätzung der kirchlichen Lage in Deutschland verband, sondern sich auch eigenartigerweise mit einem Barthschen Anliegen kreuzte, das Brunner von seiner Warte aus gar nicht wahrgenommen hat. Hatte Barth sich, in Brunners Augen, wohl in einem radikalen, theorie- und vermittlungsfeindlichen Dogmatismus verrannt, so hatte gerade Brunner, in Barths Augen, keine Ahnung von der tatsächlichen Bedeutung und gefährlichen „*Vitalität*" dessen, was er als sachlichen „Diskussionsgegenstand" auf den Plan führen wollte. Die „natürliche Theologie" war ja niemals die Erfindung irgendeines Theologen noch etwa die Angelegenheit irgendeiner theologischen Schule oder Richtung. „Natürliche Theologie" bezeichnet für Barth schlechterdings nichts Anderes als die dem Menschen von Haus zu eigene religiöse Vitalität, in welcher sich dieser Mensch — auch im „*Eifer um die Gnade*" — als „*Feind der Gnade*" erweist (vgl. KD II/1, S. 162ff). Es handelt sich um jene heimliche Produktionsbasis des menschlichen Schaffens und Begehrens — die „fabrica idolorum" Calvins! —, ohne die nun gerade der völkische Aufbruch von 1933 in seinem heiligen Eifer und offenkundigen Faszinosum für Barth schlechterdings unbegreiflich bleiben mußte. Es handelt sich aber vorher schon um die „*unverwüstliche Kraft*", Trägheit oder „*Naturnotwendigkeit*", in welcher auch der frömmste Christ in allem, was er glaubt, bekennt und auch bejaht, durchaus bei sich selber und bei sich zu Hause bleiben, durchaus – ein *„Bourgeois"* bleiben will. (KD II/1, S. 155ff). Es ist die *„feine und gute natürliche Theologie"*, die *„treu und umsichtig"* ihren Dienst antritt, deren Gestalt Barth nun gerade bei seinem Freunde E. Brunner konkret werden sah. Aber gerade dies, daß dieses „Nein!" hier E. Brunner traf, eben dies, daß in Brunner nun keineswegs ein Deutscher Christ, kein Katholik und kein beliebig Liberaler, sondern ein „dialektischer", ja ein „Offenbarungstheologe" gesprochen hat, dies ist eine eigentümliche Erhellung und Verschärfung dieser Problematik (die provoziert zu haben, man Brunner nicht genug danken kann). Die „Offenbarung" ist eben kein „Standpunkt", den man einmal bezogen haben, von dem man sich dann alsbald nach anderen, neuen Standpunkten umsehen könnte. Sie bezeichnet vielmehr einen fortgesetzten Lebensakt, in welchem man an den lebensgefährlichen Versuchungen der Schlange, in der Furcht und Gnade Gottes, immer wieder nur neu vorüberkommen kann. Reden wir nur von Brunner? Wir reden gewiß auch von Barth und der ganzen Reihe der zuversichtlichen „**Barthianer**"! Mit der Theologie Barths, mit der Barmer-Erklärung in der Hand ist es offensichtlich noch nicht getan. Konnte Barth nicht verhindern, daß die „natürliche Theologie" gerade im Gegenüber zu **seiner** Theologie noch einmal energisch und protestierend sich zu Wort meldete, so ist nicht von der Hand zu weisen, daß sie sich auch **in** Gestalt der Barthschen Theologie und des Barthianismus nocheinmal in feinster Weise behaupten könnte. Die endlose Monotonie, in der Barth in der KD das christologische „Dogma" immer neu entfalten wird, als ob er es erst gerade entdeckt hätte, kann einem bis zum Überdruß klar machen, wo dieser Gegner je zu stehen kommen und zu erwarten sein wird. Die „natürliche Theologie" ist ein viel zu gefährlicher Gegner als daß man annehmen könnte, daß er sich immer unter diesem Namen vorstellen und bekannt machen, mit einer mehr oder minder übersichtlichen Konzeption von „Natur und Gnade" aufwarten, sich immer im Kanon der selben Charaktermerkmale präsentieren würde! Man kann ihr kein eigenes Kapitel Theologiegeschichte widmen, und wenn man sich *„mit Schrecken und Entrüstung"* von ihr abwendet, dann doch nur so, daß man *„sich und anderen von Fall zu Fall klar macht, warum man das tut"* (S. 12). Wenn diese Gefahr im „Religiösen Sozialismus" drohte (und wie hätte sie hier etwa nicht drohen sollen oder können?!), wenn sie nun bei den „Deutschen Christen" längst nicht mehr nur drohte, sondern das Feld schon gewonnen hatte, wie sollte sie dann nicht auch **post Barth** – und in der feierlichsten Anrufung von Barth und Barmen – noch drohen können?

Das Unbehagen gegenüber dem „Barthianismus" verwundert uns nicht. Wurde da aus Barmen denn nicht eben das Legitimationsstück der fabelhaft „intakt" gebliebenen und nun in fataler *„Restauration"* begriffenen Kirchlichkeit? [13] Wurde aber nicht auch auf Seiten der radikalen Bekenner da oder dort reichlich „offenbarungspositivistisch" argumentiert, begründet, legitimiert? Haben die kundigen und gelehrten Sachwalter der „Bekenntnistradition" nicht vielleicht hüben und drüben — und auf Kosten der „mündigen Gemeinde"! — Besitzstandswahrung betrieben, „Kirchenpolitik" gemacht, statt daß *„die gute Botschaft ausgelegt, Gott gelobt und die Kirche gebaut"* und an erster Stelle die Gemeinde gegründet wurde? (Barth 1934, S. 14). Könnte es auch an der stolzen „Offenbarungstheologie" der Bekenner teilweise gelegen haben, daß der Widerstand gegen die Teilung Deutschlands, die Remilitarisierung und Atombewaffnung in der Kirche wie dann politisch zum Scheitern verurteilt war? Wir fragen! Aber nun kam es, wie es kommen mußte: Es stellte sich in der Verhärtung der Fronten ein regelrechter Nachholbedarf an **„Theoriebildung"** ein: ein Bedürfnis nach „Vermittlungen" und Kriterien, aus denen das Verhalten der einzelnen Christen in ihren sozialen und politischen Entscheidungen theologisch „abzuleiten", als „legitim" oder illegitim auszuweisen, so oder anders zu normieren und — so wollte man doch hoffen — volkskirchlich zu „integrieren" seien. Es gab „Denkschriften" aus der Hand von theologischen Experten. Und es gab allerlei Rezepte, um den Barthschen „Ansatz" kritisch zu unterlaufen. Seine Auffassung von *„Christengemeinde und Bürgergemeinde"* schien ohnehin wenig hilfreich, einfältig und elitär zugleich zu sein. Daß das *„Licht, das in Jesus Christus dazu aufgeleuchtet ist, damit es die Werke der Finsternis zerstöre",* auch darin seine *„Entsprechung"* habe, *„daß die Christengemeinde die abgesagte Gegnerin aller Geheimpolitik und Geheimdiplomatie ist"* (Barth 1946, S. 71), ausgerechnet das wurde nun zum Paradebeispiel der lächerlichen Einfalt dieser Lehre! (Zahrnt 1966, S. 214). Und während die „Werke der Finsternis" buchstäblich im Gange waren, wurde ausgerechnet **Bonhoeffer** mehr und mehr zum Kronzeugen dafür gemacht, daß die Theologie vom Barthschen *„Offenbarungspositivismus"* schleunigst zum Liberalismus und Säkularismus, zur „historisch-kritischen" und zur „empirisch-kritischen" Methode, zur Apologetik Tillichs, zur Soziologie und „Theorie" des Christentums, zur *„Wissenschaftstheorie",* Ideologie- und Kommunikationstheorie etc. [13a] — und summa summarum: zu den zahlreich vernachläßigten *„andere(n) Aufgabe(n) der Theologie"* (Brunner 1929) zurückzukehren habe. Also zu Brunner!

13) „Die BK nun hat weithin den Barthschen Ansatz überhaupt vergessen und ist vom Positivismus in die konservative Restauration geraten" — so Bonhoeffer aus Tegel. Vgl. Bethges Biografie, S. 978. Ich meine, dies Urteil beziehe sich viel weniger auf Barth als auf den von der BK nach 1935 „konservierten" Barth.

13a) Ein Beispiel:
    W. Pannenberg, Wissenschaftstheorie und Theologie 1973 entnimmt dem einmal zitierten Diktum Bonhoeffers (S. 31) die Erlaubnis, Barths Theologie überhaupt nur noch in der Karrikatur eines „positionellen" Glaubenspositivismus von

Was sollen wir nun sagen? Es ist sinnlos, darüber zu klagen und nur immer „Nein!" zu rufen. Derjenige, der Barth-Kritik, Bibel-Kritik, Offenbarungskritik — und wäre sie noch so marxistisch oder feministisch — unter Behauptung eines offenbarungstheologischen „Standpunktes" verbieten wollte, könnte sich damit nur selber blamieren. Und wer hier vergäße, sein eigenes bescheidenes „Licht" anzuzünden, würde in seinem Gejammer nur den *„törichten Jungfrauen"* gleichen! (Matth. S. 25,1ff). Nur wollen wir nicht übersehen: Wenn die Gefahr der erneuten „natürlichen Theologie" post Barth irgendwo real auf den Plan getreten ist, dann gerade in all diesen schönen Gewändern, in deren Namen man nun die Einheit von „dogmatischer Aussage" hier, der geschichtlichen und gesellschaftlichen Wirklichkeit der Menschen dort wiederum „von außen" oder von der höheren Warte eines angeblich „neutralen" Standpunktes der reinen Wissenschaft meinte überblicken oder gar in die *„Totalität"* der Geschichte (und der bestehenden Vermittlungszusammenhänge) meinte einbetten zu können (Pannenberg 1973, S. 299f).

Aber eben: auch wir stehen an diesem Ort, auch wir sind nicht „offenbarungsmächtig", auch wir kommen an den zahlreich gestellten Fragen genauso wenig vorbei wie alle anderen. Wie sollte die Gefahr der „natürlichen Theologie" nicht auch da drohen, wo wir — um der bürgerlichen Tradition des Christentums endlich zu entkommen — beim *„historischen Materialismus"* unsere Zuflucht suchen, der Theologie endlich „von unten her" beikommen wollen? Es gibt gute Gründe dafür, ist diese Methodik doch theoretisch nicht minder anspruchsvoll, ungleich solider, praktischer, wirklichkeits- aber auch bibelnäher, als einige der anderen angeführten Rezepte! Wer hier aus reiner Unkenntnis verurteilen wollte, sehe zu, daß er sich nicht auch darin blamiere! Aber was droht da nicht alles, wo es nun wirklich um den Menschen in seinen materiellen Lebensverhältnissen geht und um das **ökonomische** „Gesetz" dieser Gesellschaft wie ihrer Ideologieproduktion! Ja, da drohen „Ökonomismus" hier und religiöser „Subjektivismus" dort, da wird aus der Theologie eine handliche Waffe im „ideologischen Kampf" um den sozialistischen Fortschritt, aus der Praxis des Evangeliums eine „Handlungstheorie", da droht, wie überall, die „Vergesetzlichung" des Evangeliums und am Ende eine ähnlich „totalitäre" Form der geschlossenen dialektischen *„Weltanschauung"*

„irrationaler Subjektivität" zur Kenntnis zu nehmen (274f, 320ff) und darum zu einem apologetisch-wissenschaftlichen Programm einer „analogia entis" größten Stils zurückzukehren, das die „Theologen" noch bis ins dritte Jahrtausend beschäftigen dürfte, wenn nicht vorher die Atombomben fallen. Pannenberg nennt dies eigenartigerweise „die Selbstbescheidung der Theologie auf ein problematisches an Stelle eines dogmatischen Redens von Gott" (301)! Warten wir's ab. Bis dahin sei als Gegengift empfohlen: K.H. Miskotte, Die Erlaubnis zum schriftgemäßen Denken, 1956.

voll „*zwängerischer Konstruktion*" (KD III/2, S. 464ff) [13b]. Es ist klar, daß solche Verirrungen vom bürgerlichen Gegner oft schneller — und dankbar! — aufgegriffen werden, und es ist also die **Frage**, ob wir im Kampf bestehen werden.

Aber auch in aller Bedrängnis: der Rückzug in die sichere Burg einer Theologie K. Barths „an sich" ist uns verlegt. In welch bedrohlichen Bindungen und „Klassenbindungen" hat uns doch F.W. Marquardt auch „*Das Beispiel K. Barths*" sehen gelehrt! Wie nochmals anders tun es D. Sölle und die „feministische Theologie"! Wie nochmals ganz anders die überlebenden Juden! Und so kann es uns doch nicht verborgen bleiben, daß auch Barths Haltung im Kirchenkampf 1933 — 35, daß selbst seine **Ablehnung** der „natürlichen Theologie" einer höchst zeitbedingten Konstellation von Dogmatik und Geschichte entsprungen sind, daß auch sein „*Nein!*" gegen E. Brunner seine konkrete **Zeit** gehabt hat, daß von diesem „Nein!" heute oder morgen nicht in derselben Weise wird Gebrauch gemacht werden dürfen. Wichtiger, als immer nochmals abstrakt über „Natur und Gnade" zu handeln, könnte es „heute" sein, über die **konkreten** geschichtlichen „Beispiele" zu sprechen, die Barth unter diesem Titel je abgelehnt hat; wichtiger , als nur in der Negation zu verharren, auch einmal — vielleicht unter dem Titel „Gnade und Natur"! — über die möglichen und existierenden **positiven** Beispiele einer von Gott bejahten „Natur" und „Geschichte" im Raum des Bundes und der Schöpfung nachzudenken (KD III); viel wichtiger, als überall Verbotstafeln aufzustellen, sich **selber** an jenen Ort zu begeben, an welchem diese Fragen offen und strittig und, von Fall zu Fall, im Bekenntnis entschieden sein müssen.

So hat auch in der „kirchlichen Existenz — heute!" alles Ding seine Zeit: die offene Diskussion wie der Abbruch der Diskussion, die Duldung von allerlei Haeresien (sie hat es in der Kirche immer gegeben!) wie deren Bekämpfung in akuter Dringlichkeit, die rechtzeitige persönliche Stellungnahme von einzelnen Christen, Theologen und Gruppen wie der im Namen des christlichen Bekenntnisses geführte „Kirchenkampf". Die Kirche hat ja nicht immer und zu allen Fragen eine „Offenbarung" — es kann zum unerhörten Religionsbetrug werden, wenn die Kirche dann ein falsches Wissen vortäuschen, Moral und Gesetz predigen, den Menschen das Evangelium dabei „*stinkend*" und „*madig*" machen wollte (Ex. 16,20)! So sagen wir „Ja!" also auch zur

---

13b) Nicht in Abgrenzung zum „ökonomischen Materialismus", aber in der Negation des weltanschaulichen Totalitätsanspruchs des sog. „dialektischen Materialismus" spricht Marquardt bewußt nur vom „historischen Materialismus", darin Barth adäquat. Vgl. dazu Barths Charakteristik des Marxismus in seinem Brief an einen Pfarrer in der DDR 1958.

Diskussion um E. Brunner und die „natürliche Theologie". Nur sagen
wir entschieden „Nein!" zu jener doch wahrlich bourgeoisen Theologie, die uns weis machen will, daß „natürliche Theologie" immer erst
links von der Mitte anfange, und die uns erklärt, daß die theologische
Rezeption des „historischen Materialismus", daß der sog. „Links-
barthianismus" im Gefolge des Darmstädter Wortes 1947, daß die
„politische Theologie" im Kontext der sozialistischen Revolution
(oder auch antirassistischen oder -sexistischen Befreiung) doch nur die
Fortsetzung des in Barmen abgewiesenen **deutsch-christlichen** Irrtums
sei. Dieser Einwand kann ja wohl und wird in der Gemeinde immer
wieder eine echte „einfältige" Frage sein. Er wurde aber 1945 von
CDU-nahen Kirchenkreisen und „Kirchenführern" (gerade der „intakten" Kirche) in solcher Eile aus der alten Schublade gezogen, daß
wir in ihm auch die schlaue Einfalt unserer guten alten Bekannten: der
sich treulich windenden Schlange erkennen müssen! Er hat zur Klärung irgendwelcher Sachverhalte gar nichts, zur Verwirrung der Gemeinden unendlich viel beigetragen und ein kirchliches Umdenken geradezu blockiert. Nein, es fehlt der kirchlichen Diskussion um die
„politische Theologie" wahrlich nicht nur an *„theoretischem Niveau"*
(Rendtorff 1972, S. 164), sondern — solange das im Raum steht oder
sogar kirchleitendes Dogma ist — an sehr viel primitiveren Voraussetzungen einer irgendwie „kirchlichen", d.h. bußfertigen und hörberei-
ten sachlichen Auseinandersetzung. Aber eben: gerade diesem Gegner
ist in Gemeinden und Synoden allein mit Wissenschaftstheorie und
dogmatischen „Rechtfertigungen" **nicht** beizukommen, weil es hier
viel grundsätzlicher um die Frage geht, wes Geistes Kinder wir sein
und heißen wollen. Anders als *„in der Kraft des heiligen Geistes"*
(Moltmann), anders als in der Umkehr zu Jesus Christus, anders als im
Tatbeweis des Glaubens, der Liebe und der Hoffnung ist dieser Gegner
heute sicher so wenig wie 1933 zu überwinden. Und dafür steht uns an
erster Stelle das „Beispiel M. Niemöllers"!

So kann der „historische Materialismus" sicher nicht zum ideologischen Programm der kirchlichen Existenz heute, wohl aber zur ständi-
gen kritischen Infragestellung ihrer gesellschaftlichen Praxis — und
darin zum notwendigen Stachel im Fleisch der *„Theologen in der bürgerlichen Gesellschaft"* werden (Marquardt 1971). Er ist es gerade in
seiner erklärten Feindschaft gegenüber den Götzen des Bürgertums
und im Protest gegen alle „natürliche Theologie". Und so wollen wir
endlich auch das nicht übersehen: gerade der **Marxismus** hat sich der
Kirche und Theologie bislang noch nirgendwo als jene „neutrale" Instanz empfohlen, von der sich diese unangefochten hätten Erkenntnismittel ausleihen können, **nicht** als jene Vermittlung, die uns zur billi-
gen Gnade verhülfe, **nicht** als jener sichere Boden einer christlich getauften unwandelbaren „philosophia perennis", auf den die Kirche ihr
Haus letztlich gründen könnte. Man mußte und man muß von der

Schlange in dieser Gestalt doch schon sehr gebannt und – gebissen sein, wenn man sich nun stracks auf der christlichen „Gegenfront" versammelte, **drüben** alle finsteren Wolken aufziehen sähe, wo es **hüben** schon zum Wolkenbruch kommt, in das totalitäre „Nein!" des prinzipiellen Antikommunismus verfiele, wo – in der Negation jedes Totalitätsanspruchs – auch das konkrete Ja der christlichen Bundesgenossenschaft möglich und am Platze wäre. Da also, wo man sich heute – als ob 1933 – 1945 nichts geschehen wäre – über Ungarn 1956, Prag 1968, Afghanistan 1979 etc. in christlicher Selbstgefälligkeit entrüsten, aber um keinen Preis abrüsten will, sich selber schon dem „Gesetz der Sünde und des Todes", von Imperialismus und Weltkrieg, Völkerhaß und Völkermord überantwortet hat.

Was kann dann die „*Kritik der Theologie K. Barths*" (Rendtorff 1975) meinen und heißen, wenn es sich nun nicht um die Neuauflage der politischen Theologie Gogartens, nicht nochmals um die intellektuelle Konterrevolution oder auch um nur um die, ach, so selbstverständlich naheliegende Selbstbehauptung des bürgerlichen „Subjektes" und Klassenstandpunktes handeln sollte? Das ist klar, daß die Kritik auch vor der „idealistischen Denkform" dieser Theologie nicht Halt machen kann, nicht vor ihrer immer noch abstrakten Kategorie des „Menschen" in der Allgemeinheit, nicht vor dem pastoralen oder auch männlich-patriarchalischen Habitus dieser Theologie, um von ihren einzelnen „Legomena" nicht zu reden. Aber die Destruktion und Rekonstruktion dieser „Denkform" kann nicht Selbstzweck sein. Und im schnellen dialektischen Zugriff ist dieses Beispiel einer wegweisenden Theologie nicht zu erledigen. Wer den sog. „offenbarungspositivistischen" Ansatz dieser Theologie gerne beiseite schieben möchte, sehe zu, ob er damit nicht – und vielleicht nicht weniger gerne! – auch den wirklichen und allein widerstandsfähigen „*Gegenstand*" dieser Theologie beiseite schiebt: eben die so anstößige, Barth und Brunner (und die ganze „dialektische) Theologie) hinter sich zurücklassende, „*Alles in Allem nicht nur neu beleuchtende, sondern real verändernde Tatsache, daß Gott ist*" (KD II/1, S. 289).

3. Die „Gemeinde von Schwestern und Brüdern". Zur Tragweite von Barmen (1934)

3.1 „Der Götze wackelt!"

Es ist unvermeidlich so, daß wir das Problem der „natürlichen Theologie" – sei es nun in Form des Nationalsozialismus, sei es in der sehr viel kräftigeren Wirkung unserer bürgerlichen Bindungen und „Klassenbindungen", sei es in den Gefahren der feinsinnigen „Theorien" oder der primitiven Ideologien und Mythologien – immer wieder **vor uns** haben und wie Berge

vor aus auftauchen sehen! Aber weil Gott in seiner Offenbarung derjenige
ist, der allen unseren Bemühungen zuvorkommend, immer schon selber an
unserer Stelle gestanden hat, darum gibt es nun in konkreto — an welchem
Ort wir uns gerade auch befinden — keine „Verhandlungen" und „Rück-
zugsmöglichkeiten" mehr. *„Jesus Christus, wie er uns in der Heiligen
Schrift bezeugt ist, ist das eine Wort Gottes, das wir zu hören, dem wir im
Leben und im Sterben zu vertrauen und zu gehorchen haben"* (Barmen I).
Haben wir diese befreiende Nachricht erfahren und haben wir dies gesagt,
dann wird uns die „natürliche Theologie" nur noch als das in allen ihren
Gestalten je ausgeschlossene Dritte, als das schon aus dem Wege geräumte,
unnötige (weil auch ganz und gar überflüssige) Hemmnis und Hindernis
„interessant" erscheinen können.

Damit ist die Existenz der „natürlichen Theologie" nicht bestritten und
nicht die Existenz der Götter und Götzen, die die Menschen je für sich in
Beschlag nehmen. Aber: *„Der Götze wackelt!"* (Kupisch 1961) — er ist
schon von seinen Thronen gefallen. Es mag dabei in der Geschichte der
Kirche schon viele „Bekenntnisse" gegeben haben, die das eben so gut gesagte und erfahren haben. Aber sofern alle diese Bekenntnisse gar nicht anders konnten und können als (so gut sie es vermochten) dieses Eine zu sagen — insofern handelt es sich hier nicht nur um ein Bekenntnis einer Kirche, sondern um das evangelische Bekenntnis der in aller Vielfalt sich
sammelnden geeinten Kirche Jesu Christi. Gewiß, man wird gerade dieses
Bekenntnis noch in mancherlei anderen Sprachen und „Zungen" sagen
können und dürfen, aber es wird darauf ankommen, ob in diesen anderen
Sprachen und „Zungen" dieses Selbe und Eine oder „etwas Anderes" zur
Sprache kommt. Es ist dies der Haupt-Satz, dem Alles, was wir sonst noch
sagen könnten und möchten, nur noch in Form von Neben-Sätzen wird
folgen können. Es ist dies so sehr die Zusammenfassung aller hier möglichen Sätze, daß mit den weiteren Sätzen nicht noch etwas Zu-Sätzliches
gesagt, sondern — in verändertem, vielleicht gänzlich überraschendem Kontext — nur „nochmals" dieses Selbe gesagt werden kann. Es bedarf dieser
Satz gewiß noch mancherlei Erläuterung und Erklärung, ja des sachgemäs-
sen „Kommentars" — aber eben: es kann sich dann nur noch um „Kommentar": nicht um die Behauptung einer zusätzlichen, „zweiten Wahrheit"
handeln. Insofern bedürfen alle weiteren Sätze einer stetigen Klärung und
Läuterung durch diesen ersten Satz, eben dahin, ob sie nun notwendige
Folge-Sätze sind oder unabhängige „zweite Sätze" sein wollen. Aber damit
haben wir positiv zu umschreiben versucht, was dieser Satz negativ abge-
wendet hat: die „Lehre" nämlich, *„als könne und müsse die Kirche als
Quelle ihrer Verkündigung außer und neben diesem einen Wort Gottes
auch noch andere Ereignisse und Mächte, Gestalten und Wahrheiten als
Gottes Offenbarung anerkennen."* Wir wären also mit dieser einen Gestalt
der Offenbarung und dem einen Bund der Versöhnung — wir wären mit
der darin bezeichneten und mitgeteilten „Bundestreue" Gottes gegen die
Menschen unzufrieden. Es würde uns Gottes „Barmherzigkeit" als Unzu-

verlässigkeit, seine Gerechtigkeit als — gerade politisch und gesellschaftlich — unberechenbar und unzumutbar, wenn nicht überhaupt als zweifelhaft erscheinen. Wir wüßten nun doch um andere Wahrheiten, Erkenntnisse und Mächte, auf die „im Leben und Sterben" ebensogut zu bauen — vorher und besser noch zu bauen wäre. Und wir wüßten uns nun doch stark und erwachsen genug, daß wir es uns an der „Gnade allein" nicht genügen lassen müßen, sondern diesen Vertrag — nach dem Vorbild der üblichen „Geschäftsbedingungen" — mit allerlei heimlichen Klauteln versehen. An guten Gründen, realistischen Einschätzungen und theologischen Rechtfertigungen wird es uns dabei nicht fehlen! Und sollte Gott nicht gesagt haben . . . ? (Gen. 3,1ff).

Aber nun droht die unheimliche Flexibilität und Vitalität der „natürlichen Theologie" nie nur dem — stets auf verlorenem Posten stehenden — „Einzelnen" und „Bourgeois", sondern gerade der Kirche, die sich als die wahre Rechtsnachfolgerin des untreuen Israels glaubt. Wir müßen in der Tat nicht in die weite Ferne und Vergangenheit schauen, um zu sehen, daß all das, was schon damals geschehen ist, auch jetzt geschieht. Die erste und nächstliegende Instanz der „Vermittlung", die sich in den Bund der Treue und Versöhnung Gottes mit dem Menschen mitten hinein drängen und sich zu dessen wahren „Sachwalterin" machen möchte: es ist die Kirche selber im ganzen Reichtum ihrer Tradition, in der Legitimität der apostolischen Sukzession und im „Schatz der Gnade", den sie verwaltet. Es ist dies zweifellos die **Katholische Kirche**, die hier weitherum keine Konkurrenz zu fürchten hat und von sich — ohne zu erröten! — sagen kann: *„extra ecclesiam nulla salus"*. Sie ist mit allen „notae" (d.h. Merkmalen) der „wahren Kirche" versehen, die wahre „Stellvertreterin" Christi auf Erden, die neben der einen Offenbarung immer noch eine zweite Offenbarungswirklichkeit kennt: sich selber. Die Menschen mögen es auch gar nicht glauben — die Kirche glaubt auch für sie und erwirkt für sie (wenn sie nur zu ihr halten) die Werke der Vergebung. Die Menschen mögen es ein ganzes Leben lang nicht verstehen — die Kirche denkt und lehrt auch für sie. Gewiß: Wir reden hier ungebührlich scharf. Aber es bedarf keiner großen Umstellung im Gedankenapparat, um zu sehen: was hier in grober Weise gewollt und durchgeführt wird, das wird auch an anderer Stelle, vielleicht noch besser, heimlicher und feinsinniger gewollt. Die Katholischen werden längst nicht mehr so katholisch sein, wie wir hier „von außen" (und unbefugt) skizziert haben — der Katholizismus war für Barth lehrreich und „interessant" in Hinsicht auf den **modernen Protestantismus**. Geht es dort mehr um die sichtbare „Wirklichkeit" der Offenbarung in ihrem irdischen Gefäß, so hier mehr um ihre (unsichtbare) „Wahrheit" in den Gefäßen der Erkenntnis, des Glaubens und der theologischen Vernunft. Wenn dort mehr um kräftige „Werkgerechtigkeit", so hier um nicht minder kräftige Werke des „Glaubens", der Frömmigkeit, der Religion. Die „Rechtfertigung allein aus Glauben": sie ist auch hier (und gerade hier) zum heiligen Besitz der Kirche geworden, den sie nun vielleicht tatkräftig gegen allerlei Unglauben,

Materialismus und Kommunismus zu verteidigen müssen wähnt. Was dort die Macht und Wirklichkeit einer gewaltigen Institution ist, das ist hier doch jedenfalls die Macht und Wirklichkeit des **Staates**, der die „Verkündigungsfreiheit" dieser Kirche, ihre Arbeitsplätze, ihren Beamten- und Dienstleistungsapparat schützt und garantiert. Und was das päpstliche Lehramt dort vermag, vermögen Fakultäten, Staats- und Kirchenkanzleien doch auch hier — auch wenn die „zweite Offenbarungsquelle" viel schlichter lautet: „bestehende Ordnung" (Schöpfungsordnung), „gesundes Volksempfinden" (Vernunft), „bürgerlicher Anstand", bzw. „Innerlichkeit" und „Moral"! Ja, wir reden auch hier ungebührlich scharf. Aber eben: Verfügt nicht gerade die protestantische Kirche über die „Merkmale" der wahren Kirche — so da sind: Bekenntnisschriften, Schriftprinzip, Predigt und Sakrament —, daß zu sagen wäre: hier, hier allein ist die wahre Gegenwart des Wortes Gottes! Dieser Irrtum ist ungleich schwerer einzusehen, als er der Wahrheit der Kirche ungleich näher gerückt ist. Aber die Wahrheit und Wirklichkeit der Kirche ist Jesus Christus selbst.

3.2 Auftrag und Ordnung christlicher Gemeinde

Jesus Christus ist das „Haupt", an dem die vielen Kirchen und Gemeinden — in Sünde und Rechtfertigung — nur eben „Glieder" sein können. Das ist der unerhörte — und in seiner Tragweite noch gar nicht zu übersehende — Bruch, der in Barmen nicht nur gegenüber dem alten Katholizismus, sondern auch gegenüber dem modernen Protestantismus vollzogen worden ist. Ja, es gilt: *„extra ecclesiam nulla salus"*! — aber das Heil, das in der Kirche zu finden ist, ist nur in Jesus Christus zu finden. Und wo Jesus Christus ist, wo auch nur „zwei oder drei" in seinem Namen versammelt sind, wo dieser Name bezeugt, bekannt und geglaubt wird — Herr, hilf unserem Unglauben! — da ist ja schon die Kirche! *„Wer sich wissentlich von der Bekennenden Kirche trennt, trennt sich vom Heil"*, hat Bonhoeffer 1936 darum ausgerufen (Bonhoeffer 1959, S. 238). [14] Aber der *„Totalitätsanspruch der Bekennenden Kirche"* (Meier) hat niemals beinhaltet, daß das winzige Häuflein der „radikalen Dahlemiten" selber das Heil in Händen hielten. Barth hätte diesen Satz vielleicht nicht so „gesetzlich" sagen wollen, ohne ihn durch das Evangelium zu überbieten, kraft dessen alle Welt eingeladen ist, sich unter das eine christliche Bekenntnis zu stellen. Die Kirche hat das Christsein ja niemanden abzusprechen, sondern es Jedermann kräftig zuzusprechen — aber nicht ohne das zu sagen, daß uns damit *„Gottes kräftiger Anspruch auf unser ganzes Leben"* und *„frohe Befreiung aus den gottlosen Bindungen dieser Welt"* wiederfährt, *„zu freiem dankbarem Dienst an seinen Geschöpfen"* (Barmen II). So ist der Bonhoeffersche Satz doch auch

---

14) Vgl. H. Gollwitzers „Hinweise und Bedenken" in Bonh. Ges. Schr. II/245ff.

ein möglicher — warnender, trennender und sammelnder — Grenzsatz, den man im Ohr behalten kann.

Wo das Bekenntnis ist, da vollzieht sich — inmitten der Gesellschaft — Scheidung und Entscheidung, da sammelt sich eine Gemeinde, da will der auferstandene Christus auch tatsächlich sichtbare und leibhafte **Gestalt** gewinnen, wie es in den Zeichen von Taufe und Abendmahl immer schon angezeigt ist. Es bedarf keiner weiteren „Anknüpfungspunkte", wo diese Wirklichkeit der Offenbarung auch wirklich gelebt wird und in ihrer ganzen „Sozialität" erfahrbar wird. Spricht Barmen II allgemein vom Leben und Auftrag der Christen in der Gesellschaft (und also auch hier schon von ihrem „politischen Gottesdienst"!), so wird dies nicht von ungefähr in Barmen III als erstes in der Gestalt der „*Christengemeinde*" (Barth 1946) konkretisiert, die in Rechtfertigung und Heiligung Christi „*Eigentum*" sein will. Nicht sie allein, aber sie an erster Stelle ist schon eine Gestalt des im weitesten Sinne politischen Auftrages der Christen in der Gesellschaft. Und dieser Auftrag konkretisiert sich hier gerade in der Gestalt auch der „*Ordnung*", in der sie auftritt und sichtbar wird, einer Ordnung, die sie — so wahr sie ihrer „*Botschaft*" zu entsprechen hat — nicht dem „*Wechsel*" der Staatsordnungen oder der „*herrschenden . . . Überzeugungen*" überlassen kann (Barmen III). So heißt es dann: „*Die verschiedenen Ämter der Kirche begründen keine Herrschaft der einen über die anderen, sondern die Ausübung des der ganzen Gemeinde anvertrauten und befohlenen Dienstes*" (Barmen IV). Damit stehen wir am kritischen Punkt in der Auslegung der Barmer Erklärung, an welchem sich auch ihre konkrete „politische" Relevanz entscheidet. Man wird den fünften Satz (zum Staat) nicht wirklich mitsprechen können, wenn man nicht vorher ernstlich **diesen** Satz mitgesprochen hat. Man würde aber sicher auch die vorangehenden Sätze nicht wirklich mitgesprochen haben, wenn man an dieser Stelle zögern — nun doch allerlei Klautelen einfügen möchte. Daß Barmen IV auf Barmen I wirklich **folgen** muß, daran wollte Barth auf dem **Weg von Barmen nach Dahlem** keinen Zweifel lassen. Gerade hier erkennt man — zunächst im „innerkirchlichen" Bereich — daß seine Dogmatik keine bloße „Theorie", sondern die Theorie einer bestimmten „Praxis": der Praxis der „*ganzen Gemeinde*" sein wollte. Erst hier wird das „reformatorische" Ansinnen handgreiflich und akut. Der Versuchung der „Hierarchie" muß in der Gemeinde selber widerstanden werden, der Abbau der Amtsprivilegien und der alten Herrschaftsverhältnisse muß hier vor Ort beginnen, wenn es wahr sein soll, daß die Christengemeinde auch die Keimzelle einer neuen „Gesellschaft", das Urbild auch der wirklichen „Demokratie" sein soll.

Dabei ist sofort zu berücksichtigen, daß der Begriff der „Demokratie" hier nicht im formalen Sinne des bürgerlich-demokratischen Parlamentarismus (inkl. Mehrparteiensystem, Fraktionierungswesen, Majorisierung der Minderheit durch die Mehrheit, Opposition etc.), aber gewiß auch nicht im marxistisch-leninistischen Sinne des „demokratischen

Zentralismus" zu gebrauchen ist, daß hier von sich bekämpfenden „Parteien" im Grunde nicht die Rede sein dürfte. Näher dürften Modelle des wohlverstandenen „Anarchismus" oder der „Rätedemokratie" oder der „presbyterialen" oder „kongregationalistischen" Kirchenverfassung liegen, wenn man sich nicht einfach etwa an der Herrenhuter Brüdergemeinde orientieren wollte.

Dabei ist aber durchaus nicht von der „Abschaffung" sämtlicher „Ämter" und „Autoritäten" die Rede (als ob es solcher nicht auch gerade in Zeiten des „Kirchenkampfes" bedürfte!), wohl aber von deren konkreten Funktionsbestimmung, es ist kein Traumbild einer absolut „herrschaftsfreien" und egalitären Kommunität ins Auge gefaßt. Es ist aber — zugunsten der „mündigen" Gemeinde — zweifellos die Axt an die Wurzeln der obrigkeitsstaatlichen (und „patriarchalischen") „Amtskirche" gelegt. Wir sagen hoffentlich nicht zuviel und nicht zu wenig, wenn wir feststellen, daß hier kein irgendwann zu erreichender „Zustand" der Kirche beschrieben ist, sondern vielmehr eine **Bewegung**, in der die Kirche, in Gestalt jeder einzelnen Gemeinde, von Barmen I herkommend, notwendig begriffen sein muß. So handelt es sich gerade hier um eine, wenn nicht die „nota" der wahren Kirche als einer solchen, die, wo immer sie ist, **im Aufbruch befindlich**, in eine bestimmte Richtung gewiesen, in die „Nachfolge Christi" gewiesen ist. [*]

3.3 Der „politische Gottesdienst"

Der fünfte Satz dieser Erklärung ist so bestimmt **nicht** der Hauptsatz dieser Erklärung, sondern ein nun unvermeidlicher, fast beiläufiger — in abstracto durchaus unverständlicher — in concreto eigentlich selbstverständlicher **Folgesatz**, der nun in Barmen doch auch mit einigem Nachdruck zum **politischen** „status confessionis" der Gemeinde erhoben worden ist. Er verweist als dieser gewiß auch schon auf Barmen VI, worin bekräftigt wird, daß der „Auftrag der Kirche" allein darin bestehe, „durch Predigt und Sakrament (!) die Botschaft von der freien Gnade auszurichten an alles Volk". Von einer Bindung der Kirche an die staatliche Ideologie (oder auch „Staatsräson") kann also nicht die Rede sein. Aber inwiefern hat die Kirche nun doch auch ein Wort „zum Staat" zu sagen?
Wer sich darüber beklagen möchte, daß in Barmen zum Staat nicht mehr und besseres gesagt worden ist, müßte sein Augenmerk vorallem darauf

[*]   Daß die Übertragung dieses Satzes in eine immer noch volks- oder staatskirchliche Situation Schwierigkeiten bereitet, sei hier ohne Umschweife zugestanden. Wie sollte es da nicht auch zu kirchenpolitischem Parteien- oder faktisch nun notwendigem Gewerkschaftskampf kommen! Dies erlaubt aber m.E. nicht die Preisgabe der theologischen Substanz dieses Satzes, nicht die Preisgabe der „Gemeinde" als dem eigentlichen „Subjekt" der Kirche!

richteu, daß hier **überhaupt** etwas zum Staat gesagt worden ist. Man sehe sich vor: Haben wir erst einmal mit Ernst zwischen „Kirche und Staat" ein „*und*" gesetzt und behauptet, dann wird es nicht fehlen, daß alsbald auch noch weitere Größen auftauchen und ihr Anrecht auf ein solches „und" anheischig machen werden – z.b. Parteien, Gewerkschaften, einzelne staatliche Einrichtungen, Recht, Kunst, Wissenschaft, Ideologie. Wo „Staat" ist, ist alles dieses Andere auch. Und haben wir „Kirche und Staat" gesagt, so werden wir eines Tages auch „Evangelium und Politik", „*Rechtfertigung und Recht*" (Barth 1938), „*Christengemeinde und Bürgergemeinde*" (Barth 1946), evtl. auch: „*Theologie und Sozialismus*" (Marquardt 1972) sagen müßen! Wir sagen darum an dieser Stelle nur ganz wenig, weil wir sonst allzu vieles sagen müßten! Aber es ist schon so: Die Gemeinde Jesu Christi hat kein „natürliches" Verhältnis zum Staat als solchem, und es ist die Frage, inwiefern sie sich überhaupt an ihn adressieren, bzw. sich selber zu ihm in ein positives Verhältnis setzen kann.

Die Gemeinde könnte zu diesem Thema auch **schweigen** und ein solches „und" – wie etwa die „Wiedertäufer" der Reformationszeit – mit Schärfe von sich weisen. Ein nur **negatives** Verhältnis zum Staat zu proklamieren, ist sinnlos. Indem die Gemeinde zum Staat etwas sagt, hat sie sich zu ihm schon in ein positives Verhältnis gesetzt, das sie irgendwann als dieses zu explizieren hat. Insofern **folgt** Barmen V zwingend auf die Entscheidungen der Reformationszeit gegen alles Schwärmertum. Aber Barth hat gerade 1933 – 35 sehr wohl erwogen, ob es der Kirche nicht besser wäre, zum Nationalsozialismus beredt zu schweigen, statt in ein gefährliches Reden zu verfallen. [15] Daß die Kirche angesichts der Millionen von Unrechtleidenden und mundtot gemachten reden müßte, das war klar. Sie konnte darum nur so reden, daß sie den Staat an seine ihm von Gott gesetzte „*Aufgabe*" erinnerte, „*in der noch nicht erlösten Welt, in der auch die Kirche steht, nach dem Maße menschlicher Einsicht und menschlichen Vermögens unter Androhung und Ausübung von Gewalt für Recht und Frieden zu sorgen.*" Man könnte freilich meinen, diesen Satz auch noch anders lesen und betonen zu können – etwa in dem Sinne, als ob der Staat als „Gewaltstaat" eine an-sich-notwendige und von Gott gesetzte „Anordnung" sei, was immer er tut. Es mag und wird so sein, daß einige vorallem der lutherischen Synodalen in Barmen diesen Satz in dieser Weise mitgesprochen und also im Sinne der Bestätigung einer an-sich-guten „Schöpfungsordnung" mitgesprochen haben. Aber sie müßten auch dann bemerkt haben, daß dies in diesem Satz jedenfalls nicht gesagt und auch nicht gemeint gewesen ist – daß die **Auftragsbestimmung**, ja der „*besondere Auftrag*" des Staates im Reich der Versöh-

---

15) Vgl. Barths Brief an H. Hesse vom 30. Juni 1935, Meier 2,60.

nung der Angelpunkt dieses Satzes ist. Die gewählte Formulierung versuchte zweifellos, den Lutheranern so weit wie nur möglich entgegen-
zukommen. Aber es ist nicht zu erkennen, daß dies unter Preisgabe
der theologischen Substanz dieses Satzes geschehen ist – im Gegenteil! Im Gesamtzusammenhang und Gefälle aller 6 Barmer Thesen
muß sich der Schein der Möglichkeit, anders zu interpretieren, zer-
streuen.

Das „Bestehen" des Staates bedarf von Seiten der christlichen Gemeinde
keines öffentlichen Kommentares, wohl aber die Einsicht, daß nicht erst
im Reich der Erlösung, sondern „schon jetzt" auf Erden – soweit es Menschen möglich ist – „Recht und Frieden" herrschen sollen. Das ist die
„göttliche Anordnung", die als diese freilich nicht zu erkennen wäre, wenn
man dabei in die „Leere eines allgemeinen Gottesbegriffes" (Barth 1945,
S. 30) starren, aber nicht zum Gott der Offenbarung hinsehen – damit
aber faktisch in den Herrschaftsbereich einer heidnischen Gottheit (auch
z.B. des Mammons) hinüberwechseln würde. Eine solche „Metabasis eis
allo genos" muß der christlichen Gemeinde aber schlechterdings verboten
sein. Sie kann ja nun – nachdem sie Barmen I nachgesprochen hat – auch
nicht mit einem verborgenen Wirken eines „Schöpfergottes" rechnen und
spekulieren, der in seinem Wesen mit einer solchen heidnischen Staatsgott-
heit zu verwechseln sein könnte. Sie kann nur von „Gott" reden, indem sie
vom „Vater Jesu Christi" redet, von dem allein sie eine Mitteilung hat.
Und so kann sie nur „Staat" sagen, indem sie den einen Herrn, dessen
„Eigentum" sie sein will, auch als den Herrn über alle anderen Herren der
Gesellschaft bekennt und anerkennt (Barmen II!).

Sie kann darum nur „Kirche und Staat", nicht umgekehrt auch: „Staat
und Kirche" sagen, wie es etwa Gogarten versucht hat. Was der Staat mit
ihr als Kirche anfangen wird, das kann nicht ihre erste Sorge sein. Aber
eben: es müßte jemand schon in der Kirche sein, er müßte auf dieser Seite
schon Stellung bezogen und Partei genommen, dem Gott der Offenbarung
in seinem Wort begegnet und in diesem Wort schon sein „Bundesgenosse"
sein – wenn er nun die Möglichkeit haben sollte, von diesem Standort aus
und unter der Voraussetzung der Offenbarung nun auch ein Wort in Richtung des Staates zu sagen. Anders müßte er unvermeidlich von einem „anderen Gott", darum von einer Staatsideologie oder -metaphysik reden,
müßte er der gerade an dieser Stelle besonders virulenten „natürlichen
Theologie" erliegen. Und weiter: Wie sollte er in etwa wissen können, was
„Recht und Friede" ist – wie sollte er den Staat an solche hohen Güter zu
„erinnern" wagen können –, wenn er davon an seinem Ort keine lebendige Erfahrung haben könnte, – wenn er an dieser Stelle nur nochmals
Götzen anbeten und Götzen dienen wollte?

Was ist denn Recht? Was ist Friede? Was wird die christliche Gemeinde antworten, wenn sie sich nicht mit einem allgemeinen „Naturrecht"

behelfen will? Unter Voraussetzung eines solchen Naturrechts wird sie freilich auch nichts gegen ein „Naturrecht" der je Unterdrückten und Deklassierten, ein „Naturrecht" der Empörung und des Widerstandes einzuwenden haben können, das die Schwachen dem „Recht des Stärkeren" je entgegensetzen. Aber die christliche Gemeinde wird nicht verschweigen dürfen, daß sie von einem „Recht" weiß, daß besser ist als das Naturrecht der Starken — und von einem „Frieden, der höher ist als alle Vernunft" der Konkurrenz- und Klassenkampfgesellschaft!

Gewiß wird sie den jeweiligen Staat auch an die Prinzipien seiner eigenen rechtlichen Verfassung und Auftragsbestimmung erinnern dürfen, sie wird aber das, was hier „Recht und Frieden" heißen soll, doch nur dem Wort Gottes, der Bibel des Alten und Neuen Testamentes entnehmen können. Nicht der Staat, aber sie weiß, daß wirkliches Recht nur da zu gründen ist, wo wirklicher Friede, der Friede Gottes Raum gewinnt. Nicht der Staat, aber sie lebt Jahr für Jahr von Weihnachten nach Karfreitag, von Ostern nach der Himmelfahrt, von Pfingsten zum immer neuen Advent. Aber der „Friede Gottes", den sie verkündigen und dem sie in ihren eigenen Reihen Raum geben darf, ist nicht unser „Seelenfriede". Er ist die „Seele" jeden Rechtes, wie das Recht der Leib dieser Seele ist. „Selig sind, die da hungern und dürsten nach Gerechtigkeit" (Matth. 5,6). Und so ist es konkret das Recht der Armen, Benachteiligten und Ausgeschlossenen, ohne welches diese Seele keine Ruhe hat. Die christliche Gemeinde kann sich darum mit der „organisierten Friedlosigkeit" (D. Senghaas) gerade der kapitalistischen Konkurrenzgesellschaft schlechterdings nicht abfinden. Aber sie weiß, daß der schlechten **Organisation** dieser Gesellschaft auch nicht nur und einfach mit besserer Organisation abgeholfen werden kann. Recht, neue Rechtsformen und Ordnungen können und müssen organisiert, eingeklagt, erkämpft und immer neu aufgerichtet werden. Der „Friede Gottes" läßt sich nicht organisieren. Es kann die beste Organisation zum leeren Getriebe, es kann der beste „Rechtsstaat" zum legalistischen Unrechtsstaat werden, es kann gerade der „totale Rechtsstaat" mit seinen Paragraphen, Beamten und Computern doch nur der totale Unrechtsstaat sein. Und daß die gewaltsame Befriedung der Gesellschaft — und geschähe es im Zeichen der einwandfreien „Rechtsstaatlichkeit" — nur Unfrieden und Unterdrückung bedeuten kann, das wird die christliche Gemeinde dann am besten wissen, wenn sie an ihrem Ort bei den Armen und Benachteiligten **bleibt**, nicht selber Staat oder Staatsorgan sein oder werden will. Verläßt und flieht die Kirche diesen Ort, dann flieht und verliert sie auch sofort ihre „politische Funktion"! Sie mag dann im Staat von Ehren und Würden umgeben sein — aber sie hat dann kein Ohr mehr für das, **was** sie dem Staat und im Staat zu sagen hätte.

So können wir hier freilich auch die Kontrollfrage stellen, wie sie uns von der „natürlichen Theologie" her immer schon nahe liegt: ob es etwa auch möglich sei, die politische und gesellschaftliche „Funktion" der Kirche vom Staat, bzw. von der Gesellschaft her zu bestimmen? Ob es der Kirche nicht gut sein könnte, daß sie sich ihre ersehnte „Funktion" im gesellschaftlichen Leben vom Staat geben läßt? Nur das kann ja bei dieser Umkehrung wirklich gemeint sein! Aber eben: es ist die Frage, ob bei dieser Umkehrung dann noch von etwas anderem als von einem je wünschenswerten „Anbau" oder „Überbau" des Staates die Rede sein wird, und ob man, wenn man zuerst „Staat" sagen will, unter Voraussetzung dieses Ersten überhaupt noch „Kirche" sagen kann. Was werden dann die schönen Worte von Weihnacht und Ostern noch besagen können, als daß sie in irgendein fernes „Jenseits" verweisen? Wie soll sich die Kirche dann des Verdachtes erwehren, daß sie tatsächlich nur „Religion" im Dienste der herrschenden Klassen produziert? Auch von der „sozialistischen" Funktionsbestimmung der Kirche im Interesse des Klassenkampfes, der sozialistischen Partei oder auch des „real existierenden" sozialistischen Rechtsstaates wird man von daher besser **a priori** Abstand nehmen und darauf bauen, daß gerade die eigenständige „Christengemeinde" dem Aufbau und Interesse des Sozialismus mehr dient als jede Kirche, die zum „Staatsapparat" wird.

So ist aber deutlich, daß sich die Aufgabe der Kirche dem Staat gegenüber — und von ihr ist in Barmen V hauptsächlich die Rede — nicht darin erschöpfen kann, daß sie in irgendeiner Allgemeinheit die „*Grenze*" dieses Staates ist (Barth 1933a, S. 40). Sie ist selbstredend auch das, und Barth wollte dem Nationalsozialismus 1934 durchaus noch die „*Chance*" einräumen, dies zu erkennen und sich somit vom „totalen Staat" zu einem sich relativierenden und selber begrenzenden Staat zu „bekehren" (Barth 1945, S. 80f). Er hätte sich dann ein „Recht" geben müßen, das nicht schlechterdings „*unbegrenzten*" und „*unübersichtlichen*" Inhalt [16], sondern begrenzten und also auch einklagbaren Inhalt gehabt hätte. Er hätte ein „Gebot" anerkennen müßen, das als göttliches Gebot von seinen Geboten verschieden, ihnen möglicherweise vorangehen könne. Er hätte eben das anerkennen müßen, was er als „totaler Staat" nimmermehr anerkennen konnte: daß er nicht „totaler Staat" sein **kann**. Und umgekehrt: in dem Maße, wie er diese Grenze nicht anerkennen würde, würde die Kirche dann auch in die Lage versetzt, in einen nun einsichtigen und im Gebot Gottes überlegen begründeten direkten „politischen Widerstand" einzutreten. Hätte die Kirche in dieser Weise ihres „Amtes" gewaltet, dann wären Folgen an allen Orten der Gesellschaft greifbar gewesen. Es hätten Soldaten und Bauern,

16) Mit diesen Begriffen begründete Barth seine Eidesverweigerung. Abgedr. in B.-B., S. 265ff, Barth fordert darum einen erklärenden Zusatz, der den Inhalt des Eides begrenzt, macht aber deutlich, daß dies zu fordern eigentlich das Amt der Kirche wäre (278).

Justizbeamte oder gar SS-Leute, es hätte jeder an seinem Ort und in seinem „Amt" nicht minder eingeladen sein können, einen ähnlichen zivilen Widerstand zu beginnen. Die Kirche hätte sie dazu ermutigt und es hätten diese Vielen in ihr auch einen Ort gefunden, sich zu trösten und zu stärken. Und es hätte irgendwann an den Tag treten müßen, daß dieser Staat die Macht über die Herzen der Menschen verloren, aber damit auch sein Recht und seine Festigkeit verloren hätte: es wäre diese innere Niederlage das gewisseste Zeichen auch seiner kommenden äußeren Niederlage gewesen. So hätte der schlichteste „Gottesdienst" auf dem Dorf nun ein wahrhaftig „politischer Gottesdienst" [17] sein können, und es hätte der „Friede, der höher ist als alle Vernunft" in aller Ohnmacht auch seine wirkliche **Macht** beweisen und den Grundstein zu einem neuen, besseren „Rechtsstaat" legen können. Vielleicht sogar — und darauf hat Barth allen Ernstes hoffen und hinarbeiten wollen — zu einem demokratisch-sozialistischen, entmilitarisierten und blockfreien „antifaschistischen Deutschland"!

Warum ist das Alles nicht geschehen? Es ist teilweise auch geschehen, und es wird sich in aller Verborgenheit auch ein inneres „Stalingrad" ereignet haben, nur daß es von uns statistisch nicht aufzurechnen ist! Wohlgemerkt: der „rechtzeitige politische Widerstand" gegen den unrechten Staat beginnt — darauf macht E. Jüngel zu recht aufmerksam (Jüngel 1979, S. 36ff) — nicht mit offenen Kampfhandlungen oder gar Terroranschlägen. Damit ist nicht ausgeschlossen, daß etwa auch **D. Bonhoeffers Weg in den politischen Widerstand** als ein rechtschaffenes Zeugnis Jesu Christi, d.h. im Sinne des „politischen Gottesdienstes" der Gemeinde Jesu Christi zu verstehen ist. Aber er versteht sich bei Bonhoeffer gerade erst auf Grund und in der Folge des Versagens der BK nach Bad Oeynhausen! Vorallem die „Kirchenausschußpolitik" hat Bonhoeffers Arbeit schon 1936 gänzlich in die Illegalität gedrängt. Daß er sich — gerade mit seinem Aufsatz über die „Kirchgemeinschaft" — in der BK frühzeitig isolierte, daß er schließlich auf keiner Fürbittenliste mehr stand, wird nicht vorallem ihm selber, sondern vorallem einer in den Knien schwach gewordenen, **weder** richtig betenden, **noch** richtig handelnden **Kirche** anzulasten sein. Gibt es hier einen „Bruch" zwischen Bonhoeffer und Barth? Daß auch Barth „illegale" Praktiken nicht gescheut hat, ist von seiner Tätigkeit von Basel her bezeugt. Aber zweifellos hat Barth nicht nur aus taktischen, sondern aus theologisch-prinzipiellen Erwägungen heraus grundsätzlich mit offenem Visier und mit allen ihm zur Verfügung stehenden „geistlichen" Waffen kämpfen wollen. **Darum** die Übersendung all seiner Hefte auch an die Reichskanzlei! Darum seine Gestapo-Korrespondenz! (Koch, S. 503ff).

---

17) Das Wort taucht im dogmatischen Zusammenhang wohl zum ersten Mal in „Credo" 1935 auf, vgl. Busch 272f und 300ff.

Daß die „*Werke der Finsternis*" nur mit den „*Waffen des Lichtes*" wirklich zu bekämpfen sind, das unterscheidet Barth von der Symbolgestalt E. Gerstenmaier, das rechtfertigt seinen scharfen Angriff auf ihn 1945 (Barth 1956a, S. 86ff), das ist der **Kern und Stern** seiner politischen Ethik und Auslegung von Römer 13 (vgl. Röm. 13,12, Matth. 5,14ff), wie seiner Rezeption von Barmen in KD IV/3. Mag denn der Staat den Boden des von ihm proklamierten „Rechtes" längst verlassen haben, mag die Gestapo noch so allgegenwärtig sein und mag sich die Kirche also längst im Raum des **illegalen Staates** befinden — sie hat vor der Welt nichts zu verbergen, sie darf ihr Licht um so weniger unter den Scheffel stellen, sie wird sich auch im Raum der Illegalität **keinerlei** „Verfassungsfeindschaft", „Staatsfeindschaft", „Menschenfeindschaft" — und keinerlei „heimliche Machenschaften" vorwerfen lassen müssen oder dürfen! Nicht der Staat, aber **sie** sagt, **was sie denkt** und erinnert also die „*Regierenden und Regierten*" an Gottes kommendes Reich. Und wenn sie dann auch darnach **tut**, und wenn es denn so sein sollte, daß sie nun auch an zivilen oder auch militärischen Widerstandhandlungen in einzelnen auch ihrer Glieder **aktiv beteiligt** ist, so wird sie auch das nicht mit „schlechtem Gewissen", nicht aus Rache, sondern aus Liebe und im Gehorsam gegenüber Gottes Gebot und also im Interesse des gutzuheißenden und rechtmäßigen Staates, der Wiederherstellung von „*Recht und Frieden*" zu tun haben. Aber so dürfte auch der politische „*Zeitgenosse*" Bonhoeffer (Bethge S. 760ff) ein Glied der Gemeinde Jesu Christi, ein echter „Zeuge" (= Märtyrer) Jesu Christi gewesen sein. [18]

So täuschen wir uns aber darüber nicht hinweg — und es bestimmt Barths Haltung nach 1945 —: nicht die „Männer des 20. Juli 1944" (sie sind nun doch gescheitert!), aber auch nicht die Kirche (die mit diesen Männern ihre Blöße bedeckt) und auch nicht die westlich-demokratischen Bundesgenossen, sondern die atheistische Sowjetunion war es, die hier die Hauptlast zu tragen hatte, das Entscheidende zur Wiederherstellung von „Recht und Frieden" beigetragen hat.

Wer 1945 nach einer wie auch immer „demokratisch-sozialistischen" Rechts- und Gesellschaftsordnung Ausschau hielt, der konnte dies realiter (und „realpolitisch") nicht unter Ignorierung, sondern nur unter der (vielleicht sogar dankbaren) **Respektierung** dieses ungebetenen „Bundesgenossen", sicher nur in Anerkennung der jetzt geschaffenen groben Fakten, sicher nur in der ernsthaften Prüfung der sowjetischen Vorschläge tun. Aber sicher nicht damit, daß man der UdSSR den Friedens- und Verständigungswillen (nach 20 Millionen Toten) im Ansatz aberkannte.

18) Vgl. E. Bethge, D. Bonhoeffer, S. 760ff.

3.4 Der Herr – ein Jude

Die Barmer Erklärung enthielt und enthält kein solches politisches Programm – mit gutem Grund! Sie vermeidet jede politische Etikette (auch die des „Sozialismus"), denn „politisch" ist das Bekenntnis zu Jesus Christus nicht kraft solcher „Programmpunkte" oder „Etiketten", sondern in seinem **Vollzug.** Es ist es schon im ersten Satz von Barmen, der die weltweite **Ökumene** der christlichen Gemeinde konstituiert, die vor keiner nationalen Schranke, vor keiner Mauer, vor keinem Klassengegensatz Halt machen kann. Es ist es in jedem „Folgesatz". Aber eben: der Existenzgrund der Christengemeinde in der friedlosen Völkerwelt ist nicht etwa darum schon politisch belanglos, weil er so einsam und unableitbar in der Gegend steht – weil er in der Theorie dieser oder jener „Politologie" als belanglos und unerheblich erscheint. Die „Politologie" der christlichen Gemeinde ist nun einmal so töricht, wie die Hinrichtung des Jesus von Nazareth unter Pontius Pilatus in den Augen der Welt mehr als töricht und belanglos erscheint. Was soll aus **Nazareth** schon Gutes kommen? Und wieviel andere und vielleicht erheblichere „Fälle" dieser Art dürfte es allein schon im römischen Imperium gegeben haben? Suchen wir nach dem „Kriterium", das Barths Analyse nun gerade unter dem Nationalsozialismus am meisten bestimmte, so lohnt es sich auch da nicht, sich im weiten Feld der Politologie zu verlieren. Es handelt sich um einen so naheliegenden Grund, daß er, weil als so harmlos und alleinstehend erscheinend, nun auch am leichtesten zu übersehen war: *„Jesus war ein Jude".* Nun war es also dies, was – gewiß nicht abstrakt vorauszusehen – im Vollzug des christlichen Bekenntnisses zu einer, wenn nicht zu **der politischen Tatsache sondergleichen** werden mußte. Dies hatte gewiß auch seine allgemeine politologische Wahrheit und Richtigkeit: der Nationalsozialismus bedurfte des jüdischen „Sündenbockes", wenn er seinen wahren gesellschaftlichen Charakter verbergen – und sich doch zugleich noch als „christlich" mythisieren wollte. Und umgekehrt: man brauchte den Nationalsozialismus nur an diesem **einen** Punkte zu durchschauen, um nun doch seinen ganzen Charakter zu erkennen!

Was also konnte die Aufgabe der christlichen Gemeinde sein, wenn nicht die, daß sie gerade diesen **einen** Punkt jetzt möglichst einfältig und unverstellt – und dann doch mit aller ihrer Ratio – ins Auge faßte?

Es stand ja nun zweifellos das „Proprium" der ganzen kirchlichen Verkündigung und die Existenz der Kirche selber in Frage! Dieses Proprium durfte die Kirche an niemanden abtreten. Aber sie durfte auch nicht erwarten, daß jemand anders – z.B. die Marxisten – diesen Zusammenhang und Sachverhalt in seiner Bedeutung erkennen würde, bevor sie ihn nicht selber erkannt und kundgetan hätte. Wer wollte dann bestreiten, daß sie auch noch von der ökonomischen Analyse des Marxismus oder etwa von der sozialpsychologischen Analyse nach S. Freud, von „kritischer Theorie" etc. etwas hätte hinzulernen kön-

nen? Wer wollte umgekehrt bestreiten, daß die Gemeinde Jesu Christi
an dieser Stelle *„naturgemäß"* schärfer und schneller hätte sehen müssen als es unter je anderen Gesichtspunkten möglich gewesen wäre?

Aber auch Barth hat die volle Tragweite dieses Zusammenhanges erst a
posteriori erkannt und „dogmatisch" zur Geltung gebracht. Es ist gerade
an dieser Stelle die „Empirie" des Wortes Gottes in der Gesellschaft aller
dogmatischen „Theorie" vorausgelaufen. Es wurden die jüdischen Mitbürger den Gemeinden zum Problem, bevor sich ihre Prediger ihrer Aufgabe
gewachsen zeigten. Aber es war doch so, daß gerade der Prediger des Wortes Gottes nun unmöglich an dem Faktum vorüberschreiten durfte, daß
dieses Wort Gottes selber *„Jude"* gewesen ist, in jedem Sinne dieses Begriffs. [19)]

Nun mag man mit Recht der Meinung sein, daß dieser „Buchstabe" der
heiligen Schrift nicht nur buchstäblich zu nehmen, sondern auch „im
Geiste" Christi zu verstehen sei. Ist Gemeinde Jesu Christi nicht immer
und überall Gemeinde von „Juden und Heiden", Drinnenstehenden **und**
Herzugekommenen, Gottesfürchtigen und Gottlosen? Ist es nicht so, daß
sich den eitel Frommen und Gerechten immer und überall die „Ungerechten" und Verfolgten, ja auch Atheisten und Kommunisten (und die sog.
„Nicht-Christen"!) hinzugesellen müssen, damit das *„Gesetz des Geistes
des Lebens"* (Röm. 8,2) aufgerichtet und der lebendige Geist des Christus
geatmet werde? Eine christliche Gemeinde, die sich nach diesen und ähnlichen Seiten abriegeln und abschließen wollte — eine Gemeinde, die etwa
auch nur in ihren **getauften** Mitgliedern sich selber wiedererkennen würde — könnte nicht die lebendige Gemeinde des lebendigen Christus, nicht
die sich immer wieder erneuernde Gemeinde sein. Und stehen die „Juden"
in dieser Gemeinde darum nicht stellvertretend für *„alles Volk"* (Barmen VI), das heimatlos, obdachlos, rechtlos, verfolgt, arm oder unterdrückt ist — und darum für alle Völker? Ja, das alles ist wirklich und wahr,
eben in dem Maße, in dem auch dieser **Buchstabe** (jenseits aller Metaphorik) wirklich und wahr ist! Aber davon, wie dieser Buchstabe seine Geltung nun tatsächlich wieder erlangen sollte, davon hatten a priori die Wenigsten eine Ahnung. So geschah es — in der großen Ahnungslosigkeit gerade der maßgeblich Beteiligten — daß man diesen „Buchstaben" in gut
lutherischer Weise (angesichts der aktuellen Staatsräson und des allgemeinen „Volksempfindens") auch einmal meinte „fahren lassen" zu dürfen!
Und es geschah, was in einer im Worte Gottes „von unten her" regierten
Christengemeinde so doch nicht hätte geschehen können: es wurde die
konkrete Substanz des Bekenntnisses kraft irgendwelcher „übergeordne-
ter" politischer oder theologischer Erwägungen preisgegeben. Mindestens
teilweise auch von K. Barth!

19) Auch hier ist va. an Bonhoeffer, F. Hildebrandt und H. Ehrenberg zu denken!

Hier ist (im Anschluß an das unter 1.4 Gesagte) zu bedenken, daß diese Kardinalfrage von Barth, Niemöller, Iwand, Diem auch im „Darmstädter Wort" 1947 ausgeklammert blieb. Man mag dies politisch oder – etwa mit K. Theweleits „Männerphantasien" – psychoanalytisch zu erhellen suchen, das Faktum bleibt bestehen, daß dieses „Wort" – darin keineswegs besser als die Barmer Erklärung! – den entscheidenden Ansatzpunkt zur kirchlichen Erneuerung verfehlt hat. Man muß aber auch das sehen, daß an dieser Stelle ebensowohl allgemein-psychologische wie allgemein-politische Erklärungen notwendig – zu kurz greifen.

Man mag dann in dieser Abstraktheit wohl auch einmal für die Juden Stellung beziehen und ein politisches Wort „zur Lage" sagen – man mag von da aus in einen noch so ernsten jüdisch-christlichen „Dialog" eintreten. Aber ist erst einmal dieser ganz untheoretisch **reale** Faktor der Andersartigkeit, ja Fremdheit in der Gemeinde selber liquidiert, sollte die christliche Gemeinde schon an ihrer Basis zu einer **uniformen** „christlichen" Gemeinde geworden sein – was soll und kann dann noch alles „dialogisches" Reden und alle mit ernster Miene vorgetragene „Gesprächsbereitschaft"? Ist erst einmal die *„reale Dialektik"* der unterschiedlichen Geschlechter, Hautfarben, Schicksale, Gruppen und „Klassen" in der Gemeinde unterdrückt – dann kann auch alle „dialektische Theologie" nicht mehr helfen. Christliche Gemeinde ist doch offenbar nur dann und so „christliche" Gemeinde, wenn die Gegenwart des je **anderen** Menschen in ihr nicht nur irgendwie akzeptiert und „toleriert", sondern in konkreto gewollt ist – so daß das *„Recht"* eines Jeden, *„ein Anderer zu sein"* (D. Sölle), hier die Gemeinschaft konstituierende Bedeutung erhält. Ja, hier wird es wohl manche „Unruhe" in der Gemeinde geben und noch geben müssen! Aber eben: Wenn das Wort Gottes seine Macht irgendwo realiter erweisen kann, dann gerade hier in der Freiheit, in der es zu seiner unbegreiflichen göttlichen Wirklichkeit **hinzunimmt** und aufnimmt: nicht die eigene, sondern diese „andere", die „fremde" menschliche Wirklichkeit in die Gemeinschaft mit Gott. Das ist die Souveränität des Wortes Gottes, daß es nach seiner „Wahl" der Gemeinde hinzufügt, wen immer es will. Und das wird die „Sorge" der Gemeinde sein, daß sie – auch gerade in Gestalt ihrer Amtsträger und Konsistorien – **alle Vorsorge unterläßt**, die den störenden „Bruder" und die noch mehr störende „Schwester" in falscher „Geistlichkeit", oder administrativ, in die Schranken weist und bewacht – daß sie vielmehr unter und mit den „Brüdern und Schwestern" über dem **Evangelium** wacht, das allein die Macht hat, die Herzen zu gewinnen. Sie hat keine „Eignungen" für den Gemeinde-Dienst geltend zu machen, die über die pragmatische Frage hinausreichen, ob Mann oder Frau **fähig** und **bereit** seien, Orgel zu spielen, zu singen, Buch zu führen, zu unterrichten, zu organisieren, nach der Bibel zu verkündigen. Sie hat nicht Abstammung noch „Gesinnung" zu prüfen – keinen „Arierparagraphen", aber auch keinen törichten „Radikalenerlaß" zu verfügen. Womit will sie es hinausführen? Sie wird sich vielmehr dessen erinnern, daß es reine Gnade, nichts als Gnade ist, wenn sie nicht ausgeschlossen, nämlich vom *„Bürgerrecht Israels"* ausgeschlossen bleibt: *„ohne eine Hoffnung zu haben und ohne Gott in der Welt"* (Eph. 2,12). Ja hier ist keiner, der nicht als von Haus aus „Gottloser" im kirchlichen Dienst wäre, und keine, die hier als Letzte nicht auch zur Ersten in der Gemeinde werden dürfte, kein Draußenstehender, der nicht auch eingeladen wäre – und wäre es von der Straße weg! – mit uns des einen Herren Abendmahl zu teilen (Matth. 22,1ff), *„nun nicht mehr Fremder und Beisasse, sondern Mitbürger der Heiligen und Hausgenosse Gottes"* zu sein (Eph. 2,19).

Hinsichtlich der *„Ordnung"* der Gemeinde in ihren *„Sakramenten"* (die man doch besser als „Testamente", „Bundeszeichen" verstehen würde!) heißt dies zweifellos: die „Abendmahlsgemeinschaft", die für Alle offen und „gastfrei" ist, geht der Taufe als dem bewußten Akt der Mitgliedschaft **voraus**. Es kann die Taufe nicht länger das „Eintrittsbillet" (H. Heine) in die gute Gesellschaft, sie kann doch nur das **freiwillige** Zeichen der Buße und Umkehr – und der Hinwendung zu den „Anderen" sein. Und es dürfen die Protestanten mit den Katholiken, es dürfen aber auch die sog. „Christen" mit den sog. „Juden", es dürfen alle, wo immer sie wollen, die Gemeinschaft des Passahopfers Jesu Christi feiern.

Hinsichtlich der „Israelfrage" bedeutet dies, daß sie im „neuen Bund", den Jesus gestiftet hat, keine „Randfrage" der kirchlichen Existenz heute, keine Frage „extra muros", sondern „intra muros" der Ecclesia ist: geradezu die **Zentralfrage** der ökumenischen „Christengemeinde", in der **alle** Fragen und Aspekte des Völkerfriedens **zusammengeschlossen** sind. Die *„Christengemeinde"* drängt aus sich heraus auf eine Gestalt der *„Bürgergemeinde"* (Barth 1946), in der die Feindschaft der Juden und der „Völker" begraben ist, in der darum alle Völker und Gruppen, Frauen und Männer zu ihrem *„Recht"* kommen, ein jeder in seiner Besonderheit, miteinander in *„Frieden"* zu leben.

Hinsichtlich der „Sozialismusfrage" bedeutet dies, daß die Christengemeinde auch den sozialistischen Staaten nicht verweigern kann, was sie dem Staat Israel – nach allem, was *„geschehen"* ist, nun zweifellos zuerkennen muß: daß sie nämlich das Recht haben, in sicheren Grenzen „real zu existieren", so wahr Barmen V auch für den Sozialismus gilt.

Für die „Frauenfrage" wird dies bedeuten, daß sie in der Christengemeinde nicht nur ihren Raum hat, sondern auch zur „Männerfrage" werden muß – in einer Gemeinde, in der sich die je „Heterosexuellen" auch in den je „Homosexuellen" wiedererkennen dürfen. Es gibt wohl eine „Homoerotik" der christlichen Gemeinde, die viel schlimmer sein dürfte als alle Verfehlungen derer, die hier nach anderen und neuen Wegen suchen. Und wo Jesus ist, da können Erste Letzte und *„Letzte"* zu den *„Ersten"* – und so gewiß auch zu Amtsträgern der Gemeinde werden.

So hat Barth nicht etwa von einer „verbürgerlichten Christengemeinde" gesprochen, sondern von der „*lebendigen Gemeinde des lebendigen Herrn
Jesus Christus*" [20], die gegen die weltweite „Apartheidspolitik" nicht
kämpfen kann, ohne die „Apartheid" in sich selber zu überwinden, um
eben so zum Urbild und zur Keimzelle – und zu einer „*exemplarischen*"
Gestalt – des Völkerfriedens zu werden. Das ist es, was ihr – nach zwei
Weltkriegen – „*heute!*" geboten, aber im Namen Jesu Christi auch real ver-
heißen ist. Wer es fassen will, fasse es. Aber diese „Basisgemeinde" ist auch
die Basis und der „Funktionszusammenhang" der „*Kirchlichen Dogmatik*"
K. Barths.

---

[20] So der Titel eines Vortrages Barths 1947 im Kontext des Darmstädter Wortes
und in Hinsicht auf die ökumenische Konferenz in Amsterdam 1948.

Verzeichnis von hauptsächlich berücksichtigten Schriften Barths (chronologisch):

Der Römerbrief (R I und R II): I.1.4.3; I.3; II.7.3.2.

Der Christ in der Gesellschaft (Tambacher-Vortrag) 1919: I.2.1. u. passim

Das Wort Gottes als Aufgabe der Theologie 1922: II.2.

Grundfragen der christlichen Sozialethik: I.2.2.2.

Ansatz und Absicht in Luthers Abendmahlslehre 1923: II.3.3.4.

Möglichkeit und Wünschbarkeit eines allgemeinen reformierten Glaubensbekenntnisses 1924: II.3.3.3.

Auferstehung der Toten 1924: II.4.2.2.

Kirche und Kultur 1926: II.6.1.1 f.

Christliche Dogmatik im Entwurf (CD) 1927: II.3; 4; 5; 8.2.2.

Feuerbach 1927: II.5.1.9.

Der römische Kathoizismus als Frage an die protestantische Kirche 1928: II.3.2.

Ethik 1928/29: II.5.3; 7.1.2 f; 7.2.

Quo usque tandem 1930: I.2.2.1.

Fides quaerens intellectum 1931: II.7.2.3. (5.1.5.)

Warum führt man den Kampf nicht auf der ganzen Linie? 1932: I.2.3.2.

Die Not der evangelischen Kirche 1932: I.2.2.1; II.3.3.3.

Kirchliche Dogmatik (passim)

Das erste Gebot als theologisches Axiom 1933: II.1.

Theologische Existenz heute! 1933: Einleitung, II.O.; 7.4.4; III.1.2. ff.

Abschied von ZZ 1933: Einleitung, I.2.2.3; II.5.1.3; 6.3.

Für die Freiheit des Evangeliums 1933: III.1.6.

Reformation als Entscheidung 1933: III.1.5.

Die Kirche Jesu Christi 1934: I.1.6.2; III.3.4.

Nein! Antwort an E. Brunner 1934: III.2.

Offenbarung, Kirche, Theologie 1934: II.5.3.2.

Evangelium und Gesetz 1935: II.5.3.7; 7.3.2 u. 4.

Rechtfertigung und Recht 1938: II.6.2; III.3.3.

Die Kirche und die politische Frage von heute 1938: I.1.2.2; II.7.4.3; (III.3.4.)

Christengemeinde und Bürgergemeinde 1946: Einleitung, II.6.2; 7.4; III.2. u. 3.

Die Kirche zwischen Ost und West 1949: I.1.2.2.

LITERATURVERZEICHNIS

A. Werke von K. Barth (chronologisch)

(1911) Jesus Christus und die soziale Bewegung, Der freie Aargauer 1911, Nr. 153, 154, 156 (abgedruckt: akid 1971, Heft 6, 14 f)

(1912) Antwort auf den offenen Brief des Herrn Hüssy in Aarburg, Zofinger Tagblatt 1912, 9. Februar 1912 (abgedruckt: akid 1971, Heft 6, 16)

(1914) Briefwechsel Barth — M. Rade 1914, in: Neue Wege 8/1914, S. 429 ff

(1916) Der Pfarrer, der es den Leuten recht macht. Predigt anonym (abgedruckt in: Christliche Welt XXX, 1916, 262 f)

(1917) Barth/Thurneysen, Suchet Gott so werdet ihr leben, Bern 1917

(1919 a) Ein Wort an das aargauische Bürgertum!, Neuer Freier Aargauer 1919, Nr. 157

(1919 b) Vergangenheit und Zukunft, Neuer Freier Aargauer 1919, Nr. 204 und 205, zit. nach Moltmann, Anfänge I, S. 37—49

(R I) Der Römerbrief, Bern 1919

(WG) Das Wort Gottes und die Theologie (Voträge I), München 1924

Die Neue Welt in der Bibel, in: Das Wort Gottes und die Theologie, München 1924 S. 18—32

Der Christ in der Gesellschaft, Eine Tambacher Rede, Würzburg 1920, zit. nach Moltmann, Anfänge I, S. 3—37

Biblische Fragen, Einsichten und Ausblicke, München 1920, zit. nach Moltmann, Anfänge I, S. 49—76

(1920) Unerledigte Anfragen an die heutige Theologie, 1920, in: Die Theologie und die Kirche, S. 1—25

(R II) Der Römerbrief, zweite Auflage, München 1922, 1954[9]

(1922 a) Das Wort Gottes als Aufgabe der Theologie, Christliche Welt Jg. 36/1922, Sp. 858—873, zit. nach Moltmann, Anfänge I, S. 197—218.

(1922 b) Grundfragen der christlichen Sozialethik. Auseinandersetzung mit P. Althaus. Das Neue Werk 4. Jg. 1922, zit. nach Moltmann, Anfänge I S. 152—165

(1922 c) Not und Verheißung der christlichen Verkündigung, in: Das Wort Gottes und die Theologie S. 99—124

(1923 a) Ein Briefwechsel mit Ad. v. Harnack, Christl. Welt 37 Jg. 1923, Heft 1 ff, in: Theologische Fragen und Antworten, S. 7—31

(1928 b) Das Problem der Ethik in der Gegenwart, ZZ 1923/2, zitiert nach: Das Wort Gottes und die Theologie, S. 125—155

(1923 c) Ansatz und Absicht in Luthers Abendmahlslehre, ZZ 1923, Heft IV, zit. nach: Die Theologie und die Kirche, S. 26—75

(1923 d) Reformierte Lehre, ihr Wesen und ihre Aufgabe, in: Das Wort Gottes und die Theologie, S. 179—208

(1924) Die Auferstehung der Toten. Eine akademische Vorlesung über 1. Kor. 15, München 1924, 1926[2]

(1925 a) Wünschbarkeit und Möglichkeit eines allgemeinen reformierten Glaubensbekenntnisses, ZZ 8/1925, S. 311 ff, zit. nach: Die Theologie und die Kirche, S. 76—105

(1925 b) Das Schriftprinzip der reformierten Kirche, ZZ 1925, 11 Heft., S. 215—245

(1926 a) Vorwort zur 5. Auflage des Römerbriefes, abgedruckt in: ZZ 4/1926, S. 99—101

(1926 b) Die Kirche und die Kultur, ZZ 4/1926, S. 363—384, zit. nach: Die Theologie und die Kirche, S. 364—391

(1927 a) L. Feuerbach, ZZ 1/1927, S. 11—40, zit. nach: Die Theologie und die Kirche, 212—239

(1927 b) Rechtfertigung und Heiligung, ZZ 4/1927

(1927 c) Das Halten der Gebote, ZZ 5/1927, S. 206—227, zit. nach: Theologische Fragen und Antworten, S. 54—92

(CD) Die christliche Dogmatik im Entwurf, Bd. 1, Die Lehre vom Wort Gottes, München 1927

(1927 d) Erklärung des Philipperbriefes, 1927, Zollikon-Zürich 1947[5]

(1928 a) Das Wort in der Theologie von Schleiermacher bis Ritschl, ZZ 6/1928, S. 92—109, zit. nach: Die Theologie und die Kirche, S. 190—211.

(1928 b) Der römische Katholozismus als Frage an die protestantische Kirche, ZZ 6/1928, S. 274—302

Ethik (I und II) Vorlesungen aus den Jahren 1928/29 und 1930/31, hg. von D. Braun. Barth — GA II, Bd. I 1973, Bd. II 1978, Zürich

Die Theologie und die Kirche (Vorträge II), München 1928

(1929 a) Vom rechten Beten. Predigt, ZZ 7/1929, S. 109–116

(1929 b) Schicksal und Idee in der Theologie, ZZ 7/1929, S. 309–348, zit. nach: Theologische Fragen und Antworten, S. 54–92

(1930 a) K. Barth/H. Barth, Zur Lehre vom heiligen Geist, Beiheft Nr. 1, von ZZ München 1930

(1930 b) Quo usque tandem . . . ? ZZ 1/1930, S. 1–6

(1930 c) Die Theologie und der heutige Mensch, ZZ 5/1930, S. 374–396

(1931 a) Fides quaerens intellectum, Anselms Beweis der Existenz Gottes (1931), Zollikon 1958[2]

(1931 b) Die Not der evangelischen Kirche, ZZ 9/1931, S. 89–122

(1931 c) Der arme Lazarus. Predigt, ZZ 9/1931, S. 273–282

(1931 d) Die Arbeit als Problem der theologischen Ethik. Theologische Blätter 10/1931, S. 250 ff

(1932 a) Warum führt man den Kampf nicht auf der ganzen Linie? Frankfurter Zeitung vom 15.2.1932, zit. nach: W. Feurich Hg. Klärung und Wirkung, Berlin 1966, S. 373–381

(1932 b) Die Theologie und die Mission an der Gegenwart, ZZ 10/1932, S. 189–215

(KD) Kirchliche Dogmatik (KD), Bd. I/1 Zürich 1932, Bd. I/2, 1938 bis Bd. IV/4, 1967

(1933 a) Theologische Existenz heute!, Beiheft Nr. 2 von ZZ München 1933

(1933 aa) Das erste Gebot als theologische Aktion, ZZ 11/1933, S. 297–314, zit. nach: Theologische Fragen und Antworten, S. 127–143

(1933 b) Für die Freiheit des Evangeliums, Th Ex 2, München 1933

(1933 c) Reformation als Entscheidung, Th Ex 3, München 1933

(1933 d) Lutherfeier, Th Ex 4, München 1933

(1933 e) Die Kirche Jesu Christi, Th Ex 5, München 1933

(1933 f) Abschied, ZZ 11/1933, S. 536–554, zit. nach Moltmann, Anfänge II, S. 313–321

Briefwechsel Barth-Tillich vom März/April 1933, in: Ev Kom. 10/1977, S. 111 f

Offenbarung, Kirche und Theologie 1934, zit. nach: Theologische Fragen und Antworten, S. 158–184

(1934) Nein! Antwort an E. Brunner, Th Ex 14, München 1934

(1935) Evangelium und Gesetz, Th Ex 32, München 1935

(1935 a) Credo, München 1935

How my mind has changed 1928–1938/1938–48, in: Der Götze wackelt, S. 181–199

(1938) Brief an I. Hromadka (1938), in: Der Götze wackelt, S. 157 f

(1938 b) Rechtfertigung und Recht, Th St 1/1938

(1943) Die kirchliche Lehre von der Taufe, Th St 14, Zürich-Zollikon, 1943

(1945) Eine Schweizer Stimme, 1938–1945, Zürich-Zollikon 1945

(1946 a) Christengemeinde und Bürgergemeinde, Zürich 1946 a, zit. nach Th St 104, 1970

(1946 b) Die christliche Verkündigung im heutigen Europa, in: Zwei Vorträge Th Ex, NF 3, 1946, S. 14

(Prot. Theol.) Die protestantische Theologie im 19. Jahrhundert. Ihre Geschichte und Vorgeschichte 1947, Siebenstern-Ausgabe, Hamburg 1975

(1949) Die Kirche zwischen Ost und West, Th Ex 17, 1948

(1952 a) Die politische Entscheidung in der Einheit des Glaubens, Th Ex 34/1952

(1952 b) R. Bultmann, Ein Versuch, ihn zu verstehen. Th St 34, 1952

Brechen und Bauen. Eine Diskussion in: Der Götze wackelt, S. 108–123

(1956) Die Menschlichkeit Gottes, Th St. 48/1956

(1956 a) Karl Barth zum Kirchenkampf, Beteiligung/Mahnung/Zuspruch Hg. v. E. Wolf Th Exh NF. 49, München 1956

Theologische Fragen und Antworten (Vorträge III), Zollikon 1957

Der Götze wackelt, hg. v. K. Kupisch, Zeitkritische Aufsätze, Reden und Briefe von 1930–1960, Berlin 1961

(1966) Homiletik (1932/33), Zürich 1966

Briefwechsel Barth – R. Bultmann 1922–1966, Barth-Gesamtausgabe V, Zürich 1971

Briefwechsel Barth – E. Thurneysen, Barth-Gesamtausgabe V, Bd. I 1913-1921, Zürich 1973, Bd. II 1921–1930, Zürich 1974

Erklärung des Johannesevangeliums 1925/26, Barth-Gesamtausgabe II, 1976

B. Andere Autoren

Althusser, L., Für Marx, Frankfurt a.M. 1968

Althusser, L. / Balibar, E., Das Kapital lesen, 2 Bde., Reinbek bei Hamburg 1972

Asmussen, H., Karl Barth und die Bekennende Kirche (1936), in: ders., Aufsätze, Briefe, Reden 1927–1945, Itzehoe 1963, S. 82–105

Bahro, R., Die Alternative. Zur Kritik des real existierenden Sozialismus, Köln/Frankfurt a.M. 1977

Bakker, N., In der Krisis der Offenbarung. Karl Barth's Hermenetik dargestellt an seine Römerbrief-Auslegung, Neukirchen-Vluyn 1974

Balthasar v., H.U., Karl Barth. Darstellung und Beurteilung seiner Theologie, Köln 1962[2]

Barth, Chr., Bekenntnis im Werden. Neue Quellen zur Entstehung der Barmer Erklärung, Neukirchen-Vluyn 1979

Barth, M., Der Jude Jesus, Israel und die Palästinenser, Zürich 1975

Baumgärtel, F., Wider die Kirchenkampflegenden, Neuendettelsau 1959[2]

Baumotte, M., Theologie als politische Aufklärung, Gütersloh 1973

Bebel, A., Die Frau und der Sozialismus, Berlin 1974[63]

Becker, K.H., Die Reformatoren und das „Reich Christi zu Münster" 1535, München 1939

Benjamin, W., Zur Kritik der Gewalt, Frankfurt a.M., 2. Aufl. 1971

Berger, P., Auf den Spuren der Engel, Frankfurt a.M. 1970

Bernet, W., Gebet (Themen der Theologie 6), Stuttgart/Berlin 1970

Bethge, E. / Bonhoeffer, D., Eine Biographie, München 1973

Bizer, E., Zur Theologie des religiösen Sozialismus, in: Christliche Welt 44/1930, S. 684–687

Bizer, E., Der „Fall Dehn", in: Festschrift für G. Dehn zum 75. Geburtstag. Hg. v. W. Schneemelcher, Neukirchen 1957, S. 239–61

Bloch, E., Erbschaft dieser Zeit, Frankfurt a.M. (1962) 1973

Blumenberg, H., Der Prozeß der theoretischen Neugierde (dritter Teil von „Die Legitimität der Neuzeit", überarbeitet), Frankfurt a.M. 1973

Bonhoeffer, D., Ges. Schriften, Bd. 2, 1959

Bonjour, E., Die Geschichte der schweizerischen Neutralität, Bd. 4

Bourdieu, P., Die politische Ontologie M. Heideggers, Frankfurt a.M. 1978

Brakelmann, G., Hg. Kirche im Krieg, München 1979

Breipohl, R., Religiöser Sozialismus und bürgerliches Geschichtsbewußtsein zur Zeit der Weimarer-Republik, Zürich 1971

Brunner, E. (1929), Die andere Aufgabe der Theologie, ZZ 7/1929, S. 255–276

Brunner, E. (1932), Das Gebot und die Ordnungen (1932), 4. Aufl., Zürich 1939

Brunner, E. (1938), Wahrheit als Begegnung, Zürich 1938

Brunner, E. (1948), Wie soll man das verstehen? Offener Brief an K. Barth, in: K. Barth, Christliche Gemeinde im Wechsel der Staatsordnungen.

Dokumente einer Ungarnreise 1948, Zollikon-Zürich 1948, S. 59—66

Brunotte, H., Bekenntnis und Kirchenverfassung. Aufsätze zur kirchlichen Zeitgeschichte, Göttingen 1977

Bultmann, R. (1920), Religion und Kultur 1920, in: Moltmann, Anfänge II, S. 11—29

Bultmann R. (1926), Jesus, Tübingen 1926

Bultmann, R. (1951), Neues Testament und Mythologie, in: Kerygma und Mythos, Bd. 1, 1951

Bultmann, R. (1965), Theologie des Neuen Testamentes, Tübingen 1958, 5. Aufl. 1965

Bultmann, R. (1967), Geschichte der synoptischen Tradition, Göttingen 1921, 7. Aufl., 1967

Busch, E., Karl Barth's Lebenslauf. Nach seinen Briefen und autobiografischen Texten, München 1978[3]

Chrysostomus, J., Kirchengeschichte Rußlands der neuesten Zeit, Bd. 2, München 1966

Dannemann, U., Theologie und Politik. Im Denken Karl Barths, München/ Mainz 1977

Dehn, G., Kirche und Völkerversöhnung. Dokumente zum Halleschen Universitätskonflikt, Berlin (1931)

Deutscher, I., Die ungelöste Jugendfrage. Zur Dialektik von Antisemitismus und Zionismus, Berlin 1977

Dibelius, O., (1928) Das Jahrhundert der Kirche. Geschichte, Betrachtung, Umschau und Ziele, Berlin 1928[5]

Dibelius, O., (1931), Die Verantwortung der Kirche. Eine Antwort an Karl Barth, Berlin 1931

Dibelius, O., (1961), Ein Christ ist immer im Dienst, Stuttgart 1961

Diem, H., Der Sozialist in Karl Barth, in: Evkom 5/1972, S. 292—96

Diem, H., Die Christologie Karl Barths in der Sicht von F.W. Marquardt in KuD 20/1974, S. 138 ff

Dürrenmatt, F., Zusammenhänge. Essay über Israel. Eine Konzeption, Zürich 1976

Dutschke, R., Versuch, Lenin auf die Füße zu stellen, Berlin 1974

Dutschke, R. / Wilke, M., Die Sowjetunion, Solschenizyn und die westliche Linke, Hamburg 1975

Ebeling, Luther. Tübingen 1964

Elert, W., Karl Barth's Index der verbotenen Bücher. Theologa militans 2, Leipzig 1935

Engels, F., Die Entwicklung des Sozialismus von der Utopie zur Wissenschaft, Berlin 1964

Fangmeier, I., Erziehung in Zeugenschaft. Karl Barth und die Pädagogik, Zürich 1964

Farner, K., Theologie des Kommunismus?, Frankfurt 1969

Flechtheim, O.K., Die KPD in der Weimarer Republik, Frankfurt a.M. 1969[2]

Foley, G., Das Verhältnis Karl Barths zum römischen Katholizismus, in: Parrhesia, Karl Barth zum 80. Geburtstag, Zürich 1966, S. 598–616

Gaede, R., Kirche – Christen, Krieg und Frieden. Die Diskussion im deutschen Protestantismus während der Weimarer Zeit, Hamburg 1975

Gestrich, C., Neuzeitliches Denken und die Spaltung der dialektischen Theologie. Zur Frage der natürlichen Theologie, Tübingen 1977

Geyer, K. / Winzeler, P., Karl Barth und Karl Marx I. Zur realen Dialektik der Gnade, Dahlemer Hefte Nr. 4, Stuttgart (ESG) 1975

Gloege, H., Heilsgeschehen und Welt. Theologische Traktale I, Göttingen 1965

Gogarten, F., (1926) Ich glaube an den dreieinigen Gott, Jena 1926

Gogarten, F., (1928) Die Schuld der Kirche gegen die Welt, Jena 1928

Gogarten, F., (1929) Das Problem einer theologischen Anthropologie, ZZ 7/1929, S. 493–511

Gogarten, F., (1930) Wider die Ächtung der Autorität, Jena 1930

Gogarten, F., (1932a) Staat und Kirche, ZZ 10/1932, S. 390–410

Gogarten, F., (1932b) Politische Ethik. Versuch einer Grundlegung, Jena 1932

Gogarten, F., (1933), Einheit von Evangelium und Volkstum?, Hamburg 1933

Gogarten, F., (1937) Gericht oder Skepsis. Eine Streitschrift gegen K. Barth, Jena 1937. Die Einleitung ist zit. nach: Moltmann, Anfänge II, 331–337

Goldmann, L., Lukacs und Heidegger, Darmstadt und Neuwied 1975

Gollwitzer, H., (1963) Die Existenz Gottes im Bekenntnis des Glaubens, München 1963

Gollwitzer, H., / Weischedel, W., Denken und Glauben. Ein Streitgespräch, Stuttgart 1965

Gollwitzer, H., (1966), Erinnerungen, in: Stimme der Gemeinde, 18/1966, Sp. 281–88

Gollwitzer, H., (1970) Krummes Holz – aufrechter Gang. Zur Frage nach dem Sinn des Lebens, München 1970

Gollwitzer, H., (1972) Reich Gottes und Sozialismus bei K. Barth, Th Exh. Nr. 169, München 1972

Gollwitzer, H., (1973) Vom Nutzen und Grenzen soziologischer Theologiebetrachtung, in: Erth 33/1973, S. 622–626

Gollwitzer, H., (1974), Die kapitalistische Revolution, München 1974

Grebing, H., (1966) Geschichte der deutschen Arbeiterbewegung, München 1966[2]

Grebing, H., (1974) Aktuelle Theorien über Faschismus und Konservatismus. Eine Kritik, Stuttgart 1974

Groll, W., Ernst Troeltsch und Karl Barth – Kontinuität im Widerspruch, München 1976

Habermas, T., (1968) Erkenntnis und Interesse, Frankfurt a.M. 1968

Habermas, T., (1969) Technik und Wissenschaft als Ideologie, Frankfurt a.M. 1969

Harnack v., A., Marcion 1920

Härle, W., Der Aufruf der 93 Intellektuellen und K. Barths Bruch mit der liberalen Theologie, in: ZThK 72/1975, S. 207–224

Hammer, K., Die deutsche Kriegstheologie 1870–1918, München 1971

Hirsch, E., Das kirchliche Wollen der Deutschen Christen. Zur Beurteilung des Angriffs von K. Barth 1933

Jacob, M., . . . noch einmal mit dem Anfang anfangen . . . , in: Evth 32/ 1972, S. 606–624

Jaeggi, U., Theoretische Praxis, Probleme eines strukturalen Marxismus, Frankfurt a.M. 1976

Josuttis, M., Die Gegenständlichkeit der Offenbarung, Kalr Barth's Anselm – Buch und die Denkform seiner Theologie, Bonn 1965

Jüngel, E., (1965, 1976) Gottes Sein ist im Werden. Verantwortliche Rede vom Sein Gottes bei Karl Barth. Eine Paraphase, 1965, zit. nach der 3. erweiterten Aufl., Tübingen 1976

Jüngel, E., (1972) Unterwegs zur Sache. Theologische Bemerkungen, München 1972

Jüngel, E., (1979) Reden für die Stadt, München 1979

Kahl, J., (1967) Philosophie und Christologie im Denken F. Gogartens, Diss. Marburg 1967

Kahl, J., (1968) Das Elend des Christentums, Hamburg 1968

Kant, I., Was ist Aufklärung? Reclam 1974

Kanzenbach, F.W., Christentum in der Gesellschaft, Bd. 2, 1976 (Sieb.)

Kautsky, K., Der Ursprung des Christentums, 10. Aufl. 1920

Kirsch, H., Zum Problem der Ethik in der kritischen Theologie Karl Barths, Diss. Bonn 1972

Klappert, B., Die Auferweckung des Gekreuzigten. Der Ansatz der Christologie Karl Barths im Zusammenhang der Christologie der Gegenwart, Neukirchen 1971

Knütter, H.H., Die Juden und die deutsche Linke in der Weimarer Republik (Bonner Schriften zur Politik und Zeitgeschichte), Düsseldorf 1971

Koch, D., Heinemann und die Deutschlandfrage, München 1972

Koch, W., Karl Barths erste Auseinandersetzung mit dem Dritten Reich. Dargestellt an Hand seiner Briefe 1933–1935, in: Richte unsere Füße auf den Weg des Friedens, a.a.O. S. 491–513

Korsch, K., Die materialistische Geschichtsauffassung, Frankfurt a.M. 1971

Korsch, K., Karl Marx, Frankfurt a.M., (1967) 1975

Kreck, W., Grundentscheidungen in Karl Barths Dogmatik, Neukirchen-Vluyn 1978

Kupisch, K., (1964) Karl Barths Entlassung, in: Kupisch, Durch den Zaun der Geschichte, Berlin 1964, S. 481–508

Kupisch, K., (1966) Die deutschen Landeskirchen im 19. und 20. Jahrhundert. Die Kirche in ihrer Geschichte, 4/2, Göttingen 1966

Kupisch, K., (1969), Im Banne des Zeitgeistes, Th Ex 159, 1969

Kupisch, K., Karl Barth (rm 174), Reinbeck Hamburg 1971

Lange, P., Konkrete Theologie? K. Barth und F. Gogarten „Zwischen den Zeiten" (1922–1933), Zürich 1972

Lenin, W.I., Staat und Revolution, Berlin 1970

Leon, A., Judenfragen und Kapitalismus, München 1971

Lessing, E., Das Problem der Gesellschaft in der Theologie K. Barths und F. Gogartens, Gütersloh 1972

Levevre, W., Zum historischen Charakter und zur historischen Funktion der Methode bürgerlicher Soziologie, Frankfurt a.m. 1971

Lieb, F., Christentum und Marxismus. Die christliche Verkündigung und das Proletariat, ZZ 7/1929, 367 ff

Lukacs, G., Geschichte und Klassenbewußtsein. Studien über marxistische Dialektik, Neuwied/Berlin (1967) 1971

Machovez, M., Marxismus und Dialektische Theologie, Zürich 1965

Mann, G., Deutsche Geschichte des 19. und 20. Jahrhunderts, Frankfurt a.M. (1958) 1966 (Erweiterte Ausgabe)

Marcuse, H., (1941) Vernunft und Revolution. Hegel und die Entstehung der Gesellschaftstheorie, Darmstadt und Neuwied (1941) 1972

Marcuse, H., (1964) Die Gesellschaftslehre des sowjetischen Marxismus, Darmstadt und Neuwied (1964) 1974

Marcuse, H., (1965 a) Der Kampf gegen den Liberalismus in der totalitären Staatsauffassung, in: Kultur und Gesellschaft I, Frankfurt a.M. 1965

Marcuse, H., (1965 b) Industrialisierung und Kapitalismus im Werk Max Webers, in: Kultur und Gesellschaft, Bd. 2, Frankfurt 1965, S. 107–129

Marquardt, F.W., (1967) Die Entdeckung des Judentums für die christliche Theologie Israel im Denken K. Barths, München 1967

Marquardt, F.W., (1968) Religionskritik und Entmythologisierung, in: Theologie zwischen gestern und morgen, München 1968, S. 88–123

Marquardt, F.W. (1970 a) Exegese und Dogmatik in K. Barths Theologie. Was meint: „Kritischer müßten mir die Historisch–Kritischen sein!"? in: Registerband zur KD, Zürich 1970, S. 651–676

Marquardt, F.W. (1970 b) Der Götze wackelt. Der Generalangriff aus dem Römerbrief, in: Portrait eines Theologen. Stimmt das Bild von K. Barth Hg. v. W. Gegenheimer, Stuttgart 1970, S. 11–28

Marquardt, F.W., (1972) Theologie und Sozialismus. Das Beispiel K. Barths, München 1972

Marquardt, F.W., (1973) Theologische und politische Motivationen K. Barths im Kirchenkampf, in: Junge Kirche 34/1973, S. 283–303

Marquardt, F.W., (1973 a) Zu – Sätze zu F. Wagners Aufsatz: „Gehlens radikalisierter Handlungsbegriff", Karl Barth betreffend, in: ZEE 17/1973, S. 230 ff

Marquardt, F.W., (1979) Der Christ in der Gesellschaft 1919–79, ThExh. 206 1979

Marsch, W.D., „Gerechtigkeit im Tal des Todes". Christlicher Glaube und politische Vernunft im Denken K. Barths, in: Theologie zwischen gestern und morgen, S. 167–191

Marx, K., (MEW 23) Das Kapital, Bd. 1 Marx-Engels-Werke Bd. 23, Berlin 1969

Marx-Engels-Studienausgabe I Philosophie (Fischer-B.), Frankfurt 1966

Marx, K., (1968) Texte zu Theorie und Praxis, Bd. 2 (Row.-Klass.), Reinbeck b. Hamburg 1968

Marx, K., (1971) Das Elend der Philosophie, Berlin 1971 (6. Aufl.)

Marx, K., (1972) Briefe an Kugelmann, s'Gravenhage 1972

Marx, K., (1974) Zur Kritik der politischen Ökonomie, Berlin 1974 (9. Aufl.)

Marx, K., (1974 a) Grundrisse der Kritik der politischen Ökonomie, Berlin 1974 (2. Aufl.)

Marxismus und Ethik, Hg. v. H.J. Sandkühler und R.d.l. Vega, Frankfurt a.M. 1974

Mattick, P., Marx und Keynes, Wien 1973

Mattmüller, M., Leonhard Ragaz und der religiöse Sozialismus. Eine Biographie, Bd. I Zollikon-Zürich 1957, Bd. II Zürich 1968

Mechels, E., Analogie bei E. Przywara und Karl Barth. Das Verhältnis von Offenbarungstheologie und Metaphysik, Neukirchen 1974

Meier, K., Der evangelische Kirchenkampf. Gesamtdarstellung in drei Bänden, Bd. 1 und Bd. 2, Halle 1976

Merz, G., Die Begegnung K. Barths mit der deutschen Theologie, KuD 2/1966, S. 157—175

Miskotte, K.H., (1939), Edda und Thora 1939

Miskotte, K.H., (1956), Die Erlaubnis zum schriftgemäßen Denken 1956, in: Geloof en Kennis 1966

Miskotte, K.H., (1963), Wenn die Götter schweigen. Vom Sinn des Alten Testamentes, München 1963

Mohler, A., Die konservative Revolution in Deutschland 1918—1932. Ein Handbuch, Darmstadt 1972[2]

Moltmann, J., Hg., Anfänge der dialektischen Theologie, Teil I, München 1962, Teil II 1963 (Theologische Bücherei 17)

Moltmann, J., Theologie der Hoffnung, München 1964

Moltmann, J., Der gekreuzigte Gott, München 1972

Niemöller, W., Karl Barths Mitwirkung im deutschen Kirchenkampf, in: Wort und Tat im Kirchenkampf. Beiträge zur neuesten Kirchengeschichte (ThB 40), München 1969

Niemöller, W., Gesamtdarstellung des Kirchenkampfes? Rezension von K. Meier, Der evangelische Kirchenkampf, Junge Kirche 7/1977, S. 413—415, vgl. Replik von K. Meier a.a.O. S. 599 f und Rückantwort von W. Niemöller, S. 600 f.

Otto, R., Das Heilige, Breslau 1921[6]

Pannenberg, W., Wissenschaftstheorie und Theologie, München 1973

Perels, J., Kapitalismus und politische Demokratie. Privatrechtsystem und Gesellschaftsstruktur in der Weimarer Republik, Frankfurt a.M. 1973

Plessner, H., Die verspätete Nation. Über die politische Verführbarkeit bürgerlichen Geistes, Stuttgart u.a. 1969

Popper, K., Die offene Gesellschaft und ihre Feinde, 1945

Poulantzas, N., Faschismus und Diktatur. Die kommunistische Internationale und der Faschismus, München 1973

Pressel, W., Die Kriegspredigt 1914–1918 in der evang. Kirche Deutschlands, Göttingen 1967

Prolingheuer, H., Der Fall Karl Barth 1934–1935. Chronographie einer Vertreibung, Neukirchen-Vluyn 1977

Rabehl, B., Geschichte und Klassenkampf. Einführung in die marxistische Geschichtsbetrachtung der Arbeiterbewegung, Berlin 1973

Rad v., G., Theologie des Alten Testamentes Bd. 1, München 1963

Rendtorff, T., (1966) Kirche und Theologie. Die systematische Funktion des Kirchenbegriffs in der neueren Theologie, Gütersloh 1966

Rendtorff, T., (1972) Theorie des Christentums, Gütersloh 1972

Rendtorff, T., Hg., (1975) Die Realisierung der Freiheit. Beiträge zur Kritik der Theologie K. Barths, Gütersloh 1975

Richte unsere Füße auf den Weg des Friedens. H. Gollwitzer zum 70. Geburtstag, hgg. v. A. Baudis u.a., München 1979

Roth, K.H., Die andere Arbeiterbewegung, München 1974

Ein Ruf nach Vorwärts. Barmen – 30 Jahre danach, Th Ex 115, München 1964, Hg. v. M. Karnetzki

Ruge, W., Deutschland von 1917 bis 1933. Lehrbuch der deutschen Geschichte, Bd. 10, Berlin (DDR) 1974[2]

Sauter, G., Soziologische oder politische Barth-Interpretation? in: Evth 35/1975, S. 173–183

Schellong, D., (1973) Barth von links gelesen – ein Beitrag zum Thema: „Theologie und Sozialismus" in: ZEE 17/1973, 238–250

Schellong, D., (1975) Bürgertum und christliche Religion. Anpassungsprobleme der Theologie seit Schleiermacher, Th Exh. Nr. 187, München 1975

Schellong, D., (1979) Theologie nach 1914, in: Richte unsere Füße auf den Weg des Friedens a.a.O. S. 451–468

Schempp, P., Randglossen zum Barthianismus, ZZ 6/1928, S. 529–539, zit. nach Moltmann, Anfänge II, S. 303–312

Schmidt, A., Der Begriff der Natur in der Lehre von Marx, Frankfurt 1962

Schmidt, J., Die Erforschung des Kirchenkampfes, Th Ex 149, 1968

Schmitt, C., Politische Theologie. Vier Kapital zur Lehre von der Souveränität, 1922

Schmitt, C., Der Begriff des Politischen, 1932

Schmitt, C., Die geistesgeschichtliche Lage des heutigen Parlamentarismus, 1963 (3. Aufl.)

Schmitt, C., Verfassungslehre 1965

Schmitt, C., Der Hüter der Verfassung, 1969 (2. Aufl.)

Schlichting, W., Sozialismus und biblische Denkform, in: Ev Th 32/1972, S. 595–606

Schoch, M., Karl Barth. Theologie in Aktion, Frankenfeld/Stuttgart 1967

Scholder, K., (1963) Neuere deutsche Geschichte und protestantische
   Theologie, in: Ev Th 23/1963, S. 510–536
Scholder, K., (1977) Die Kirchen und das Dritte Reich, Bd. 1, Vorgeschich-
   te und Zeit der Illusionen 1918–1934, Frankfurt a.M./Berlin/Wien 1977
Schwan, A., K. Barths dialektische Grundlegung der Politik, in: Civitas,
   Bd. 2 1963, S. 31–71
Schweitzer, A., Geschichte der Leben-Jesu-Forschung, Siebenstern-Ausga-
   be, München und Hamburg 1966
Schweizer, E., Das Evangelium nach Markus (Neues Testament Deutsch),
   Göttingen 1967
Siegfried, Th., Das Wort und die Existenz. Eine Auseinandersetzung mit
   der dialektischen Theologie, Bd. 1 1930
Sölle, D., Phantasie und Gehorsam, Stuttgart/Berlin 1968
Sohn-Rethel, A., Ökonomie und Klassenstruktur des deutschen Faschis-
   mus, Frankfurt a.M. 1973
Sombart, W., (1908) Sozialismus und soziale Bewegung, Jena 1908 (6.
   Aufl.)
Sombart, W., (1911) Die Juden und das Wirtschaftsleben, Leipzig 1911
Sontheimer, K., Antidemokratisches Denken in der Weimarer Republik,
   München 1926⁴
Spengler, O., Der Untergang des Abendlandes. Umrisse einer Morphologie
   der Weltgeschichte, Bd. 1 1918, Bd. 2 1922
Stadtland, T., Eschatologie und Geschichte in der Theologie des jungen
   K. Barth, Neukirchen 1966
Stähli, M.J., Reich Gottes und Revolution, Hamburg 1976
Stapel, W., Der christliche Staatsmann. Eine Theologie des Nationalsozia-
   lismus, Hamburg 1932
Steck, K.G., Sozialismus ernst gemeint? Lutherische Monatshefte, 11/1972,
   S. 613 f.
Steck, K.G./Schellong, D., Karl Barth und die Neuzeit, Th Exh Nr. 173,
   München 1973
Stoevesandt, H., „Von der Kirchenpolitik zur Kirche!" Zur Entstehungs-
   geschichte von K. Barths Schrift „Theologische Existenz heute!", im
   Juni 1933, 2 ZThK 76 Jg. 1979, S. 118–138
Strohm, T., Theologie im Schatten der politischen Romantik. Eine wis-
   senschafts-soziologische Anfrage an die Theologie F. Gogartens, Mün-
   chen/Mainz 1970

Teubner, H., Exilland Schweiz 1933–1945, Berlin und Frankfurt a.M.
   1975
Theologie zwischen gestern und morgen. Interpretationen und Anfragen
   zum Werk Karl Barths, Hg. v. W. Dantine/Karl Lüthi, München 1968
Thurneysen, E., (1927) Zum religiös-sozialen Problem, ZZ 5/1927, Heft 6
Thurneysen, E., (1922) Sozialismus und Christentum 1922, in: Moltmann,
   Anfänge II, S. 221–246
Thyssen, K.W., Begegnung und Verantwortung. Der Weg der Theologie F.
   Gogartens von den Anfängen bis zum Zweiten Weltkrieg, Tübingen
   1970
Tillich, P., Die sozialistische Entscheidung 1932/33, Offenbach a.M. 1948
Traub, H., Demologie und Theologie zum sogenannten Fall Dehn, ZZ 10/
   1932, S. 355–375

Wagner, F., (1973), Gehlens radikalisierter Handlungsgriff, ZEE 17/1973, 213–229

Wagner, F., Politische Theorie des Nationalsozialismus als politische Theologie, in: M. Baumotte u.a. Kritik der politischen Theologie, Th Exh Nr. 175, München 1973, S. 29–51

Wagner, F., (1975), Theologische Gleichschaltung. In: Die Realisierung der Freiheit. Hg. T. Rendtorff 1975, S. 10–43.

Weber, M., (1922) Wirtschaft und Gesellschaft, Tübingen 1922

Weber, M., (1968) Soziologie — Weltgeschichtliche Analysen — Politik (Kröner-Studienausgabe), Stuttgart 1968

Weischedel, W., Der Gott der Philosophen, Bd. 1 1971, Bd. 2 1972, Darmstadt

Weizsäcker v., C.F., (1964) Die Tragweite der Wissenschaft, Stuttgart 1964

Weizsäcker v., C.F., (1977) Der Garten des Menschlichen, München 1977

Wielenga, B., Lenins Weg zur Revolution. Eine Konfrontation mit Sergej Bulgakov und Peter Struve im Interesse einer theologischen Besinnung, München 1971

Wilsdorf, T., Was heißt: „ . . . die Kritik der Religion ist im wesentlichen beendet"? Dahlemer Heft Nr. 1, Stuttgart 1972

Wünsch, G., Theologische Ethik, Berlin und Leipzig 1925

Wyshgorod, M., Warum war und ist Karl Barths Theologie für einen jüdischen Theologen von Interesse?, Ev Th 3/1974, S. 222–236

Zarnt, H., Die Sache mit Gott. Die protestantische Theologie im 20. Jahrhundert, München 1966

Zilessen, H., Dialektische Theologie und Politik, Berlin 1970

Zipfel, Kirchenkampf in Deutschland 1933–45, Berlin 1965

Zum politischen Auftrag der christlichen Gemeinde Barmen II. Votum des Theologischen Ausschusses der EKU, hg. v. A. Burgsmüller, Gütersloh 1974

Nachtrag

Bonhoeffer, D., (1970), Widerstand und Ergebung. München 1970

Cohn, N., Das Ringen um das tausendjährige Reich. 1961

Marquardt, F.W., (1971) Wir Theologen in der bürgerlichen Gesellschaft, EvTh 1971, Heft 3/4, S. 161–170

Schleiermacher, F., Auswahl hg. v. K. Bolli, Sieb. TB 1968

Sölle, D., Das Recht ein Anderer zu werden, Neuwied 1971